Exilforschung · Ein internationales Jahrbuch · Band 2

Fördernde Institutionen / Supporting Institutions

Akademie der Künste, West-Berlin

Leo-Baeck-Institute, New York

Lion-Feuchtwanger-Institute, Los Angeles

University of Alabama

State University of New York at Albany

Universität Bamberg

Technische Universität Berlin

California State University, Long Beach

University of South Carolina, Columbia

Wayne State University, Detroit

Philipps-Universität Marburg

Smith College, Northampton

University of Illinois, Urbana

Julius-Maximilians-Universität Würzburg

EXILFORSCHUNG

EIN INTERNATIONALES JAHRBUCH

Band 2
1984
Erinnerungen ans Exil –
kritische Lektüre der
Autobiographien nach 1933
und andere Themen

Herausgegeben im Auftrag der
Gesellschaft für Exilforschung / Society for Exile Studies
von Thomas Koebner, Wulf Köpke und Joachim Radkau

edition text + kritik

Anschrift der Redaktion:
Prof. Dr. Thomas Koebner
Institut für Neuere deutsche Literatur
Philipps-Universität Marburg
Wilhelm-Röpke-Str. 6 A
3550 Marburg

CIP-Kurztitelaufnahme der Deutschen Bibliothek

Exilforschung: e. internat. Jahrbuch / hg. im
Auftr. d. Ges. für Exilforschung. – [München]:
edition text + kritik
  Erscheint jährl.
  Bd. 2 (1984) –

© edition text + kritik GmbH, München 1984
Satz: Fertigsatz GmbH, München
Druck: Weber Offset GmbH, München
Buchbinder: Vogel GmbH, Haar
Umschlagentwurf: Dieter Vollendorf, München
ISBN 3-88377-178-3

Inhaltsverzeichnis

Vorwort der Herausgeber		7
Helmut Koopmann	Von der Unzerstörbarkeit des Ich Zur Literarisierung der Exilerfahrung	9
Erich Kleinschmidt	Schreiben und Leben Zur Ästhetik des Autobiographischen in der deutschen Exilliteratur	24
Richard Critchfield	Einige Überlegungen zur Problematik der Exilautobiographik	41
Lieselotte Maas	Verstrickt in die Totentänze einer Welt Die politische Biographie des Weimarer Journalisten Leopold Schwarzschild, dargestellt im Selbstzeugnis seiner Exilzeitschrift »Das Neue Tage-Buch«	56
Joachim Radkau	Der Historiker, die Erinnerung und das Exil Hallgartens Odyssee und Kuczynskis Prädestination	86
Anthony Glees	Eine Lücke in Hugh Daltons und Friedrich Stampfers Memoiren und die Entfremdung zwischen Labour Party und Exil-SPD	104
Thomas Lange	Sprung in eine neue Identität Der Emigrant Ernst Erich Noth	121
Eberhard Lämmert	Lion Feuchtwanger und das kalifornische Exil	143
Reinhard M. G. Nickisch	Da verstummte ich . . . Kreativitätsschwund als Folge der Exilierung – das Beispiel des Expressionisten und Publizisten Armin T. Wegner	160
Hélène Roussel	Die emigrierten deutschen Künstler in Frankreich und der Freie Künstlerbund	173

Cordula Frowein	*The Exhibition of 20th Century German Art in London 1938 – eine Antwort auf die Ausstellung »Entartete Kunst« in München 1937*	212
Ernst Loewy	*Freier Äther – freies Wort? Die Rundfunkarbeit deutscher Autoren im Exil 1933–1945*	238
Jan Christopher Horak	*Wunderliche Schicksalsfügung: Emigranten in Hollywoods Anti-Nazi-Film*	257
Willi Jasper	*Entwürfe einer neuen Demokratie für Deutschland Ideenpolitische Aspekte der Exildiskussion 1933–1945 Ein Überblick*	271
Paul Michael Lützeler	*The City of Man (1940)* Ein Demokratiebuch amerikanischer und emigrierter europäischer Intellektueller	299
Guntram Vogt	*Robert Musils ambivalentes Verhältnis zur Demokratie*	310
Michael Neumann	*Lektionen ohne Widerhall* Bemerkungen zum Einfluß von Remigranten auf die Entwicklung der westdeutschen Nachkriegssoziologie	339
René Geoffroy	*Ernst Glaeser und der »Schweizer Schutzengel«*	358
Albrecht Betz	*»Gegen die vordringende Barbarei«* Zu einigen unveröffentlichten Briefen von Heinrich Mann und Franz Werfel an Louis Gillet	381
Marc A. Weiner	*Der Briefwechsel zwischen Hans Pfitzner und Felix Wolfes 1933–1948*	393
Die Autoren		412

Vorwort der Herausgeber

Das unerwartete und unvorbereitete Exil, zunächst vielfach gar nicht als Dauerzustand begriffen, war ein Trauma. Es hinterließ Schäden jeder Art, die nicht mehr zu beseitigen waren. Es erwies sich besonders als eine Herausforderung an das Selbstverständnis, die Selbstachtung, und betraf jegliche kulturelle und persönliche Identität. Trotz des Bravados mancher Erklärungen, daß das Exil ein Gewinn, ein Zuwachs an Stärke gewesen sei, zeigt sich immer wieder die tiefe Verstörung durch die Ereignisse. Es ist mehr als verständlich, daß Schriftsteller und Intellektuelle im allgemeinen versuchten, sich mit diesem Trauma auseinanderzusetzen. Die Exilanten hatten das Bedürfnis, der Mitwelt und Nachwelt ihre Erfahrungen mitzuteilen. Aber vielleicht noch elementarer war das Bedürfnis, die Ganzheit der eigenen Persönlichkeit im Schreiben wiederherzustellen. Oft genug versuchten die Autoren, den Sinn im scheinbar Sinnlosen zu erkennen, einen Optimismus trotz alledem zu demonstrieren. Bisweilen, speziell bei ehemaligen Kommunisten, war Rechtfertigung das herrschende Motiv. Alle diese und vergleichbare Gründe machen begreiflich, weshalb die Erinnerung der Exilanten nicht vollständig und unparteiisch sein konnte. In der Stilisierung der Vergangenheit wurde manchmal Geschichte erst geschaffen, nicht nacherzählt. Nicht wenige Autobiographien gipfeln in pointierten Anekdoten, deren literarischer Wert größer sein mag als ihr dokumentarischer Gehalt. In der Autobiographie stößt das öffentliche mit dem Privatleben zusammen, Krieg und Frieden mit intimer Eigenexistenz. Diesen schmerzhaften Konflikt hat jeder Exilant empfunden. Nicht selten liegt auch der Schwerpunkt auf Erinnerungen an die Zeit vor 1933, in denen die »Welt von gestern« Gestalt gewinnt, während das Exil selbst eher undeutlich geschildert wird.

Aus der Betroffenheit erklären sich die vielen Beschreibungen des eigenen Lebens. Die Exilforschung hat diesen neuralgischen Punkt erkannt, doch bisher wenig berührt. Es ist schwer, einen methodisch wie inhaltlich angemessenen Zugang zu Zeugnissen eines Lebens in extremis zu finden. Die Literaturwissenschaft hat die Form der Autobiographie erst seit kurzem wieder ernster genommen. Die Geschichtswissenschaft entwickelt allmählich neues Interesse an Lebensgeschichten. Gerade deshalb schien es angebracht, hier Anregungen zu geben, sowohl im theoretischen Konzept als auch in Fallstudien.

Der vorliegende zweite Band des Jahrbuchs EXILFORSCHUNG versammelt ferner Studien zur Emigration der bildenden Künstler, zur Film- und Rundfunkarbeit im Exil, Aufsätze zum Demokratiebegriff der antinazistischen Schriftsteller und Parteien, Untersuchungen zur Auswirkung der Exil-Soziologie in Nachkriegsdeutschland und bisher unveröffentlichte Korrespondenzen.

Das Hauptthema des dritten Bandes wird voraussichtlich heißen: »Das deutsche Sonderwegsbewußtsein und das Exil«.

Helmut Koopmann

Von der Unzerstörbarkeit des Ich
Zur Literarisierung der Exilerfahrung

Als Scharen von Emigranten zu Beginn des Jahres 1933 Deutschland verließen, um sich auf eine ungewisse, häufig auch ziellose Wanderschaft zu begeben, nahmen sie außer meist dürftigem Gepäck nur eines mit: ihre Identität. »Es war zu spät für mich, in Deutschland noch irgend etwas zu retten. So muß ich wohl alles, was dort war, verloren geben«, schrieb Lion Feuchtwanger an Arnold Zweig am 25. März 1933[1] – dem korrespondieren zahllose andere Verlustmeldungen, und sie betreffen immer das gleiche, diesen »Verlust der bürgerlichen Existenz«, den Thomas Mann im Brief an Lavinia Mazzucchetti vom 13. März 1933 beklagte[2], oder auch das »Haus in einem großen Garten«, dessen Herrlichkeit Brecht in dem Gedicht »Beim Lesen von ›Zeit meines Reichtums‹«[3] noch einmal in lyrischer Ausführlichkeit rühmt. Wir kennen auch die so verzweifelten wie grundlosen Hoffnungen, daß alles sich schon wieder geben werde, übe man nur noch ein wenig Geduld. Thomas Mann notiert am 9. April 1934 in sein Tagebuch, Resultat eines Gespräches: »Ein rascher weiterer Verfall der Wirtschaft sei unvermeidlich, doch werde das Regime durch eine den Massen Genüge tuende Politik sich halten«.[4] Marta Feuchtwanger beschrieb das einen Tag später in einem Brief an Arnold Zweig auf etwas drastischere Art ebenso: »Den Nazis geht's schlecht, es ist keine Meinung für sie auf der Welt, aber halt noch nicht schlecht genug«.[5] Halbe Hoffnungen also bei völliger Einsicht in die Unbestimmtheit dieser Wünsche, Anzeichen einer willentlichen Selbstberuhigung und eines nicht ganz hoffnungslosen Sichfügens in die Dinge, Vertrauen auch darauf, daß es nicht so ganz schlimm kommen könne, wie es zu kommen schien, ein wachsender Überlebenswille und der Entschluß, alles dennoch weiterzuführen: alles das prägt die Stimmung unter den Emigranten im Frühjahr 1934, mehr als ein Jahr nach der Flucht, ziemlich durchgehend, und das kurze Aufatmen der Verfolgten, das Innehalten und Sichbedenken, die vielfältigen, in vielem aber einander sehr ähnlichen Bemühungen, sich des eigenen Standorts zu versichern und die gar nicht einmal unbedingt pessimistischen Aussichten auf die nächste Zukunft und das von ihr zu Erwartende kennzeichnen ihre innere Befindlichkeit. Arge Täuschungen, dieses Spekulieren auf ein Einlenken des Regimes oder auf die Möglichkeit, sich mit ihm irgendwie arrangieren zu können – auf diese kurze Phase einer sehr diesseitigen Selbstkontemplation folgte nur zu bald, im Laufe des Jahres 1935, eine gleichsam erneute Einsicht in das Absurde jener Hoffnungen und Selbstbegütigungen, denn über den wahren Charakter des Regimes war nun kein Zweifel mehr möglich. »Wir hören hier viel Deutsches im Rundfunk, Hitler und Goebbels und sonst viel Barbarisches. Ich will den Ton im Ohr haben für den Roman über den Einbruch der Barbaren, den ich einmal schreiben will«, berichtet Feuchtwanger an Arnold Zweig am 17. März 1935[6], und dem korrespondiert wieder unabgesprochen, aber wie in unmittelbarer Ergänzung dazu Thomas Manns Tagebucheintragung vom gleichen Tag: »Rückkehr des Hitler aus Bayern nach Berlin. Reden. Proklamation an das deutsche Volk. Erregte Kommentare der europ. Presse. Bitterer und scharfer Widerhall in Frankreich (...) Die Herausforderung ist brutal. Aber es ist zu spät, man hat schon zu viel geschehen lassen (...) Nähert sich schon die Katastrophe?«[7] So ließe sich eine Geschichte der persönlichen und doch so allgemeinen Situation der Emigranten schreiben, das Auf und Ab in den Reaktionen auf die Botschaften von draußen nachzeichnen, mit der dann nach 1935 sich immer deutlicher meldenden bitteren Einsicht, daß nichts mehr zu retten sei. Tagebücher, Briefe und Aufsätze enthüllen ein erstaunlich gleichförmiges Bild dieser Reaktionen und lassen erkennen, wie homogen die Emigrantengruppe dachte.

So läßt sich manches zusammentragen, was auf den ersten Blick dafür sprechen könnte, daß sich gewissermaßen ein exilantes Gruppenbewußtsein herausgebildet habe, daß es zu Gemeinschaftsreaktionen gekommen sei, auch wenn sie vereinzelt formuliert wurden. Dem entsprachen Gruppenaktivitäten. Dazu gehören vor allem die überall auftauchenden Organisationen. Mag es nun der »Schutzverband deutscher Schriftsteller« gewesen sein (der allerdings ja nur eine Neugründung nach dem Verbot des gleichnamigen Schutzverbandes in Deutschland war) oder der »Bund Freie Presse und Literatur«, später der »Schutzverband deutsch-amerikanischer Schriftsteller« oder die anderen loseren Gruppierungen, die literarische Sektion des »Bert-Brecht-Clubs«, der »Thomas-Mann-Club«, der »Freie Deutsche Kulturbund«, die »Internationale Vereinigung revolutionärer Schriftsteller« – sie alle sprechen auf den ersten Blick hin für eigentümliche Gemeinschaftsreaktionen; die intensiven Bemühungen um Gruppierungen und Bündnisse, um Vereinigungen und Zentralisierungen lassen nichts Individuelles erkennen. Natürlich waren es auch Schutzgemeinschaften, die da gegründet wurden und dieses sogar, materiell und juristisch gesehen, in erster Linie; aber sie wären als solche nicht aufgekommen, hätte nicht ein offenbarer Gemeinschaftswille sie hochgebracht und geschützt. Eine ähnliche Sprache führen die Zeitschriften. Mag es sich nun um Klaus Manns so sprechende »Sammlung« handeln oder um andere Bemühungen, eine »Volksfront« zu bilden, um »Maß und Wert« (in manchem der Gegenentwurf des Vaters zum Publikationsunternehmen des Sohnes), um die »Deutschen Blätter« oder um das »Neue Tage-Buch«, um »Das Wort« oder um die »Neuen Deutschen Blätter«: sie alle waren, wenn auch nicht immer im Sinne Klaus Manns, Sammelbewegungen einer sich zunehmend zwangsläufig zerstreuenden Emigrantenschaft. Zu diesen Konzentrationsbemühungen gehörten ganz zweifellos auch die Schriftstellerkolonien, in denen sich gerade die bekannteren der deutschen ausgebürgerten Schriftsteller wiederfanden. Jene von Sanary-sur-Mer in Südfrankreich ist fast schon legendär geworden; die kleineren, zahlenmäßig aber nicht bedeutungsloseren Gruppierungen in Paris, Prag und Amsterdam waren nicht weniger wichtig, und wenn diese Bündnisse sich auch kaum als Volksfront oder als »humanistische Front« verstanden, so waren sie, auch wenn sie oft nur kurzlebig existierten, doch mit dem Schicksal des Emigrantendaseins tief verbunden. Am deutlichsten zeigt das die langjährige Wirksamkeit und Wirklichkeit der Emigrantenkolonie in Kalifornien – man mag in Thomas Manns »Die Entstehung des Dr. Faustus« nachlesen, wie lebendig sie war, auch wenn literarische Anregungen allenfalls indirekt von ihr ausgingen.

Schutzgemeinschaften, Bündnisse gegen die Isolation, ein geradezu eigensinniges Festhalten am literarischen Gesellschaftsbetrieb auch dort, wo es diese Gesellschaft im Grunde genommen nicht mehr gab – hier treten, so scheint es, sogar eigentümlich bürgerliche Züge auf, so wie sie auch dort sichtbar werden, wo die eindeutig politischen Zielsetzungen der Volksfrontbewegung entweder verdrängt oder sogar bekämpft werden. Daß selbst rein literarische Zeitschriften wie »Maß und Wert« zumindest ungewollt ihre politischen Akzente hatten, mag jenen Herausgebern, die gerade das Gegenteil wollten, unangenehm gewesen sein – sofern sie es überhaupt konstatieren wollten. Aber wichtiger als die Auseinandersetzungen im Bereich der Journale sind die Gemeinsamkeiten, die hinter allem stehen: diese Sammlungsbewegungen, das mehr oder weniger scharf umrissene Gruppenbewußtsein, die Zusammenschlüsse und Bündnisse, die intensivierten persönlichen Beziehungen, das Miteinander in einer literarischen Gesellschaft, über deren eigentümlich fiktionalen Charakter sich im Grunde genommen dabei jeder im klaren war. Das literarische Leben, auch das in den Zeitschriften, war ein Versuch, fortzuführen, was unwiederbringlich verloren war.

Vergebens, wie wir wissen. Der rasche Zerfall der literarischen Gesellschaften, der Zeitschriften und anderer Bündnisse ist aber nicht nur damit zu begründen, daß hier durch ungünstige äußere Einflüsse eine literarische Kultur mit allen ihren Erscheinungen immer wieder unmöglich gemacht wurde, sondern hat tiefere Wurzeln. Eine humanistische Front existierte allenfalls ideell, auch das jedoch nicht überall und mit verschiedenen Inhalten, und die mangelnde Dauerhaftigkeit aller dieser Unternehmungen steht in eigentümlichem Widerspruch zu den hochgemut propagierten Zielen und Absichten. Manches spricht dafür, daß die außerordentliche Vielfalt jener Zusammenschlüsse, dieses Aufkommen immer neuer Bündnisse und Gruppierungen, Zeitschriften und Verbindungen ein unausgesprochener Versuch war, mit einem Phänomen fertig zu werden, das so unvermeidlich wie tiefgehend und in gewisser Weise so selbstverständlich wie erzwungen war: dem der Vereinzelung, des tatsächlichen Endes aller jener Bindungen und Gemeinsamkeiten, der Erkenntnis, daß es am Ende wirklich nur das Ich gewesen war, das man hatte mitnehmen können und das sich nun dem Bewußtsein in einer Form präsentierte, die nicht mehr die gewohnte war oder vielmehr: das problematisch geworden war, deswegen neu erfahren und auch neu definiert werden wollte.

Aus dem raschen Ende vor allem der politisch orientierten Zeitschriften sprach zwar nicht nur die Diffusion der Emigranten, sondern auch anderes: Uneinigkeit darüber, was tatsächlich bedroht war und ebenso darüber, wie langfristig diese Bedrohung sein würde. Sicherlich kam auch die alte Aversion gegen politische Stellungnahmen wieder auf. Die gescheiterten Volksfront-Versuche sprechen da eine ebenso deutliche Sprache wie der Rückzug vieler Emigranten aus den politischen Zeitschriften. Doch das auffällige Ausbleiben einer wirklich gemeinsamen Reaktion ist andererseits wiederum nur Ausdruck dessen, was die Exilerfahrung eigentlich beinhaltete. Die Emigration wurde anfangs jedenfalls durchaus nicht als politisches Ereignis oder politisches Schicksal erfahren, sondern als individuelles, persönliches Ereignis und Unglück – etwas, das die unmittelbaren Reaktionen der Frühzeit, aber auch noch spätere Reflexe stärker durchdringt als alles andere. Auf das Exil gab es, entgegen den zahlreichen Bündnissen und Gruppierungen, fast immer nur subjektive, ichbezogene Antworten. In welchem Ausmaß das politische Schicksal der Emigration als höchstpersönliches, unverwechselbares Los erfahren wurde, zeigt ebenso Walter Hasenclevers Roman *Die Rechtlosen* wie Anna Seghers' *Transit*, Werfels *Jacobowsky und der Oberst* wie René Schickeles *Die Flaschenpost*. Von Anna Seghers abgesehen scheint das freilich darauf hinzudeuten, daß diese so individuellen Reaktionen sich von der Vorzeit her erklären, also nichts anderes als eine Erbschaft eines allgemeinen bürgerlichen Selbstverständnisses sein könnten, wie es das Bewußtsein der Schriftsteller in den zwanziger Jahren geprägt hatte. Aber auch hier täuscht der erste Augenschein. Zwar ist die Unfähigkeit, auf die Gewaltmaßnahmen der Nationalsozialisten als Gruppe, als Gegenbewegung oder gar als »Volksfront« zu reagieren, zweifellos vom bürgerlichen Denken mitmotiviert. Aber die Individualisierung der Literatur, die Zersplitterung in Einzelberichte, in subjektive Bestandsaufnahmen und sehr persönliche Reaktionsbeschreibungen scheint mit einer ganz spezifischen Erfahrung des Exils selbst zusammenzuhängen, nämlich mit einem überall aufkommenden Ich-Bewußtsein, das sich auch literarisch sofort niederschlägt. Die Exilerlebnisse werden subjektiviert, nicht objektiviert; und so haben wir in fast spontaner Reaktion auf die Ausbürgerungsvorgänge eine Konzentration auf das Ich und seine Erfahrungen. Bei bürgerlichen Autoren mag das, was ihre persönlichen Äußerungen angeht, nicht unbedingt auffällig sein. Um so merkwürdiger ist sie dort, wo sie eigentlich nicht zu erwarten wäre: in der Literatur. Sie reflektiert deutlicher die Erfahrung des Exils als alles andere. Würde man die gleichsam innere Geschichte der Emigration nachzeichnen, die Veränderungen im Weltverständnis und die eigentlichen Reaktionen der Ausgebürgerten, so sind selbst die Briefe und Tagebücher in gewissem Sinne nur schwache Antworten. Gewiß, die Bemerkungen zur Lage, die Proteste und Zustimmungen sind vor allem dort zu finden – die Literatur selber blieb davon sogar eigentümlich unberührt. Die Briefwechsel dürften, alles in allem genommen, in der Zeit nach 1933 eher noch zugenommen haben, waren es doch vielfach ersatzweise Gespräche, die über weite Entfernungen hin und mit Verzögerungen geführt wurden. Doch so wichtig sie tatsächlich gewesen sind, so einseitig waren sie auch – aus ihnen läßt sich die Geschichte der Emigration nur unvollständig rekonstruieren, erscheinen die Äußerungen der Emigranten nur als überraschend gleichsinnige, merkwürdig unindividuelle Rückäußerungen auf das, was drüben geschah. Ähnliches gilt für die öffentlichen Unternehmungen, also die Zeitschriften und Organisationen. Auch sie spiegeln das Exildasein nur unvollständig, zumal sie eine Aktivität vortäuschen, die in deutlichem Gegensatz zur wahren Lage der Emigranten steht. Es sind die Romane, Erzählungen, Gedichte und Dramen, die wirklichen Aufschluß geben über das, was da in der Emigration über die Verfolgten hereingebrochen war.

So zeigen etwa die Gedichte Bert Brechts, daß die Kollektiverlebnisse, mögen sie auch noch so oft dokumentiert sein, vordergründig und oberflächlich sind. Brechts Gedichte sind eigentümlich reaktiv; gerade sie geben zu erkennen, daß es mit kollektiven Antworten auf eine kollektive Herausforderung nicht getan war. Die unmittelbare Antwort ist sehr persönlicher Art, gerade darin aber eben auch symptomatisch für viele ähnliche literarische Reaktionen, die uns das wahre Schicksal der Emigranten besser illustrieren als die hektischen Gemeinschaftsaktivitäten nach 1933. Brecht läßt erkennen, daß das Exil bedeutete, vor allem mit sich leben zu müssen. Dem »Wir« der anderen steht das »Ich« gegenüber. Das Exil dürfte ohnehin eines verstärkt haben: Brechts Neigung, in Gegensätzen zu denken und zu schreiben. »Verhalten in der Fremde« ist eines der ersten Gedichte, in denen das Thema des Exils bei Brecht erscheint, und wenn dort Fremde und Heimat einander konfrontiert sind, so reagiert Brecht mit einem Denken in Antagonismen, das sich zwar schon in den Lehrstücken der 20er Jahre abzeichnete, aber jetzt noch deutlicher in Erscheinung tritt. Gleichzeitig aber ist diese Kontraposition alles andere als untypisch: ähnlich haben sehr viele Emigranten reagiert. Brechts Gedicht ist ein Musterbeispiel, ein scharf zugespitztes Exempel des neuen Exildenkens, wie es überall aufkam: Nicht nur, daß die »Heimat« dem »fremden Land« konfrontiert ist; das »Früher« steht gegen ein »Jetzt«, Recht und Geborgenheit gegen Unrecht und Willkür, der in einer Gemeinschaft Lebende gegen den aus der Gemeinschaft Ausgestoßenen. Die Fremde erscheint als Umkehrung alles dessen, was das Land bestimmte, in dem man geboren war: ein klar dualistisches Weltbild, das in den wenigen Zeilen dieses Gedichts entworfen ist. Nicht weniger auffällig aber ist eine zweite Kontraposition: Es ist die zwischen dem Ich und der undefinierten Masse der anderen, jener namenlosen Pluralität, die jetzt in Deutschland herrschte. Das zeigen Gedichte wie »Als ich ins Exil gejagt wurde«. Diesem vertriebenen Ich stehen die anonymen »sie« gegenüber, durch nichts anderes gekennzeichnet als durch einen unspezifischen Plural. Ein Gedicht wie »Einmal eine nützliche Handlung verrichten« beschreibt ähnliches. Auch dieses Gedicht ist keine Ausnahmeerscheinung: Diese zwangsläufig so verschwommene Charakteristik des Gegenüber findet sich ebenfalls in »Die Schauspielerin« oder im »Lied vom SA-Mann«. »Sie« – das ist die Masse der Mitläufer, der Verführten und schnell Überzeugten, eigentümlich gesichtslos, dafür aber von unbeschränkter Macht, bis in die Seelen der Emigranten hinein. Der Gegensatz von anonymer Masse und dem einzelnen beobachtenden und bewußten Ich verlängert nicht nur die Reihe der anderen Gegensätze, sondern akzentuiert jenen von Fremde und Heimat noch einmal neu, denn der alte Bedeutungsgehalt der beiden Begriffe ist in Brechts Gedichten damit geradezu in sein Gegenteil verkehrt: Der ursprünglich positive Wert der »Heimat« ist dadurch depraviert, daß »sie« in ihnen herrschen, also jene anonyme Masse der Faschisten und ihre Mitläufer; hingegen ist der an sich negative Wert der »Fremde« durch diesen Gegensatz von anonymer Masse und bewußtem, erkennendem und lehrendem Einzel-Ich umgewertet: Nur in der Fremde sind hinfort Freiheit (im geistigen Sinne), Erkenntnis und Lehre im Gedicht und durch das Gedicht möglich. Gewiß mögen diese Brecht-Gedichte auch so zu verstehen sein, daß in ihnen ein im Grunde genommen unerklärliches Phänomen, nämlich die magnetische Anziehungskraft der Nazis auf alle jene, die sich eigentlich nach Brecht im »antifaschistischen Kampfbund« einzufinden gehabt hätten, verbalisiert wird – hier wird zum beinahe numinosen Ereignis, was sich der rationalen Erklärung so eigenwillig entzieht. Aber dahinter zeigt sich doch immer wieder das einzelne Ich und sein im Grunde zunächst jedenfalls hoffnungsloser Versuch, sich gegen die Masse der anderen zu behaupten. Daß diese Ich-Erfahrung gerade bei Brecht so markant erscheint, läßt Rückschlüsse zu auf deren Stärke und Tiefe. Gerade in den Jahren, in denen die literarischen Gruppierungen und Zweckbündnisse, die Zeitschriftengründungen und Verlagsunternehmungen eine Einheitsfront der Emigranten vorgaukeln, in denen die Bindungen aneinander und zueinander in Briefwechseln und Gesprächen so außerordentlich intensiviert erscheinen, ist Vereinzelung das primäre Erlebnis zahlreicher Flüchtlinge gewesen, und man tut gut daran, jene Bündnisse und Zusammenschlüsse als Reaktionen auf eben diese Erfahrung zu erkennen, nicht als spontane Übernahme früherer gesellschaftlich-literarischer Tätigkeiten in das neue Dasein hinein.

Wie tief diese Erfahrungen des Ich waren, die zumeist jene betrafen, die sich bis dahin tief einer bürgerlichen Kultur inkorporiert wußten, zeigen selbst noch retrospektive Zeugnisse. Stefan Zweig hat diese Destruktion des Ich und auch ihre Ursachen treffend beschrieben, wenn er im Eingang seiner Lebenserinnerungen berichtet: »Ich habe meiner Person niemals soviel Wichtigkeit beigemessen, daß es mich verlockt hätte, anderen die Geschichte meines Lebens zu erzählen. Viel mußte sich ereignen, unendlich viel mehr, als sonst einer einzelnen Generation an Geschehnissen, Katastrophen und Prüfungen zugeteilt ist, ehe ich den Mut fand, ein Buch zu beginnen, das mein Ich zur Hauptperson hat oder – besser gesagt – zum Mittelpunkt (...) Jeder von uns, auch der Kleinste und Geringste, ist in seiner innersten Existens aufgewühlt worden von den fast pausenlosen vulkanischen

Erschütterungen unserer europäischen Erde (...) Sie haben mir dreimal Haus und Existenz umgeworfen, mich von jedem Einstigen und Vergangenen gelöst und mit ihrer dramatischen Vehemenz ins Leere geschleudert, in das mir schon wohlbekannte ›Ich weiß nicht wohin‹ (...) Denn losgelöst von allen Wurzeln und selbst von der Erde, die diese Wurzeln nährte, – das bin ich wahrhaftig wie selten einer in den Zeiten«.[8] Bedenkt man, daß die frühen Erschütterungen nicht erst in den Jahren nach 1933, sondern mit denen des Ersten Weltkriegs gekommen waren, mußte die Emigration wie eine Vertiefung jener Desorientierung wirken, die in den zwanziger Jahren auf oft nur mühsam-hoffnungsvolle Weise überwunden schien. Zweigs Lebensbericht ist ein einziger Versuch, nicht nur die Welt von gestern zu restituieren, sondern auch eine Topographie des Ich nachzuschreiben, die mit dieser Welt längst verlorengegangen war. So gehört die neue Ich-Erfahrung zumindest in den ersten beiden Jahren des Exils zu den Elementarerlebnissen, tieferreichend als jene einer sozialen Deklassierung und einer polizeilichen Verfolgung. Wie tief sie ging, zeigt der literarische Niederschlag. Selbst in Anna Seghers' *Das siebte Kreuz* erfährt der Flüchtling zunächst einmal die Wirklichkeit seiner selbst, später erst die helfender Anderer. Nicht anders in *Transit,* nicht anders in Hasenclevers *Die Rechtlosen*: Die Erfahrung des Exils machte deutlich, daß das eigene Ich alles andere als stabil war, es war nicht einbruchsgesichert und nicht durch Tradition und Umwelt geschützt, von keiner Konvention gestärkt und von keiner Vergangenheit legitimiert. Von manchen Schriftstellern zur scheinbar sehr starken und selbstbewußten Festung ausgebaut, war dieses Ich plötzlich durch nichts mehr gehalten, verletzlich und problematisch geworden, und die Reaktionen waren nicht selten psychischer Art, zeigten sich in Irritationen und Unruhe, in Verzweiflung und absurden Vorstellungen.

Die Antworten auf diese extremen Verunsicherungen des Ich sind jedoch nicht nur jene literarischen Gruppenaktivitäten, die sich in Verlagsunternehmungen und Exilanten-Kolonien niederschlugen. Die direkten Reaktionen sind vielmehr literarischer Art. Vieles spricht dafür, daß der so extensiv geschriebene historische Roman, der in den Jahren zwischen 1934 und 1940 eine ungeahnte Blütezeit hatte, ein produktives Fluchtmittel war und Identifikationsersatz bot, daß er das Ich als ego triumphans zeigen konnte und nicht in seiner Miserabilität. Denn im historischen Beispiel gab es jene Aufschwünge und Siege des Einzelnen, jene Wirklichkeit, die hier nicht einmal möglich schien, und es waren die großen Namen, denen sich der Emigrant anreihte – wie Brecht das im »Neujahr der Verfolgten« auf ebenso knappe wie eindrucksvolle Weise tat. Die scheinbare Flucht in die Geschichte war ein Selbstsicherungsversuch, wie er zäher und eindringlicher wohl kaum unternommen worden ist. Aber die Einzelnen siegen, später, auch sonst: In Werfels *Jacobowsky und der Oberst* ebenso wie, wenn auch auf absurd-irreale Weise, in René Schickeles *Flaschenpost*.

Es gab andere Lösungen. Wo die Geschichte keine Paradigmen für das dennoch erfolgreiche, seiner selbst sichere und unantastbare Ich liefern konnte, traten Mythologie und Bibel an deren Stelle: Gerade die Bibel lieferte ein Geschichtenarsenal, aus dem sich Vergleichbarkeiten ergaben, das den endlichen Sieg des Ichs über seine Bedrohungen wahrscheinlich machte. Nimmt man die Exilliteratur als Ganzes, so sind die Untergangsberichte, die Aufzeichnungen von Katastrophen und Unglücksfällen, die Notierungen des allgemeinen Emigranten-Elends höchst selten – in mehr als auffälligem Widerspruch zur Wirklichkeit selbst. Die Literatur des Exils ist alles andere als eine Verzweiflungsliteratur – die Klagen und Beschwerden, das Hadern mit einem unverdienten Schicksal und die Uneinsicht in die Gründe, die zu der Katastrophe des Faschismus führten, liegen anderswo auf, in den Tagebüchern und Briefen, in Gesprächsdokumentationen und Notizheften. Die Literatur aber kennt sehr viel häufiger Siegesberichte, die freilich stärker von Hoffnungen als vom real Erlebten her gesteuert sein mochten. Dennoch: die Reihe der Erfolgsgeschichten und Erlösungsfabeln, der Triumpherzählungen und Verherrlichungen des Ich ist, in der Literatur selbst, Legion. Thomas Mann mag die berühmtesten und eindringlichsten geschrieben haben, diese Romane vom großartigen Sieg der Einzelnen über Kollektive, von der Wiederauferstehung nach dem Höllensturz, von der Erhöhung nach der Grubenfahrt, vom endlichen Sieg des von vornherein zum Tode Verurteilten, vom Triumph des Einzelnen über ein ganzes mißgünstiges und irregeführtes Volk. Erhöhungsgeschichten sind das allesamt, und wenn sie auch alle überschattet sind vom Schicksal des Dr. Faustus, so wird doch der Bericht über dieses Schicksal, also die Beschreibung jenes Unterganges durch Zeitblom (und Thomas Mann) zumindest mit dem letzten Satz des Romans ins Hoffnungsvolle gewendet. Die Erzählung von Deutschlands Untergang kann nicht triumphal enden, aber hoffnungslos endet sie auch nicht. Doch die Josephsromane und *Lotte in Weimar*, der *Erwählte* und *Felix Krull*: es sind grandiose Siege von Einzelnen; mit den Absturzgeschichten, wie sie in den *Buddenbrooks* und im *Tod in Venedig* geschrieben worden waren, hat es ein überdeutliches Ende, nach der Tragik des Ich ist sein Triumph, literarisch gesehen zumindest, unüberhörbar und sicher – so sicher, wie es die Literatur erlaubt. Die Masse der gesichtslosen Mitläufer verschwindet allmählich aus den Romanen und Erzählungen, verliert sich ins nicht mehr Gesehene, damit der Triumph des Ich, die Geschichte seines dennoch möglichen Überlebens geschrieben werden konnte, aller erbärmlichen Wirklichkeit zum Trotz. Heilsgeschichten also und Erlösungsberichte: sie häufen sich von den späteren 30er Jahren an, und es ist nicht nur der Sieg des Einzelnen über eine zerstörerische Umwelt, sondern auch der des Intellekts, des Geistes über die unglaublichen Wirklichkeitserfahrungen, die die Schriftsteller im Exil hinter sich wußten. Stefan Zweig hat einmal, wenn auch noch vor der Emigration, über die »moralische Entgiftung Europas« gesprochen. Sie fand, wenn man so will, nach 1933 dort statt, wo sie allein stattfinden konnte und ihre Wirkung hatte: in der Literatur. Es ist die Literatur, in der diese Ich-Erfahrungen sich aussprechen: sowohl die seiner unheimlichen Bedrohung wie auch jene von der dennoch möglich gewordenen Überwindung der Gefahren. Das hat etwas Surrealistisches an sich, und in der Tat mehren sich in den 30er Jahren Romane und auch Dramen, die in einem sonderbaren Zwischenreich spielen, in das die Realität eingegangen ist und in dem diese doch diaphan zu werden scheint. Doch auch Anna Seghers hat mit ihrem *Das siebte Kreuz* die Geschichte eines großen Einzelnen geschrieben, der die Mordschwadronen, die hinter ihm her sind, schließlich überlistet; die Leidensgeschichte des Verfolgten endet mit einem Satz, der diesen Überlebensglauben geradezu zum Credo erklärt: »Wir fühlten alle, wie tief und furchtbar die äußeren Mächte in den Menschen hineingreifen können, bis in sein Innerstes, aber wir fühlten auch, daß es im Innersten etwas gab, was unangreifbar war und unverletzbar«. Auch in anderen Geschichten gibt es immer wieder Erkennende, und sie, als Einzelne, haben damit etwas erreicht, das nicht mehr zerstörbar ist. Die eigentümliche Doppelexistenz, die der Held in Anna Seghers' *Transit* führt, ist einerseits zwar Ausdruck eines gespaltenen Ichbewußtseins, aber andererseits Voraussetzung der Einsichten, die er hat. Am Ende steht sein Wissen um die Sinnlosigkeit der Flüchtlingssuche nach einem Schiff, und wenn er bleibt, so aus Überzeugung, nicht aus Lethargie. Das beendet sein transitäres Dasein, aber nur so kann er erkennen. Der Sieg des Einzelnen ist auch ein Sieg der Einsicht, und daß sie möglich sei, ist in den Romanen der Exil-Literatur immer wieder beschworen worden.

Nicht immer feiern die Verfolgten eine derart gloriose Auferstehung, wie es Joseph nach seiner Grubenfahrt in Thomas Manns Roman tut. Der Weg zur Erkenntnis ist oft ein mühseliger Leidensprozeß, und nicht immer bleiben die Erkennenden von Gewalt und Ungerechtigkeit verschont. Stefan Zweig hat in seinem *Erasmus von Rotterdam* die Lebens- und Leidensgeschichte eines Intellektuellen beschrieben, der sich auf ähnliche Weise wie seine modernen Brüder auf der Flucht befand – vor Gewalt, Unbarmherzigkeit, Fanatismus, Rechthaberei und Unvernunft. Es ist der Einbruch des Barbarischen in die zarte Geistigkeit einer Humanistennatur, die auf Ausgleich und Verständigung, auf Aufklärung und Toleranz aus war. Sein Feind ist der Fanatismus, der mit Flamme und Schwert um sein Haus tobt: eine düstere Geschichte der Besessenheit und des religiösen Wahns, der wie ein Wirbelsturm über die Köpfe der Deutschen hereinbricht. Erasmus flieht, aber am Ende siegt doch das Erasmische: eine Haltung der Vernunft. Stefan Zweig hat auf der letzten Seite seines Romans nachdrücklich davon gesprochen, daß der Glaube an eine mögliche Befriedung der Menschheit gerade in den Augenblicken eifervollster Verzwistung durchbreche – »denn die Menschheit wird nie und niemals leben und schaffen können ohne diesen tröstlichen Wahn eines Aufstiegs ins Sittliche, ohne diesen Traum einer letzten und endlichen Verständigung«.[9] Es ist der Roman von der Heimatlosigkeit des Intellektuellen in der Zeit der Verfolgung, aber auch dieser wird nicht zum Bericht über einen Untergang, sondern zum Hohelied seines Triumphes. Auch hier ist der endliche Sieg des Einzelnen zugleich der Triumph seiner Erkenntnis.

Der Kampf der Einzelnen um ihr Überleben ist literarisch nie ein Kampf ohne Hoffnung, und wie sehr gerade das nicht nur die Literatur betraf, sondern zugleich die Wirklichkeit, zeigt der Beginn des letzten Kapitels in Heinrich Manns *Ein Zeitalter wird besichtigt*, wenn er schreibt: »Was alles gegen die menschliche Natur zeugen möchte, ihre monströsen Erkrankungen, ihre Wirrnis und Schwäche – dieses Zeitalter verdient Dank, daß es zum Schluß die bessere Seite freigelegt hat, die rechte, die sich sehen lassen kann«.[10] In der Literatur aber ist das alles noch viel nachdrücklicher beschrieben, als es selbst die intensivsten Memoiren erkennen lassen. Franz Werfel hat in *Jacobowsky und der Oberst* die tragische Komödie des Jacobowsky inszeniert – auch sie ein Triumph des Geistes des Einzelnen, aller Verfolgungstragödie zum Trotze. Jacobowsky berichtet fast heiter über sie, komödiantisch auch über seine Bemühungen, der deutschen Kultur ihren Dienst zu erweisen, bis zu seinem ironisch-bitteren »Das verzeihen mir die Nazis nicht. Darauf steht nicht Dachau. Darauf steht der Tod« als Antwort.[11] Aber er überlebt, symbolisch und realiter, und er besiegt die Hölle – wieder der Sieg eines Intellektuellen, der Triumph des Geistes. Und wenn er auch der ewig Verfolgte ist mit seiner auf paradoxe Weise richtigen Einsicht: »Sehn Sie, der einzige Vorsprung, den der Verfolgte auf der Welt hat, besteht darin, daß er nicht der Verfolgte ist ...«[12], so entkommt er doch am Ende und wählt immer die bessere der beiden Möglichkeiten, selbst wenn er das bescheiden mit »Inspiration ist alles« kommentiert und sein Begleiter ihn hämisch einen Optimisten nennt. Er ist es, nur zu sehr; aber auch nur deswegen überlebt er. Es gibt Romane, in denen der Überlebenswille, die Erkenntnisfähigkeit weniger stark ausgeprägt sind als bei Werfel und Anna Seghers. Dazu gehört etwa Hermann Brochs *Verzauberung*, die Geschichte eines »Irrweges«,[13] wie Broch es selbst dargestellt hat, die mit dem Sieg des Fanatismus und der faschistischen Gewalt endet. Hier ist der Einzelseele, zur Beute von »Unbegreiflichkeiten« geworden, Widerstand nicht möglich. Die Gegenspielerin des Verführers fällt schließlich, so Broch, »dem Toben zum Opfer«.[14] Broch wußte um die Verführbarkeit des Einzelnen. Aber wenn der Roman auch davon berichtet, so doch nicht, um das Auslöschen der Individualität als unabwendbar darzustellen, sondern um in dem Roman selbst und im Vorgang des Erzählens Gegenkräfte aufzuweisen, die der fatalen Allmachtsreligion des Ratti entgegenwirken. Die Niederschrift des Romans ist am Ende also dennoch ein Bekenntnis zum erkennenden Ich, die Perspektive des Erzählers gehört gewissermaßen zum Erkenntnispotential des Romans hinzu – auch wenn Broch um die Bedrohung dieses Ichs nur zu sehr wußte.

Der Gegensatz vom Einzelnen und von einer namenlosen Menge, von der törichten Bande von Verdummten und dem erkennenden einsamen Ich ist auch anderswo überall wiederzufinden. Zu den zu Unrecht vergessenen Werken gehören Hasenclevers *Die Rechtlosen*. Der Roman ist relativ spät entstanden, im Winter 1939/40, und es ist ein autobiographischer Roman, wie, mehr oder weniger verdeckt, es fast alle Romane der Exilzeit sind. Aber auch hier ist die eigene Erfahrung literarisiert, erscheint der Einzelne als der Erkennende: kaum einer dieser Romane, der die Geschichte ihrer Helden um ihrer selbst willen berichtet. Hasenclever erzählt ein Einzelschicksal, das an sich so bedeutungsvoll oder so bedeutungslos ist wie das Schicksal Tausender von Emigranten, aber auch hier ist der Einzelne nicht nur zwangsläufig in größere Zusammenhänge eingebunden, sondern versteht sich aus dem Kontrast zur unwissenden Menge. Der Roman berichtet eingangs von den letzten Augusttagen des Jahres 1939, in Südfrankreich erlebt: Die Schatten des Kommenden sind allzudeutlich schon über die heitere Landschaft geworfen, und mit wenigen Strichen ist die Situation derer eingefangen, die das Fatale abwarten müssen: »Golo fingerte am Radioapparat herum. Es sieht düster aus. Der Gefreite des Weltkriegs schäumt in der Wilhelmstraße. Sir Neville Henderson, britischer Botschafter in Berlin, versucht den Hysteriker zu beruhigen. Was werden die nächsten Stunden bringen? Märsche. Bum, bum, Trara. ›Üb immer Treu und Redlichkeit‹. Horst Wessel, das Zuhälterlied. Man wird wieder einmal dem deutschen Volke das Märchen vom Überfall auftischen. Wie 1914, als die Franzosen angeblich Bomben über Nürnberg abwarfen. Die Regierung der Desperados bereitet einen Coup vor. Diesmal wird nicht der Reichstag angezündet. Diesmal wird ganz Europa in Brand gesteckt.«[15] Es sind die Einsichten derer, die die Katastrophe voraussehen, und der Hintergrund ist eine Gesellschaft, die sich abends bei Tanzfesten betäubt: »Man tanzte heiter und zügellos. Die Herren massierten den nackten Rücken der Damen und preßten die Wangen gegen die fette Schminke ihrer Partnerinnen. Diese hatten den Arm verheißungsvoll um den Nacken der Männer geschlungen und harrten der Dinge, die kommen sollten. Die Beine der Tanzenden bewegten sich teils im Rhythmus, teils im Takt der eigenen Erotik. Dazu machte man Konversation (...) Ein sonderbarer Spaß, vom dumpfen Kanonendonner begleitet. Wohlgast spuckte seine Zigarette aus. ›Hol sie der Teufel‹, fluchte er, ›diese Bande von Idioten. Sie verleiden einem die letzte friedliche Stunde in Europa‹«.[16] Es ist die Einsicht dessen, der seinen Namen fatalerweise zu Unrecht führt: Ein Todesbote ist er, »klein von Gestalt, sein kluges, feines Gesicht schien zwischen den Schultern eingezwängt (...). Eine geistreiche Natter, dieser kleine Mann. Mit einem übermäßig entwickelten Gehirn, dem nichts Gedrucktes, aber alles Menschliche fremd war. Im Grunde ein hochanständiger, unbestechlicher Kamerad, der, wenn es um seine Gesinnung ging, weder vor Gefahr noch Armut zurückscheute. Er hatte nur einen Fehler: er war zu klug«.[17] Auch das also die Geschichte eines Intellektuellen, der sieht, wohin führen mußte, was angefangen hatte – ein inneres Spiegelbild Hasenclevers, sein alter ego, die nur zu richtige Einsicht in die Verhältnisse konfrontiert mit jener dumpfen internationalen Gesellschaft, die den Kanonendonner nicht hört, der vom Meer heraufdröhnt. Später im Roman sind es die Gespräche, die jenes Maß an Erkenntnis bringen, das hier am Ende als Grad des Menschlichen erscheint. Der Kanonendonner ist nicht nur die akustische Begleiterscheinung einer militärischen Übung, sondern der Donner des Krieges, der unmittelbar darauf ausbricht. Die Gesellschaft auf dem Tanzboden, die für Wohlgast nur jene Bande von Idioten ist, ist mehr als ein Künstlervölkchen, das das

Leben leicht nimmt, nämlich nichts anderes als Abbild der europäischen, der internationalen Vorkriegsgesellschaft. Der Besucher sieht dieser Lustbarkeit von außen her zu – wie Hasenclever, der nachträglich seinen Roman darüber geschrieben hat. Diese nur auf Luxus und Allotria bedachte Gesellschaft wird in der Tat in den Zweiten Weltkrieg hineintaumeln, weil sie blind ist für den »Dämon aus Braunau«. Es ist nicht nur »eine Malerkolonie, die in der Mehrzahl aus Trunkenbolden bestand und die gutmütige Bevölkerung durch nächtliches Toben erschreckte«. Es sind die exponierten Zirkel der europäischen Sozietät vor dem Kriege, die in ihren Extremen sichtbar gemacht wird, und schon die ersten Seiten beschreiben, daß ihr Untergang nicht nur ein Werk des braunen Diktators ist, sondern aus innerer Fragwürdigkeit und Morbidität selbst unausweichlich ist. In einer solchen Gesellschaft muß sich der dämonische Geist aus Braunau mit der Rasanz eines Feuersturms ausbreiten: Sie ist alles andere als immun gegen das, was von Deutschland herüberkommt, und so ist die Geschichte dieser Gesellschaft auch eine Geschichte des Verfalls. Aber der Roman endet damit nicht. Er endet mit der Beschwörung längst verschütteter Werte: Hilfsbereitschaft, Vertrauen, Altruismus, Gläubigkeit, Toleranz, Liberalität. Das Lager, das Hasenclever beschreibt, ist ein symbolischer Ort, und das »Wir werden Sie befreien« des Kommandeurs ein symbolisches Wort, eine fast schon jenseitige Hoffnung. Der Roman enthält wie viele andere gleichsam eine Heilsbotschaft, und am Ende dieser endlosen Gespräche steht die Einsicht, die auch bei Stefan Zweig nachzulesen ist: »Jedes Glaubensbekenntnis der Menschen fängt mit Intoleranz an. Ihr Gott ist immer der einzige Gott. Und dann wundert man sich, daß Kriege daraus entstehen. Die Propheten sind die Diktatoren des Glaubens. Ob sie nun Moses, Christus oder Marx heißen«. Der Rechtlose wird schließlich wieder in seine Rechte eingesetzt, und wenn im Roman einmal von der »neuen Form des Lebens« die Rede ist, dann ist es die Existenz, die wider alle Wahrscheinlichkeit herbeigesehnt wird. Es sind Einzelne, Intellektuelle, die so sprechen, und aus ihnen spricht die Hoffnung auf das Überleben jener Einzelnen. Auferstehungsgeschichten auch das. Doch wo von der guten Gesellschaft die Rede ist, ist sie in alle Ewigkeit entfernt von jener Masse der gesichtslosen »sie«, von denen Brechts Gedichte sprechen.

*

Fahndet man nach theoretischen Fundierungen dieser literarisch so eindrucksvoll propagierten Autonomie und Unzerstörbarkeit des Ich, so sucht man weithin vergebens. Auch die Großen unter den Emigranten, Thomas Mann, Heinrich Mann, Werfel, Feuchtwanger, Döblin haben sich über Rang und Wert des Individuums so gut wie nicht geäußert, sehen wir von späteren vielen allgemein gehaltenen Reden und Äußerungen zum Zeitgeschehen ab. Diese sind natürlich zahlreich, aber eine ausgeprägte Philosophie des Ich und seiner Unverletzlichkeit findet sich nicht. Thomas Mann hat sich theoretischer schriftstellerischer Äußerungen in den Jahren nach 1933 ohnehin ziemlich enthalten. Die erste große Rede zum Zeitgeschehen stammt aus dem Jahr 1938 (»Vom kommenden Sieg der Demokratie«), und erst von da an mehren sich die Stellungnahmen zu den Tagesereignissen. Von den kleineren Aufsätzen und Bemerkungen ist nur »Achtung, Europa« aus dem Jahr 1935 zu erwähnen; die Vorworte zu »Maß und Wert« erschienen zwischen 1937 und 1939, und selbst bei den Miszellen finden wir nach 1933 eine auffällige Pause. Das alles kann man sich auf sehr natürliche Art erklären, aus der Unsicherheit der allgemeinen Lebensverhältnisse, aus den fehlenden Anlässen zu Publikationen und den ausbleibenden Umfragen und Aufforderungen zu Stellungnahmen. Der wahre Grund liegt aber wohl tiefer. Das Gegengewicht zur faschistischen Diktatur war die Demokratie, und über sie hat Thomas Mann dann ja auch seine erste größere politische Rede gehalten. Im Qualitätenkatalog der Demokratie aber ging es vorrangig um andere Werte: um Freiheit, Gerechtigkeit, Wahrheit, und es lag Thomas Mann daran, die Demokratie nicht nur als ein bloß technisch-politisches Phänomen zu beschreiben, sondern als das Humane, auf die Anerkennung des Geistes, auf die von Thomas Mann so oft beschworene »Würde des Menschen« bedacht. Das alles waren übernationale Werte, und vom Widerstandskampf eines Einzelnen konnte dort schlecht die Rede sein. Im übrigen enthalten die Charakteristiken des Demokratiebegriffes in diesen Jahren immer zwangsläufig auch Abwehrbewegungen gegen den Totalitarismus Deutschlands; und Thomas Mann war stets daran gelegen, die westliche Demokratie als das Andere, das gute Gegenteil zur Barbarei in Deutschland zu verdeutlichen. Zum Kernbegriff seines Demokratieverständnisses gehört das Antidiktatorische, aber was immer er auch zum kommenden Sieg der Demokratie zu sagen hat: es geht um nichts Einzelnes, sondern um sehr generelle, um nicht zu sagen: um menschheitliche Prospekte. So war im Grunde genommen von vornherein kein Raum für eine Apologie des Individuums. Thomas Mann hat, wenn er denn doch auf das Individuum zu sprechen kam, eher seine Begrenzung im guten Sinne als etwa eine schrankenlose Herrschaft gefordert. Das zeigt sein Essay über »Das Problem der Freiheit« aus dem Jahre 1939. Dort ist von einer »menschlichen Synthese« die Rede, von einer solchen »von Freiheit und Gleichheit, Individuum und Gesellschaft, Person und Kollektivität«[18], und Thomas Mann fährt fort: »denn die Vernunft sagt uns, daß reiner Individualismus, absolute Freiheit ebenso menschenunmöglich und kulturwidrig ist wie ihr liberticides Gegenteil. (...) Es bedeutet die Einsicht, welche dem auf seine Sonderkultur stolzen Individuum nicht eben leichtfällt, daß eine rein individualistische, rein persönliche und geistige Humanität unvollständig und für die Kultur gefährlich ist; daß das Politische und Soziale Teilgebiete des Menschlichen sind, und daß es nicht möglich ist, sie vom Geistigen und Kulturellen reinlich zu trennen, sich auf dieses zurückzuziehen und zu erklären, daß man sich für jenes ›nicht interessiere‹; es bedeutet mit einem Wort die *Totalität des Humanen*«. Nichts also vom Lebenskampf des Einzelnen, verständlicherweise. Auch in den bewußt konservativ orientierten Stellungnahmen, also etwa in den Vorworten zu »Maß und Wert«, ist zwar von der menschlichen Totalität die Rede, aber auch von der gesellschaftlichen Welt, und Thomas Mann wendet sich dezidiert gegen die Denkmöglichkeit, »einer Welt, in welcher der Zwiespalt zwischen der erreichten geistigen Stufe und dem, was im Wirklichen immer noch möglich ist, so krankhaft ausgeartet erscheint, dem Willen zum Besseren, Leidlicheren das Metaphysische, Innerliche, Religiöse als das Überlegene, ja einzig Würdige entgegenzustellen«.[19] Das ist gegen die alte Künstlereuphorie gerichtet, die ihm nicht in ihrer Kuriosität, sondern in ihrer Bedrohlichkeit erscheinen mochte.

So ist verständlich, daß es nirgendwo im Bereich der Reden und Feststellungen etwas Adäquates gab, nichts, was auf eine Verherrlichung des überlebenden Individuums hinausgelaufen wäre. Einzig bei Hermann Broch finden wir Ansätze zu einer Ich-Philosophie, etwa in seinen »Werttheoretischen Bemerkungen zur Psychoanalyse« aus dem Jahre 1936. Broch hat hier intensiv in seiner etwas krausen philosophischen Art über die Bedingungen des Ich nachgedacht, über Ich und Non-Ich, und wenn das auch eine sehr zeitlose Philosophie zu sein scheint, so spricht doch das Datum dieser Schrift seine eigene Sprache. »Ich-Kern« und »Körper-Ich«, empirische »Ich-Erweiterungen« und »Struktur des Ich«, das »Denk-Ich« und das »Fühl-Ich« – ganz ohne jeden Zweifel stehen Auseinandersetzungen mit Freud im Hintergrund, und sie werden vermutlich nicht ohne Grund gerade in dieser Zeit geführt. Aber sie sind in ihrer verklausulierten Abstraktheit merkwürdig zeitlos und sollen es gewiß auch sein. Ihr Vorhandensein deutet zwar darauf hin, daß das Ich zum Denkproblem geworden war; doch Brochs Beitrag ist alles andere als eine Apologie des Ich, wie sie in den großen Romanen der anderen Emigranten unablässig vorgebracht wird – was insofern verständlich ist, als Broch selbst ja eher die Fragilität des Ich in seinen Romanen beschrieben hat. Immerhin findet sich dort als Destillat aller seiner Überlegungen der Satz: »Das autonome Ich befindet sich in einem ständigen Wahrheitszustand«.[20] In Brochs »Theorie der Demokratie« aus dem Jahre 1938/39 ist ebensowenig wie bei Thomas Mann in dessen Demokratie-Reden vom Einzelnen gesprochen; auch hier geht es sehr viel mehr um die »regulativen Grundprinzipien«[21]. Broch sieht eher überall ethische Unsicherheit als die Fundamente der Humanität wie Thomas Mann, und, Skeptiker auch hierin, die europäischen Übel, wo Thomas Mann die europäische demokratische Tradition gerade verteidigt. Im übrigen tendierten seine Überlegungen mehr zu einer »Staatsphilosophie auf werttheoretischer Grundlage«, wie das in seinen Äußerungen zur »City of Man« deutlich wird[22]. Und bei den anderen Autoren gibt es ebenfalls nichts, was darauf hindeuten könnte, daß die Verteidigung des Ich auch theoretisch geführt worden wäre. Es gab sie nur in der Literatur, aber dort um so grandioser. Dort wurde seine Auferstehung gefeiert, wider alle wirkliche Wahrscheinlichkeit, und wenn die Memoiren und Briefe die Misere des Ich nur zu deutlich sichtbar machen, so die Literatur, also die Romane, die Dramen und die Lyrik, seine Gloriole. Daß das erst auf breiter Front später geschah, also nicht unmittelbar in den ersten Jahren des Exils, sondern verstärkt etwa von 1938 an, ist sicher kein Zufall. Auch hierfür gilt der Satz Heinrich Manns, in *Ein Zeitalter wird besichtigt* geschrieben: »Das erste Exil enthüllte viel später, was es war«.[23]

---

1 Lion Feuchtwanger – Arnold Zweig. Briefwechsel 1933–1958, Bd. I (1933–1948), Hg. v. Harold von Hofe. Berlin/Weimar 1984, S. 22. — 2 Thomas Mann. Briefe 1889–1936. Hg. v. Erika Mann. Frankfurt/M. 1962, S. 329. — 3 Bertolt Brecht: Gesammelte Werke. 20 Bde. Hg. v. Suhrkamp Verlag, Bd. 8, S. 418 bzw. Bd. 9, Frankfurt/M. 1967, S. 526. — 4 Thomas Mann. Tagebücher 1933–1934. Hg. v. Peter de Mendelssohn. Frankfurt/M. 1977, S. 385. 5 Lion Feuchtwanger – Arnold Zweig. Briefwechsel, S. 40. — 6 Ebd., S. 75. — 7 Thomas Mann, Tagebücher 1935–1936. Hg. v. Peter de Mendelssohn. Frankfurt/M. 1978, S. 59. — 8 Stefan Zweig: Die Welt von Gestern. Erinnerungen eines Europäers. Stockholm 1944, S. 7. — 9 Stefan Zweig, Triumph und Tragik des Erasmus von Rotterdam. Frankfurt/M. 1980 (1950), S. 210. — 10 Heinrich Mann, Ein Zeitalter wird besichtigt. Berlin ²1982, S. 507. — 11 Franz Werfel, Jacobowsky und der Oberst. Frankfurt/M. 1979 (1955), S. 22. — 12 Ebd., S. 66. — 13 Hermann Broch, Die Verzauberung. Kommentierte Werkausgabe. Hrsg. von Paul Michael Lützeler. Bd. 3. Frankfurt/M. 1980 (1969), S. 369. — 14 Ebd, S. 384. — 15 Walter Hasenclever, Gedichte, Dramen, Prosa. Hg. v. Kurt Pinthus. Reinbek 1963, S. 402 f. — 16 Ebd., S. 399. — 17 Ebd., S. 395. — 18 Thomas Mann, Reden und Aufsätze II, Frankfurt/M. 1965, S. 155 f. — 19 Ebd., S. 539. — 20 Broch, Philosophische Schriften. Kommentierte Werkausgabe Bd. 10/2, Frankfurt/M. 1977, S. 180. — 21 Broch, Politische Schriften. Kommentierte Werkausgabe Bd. 11, Frankfurt/M. 1978, S. 77. — 22 Ebd., S. 91. — 23 Heinrich Mann. Ein Zeitalter wird besichtigt, S. 438.

Erich Kleinschmidt

Schreiben und Leben
Zur Ästhetik des Autobiographischen in der deutschen Exilliteratur

»*Da ich Dich nenne,
bist Du wahr.*«[1]

Das Exil als Erlebnis einer existentiellen Zäsur führte bei den 1933 davon betroffenen Autoren zu durchaus unterschiedlichen Schreiberfahrungen[2] und Schreibfolgen, wobei die Kernproblematik immer wieder die Ich-Behauptung und Ich-Verwirklichung war. Die Verwirrung des eigenen Daseinsplanes durch die als erzwungen erlebte Emigration bewirkte zugegeben oder auch verschwiegen eine Identitätskrise, deren Verarbeitung vielfach auf produktiven Ausdruck drängte, es sei denn, ihre literarische Bewältigung wurde als unmöglich empfunden, so daß alle Autorschaft verstummte.

Die Artikulation von Autobiographischem in der Exilliteratur erfolgte im wesentlichen auf drei Ebenen. Auf der ersten werden alle Formen einer unverstellten, autobiographischen Direktaufzeichnung repräsentiert. Tagebuch, Brief und Dokumentarbericht wären hier hauptsächlich zu nennen. Eine jeweils aktuelle Ereigniswelt des Exils wird dabei deskriptiv aus der subjektiven Sicht des Schreibers dargestellt. Die zweite Ebene nimmt die eigentliche Autobiographie ein, die, ausgehend von der erreichten Lebensstation im Exil, einen Lebensüberblick zu geben versucht. Bei der Abfassung spielen alle Elemente einer formalen wie inhaltlichen Disposition eine gewichtige Rolle, da es die beschriebene Realität unter übergreifenden Gesichtspunkten zu erfassen gilt. Allgemeingeschichtliche und gesellschaftliche Faktoren werden berücksichtigt und als Hintergrund des eigenen Lebensweges entworfen. Die Historizität der subjektiven Existenz steht somit hier zur Debatte. Die dritte Ebene schließlich ist die der Literatur, die ihre Fiktionen aus autobiographischen Quellen speist. Sie mußte nicht erst im Exil entdeckt werden, da diese Begründung des Schreibens auf eine eigene lange Tradition zurückblicken kann. Immerhin war sie für manche Autoren der Moderne und ihre Poetik einer »entseelten Realität«[3] in der Emigration neu zu erfahren. Alfred Döblin etwa hat sich in seinem ersten Exilroman *Pardon wird nicht gegeben*[4] bewußt einer autobiographisch unterlegten Epik bedient und damit der Zäsur seiner Vertreibung aus Berlin Tribut gezollt, bedeutet doch der Roman formal einen ästhetischen Rückschritt auf eine konventionelle Erzählweise. Döblin selbst hat diesen Vorgang in seinem Werkrückblick *Epilog* später kommentiert und läßt dabei die Exilkrise erkennen, die in seiner Hinwendung zum autobiographischen Roman zum Ausdruck kam und durch ihn aufzufangen versucht wurde: »Eine Familiengeschichte mit autobiographischem Einschlag. ›Autobiographisch‹ sage ich. Das ist ein Fortschritt. Ich wagte mich an den Herd heran.«[5] Eine Identität, eine Lebensgeschichte mußte neu erschrieben werden.

Allen hier nur umrißhaft skizzierten Schreiblösungen autobiographischer Natur, die auf individuelle Standortbestimmungen und Selbstverständigung über eigene wie kollektive Entwicklungen hinausliefen, lag ein jeweils unterschiedlicher Stil- und Ausdruckswille zugrunde, der die Wahl der ästhetischen Ausdrucksform bestimmte. Sie historisch verstehen zu wollen, bedeutet, in der Vielfalt der Texte doch Gemeinsamkeiten aufzufinden. Zum einen geht es dabei sicher um das Problem, auf welche Weise die erkennenden Empfindungen der Autoren in den Werken umgesetzt wurden. Die Ästhetik der künstlerischen Wahrnehmung ist hier angesprochen. Der andere Ansatz interpretativer Befragung dreht sich um die Art der Schreiblösungen als poetologischer Konzepte. Die Ästhetik der fiktionalen Gestaltung gilt es zu rekonstruieren, um zu prüfen, inwieweit die Exilautoren ihre Lebenserfahrung und Lebensstörung schöpferisch umzusetzen vermochten. Dieser zweite Aspekt, der wesentlich die künstlerische Leistung des Exils berührt, stellt dabei auch die Frage nach der Kontinuität der literarischen Moderne im 20. Jahrhundert über die ›Epoche‹ des Exils hinweg, gehörte doch vor allem die Elite der formexperimentierenden Avantgarde zu den emigrierten Autoren. Inwieweit sie im Umfeld autobiographischen Schreibens zu innovativen, ästhetischen Lösungen fanden, läßt sich als Prüffall künstlerischer Selbstbehauptung wie ihrer Zerstörung untersuchen.

Die ästhetische Herausforderung einer autobiographischen Verschriftung ist von den Autoren eher negiert als bewußt angenommen worden. Das Gefühl, Opfer der epochalen Entwicklungen zu sein, führte offenkundig zu künstlerischer Lähmung, mag diese auch durch darstellerische Routine oder politisches Engagement überspielt worden sein. Eine aus ihrem kulturellen und sozialen Wirkungskontext herausgelöste Intellektualität sah nur allzuleicht sich der »Zeit« ausgeliefert, die »die Bilder« gebe, zu denen man autobiographisch »nur die Worte« noch dazu sprechen müsse.[6] Entsprechend erscheinen die Gestaltungen der Selbstlebensbeschreibungen, die einer schlichten, deskriptiven Ästhetik folgen und auf den Versuch einer Darstellungsstruktur verzichten, die das Exil und seine Bedingungen zur Grundlage der künstlerischen Darstellung macht. Daß dies so ist, hängt nur zum Teil mit den ungünstigen Schreibbedingungen in der Emigration zusammen. Wesentlich wird diese produktive Ästhetik auch von jenem »asocialen Mythos« schöpferischen ›Dichtertums‹ bestimmt, der alle »generellen, also die menschlich zusammenfließenden (verbindenden) Kräfte« negiert, wie dies Carl Einstein in seiner Abrechnung mit den künstlerischen Ideologien der Literaturmoderne, der *Fabrikation der Fiktionen,* zeitgenössisch kritisierte.[7] Eine ›Kunst‹-Ideologie, die produktive Autonomie über alle Einflüsse aus kollektiven Einbindungen stellte, wird zwar in aller Regel im autobiographischen Diskurs des Exils zugunsten von ›Sachlichkeit‹ zurückgedrängt, doch fällt damit nicht die auktoriale Ichbezogenheit als produktionsästhetischer Hintergrund der literarischen Moderne seit dem Anfang des 20. Jahrhunderts.

Die Lektüre von Exilautobiographien läßt deutlich erkennen, daß sie weniger von bewußten, schöpferischen Kalkülen her bestimmt waren als von subjektiven Eindrücken und Wertungen, die im Rahmen jeweiliger Lebensstationen vorgeführt werden. Ästhetik erscheint somit hier nicht auf der Ebene überlegter Gestaltungsweisen, sondern reduziert sich auf ihre ursprüngliche Dimension einer ›Theorie‹ über die Art der sinnlichen Wahrnehmung und der durch sie gewonnenen Erkenntnisse. Die Autoren sind sich der theoretischen Fundierung ihres Schreibens dabei kaum bewußt, sie praktizieren sie aber. Der autobiographische Schreibprozeß wird so zum Ergebnis der unbewußten Vorstellungen, wie sie schon Leibniz einst als »petites perceptions« für seine Ästhetik-Lehre eingeführt hat,[8] und die den Vorgang der Wahrnehmung irrational und unreflektiert bestimmen.

In der Darstellungsweise der Exilautoren spielt zwar die vernunftgemäße Apperzeption eine ideell bedeutende Rolle. Sie dient als zentrales Abgrenzungsmoment vom Irrationalismus, der vielen von ihnen im nationalsozialistischen Deutschland zu herrschen schien. Allein schon diese Überzeugung, dann aber auch die Analyse der in den Autobiographien zutage tretenden Mentalität verweist darauf, daß im Modus der Selbstdarstellung eine mehr oder minder dominante, sensitive Erkenntniskraft beeinflussend hervortritt, die in den Elementen und Formen der Schilderung eine oft bedrängende, selten befreiende Ästhetik des Irrationalen bewirkt und zur Geltung bringt. Weshalb dies so ist, kann man einerseits aus psychologischen Schreibdispositionen erläutern, andererseits spielt dabei auch ein mentales Leitmuster eine Rolle, das Walter Benjamin als das des »Sammlers« charakterisiert hat: »das völlig Irrationale seines bloßen Vorhandenseins durch Einordnung in ein neues, eigenes geschaffenes historisches System [...] zu überwinden«.[9] Die irrationalen Untergründe des eigenen Handelns werden in der autobiographischen Darstellung rational unterdrückt, ohne daß sie deshalb wirklich ausgeschaltet sind, indem Ordnungsmodelle des Geschehens entworfen werden. Diese Ausblendung der eigenen, unterbewußten Antriebe in den Texten, die sich mit Selbsterfahrung und Selbstreflexion befassen, verwundert angesichts der Tatsache, daß die Einbrüche des Unbewußten, des Irrationalen, der »Unterseele«[10] in vielen Werken der Exilliteratur geradezu eine thematische Schlüsselrolle einnehmen. Die Erklärungsgründe dafür sind sicher komplexer, psychologischer Natur und hängen mit Verdrängungsmechanismen bei der offenen Annäherung an die eigene Person zusammen. Die Folgen für die Ästhetik des autobiographischen Schreibens sind aber bedeutend gewesen, da offenkundig die Befangenheit in der Sichtweise des eigenen Weltbildes und der eigenen Wahrnehmungsweise von Realität die Ausgestaltung von narrativer Komplexität entscheidend behinderte. Was im Fiktionalen als poetologische Antwort auf das Exil möglich war, sperrte sich im Autobiographischen.

Eine den Belastungen des Exils entsprechende Ästhetik der autobiographischen Schreibweise zu entwickeln, bedeutete nicht mehr und nicht weniger als überhaupt eine ›Ästhetik der Emigration‹ zu formulieren. Macht man sich dies klar, so wird einsichtig, weshalb es an einer solchen fehlt. Die stete Verwicklung in einen laufenden, nur allzuoft lebensbedrohenden Prozeß machte es schwierig, die nötige Distanz zur Erfindung innovativer Ausdrucksformen herzustellen. Brechts Einsicht, daß im Exil »die Darstellung des menschlichen Zusammenlebens [...] desto schwieriger (wird), je schwieriger dieses Zusammenleben selber wird«[11], bestätigt sich als allgemeine ästhetische Problematik für die autobiographische Schreiblage. Zu nahe waren offenkundig die Bedrängnisse, als daß die Gestaltungskraft zu mehr als unmittelbarer Bewältigung, zum »Bericht«[12] vom Leben gereicht hätte.

Die Unterlegung fiktionaler Projektionen mit autobiographischen Details war demgegenüber erkennbar leichter, wie dies eine Fülle von Exilwerken belegen. Die ästhetischen Anforderungen definierten sich hier vom phantastischen Diskurs her, der individuellen wie gattungsmäßigen Konventionen unterlag und darum auch nach den unmittelbaren Erfordernissen der Gestaltung entwickelt werden konnte. Die poetologischen Probleme ließen sich aus der Exilsituation des Autors hinausprojizieren, wenn er dies wünschte, waren aber genauso dieser Lage anzupassen, wenn man dies programmatisch wie z. B. die politisch engagierten Schriftsteller tun wollte. Die eigene Individualität des Schreibenden und seine Antriebe zu ihrer Darstellung erschienen hier nicht als primäre Gestaltungsaufgabe, sondern die Nähe oder die Distanz des Autors zu seinem Text ließen sich nach Belieben regeln. In der unverhüllten Autobiographie bestand dieser Spielraum nicht mehr, es sei denn, er würde über ein ästhetisches Verhüllungskonzept spezifisch geschaffen, das in der Fiktion allemal einzuführen ist. Fiktional waren zudem auch alle Überhöhungen und Projektionen des eigenen Schreibwillens verselbständigt legitimierbar, war Ästhetik als Ethik[12a] zu entfalten, ohne daß dies die Selbstentblößung, das Einstehen der eigenen Person erforderte. Der Autor, seine Lebenserfahrungen und -entwicklungen blieben vom Werk getrennt, auch wenn er sie verarbeitete. Sie ergeben nur stoffliches Substrat und sind nicht der eigentliche Gegenstand des Schreibprozesses.

Anders stand es damit, wenn der autobiographische Modus des Schreibens, diese »Auseinandersetzung zwischen Ich und den generellen Gesetzen«,[13] nicht zu verhüllen war, sondern zum expliziten Gegenstand der auktorialen Selbstdarstellung wurde. Hier war das Leben nicht mehr nur Stoff der Darstellung, sondern es ging um die Entfaltung einer inneren Identität in den sprachlichen Möglichkeiten, die einem Autor zur Verfügung standen. Die gewählte ästhetische Form mußte für das mit ihrer Hilfe projizierte Objekt des Schreibens einstehen, da der Autor nicht nur Schöpfer, sondern zugleich auch Geschöpf seines Textes ist. Seine Identität ist nur eine vermittelte und hängt von der Ästhetik der Darstellung entscheidend ab.

Im fiktionalen Werkkontext ist die Art der Aussagegestaltung der Maßstab für die Möglichkeiten des rezeptiven Verständnisses. Figuren und Situationen werden in der Weise profiliert, wie sie textlich entworfen sind. Ihr Realitätsgehalt bemißt sich intern, da der Bezug zur Außenwirklichkeit die Lizenzen des Phantastischen für sich beanspruchen kann. All dies ist weitaus schwieriger im offen autobiographischen Schreibzusammenhang, da zwar auch hier fiktive Freiräume entwerfbar sind, aber ihre Hinnahme durch den Leser nicht mehr selbstverständlich ist. Wahrheitsanspruch und Realbezug bestimmen den Lektüreumgang, sind aber auch für den Schreibvorgang wesentliche Kriterien, die zwar von seiten des Autors subjektiv außer Kraft gesetzt werden können, doch selbst dann ihre Gültigkeit nicht verlieren, weil anders als in der Fiktion der Verstoß beim Autor wie beim Leser bewußt bleibt. Der Verstoß wird erst dann akzeptabel, wenn er ästhetisch durchsichtig gemacht erscheint und damit als Kunstmittel der Darstellung verstanden werden kann.

Diese rezeptionsästhetische Sachlage hat viele Autoren im Exil zur Bevorzugung einer fiktionalen, autobiographischen Schreibart bewogen[14], wenn nicht ohnehin das dichterische Werk als untrennbarer Bestandteil der eigenen Lebenswirklichkeit begriffen wurde.[15] Die Bedingungen des Exils begünstigten durch die Isolation der Autoren diesen Rückzug in den Schreibvorgang und seine Folge, den Text. Im phantastischen Raum einer »Literatur als Utopie«[16] war eine autobiographische Verwirklichung möglich, die im Rahmen einer realitätsbezogenen Selbstlebensbeschreibung nicht zu erreichen war.

Der verinnerlichte Autobiographismus des Schreibens im Exil, der ideell auch die Position des Autors bis hin zu den überhöhenden Modellen vom »Dichter« als der »Aufgabe der Menschheit«[17] legitimierte, läßt sich zwar psychologisch verstehen, bietet aber doch auch Anlaß zu kritischen Überlegungen, die nicht nur als Vorwurf einer Fluchtmentalität gegenüber den Autoren zu artikulieren sind. Die Idee einer autobiographisch verankerten, ›inneren‹ Schöpfungswelt spielt in der Dichtungsauffassung der Moderne ja eine entscheidende Rolle, so daß ihre Akzentuierung im Exil gar kein primärer Reaktionsvorgang auf diese spezifische Lebenslage gewesen ist.

Es war Carl Einsteins Verdienst, in seiner Kritik der poetologischen Grundlagen der Moderne, der in den dreißiger Jahren entstandenen *Fabrikation der Fiktionen*, grundlegend die negative Utopie entlarvt zu haben, daß alles künstlerisch Imaginative nur aus den »seelische(n) Abläufe(n) der künstlerischen Elite« abzuleiten sei.[18] Dieser verfehlte Anspruch ließ sich nach Einstein nur deshalb dichtungsideologisch aufrecht erhalten, weil die Autoren das konventionelle Außengeschehen konsequent leugneten.[19] Diese autistische Projektion einer subjektiven auktorialen ›Wirklichkeit‹ als künstlerischer Aussage geriet aber gerade im Exil in eine Krise, da hier die äußeren Bedrohungen und Lebenszwänge nur schwer oder gar nicht mehr aus dem Schreibprozeß zu verdrängen waren. Der in die Fiktion verlagerte Autobiographismus ließ sich kaum mehr auf eine Innenwelt reduzieren, deren poetologische Verabsolutierung zu erkennbar ungenügenden Ergebnissen führte.

Die Organisation von »privaten Bezirke(n) der Einbildung«[20] erwies sich zunehmend als ästhetisch unbefriedigend, wenn auch für viele Autoren doch noch möglich, weil man einfach in den erworbenen, literarischen Konventionen verharrte. Der äußeren Verunsicherung eine innere, künstlerische entsprechen zu lassen, vermochten nur vergleichsweise wenige Schriftsteller. Die ästhetisch innovative Bewältigung der existentiellen Herausforderung durch das Exil gelang deshalb nur bedingt und war denn auch ein Grund zum Vorwurf aus den mitbetroffenen Reihen der exilierten Rezipienten. In der Diskussion darüber wurde allerdings die Problematik verkannt, da der Angriff gegen die »zarte(n) Dichter, Seismographen der leisesten Schwingungen der Seele«[21] nur auf ein Fehlverhalten im politischen Sinne abzielte, obwohl eigentlich das ästhetische Versagen hätte angesprochen werden müssen.

Der verfehlte Ansatzpunkt für die fiktionale Projektion des Autobiographischen ist, wie Carl Einstein erkannte, die metaphorische Sprechweise des »Dichters von sich selbst, seiner Gestalt oder einem Geschehnis«, setzt er doch so »an die Stelle des Geschehens eine willkürlich metaforische (!) Dynamik«,[22] die letztlich zum »Primat des Fantastischen und der Fiktion« führten,[23] aber das Faktische nur noch illusionieren. Was hier im Kontext einer Kritik an der avantgardistisch-elitären Moderne formuliert ist und auf das grundsätzliche Verständnis der »Krise einer Wirklichkeit« abzielt,[24] beschreibt die Spannung, in die jedes autobiographisch zentrierte Schreiben gestellt ist. Im Schwanken zwischen »Naturalismus und Imagination«[25], zwischen einer realistischen Darstellungsweise und phantastischer Projektion, tritt eine ästhetische Grundproblematik zutage, die besonders im Exil auf schöpferische Antwort drängte, da gerade hier die Frage nach äußerer wie innerer Wahrheit der Texte als subjektiver Schreibaporie nicht mehr zu unterdrücken war.

Wahrheit der Texte bedeutete bei autobiographischer Diktion stets auch Bewahrung der auktorialen Identität, die nicht einfach mit Hilfe fiktionaler Fluchtmodelle, den »Fantasmen«, zu vermitteln war. Als produktive Muster aus dem Fundus moderner Poetik boten sie sich zwar an und wurden auch angewandt, nur funktionierte im Exil der überkommene ästhetische Unterschied »zwischen der praktischen Haltung und dem geheimen Menschen«[26] als ›klassische‹, künstlerische Attitüde seit der Jahrhundertwende nicht mehr unbedingt überzeugend. Wahrgenommen wurde dies von den meisten Autoren jedoch nicht oder sie verdrängten es und betrieben eine Fortsetzung der alten Einstellung, die Autonomie der Fiktion von der eigenen Lebenspraxis zu sondern. Das eigene Dasein kreativ im Exilwerk neu zu artikulieren, fiel schwer. Daß der Autor in seinem Werk »zu zeigen und zu beweisen« habe, »daß er ein Faktum und ein Stück Realität ist«, wie dies Alfred Döblin schon 1929 programmatisch forderte,[27] blieb im ästhetischen Diskussionshorizont der Exilliteratur wie in der Schreibpraxis ein Randphänomen, da die Artikulation politischer Positionen und Überzeugungen wegen ihrer überindividuellen Repräsentanz nur bedingt als eine existentielle ›Realisierung‹ des Autors gelten kann. Es ist dabei mehr Verhüllung des Ich im Spiel als seine Offenlegung.

So problematisch die produktive, ästhetische Identifikation zwischen Autor und literarischem Text im Exil gewesen ist, so schwierig war auch das rezeptive Eingehen der Leser auf die Werke. Alfred Döblin war es wieder, der im Umfeld der kontroversen Diskussion um den historischen Roman in der Exilsituation auf den Umstand verwies, daß der Leser sein Interesse am Buch fakultativ einbringe: »Verlauf und Personen müssen uns angehen, wir müssen merken, daß wir und unsere Situation sich mehr oder weniger mit dem, was wir da lesen, identifizieren lassen. Aber wir müssen auch merken: ganz wie bei uns ist es doch nicht. Eine Distanz muß gewahrt bleiben.«[28] Döblin reklamierte für diese Haltung das Bedürfnis des Lesers, sich »weitgehend beteiligt und mitgerissen« zu fühlen, aber doch letztlich zu wissen, »es wird ja nur gespielt, und wir sind es nicht«, denn »wir lassen den Autor einige imaginäre Personen für uns opfern.«[29]

Was hier sicher im Prinzip zutreffend als Leserperspektive angedeutet wird, läßt sich durchaus sinnvoll auch auf den Autor übertragen, bedeutet doch Schreiben zu einem guten Teil eine autobiographisch unterströmte Identifikation mit dem Geschriebenen, das einen ›angeht‹. Zugleich artikulieren sich aber darin sowohl Spiel wie Distanzierung und imaginäre, stellvertretende Opferung anstelle der direkten und unverhüllten Selbstdarstellung. Daß diese schreibkonstitutive Ausgangslage mit ihren entscheidenden Folgen für die Ästhetik der Texte gerade im Exil wesentlich wurde, hängt mit der Problematik zusammen, daß der Autor als Schreibender in eine Gesellschaft und Umwelt eingebunden ist. Der emigrierte Schriftsteller aber entbehrt dieser Einbindung, die er sich nur imaginär ersetzen kann. Produktiv bewirkte dies ein Hemmnis, soweit die Autoren ästhetisch auf reale – nicht zuletzt auch sprachliche – Erfahrungshintergründe zurückgreifen wollten und nicht nur sterile ›Kunst‹-Produkte mit einer rein virtuellen Realität erzeugen mochten. Eine mögliche Lösung zur Überwindung dieser kritischen Situation war die Behauptung einer autobiographisch begründeten Repräsentanz für die in der Heimat zurückgelassene soziale Wirklichkeit, die es mit dem Werk im Exil stets neu einzuholen galt. Für den Autor stellte sich produktiv die Frage: »Wie näherst du dich ihr, wie verfährst du mit ihr«, was dann nach Döblins Ansicht notwendig auf die existentielle Perspektive hinauslief: »Wer bist du selbst?«[30] Die Frage aber, »wer und wie bist du?« ist der Ausgangspunkt jeder »Selbstbiographie«.[31] Hier schließt sich der Kreis einer produktiven Ästhetik im Exil über die Brücke einer autobiographischen Projektion.

Doch Probleme bleiben und Konsequenzen sind nicht leicht zu ziehen, da jeder Versuch solcher Nachforschung, sei er nun autobiographisch direkt oder mittelbar im fiktionalen Phantasma, schmerzliche Reflexion bedeutet und zu ausweichenden Reaktionen veranlaßt. Denn »sich zu sich zu bekennen – vor allem dort, wo man sich nicht mit sich identifizieren möchte«,[32] fällt schwer. In der Autobiographie führt dies notwendig zur fragmentarischen Darstellung[33], in der literarischen Darstellung aber zu Chiffrierung und idealen Wunschbildern. Die Folge für die Schreibdisposition ist ein Moment der Entselbstung.

Die Identifikation des Autors mit seinem Werk schwindet und dies bewirkt für die gestalterische Wahrnehmungsästhetik eine Unschärfe, die auch dem künstlerischen Konzept, den poetologischen Leitlinien, Abbruch tut. Das autobiographische Schreiben informiert scheinbar über das auktoriale Ich, faktisch entwirft es nur ein imaginäres Bild.

Robert Musil hat sich im Zusammenhang seiner im Exil geplanten Selbstbiographie über diesen Vorgang der Verzerrung notiert, was er offenkundig als fehlerhaften Schreibansatz empfand. In der Autobiographie dränge sich als »das Erzählenswerte« allzusehr das »Nichtallgemeine, das Persönliche« hervor, wohingegen »das Allgemeine [...] den gefährlichen Weg über das Ideal, den Grundsatz usw.« nehme.[34] Unabhängig von der Musilschen Konkretisierung, über die man sachlich sicher streiten kann, verweist diese Äußerung auf die aussageästhetische Grundproblematik der Selbstdarstellung. Sie wird beherrscht vom Prinzip einer verzerrenden Perspektive, die sich nicht an den objektiven Gegebenheiten orientiert, sondern an subjektiven Darstellungsentscheidungen.

Angesichts solcher Erkenntnis folgert Musil nur konsequent, was für den Schriftsteller der eigentliche Gegenstand seiner Autobiographie sein muß. Angemessen ist für ihn Schreiben über das Selbstgeschriebene: »Ich müßte über diese Hefte [sc. die Tagebücher] schreiben, mich und ihren Inhalt beurteilen, die Ziele und Hindernisse darstellen. Das ergäbe eine Vereinigung des Biographischen mit dem Gegenständlichen [...].«[35] In einem derartigen Unternehmen, das Musil als seine Utopie »eines Mannes, der auch mit sich selbst nicht einverstanden ist«,[36] in der Isolation des Schweizer Exils formuliert, eröffnet sich eine autobiographisch begründete Ästhetik des Schreibens. Existenzentwurf und Werkrealität aufeinander zu beziehen, hätte gerade in der Emigration eine darstellerische Herausforderung sein können, der sich zu stellen zweifellos schwierig war, rührte doch ein solches Unterfangen an die innersten Beweggründe und Antriebe der schöpferischen Tätigkeit, die dadurch gefährdet erscheinen konnte. Musil wie viele andere sind hier ausgewichen, zumal in einem kleinen Rahmen derartiges kaum verwirklichbar erschien. Immerhin gibt es ein spätes Dokument solcher ›Werkbiographie‹, Alfred Döblins *Epilog* von 1948,[37] doch ist dies nur Ansatz, nicht Ausführung einer ästhetischen Leitform.

Die Engführung von Existenz und Werk gab es im Exil noch am ehesten im Umfeld der Selbstdarstellungen von Autoren, die sich als engagierte Vertreter eines ›anderen‹ als des nationalsozialistischen Deutschland begriffen. Dieser Typus, wie er etwa in Klaus Mann und seiner apologetischen Selbstdarstellung *Der Wendepunkt* exemplarisch namhaft zu machen ist, bezog das Emigrantendasein und das Schreiben im Exil durchaus identifikatorisch aufeinander, allerdings war diese Zuordnung mehr durch die äußeren Umstände als durch Überlegungen zu einer integrativ einschlägigen Ästhetik der Exilautobiographie bestimmt. Im Grunde werden hier nur Exilschicksal und -erleben literarisch als Stoff verarbeitet, ohne daß für diese Darstellungsaufgabe ein spezifisches, ästhetisches Formkonzept auch nur erwogen würde. Man könnte hinter diesem Mangel Unvermögen vermuten. Wahrscheinlicher aufgrund von Selbstzeugnissen ist es aber mehr ein Desinteresse bei den Exilautoren gewesen, ihre Situation produktiv im Horizont einer literaturtheoretischen Neuorientierung zu entwerfen.

Die Tendenz zum Formkonservativismus, die in allen Gattungsbereichen der Exilliteratur stets eine wesentliche Rolle gespielt hat, bewährt sich auch und gerade in den Autobiographien. Der Bericht vom eigenen Leben unterlag seit seiner gültigen literarischen Konstituierung im 18. Jahrhundert vergleichsweise festgefügten, ästhetischen Konventionen in einer Mischung von subjektivem Faktenbericht und mehr oder minder stilisiertem Selbst- und Welträsonnement. Hierin fortzufahren fiel auch nach 1933 nicht schwer, sofern man sich selbst und sein Schicksal als »autobiographierender Narziß«[38] nur interessant genug fand und nicht als Schriftsteller depressiver Stummheit verfiel.

Die berichtende Erfassung des eigenen Lebenslaufes wurde außer durch die Gattungstradition auch durch einen formalästhetischen Zeitstil befruchtet und legitimiert, der gemeinhin unter dem Schlagwort von der ›Neuen Sachlichkeit‹ trotz durchaus divergenter Schreiblösungen im Einzelwerk subsumiert wird. Die künstlerische Einstellung, die hinter diesem weniger von der Literatur als von der bildenden Kunst angeregten, ästhetischen Paradigmawechsel stand, war nicht so sehr eine Wiederentdeckung der Wirklichkeit als literarischem Gegenstand. Vielmehr betraf sie eine grundsätzlich beschreibende Darstellungsweise mit den zugehörigen sprachlich-stilistischen Folgen. Der aufzeichnende Beobachter, nicht mehr der künstlerisch nach entworfenem Konzept gestaltende Autor war als neuer Typus gefragt.

Den kritisch-kreativen Schriftstellern um 1930, die wie etwa Döblin schon vor einer neusachlichen Modeströmung »unbändig [...] dem Bericht« gehuldigt hatten,[39] wurde diese Ästhetik der Beschreibung allerdings gerade schon wieder suspekt, entdeckten sie doch den epischen Autor als einen Mitsprechenden in seinem Werk.[40] Diesem entwickelteren Standard der Erzähltheorie, die ihren Ausgangspunkt in der autobiographischen Erfahrung des Schreibprozesses hat, folgten sowohl die gattungskonformen Autobiographien wie der autobiographisch unterlegte Roman im Exil in aller Regel nicht. Der dominante, ästhetische Leithorizont der autobiographischen Schreibart war in der Emigration nur allzu identifikatorisch der des reinen »Bericht(s) über ein [...] gegenwärtiges Dasein«, der so abgefaßt sein sollte, »wie etwa ein Arzt eine Krankengeschichte schreibt.«[41]

Der Autor als ein dokumentarisch agierendes Medium war ein anziehendes Modell für die geistige Selbstbehauptung, die sich der Form der Selbstdarstellung bediente, gegenüber einem Schriftsteller-Deutschland, das, selbst getäuscht, andere zu täuschen suchte. Die Exilierten bestanden für sich darauf, auf der Seite der äußeren wie der inneren Wahrheit zu stehen, und diesen Anspruch wollte man auch stilistisch deutlich machen. Für innovative Formkonzepte, die, weil ungewohnt, leicht mißverstanden und abgelehnt werden konnten, glaubte man keinen Raum zu haben, nur daß diese Einschätzung mehr Selbstrechtfertigung als wirkliche Überzeugung war. Es fehlte an Einsicht und Willen zum ästhetischen Aufbruch. Hierzu beigetragen haben auch äußere kulturpolitische Umstände, wie sie exemplarisch vor allem in der Realismusdebatte zutage getreten sind.

Schwerer als die fehlende Kraft oder auch der mangelnde Wille für eine neue Ästhetik der Autobiographie im Exil wog der Verzicht auf die Neuformulierung einer autobiographischen Schreibart in den fiktionalen Texten. Der in der Exilliteratur mit moralischem Recht erhobene Anspruch, »so wahrheitsgetreu wie möglich zu berichten, ohne sich anzumaßen, [...] durch Erfindung zu verändern«[42], ließ zwar eine autobiographische Fundierung erkennen, da ja die authentische Erfahrung des Autors vorausgesetzt wurde, doch bedeutete dieser Dokumentarismus in aller Regel ästhetisch einen völligen Verzicht auf komplexere Darstellungsstrukturen. Eine ästhetisch angemessene Gestaltungsweise, die atmosphärisch Leben im Exil eingebunden in den Schreibprozeß des Autors vermittelt hätte, entstand so nicht oder nur ansatzweise wie in Theodor Balks *Das verlorene Manuskript*[43], diesem Reportagebuch, das Lebensgeschick und Schreibfortgang ästhetisch glaubhaft zueinanderzurücken versteht.

Ein Vorstoß in autobiographisches Schreibgelände aus der Getriebenheit eines Exilschicksals bedeutete auch das Fluchtbuch von Konrad Merz *Ein Mensch fällt aus Deutschland*[44], das nach dem Urteil des holländischen Kritikers Menno ter Braak zu Recht als das atmosphärisch wie entstehungsgeschichtlich »erste Emigrantenbuch« überhaupt genannt werden kann.[45] Dieser Text, der »aus der Emigration geboren« ist und den »es ohne die Emigration nie gegeben hätte«,[46] illustriert einen autobiographischen Entstehungsprozeß, der sich seine Schreibform suchte und fand. Merz faßt dies in die Äußerung, »wie es mich geschrieben hat.«[47] Eine ›mediale‹ Ästhetik wird hier zum Schreibprinzip des Exils erhoben. Die autobiographische Form, nahe der Tagebuchaufzeichnung verwandt,[48] aber doch stilistisch pointierter und darstellerisch dichter rückt den Vorgang der Niederschrift in die Nähe des gelebten Autorlebens. Das fertige Buch wird so nicht zur distanzierenden Beschreibung von Dasein und Reaktion darauf, sondern es ist selbst zum stimulierenden, autobiographischen Handeln geworden.

Was der alte Döblin als Merkmal dichterischer Äußerung für sich behauptet hat, dieses »das bin ich, und hier wird keine Objektivität wiederholt«,[49] umschreibt mittelbar auch, obwohl seine Äußerung direkt auf die Prinzipien einer poetischen »Sprechweise« abzielt, die autobiographische Aura allen fiktionalen Schreibens, diese Selbstbehauptung der auktorialen Individualität im narrativen Diskurs. Döblin selbst hat sie im Exil in ganz unterschiedlichen Werkformen zu entwerfen versucht, wobei dahinter stets die gleiche Motivation stand, eine »Klärung«,[50] einen verbindlichen Handlungshorizont für sich zu gewinnen.

Die direkte Erfahrung dokumentiert seine nach den Fluchtetappen gegliederte *Schicksalsreise* (1940/41 bzw. 1948)[51], deren Untertitel »Bericht und Bekenntnis« die darin enthaltene Doppelperspektive deutlich macht. Obwohl der Text, der die Flucht vor den Deutschen durch Frankreich 1940, das amerikanische Exil und die Rückkehr nach Deutschland 1945/46 behandelt, erlebte Zeitgeschichte darstellt und dies vielleicht sogar atmosphärisch sensibler als andere, thematisch zugehörige Berichte (z. B. Feuchtwangers[52], Reglers[53] oder Franks[54]) kann, ist er für Döblin mehr als eine autobiographische Aufzeichnung. Wie schon einmal seine *Reise in Polen*[55] bedeutet auch die *Schicksalsreise* für ihn eine Selbstprüfung und Selbsterfahrung, die zugleich Selbsthilfe sein will:[56] »Um es ganz zu meinem Besitz zu machen, mußte ich es vor mich stellen und in meine Sprache übersetzen.«[57] Was hier bezogen auf den geistig-sprachlichen Erwerb von Überlieferung artikuliert wird, kennzeichnet Döblins autobiographische Erfahrungsästhetik im Schreibprozeß, die als tragende Konstellation auch das epische Opus magnum, die *November 1918*-Tetralogie bestimmt.

Ihr Anfang *Bürger und Soldaten,* noch vor dem Kriegsausbruch begonnen, beruht geradezu auf einer im Exil schreibend wiederholten Lebenserfahrung. Die Sphäre des Zusammenbruchs im November 1918 im Elsaß hatte Döblin ja selbst miterlebt und auch zeitgenössisch schon beschrieben.[58] Sie ist aber nur die Grundlage eines epischen Beginnens, dessen Ende zum Zeitpunkt des Abschlusses von Band 1 (1939) für den Autor noch keineswegs feststand. Die phantastischen Projektionen wurden zum Bezugsmaß, zur sensiblen Überprüfung der eigenen Existenz, der durchschrittenen Erfahrungen: »Die alte Landschaft [sc. das Elsaß] wollte ich hinstellen und einen Menschen, eine Art Manas[59] und Franz Biberkopf [die Sonde], in diese Landschaft ziehen lassen, damit er sich [mich] prüfe und erfahre.«[60] Der historische Roman im Sinne Döblins[61] wird als experimenteller Selbsterfahrungsraum funktionalisiert. Schreiben wird zum autobiographischen Prozeß, ohne daß es um die Darstellung eigener Vergangenheit ginge. Die epische Fiktion ist aber Teil des auktorialen Erfahrungslebens. Sie ergreift Besitz von ihrem Gestalter, der mit ihr lebt.

Im amerikanischen Exil glücklich angelangt, schlug Döblin das in Frankreich zwangsweise abgebrochene, aber im kargen Fluchtgepäck stets mitgeführte und gerettete Manuskript von *November 1918* auf, soweit es gediehen war, las seinen Text und stellte fest: »Was ich erfuhr, was nahte, die Krise, hatte ich geistig vorerlebt. Es war hingeschrieben, geahnt –, vorerlebt, aber nicht abgelebt. In der Phantasie war es nicht ›abzuerleben‹. Es gab nur eine Fortsetzung: es zu erfahren.«[62] Spiegelt diese Symbiose von Leben und Schreiben auch eine einschnitthafte Exillage des Autors Döblin, deren letzte Folge seine Konversion zum Katholizismus war, so ist sie doch als Formulierung einer autobiographischen Ästhetik zu schreiben grundsätzlich ernst zu nehmen. Für sie spielt nicht die schlichte Faktizität des eigenen Lebens die maßgebende Rolle, sondern die Erfahrung des Schreibens über das Leben, die Realität, in und mit der man existiert: »›Ich‹ fand:

die Gestaltung und das vis-à-vis mit einer ganzen wirbelnden Welt brachte weiter, der Kontakt mit dieser Wirklichkeit bedeutete etwas.«[63] In der Ästhetik des fiktionalen Diskurses entwirft sich der Autor seine gelebte und erlebte Realität. Daß dies kein unproblematischer Prozeß ist, dessen Subjektivität es dem Leser schwer macht, ihn nachzuvollziehen, illustrieren Döblins Werke eindrücklich und nicht zuletzt *November 1918* mit seiner Handlungsführung und Figurenkonzeption. Sie sind alle das Ergebnis einer Haltung, stets »noch ›auf dem Wege‹« zu sein.[64]

Döblin erarbeitete sich in *November 1918* ein existenzialisiertes Schreibkonzept, das gegenüber früheren poetologischen Überzeugungen einen Wandel bedeutete, aber doch auch wieder daran anknüpfte. Seine Idee von einem Schreiben, das »nichts zu tun (hatte) mit der Besinnung und Klarwerden« und das »eine Realität für sich« sein sollte, die »keiner Legitimierung durch eine andere« bedurfte, »selbst wenn sie sich an der andern rieb,«[65] bezeichnet auch ein autistisches Moment im gestalterischen Vorgang. Die Schreiberfahrung wird zwar als eine autonome definiert, doch macht dies auch ihre Subjektivität aus. Die sich verselbständigenden Phantasien Döblins »zum Bauen, Spielen und Bilden«, die getragen »von den Worten, von der Sprache« sind,[66] sind ja Teil eines schöpferischen Lebens, mag dies der Ironiker Döblin auch immer heruntergespielt haben. Der Weg vom experimentellen ›Spiel‹ im Modus der Fiktion zur Erkenntnis, daß dieses Spiel durchaus existentielle Bedeutung für seinen Autor haben kann, lag gerade im Exil und der damit verbundenen äußeren Reduktion des Lebens nahe.

Die *Schicksalsreise* verhüllt nicht mehr, was der epische Großentwurf *November 1918*, über viele Jahre hinweg und unter mühsamen Bedingungen entstanden, als komplizierten Prozeß nur schwer offenlegt: Schreiben als Rechnungslegung des Ich. »Ich fühle mich gezwungen, ein Fazit meines ganzen Lebens zu ziehen, abzurechnen mit mir, als ob ich vor dem Tode stünde.«[67] Was sich als autobiographische Dokumentation konkretisiert, ist nichts mehr und nichts weniger als eine schriftstellerische Erfahrungs-›Reise‹[68], die aber keine reine Fiktion ist, sondern elementare, autobiographische »Störerfahrung«[69] zum Anlaß nimmt, sich seinen eigenen Lebenssinn als Schreibenssinn zu erwerben. Diese verknüpfende Dimension erscheint wichtig, weil sie ästhetische und mentale Leistung vereint und verdichtet und auch formal damit über die Möglichkeiten der konventionellen Autobiographien des Exils hinausführt.

Auch andere Autoren der Emigration haben auf ihre Weise derartige integrative Schreibansätze versucht und artikulierten damit eine Tendenz, die allerdings nur in den wenigsten Fällen zu innovativen oder wenigstens originellen Lösungen führte. Die Regel war die konventionelle Lebensbeschreibung mit ihrem panoramahaften Grundzug. Der Verzicht auf formal neue Schreibimpulse entspricht zwar der allgemein eher regressiven Tendenz im Exil, lieber auf bewährte Darstellungsmuster zurückzugreifen als eine Gattung künstlerisch zu beleben, die historisch gesehen entscheidenden Anteil an der Ausbildung eines zunächst bürgerlichen und dann im 20. Jahrhundert im Sinne einer nachholenden Unterschichtkultur auch proletarischen Selbstbewußtseins gehabt hat. Die gattungskonformen Autobiographien des Exils[70] artikulieren zwar auch eine Bewußtseinshaltung der Selbstbehauptung,[71] doch wird diese ästhetisch nicht instrumentalisiert. Sie bleibt inhaltliche Äußerung, ohne daß der Weg zu einem »neuen Ergebnis«, einem unverwechselbaren poetologischen Konzept gefunden worden wäre, »eine Welt, gegen die Welt zu halten« im Sinne Uwe Johnsons.[72]

Die Einsicht in diese Sachlage führt entweder wie bei Musil oder Brecht zum faktischen Verzicht auf eine Selbstlebensbeschreibung, weil man »kaum eine Darstellungsart, die mich befriedigt, dafür zur Verfügung« habe,[73] oder sie begründet Versuche zu einer autobiographisch unterlegten Fiktion mit einem breiteren poetologischen Spektrum. Es reicht vom »Roman«-Bericht[74] – etwa Willi Bredels *Die Prüfung* (1934)[75] – über den Erinnerungsroman – etwa Oskar Maria Grafs »biographical novel«[76] *Das Leben meiner Mutter* (1940)[77] – bis hin zum chiffrierten »Emigrantenroman«[78] vom Typus des *Vulkan* (1939)[79] Klaus Manns. Beherrschend war für alle diese autobiographischen Schreiblösungen eine narrative Konvention, die zwar vielfach Anschaulichkeit und Eindringlichkeit bis heute für sich beanspruchen kann, die aber alle nicht den Versuch unternahmen, der Exilsituation einen ästhetischen Gegenentwurf autobiographischen Schreibens abzugewinnen, der nicht nur Fortführung einer vor 1933 schon etablierten Schreibart war.

Unter denen, die »emigriert wurden«,[80] gab es aber den Typus des schriftstellerischen Einzelgängers, der die Kraft zum Formexperiment ins Exil hinüberrettete. Auf dem Feld einer autobiographischen Ästhetik ist hier vor allem Walter Mehring zu nennen. Seine »Autobiographie einer Kultur«[81] *Die verlorene Bibliothek*[82] kann als Versuch einer ›offenen‹ Erinnerung, die sich einer im Exil entgleitenden Tradition im Raster des eigenen Lebensweges zu versichern suchte, beanspruchen, einen Formtyp entwickelt zu haben, der innerhalb der lebensbeschreibenden Exilliteratur eine innovative Stellung einnimmt. Der Entwurf eines imaginären Museums der Literatur, eines »Buchs über Bücher«[83] lebt aus der im reflektierenden Ich des Erzählers Mehring gebrochenen Spannung, eine »Dichtung« zu sein, »die sich als Wahrheit zu veröffentlichen suchte«.[84]

Ein lesendes Leben, das zugleich die vielen er-lesenen Leben aus den Büchern der vergangenen wie zeitgenössisch mitvollzogenen Literatur als präsente Idee einbezog, »die so viele Jahre hat wie mein Exil«,[85] stellt Mehring dar, und er vermag durch seine ›Passagen‹-Gänge eine zugleich autorbezogene wie distanzierte Memorialästhetik mit großer Differenzierung und Vielschichtigkeit zu entwerfen. In seinem Erinnerungsbuch existiert nicht nur seine Vergangenheit, sondern auch die, für die die zitierten Bücher stehen. Die eigene Lebenszeit wird trotz ihrer im Text gebannten Präsenz in größere geschichtliche Bewußtseins- und Texträume geweitet, die das Exil zwar nie vergessen, aber geistig überleben lassen. Ähnlich wie im ästhetisch verwandten *Passagen*-Werk Walter Benjamins[86] löst das Exil die Imagination einer vergangenen, aber gerade in dieser Epoche der Gefährdung und Vergänglichkeit allen Besitzes beständigen Welt im Wahrnehmen und Denken eines schreibenden Ich aus. Bei Benjamin ist der autobiographische Zug, der bei Mehring zum strukturellen Ordnungsmuster der Darstellung erhoben ist, ganz zurückgenommen, doch eint beide Autoren im Exil der Wille, im überliefernden Text das nachzuzeichnen und exakt zu bestimmen, was ihr geistiges Erbe und ihr Entwicklungsgang gewesen ist.

Die »Lebensgeschichte einer Literatur«[87] zu erzählen, diente Mehring zwar subjektiv dazu, »das Gewesene zu vergessen und mich auf mich selbst zu besinnen«,[88] doch bedeutet dies ähnlich wie bei Döblin, wenn auch ganz anders entworfen, eine Sprengung gängiger Autobiographik und ihrer Erinnerungsästhetik. Dem Leser Mehrings wird beim Durchgang durch die imaginären Säle einer auf einer Farm in New England vergegenwärtigten Bibliothek deutlich, was im Exil an ästhetischer Wirklichkeit noch zu ›leben‹ war. Mehring führte vor, was Döblin analog im Zusammenhang des historischen Romans als Exilautor gefordert hatte, den »Übergang einer Realität in eine andere« darstellungsästhetisch zu leisten: »Der Übergang einer übernommenen Realität, einer bloß schattenhaften Überlieferung in eine echte, nämlich ziel- und affektgeladene Realität.«[89]

Was bei Döblin nur verdeckt als Einbringung des Autors in den Schreibprozeß gefaßt ist, wird bei Mehring zum zentralen Schreibansatz. Nur was in und als Mehrings Erinnerung zur Wirklichkeit der Darstellung fand, gewinnt im Buch Leben, das dann ein Leser wieder aufzunehmen vermag. Diese Sachlage bestimmt zwar scheinbar auch die gängige Autobiographie, doch erst in Mehrings Text wird sie als fiktionales Schnittmodell ästhetisch fundiert, weil der existentielle Rückblick mit einer ästhetisch gefilterten Kunstwelt der Bücher inhaltlich gekreuzt ist. Das erinnerte Ich wird zu einem Teil der zugleich imaginierten wie realen Vergangenheit der Texte, die im Schreibprozeß zu einer neuen Gegenwärtigkeit findet.

In dieser Art der autobiographischen Entfaltung als Teil einer ästhetischen Welt, bei der sich der Autor und seine erfahrene Daseinsrealität nicht nur in einem äußerlichen Faktensinn, sondern auf der Ebene eines geistigen Wechselbezuges durchdringen, wird der Weg zu einer lebensbeschreibenden Ästhetik sichtbar, die in der Exilliteratur selbst nur ansatzweise verwirklicht worden ist, deren literarisch späte Einlösung aber in der ›*Ästhetik des Widerstandes*‹[90] von Peter Weiss vorliegt. Mehring begriff, daß die Vorstellung der eigenen begrenzten Existenz gerade angesichts einer totalitären Herausforderung und Bedrohung nicht genügt, zumal wenn diese nicht nur die Menschen[91], sondern auch eine ganze geistige Überlieferung betrifft. So galt es beides zu behaupten, die individuelle, schriftstellerische Identität und ihre geistigen, kulturellen Stifter, um im Rahmen einer Selbstlebensbeschreibung über das eigene Los hinauszuweisen zu den Ideen, die allein die Bücher bewahren und die oft mehr unterbewußt als reflektiert das menschliche Handeln bestimmen.

1 W. Mehring, »Brief aus Mitternacht« IX 1940. In: ders., *Arche Noah SOS.* Hamburg 1951, S. 117. — **2** Vgl. E. Kleinschmidt, »Exil als Schreiberfahrung. Bedingungen deutscher Exilliteratur 1933–1945«. In: *Exil* (1982) Nr. 2, S. 33–47. — **3** A. Döblin, »An Romanautoren und ihre Kritiker«. In: ders., *Aufsätze zur Literatur.* Hg. v. W. Muschg, Olten/Freiburg i. Br. 1963, S. 15–19, hier S. 17. Zur Poetik Döblins vgl. E. Kleinschmidt, »Depersonale Poetik. Dispositionen des Erzählens bei Alfred Döblin«. In: *Jb. d. dt. Schillergesellschaft* 26 (1982), S. 383–401. — **4** Erstausgabe Amsterdam, Querido 1935 (entstanden 1934). Neue Ausgabe Olten/Freiburg i. Br. 1960 (²1962). — **5** A. Döblin, »Epilog«. In: ders., *Aufsätze,* a.a.O. (wie Anm. 3), S. 383–399, hier S. 392. — **6** St. Zweig, *Die Welt von Gestern. Erinnerungen eines Europäers* (1944). Gesammelte Werke in Einzelbänden. Frankfurt/M. 1981, S. 7. — **7** C. Einstein, »*Die Fabrikation der Fiktionen*«. Hg. v. S. Penkert. Reinbek bei Hamburg 1973, S. 13. — **8** G. W. Leibniz, *Philosophische Schriften.* Hg. v. C. J. Gerhardt. Bd. 5. Berlin 1882, S. 46 (Nouveaux Essais, Préface). — **9** W. Benjamin, *Das Passagen-Werk.* Hg. v. R. Tiedemann. Bd. 1. Frankfurt/M. 1982, S. 271 (im Komplex H »Der Sammler«). — **10** Zentraler Begriff in Ernst Weiss' Roman *Der Augenzeuge* (1938; Erstdruck 1963). Ausgabe Frankfurt/M. 1982, S. 104 u. ö. — **11** B. Brecht, »Richtlinien für die Literaturbriefe der Zeitschrift ›Das Wort‹« (1938). In: ders., *Gesammelte Werke.* Bd. 8. Frankfurt/M. 1967, S. 289. — **12** L. Frank, *Links wo das Herz ist,* München 1963 (²1982), S. 175 (=dtv Nr. 10 028) nennt diese seine »Roman«-Autobiographie den »Bericht seines Lebens«. — **12a** Vgl. R. Musil, *Tagebücher.* Hg. v. A. Frisé, Hamburg ²1983, S. 580 und ausführlicher S. 941, Nr. 115: Das ästhetische Erlebnis »erschien mir von Anfang an als ebenso ethisches wie ästhetisches Erlebnis." Die Engführung bei Musil dürfte von Wittgenstein her beeinflußt sein. Vgl. ders., »Tractatus logico-philosophicus« 6.421: »Ethik und Aesthetik sind Eins.« In: ders., *Schriften.* Bd. 1. Frankfurt/M.² 1969, S. 80. — **13** So Musils thematische Formulierung seiner Lebensproblematik in den *Tagebüchern,* a.a.O. (wie Anm. 12), S. 923, Nr. 39 (aus Heft 33, entstanden 1937/41. — **14** Vgl. u. Anm. 75 die Beispiele für die Untertitelung von Autobiographien als »Roman«. — **15** Vgl. dazu etwa in bezug auf Musil und seinen »*Mann ohne Eigenschaften*« H. Mayer, *Der Repräsentant und der Märtyrer.* Frankfurt/M. 1971, S. 126: »Bei Musil war jeder Lebensmoment zugleich und virtuell ein Stück des Werks: lange vor dem Versuch des Autors, diesen Moment nun durch die Reflexion und Diktion zu objektivieren.« — **16** R. Musil, *Tagebücher,* a.a.O. (wie Anm. 12), S. 951. — **17** Ebd., S. 921. — **18** C. Einstein, *Fabrikation,* a.a.O. (wie Anm. 7), S. 23. — **19** Ebd., S. 22: »Die avancierten Aufrührer (Avantgarde) glaubten noch immer an die Suprematie einer inneren Welt. Tatsächlich skizzierten sie eine durchaus utopische Kunst und wiesen hiermit, daß ihnen die Wirklichkeit defekt und fehlerhaft erschien.« — **20** Ebd., S. 146. — **21** Nuntius (= Louis Fürnberg), »Den Versverliebten (1943)«. In: E. Loewy (Hg.), *Exil. Literarische und politische Texte aus dem deutschen Exil 1933–1945,* Stuttgart 1979, S. 716–721, hier S. 718. — **22** C. Einstein, *Fabrikation,* a.a.O. (wie Anm. 7), S. 302. — **23** Ebd., S. 315. — **24** Ebd., S. 317. — **25** Ebd., S. 326. — **26** Ebd., S. 320. — **27** A. Döblin, »Der Bau des epischen Werks« (1929). In: ders., *Aufsätze,* a.a.O. (wie Anm. 3), S. 115. — **28** A. Döblin, »Der historische Roman und wir« (1936). In: ders., *Aufsätze,* a.a.O. (wie Anm. 3), S. 177. — **29** Ebd., S. 177. — **30** A. Döblin, »Die deutsche Literatur im Ausland seit 1933. Ein Dialog zwischen Politik und Kunst« (1938). In: ders., *Aufsätze,* a.a.O. (wie Anm. 3), S. 202. — **31** R. Musil, *Tagebücher,* a.a.O. (wie Anm. 12), Bd. 1, S. 946, Nr. 139. Den Begriff »Selbstbiographie« vgl. ebd., S. 932, Nr. 83. — **32** L. Marcuse, *Mein 20. Jahrhundert.* Zürich 1975, S. 391. — **33** Vgl. dazu etwa K. Mann, *Der Wendepunkt.* Frankfurt/M. 1956, S. 99: »Eine Autobiographie ist notwendig fragmentarisch [...].« — **34** R. Musil, *Tagebücher,* a.a.O. (wie Anm. 12), S. 932, Nr. 84. — **35** Ebd., S. 944, Nr. 128. — **36** Ebd., S. 944, Nr. 128. — **37** A. Döblin, *Epilog,* a.a.O. (wie Anm. 5). Der Erstdruck von 1948 (In: *Alfred Döblin zum 70. Geburtstag,* Wiesbaden 1948, S. 161–173), dem alle späteren Abdrucke folgen, weicht nicht unerheblich von der Manuskriptfassung im Marbacher Nachlaß (Depot) ab. — **38** L. Marcuse, *20. Jh.,* a.a.O. (wie Anm. 32), S. 384. — **39** A. Döblin, »Der Bau des epischen Werks« (1929). In: ders., *Aufsätze,* a.a.O. (wie Anm. 3), S. 113. — **40** Vgl. ebd., S. 114. — **41** M. Gumpert, *Hölle im Paradies. Selbstdarstellung eines Arztes* (1939). Originalausgabe Stockholm 1939. Nachdruck Hildesheim 1983, hier S. 5. — **42** So E. Hemingway am Schluß seines Vorworts von 1940 zur englischen Erstausgabe von Gustav Reglers Roman aus dem Spanischen Bürgerkrieg *The Great Crusade.* Dt. jetzt: *Das große Beispiel.* Frankfurt/M. 1978, S. 11. — **43** Die Ausgabe Moskau 1935 ist ein anderes Buch. Erstdruck Mexico 1943. Nachdruck Hildesheim 1979. — **44** Erstdruck Amsterdam 1936. Neudruck Hamburg 1978. — **45** Zitat aus *Het Vaderland,* hier nach dem Nachwort von I. Drewitz in der Buchausgabe des Romans, a.a.O. (wie Anm. 44), S. 169. — **46** Ebd., S. 170. Zitat Menno ter Braaks. — **47** Zitat Merz nach I. Drewitz, a.a.O. (wie Anm. 44), S. 171. — **48** Merz hatte anonym im *Neuen Tage-Buch* Leopold Schwarzschilds 2 (1934), Nr. 47 vom 24. 11. 1934 als eine Art Keimzelle des späteren Buches die Notizen »Aus dem Tagebuch eines Berliner Studenten« veröffentlicht, die, verglichen mit der Diktion des Buches, allerdings deutlich zeigen, daß dieses einen stilistischen und formalästhetischen Fortschritt bedeutet. — **49** A. Döblin, »Die Dichtung, ihre Natur und ihre Rolle«

(1950). In: ders., *Aufsätze*, a.a.O. (wie Anm. 3), S. 217. — **50** A. Döblin, »Epilog«. In: ders., *Aufsätze*, a.a.O. (wie Anm. 3), S. 395. — **51** A. Döblin, *Autobiographische Schriften und Letzte Aufzeichnungen*. Olten/Freiburg i. Br. 1980, S. 103–426. Die drei ersten, 1940–1941 verfaßten Teile liegen als Typoskript im Deutschen Literaturarchiv Marbach im Nachlaß Döblins (Depot) unter dem Titel *Robinson in Frankreich. Erlebtes Mai–September 1940* und wurden bisher noch nicht veröffentlicht. Döblin hat diesen Text nach dem Kriege bearbeitet und um einen vierten Teil (Nachkriegserlebnisse) erweitert und unter dem Titel *Schicksalsreise* publiziert (Frankfurt/M. 1949). — **52** L. Feuchtwanger, *Unholdes Frankreich*. Mexico 1942. Neuausgabe unter dem Titel *Der Teufel in Frankreich*. München 1983. — **53** G. Regler, *Das Ohr des Malchus*. Köln 1958, hier Buch 6. — **54** L. Frank, *Links, wo das Herz ist*. München 1952. — **55** A. Döblin, *Reise in Polen*. Berlin 1926. Neuausgabe Olten/Freiburg i. Br. 1968. — **56** Vgl. dazu in einem frühen autobiographischen Text Döblins die Äußerung: »Ich lüge in diesen Zeilen nicht, ich will mir ja helfen.« (»Ich nähere mich den Vierzig«, ca. 1917–1918. In: A. Döblin, *Autobiographische Schriften*, a.a.O. (wie Anm. 51), S. 12. — **57** A. Döblin, »Schicksalsreise«. In: ders., *Autobiographische Schriften*, a.a.O. (wie Anm. 51), S. 355 (konkret bezogen auf das Buch *Der unsterbliche Mensch*). — **58** A. Döblin, »Revolutionstage im Elsaß«. In: ders., *Schriften zur Politik und Gesellschaft*. Hg. v. H. Graber, Olten/Freiburg i. Br. 1972, S. 59–71. — **59** Bezieht sich auf Döblins »epische Dichtung« *Manas* (1927). Neudruck Olten/Freiburg i. Br. 1961. — **60** A. Döblin, »Epilog«. In: ders., *Aufsätze*, a.a.O. (wie Anm. 3), S. 394 (Die eckigen Klammern bei »die Sonde« »und mich« stammen von Döblin selbst). — **61** A. Döblin, »Der historische Roman und wir«. In: ders., *Aufsätze*, a.a.O. (wie Anm. 3), S. 163–186. — **62** A. Döblin, *Schicksalsreise*, a.a.O. (wie Anm. 51), S. 339. — **63** A. Döblin, *Epilog*. a.a.O. (wie Anm. 5), S. 396. — **64** A. Döblin, *Schicksalsreise*, a.a.O. (wie Anm. 51), S. 235. — **65** Ebd., S. 213. — **66** Ebd., S. 213. — **67** Ebd., S. 205. — **68** Vgl. ebd., S. 214. — **69** Dieser Begriff wurde von P. Sloterdijk, *Literatur und Lebenserfahrung. Autobiographien der Zwanziger Jahre*. München/Wien 1978, S. 113, geprägt. — **70** Zu ihnen vgl. als Überblick R. Zimmer, »Zur Autobiographie des Exils 1933–1945. Verarbeitung und Vermittlung geschichtlicher Erfahrung. In: Chr. Fritsch/L. Winckler (Hg.), *Faschismuskritik und Deutschlandbild im Exilroman*. Berlin 1981, S. 214–227. — **71** Vgl. W. Müller-Funk, »Das Exil ist eine Krankheit. Autobiographien als ein Mittel sich zu behaupten«. In: *Merkur* 36 (1982), S. 1231–1236. — **72** Vgl. Uwe Johnson, »Vorschläge zur Prüfung eines Romans«. In: E. Lämmert u. a. (Hg.), *Romantheorie. Dokumentation ihrer Geschichte in Deutschland seit 1880*. Köln 1975, S. 398–403, hier S. 403, wo er sich für die Begründung einer jeweils textindividuellen, narrativen Poetik ausspricht, was als Grundforderung wohl auch auf die Autobiographie zu übertragen wäre. — **73** B. Brecht, *Arbeitsjournal*. Hg. v. W. Hecht. Bd. 1. Frankfurt/M. 1973, S. 269 (Eintrag vom 21. 4. 1941). — **74** Vgl. zur Einstufung als »dokumentarischer Roman« M. Halm, »Dokumentarische Wahrheit erzählend gestalten. Willi Bredel, Die Prüfung. Roman aus einem Konzentrationslager«. In: S. Bock/M. Halm (Hg.), *Erfahrung Exil*. Berlin/Weimar 1979, S. 118 ff. Ergänzend dazu vgl. L. Winckler, »Willi Bredel ›Die Prüfung‹ oder von den Schwierigkeiten literarischer Selbstprüfung«. In: Fritsch/Winckler, *Faschismuskritik*, a.a.O. (wie Anm. 70), S. 119–131. — **75** Erstausgabe London 1934 mit dem Untertitel »Roman aus einem Konzentrationslager«. Zur Gattungsbezeichnung Roman für autobiographische Texte im Exil vgl. etwa auch Ludwig Renns *Adel im Untergang* (Mexico 1944) oder Bodo Uhses *Söldner und Soldat* (Paris 1935), schließlich auch Leonhard Franks *Links, wo das Herz ist* (München 1952). Alexander Granach nennt seine Erinnerungen *Da geht ein Mensch* (Stockholm 1945) ausdrücklich im Untertitel einen »autobiographischen Roman«. — **76** So der Untertitel der englischsprachigen Ausgabe New York 1940 (mit starken Texteingriffen gegenüber dem Manuskript). — **77** Deutsche Erstausgabe München 1946. — **78** So die Bezeichnung Thomas Manns im Brief an Klaus Mann vom 22. 7. 1939, der als »Einführung« in die Ausgabe des Textes o. O. (G. B. Fischer) 1956, S. 5–7, hier S. 6 abgedruckt steht. Der Untertitel des Werks lautet »Roman unter Emigranten«. — **79** Erstausgabe Amsterdam 1939. — **80** W. Mehring, *Die verlorene Bibliothek*. Düsseldorf 1978, S. 14. — **81** Dieser Untertitel stammt nach dem späteren Selbstzeugnis Mehrings (a.a.O. wie Anm. 80, S. 11: »Postskriptum an den Leser«) nicht von ihm, sondern geht auf den Gutachter des amerikanischen Verlages, Prof. Barzum von der Columbia University/New York, zurück, wurde von Mehring aber dann voll akzeptiert. — **82** Erstausgabe in englischer Sprache New York 1951. Deutsche Erstausgabe Hamburg 1952. Erweiterte und revidierte Fassung Icking/München 1964. Schließlich die um ein Vorwort erweiterte Ausgabe. Hg. v. Chr. Buchwald. Düsseldorf 1978. — **83** W. Mehring, *Bibliothek*, a.a.O. (wie Anm. 80), S. 311. — **84** Ebd., S. 311. — **85** Ebd., S. 291. — **86** W. Benjamin, *Passagen*, a.a.O. (wie Anm. 9). — **87** W. Mehring, *Bibliothek*, a.a.O. (wie Anm. 80), S. 211. — **88** Ebd., S. 211. — **89** A. Döblin, *Der historische Roman*, a.a.O. (wie Anm. 61), S. 181. — **90** P. Weiss, *Die Ästhetik des Widerstands*. Bd. 1–3. Frankfurt/M. 1975–1981. — **91** Charakteristisch für eine darauf direkt bezogene Gegenposition im Exil wäre etwa Thomas Manns Äußerung in »Denken und Leben«. In: ders., *Ges. Werke*. Bd. 10. Frankfurt/M. ²1974, S. 362–367, hier S. 367 aus dem

Jahr 1941: »Die wahre Totalität, die wir ihr [sc. der totalitären Politik] entgegenstellen, ist die des Menschen.«

Richard Critchfield

Einige Überlegungen zur Problematik der Exilautobiographik

I

Die vorliegende Arbeit versteht sich als Beitrag zur Diskussion der deutschen Exilautobiographik. Sie kann angesichts der so großen Zahl von Autobiographien und autobiographischen Schriften ehemaliger Exilierter nur auf einige Aspekte hinweisen. Bei der Auswahl der Werke habe ich Zeugnisse der Exilautobiographik gewählt, deren Veröffentlichungsdaten vom Anfang des Exils bis in die jüngste Zeit hineinreichen, um einen Überblick über die Vielseitigkeit dieser Autobiographik und die wiederkehrenden Akzente und Merkmale zu geben. Drei Komponenten sollen berücksichtigt werden: erstens die Reflexionen zur Gattungsproblematik; zweitens die Versuche der Autoren, an eine tradierte Form der Autobiographie anzuknüpfen und sie weiterzuführen; drittens die spezifischen Tendenzen der Exilautobiographik, zum Beispiel die Neigung einiger Autoren zur essayistischen Selbstbiographie.

Doch zunächst ein paar kurze und allgemeine Betrachtungen zur Fragestellung: Daß Perioden geistiger Auseinandersetzungen und politischer Krisen zur Neubelebung oder weiteren Entwicklung der Autobiographie führen, ist eine bekannte These der Forschung.[1] Auf die erste Hälfte des so krisenhaften, ja katastrophalen 20. Jahrhunderts bezogen, schreibt Roy Pascal in seiner Studie über die Autobiographie: »In jüngster Zeit haben die furchtbaren Verwirrungen, verursacht durch Revolutionen und Bürgerkriege, durch ideologische Kriege und Diktatoren, eine große Ernte an Autobiographien von Verbannten und Flüchtlingen gebracht (...)«[2]. Die Zahl der Lebenserinnerungen und Memoiren deutschsprachiger Exilierter geht mittlerweile in die Hunderte[3], auch wenn diese Zeugnisse nicht immer in das von Pascal aufgestellte Schema hineinpassen.[4] Diese »große Ernte« stammt allerdings nicht nur von den bedeutenden deutschen Schriftstellern des Exils, die ihrerseits zum Wandel der Gattung beitrugen, sondern auch von Exilierten aller Lebensbereiche und politischen Orientierungen. Der Zeichner, der Verleger, der Journalist, der Schauspieler, der Schriftsteller, der Sozialdemokrat, der Kommunist, der Rechtsradikale, der Germanist gehören alle zu diesen Autoren. Manche Exilautobiographen haben ein problematisches oder gar gebrochenes Verhältnis zu diesem Instrument ihrer Selbstdarstellung, zumal wenn sie manches verhüllen wollen. Exilautobiographien sind teilweise durch Reflexionen über die Fragwürdigkeit der höchst subjektiven Gattung gekennzeichnet, die auf dem so unzulänglichen und unzuverlässigen Erinnerungsvermögen eines Menschen beruht. Doch bei den sogenannten Renegatenautobiographien, wie zum Beispiel von Gustav Regler oder Julius Hay, fehlt, auffällig genug, fast jeder Hinweis auf die subjektive und brüchige Natur der Gattung.[5] Der Versuch eines Menschen, ein »wahres Bild« seines Lebensweges zu geben, sollte nicht darüber hinwegtäuschen, daß jeder Autobiograph in bestimmten Momenten in Versuchung gerät, die Wahrheit zu deformieren, sei es zum Zweck der Selbstglorifizierung oder der Selbstrechtfertigung. In diesem Sinne hebt Bruno Frei in seiner eigenen Autobiographie hervor: »An den schwierigen Wegstrecken gerät der Autobiograph in die Gefahrenzone der Selbstrechtfertigung. Auch der Autor, dem Hybris fremd ist, kann der Versuchung nicht entgehen, die Szene in eine für ihn günstige Beleuchtung zu stellen.«[6]

II

Gleich zu Beginn seiner Selbstbiographie unterstreicht George Grosz die Schwierigkeiten bei der Rekonstruktion der Vergangenheit und zugleich seine Absicht, dem Leser die Wahrheit über sich selbst zu verbergen: »Der Tag ist neblig, neblig verhangen, wie manchmal unser Gedächtnis. Wenn ich von dem Berg, auf dem ich stehe, hinuntersehe in das Tal meiner Vergangenheit, so ist es, als blickte ich mitten im Winter aus meinem Atelierfenster. Ich sehe nur wallenden Nebel, milchige, gespenstige Formen (. . .)«. Der Autobiograph erzählt über eine »nebelhaft gewordene Erinnerungswelt«[7]. Die einführenden Worte von Grosz sollen den Leser auf die folgende Behauptung vorbereiten, daß ihm hier nicht die vollständige Wahrheit über den Künstler George Grosz zuteil werde: »Dies ist der Versuch einer Autobiographie und der Leser soll wissen, daß ich das, was ich nicht sage, auch nicht sagen will (. . .). Nun suche ich mich zurechtzufinden in den tief unter mir wallenden nebligen Tälern meiner Vergangenheit. Es mußte manches verhüllt bleiben, weil es von vornherein zur Verhüllung bestimmt war.«[8] Es ist nicht verwunderlich, daß einige Exilautoren selber eifrige Leser von lebensgeschichtlichen Schriften ihrer Zeit- und Leidensgenossen sind, und zwar oft von der Hoffnung getragen, auf Enthüllungen zu stoßen. Diese Suche erweist sich gewöhnlich als vergeblich. So meint Robert Neumann über Erich Kästner: »Auch seine Autobiographie gibt mir von ihm kein Bild.« Die Problematik einer Gattung, die Einblicke in das Leben eines Menschen zu geben verspricht und dennoch zum Teil auf dem Sich-Verstecken des Berichterstatters beruht, läßt Neumann fragen: »Aber wessen Autobiographie gibt von wem ein Bild?«[9]

Neumann betont: »Was in deiner Erinnerung nicht haften blieb, ist nicht gewesen.«[10] Das heißt unter anderem natürlich: Woran man sich nicht erinnern will, das braucht nicht in der Autobiographie vorzukommen. Als »heimtückisch-heimlich autobiographiebeflissen«[11] beschreibt sich Neumann, der, wie er zugibt, bei der Erinnerung an seine eigenen Taten und Untaten mit sich selbst leichter ins Gericht geht als mit anderen: Es sei »alarmierend«, »daß man trotz aller gegensätzlichen Bemühungen sich selbst mit geringerer Härte anfaßt als alle anderen«.[12] Es ist immerhin schwierig genug, meint Neumann, daß der Autobiograph, auch, wenn er höchst selektiv verfährt, sich gezwungen sieht, über sein Leben in solch offener Weise zu schreiben. Die Anforderungen der Gattung erwecken bei Neumann die Sehnsucht nach einem fiktionalen Genre, in dem die eigene Lebensproblematik mit weniger Vorbehalten dargestellt werden könnte: »Grausig, wieviel man über sich schon aufgeschrieben hat. Wieviel leichter man etwas über sich aufschreibt, wenn man nicht über sich schreibt, sondern über eine Romangestalt.«[13] Das autobiographische Vorhaben an sich, will man Neumann glauben, ruft zum Widerstand gegen die Fertigstellung eines Manuskripts auf, das eine Lebensgeschichte endgültig fixieren soll: »Jeder Gedanke an eine Selbstdarstellung ist ein Gedanke an den Tod.«[14] Die Skepsis Neumanns tritt in seiner Methode hervor, alle kontinuierlichen Fäden seines Lebensweges abzureißen, zu zerstreuen und Bruchteile einer fragmentarischen Lebensgeschichte zu präsentieren. Dabei wird die Diskontinuität der Erzählperspektive fast zum Prinzip des autobiographischen Verfahrens. Neumann notiert an einer Stelle: »Zu bedenken (obgleich es ein unfruchtbarer Gedanke ist, jetzt im nachhinein), ob man bei diesem endgültigen letzten Versuch sein Leben aufzuschreiben, nicht doch besser sehr viel früher eingesetzt hätte? Meine Ahnen waren –, dann meine Eltern, dann ich selbst, a, b, c, d? Aber ich habe ein tiefes Mißtrauen gegen die Kontinuität der Zeit.«[15] Das Zerstückelte der Lebenserzählung deutet auf das Lebensgefühl Neumanns hin.

Weigert sich Neumann, der Versuchung nachzugeben, sein Leben in der Form einer linearen Entwicklung zu schildern, so lehnen sich andere gegen die oft in der Geschichte der Autobiographie zu beobachtende Feier der eigenen politischen oder künstlerischen Größe auf.[16] So betont Heinrich Mann in seiner Autobiographie: »Mein Name ist IX, ich bin ebenso gewöhnlich wie auserlesen. Meinesgleichen kommt überall vor, aber jeder bleibt das einmalige Phänomen. Manchmal soll es beträchtlich sein, das könnte ich von mir nicht sagen, vielmehr habe ich das Gefühl: was ich denke, mache und kann, sollte jeder fertig bringen.«[17] Hier artikuliert sich ein ausgesprochen demokratisches Bewußtsein, das die Individualität des Autobiographen relativiert, wenn nicht ganz aufhebt, indem sie als austauschbar und unwichtig dargestellt wird. Ähnlich denkt Franz Jung, der als Subjekt seiner Lebensgeschichte den durchschnittlichen Charakter seines Objekts Franz Jung unterstreicht. Hier soll, glaubt man dem theoretischen Ansatz Jungs, das Einmalige, das Provozierende und Tragische in Jungs Lebensgeschichte bagatellisiert werden. Nach Jung ist es sogar ein Zufall, daß er den Namen Jung verwendet: »Ich könnte auch einen anderen herausgegriffen haben aus dieser Zeit, für mich war nur Jung am naheliegendsten, weil ich diesen Jung am besten zu kennen glaube.«[18]

Betonen Heinrich Mann und Franz Jung ihre »Durchschnittlichkeit«, so vertritt Ludwig Marcuse eine Auffassung, die fast jeden Versuch der autobiographischen Selbstdarstellung in Frage stellt: »Ich

kenne nur eine einzige Autobiographie, welche der Gegenpol zu jedem
›Es war doch so schön‹ ist. Aber selbst ›Die Erziehung des Henry
Adams‹ ging nicht ins Intime. Seine Melancholie verhüllte ebenso wie
jede Zuversicht zuvor das konkrete Individuum.«[19] Wie steht es mit
der Selbstdarstellung des Individuums Ludwig Marcuse? Wagt er ›ins
Intime zu gehen‹? »Als ich jetzt durch die Seiten der fragmentarischen
Historie meines fragmentarischen Lebens ging, bedrückte mich auch,
wie wenig hier von der Geschichte meiner Tugenden und Laster zu
finden ist.«[20] Es ist klar, daß dieser Autobiograph manches verschweigt, was hätte aufgedeckt werden müssen, um ein wahres Bild
von sich und seinen Freunden zu geben: »Ich habe oft mich nicht
getraut, um nicht zu verletzen; und so durch Weglassen ein falsches
Bild gegeben.« Und weiter betont er: »Ich habe (nach Kant) kein falsches Zeugnis abgelegt, aber (nach Kant) manches nicht gesagt, und
bin von seiner Erlaubnis nicht beruhigt.«[21] Was hätte bei der vollständigen Darstellung nicht fehlen dürfen? Marcuse glaubt, daß selbst die
individuelle Anatomie beschrieben gehört: »Ein Leben ist nicht
zulänglich geschildert, in welchem die Natur und Sozialgeschichte der
zur Seele gehörigen Haare und Ohren und Beine und Hoden und Gerüche und Gesten nicht deutlich gemacht wird. Ich habe es nicht
gewagt . . . und vielleicht nicht gekonnt.«[22] Fast geht hier die autobiographische Reflexion in die Parodie dieser Reflexion über. Letzten
Endes führt Marcuse den Mangel an unverhüllten Aussagen bei jedem
Autobiographen auf den Mangel an Mut zurück: »Ich habe eine gute
Gelegenheit verpaßt, den individuellen Weg ins Licht zu stellen, die
Darbietung meines dreidimensionalen Subjekts aufzuzeichnen. Ich
hab's nicht gewagt – weil homo literarius homini literario lupissimus. Ich habe vor der Komorra der Intellektuellen kapituliert (. . .).«[23]

Selbstsatire und Parodie kennzeichnen zum Teil auch die Autobiographie Carl Sternheims, zum Beispiel dann, wenn er um eine komische Darstellung seiner Liebesaffären bemüht ist; in den großen Leistungen kirchlicher Baukunst sieht er die Widerspiegelung seiner profanen Sehnsucht: »Kölner, Aachner Domtürme gaben Beweis, daß
wesentliche Männer früherer Jahrhunderte in Deutschland von diesem ekstatischen Drang besessen waren.«[24] Sternheims Enthüllungen
über den von ihm als so ekstatisch empfundenen Drang ziehen die
bekenntnishafte Funktion der Autobiographie ins Lächerliche und
Absurde.[25] Ernsthafter sind die scheinbar so harmlosen Bekenntnisse
von Julius Hay, der sich Fehler bei der Schilderung seiner Vergangenheit nicht verbieten will: »Lieber sollen mir kleinere Fehler unterlaufen, als daß ich die Grenzen meines Erinnerungsvermögens überschreite.«[26] ›Kleinere Fehler‹ können jedoch bei Renegatenautobiographen ehemaliger Kommunisten ein Konglomerat von Aussagen über
sich selbst und andere bilden. Hays Landsmann und ehemaliger
Genosse Arthur Koestler hat sich nicht wenige Gedanken über die
Verfälschung der Vergangenheit gemacht: »Es ist ein wunderbarer
Mechanismus in uns tätig, der das Erlebte in der Erinnerung färbt. Er
arbeitet unrein, die Farben fließen ineinander über.«[27] Aber welcher
Exilautobiograph, ja welcher Autobiograph überhaupt, wüßte sich

von solchen Impulsen zur Verzeichnung seiner Vergangenheit frei? Bestimmt nicht Manès Sperber, der seinen Bemerkungen über den Ersten Weltkrieg folgende Worte vorausschickt: »Es mag sein, daß die Erinnerung trotz ihrer Deutlichkeit verfälscht ist.«[28] Die Tücken des Erinnerungsvermögens, das, wie einmal Lion Feuchtwanger betonte, sich weigert Dinge zu behalten, die er gerne behalten möchte, indem es andere Dinge aufbewahrte, die ihm gleichgültig waren,[29] komplizieren das autobiographische Schreiben. Dies kommt zu dem subjektiven Streben des Autobiographen nach Selbstrechtfertigung und Selbststilisierung hinzu. Über diese Problematik geben nicht wenige Exilautobiographien auf eine fast exemplarische Weise Auskunft.

III

Seit den *Bekenntnissen* des Augustinus, deren Grundmuster im 18. Jahrhundert durch Jean-Jacques Rousseau erneuert wurde, kennt man die autobiographische Beschreibung eines Irrwegs, der endlich doch zum Heil führt. Allerdings sind religiöse Bekehrungsgeschichten in der Exilautobiographik eine Rarität – mit der wichtigen Ausnahme von Alfred Döblins *Schicksalsreise: Bericht und Bekenntnis* (1949), einem Buch, das Döblins Weg zum Katholizismus nachzeichnet. Döblins Werk gehört in der Tat zu jener Tradition der religiösen Selbstbiographie, die in Deutschland im späten 17. und dann im 18. Jahrhundert im Sog des Pietismus ihre Blüte erlebte. Es ist sicherlich kein Zufall, daß Döblin im Laufe seines Berichts davon erzählt, er habe sich nochmals mit Augustinus auseinandergesetzt: »Einmal las ich seit langer Zeit die Bekenntnisse des heiligen Augustinus und seine Dreieinigkeit.« Solche Lektüren waren, wie Döblin selbst sagt, »ein eigenartiger Lernprozeß«.[30] In *Die Bekenntnisse* des Augustinus konnte Döblin bei aller zeitlichen und gesellschaftlichen Verschiedenheit immerhin die Widerspiegelung eines ähnlichen Prozesses konstatieren. Die Bekehrung des Augustinus zum Christentum stellt in Döblins Gedanken über seine innere Wandlung einen Wegweiser und Prüfstein dar. Wie bei Augustinus wird auch bei Döblin Bekenntnis im zweifachen Sinne verstanden, als Bekenntnis der eigenen Schuld und als Bekenntnis zum Christentum. Der Weg zur religiösen Wahrheit und Erlösung ist für Döblin der Weg der Demut und Reue, vor allem das Eingeständnis der eigenen Schuld und Verlorenheit angesichts eines im metaphysischen Sinne verfehlten Lebens – Erfahrungen, die Döblin schon vor seiner Flucht durch Frankreich in dem Bild eines durch die Welt irrenden und für seine früheren Sünden büßenden Gottes einfängt. In der autobiographischen Reflexion gelangt Döblin zu der Erkenntnis, daß die Situation dieses Gottes mit seiner eigenen identisch ist: »Es war das Gefühl meiner eigenen verlorenen Situation. Es war das Gefühl von Schuld, vieler Schuld, großer Schuld.«[31] Der einst so schuldige Döblin beschreibt sein früheres Leben mit der Absicht, es zu entwerten: Für keine Sache, sei es der Sozialismus oder der Zionismus, habe er sich voll einsetzen können. Und so zwingt sich ihm immer wieder die Frage auf: »Welche Fahne habe ich aber gehalten? Welche Fahne halte ich?«[32] Die Entdeckung der neuen, nämlich christlichen Fahne, die Döblin so begeistert hochhält, geschieht auf jener Schicksalsreise, die in Döblins religiöser Erweckung kulminiert. In der Metaphernsprache Döblins heißt es vom früheren Irrweg: »Ich habe mir einen zu leichten Kahn gebaut, um über den Ozean zu fahren. Natürlich wurden die Wände eingedrückt. Der Boden erwies sich als Papier und weichte auf. Ich schleppte mich weiter, solange die Witterung es erlaubte, dann ein Windstoß, und noch ein Windstoß, und der Kahn kippte und die Seefahrt war zu Ende.«[33] Das Scheitern markiert die tiefgreifende Zerrüttung des ›vorchristlichen‹ Lebens. In der christlichen Symbolik entdeckt Döblin auf seiner Reise zwischen Himmel und Erde die Zeichen und Winke Gottes, die ihn seinem Heil entgegenführen: »(...) der Hang, ja der Wille war gebieterisch geworden (...) es war das Christentum, Jesus am Kreuz, was ich wollte.«[34]

In der Rückschau behauptet der nunmehr gerettete Christ Döblin mit aller Überzeugung: »Ich bin nicht mehr der, der wegging.«[35] Die Odyssee Döblins vom Unheil zum Heil ist die des Suchenden, der nicht nur über seine Wendung zum Christentum Zeugnis ablegt, sondern auch als Proselytenmacher auftritt, dem es unter anderem darum geht, Zeitgenossen von ihrem Willen zur gesellschaftlichen Veränderung abzubringen. Denn nach Döblin ist der Wunsch, an den Verhältnissen zu rütteln, in der Hoffnung, dadurch eine Verbesserung der Zustände herbeizuführen, von vornherein zum Scheitern verurteilt: »Die Menschen strengen sich an, sie prüfen ihre Lage, die jeweilige gesellschaftliche Situation, sie analysieren, aber sie bleiben bei äußeren Zeichen, die nicht Ursache, sondern schon Folge sind; dazu gehört das Soziale und der Versuch, eine Wendung herbeizuführen von hier aus, weil dies die Wurzel sei. Aber es ist nicht die Wurzel. Man behandelt nur ein Symptom.«[36] Döblin richtet die Spitze seiner Kritik nicht zuletzt gegen Repräsentanten des Exils, deren Leben und Wirken von seiner Definition des einzig richtigen Weges zum Heil in markanter Weise abstechen. Denn die Exilautobiographik ist reich an Fällen, wo der Autobiograph das persönliche und gesellschaftliche Heil in einem politischen Programm sucht, insbesondere dem des Kommunismus. In solchen Fällen setzt sich der Säkularisierungsprozeß der Gattung fort, indem das Muster einer religiösen Bekehrung in das einer politischen übergeht. Die Zahl der Autoren ist auch groß, die schließlich dem Kommunismus abschwören. Im folgenden verweise ich auf einige Beispiele für solche Umkehrprozesse.

Hier ist die Autobiographie von Gustav Regler zu nennen, der nach politischen Enttäuschungen und privatem Unglück, vor allem unter dem Eindruck der Hoffnungslosigkeit der politischen und wirtschaftlichen Situation am Ende der zwanziger Jahre in Deutschland 1929 zum Kommunismus übertritt: »Es gibt keine komplizierte, etwa ideologische Erklärung meines Beitritts zur kommunistischen Partei. Alle Sicht wurde vereinfacht zu dem einen Satz: so kann es nicht weitergehen!«[37] Aber der Schritt vom Unheil zum Heil, der aus dem Zusammenbruch einer Welt in eine neue bessere hineinführen soll, führt in eine ebenso schlimme Welt. Regler muß vor allen Dingen lernen, daß der Sozialismus sowjetischer Prägung, wie seine zweite Frau Marieluise es ausdrückt, »ein Trugschluß«[38] war. Die Sowjetunion stellt sich in Reglers Autobiographie als der von Verfolgungswahn befallene, als der entartete Freund und als das Land ohne Herz heraus, dessen Opfern Regler bei einem zweiten Aufenthalt in Rußland 1936 auf Schritt und Tritt begegnet.[39] Sah Regler anfänglich in den Verheißungen des Kommunismus ein Ende des Leidens der hungernden Kinder in Deutschland prognostiziert, so scheint sich dies später als Selbsttäuschung zu erweisen. Er stempelt zum Schluß seiner Autobiographie frühere Genossen zu Agenten des Leidens ab. Indem sich Regler im Internierungslager Le Vernet von ihnen innerlich freimacht, gibt er nicht zuletzt zu, daß sein Versuch, die Gesellschaft zu verändern und zu vermenschlichen, gescheitert ist.

Franz Jung sieht in seiner Autobiographie ebenso auf seinen politischen Werdegang zurück, bei dem der Selbstrettungsversuch eine erhebliche Rolle spielte. Denn sein politisches Engagement im Dienste des Kommunismus war zum Teil mit dem Willen verbunden, aus seiner immer wiederkehrenden Lebensnot auszubrechen. Sie bestand eben darin, so beschreibt Jung, daß man ihn seit seiner Jugend nicht in die Gesellschaft hineinwachsen lassen wollte, sondern ihn aus ihr zu entfernen versucht hatte.[40] Der an Beziehungslosigkeit leidende Jung wird Mitbegründer der KAPD und reist 1920 im Auftrag der Partei nach Rußland: »Da war es, was ich gesucht habe und wozu ich seit meiner Kindheit ausgezogen bin: die Heimat, Menschenheimat.«[41] Die Träume eines Kindes von Menschlichkeit und Gemeinschaft gehen allerdings nicht in Erfüllung, auch nicht in Sowjetrußland. Das von Jung einst so umjubelte Ideal der Menschenheimat wird durch die spätere Erfahrung verdrängt, das heißt die Erfahrung, daß die Sowjetunion »dieselben Wege eingeschlagen hat, wie alle Gesellschaftsbildungen vorher und sich heute von der bestehenden alten kapitalistischen Gesellschaft, gegen die der theoretische Stoß gerichtet war, kaum unterscheidet. Der Mensch als Einzelwesen ist nicht geändert worden; im Gegenteil, die Anpassung ist noch stärker akzentuiert.«[42]

Die politische Enttäuschung Jungs in der Sowjetunion haben vor allem seine Entlassungen aus Schlüsselpositionen in der Industrie befördert[43], da er geglaubt hat, einerseits seine beachtlichen Fähigkeiten auf wirtschaftlichem und industriellem Gebiet verwirklichen und andererseits seine Identität in der neuen sowjetischen Gesellschaft sichern zu können. Jungs Streben nach Integration wird, folgt man seiner Autobiographie, in einem Zielekonflikt ständig zugunsten der Interessen der kommunistischen Partei mißachtet: »Die Walze, die dich soeben überfahren hat, muß noch Vorsorge treffen, daß du weiter am Boden bleibst, im Verdacht, daß du wieder aufstehen könntest. Wer das nicht versteht, hat sich noch nicht die Mühe genommen, die Geschichte der kommunistischen Parteibewegung zu studieren und in sich aufzunehmen.«[44] Zu Jungs Bekenntnissen gehört die Feststellung, daß er in Rußland wie in Deutschland zum Außenseiter werden mußte, dessen Anwesenheit und Tun mit größter Skepsis betrachtet und beurteilt wurden: »Praktisch war ich ein Außenseiter, ein störendes Element auf lange Sicht gesehen, auch einer mit dem messianischen Gedanken, der beim Neubau einer Gesellschaft immer nur ein Störenfried und Schädling bleiben wird.«[45] Die Hoffnung auf Rettung durch das Engagement für den Neubau der Sowjetunion erweist sich als eine Illusion, wodurch der Weg des nunmehr Gelähmten und Gescheiterten nach unten nur beschleunigt wird.

Auch andere Autobiographen, die nicht in der Weise ›störende‹ Elemente waren, bezeugen die nach dem Übertritt zum Kommunismus früher oder später einsetzenden Irritationen, die der Abkehr vorausgehen. So stellt zum Beispiel Julius Hay zu Anfang seiner Autobiographie fast programmatisch die Frage: »Werde ich in meiner regellosen Erzählung irgendwo auf mein Damaskus stoßen, wo ich durch einen spektakulären Umschwung ein anderer geworden bin?«[46] Der erste Umschwung in diesem Leben erfolgt 1919 zur Zeit der Räterepublik in Ungarn, als der neunzehnjährige Hay begeistert die »Diktatur des Proletariats« begrüßt: »Ich war im Volkskommissariat als Jungarbeiter-Propagandist angestellt (. . .) Ich fühlte mich nun solide eingebettet in die menschliche Gemeinschaft.«[47] Der Siebzigjährige beschreibt seinen Lebensweg als den eines jungen Kommunisten, der auszog, um die Welt zu erlösen, aber dann zu dem Schluß kam, daß er vielleicht sein Leben im Dienst einer glorreichen Idee vergeudet hatte. Denn die Idee der Weltrevolution und die damit verbundene Hoffnung auf die Befreiung der Massen von jeglicher Unterdrückung entlarvt sich als eine Maskierung »sehr andersartiger Absichten, mit der man uns betrogen und belogen hatte«.[48] Hay wird zum Außenseiter, der parteipolitisch und ideologisch weder zum Osten noch zum Westen gehören kann. Am Ende seiner Autobiographie beschuldigt er die kommunistische Partei, sein individuelles Scheitern und das der revolutionären Idee mit verursacht zu haben: »Jahrzehntelang schon ging und hastete ich und trottete denselben Weg . . . den Weg, den ich als den Weg zum Sozialismus kannte. Andere aber, die sich Partei nannten, verließen diesen engen Pfad. Sie wählten die Straße der Macht und Gewalt und sagten, diese Straße führe zum Sozialismus und Kommunismus. Unsereiner wurde beschimpft, ins Zuchthaus gesperrt und mit dem Tode bedroht (. . .) Sie haben ihr Ziel nicht erreicht, und ich habe mein Ziel nicht erreicht. Aber ich gebe zu, daß dieses Ziel unerreichbar ist. Für die Verwirklichung meiner Träume muß die Welt sich einen anderen, einen noch nicht bekannten Weg suchen.«[49] Auch Manès Sperber, der 1937 mit der kommunistischen Partei brach, beschreibt in seiner Autobiographie die Entwicklung eines jungen Menschen zum politischen Engagement und zum Kommunismus. In Betrachtungen über das Revolutionäre zitiert Sperber in seiner Autobiographie die Figur Dojono Faber aus seiner Romantrilogie *Wie eine Träne im Ozean* (1961), um nicht nur auf die eigene Enttäuschung anzuspielen, sondern auch auf die so vieler, deren Bereitschaft zur revolutionären Tat in der Zeit des Faschismus und Stalinismus so oft das persönliche Unglück zur Folge hatte. Die Bekenntnisse des abgekämpften Revolutionärs Faber lauten: »Nein, ich verleugne nicht die Vergangenheit, aber ich finde, was ich getan habe, überflüssig ... vergeudete Zeit, mißbrauchte Kraft. Hätte ich jeden Tag Boule gespielt, es wäre besser gewesen und gewiß sinnvoller.«[50]

IV

Es ist charakteristisch für Exilautobiographen, daß sie sich als Vertreter ihrer Generation beschreiben. Dies gilt für Ernst Toller wie für Stefan Zweig. So hebt Toller in seiner Autobiographie hervor, daß er »die Jugend einer Generation und ein Stück Zeitgeschichte« beschreibe.[51] Und Zweig kommentiert, er erzähle nicht so sehr von einem persönlichen Schicksal als von dem Schicksal »einer ganzen Generation«.[52] In etlichen Momenten gewinnt das *Wir* einer Generation an Bedeutung gegenüber dem *Ich* des Autobiographen, der, wie es bei Zweig heißt, die Rolle eines Erklärers bei einem Lichtbildvortrag gewinnt: »Die Zeit gibt die Bilder, ich spreche nur die Worte dazu.«[53] Erwähnenswert ist, daß Stefan Zweig als Titel seiner Autobiographie die Zeile erwog: »Wir, eine geprüfte Generation«. In Autobiographien, die derart zum Dokumentarischen tendieren, will der Autor einerseits eine zu enge Fixierung auf seinen eigenen Werdegang vermeiden und andererseits die Glaubwürdigkeit seines Falles durch die ergänzenden Beispiele von Mitleidenden aus seiner Generation bestätigen.

Nicht selten stellt der Exilautobiograph in diesem Zusammenhang Zeitanalysen an. Dann verdrängen essayistische Betrachtungen und Interpretationen der geschichtlichen und politischen Entwicklung die Schlüsselstellung der individuellen Entwicklung. Es kann vorkommen, daß die Schilderung der für die weitere Entwicklung eines Individuums so wichtigen Kindheit nur knapp ausfällt. Manès Sperber betont, er wolle weit Wichtigeres zu Beginn seiner Autobiographie behandeln als seine ersten Jahre: »Es geht nicht nur um meine ersten Jahre, sondern um etwas, was weit über die Biographie hinausreicht, um das ermordete Städtel, um ein religiöses, soziales und kommunales Phänomen, um eine Gemeinschaft, zu deren letzten Überlebenden ich gehöre.«[54] Im Gegensatz zu Sperber geht allerdings der ichbezogene Franz Jung ausführlich auf Kindheit und Jugend ein. Aber er entschuldigt sich deswegen bei seinem, wie er glaubt, auf die Darstellung gesellschaftlicher Zusammenhänge erpichten Leser. Jung bedauert diese Aufzählung von Vorgängen aus seiner Vergangenheit, »bei denen meine Person leider so stark im Mittelpunkt steht, ohne Reflex auf den gesellschaftlichen Hintergrund«.[55] Zum Ausgleich liefert Jung seinem Leser dann wieder über Seiten hinweg Anmerkungen zu sozialen und politischen Fragen. Die Exilautobiographik zeigt generell eine Neigung dazu, essayistischen Passagen Raum zu geben. So schreibt Zweig an Victor Fleischer über seine Absichten: »I am working on my autobiography (...) There will not be much of private things in this reminiscence. It will be a large outlook.«[56] »A large outlook« heißt vor allem, daß Zweig die katastrophalen Wendepunkte der europäischen Geschichte im 20. Jahrhundert zum Gegenstand macht. Und Heinrich

Mann äußert sich in einem Brief an Alfred Kantorowicz zu seinen autobiographischen Plänen: »Ich bin jetzt weniger um Selbstdarstellung bemüht als das Zeitalter zu besichtigen.«[57] An der Struktur von *Ein Zeitalter wird besichtigt* (1945) kann man solche Intentionen leicht ablesen, denn Heinrich Manns Autobiographie enthält eine Fülle von Essays, wie kaum eine zweite Lebensbeschreibung eines Exilanten.

Der Autobiograph, der auf essayistische Betrachtungen aus ist, verwendet die Erfahrungen eines Lebens nicht zuletzt zur Darlegung einer Sehweise oder Lebensphilosophie, sei es der ausgesprochene Geschichtsoptimismus von Heinrich Mann oder der aufwühlende anthropologische Pessimismus von Franz Jung, der die immer wiederkehrende Tragik des Menschengeschlechts in seiner biologischen Natur vorfindet. Dazukommt ein weiteres und wichtiges Moment der Exilautobiographik. Der Zweck mancher Betrachtungen und Analysen liegt darin, aufklärerisch und didaktisch zu wirken. Von Ernst Tollers 1933 veröffentlichtem Buch *Eine Jugend in Deutschland* sollte ein geplanter englischer Titel heißen: »Learn From My Youth«. Der Leser lernt nicht nur den individuellen Irrweg Tollers kennen, sondern auch die Gründe für den Zusammenbruch der Weimarer Republik: »Wer den Zusammenbruch von 1933 in Deutschland begreifen will, muß die Ereignisse der Jahre 1918 und 1919 in Deutschland kennen, von denen ich hier erzähle.«[58] Zu Tollers Analysen der gescheiterten Revolution von 1918/1919 gehören Erörterungen der sich später so verheerend auswirkenden Polarisierung der deutschen Linken, eigentlich Anklagen, an die andere Exilierte bei ihrem Versuch anknüpften, die Voraussetzungen für den Sieg der Nationalsozialisten zu erkunden.[59] Doch didaktische Reflexionen brauchen nicht immer einen politischen Zweck zu erfüllen. Hier wäre wieder Döblin zu nennen, der sich auf die Notwendigkeit einer zweiten Aufklärung beruft: »Es gab schon eine Aufklärungsperiode, eine neue bessere muß kommen.« Denn es wäre ein Gewinn für die Welt, wenn seine Zeitgenossen »aufgeklärt und zum Licht geführt würden«. Das Licht der Vernunft wünscht er sich in das innere Licht der religiösen Erweckung verwandelt. Der religiöse Didaktiker Döblin ruft seine Zeitgenossen auf, sich mit der Schöpfungs- und Heilsgeschichte auseinanderzusetzen: »Das Wandern Jesu auf Erden ist darüber eine einzige Offenbarung und Belehrung.«[60] Döblins Wandern im Exil ist ein aufschlußreiches Zeugnis dafür, welche eigenartigen Wege mitunter eingeschlagen worden sind.

Es braucht hier nicht betont zu werden, daß die 1940 in Frankreich so bedrohlich einsetzende Krise für Döblin wie für so viele eine neue Periode psychischer Verunsicherung eingeleitet hat. Döblin klagt in *Schicksalsreise:* »(...) wie schäbig, erbärmlich ist es, hier wegzulaufen und seine persönliche Sicherheit finden, fliehen... fliehen... abermals fliehen (...).«[61] Ich habe diese Stelle aufgegriffen, um auf die in so vielen Exilautobiographien begegnende Wahrnehmung der Diskontinuität des Lebens aufmerksam zu machen. Bei einem so dezidierten Satiriker wie Robert Neumann wird das Problem der Diskontinuität zum Teil in der Form einer tragikomischen Selbstsatire vorgetragen.

Aber sein Auftreten als Rip van Winkle soll nicht darüber hinwegtäuschen, daß dies entwurzelte Leben nicht leicht war.[62] Das Problem der Diskontinuität kann allerdings schon zur Zeit des Ersten Weltkrieges aufgetreten sein. So weiß Manès Sperber davon zu erzählen, daß er von dem Problem der Zeit an sich besessen sei, und zwar seit dem Winter 1915. Für den in der jüdischen Tradition aufgewachsenen Autor bedeuteten die Kriegsereignisse in seinem galizischen Städtel das Ende einer intakten und aus der Perspektive des Zehnjährigen gesicherten Welt: »Auch ich bin (...) von der Zeit besessen (...) seit dem frühen, abrupten, grausamen Ende meiner Kindheit.« Und weiter: »In jenen Tagen und Nächten (...) trat ein Bruch ein, dessen Wirkung dauerhaft geblieben ist. Nach diesen Erlebnissen habe ich die Welt niemals wie vorher, als ein ganzes gesehen.«[63] Der Bruch mit der Welt seiner Kindheit führt Sperber nicht zuletzt zum späteren politischen Engagement und zum Kampf gegen den Faschismus. Erlebnisreich und ebenso diskontinuierlich kann man den Werdegang des rasenden Reporters Egon Erwin Kisch nennen, der gerade die Kontinuität in der Lebensform seines Vaters im Vergleich zu seiner eigenen hervorhebt. Sein Vater, schreibt Kisch, habe nur zwei historische Ereignisse in seinem langen Leben mitbekommen, »eben jenen Prager Aufstand von 1848 und den Krieg zwischen Österreich und Preußen. Die haben seine Lebensweise wenig verändert, und er pflegte sich wiederholt zu rühmen, seit seiner Jünglingszeit immer im gleichen Bett geschlafen zu haben (...)«.[64] Der auf langen Umwegen nach Mexiko verschlagene Kisch schaut zurück auf den großen Unterschied zwischen den Schicksalen zweier Generationen.

Krieg, Entwurzelung und Verbannung, ob sie ins Leben der Exilierten schon im Ersten Weltkrieg eingreifen oder während der Nazi-Zeit, erwecken bei den Betroffenen das Gefühl des Ausgeliefertseins und oft die idealisierende Sehnsucht nach der angeblich heilen ›Welt von Gestern‹ – wie etwa der programmatische Titel der Autobiographie Stefan Zweigs lautet. Seine Verklärungen einer vergangenen Zeit lassen sich auch als Wunschprojektion eines Entwurzelten und Verunsicherten deuten, der die Bilder einer Welt der Sicherheit, individuellen Freiheit und humanistischen Ideale heraufbeschwört. Aber auch bei weniger gefährdeten Exilierten wird die Welt von Gestern als Kontrast zu der bedrohten und zum Teil barbarischen Welt von heute beschrieben. Heinrich Mann erwähnt lobend das 19. Jahrhundert: »Es betrachtete die Schonung jedes Einzelnen, nicht seine Überspannung und Gefährdung als das Richtige (...) Meine Jugend war ihrer selbst leidlich sicher, sie erwartete ihre Erschütterung nicht von außen.«[65] Ebenso schaut Gottfried Bermann Fischer auf die Welt seiner Jugend und Kindheit zurück, jene Welt »des Rechts, der Moral, der Achtung vor dem Nächsten.«[66] Elisabeth Castonier erfährt daher die Ereignisse von 1933 als Versagen eines Volkes: »Es ist gut, Zeuge dieser irren Zeit zu sein.«[67] Die Erkenntnis der Zerstörung der Vernunft in Deutschland hebt jedoch nicht das Leiden an dieser Zeit auf.

So will das autobiographische Schreiben auch die Momente der zerrissenen und verlorenen Zeit überbrücken. Darin sieht Hertha Pauli den Sinn ihres Erlebnisbuches: »Dieses Erlebnisbuch soll eine Brücke bauen, die das Heute mit dem Gestern verbindet, eine Brücke über den Riß der Zeit hinweg.«[68] Für viele bedeutet der »Riß der Zeit« auch den Verlust einer vorher gültigen Lebensweise, den Ludwig Marcuse bei sich selbst und seinen Leidensgenossen bedauert: »Wir waren Mitte Vierzig und schon war mein kleines All, das nicht so sehr von Sternen als von Freunden gerahmt ist, nur noch eine Ruine.«[69] Dazu kommt das psychologisch so verheerende Schrumpfen der Zukunftsperspektive. Marcuse führt den Tod von Toller und Joseph Roth darauf zurück, daß sie keine Hoffnung mehr hatten: »Beide gingen an einer Krankheit zugrunde. Der Mangel an Zukunft.« »Die Gegenwart war so aufdringlich geworden, daß selbst der Legenden-Dichter Roth sich nicht mehr in Worte einkapseln konnte.«[70] Die Auseinandersetzung mit dieser wie es bei Hans Marchwitza heißt, so »verfluchte(n) Zeit«[71] führt bei manchen Exilautobiographen zu Geschichtsbetrachtungen und Geschichtsdeutungen.[72] Auch wenn sich ein Verfasser in dieser, von den Auswirkungen der Geschichte so durchtränkten Zeit nur auf die privaten Details seines Lebens konzentrieren will, kann er oft ohne eine, zumindest oberflächliche Berücksichtigung der Geschichte nicht auskommen.[73] So muß Willy Haas in seinen Erinnerungen zugeben: »Es sollte hier eigentlich nicht viel über weltgeschichtliche Ereignisse gesagt werden, und nun geht es doch nicht ohne sie ab.«[74] Bekräftigt der Lauf der Geschichte Leonhard Franks Vertrauen auf die sozialistische Wirtschaftsordnung[75], so forscht Döblin nach dem göttlichen Urheber aller Geschichte: »Um die Welt zu ändern, um dem Geschichtslauf eine neue Richtung zu geben, Gott der Urgrund (. . .) und Träger der Schöpfung dieser Welt selber, greift (. . .) in das Wespennest der menschlichen Verderbtheit.«[76] Neben solchen zum Teil simplen und grandiosen Deutungen der Geschichte stehen die pessimistischen und nüchternen Worte des gescheiterten Revolutionärs Gustav Regler, der in der Geschichte nichts mehr als die Manifestation menschlicher Unzulänglichkeit erkennt.[77] Pessimistisch sieht Ludwig Marcuse auf die großen Revolutionen der Neuzeit: »Eine Weile habe ich an die lauten Operationen geglaubt, die wir Revolutionen nennen, bis ich sah, daß, wenn immer ein Übel kuriert wurde, ein unbekanntes zur Welt kam, eine neue Version des alten. Das lehrte mich die amerikanische Revolution vorher die französische, nachher die russische (. . .) Wir sind gewöhnt uns auf die Weltgeschichte zu verlassen. Auf sie ist kein Verlaß.«[78] Für einen Abtrünnigen des marxistischen Lagers wie Julius Hay gibt es auch keinen Verlaß auf das marxistische Geschichtsverständnis. Denn der Gang der Ereignisse im 20. Jahrhundert weist auf das Auseinanderklaffen von Theorie und Wirklichkeit hin.[79] Die augenscheinlich außer Kontrolle geratene Geschichte bewegt sich in der Sicht von Stefan Zweig von einer Katastrophe zur nächsten, »deren Zeugen und Opfer unsere Generation seit 1914 gewesen ist«.[80] Da die Exilierten ihre Selbstbiographien auch zum Teil nach dem Krieg verfassen oder neu bearbeiten, reichen ihre Werke in eine neue geschichtliche Periode hinein, die bei weitem bedrohter ist als irgendeine Periode zuvor. Für Klaus Mann eröffnet sich eine apokalyptische Dimension: »Von einem Wendepunkt zum nächsten wächst die Gefahr. Noch ein paar Schritte auf den Abgrund zu, und wir stürzen hinein kopfüber. Dann hätten wir gewählt, ein für allemal. Der finale Wendepunkt wäre erreicht, das episodenreiche Drama abgeschlossen.«[81] Die atomare Vernichtungsschlacht, auf die hier angespielt wird, gehört nicht nur zu den Ängsten von Klaus Mann. So ist für Fritz Kortner die Nachkriegszeit gerade dadurch gekennzeichnet, daß sie »die Vergangenheit nicht loswerden kann und von der Zukunft apokalyptisch bedroht ist«.[82] Der Konfrontation mit der atomaren Bedrohung weicht auch Bruno Frei nicht aus, der die Intellektuellen dazu aufruft, sich an der Papierschlacht zur Verhinderung der Katastrophe zu beteiligen. Wer weiß sich von dem Atomgrauen frei, fragt dieser Autobiograph: »Aber ist die Flucht in die totale Skepsis ein Ausweg? (...) aber wenn die Wege des Fortschritts weder gradlinig noch leicht, sondern widerspruchsvoll und mühsam sind, so bleibt doch für den menschlichen Geist keine andere Alternative zum Glauben an den Fortschritt als der Glaube an die Barbarei (...) von dem Ausgang der papierenen Schlacht um die Gehirne wird es abhängen, ob es zur Atomschlacht um die Kontinente kommen wird.«[83]

Sicherlich hätte dieser Einstellung Heinrich Mann zugestimmt, dessen eigenes dialektisches Geschichtsverständnis die Unüberwindbarkeit der Vernunft mit einschließt. Der nahe Sieg über das Dritte Reich wird bei Mann zum Beweis dafür, daß aus dem geschichtlichen Kampf zwischen Rationalismus und Irrationalismus, Vernunft und Unvernunft die Vernunft und damit der Fortschritt als überlegen hervorgehen werden. Diese Reaktionen auf das Atomzeitalter gewinnen besondere Relevanz für das Geschichtsverständnis des heutigen Lesers, der den Gedanken an das Auslöschen aller Geschichte nicht ausschließen darf. Die Wege vieler der einst so bedrohten und dann durch die Niederlage des Faschismus geretteten, ja bewahrten Exilierten führen in die neue Zeit der universellen Gefährdung hinein, der »Welterschütterung in Permanenz«[84], vor der kein Exilant mehr weiter flüchten kann.

---

1 Vgl. Karl Joachim Weintraub: *The Value of the Individual: Self and Circumstance in Autobiography*, Chicago & London: The University of Chicago Press, 1978, S. 18. — 2 Roy Pascal: *Die Autobiographie: Gehalt und Gestalt*, Stuttgart 1965, S. 73. — 3 Schon vor über zehn Jahren hatte die Hamburger Arbeitsstelle für deutsche Exilliteratur »rund 500 (...) Autobiographien, Tagebücher und Briefsammlungen zusammengetragen« (Gerda Neumann, »Gedrucktes und Ungedrucktes aus der Emigration. Überblick über die Exilforschung in der Bundesrepublik«, *Frankfurter Allgemeine Zeitung* v. 21. 5. 1973). Diese Zahl ist längst revisionsbedürftig, da man immer wieder auf Neuerscheinungen hinweisen kann. So hat vor nicht allzu langer Zeit der Exilforscher und Emigrant Egon Schwarz seine Autobiographie verfaßt: *Keine Zeit für Eichendorf: Chronik unfreiwilliger Wanderjahre*, Königstein 1979. Gerade im vergangenen Jahr erschienen die Lebenserinnerungen der in der deutschen und internationalen Frauenbewegung zwischen 1900–1933 tätigen Alice Salomon: *Charakter ist Schicksal: Lebenserinnerungen*, Weinheim 1983. — 4 Siehe Pascals Kritik an den Autobiographien von Arthur Koestler und Ludwig Marcuse, die meines Erachtens den zum Teil zu rigiden ästhetischen Kriterien entspringt, die Pascal vertritt, und an denen er den Wert der unterschiedlichsten Autobiographien mißt, S. 211–212. —

5 Zum Problem der autobiographischen Deformierung der Vergangenheit siehe den immer noch wichtigen Aufsatz von Georges Gersdorf, »Conditions and Limits of Autobiography«, *Autobiography: Essays Theoretical and Critical*, hg. v. James Olney, New Jersey: Princeton University Press, 1980, S. 28–48. Zuerst »Conditions et limites de l'autobiographie«. In: *Formen der Selbstdarstellung: Analekten zu einer Geschichte des literarischen Selbstportraits*, hg. v. Günther Reichenkron und Erich Haase. Zu Ansätzen einer Diskussion über die Deformierung der Vergangenheit bei Regler siehe Mathias Wegner: *Exil und Literatur: Deutsche Schriftsteller im Ausland 1933–1945*, Frankfurt 1968, S. 151. Zu Deformierungstendenzen bei Hay siehe Hans-Albert Walter: »Die Grenzen des Erinnerungsvermögens: Kritische Anmerkungen zur Autobiographie von Julius Hay«, *Frankfurter Hefte* 2/1972, S. 107–116. — 6 Bruno Frei: *Der Papiersäbel: Autobiographie*, Frankfurt 1972, S. 11. — 7 Georges Grosz: *Ein kleines Ja und ein großes Nein: Sein Leben von ihm selbst erzählt*, Reinbek bei Hamburg 1974, S. 7. — 8 Ebd., S. 8. — 9 Robert Neumann, *Ein leichtes Leben: Bericht über mich selbst und Zeitgenossen*, Wien 1963, S. 422. — 10 Ebd., S. 77 — 11 Ebd., S. 92. — 12 Ebd., S. 308. — 13 Ebd., S. 227. — 14 Ebd., S. 16. — 15 Ebd., S. 43. — 16 Hierzu Pascal: *Die Autobiographie*, S. 137. — 17 Heinrich Mann: *Ein Zeitalter wird besichtigt*, Berlin 1974, S. 147. — 18 Franz Jung: *Der Weg nach unten: Aufzeichnungen aus einer großen Zeit*, Berlin-Spandau 1961, S. 390. — 19 Ludwig Marcuse: *Mein zwanzigstes Jahrhundert*, Zürich 1975, S. 388. — 20 Ebd., S. 390. — 21 Ebd., S. 388–389. — 22 Ebd., S. 390. — 23 Ebd., S. 391. — 24 Carl Sternheim: *Vorkriegseuropa im Gleichnis meines Lebens*. In: *Gesamtwerk*, hg. v. Wilhelm Emrich, Neuwied 1976, Bd. 10/1, S. 245. — 25 Weiteres zum Problem der satirischen Selbstbekenntnisse: Wolfgang Müller-Funk »Das Exil ist eine Krankheit: Autobiographien als ein Mittel sich zu behaupten«. In: *Merkur* 414/1982, S. 1231–1232. — 26 Julius Hay: *Geboren 1900: Aufzeichnungen eines Revolutionärs. Autobiographie*, München 1980, S. 14. — 27 Arthur Koestler, *Ein spanisches Testament: Aufzeichnungen aus dem Bürgerkrieg*, Frankfurt/M. 1980, S. 193. — 28 Manès Sperber, *Die Wasserträger Gottes*, Wien 1977, S. 119. — 29 Vgl. Lion Feuchtwanger, *Unholdes Frankreich*, Mexico 1942, S. 221. — 30 Alfred Döblin, *Autobiographische Schriften und letzte Aufzeichnungen*. Hg. v. Edgar Pässler, Olten 1980, S. 354. — 31 Ebd., S. 367. — 32 Ebd., S. 210. — 33 Ebd., S. 212–213. — 34 Ebd., S. 344. — 35 Ebd., S. 369. — 36 Ebd., S. 425. — 37 Gustav Regler: *Das Ohr des Malchus: Eine Lebensgeschichte*, Frankfurt/M. 1975, S. 178–179. — 38 Ebd., S. 339. — 39 Ebd., vgl. S. 336–337. — 40 Vgl. Jung: *Der Weg nach unten*, S. 38. — 41 Ebd., S. 156. — 42 Ebd., S. 166. — 43 Für einen schnellen Überblick über Jungs vielseitige Tätigkeiten in der Sowjetunion wie überhaupt über sein Leben siehe Fritz Mierau »Leben und Schriften des Franz Jung. Eine Chronik«. Franz Jung: *Feinde Ringsum: Prosa und Aufsätze 1912 bis 1963*. Hg. v. Lutz Schulenburg, Hamburg 1981, S. 10–65. — 44 Jung: *Der Weg nach unten*, S. 255–256. — 45 Ebd., S. 290. — 46 Hay: *Geboren 1900*, S. 15. — 47 Ebd., S. 64. — 48 Ebd., S. 356. — 49 Ebd., S. 397–398. — 50 Sperber: *Die Wasserträger Gottes*, S. 78. Zum Problem der Desillusionierung durch den Kommunismus beziehungsweise Stalinismus könnte man natürlich weitere Texte heranziehen, wie zum Beispiel die Autobiographie von Arthur Koestler: »I went to Communism as one goes to a spring of fresh water, and I left Communism as one clambers out of a poisoned river strewn with the wreckage of flooded cities and the corpses of the drowned.« *The Invisible Writing. The Second Volume of an Autobiography: 1932–1940*. London 1969, S. 19. — 51 Ernst Toller: *Eine Jugend in Deutschland*, Reinbek 1962, S. 7. — 52 Stefan Zweig: *Die Welt von Gestern: Erinnerungen eines Europäers*, Berlin 1968, S. 7. — 53 Ebd. — 54 Sperber: *Die Wasserträger Gottes*, S. 112. Man kann natürlich bei den so unterschiedlichen Exilautobiographen auch auf Fälle hinweisen, in denen Kindheit und Jugendjahre zum Mittelpunkt des autobiographischen Interesses werden, so zum Beispiel bei den Vertretern der jüngsten Exilantengeneration. Vgl. Peter Weiss: *Abschied von den Eltern*, Frankfurt/M. 1964. — 55 Jung: *Der Weg nach unten*, S. 86. — 56 Zitiert nach D. A. Prater: *European of Yesterday: A Biography of Stefan Zweig*, Oxford 1972, S. 301. — 57 Zitiert nach der Zeit 1/1982, S. 15. — 58 Toller: *Eine Jugend in Deutschland*, S. 7. Zu Tollers Autobiographie siehe insbesondere den zwar kurzen, aber ebenso aufschlußreichen Artikel von Wolfgang Frühwald: »Exil als Ausbruchsversuch: Ernst Tollers Autobiographie.« In: *Die deutsche Exilliteratur 1933–1945*. Hg. v. Manfred Durzak, Stuttgart 1973, S. 489–498. — 59 Vgl. den zweiten Teil von Sperbers Autobiographie: *Die vergebliche Warnung*, Wien 1975, S. 273–274. — 60 Döblin: *Autobiographische Schriften*, S. 423. — 61 Ebd., S. 114. — 62 Vgl. Neumann: *Ein leichtes Leben*, S. 505. — 63 Sperber: *Die Wasserträger Gottes*, S. 135, 153. — 64 Egon Erwin Kisch: *Marktplatz der Sensationen: Entdeckungen in Mexiko*, Berlin 1979, S. 13. — 65 Mann: *Ein Zeitalter wird besichtigt*, S. 179. — 66 Gottfried Bermann Fischer: *Bedroht Bewahrt: Der Weg eines Verlegers*, Frankfurt 1967, S. 85. Einblicke in die Kehrseite der Welt von Gestern gibt Elisabeth Castonier, deren Erinnerungen an die Kindheit nicht zuletzt die immer wieder vom Existenzkampf bedrohte und trostlose Lage der kleinen Leute hervorheben, für die es keine Welt der Sicherheit gab. *Stürmisch bis Heiter: Memoiren einer*

Außenseiterin, München 1975, S. 23, 27, 31, 32, 85. — **67** Ebd., S. 188. — **68** Hertha Pauli: *Der Riß der Zeit geht durch mein Herz*, Wien 1970, S. 9. — **69** Marcuse: *Mein zwanzigstes Jahrhundert*, S. 256. — **70** Ebd. — **71** Hans Marchwitza: *In Frankreich, In Amerika*, Berlin 1971, S. 421. — **72** Diese Tendenz der Exilautobiographik findet ihren prägnantesten Ausdruck in dem kompendienartigen: *Erlebte Weltgeschichte 1869–1953. Memoiren von Friedrich Wilhelm Foerster*, Nürnberg 1953. — **73** Siehe auch in diesem Zusammenhang meinen früheren Versuch »Autobiographie als Geschichtsdeutung«. — **74** Willy Haas: *Die literarische Welt. Erinnerungen*, München 1960, S. 17. — **75** Vgl. Leonhard Frank: *Links wo das Herz ist*, München 1952, S. 258–259. — **76** Döblin: *Autobiographische Schriften*, S. 415. — **77** Vgl. Regler: *Das Ohr des Malchus*, S. 444. — **78** Marcuse: *Mein zwanzigstes Jahrhundert*, S. 378. — **79** Vgl. Hay: *Geboren 1900*, S. 100–101, 202–203. — **80** Zweig: *Die Welt von Gestern*, S. 289. — **81** Klaus Mann: *Der Wendepunkt*, München 1969, S. 504. — **82** Fritz Kortner: *Aller Tage Abend*, München 1976, S. 57. — **83** Frei: *Der Papiersäbel*, S. 273–274. — **84** Ernst Fischer: *Erinnerung und Reflexionen*, Reinbek bei Hamburg 1969, S. 9.

Lieselotte Maas

Verstrickt in die Totentänze einer Welt

Die politische Biographie des Weimarer Journalisten Leopold Schwarzschild, dargestellt im Selbstzeugnis seiner Exilzeitschrift »Das Neue Tage-Buch«

Für L. K. G.

Zeitungen spiegeln ganz generell nur selten persönliche Biographien. Das gilt für die deutsche Exilpresse in gesteigertem Maße. Denn schon die kurze Lebensdauer vieler Emigrantenzeitschriften verhinderte die Dokumentation längerer individueller (oder auch allgemeiner) Entwicklungen.

Für eine unabhängige Exilzeitschrift mit einem zumindest gewünschten ›natürlichen‹ und ›normalen‹ Lesepublikum war die Chance für eine Existenz auf Dauer in der Tat äußerst gering. Viele der verschiedenen Publikationen, die sich als selbständige Presseorgane verstanden und von Emigranten zwischen 1933 und 1945 gemacht wurden, lebten jedenfalls zumeist nicht lange. Die Mehrheit brachte es nur auf eine Erscheinungszeit von weniger als einem Jahr, so manche kamen nicht einmal über ihre erste und einzige Nummer hinaus. Zeitungen und Zeitschriften mit nur wenigen Ausgaben sind häufig, eine Lebensspanne von mehr als drei Jahren ist dagegen bereits die Ausnahme.

Schon von daher gehört Leopold Schwarzschilds *Neues Tage-Buch*, mit dem er in Paris sein Berliner *Tage-Buch* fortsetzte, zu den herausragenden Abweichungen vom Regelfall. Es gehört mit der *AIZ (Arbeiter-Illustrierte Zeitung)*, der *Neuen Weltbühne* und dem *Pariser Tageblatt* zu den nur vier unabhängigen Zeitschriften, die die gesamte erste Etappe des Exils von 1933 bis zum Kriegsausbruch 1939 bestehen konnten.

Aber sogar in der Reihe dieser vier Ausnahmen ist *Das Neue Tage-Buch* ein Sonderfall. Die begrenzte Öffentlichkeit des Exils der 30er Jahre verstand sich nahezu ausschließlich links. Schwarzschild repräsentierte demgegenüber das liberal-konservative Bürgertum, und er tat das in deutlicher Distanz zu den vielen Gruppierungen im übrigen Exil als ein exemplarischer Einzelgänger und Individualist. Leopold Schwarzschild wollte nicht wie ansonsten die Emigranten in erster Linie einstehen für ein anderes, besseres Deutschland; der überzeugte Bürger-Journalist kämpfte für den Erhalt der bürgerlichen Errungenschaften, Werte und Traditionen Europas.

Dabei machte er, mehr noch als im Berliner *Tage-Buch*, seine neue Pariser Wochenschrift zu seiner ureigensten und alleinigen Sache. Denn in dem Maße, in dem er mit sich und seinen Anliegen allein war, war seine Zeitschrift auch ein Stück von ihm selbst. Hier schrieb ein bedeutender Journalist zwar mit dem Anspruch öffentlicher Beachtung doch auch ganz buchstäblich sein persönliches ›Tage-Buch‹. Karl Kraus und der *Fackel* nicht unähnlich ist auch hier der Mann die Zeitung, die Zeitung der Mann: *Das Neue Tage-Buch* mithin auch so etwas wie ein autobiographisches Zeugnis für ein beispielhaftes (und zum Teil tragisch verstricktes) Journalisten- und Bürgerschicksal.

In den Jahren der Weimarer Republik stand Leopold Schwarzschilds liberales *Tage-Buch* eindeutig im Schatten von Tucholskys und Ossietzkys *Weltbühne*. In ihrem politischen Engagement und kämpferischen Elan konnten sich die kleinen grünen Hefte des *Tage-Buchs* zwar durchaus mit den ihnen in Format und Aufmachung so ähnlichen roten der *Weltbühne* messen; die Attraktivität und Berühmtheit der linken Rivalin erreichten sie dennoch nie.

Das Exil kehrte die Verhältnisse um. Schon im Äußeren übertraf die Fortsetzung des *Tage-Buchs* die der *Weltbühne*. Denn während *Die neue Weltbühne* bis ins Detail an der bescheidenen Gestalt ihres großen Vorbilds festhielt, setzte *Das Neue Tage-Buch* sichtbare Zeichen für einen Neubeginn. Obwohl es in vielem an seine Vorgängerin erinnerte, sollte es erkennbar mehr und anderes sein als deren bloße Kopie. *Das Neue Tage-Buch* ersetzte den grünen durch einen weißen Umschlag, vergrößerte das Format fast um das Doppelte, wählte größere Schrifttypen und ein neues, nun durchgehend zweispaltiges Textlayout, änderte Zahl, Disposition und Titel von Rubriken. Äußere Umstände mögen so manche dieser Neuerungen mitbestimmt haben, und doch spiegelt sich auch schon in ihnen die für die Exilpresse ebenso seltene wie bemerkenswerte Tatsache wider, daß im Falle des *Neuen Tage-Buchs* der Wechsel in die Ausnahmesituation des Exils einmal nicht nur die Zurücknahme journalistischer Möglichkeiten bedeutete, sondern auch einen Zuwachs an Anspruch und – Wirksamkeit.

Tatsächlich ließ *Das Neue Tage-Buch* nun nicht zuletzt in seinem publizistischen Erfolg seine einstige Konkurrentin weit hinter sich. Während Willi Schlamm die ihrer großen Namen beraubte *Neue Weltbühne* eher in eine Sackgasse manövrierte[1], stieg das von Leopold Schwarzschild geleitete *Neue Tage-Buch* zur renommierten Zeitschrift auf. Auch als *Die neue Weltbühne* Mitte der 30er mit einem neuen Redakteur wieder Profil und Bedeutung gewann, änderte sich etwas sehr Entscheidendes nach wie vor nicht: *Die neue Weltbühne* suchte und fand ihre Leser ausschließlich in der begrenzten Öffentlichkeit des Exils; *Das Neue Tage-Buch* dagegen wandte sich darüber hinaus an das europäische Bürgertum und wurde dort in erstaunlichem Maße und weitaus mehr als jede andere Exilzeitung beachtet und ernst genommen.

Gerade in seiner exilsprengenden europäischen Qualität war *Das Neue Tage-Buch* Produkt und Leistung seines Herausgebers Leopold Schwarzschild, der wie kaum ein anderer emigrierter Journalist das Schicksal des Exils auch als eine Chance verstand. In der Weimarer Zeit war *Das Tage-Buch* für ihn eine wichtige, aber nicht die einzige

Aktivität; nun konzentrierte er sich ganz auf *Das Neue Tage-Buch* und machte diese Zeitschrift zu seiner ausschließlichen Lebensaufgabe. Im *Tage-Buch* mußte er seine Konzeptionen gelegentlich auch gegen Widerstände und in der Auseinandersetzung mit anderen durchsetzen; *Das Neue Tage-Buch* dagegen gehörte nur ihm allein und seinen Prinzipien. In Berlin war er ein anerkannter, aber natürlich nicht der einzige liberal-konservative Publizist von Format; in Paris aber stand er im Umfeld einer zumeist linken Exilszene praktisch ohne Konkurrenz da – und machte *Das Neue Tage-Buch* zum Instrument seiner politischen Arbeit und damit auch seiner Selbstverwirklichung.

Dieser Sachverhalt spiegelt sich im äußeren Erscheinungsbild der ersten Umschlagseite exakt wider. Die Zeile »Herausgeber: Leopold Schwarzschild« steht in herausgehobenen fetten Buchstaben unmittelbar unter dem Titel *Das Neue Tage-Buch:* Titel und Herausgebername sind mithin eine Einheit, bilden charakteristischer und richtiger Weise oberhalb eines schwarzen Doppelstrichs gemeinsam den Kopf der Zeitschrift.

Und wie im Titel war Leopold Schwarzschild in fast allen Teilen seiner Wochenschrift direkt oder heimlich gegenwärtig. Auf den ersten drei bis vier Seiten, die unter der ständigen Schlagzeile »Die Woche« die wichtigsten Ereignisse der vergangenen acht Tage glossierten, in den ungezeichneten Beiträgen, die auf den nächsten drei bis vier Seiten folgten, natürlich im fast immer von ihm selbst geschriebenen Leitartikel, aber auch in den sich ihm anschließenden drei oder vier namentlich gezeichneten Aufsätzen spürte man die prägende Kraft des Herausgebers. Sogar in den »Miniaturen« zum Kulturleben und in den Personalnotizen »Abseits der Reichskulturkammer« auf den letzten zwei bis drei Seiten jeder Ausgabe entdeckt man bei genauerem Hinsehen Reflexe auf die generellen Akzentsetzungen und Akzentverschiebungen im Denken Leopold Schwarzschilds.

Schwarzschild führte im *Neuen Tage-Buch* konsequent zu Ende, was er seit 1922 nach seinem Eintritt in die Redaktion des *Tage-Buchs* angestrebt hatte. Schon damals veränderte er die zuvor politisch-kulturelle in eine vor allem politisch und wirtschaftspolitisch orientierte Wochenzeitschrift. Der ursprünglichen Idee, vornehmlich Material für eine selbständige Urteilsbildung des Lesers bereitzustellen, setzte er schon bald und zunehmend als eigentlichen Schwerpunkt den dezidiert urteilenden Meinungskommentar entgegen. Ab 1927, als sich Stefan Großmann, der *Das Tage-Buch* 1920 gegründet hatte, »weniger aus gesundheitlichen Gründen als wegen Meinungsverschiedenheiten mit Leopold Schwarzschild über die Leitung und Konzeption einer derartigen Zeitschrift«, als Mitherausgeber zurückzog[2], wurden Schwarzschilds Ziele noch deutlicher. Aber erst nach der Emigration des *Tage-Buchs* von Berlin (über München) nach Paris und damit seiner Verwandlung ins *Neue Tage-Buch* konnte er diese Ziele völlig unbehindert in die Tat umsetzen.

Keine Frage also: *Das Neue Tage-Buch* ist das Zeugnis für das politische Denken und Wollen nur eines Kopfes. Nicht ein wie auch immer geartetes Team, sondern ein Mann allein hat diese Zeitschrift konzipiert und gemacht. Neben ihm gab es nur die Hilfe von in seinem Sinne schreibenden Assistenten und Texte prominenter Autoren, die das eigene Gedankengebäude und die eigenen politischen Konzepte bestätigten oder ergänzten. Das Neue Tage-Buch und seine Geschichte sind darum auch ebenso insgeheim wie unaufdringlich Leopold Schwarzschilds politische Autobiographie; ein eindrucksvolles Abbild zugleich von den Möglichkeiten und Grenzen eines konservativen Einzelnen in der ersten Etappe des Exils.

Als 28jähriger schrieb Leopold Schwarzschild ein Theaterstück. »Sumpf«, am Ende des Revolutionsjahres 1918 »entworfen, im Juni 1919 beendet«, schildert das Scheitern des idealistischen Revolutionärs Wilkert.[3] Wilkert führt die Soldaten und Arbeiter, »die Schmachtenden«, »die Mühseligen und Beladenen« (S. 59) zum Aufstand gegen die bestehende Gesellschaft, gegen die »verruchte, kranke, fressende Gier«, die »die Zeit verpestet, die Menschen zermürbt« (S. 58). Aber die Repräsentanten dieser alten Gesellschaft, der Geheimrat, der Landrat, der General a. D. und allen voran Generaldirektor Ponader wissen ihre bedrohte Macht zu erhalten. Sie setzen auf die niedrigen Instinkte der Masse, appellieren an Habgier und Bequemlichkeit und treiben so einen Keil zwischen den revolutionären Anführer und seine phantasielosen und dummen Anhänger. Angefeuert von dem gemeinen und brutalen Soldaten Knopp lassen sich die Aufständischen »von den Silberlingen« bestechen (S. 53), von der Aussicht, »in Polstern (zu) liegen und auf Teppichen (zu) gehn« (S. 51) und wenden sich gegen Wilkert, der ihnen nichts bieten kann als den utopischen Entwurf einer Welt – »neu von Grund aus« –, in der »alle mit gleichem Ziel am gleichen Werk« arbeiten, »alle mitschaffend, mitsorgend, mitgedeihend« (S. 52). Mit der sicheren Aussicht auf seine Exekution wird Wilkert in der letzten Szene des Stücks »im Namen des Volkes« und »wegen Verrats an der Sache des Volkes« von seinen früheren Anhängern verhaftet (S. 83).

Kurz vor seiner Verhaftung erhält Wilkert Besuch von einem Vertreter der herrschenden Ordnung, dem General a. D. Dieser hat inzwischen die Verderbtheit der Gesellschaftsschicht erkannt, der er angehört und die er mitträgt. Trotzdem verteidigt er »die Autorität« (S. 71) des alten Systems und stellt sich gegen Wilkerts »Sache« (S. 70). Aber wie Wilkert haßt auch er den »Schacher«, »Feigheit und Lüge und Jagd nach Profit« (S. 71), hat auch er »Sehnsucht« »nach den sauberen, ehrbewußten Menschen« (S. 73). Obwohl Angehörige zweier sich bekämpfender Klassen und Vertreter von konträren Ideologien, erscheinen der Revolutionär und der General in einem einander sehr nahe: beide gehören zu den »Kerzengraden«, die es in der einen Welt so gut wie in der anderen gibt (S. 71), erheben sich als große Einzelne über den »Sumpf«, die »Lumpen« oben und den »Mob« unten, über »die Ponaders« und über »die Knopps« (S. 69 ff.).

Gewiß ist der Ausflug des 28jährigen Journalisten ins dramatische Fach für Leopold Schwarzschilds bedeutende publizistische Arbeit bestenfalls von marginaler Bedeutung. Gleichwohl werden in diesem für sich betrachtet durchaus bescheidenen poetischen Versuch

Grundüberzeugungen ausgesprochen, die ungeachtet aller Akzentverschiebungen sein Denken und Argumentieren ein Leben lang geprägt haben. Drei Punkte verdienen in diesem Zusammenhang festgehalten zu werden.

1. Das Wohl der Allgemeinheit war für Leopold Schwarzschild keine Phrase: die sozialen Verhältnisse hielt er für verbesserungs-, »das Bestehende« für »veränderungsbedürftig« (Jg 7, 1939, H. 46, S. 1067).[4] Zwar hat Leopold Schwarzschild über die richtige Methode, soziale Verbesserungen zu erreichen, zu verschiedenen Zeiten sehr verschieden gedacht; die Vokabel ›Umsturz‹ kam jedoch bei alledem nie vor. Im Kern ging es ihm eben stets um die moralische Rechtfertigung und damit um die Bestätigung einer unverändert in verschiedenen sozialen Schichten geordneten bürgerlichen Welt.[5]

2. Leopold Schwarzschild wünschte sich die Masse als Objekt, nicht als Subjekt der Geschichte. Er vertrat ihr Recht auf »Verdienst, Brot und Ruhe« (Jg 1, 1933, H. 4, S. 88), sprach ihr aber die Fähigkeit ab, sich selbst dazu zu verhelfen. Zu leicht war in seiner Einschätzung die Masse von den »Knopps« und »Ponaders« zu manipulieren und darum ihr Eingreifen in den Gang der Dinge nur zu fürchten.

3. Nur der große Einzelne, der bedeutende politische Kämpfer oder Staatenlenker, gleichviel welcher Couleur, bewegte und veränderte für Leopold Schwarzschild den Lauf der Geschichte auf dauerhaft sinnvolle Weise. Persönliches Format zählte für ihn konsequenterweise mehr als Weltanschauung. »Das Problem der deutschen Demokratie« war schon für den Weimarer Journalisten kein Problem von Parteiprogrammen, sondern »ein Personenproblem« *(Das Tage-Buch,* Jg 11, 1930, H. 1, S. 1), und im *Tage-Buch* stritt er für den Konservativen Heinrich Brüning und sein Präsidialkabinett und widmete daneben dem Sozialisten Paul Levi einen nicht minder engagierten, ebenso liebevollen wie verzweifelten Nachruf. In Brüning verehrte er (wie in der Bühnenfigur seines Generals) die Autorität der Tradition, in Levi (wie bei seinem Wilkert) den »idealsten Fall des Individualisten« *(Das Tage-Buch,* Jg 11, 1930, H. 7, S. 253).

Vor diesem Hintergrund wundert es nicht, daß Schwarzschild viele Artikel im *Neuen Tage-Buch* nicht zuletzt als Appelle an einflußreiche Einzelne verstand. Ähnlich wie er im Berliner *Tage-Buch* der Regierung Brüning immer neue Ratschläge gab, die Wirtschaftskrise zu meistern[6], versorgte er nun die führenden Politiker Europas nicht minder unermüdlich mit Informationen, Fakten und Argumenten für die seiner Meinung nach notwendigen politischen Entscheidungen. Schwarzschild interessierte sich nicht für die Stimmungen und Bewegungen im Lager der politisch machtlosen Emigranten; er wollte vielmehr – im übrigen im ganz ungebrochenen Selbstverständnis eines politischen Journalisten in ›normaler Zeit‹ – auf die realpolitisch Handelnden einwirken, Politik mit den Mitteln von Sprache und Intellekt dort beeinflussen, wo sie, etwa in Paris oder London, konkret gemacht wurde. Was Friedrich Wilhelm Foerster seinem Buch »Europa und die deutsche Frage« (Luzern 1937) als Zueignung voranstellte, stand heimlich über jeder Ausgabe des *Neuen Tage-Buchs:* »Den europäischen Staatsmännern gewidmet«.

Ungewöhnlicher noch als dieses engagierte Wollen selbst war freilich der Umstand, daß es von den Angesprochenen auch angenommen wurde. Denn Schwarzschilds Informationen und Argumente an die Adresse der führenden politischen Persönlichkeiten in England und Frankreich wurden von diesen durchaus beachtet. Nicht nur zitierten die großen bürgerlichen Zeitungen Europas, die ansonsten die Presse-Aktivitäten im Lager der deutschen Emigration kaum bis gar nicht zur Kenntnis nahmen, *Das Neue Tage-Buch* – wie sein Herausgeber zufrieden konstatierte – »viel und gewohnheitsmäßig«; diese Zeitschrift wurde darüber hinaus auch »Politikern der wichtigsten Länder« und »sogar Regierungsstellen« bei der Beurteilung der »schwierigen deutschen Angelegenheiten« zum »vielleicht wichtigsten Mentor« (Jg 1, 1933, H. 13, S. 299; Jg 2, 1934, H. 27, S. 648). Noch in seinem Nachruf auf Schwarzschild erinnerte der New Yorker *Aufbau* daran (Vol. 16, 1950, No 40, S. 10), Winston Churchill habe aus dem *Neuen Tage-Buch* »oft eine Lehre gezogen«.

Im Rückblick auf das erste Jahr des *Neuen Tage-Buchs* führte Schwarzschild diesen Erfolg auf die »unbedingt zuverlässigen« und sachlichen Informationen und Untersuchungen seiner Zeitschrift zurück (Jg 2, 1934, H. 27, S. 648). Daß sie, wie es in einer Selbstanzeige hieß, eine »Elite der Praktiker und Theoretiker der internationalen Politik, Wirtschaft und Kunst« (Jg 1, 1933, H. 1, S. 27) als Mitarbeiter und wohl auch als Leser um sich zu sammeln verstand, ist gleichwohl mit ihren ebenso fundierten wie scharfsinnigen und logischen Analysen nationalsozialistischer Politik und Wirtschaft allein nicht hinreichend zu erklären. Ganz ohne Frage waren da auch ganz allgemeine Übereinstimmungen mit im Spiel.

Die übrigen Exilzeitungen insbesondere der Anfangsjahre standen fast ausnahmslos links vom Bürgertum. Ihre radikale Kapitalismus-Kritik machte sie in den europäischen Demokratien von vornherein für viele suspekt. Mit Schwarzschild begegnete demgegenüber den europäischen Bürgern ein Bürger. Da ging ein angesehener bürgerlicher Journalist ins Exil und bot seinen europäischen Mitbürgern publizistische Hilfe im Kampf gegen Hitler an – auf identischen Ebenen des politischen Denkens. Konsequent war er als sachkundiger Experte ein glaubwürdiger Zeuge und ein möglicher kritischer Begleiter für das eigene politische Tun.

Die typische Exilzeitung gerade in den ersten Jahren der Emigration gab und verstand sich zuvörderst als Anwalt des deutschen Volkes. Sie kämpfte für seine Freiheit, und auch eine sozialistische Internationale sollte nicht zuletzt den nationalen Interessen eben des anderen und besseren Deutschland dienen. Leopold Schwarzschild setzte dagegen allein auf die Tradition des europäischen Bürgertums. In deutlicher Distanz zum konkreten Schicksal Deutschlands ging es ihm vor allem anderen darum, die Ideale des Bürgertums für Europa zu retten, und das machte ihn zu dessen natürlichem Verbündeten.

Aber nicht nur in seinen Bemühungen um eine bloße nationale Interessen weit hinter sich lassende Solidarität des europäischen Bürgertums war Leopold Schwarzschild im Umfeld der deutschen Exilpresse der Sonderfall; auch mit seiner Einschätzung des Nationalsozialismus stand er in der ersten Etappe des Exils praktisch allein. Denn während die eben zumeist linken politischen Emigranten das Regime Hitlers als eine zwar extreme, letztlich aber doch logische Konsequenz des Monopolkapitalismus interpretierten, fiel dieses Regime für Schwarzschild aus allen denkbaren historischen, politischen oder ideologischen Kategorien. Zwar hatten auch für ihn die »Kavaliere«, das »preußische Junkertum mitsamt seinen Trabanten, die Kaste der entschlossensten Reaktion« (Jg 1, 1933, H. 1, S. 10), die »schwachbegabten Promotoren Thyssen und Co« (Jg 2, 1934, H. 18, S. 419), den Führer für ihre Zwecke bezahlt und damit zu ihrem »Angestellten« gemacht (Jg 1, 1933, H. 4, S. 89). Aber nicht nur verwandelten sich in seiner Sicht die früheren »Herren« sehr bald in Hitlers »Knechte« (Jg 2, 1934, H. 18, S. 419). Viel entscheidender für Schwarzschild war, daß das ›Gesamtphänomen Nationalsozialismus‹ in seiner machtpolitischen Existenz rational überhaupt nicht zu fassen war, d. h. für ihn nichts gemein hatte mit irgendwelchen anderen politischen oder wirtschaftlichen Erscheinungen.

Im Gegensatz zu fast allen übrigen Publizisten des Exils unterschied Schwarzschild in diesem Zusammenhang zumindest bis 1936 auch deutlich zwischen Nationalsozialismus und Faschismus. Für die meisten politischen Emigranten war der Nationalsozialismus die gewiß fürchterlichste, aber eben doch eine Variante des Faschismus. Für Schwarzschild jedoch gab es zwischen beiden totalitären Herrschaftsformen einen qualitativen Sprung von einer gerade noch einsehbaren Ausprägung politischer Diktatur zum nackten irrationalen Wahn. Bei der »Verteidigung des Abendlands gegen den Hunnen-Ansturm des Nationalsozialismus« sah er so auch sogar im Faschismus noch einen Mitstreiter auf der eigenen Seite: »Nicht mehr um die Weiterentwicklung der bestehenden Zivilisation handelt es sich, sondern um die notdürftige Erhaltung der Reste dieser Zivilisation; das ist das elende Kampffeld der nächsten Jahre, ein Kampffeld, auf dem sogar noch der Faschismus zur Gruppe der Verteidiger gehört« (Jg 1, 1933, H. 14, S. 327).

Tatsächlich ist Schwarzschild nicht müde geworden, sozusagen die Menschheit zum gemeinsamen Kampf gegen »das Ungeheuerste: (...) den Urwald« (Jg 1, 1933, H. 3, S. 64) zu mobilisieren, und in dieser Formel scheinen die zentralen Punkte seines politischen Anliegens und damit seines publizistischen Kampfes in den ersten Jahrgängen des *Neuen Tage-Buchs* versammelt. Schwarzschild wollte, daß die Welt den »speziellen, nicht politischen, sondern pathologischen Charakter« des Nationalsozialismus (Jg 4, 1936, H. 46, S. 1085) und die von ihm ausgehende Bedrohung begriff; er wollte, daß die Welt die enormen Kriegsanstrengungen Hitlers zur Kenntnis und ernst nahm; er wollte, daß sich die Welt angesichts dieser rapiden Kriegsvorbereitungen über alle politischen und ideologischen Schranken hinweg mit geeigneten und gemeinsamen Gegenmaßnahmen zu einer einzigen Allianz verband.

Der alle rationalen Kategorien außer Kraft setzende Charakter des Nationalsozialismus verbot für Schwarzschild zu allererst jedweden Versuch eines politischen Kalküls. Die Neigung in den westlichen Demokratien, Hitler erst einmal – aus welchen Gründen auch immer – gewähren zu lassen, hat er entschieden bekämpft. Wieder und wieder klagte er die westlichen Staatsmänner wegen ihrer Passivität und Nachgiebigkeit an, beschwor er sie, der »Biedermannsgeste« Hitlers nicht zu trauen und sein »furchtbares Evangelium« ernstzunehmen; zu begreifen, daß dieser ganze durchaus »quadratmetrisch« zu verstehende »Banal-Patriotismus über die ›Größe des Vaterlandes‹« sich zuallererst gegen ihre eigenen Territorien richtete: »Landgewinn (. . .) ist die tiefe, vielleicht einzig echte Religion sowohl des Führers wie der Gläubigen«. »In tausend Gestalten taucht das Evangelium auf (. . .) Territorium! Territorium! Territorium!« (Jg 1, 1933, H. 1, S. 12 f.).

Vor den Kriegsabsichten der Nationalsozialisten haben alle deutschen Exilzeitungen eindringlich und unaufhörlich gewarnt. Niemand jedoch machte dabei ähnlich wie Leopold Schwarzschild den nüchternen Faktenbeleg zu seinem zentralen Gegenstand. Bis zu dem Augenblick, da »über die Menschheit hereinbrach«, »was der ganze Sinn der Aera Hitler von ihrem ersten Tage an war«, verfolgte und analysierte *Das Neue Tage-Buch* »Woche um Woche« den Prozeß zum Krieg (Jg 7, 1939, H. 38, S. 870): mit der Darstellung und Kommentierung der deutschen Wirtschafts- und Finanzpolitik, mit Produktionszahlen von Militärflugzeugen, Informationen über die zunehmende Einfuhr von kriegswichtigen Rohstoffen und über Kasernen, die »wie Pilze nach dem Regen (wachsen)« (Jg 3, 1935, H. 9, S. 204), mit Aufmarschplänen und Rekrutierungsziffern wurden sechs Jahre lang die deutschen Kriegsvorbereitungen detailliert erläutert und dokumentiert.

Aber nicht nur um die Dokumentation der deutschen Aufrüstung ging es Leopold Schwarzschild. Nicht minder engagiert verband er seine Beweisführungen mit Ratschlägen an die Adresse der westlichen Staatsmänner, dieser Aufrüstung und der aus ihr resultierenden Kriegsdrohung mit geeigneten Mitteln zu begegnen. Sozusagen auf drei Ebenen propagierte er dabei eine entschiedene Politik der Stärke.

Auf der ersten Ebene forderte er, die deutsche Aufrüstung durch ein unnachgiebiges Auftreten gegenüber Hitler und scharfe Kontrollen im Sinne des Versailler Vertrages von vornherein im Keime zu ersticken. Dessen Bestimmungen hatte das deutsche Militär zwar schon in der Zeit der Weimarer Republik in zunehmendem Maße unterlaufen. Aber erst Hitler hob die bis 1940 staatsrechtlich noch geltenden Vereinbarungen durch einseitige Aufkündigungen und Gewaltakte auf, und das verpflichtete nach Meinung Schwarzschilds insbesondere die Regierungen von England und Frankreich zu energischem Eingreifen. Als ein konkretes »Mittel, den sicheren Krieg ohne Krieg zu verhindern«, empfahl er etwa im Herbst 1933, statt aller Verhandlungen und im Bewußtsein der eigenen Stärke, »die Auslieferung der deutschen Flugzeuge und die Einstellung weiteren Flugzeugbaus zu erzwingen« (Jg 1, 1933, H. 13, S. 300).

Den Wunsch nach mehr Entschiedenheit der demokratischen Regierungen Europas im Umgang mit Hitler teilte Schwarzschild mit allen Gruppierungen des politischen Exils. Mit der zweiten Ebene seines Konzepts der Stärke im Kampf gegen den Nationalsozialismus hatte er dagegen wieder einmal unter den Emigranten kaum einen Partner. Denn im Gegensatz zu allen Linken im Lager des Exils machte sich der konservative Leopold Schwarzschild für die These stark, daß es (wenn alle sonstigen Mittel versagen) gegen Hitler »keine andere Wehr gibt als eben nur wieder Waffen, zahlreichere, verbündete Waffen« (Jg 3, 1935, H. 9, S. 204). Wenn schon dem gewaltigen Rüsten Hitlers mit politischen Mitteln nicht beizukommen war, mußte man es eben mit noch gewaltigeren eigenen Rüstungsanstrengungen beantworten. Leopold Schwarzschild: »Was aber kann der Gewalt entgegengesetzt werden außer Gegengewalt?« (Jg 1, 1933, H. 19, S. 444).

In den Erinnerungen an seine Pariser Exilzeit hat Maximilian Scheer[7] ein Gespräch wiedergegeben, das er und Rudolf Leonhard mit einem französischen Unternehmer führten. Es geht in diesem Gespräch um die Mitarbeit in der Redaktion einer deutschsprachigen Zeitschrift. Aber schon bald erweisen sich die Positionen der deutschen Emigranten mit der des Franzosen als unvereinbar:

> »Kurz, meinte er [der Franzose], enthüllen Sie die Restauration des deutschen Militarismus.
> Sehr gern. Um vor einem neuen Krieg zu warnen. Um der Opposition in Deutschland vom Ausland her zu helfen – denn sie kämpft für den Frieden. Kurz, um dem Frieden zu helfen.
> Schon, schon, meinte er liebenswürdig ungeduldig. Das sind theoretische Fernziele. Das Nahziel ist die Enthüllung der Gefahr einer neuen starken Armee jenseits des Rheins. Frankreich muß stärker rüsten. Das ist es.
> Ach so. Nicht Abrüstung aller, sondern Aufrüstung aller. Nicht Bekämpfung der höheren deutschen Militärausgaben, sondern Erhöhung der französischen Militärausgaben. Nicht Abbau der Gefahr, sondern Steigerung der Gefahr. Nicht: Weg mit den Rüstungsgewinnen, sondern: Her mit mehr Rüstungsgewinnen.
> Die Entscheidung war von uns schon gefällt, bevor die Unterredung endete.«

Diese Episode genügt, um zu zeigen, wie fern Leopold Schwarzschild mit seinem Plädoyer für eine militärische Aufrüstung der westlichen Demokratien den quasi selbstverständlichen Denkweisen der linken Emigranten stand. Für Maximilian Scheer und Rudolf Leonhard reichte der Hinweis auf kapitalistische Rüstungsinteressen, um jeden Gedanken an Zusammenarbeit fallen zu lassen. Leopold Schwarzschild ließ es dagegen ohne alle Bedenken zu, daß im *Neuen*

Tage-Buch auch journalistische Parteigänger der französischen Schwerindustrie für ein militärisch starkes Frankreich votierten. Freilich wäre es ganz falsch, deshalb Schwarzschilds Kampf für eine Aufrüstung in England und vor allem in Frankreich als Kriegstreiberei oder – wie ihm die Nazis unterstellten – als Propaganda für einen Präventivkrieg gegen Hitlerdeutschland mißzuverstehen. Er wollte nicht den Krieg, er war nur zutiefst überzeugt, daß allein »die Angst in Berlin, den Weltkrieg zu verlieren«, den Frieden erhalten konnte: »Wenn das nicht greift, greift überhaupt nichts.« (Jg 6, 1938, H. 37, S. 875).

Natürlich ist nicht zu verkennen, daß Schwarzschild mit seinen Rüstungsforderungen vielen (z. B. den französischen Industriellen) gute Argumente für ganz andere als moralische oder politische Zwecke lieferte. Nicht zu bezweifeln ist aber auch, daß der streitbare Publizist persönlich ausschließlich von der Hoffnung auf Frieden durch Abschreckung bewegt wurde. »Kein Krieg, kein Krieg!«, beschwor er die Welt und appellierte gerade deshalb an die freien Staaten Europas: »Seid stark! Seid noch stärker! Seid so überwältigend stark, daß niemand an Angriff auch nur denken kann! (. . .) Nur Eure Stärke kann Euch, kann uns, kann dem ganzen Erdteil das Schlimmste sparen« (Jg 2, 1934, H. 1, S. 10).

Ähnlich wie die feste Überzeugung, daß nur die »noch drohendere Gegenballung von Macht« einen Angriff der Nationalsozialisten verhindern könnte (Jg 1, 1933, H. 27, S. 641), Schwarzschild gegenüber anderen Interessen an einer Aufrüstung gleichgültig machte, kannte er auch bei der von ihm geforderten Bündnispolitik – der dritten Ebene seines Verteidigungskonzepts im Kampf gegen Hitler – keine ideologischen oder moralischen Skrupel. Denn was auch hier für ihn einzig und allein zählte, war die Schrecken einflößende Kraft einer umfassenden Allianz. Hitler durfte für Schwarzschild keinen Augenblick im unklaren darüber gelassen werden, daß er einen Krieg gewissermaßen gegen den Rest der Welt zu führen haben werde, das Dritte Reich mithin »die Chance des Einzelkrieges« verloren und nur noch eine Aussicht hatte: einen »Krieg gegen viele« (Jg 4, 1936, H. 52, S. 1234).

Im Interesse dieses Ziels propagierte Schwarzschild ein offenes Zusammengehen aller Herrschaftsformen jenseits des Nationalsozialismus und ließ in der Frage einer Koalition gegen Hitler keinerlei Vorbehalte gelten: »Keine Gefühle«, »keine Moral«, »keine Wahl (. . .), Freundschaften anzunehmen oder zu kündigen« (Jg 2, 1934, H. 8, S. 177). Das faschistische Italien, das klerikal-faschistische Österreich, das bolschewistische Rußland waren ihm als Verbündete der bedrohten bürgerlichen Demokratien gleichermaßen willkommen. Um die Unterstützung durch Mussolini zu gewinnen, schlug er der englischen Regierung vor, dem italienischen Aggressor Abessinien ruhig zu überlassen: »Man muß den frivolen Mut haben, sich mit der Tatsache abzufinden, daß das Jahrtausend des Rechts und der Moral nicht ausgerechnet mit der Angelegenheit Abessinien anheben wird« (Jg 3, 1935, H. 28, S. 659). Um Österreich als »Flanke der Tschechoslowakei« (aber auch als Streitobjekt und damit als »Keil« zwischen Hitler und Mussolini) zu erhalten, forderte er trotz der blutigen Niederschlagung des Republikanischen Schutzbunds durch Dollfuß, »die Zähne« zusammenzubeißen, »die Augen« zu schließen und den österreichischen Kanzler »nach wie vor« und auf jede Weise »zu stützen und zu unterstützen« (Jg 2, 1934, H. 8, S. 178; H. 11, S. 250). Um sich der Hilfe der gewaltigen Sowjetunion zu versichern, appellierte er an die demokratischen Staaten in Europa, zugunsten eines starken Bündnisses alle »alten Ressentiments gegen das bolschewistische Land« im Osten und jede Angst vor einer möglichen »Etablierung« des »›Bolschewismus‹ (...) in West-Europa« hintanzustellen (Jg 3, 1935, H. 9, S. 204; Jg 4, 1936, H. 32, S. 754).

Eine Allianz zwischen dem Westen und der Sowjetunion wurde für Schwarzschild zunehmend zu einem Kernstück in seinem Konzept einer Politik der Stärke gegen Hitlerdeutschland. In der UdSSR, die bis 1935 in seinen bündnispolitischen Überlegungen überhaupt keine Rolle spielte, sah er nun den wichtigsten Partner der europäischen Demokratien: »Das Bündnis zwischen dem Westen und Rußland (...) ist (...) einer der wesentlichen Pfeiler, auf denen der Frieden Europas heute steht« (Jg 7, 1937, H. 15, S. 347).

Realpolitische Fakten und außenpolitische Konzepte hatten für Leopold Schwarzschild eben zunächst einmal nicht das geringste mit der Beurteilung von innenpolitischen Systemen zu tun. Für den in seiner Sicht lebensnotwendigen Pakt des Westens mit der Sowjetunion hätte sich deshalb – jedenfalls in seinen Argumentationsketten vor 1936 – die Situation »kaum verändert«, wenn im Osten »statt des Sowjet-Staates noch das kaiserliche oder ein demokratisches Rußland läge« (Jg 3, 1935, H. 9, S. 204). Konsequent galt ihm die Unfähigkeit der bürgerlichen Demokratien, angesichts der nationalsozialistischen Bedrohung von dem verhaßten sozialistischen System und dessen möglichen Gefahren für den sozialen Frieden im eigenen Land abzusehen, als unbegreifliche »Verbocktheit« (Jg 7, 1939, H. 13, S. 299): »Nur Verrückte könnten bereit sein, sich des möglichen Verbündeten deshalb zu enäußern, ihn vielleicht gar auf die Gegenseite zu treiben« (Jg 5, 1937, H. 46, S. 1089). Denn nicht gegen die Sowjetunion richteten sich für Schwarzschild Hitlers Kriegsvorbereitungen, sondern gegen den Westen, zuallererst gegen den »Todfeind« Frankreich (Jg 4, 1936, H. 52, S. 1234). Das Anti-Bolschewismus-Geschrei, mit dem die Nazis versuchten, sich als »Retter Europas« aufzuspielen, war ihm nichts als bloße Tarnung – »simuliert«, um so von den eigentlichen Absichten abzulenken (Jg 4, 1936, H. 36, S. 849).

An der Überzeugung von der absoluten Notwendigkeit eines Bündnisses zwischen den westlichen Demokratien und Sowjet-Rußland hat Leopold Schwarzschild bis 1939 unbeirrt festgehalten. Noch kurz vor dem deutsch-sowjetischen Nichtangriffs-Pakt bezeichnete er ein Bündnis Englands mit der UdSSR als »eine große Erwünschtheit« (Jg 7, 1939, H. 24, S. 566). Mit dem Verhältnis des bürgerlichen Journalisten zum Kommunismus hatte all das freilich überhaupt nichts zu tun.

Der liberalkonservative Leopold Schwarzschild hatte für den Kommunismus ebenso wenig Sympathien wie für den Faschismus. Für die »fragwürdige politische Hälfte der materialistischen Doktrin«, den »historischen Mystizismus« Marxismus (Jg 3, 1935, H. 7, S. 153), kannte er in seiner gesamten journalistischen Laufbahn nur Spott. Gleichwohl beobachtete er als Wirtschaftsexperte den Versuch der sowjetischen Planwirtschaft bis in die zweite Hälfte der 30er Jahre mit Interesse und angesichts der unverkennbaren Erfolge gelegentlich sogar mit Bewunderung. Auch betonte *Das Neue Tage-Buch* in seinen ersten drei Jahrgängen die positiven, ja »demokratischen« Aspekte in der innenpolitischen Entwicklung der Sowjetunion und lieferte damit einen eigenen Beitrag zu jener generellen »Normalisierung« im Verhältnis zwischen den westlichen Demokratien und der UdSSR, die – wie Schwarzschild im Rückblick feststellte – ihren »Höhepunkt« mit dem Eintritt der Sowjetunion in den Völkerbund im September 1934 und dem Abschluß des französisch-sowjetischen Pakts im Mai 1935 erreichten (Jg 4, 1936, H. 36, S. 849). Spätestens aber ab Ende 1936 wurde aus dem positiv neugierigen Wirtschaftsexperten und distanzierten politischen Beobachter ein erbitterter Feind.

Das auslösende Moment dieser Wende waren ohne Frage Stalins Säuberungsprozesse, parallel zu denen Leopold Schwarzschild viele seiner bisherigen Positionen radikal in Frage stellte oder korrigierte. Er, der bisher bezogen auf den Kampf gegen Hitler ein ›der Zweck heiligt die Mittel‹ gepredigt hatte, verkündete nun ein ganz anderes Credo: »Mit doppelter Moral läßt sich nicht dort manipulieren, wo es sich gerade darum handelt, im Widerstreit mit der physischen Macht wenigstens zur Wahrung moralischer Ur-Errungenschaften zu sammeln. Wer auf diesem Boden wirbt, kann sich nicht sagen lassen: ›Warum klagst Du hier an, warum schweigst Du dort?‹« (Jg 4, 1936, H. 35, S. 828). Er, der bisher auf die Sonderstellung und Unvergleichbarkeit des Nationalsozialismus den größten Wert gelegt hatte, erkannte nun die Möglichkeit von Irrationalität und Nicht-Berechenbarem auch anderswo: »die sinnlose Exekution (. . .) (ist) keine Berliner Spezialität mehr (. . .), sondern (wird) auch in Moskau gehandhabt« (Jg 4, 1936, H. 46, S. 1086). Er, der bisher die wesentliche Kluft zwischen dem NS-Regime und dem Rest der Welt diagnostiziert hatte, sah nun die prägenden Pole ganz anders verteilt. Hinter dem »aktuell-politischen Gegensatz« von Faschismus und Antifaschismus erkannte er nun den »viel tieferen und ewigeren Gegensatz« von »Despotie« und »Demokratie« und dahinter wieder die »allerewigsten, allerbestimmendsten, schlechthin metaphysischen Gegensätze Gewalt und Recht, Wahrheit und Lüge, Moral und Verbrechen, Satzung oder Nutzen« (Jg 5, 1937, H. 11, S. 252).

Die explosive Emphase und das nachgerade alttestamentarische Pathos in der Diktion solcher Bekenntnisse läßt vermuten, daß sich Schwarzschild vor 1936 vor allem in seinem Verhalten gegenüber der Sowjetunion einigen Zwang auferlegte. Da hatte ein Moralist einen vordergründig fast zynischen Realpolitiker gespielt und erlebte nun seine Bekehrung. Jedenfalls hatte das »abscheuliche Ereignis« der

Moskauer Prozesse nach Schwarzschilds eigenem Eingeständnis für ihn selbst »eine willkommene Folge«: es war ihm »wie ein Licht«, das ihn aus jahrelanger »Anfechtung« rettete und zum »alten Glauben«, zur »alten Wahrheit« zurückführte (Jg 5, 1937, H. 7, S. 155). Mit missionarischem Eifer rief er nicht zuletzt seinen Mitemigranten zu: » (. . .) denke jeder nach, wo er steht in der Welt (. . .) Ich habe es gesagt und meine Seele gerettet« (Jg 5, 1937, H. 35, S. 830).

»Die alte Wahrheit« aber war für den Moralisten Leopold Schwarzschild die Einsicht in die Unteilbarkeit von Freiheit und Demokratie. Von deren Behauptung hing für ihn von nun an »die ganze menschliche Zukunft« entscheidend ab (Jg 5, 1937, H. 11, S. 252), da »jede Diktatur, jede, ohne Unterschied (. . .) früher oder später« (Jg 5, 1937, H. 7, S. 155) »in dieselbe Niedrigkeit und auf denselben Schindanger« führt (Jg 5, 1937, H. 25, S. 588): »Wo nicht Freiheit die Basis ist, gibt es nichts zu konstruieren, was nicht zur Fäulnis verurteilt wäre und was ein Fingerrühren lohnte« (Jg 5, 1937, H. 7, S. 157).

Das alles bedeutet für Schwarzschild natürlich keine Aufkündigung des Konzeptes eines Bündnisses der westlichen Demokratien mit der Sowjetunion. Das Bemühen um Gemeinsamkeit im Kampf gegen Hitler wollte er durchaus fortsetzen, nun aber mit sozusagen offenem Visier. Die ideologischen und politischen Gegensätze wurden von Schwarzschild nicht mehr heruntergespielt, sondern offengelegt. Nicht mehr das Verwischen der Unterschiede war jetzt seine Losung, sondern umgekehrt schärfste ideologische Trennung:

> »Kämpfen wir gegen Hitler; solange Ihr es wollt, sind wir in einem Lager. Aber je näher die gemeinsame Gegnerschaft die Reihen aneinanderführt, um so mehr ist sorglich darauf zu achten, daß nicht auch die Geister sich vermischen; um so mehr ist zu wachen, daß Ihr nur ein Teil bleibt und nicht die Gelegenheit findet, weder geistig noch tatsächlich, Euch zum Ganzen zu machen; um so mehr werde ich das meine tun, zu hindern, daß Euch das gelingt« (Jg 5, 1937, H. 35, S. 830 f.).

Die nach 1936 zunehmend emotional aufgeladenen Attacken gegen die Ideologie des Kommunismus erscheinen auf den ersten Blick im politischen Argumentieren des *Neuen Tage-Buchs* wie ein Bruch. Was in der deutschen Exilpresse in der Regel erst nach dem deutsch-sowjetischen Nichtangriffspakt üblich wird, gibt es in Schwarzschilds Zeitschrift jedenfalls schon zweieinhalb Jahre zuvor: die alle Unterschiede egalisierende Gleichsetzung von »Rot-Faschisten« und »Braun-Faschisten«, »Bolschi-Terror« und »Nazi-Terror«, »Komintern« und »Nazitern« (Jg 5, 1937, H. 35, S. 830). Während sich *Das Neue Tage-Buch* bis Mitte 1936 erkennbar darum bemühte, »Ressentiments« gegen den »Bolschewismus« abzubauen, wird nun eine vermeintlich viel richtigere »Formel« propagiert: »Faschismus gleich Bolschewisierung« (Jg 5, 1937, H. 48, S. 1138).

Das sind in der Tat auf den ersten Blick eindeutige Widersprüche. Und doch findet man für das an der Oberfläche derart Unvereinbare in

Persönlichkeit und Denken von Leopold Schwarzschild durchaus eine gemeinsame Mitte. Denn was diesen Journalisten bei all seinen publizistischen Feldzügen förmlich umtrieb, war sein unbedingter Glaube an die Werte, Traditionen und die Ordnung der bürgerlichen Welt. Was auch immer er schrieb, wie auch immer er argumentierte, es galt in jedem Fall dem Kampf, diese bürgerliche Welt für Europa zu retten. Dabei veränderten sich zwar die Ansichten über den richtigen Weg, das ganz buchstäblich als lebensnotwendig angestrebte Ziel jedoch änderte sich nicht.

Daß Hitler und seine Parteigänger in Deutschland für die bürgerliche Welt eine, wenn nicht die entscheidende Bedrohung bedeuteten, stand für Schwarzschild stets außer Frage. Unterschiedlich aber beurteilte er die Rolle, die der Kommunismus in diesem Zusammenhang spielte. Denn während er zunächst ganz die für die eigenen Interessen notwendige (außenpolitische) Zusammenarbeit mit der Sowjetunion in den Vordergrund stellte, betonte er später die von ihrer Ideologie ausgehenden (innenpolitischen) Gefahren. Ja, zunehmend wurde der Kommunismus für ihn sogar zu einer wesentlichen Wurzel, ohne die »der Urwald« Nationalsozialismus nie hätte wachsen können. So konstatierte Schwarzschild, daß die »antibolschewistischen Instinkte« im Bürgertum alle antifaschistischen Emotionen beträchtlich übertrafen (Jg 4, 1936, H. 36, S. 850). Mehr als den Faschismus fürchtete man den »Klassenfeind«. In seinem Buch »World in Trance«[8] hat Leopold Schwarzschild die in der Mitte der 30er Jahre charakteristischen bürgerlichen Denkmechanismen rückblickend zusammengefaßt:

> »In den gemäßigten Köpfen auf der rechten Seite der Barrikade gedieh eine neue Nuance des alten Versöhnungsgedankens: Wir werden uns nicht vom Klassenfeind in Abenteuer mit Deutschland hetzen lassen. Nieder die Vergifter der Atmosphäre! In den Köpfen der Rechtsradikalen entwickelte sich glatter Verrat: Der Feind meines Feindes ist mein Freund; besser Hitler als Blum; Deutschland ist unser Alliierter gegen den Klassenfeind.«

Es war ganz besonders die Einsicht in solche simplen Denkmechanismen, die in Schwarzschilds Kampf um die Erhaltung der bürgerlichen Welt die Stoßrichtung verlagerte. Ein Bürgertum, das nichts mehr fürchtete als den »Klassenfeind«, war konsequenterweise gegen den Faschismus nur zu mobilisieren, wenn man ihm dessen »bolschewistischen« Charakter deutlich machte, wenn man ihm belegte, daß der Nationalsozialismus dieser »Klassenfeind« war, weder ein »bürgerliches« noch ein »kapitalistisches«, sondern eben ein »bolschewistisches« System, »ein System der Zersetzung auch der bürgerlichen Welt«. »Denn die falsche Gleichung ›Faschismus gleich Kapitalismus‹ wirkt zwar natürlich auf die Gefühle der sozialistischen Proletarier, die aber ohnehin schon antifaschistisch sind, und die überdies in den Demokratien, auf die es ja ankommt, keineswegs die entscheidende Kraft darstellen. Die richtige Formel dagegen, Faschismus gleich Bolschewisierung, muß stärker auf all die anderen Schichten wirken, die mitnichten schon genau wissen, wohin sie neigen, und von denen, wie die Dinge liegen, der Kurs der Demokratien abhängt« (Jg 5, 1937, H. 48, S. 1138).

Mehr als drei Jahre hat Schwarzschild in immer neuen Variationen die »bolschewistischen« Eigenschaften des Faschismus, die Identität von Faschismus und Bolschewismus zu beschreiben und zu definieren versucht. Und je mehr ihm dabei bewußt wurde, daß Ängste in den westlichen Demokratien gegenüber der Sowjetunion und vor kommunistischen Entwicklungen in den eigenen Ländern den Aufstieg Hitlers mit ermöglicht hatten, steigerten sich seine eigenen bürgerlichen Vorbehalte gegen Kommunismus und Sowjetunion zum schließlich kaum mehr gesteuerten Haß. Der »Fremdkörper« in der Welt, der sich Sowjetunion nannte, erschien ihm nun als das Ur-Übel schlechthin, als die eigentliche Ursache für den desolaten Zustand der bürgerlichen Welt, für den auf Europa lastenden »Alpdruck«, für die »Heraufkunft« Mussolinis und Hitlers: »...ohne Sowjetrußland (gäbe es) kein Fascio-Italien und kein Hakenkreuz-Deutschland« (Jg 5, 1937, H. 46, S. 1093; Jg 6, 1938, H. 42, S. 994).

Wie verzweifelt es Schwarzschild bei all seinen Angriffen um den Bestand ›seiner Welt‹ ging, belegt nicht zuletzt die Reaktion auf den deutsch-sowjetischen Nichtangriffspakt im August 1939. Denn angesichts dieser »nazistisch-bolschewistischen ›Nichtangriffspakt‹-Verschwörung« (Jg 7, 1939, H. 39, S. 898) verlor der Bürger-Anwalt sozusagen den Boden unter den Füßen. Bis dahin war er ein gelegentlich auch einmal eifernder Vorreiter eines ideologischen Kreuzzuges, gleichwohl aber doch immer auch ein Kämpfer, der trotz aller Emotionen mit Ratio und Argumenten stritt. Vor allem hatte sein Denken und Schreiben zumeist eine Perspektive in die Zukunft; wichtig war der Ratschlag an die Mächtigen in der Welt zum im gegenwärtigen politischen Augenblick richtigen Handeln. Den deutsch-sowjetischen Nichtangriffspakt begleitete er dagegen eher mit einem Aufschrei als mit einem Kommentar. Mit dem Zusammenschluß von Hitler-Deutschland und Sowjet-Rußland in der eigenen Sicht ganz offenbar den Untergang aller bürgerlichen Werte und Ideale vor Augen, flüchtete er sich mit bösen, fluchähnlichen Wünschen in die Vergangenheit und beklagte, daß man rechtzeitig, nämlich »Anno [19]17« versäumt habe, die »Ur-Syphilis« der »Bolschewisterei«, »ohne die es nie und nimmer zur Folge-Syphilis des Faschismus gekommen wäre«, zu beseitigen, »daß die europäische Verteidigung einst darauf verzichtete, (...) die Sowjets zu erwürgen«, daß niemand bereit gewesen, Churchill zu folgen, dem »einzigen Mann«, der »darum gerungen, mit einem Minimum weiteren Aufwands ganze Arbeit für immer zu tun« und die UdSSR zu liquidieren (Jg 7, 1939, H. 35, S. 826, H 39, S. 898).

Mit der positiven Neugier zu Beginn und dem nackten Haß am Ende sind Schwarzschilds Kommentare über die Sowjetunion von extrem konträren Positionen geprägt. Nicht minder weit gespannt scheint die Entwicklung im Denken des Wirtschaftsexperten. Die Wirtschaft war von jeher ein Themenschwerpunkt des Journalisten Leopold Schwarzschild. In den 20er Jahren gab er, der neben Geschichte Nationalökonomie studiert hatte, neben dem *Tage-Buch* zeitweise die Wochenschrift *Magazin der Wirtschaft* heraus und machte sich nicht zuletzt mit kenntnisreichen und konstruktiven Kommentaren zur Wirtschaftspolitik der verschiedenen Weimarer Regierungen einen Namen. Aber auch im *Neuen Tage-Buch* wurden seine Erfahrung und seine Sachkenntnis in Wirtschaftsfragen zu wesentlichen Pfeilern seines allgemeinen Ansehens.

Wie bereits in der Zeit der Weimarer Republik glaubte Schwarzschild auch in den ersten Jahren des Exils, daß die kapitalistische Wirtschaft nur durch helfende und korrigierende Eingriffe des Staates vor ihren immer wiederkehrenden Krisen zu retten sei. »Die Epoche des wirtschaftlichen Individualismus« näherte sich für ihn ihrem Ende, weil »für den technischen Entwicklungsstand der modernen Wirtschaft die ›Selbststeuerung‹ des Laissez faire einfach nicht mehr genügt« (Jg 1, 1933, H. 27, S. 639). Sein Ideal erstrebte deshalb eine Heilung des kranken Kapitalismus, ohne dabei dessen Vorzüge – die wirtschaftliche Leistungsfähigkeit und vor allem die »Wertung des Einzellebens (...) als Maßstab aller Ordnung« – zu zerstören (Jg 1, 1933, H. 27, S. 638 f.).

Schwarzschild plädierte mithin in seinen Wirtschaftskommentaren für eine »Etatisierung der Wirtschaft« ohne eine »Etatisierung des Menschenlebens«. Jedenfalls war er lange zutiefst davon überzeugt, daß eine mit Vernunft gelenkte Wirtschaft und die Freiheit des Einzelnen nicht notwendige Gegensätze, vielmehr durchaus miteinander zu vereinbaren seien. »Es kann geschehen mit freien Menschen!« (Jg 1, 1933, H. 27, S. 638 f.): das war seine These gegen die marxistische Maxime, die eine Veränderung des Gesellschaftssystems zur zwangsläufigen Voraussetzung jeder Planwirtschaft erklärte.

Weitaus mehr als die sowjetrussischen Lösungsvorschläge für die weltweiten Probleme der Wirtschaft faszinierte ihn darum schon früh der New Deal F. D. Roosevelts, der mit »diktaturähnlichen Vollmachten« in die Wirtschaft eingriff, »ohne daß deshalb zur wirklichen Diktatur übergegangen werden müßte« (Jg 2, 1934, H. 10, S. 219). Jedenfalls begrüßte Schwarzschild Roosevelts Abwendung von einer liberalen Wirtschaft um jeden Preis als eine »Aera wirtschaftlichen Umbaus und Neubaus« (Jg 3, 1936, H. 46, S. 1090).

»Der neu maschinierte, mit Steuerungen bisher unbekannter Konstruktion versehene Kapitalismus hat Chancen, sich durchzusetzen« – das war in den ersten Jahren des *Neuen Tage-Buchs* Schwarzschilds Formel für den von ihm propagierten Versuch eines »dirigierten Kapitalismus«, für das in seiner damaligen Sicht notwendige Experiment, »entscheidende Elemente obrigkeitlicher Kollektiv-Direktion in die Individualwirtschaft« einzubauen (Jg 1, 1933, H. 4, S. 88). Die Jahre von 1937 bis 1940 sind dagegen auch hier zunehmend von entgegengesetzten Leitlinien bestimmt. Zwar wird der Glaube an die Möglichkeit eines vernünftigen Kompromisses zwischen den Interessen von Kollektiv und Individuum eher allmählich aufgegeben. Dennoch ist in Schwarzschilds Wirtschaftskommentaren eine stufenweise Abkehr von seinen früher so energisch vertretenen Überzeugungen unverkennbar. Noch 1937 bezeichnet er im Zusammenhang mit der Forderung nach einer »Liberalisierung der Wirtschaft« die »Kontrolle der Ausgaben und Einnahmen« als »Knospe aller Demokratie« (Jg 5, 1937, H. 48, S. 1141), aber bereits ein Jahr später erscheint ihm diese »Knospe« bestenfalls als ein notwendiges Übel: eine zwar »nicht begehrenswerte, sondern böse«, aber gelegentlich, z. B. im Notfall eines Krieges oder eines innenpolitischen Ausnahmezustandes, wohl »unvermeidliche« Umwandlung der liberalen Wirtschaft zur »sozialistischen oder totalitären Seite hin« (Jg 6, 1938, H. 49, S. 1064).

Eine in Schwarzschilds Artikeln nach 1936 nicht seltene Form ist die pathetische Selbstanklage, der laut und mit emphatischer Büßergeste vorgetragene Widerruf. Auch der Wirtschaftsexperte schlägt sich 1937 sozusagen als irregeleiteter Sünder an die eigene Brust und bezichtigt sich »diktatorialer Anfechtungen« angesichts des »wirtschaftlichen Aufschwungs" in der Sowjetunion und der »politischen Erfolge« in den Faschisten-Staaten (Jg 5, 1937, H. 7, S. 15). Gegenüber solchen Fehltritten ist – und das nach Kriegsausbruch ohne jeden Vorbehalt – »Rückkehr« das neue Losungswort, die »Rückkehr zu dem uralten, allzu leichtfertig angeschwärzten und mißhandelten Prinzip des ›Laissez faire, laissez passer!‹«, die »bescheiden-reuige Heimkehr in den erprobten Zustand von 1850« (Jg 8, 1940, H. 11, S. 250). Der staatlich beeinflußten oder gelenkten Wirtschaft spricht Schwarzschild nun »jede produktive Überlegenheit« ab: »Wir haben das Wissen erlangt, daß dieser unitären und totalitären Wirtschaftsgewalt (...) nur Minderbefähigung innewohnt und Minderleistung entspringt« (Jg 7, 1939, H. 46, S. 1066); alle Weisheit wurzele eben in der simplen Einsicht, »daß die Welt nur dadurch wieder in Ordnung kommen kann, daß die Völker liberale Wirtschaft miteinander treiben« (Jg 8, 1940, H. 11, S. 250).

In einer radikalen Wirtschaftsfreiheit gründeten für Schwarzschild auch alle Hoffnungen für die Welt nach dem Kriege, durch die »ein Schrei nach Liberalismus (...) gehen wird, geboren aus Gefühl wie aus Verstand«, »ein Schrei nach dem Zustand, der, wie alles Menschliche, nicht der ideal erträumbare Zustand war und ist, aber der relativ beste, der jemals erreicht wurde, und besser jedenfalls als irgendeiner, den die kollektivistischen Versuche der letzten Zeit erweislich zu erzeugen vermochten« (Jg 7, 1939, H. 46, S. 1067).

»Liberalismus auf einem Teilgebiet gewollt, erzwingt Liberalismus im ganzen«: das ist ein Axiom des *Neuen Tage-Buchs* in seinem letzten Jahrgang. Wie sehr Schwarzschild für das Europa nach dem Kriege auf die »Aufklärungen« setzte, die nach seinen Vorstellungen die USA in die Zukunft dieses neuen Europa einbringen konnten und sollten, belegt ein Artikel vom März 1940 exemplarisch. In ihm scheinen zugleich und ebenso exemplarisch alle wesentlichen Positionen umschrieben, in die das Denken des Wirtschaftsjournalisten Leopold Schwarzschild mündet (Jg 8, 1940, H. 11, S. 250):

»Es gibt heute eine merkwürdige Mischung der Ideen. Mit den Scheusäligkeiten der ›Autarkie‹ vor Augen, bekreuzigen sich heute in Sachen Außenhandel schon viele derer vor staatlicher Manipulation, die in Sachen Binnenwirtschaft noch immer für staatliche Manipulation sein zu müssen glauben. Sie wollen Freihandel nach außen –, aber Sozialismus innen. Die Gegensätze lassen sich nicht so vereinbaren. Die Quintessenz des freien Außenhandels ist die Vielfalt der Konkurrenz in Preisen, Qualitäten, Arten und Wegen. Sobald diese Vielfalt in irgendwelcher Hinsicht durch Plan und Einheitlichkeit ersetzt wird, ist eben dadurch schon der freie Außenhandel beendet. In einem Land, in dem beispielsweise die Varietät der Preise infolge von Reglementierung oder Staatsmonopol nicht mehr existiert, existiert auch im Verkehr mit dem Ausland keine Preis-Konkurrenz mehr, und folglich existiert kein freier Handel. Uniforme Innen-Verhältnisse mit anscheinend freiem Außenhandel ergeben keinen anderen Zustand als anscheinend freie Innenverhältnisse mit uniformem Außenhandel. Liberalismus, auf einem Teilgebiet gewollt, erzwingt Liberalismus im ganzen, – so wie umgekehrt ein teilweiser Manipulationismus den generellen Manipulationismus nach sich schleift. Die liberalen Außenhandels-Thesen, die Amerika dem künftigen Europa als frühzeitigen Friedens-Beitrag überreicht, bergen in sich liberale Gesamtwirtschafts-Thesen. Und wenn wir irgend eine Hoffnung haben sollen, daß die heroische Wüstendürre, in die Europa seit zwanzig Jahren von der Lenin-Hitler-Sozietät verwandelt wird, sich noch bei unsren Lebzeiten wieder in die sanfte natürliche Fruchtbarkeit unsrer gemäßigten Zone zurückverwandelt, so müssen wir auf den Sieg solcher Thesen hoffen.«

Mit seinem Auftreten als ein sozusagen ganz ›normaler‹ bürgerlich-konservativer Journalist in und für Europa, der die wichtigen politischen und wirtschaftlichen Entwicklungen seiner Zeit zwar mit wechselnden Akzenten, aber immer aus der Sicht der Bürger-Interessen Europas kommentierte, war Leopold Schwarzschild im Spektrum der deutschen Exilpresse in den Jahren von 1933 bis 1939 eine absolute Ausnahmeerscheinung und wurde von vielen Mitemigranten auch so verstanden. Schwarzschild interessierte sich kaum für die zahlreichen Aktivitäten der Emigranten zur Rettung des deutschen Volkes vor Hitler, und diese verfolgten sein publizistisches Wirken an die Adresse der politisch Mächtigen in den westlichen Demokratien eher mit Unbehagen und Mißtrauen.

Schon der nahezu allen übrigen Exiljournalisten geradezu selbstverständliche Anspruch, als Vertreter des deutschen Volkes für dieses Volk im Ausland zu sprechen, war Schwarzschild durchaus fremd. Für die großen Kampagnen der Emigration, ihre Kongresse und ihre Einigungsbestrebungen hatte er nicht nur wenig Verständnis, er hielt sie in der Regel auch für politisch irrelevant. Dem »Internationalen

Schriftstellerkongreß zur Verteidigung der Kultur« etwa, der im Sommer 1935 in Paris stattfand, widmete *Das Neue Tage-Buch* nur eine kleine abwertende Glosse, schon wegen des »kommunistischen Timbres des Arrangements«, vor allem aber, weil »solchen Veranstaltungen« in der Einschätzung des *Neuen Tage-Buchs* jede »Tiefe und ernstliche Debatte« mangelte (Jg 3, 1935, H. 26, S. 622).

Tatsächlich erkannte Schwarzschild in den ebenso eifrig wie uneins debattierenden Gruppierungen des Exils nur verlängerte Schwächen der Weimarer Republik, »nur den Zustand der traurigen Zerweichung und Entmännlichung des Landes, aus dem sie kamen«, »ganz und gar den Abklatsch von Parteien und Gesellschaftsschichten, deren keine seit Jahren je ernstlich für irgend eine Sache einstand, für irgend einen Wert zu kämpfen bereit war, für irgend eine Würde einen Vorteil aufgab« (Jg 2, 1934, H. 1, S. 12). »Nicht selten« sah sich *Das Neue Tage-Buch* so »versucht«, von bestimmten »Erscheinungen« der Emigration »öffentlich abzurücken«, widerstand dem zunächst aber »aus naheliegenden Gründen«. Dennoch hielt es schon früh eine »Grenze« für denkbar, hinter der das Schweigen »zur Mitschuld und Versündigung an dem großen, bunten Heer der Mit-Emigranten werden kann« (Jg 2, 1934, H. 34, S. 799).

Schwarzschilds grundsätzliche Bedenken gegen die deutsche Exilpolitik und ihre Vertreter traten im Sommer 1935 für eine kurze Zeitspanne ein wenig in den Hintergrund. Offensichtlich für einen Moment in der vagen Hoffnung, das noch schwankende Nazi-Regime könne überraschend stürzen und sich damit möglicherweise die Aufgabe eines Neubeginns früher stellen als vermutet, beteiligte sich der Herausgeber des *Neuen Tage-Buchs* mit einem (im übrigen bedenklich reaktionären) Verfassungsentwurf [9] für ein künftiges Deutschland an der Arbeit des »Ausschusses zur Vorbereitung einer deutschen Volksfront«.

Zum ersten und einzigen Male nahm *Das Neue Tage-Buch* in dieser Zeit eine Sammlungsbewegung des Exils zur Kenntnis, sah es »in Deutschland die Verhältnisse geschaffen, unter denen etwas Zweckvolles geschehen könne«, und plädierte für »ein geistiges Zentrum« »draußen«, das allen Gegnern Hitlers die »Gewähr« bieten sollte, »zusammen kämpfen und zusammen die Nachfolge antreten zu können« (Jg 3, 1935, H. 31, S. 730).

Doch diese Öffnung hin zum Denken und Handeln der Emigranten blieb in der Geschichte des *Neuen Tage-Buchs* eine Episode. Denn die praktischen Erfahrungen in seiner kurzen Zusammenarbeit mit den Parteien und Gruppen im vielfältig gespaltenen Lager des Exils bestätigten und verstärkten nur die Vorbehalte des bürgerlich-konservativen Schwarzschild. Die Unfähigkeit des Volksfront-Ausschusses, über ein bloßes Vorbereitungsstadium hinauszukommen, mithin das eigene Wollen jenseits von Debatten zu konkretisieren, erschien ihm jedenfalls bald als eine ganz allgemeine Unfähigkeit, eine ernstzunehmende politische Qualität zu gewinnen, und überzeugte ihn damit endgültig von der Sinnlosigkeit der Aktivitäten der »alten, fortexistierenden Gruppen mit den alten, fortexistierenden Apparaten« und den

»alten, fortexistierenden Exponenten (...), für deren politische Intelligenz es nicht grundlos kein anderes Attest gibt als den Zusammenbruch« (Jg 4, 1936, H. 52, S. 1231).
   Als sich nach der offenkundigen Verleumdungskampagne der *Pariser Tageblatt*-Redakteure gegen ihren russischen Verleger die deutsche Emigration nahezu geschlossen weigerte, mit diesem »ehr- und verantwortungslosen Klüngel« abzurechnen (Jg 5, 1937, H. 26, S. 610), steigerten sich Distanz und Desinteresse zur offenen Verachtung. Schon in der ersten Exilausgabe seiner Wochenschrift erklärte Schwarzschild unmißverständlich: »*Das Neue Tage-Buch* ist aber nicht das Organ einer verbissenen und doktrinären Emigranten-Clique« (Jg 1, 1933, H. 1, S. 27). 1936, nach den Negativ-Erfahrungen im Volksfront-Ausschuß und nach den skandalösen Vorgängen um das *Pariser Tageblatt*, war ihm darüber hinaus mit einem selbstbewußten Verweis auf die Bedeutung der eigenen Mission sogar das Papier zu teuer, um die Aktivitäten und Querelen innerhalb des deutschen Exils journalistisch zu beachten: Wir sind »nicht gewillt (...), den beschränkten Raum dieser Blätter, die eine politische Aufgabe haben, derartigen Auseinandersetzungen zu opfern« (Jg 4, 1936, H. 27, S. 631).

Konsequent zog Schwarzschild zwischen sich und seinen Mitemigranten immer eindeutigere Trennungsstriche. Dabei geriet er zunehmend auch mit vielen Literaten in Konflikt, die seinen frühen Antikommunismus nicht mitvollziehen mochten. Denn daß insbesondere viele deutsche Schriftsteller ganz im Gegensatz zu seiner eigenen Wende weiterhin »eine merkliche Abneigung gegen wesentliche Teil-Elemente der alten Demokratien (...) und eine merkliche Zuneigung für wesentliche Teil-Elemente des Bolschewismus« beibehielten (Jg 7, 1939, H. 46, S. 1064), wurde für ihn zum Anlaß so mancher Abgrenzung: nicht nur gegenüber ausgesprochenen Freunden der Sowjetunion wie Lion Feuchtwanger, sondern auch gegenüber liberalen Sympathisanten wie allen voran Thomas Mann. Das aber bedeutete für den geistig-kulturellen Hintergrund des *Neuen Tage-Buchs* zunächst einmal eine spürbare Einengung und Verarmung.
   Natürlich war *Das Neue Tage-Buch* in erster Linie eine politisch und wirtschaftspolitisch orientierte Zeitschrift. Dennoch wollte sie in der klaren Erkenntnis, daß »in der Tat nahezu die ganze ›deutsche Literatur‹ heute nur noch außerhalb Deutschlands lebt« (Jg 4, 1936, H. 7, S. 156), im Rahmen der eigenen Möglichkeiten »alles Erdenkliche für die Existenz und Pflege« dieser deutschen Literatur tun (Jg 4, 1936, H. 4, S. 83).
   In einiger Regelmäßigkeit veröffentlichte *Das Neue Tage-Buch* deshalb Beiträge prominenter Schriftsteller des Exils: Aufsätze, Betrachtungen, Rezensionen u. a. von Thomas und Heinrich Mann, Alfred Döblin und Lion Feuchtwanger, Walter Mehring und Alfred Polgar, Arnold Zweig und Ernst Toller, Klaus Mann und Bruno Frank, Balder Olden und Egon Erwin Kisch. Die Rolle des ›primus inter pares‹, die in der *Neuen Weltbühne* Heinrich Mann spielte, wurde dabei im *Neuen Tage-Buch* Joseph Roth zugewiesen.

Die Schriftsteller des Exils schrieben für Schwarzschilds Wochenschrift in der Regel Originalbeiträge. Abgesehen von – erkennbar nach inhaltlichen Gesichtspunkten ausgewählten – Gedichten waren autonome literarische Texte ansonsten selten. Nur gelegentlich gab es mal den Vorabdruck aus einem neuen Roman, einer neuen Novelle oder sogar aus einem neuen Drama. Ab und zu griff *Das Neue Tage-Buch* auch auf Historisches zurück, das geeignet schien, aktuelle Erscheinungen und Probleme aus der Distanz einer anderen Zeit zu beleuchten. Bei den Rezensionen standen zwar Werke von Exilautoren im Vordergrund, anders aber als *Die neue Weltbühne*, die auf ähnlich beschränktem Raum die Exilliteratur so vollständig wie möglich widerspiegeln wollte, wählte *Das Neue Tage-Buch* aus: So manche wichtige Publikation der Exilliteratur blieb unbeachtet, während Bücher aus Frankreich oder Amerika, die im Zusammenhang mit wichtigen Themen der Zeitschrift interessant erschienen, ausführlich vorgestellt wurden.

Literatur und Literaten waren trotz ihrer in seiner Zeitschrift marginalen Rolle für Leopold Schwarzschild stets von großem Gewicht. Denn sie waren für ihn die einzig noch verbliebenen Repräsentanten deutschen Geistes und deutscher Kultur. Charakteristischerweise wurde im für literaturtheoretische Fragen nicht gerade prädestinierten *Neuen Tage-Buch* eine Diskussion über Qualität und Format der deutschen Exilliteratur geführt (Jg 2, 1934, H. 52; Jg 3, 1935, H. 1, H. 2). Und daß die deutschen Dichter nicht nur schweigend, sondern »explicite« die »Herrschaft« in Deutschland verwarfen und alle Brücken zur Heimat abbrachen, feierte der politische Journalist und Wirtschaftsexperte Leopold Schwarzschild in einem eigenen ebenso engagierten wie vehementen Artikel (Jg 4, 1936, H. 7, S. 154 ff.).

Nicht minder vehement attackierte er freilich später die mangelnde Bereitschaft deutscher Journalisten und Schriftsteller, ihr Nein gegenüber der »Realität (...) des Hitler-Reiches« auch der »Sowjet-Realität« entgegenzusetzen (Jg 5, 1937, H. 35, S. 825). Ja, ähnlich wie in manchen seiner politischen und wirtschaftlichen Positionen steigerte er sich auch hier von einer bloßen Ablehnung des Andersdenkenden zur militanten Intoleranz.

Schon in der zweiten Hälfte des Jahres 1936 konnten erklärte Freunde der Sowjetunion wie Lion Feuchtwanger und Louis Fischer im *Neuen Tage-Buch* nicht mehr publizieren. Ab 1937 verschwanden dann zunehmend alle Sympathisanten der Linken und auch die Mehrzahl der schweigenden Liberalen aus der Autorenliste der Wochenschrift. Zwar setzte sich Leopold Schwarzschild mit Feuchtwangers Treue-Bekenntnis zur Sowjetunion und Thomas Manns ausbleibendem Protest gegen eben diese Sowjetunion teils polemisch, teils sachlich, aber in jedem Fall immer noch auf einer vertretbaren journalistischen Ebene auseinander (Jg 5, 1937, H. 31, S. 730 ff., H. 32, S. 7 ff., Jg 7, 1939, H. 46, S. 1063 ff.); die Weigerung aber seiner als Publizisten tätigen Mitemigranten, angesichts des deutsch-sowjetischen Nichtangriffspaktes alle ihre früheren positiven Äußerungen über die UdSSR und den Sozialismus (gleich ihm) »öffentlich zu widerrufen«, beantwortete er nur noch mit der »nachdrücklichen« Aufkündigung auch der »letzten Solidarität des zufällig gemeinsamen Exil-Schicksals«. Der streitbare Publizist hatte jedenfalls keinerlei Scheu, der französischen Regierung zu empfehlen, alle solcherart uneinsichtigen Autoren auszuliefern – »in die Länder, in denen ihr Heil teils immer lag, teils neuerdings liegt: nach Rußland oder Deutschland« (Jg 7, 1939, H. 36, S. 844 f.). Wen wundert's da noch, daß Leopold Schwarzschild das Verbot des »Schutzverbandes deutscher Schriftsteller« und anderer »Sowjet-Agenturen« nach Kriegsbeginn in Frankreich demonstrativ begrüßte und er in der Übernahme einer Verleumdungskampagne der New Yorker *Neuen Volkszeitung* Klaus Mann (noch im Sommer 1938 Autor seiner Zeitschrift), Oskar Maria Graf und den Chefredakteur des *Aufbau*, Manfred George, als »Sowjet-Agenten« denunzierte (Jg 7, 1939, H. 44, S. 1022 ff.).

Nur: mit solch extremen und kaum noch kontrollierten Ausfällen geriet der zwar lange schon von so manchem Mitemigranten kritisierte, zugleich aber doch auch angesehene Bürger-Journalist im Lager des Exils zwangsläufig vollends ins Abseits. Aus dem immer schon schwierigen Individualisten wurde nun endgültig ein notorischer Einzelgänger, der sich – den Untergang seiner Welt vor Augen – in ein Extrem nach dem anderen hineinsteigerte. Das Ergebnis war Feindschaft tatsächlich mit fast allen. Der Mann, dessen Büro in Paris dem Quai d'Orsay gegenüberlag, das er durchaus häufig besuchte, war nun nur noch suspekt. Sogar das Verhältnis zu Thomas Mann, für Schwarzschild so etwas wie die personifizierte deutsche Bürgerkultur schlechthin, der »bedeutendste, in der Welt verehrteste deutsche Autor« (Jg 4, 1936, H. 7, S. 154), ist nun vornehmlich bestimmt von Verärgerung und Verstimmung.

Engagierte linke Emigranten attackierten Leopold Schwarzschild auch früher heftig. Bruno Frei warf ihm bereits 1934 vor, daß er auf die »herrschenden Klassen«, auf »MacDonald und Barthou« setze, statt auf die »vom Krieg bedrohten Massen« (*Der Gegen-Angriff*, Jg 2, 1934, Nr. 26, S. 4), und Willi Schlamm verhöhnte den »Tagebuchmacher« 1935 als Ratgeber ausländischer »Staatskanzleien« und für »regierende Lord-Besitzer von Vickers-Aktien« (*Europäische Hefte*, Jg 2, 1935, Nr. 20, S. 457 ff.). Erst recht entfremdete sein früher militanter Antikommunismus Schwarzschild dem Denken und Agieren vieler linker und liberaler Emigranten. Mit der Gleichsetzung von Faschismus und Kommunismus standen er und sein *Neues Tage-Buch*, wie die Zeitschrift selbst rückblickend konstatierte, »im deutschen Sprachbereich (...) jahrelang so gut wie allein« (Jg 7, 1939, H. 27, S. 638). Dennoch sahen nicht zuletzt die linken Parteien und Gruppierungen in Persönlichkeit und Wirken des bedeutenden Publizisten auch immer wieder einen potentiellen Partner. Erst in den Jahren 1939 und 1940 konnte davon nicht mehr die Rede sein, wurden die bis dahin ›nur‹ einsamen Positionen des Journalisten zu denen eines krassen Außenseiters.

Mehr noch als mit seinem Antikommunismus, mehr auch als mit seinem Plädoyer für einen radikalen Wirtschaftsliberalismus und mehr sogar noch als mit seinen Ausfällen gegen in seiner Sicht allzu sowjetfreundliche Literaten und Journalisten-Kollegen unterschied sich Schwarzschild freilich von der großen Mehrheit der deutschen Emigranten in seinem Verhältnis zu Deutschland. Denn während die deutsche Exilpresse ansonsten das ›andere, bessere Deutschland‹ beschwor und sich als dessen Anwalt und Repräsentanten verstand, beschrieb Schwarzschild seine Heimat zunehmend als eine »historisch verunglückte Nation: unterentwickelt, fehlentwickelt, stark verbogen und verkorkst« (Jg 7, 1939, H. 33, S. 783), besetzt von der »Erbsünde des Weltherrschaftstriebs« und ohne die »Kräfte (...), denen glaubhaft zugetraut werden könnte, daß sie (...) einen Staat vom ungefähren Typus des Begriffs ›das andere Deutschland‹« zu errichten in der Lage seien (Jg 7, 1939, H. 34, S. 807 f.).

In der ersten Ausgabe des *Neuen Tage-Buchs* bekannte sich Schwarzschild noch ausdrücklich zu jenem »unglücklichen Land jenseits des Rheins«, das »unsere Heimat ist« und in dem die nationalsozialistischen »Okkupanten« »alles, was schön und bedeutend (...) war, zu verwüsten, zu zerschlagen und zu vergiften im Begriff sind«: »Unmöglich, daß je die tausend Fasern absterben, mit denen man bewußt und unbewußt, durch eigenes Leben und das Erbe von Generationen, in deutscher Sprache, Kultur und Gesellschaft wurzelte!« (Jg 1, 1933, H. 1, S. 3). Aber was sich bereits in diesem Bekenntnis ankündigt, wird im Laufe der Jahre immer offenbarer: die alte Heimat hörte für den ersten Autor des *Neuen Tage-Buchs* in wachsendem Maße auf, eine geographische Größe zu sein. Nicht die Nation bedeutete ihm etwas, sondern die geistige Tradition und »überkommene Kultur« des deutschsprachigen Mitteleuropa (Jg 2, 1934, H. 31, S. 731), Musik zum Beispiel war ihm unabhängig von allen Grenzen inklusive Schubert, Bruckner, Mahler und Johann Strauß »eine deutsche Tatsache« (Jg 2, 1934, H. 50, S. 1185 ff.).

Konsequent spielten Informationen über Unruhen, Streiks u. ä. in Deutschland – für die übrige Exilpresse ein zentrales Anliegen – im *Neuen Tage-Buch* eine nur ganz nebensächliche Rolle. Die Rubrik »Nachrichten aus Deutschland« wurde noch im ersten Jahrgang wieder aufgegeben, und während die anderen Exilzeitungen immer wieder an das Ausland appellierten, die Verbrechen Hitlers nicht mit dem ganzen deutschen Volk zu identifizieren, meldete Schwarzschild – sowieso kein Interessent oder gar Anwalt von Volk und Masse – kritische Bedenken und Fragen an. Zwar setzte er Hitler und Deutschland nie in eins und vermutete noch 1938, daß eine freie Abstimmung in Deutschland »eine überwältigende Gegen-Mehrheit ergäbe« (Jg 6, 1938, H. 52, S. 1235). Zugleich und zuvor mißtraute er aber auch der »Organisierbarkeit des deutschen Menschen« (Jg 2, 1934, H. 9, S. 202), seiner Furcht vor »Chaos« und »Vakuum« (Jg 4, 1936, H. 7, S. 151) und argwöhnte schließlich sogar im deutschen Volkscharakter »Elemente (...), die immer wieder in Katastrophen führen« (Jg 6, 1938, H. 52, S. 1235). In der Fortführung solcher Überlegungen entpuppten sich für Schwarzschild »die Nazis« so bei genauem Hinsehen als »eine Ansammlung und Übertreibung der schlechtesten Qualitäten, die im übrigen deutschen Volke verstreut vorhanden sind« (Jg 6, 1938, H. 52, S. 1235).

Schwarzschilds ursprüngliche These vom Nationalsozialismus als einem schlechthin einmaligen und aus der Geschichte herausgehobenen Phänomen veränderte sich mithin schrittweise in den Glauben an ein deutsches Ur-Übel, an »gefährliche Eigenschaften«, die »dem Durchschnittsdeutschen und dem deutschen Kollektivum« als »Produkte einer langen Erziehung« durchaus zugehören (Jg 7, 1939, H. 29, S. 685). Zwar hatte schon der Weimarer Journalist engagiert gegen alles gestritten, was Hitler den Weg bereitete, gegen die Sabotage des Versailler Vertrages z. B. und gegen die heimliche Aufrüstung in Deutschland. Auch in den ersten Exiljahren kritisierte er unverändert »die revanchebrütende Pseudo-Demokratie« von Weimar (Jg 3, 1935, H. 12, S. 274). Im Gegensatz zu allen linken Emigranten war für ihn eben der Nationalsozialismus nie eine Folge des Vertrages von Versailles, sondern genau umgekehrt eine Konsequenz der »Kampagne« gegen diesen Vertrag (Jg 2, 1934, H. 5, S. 104). Neben solchen realen Entwicklungslinien betonte er aber zunächst immer doch auch den für ihn ganz und gar ahistorischen, nicht mehr erklärbaren Charakter des »Urwalds« Nationalsozialismus. Erst gegen Ende seines Pariser Exils verlagerten sich auch hier die Akzente. Nun sah Schwarzschild in der Leugnung der Alleinschuld Deutschlands am Ersten Weltkrieg nicht mehr nur eine, sondern die wesentliche Ursache für den Zustand in Deutschland heute, erkannte er – in deutlicher Übereinstimmung mit dem damals in der Schweiz lebenden und vom deutschen Exil praktisch ignorierten Moralisten und Preußen-Kritiker Friedrich Wilhelm Foerster – einen »roten Faden (...) von 1914 zu 1939« (Jg 7, 1939, H. 32, S. 753 ff., H. 33, S. 776 ff.).

Je mehr Leopold Schwarzschild entscheidende Wurzeln für Hitlers Regime in Charakter und Geschichte des deutschen Volkes diagnostizierte, lernte er dieses Volk und damit die Heimat jenseits ihrer immateriellen Werte und Traditionen hassen[10], wie alles, was seine eigene Bürgerwelt, ihr Erbe und ihre Ideale, mit Vernichtung und Zerstörung bedrohte. Deutschland und Deutsche innerhalb und jenseits der Landesgrenzen spielten denn auch in seinen Kriegsstrategien und in seinen Perspektiven für eine von Hitler befreite Zukunft nicht nur keine Rolle, sie hatten für ihn in diesem Zusammenhang auch kein Recht auf irgendwelche autonome politische Ansprüche.

Gerade damit entfernte sich nun aber Leopold Schwarzschild extrem von den im Exil ansonsten in den Jahren 1938 und 1939 gängigen Positionen. Während die übrige Exilpresse nicht müde wurde, die Welt an die Leiden des deutschen Volkes zu erinnern, appellierte Schwarzschild an die westlichen Demokratien, den Gefahrenherd des menschenverachtenden und menschenvernichtenden Nazi-Systems einzukreisen und damit alles nur Erdenkliche zu ihrem eigenen Schutz zu tun. Der allgemeinen Emigranten-Parole ›Rettet das wahre Deutschland!‹ hielt er die konträre Forderung entgegen: »Zu erhalten, was heute an Freiheit in der Welt besteht, ist vordringlicher als Deutschland zu befreien« (Jg 7, 1939, H. 27, S. 635). Wo alle anderen auf ein befreites und nicht zuletzt von Emigranten wieder aufzubauendes Deutschland hofften, propagierte er »für eine sehr geraume Weile« eine Umerziehung durch »die Sieger« (Jg 7, 1939, H. 29, S. 683). Begleitet von zustimmenden und ablehnenden Kommentaren in französischen Zeitungen und hämisch applaudiert von der NS-Presse, schwor er so mit geradezu pathetischer Feierlichkeit dem Glauben an ein »nur zu befreiendes und dann sich selbst und alle Welt beglückendes ›anderes‹ Deutschland« öffentlich ab (Jg 6, 1938, H. 52, S. 1236) und empfahl den europäischen Gegnern Hitlers für ein besiegtes Deutschland eine »geordnete Administration der Sieger« (Jg 7, 1939, H. 34, S. 810).

Solche Konzepte wurden in der zweiten Etappe des Exils, vor allem in Amerika, offen und häufig genug durchaus auch zustimmend diskutiert. 1939 jedoch und in Europa waren sie für Leopold Schwarzschilds Mitemigranten schlichte Ketzerei. Seine Plädoyers für »die Besiegung Deutschlands« (Jg 7, 1939, H. 27, S. 635) und dessen »Umerziehung durch englische und französische Lehrer« (Jg 7, 1939, H. 29, S. 683) vereinte jedenfalls einmal die ansonsten in ungezählte Fraktionen gespaltene Exilpresse zu einer geschlossenen und einhellig empörten Front, die es – wie Hermann Budzislawski durchaus im Sinne aller formulierte – nicht »ruhig mitansehen« wollte, »daß uns die Wunschträume eines Außenseiters eines Tages angehängt werden« (*Neue Weltbühne*, 1939, Nr 29, S. 895).

Dafür zahlten sich die guten Beziehungen zum Französischen Außenministerium bei Ausbruch des Krieges um so positiver aus. Der Herausgeber des *Neuen Tage-Buchs* gehörte zu den ganz wenigen Emigranten in Paris, die nicht interniert wurden; seine Wochenschrift konnte bis zum Einmarsch der deutschen Truppen im Mai 1940 erscheinen. Dabei gewannen in den letzten Ausgaben Stichworte wie »Europa-Bund« und »Pan-Europa« zunehmend an Gewicht (Jg 7, 1939, H. 46, S. 1063). Zwar hatte Schwarzschild schon 1937 eine »Internationale der Demokratie« nicht nur als eine »Bewegung (...) zum Zwecke geistigen Zusammenschlusses, geistiger Werbung, Erwekkung und Festigung«, sondern auch »mit Form und Plan und Organen« gefordert (Jg 5, 1937, H. 42, S. 994), aber erst nach Kriegsausbruch begann er das zuvor insgesamt noch eher ungenaue Projekt zu konkretisieren. Emil Ludwig veröffentlichte in seiner Zeitschrift den »Entwurf einer Verfassung« für die »Vereinigten Staaten von Europa« (Jg 8, 1940, H. 3, S. 66 ff.), Schwarzschild selbst propagierte ein »europäisches Bundesstaats-Gebilde« (Jg 7, 1939, H. 46, S. 1063) weitgehend nach amerikanischem Vorbild. Denn »die Blicke des gequälten Europa« sah er nun »suchend, in großer Not, auf den Bruder in Freiheit, Recht und Wohlstand« gerichtet (Jg 7, 1939, H. 35, S. 827). Die verbliebenen Hoffnungen waren Freiheit und Demokratie nach Muster und Modell der Vereinigten Staaten.

Aber solch vordergründiger Optimismus scheint bei genauem Hinsehen überlagert von einer großen Zurücknahme. Das Konzept eines europäischen Staatenbündnisses hat jedenfalls kaum noch etwas von der Offenheit, Aufgeschlossenheit und positiven Leidenschaft, die Schwarzschilds publizistische Kampagnen in den ersten Jahren nach 1933 oder auch in der Zeit der Weimarer Republik auszeichneten. Zwar hatte sich das vielleicht wichtigste Ziel all seiner journalistischen Bemühungen in den sieben Jahren des Pariser Exils nicht geändert. Im ersten Jahrgang des *Neuen Tage-Buchs* wünschte er für die Welt und sich, »daß Menschen als Menschen weiterleben können, leben für sich um des Lebens willen, nicht als automatisierte, maschinisierte, um neun Zehntel ihres bißchen Selbsts betrogene Kreaturen eines als Gott Staat verkleideten Caesars« (Jg 1, 1933, H. 27, S. 641); und in einem Artikel, der Mitte November 1939 knapp sechs Monate vor der letzten Ausgabe des *Neuen Tage-Buchs* erschien, definierte er praktisch in der Wiederholung dieser Überzeugung den »klassischen Inhalt des Freiheitsproblems« als die Aufgabe, »die Gewalt des Staates über den Menschen einzuschränken, nicht sie auszudehnen« (Jg 7, 1939, H. 46, S. 1066). Doch während er noch bis in die Mitte der 30er Jahre engagiert darauf setzte, die überkommenen Traditionen nicht zuletzt durch Experimente und Erneuerung lebendig, d. h. am Leben zu erhalten, predigte er danach mehr und mehr die Sicherung des Bestehenden, rief er auf nicht zu den Gipfeln neuer Ideale, sondern zur Verteidigung der letzten noch verbliebenen Bastionen (Jg 6, 1938, H. 15, S. 345):

>»Soweit man überhaupt davon reden kann, daß sich schon so etwas wie eine geistige Strömung aus den Erlebnissen der letzten Jahre entwickelt habe, besteht sie unverkennbar daraus, daß der Hang für Veränderungen geschwächt worden ist. Der Konservativismus hat sich verstärkt. Nicht in dem Sinn, als ob man das Bestehende für vollendeter, für weniger veränderungsbedürftig hielte als früher. Aber in dem Sinn, daß es klarer als früher geworden ist, wie leicht sich aus Veränderungen schließlich ganz anderes ergeben kann, als man gehofft hatte, nämlich etwas noch Defekteres (...) Wir, die wir auf den eignen Leib die Lektion eingebleut bekommen haben, daß aus jedem Aufbruch in lockende Helle mit unbeherrschbarer Programmwidrigkeit ein Marsch in noch erschreckenderes Dunkel werden kann, wir tragen als nicht mehr auszulöschendes Ergebnis ein verstärktes Mißtrauen gegen das Wagnis aller Veränderungen davon, – und als Korrelat eine verstärkte Schätzung aller Werte und Institutionen, die, mögen sie noch so unvollkommen sein, wenigstens den Vorzug haben, überhaupt zu existieren, und mit einiger Festigkeit zu existieren.«

Schon der resignative Ton dieses Textes erlaubt Zweifel, daß die Hoffnungen, die Leopold Schwarzschild am Ende seines Pariser Exils mit Amerika verband, von echten Überzeugungen geprägt und getragen waren. Ob das konkrete Leben in den Vereinigten Staaten die noch im *Neuen Tage-Buch* formulierte Erwartung auf eine bessere

Zukunft Europas an der Seite der USA bestätigte, scheint jedenfalls zumindest ungewiß. Nur: am aktuellen Kommentar kann diese Frage nicht überprüft werden. Denn mit der Flucht aus Paris hörte der ›Tage-Buch-Macher‹ auf, ein ebenso sachkundiger wie oft emotional aufgewühlter, ein ebenso genauer wie regelmäßiger Begleiter des Tagesgeschehens zu sein.

Auch die kurzfristige Tätigkeit Schwarzschilds für das amerikanische Office of War Information (OWI) widerlegt diesen Sachverhalt nicht. Von Januar bis Mai 1942 schrieb Schwarzschild für die »Voices from America / Stimmen aus Amerika« des OWI mehrmals wöchentlich Radio-Kommentare. Diese Kommentare dienten aber ausschließlich der aktuellen amerikanischen Kriegspropaganda und haben, ganz unabhängig von der ungeklärten Frage, in welcher Form und in welchem Umfang sie tatsächlich gesendet wurden, mit dem publizistischen Rang und Selbstverständnis des *Neuen Tage-Buchs* wenig gemein. Schon die Sprache mit häufigen dem Englischen nachgedachten Wendungen (Amerika möchte »diesen Krieg fertig machen« / Dieser Beschluß »war erstrangig guter Bedeutung für uns«) signalisiert eine wachsende Entfremdung von Inhalt und Gewicht der früheren journalistischen Arbeit.[11]

Tatsächlich versuchte Schwarzschild nicht, *Das Neue Tage-Buch* in New York fortzusetzen. Es fällt auch schwer, sich seine Zeitschrift in USA vorzustellen. Kaum einer der Deutschen dort hätte sie wohl gekauft, kein amerikanischer Staatsmann (wie etwa Churchill in London) auf die Ratschläge des europäischen Journalisten gehört. Zwar griff der New Yorker *Aufbau* so manche der Positionen des *Neuen Tage-Buchs* auf, aber doch »nur« auf dem Niveau einer populären Massenzeitschrift. Für den ungewöhnlichen inhaltlichen und auch journalistischen Anspruch des *Neuen Tage-Buchs* war wohl in den Vereinigten Staaten kein Platz. Sein eigentlicher Lebensraum war die bürgerliche Welt Europas, und die war mit Hitlers europaweiten Vernichtungsfeldzügen zunächst einmal untergegangen.

Dennoch blieb Schwarzschild in Amerika nicht ohne Erfolg. Aber obwohl er neben seiner kurzfristigen Rundfunkarbeit auch immer mal wieder als Gastkommentator in amerikanischen Zeitungen schrieb, spielten nun doch journalistische Aktivitäten nur noch eine marginale Rolle. Er begleitete nicht mehr Woche für Woche die wechselnden Ereignisse und Schwerpunkte des Tags; stattdessen wird Bilanz gezogen, wissenschaftlich spekuliert, Geschichte aufgearbeitet.

Schwarzschild publizierte in USA nicht weniger als drei Bücher: »World in Trance« (1942), das die politische Entwicklung zwischen den beiden Weltkriegen und damit auch die wichtigsten inhaltlichen Aspekte des *Neuen Tage-Buchs* zusammenfaßt, »Primer of the Coming World« (1944), eine ziemlich pessimistische Analyse über die Zukunftschancen der menschlichen Gesellschaft, und schließlich die Karl Marx-Biographie »The Red Prussian« (1947). Ein viertes Buch-Projekt, das der Geschichte des Marxismus nach Marx' Tod gewidmet sein sollte, wurde nicht mehr verwirklicht.

In der Verwandlung des Journalisten Leopold Schwarzschild zum bilanzierenden Buch-Autor verhalten sich die beiden Etappen des Exils in seiner Biographie wie das Leben zu seiner Aufarbeitung. Bis 1940 war er als kritischer Beobachter des aktuellen Geschehens dessen Bestandteil, hatte er als intellektueller Begleiter der politisch Handelnden mit diesen Geschichte gemacht. Nun aber saß er der Zeitgeschichte eher distanziert gegenüber. Zurückblickend in die europäische und in die eigene Vergangenheit mag ihm die Gegenwart ähnlich gleichgültig geworden sein wie dem Bezirkshauptmann in Joseph Roths Roman »Radetzkymarsch«:

> »Was gingen den alten Herrn von Trotta die hunderttausend neuen Toten an, die seinem Sohn inzwischen gefolgt waren? Was gingen ihn die hastigen und verworrenen Verordnungen seiner vorgesetzten Behörden an, die Woche für Woche erfolgten? Und was ging ihn der Untergang der Welt an, den er jetzt noch deutlicher kommen sah (. . .)? Sein Sohn war tot. Sein Amt war beendet. Seine Welt war untergegangen.«

Natürlich kann an dieser Stelle nur darüber spekuliert werden, was Schwarzschild über die gesellschaftliche Realität und die politische Entwicklung in den Vereinigten Staaten der 40er Jahre dachte. Auch wissen wir so gut wie nichts über seine Einschätzung des Wiederaufbaus nach dem Kriege in den von ihm kurz vor seinem Tode besuchten Ländern Frankreich, Italien oder Deutschland. Ein Selbstmordversuch in Amerika, seine Krankheit, ein »unheimlicher« (*Aufbau*, Vol. 16, 1950, No. 40, S. 10) Hautausschlag mit quälendem Juckreiz und ein von Gerüchten umgebener Tod im Herbst 1950 im italienischen Santa Margherita lassen dennoch Vermutungen nicht ganz ungerechtfertigt erscheinen, daß der ›Tage-Buch-Macher‹ auch in seinem eigenen Selbstverständnis mit Europa und eben seinem *Neuen Tage-Buch* seine eigentliche Lebensmitte eingebüßt hatte. Wie für den Bezirkshauptmann Trotta mit dem Untergang der Habsburger Monarchie war für Leopold Schwarzschild mit der Zerstörung Europas durch Hitler die eigene Welt untergegangen. *Das Neue Tage-Buch* und Europa waren sein Leben, der Rest Epilog. Nicht »World in Trance« ist darum auch der autobiographische Reflex dieses Lebens, sondern dessen Original: *Das Neue Tage-Buch*.

Leopold Schwarzschild repräsentiert in der Exilpresse der ersten Etappe die konservative Mitte, das liberal-konservative Bürgertum. Es scheint in diesem Zusammenhang von exemplarischer Symbolkraft, daß er dabei – im Gegensatz zu den quantitativ durchaus starken Gruppierungen der Linken – fast ganz auf sich allein gestellt war. Und fast logisch scheint es darüber hinaus, daß dieser Einzelne in dem Maße, in dem Hitler eine entscheidende mitteleuropäische Basis des liberal-konservativen Bürgertums zerschlug, zunehmend zum notorischen Einzelgänger wurde, der sich mit der wachsenden Bedrohung seiner Welt und ihrer Traditionen mehr und mehr mit in deren Totentanz verstrickte. Ein schwieriger Individualist war Schwarzschild wohl immer. Golo Mann nannte den Herausgeber des *Neuen Tage-Buchs* »alone wolf«[12]. Aber erst nach 1938 wurde aus dem Einsamen und Einzelnen – wie aus Wilkert in seiner dramatischen Jugendsünde »Sumpf« – ein auch von Freund und Feind Verlassener. In diesem Scheitern scheint freilich viel vom allgemeinen Scheitern des Bürgertums im 20. Jahrhundert gegenwärtig.

Der bürgerliche Journalist Leopold Schwarzschild war seiner Zeit oft voraus. Die Allianz zwischen Westeuropa und den Vereinigten Staaten, die spätere freie Marktwirtschaft der jungen Bundesrepublik Deutschland, die Bedrohung der Menschen durch den Bürokratismus allmächtiger Staatsapparate hat er lange vor ihrer jeweiligen politischen oder gesellschaftlichen Realität vorformuliert. Umgekehrt bewegten ihn oft genug aber auch nachgerade ›reaktionäre Sehnsüchte‹. Je mehr die Welt aus den Fugen geriet, beschwor er wie der ›Hausdichter‹ seiner Wochenschrift Joseph Roth die Ideale vergangener und überholter Epochen: politisch einen Rückschritt in die Zeit vor 1917 und wirtschaftlich eine Rückkehr zu den Maximen des Frühkapitalismus um die Mitte des 19. Jahrhunderts.

Aber ob er nun kluge Prognosen in die Zukunft wagte oder Reaktion predigte: er tat es immer in einem ebenso brillanten wie kraftvollen Stil. »Schwarzschild (...) schreibt auch immer besser und entwickelt sich großartig«, urteilte Kurt Tucholsky im August 1933[13], und es scheint in der Tat keine Frage, daß der Herausgeber und wichtigste Autor des *Neuen Tage-Buchs* mit dem Schicksal der Emigration seine journalistischen und sprachlichen Möglichkeiten nicht reduzieren mußte, sondern eindeutig steigern konnte.

Dabei bestechen seine Artikel weitaus mehr durch ihre Gedanken und Argumentationsketten als durch einzelne Formulierungen. Sie beeindrucken fast immer erst in der Stringenz und Logik des Ganzen, kaum einmal mit einem Bonmot. Sie sind nie witzig, selten geistreich, dafür aber voller Leidenschaft. Schwarzschilds Gedankenführungen leben nicht zuletzt von ihrer Dynamik hin zur angestrebten Schlußfolgerung. Oft in der Nähe eines geradezu biblischen Pathos mit zahlreichen religiösen Bildern und Gesten, verbinden sie solide Sachkenntnis mit rhetorischem Elan, rationale Argumente mit emotionaler Überzeugungskraft. Schwarzschild konnte nüchtern sein, aber auch als begeisterter Büßer auf dem Weg nach Canossa laut eigene Fehleinschätzungen eingestehen. Er konnte kühl analysieren, aber auch im leidenschaftlichen Willen, das Bürgertum europaweit zu retten, eifern und wettern wie Abraham a Sancta Clara.

Mit seiner sprachlichen Kraft brachte Leopold Schwarzschild wohl als einziger die Tradition der großen konservativ-bürgerlichen Presse ins Spektrum der Exilzeitungen ein, die ansonsten sehr viel mehr von Parteifunktionären und Spezialisten geprägt waren. Vor allem wohl darum war er der bedeutendste Zeitungs-Schreiber der deutschen Exilpresse.[14] Zwar blieben auch seine publizistischen Aktivitäten besonders in den Monaten vor und nach Kriegsausbruch nicht ohne Beschädigungen, trieb ihn die Gefährdung der bürgerlichen Welt, um deren Bestand er so verzweifelt kämpfte, in so manch fragwürdiges

Extrem. Aber auch oder sogar gerade in diesen Extrempositionen drückt sich Zeitgeschichte aus: die offenen und heimlichen Verzweiflungen eines individuellen Lebens, die zugleich die latenten Verzweiflungen einer ganzen Gesellschaftsschicht sind – und damit der Spiegel des Verfalls einer Tradition, die mit Hitler nicht nur viel von ihrem Glanz, sondern wohl auch ihre eigentliche Substanz verlor.

1 Vgl. dazu: Lieselotte Maas, *Die »Neue Weltbühne« und der »Aufbau«*. Zwei Beispiele für Grenzen und Möglichkeiten journalistischer Arbeit im Exil. In: *Exilforschung. Ein internationales Jahrbuch*. München 1983, S. 245 ff. — 2 Bernd Sösemann, *Das Ende der Weimarer Republik in der Kritik demokratischer Publizisten*. Berlin 1976, S. 52. — 3 *Sumpf*, Drama in einem Vorspiel und drei Akten. Frankfurt/M. 1920: Verlag von Englert und Schlosser — 4 Wenn nicht ausdrücklich anders vermerkt, beziehen sich alle weiteren Quellenangaben auf *Das Neue Tage-Buch*. — 5 Auf die elitären Momente in Schwarzschilds Denken und dessen gelegentlicher Nähe zu Ständestaat-Vorstellungen hat Renate Schober nachdrücklich hingewiesen (*Das Tage-Buch. Eine politische Zeitschrift der Weimarer Republik*. München 1977, S. 192 ff.). Die engagierte Arbeit gibt ein genaues Bild vom ideologischen Standort des *Tage-Buchs* und seiner Herausgeber und widerspricht dabei energisch den bisher in diesem Zusammenhang vorherrschenden Einschätzungen: Die Texte des *Tage-Buchs* geben »Kenntnis von einem restriktiven Demokratieverständnis, in dem die politische Emanzipation der Vielen keinen Platz hat und das eine Kritik an der Weimarer Parteiendemokratie nach sich zieht, die füglich nicht mehr als ›links‹ oder auch nur als progressiv und radikaldemokratisch bezeichnet werden kann« (S.V). — 6 Vgl. dazu Golo Manns Vorwort zu einer Auswahl von Schwarzschild-Artikeln aus dem Berliner *Tage-Buch: Die letzten Jahre vor Hitler. Aus dem Tage-Buch 1929–1933*. Hg. v. Valerie Schwarzschild. Hamburg 1966, S. 11. — 7 Maximilian Scheer, *So war es in Paris*. Berlin/DDR o. J. [1964], S. 49. — 8 *World in Trance*. New York 1942. Deutsche Ausgabe: *Von Krieg zu Krieg*. Amsterdam 1947, S. 480. — 9 Veröffentlicht im Anhang von: Ursula Langkau-Alex, *Volksfront für Deutschland?* Frankfurt/M. 1977, S. 192 ff. — 10 Für Konrad Heiden war Schwarzschild aufgrund der Argumente in seinen Kommentaren 1939 »praktisch Deutschenfeind geworden« (Jg 7, 1939, H. 33, S. 781). Zum unbedingten Haß steigerte sich diese Feindschaft allerdings wohl erst nach 1940 in den USA. In einem persönlichen Brief vom 28. 12. 1970 an den Historiker Bernd Sösemann hat Golo Mann jedenfalls einen immer gegenwärtigen Kommunisten- und einen wachsenden Deutschlandhaß als zwei entscheidende Impulse im Denken des Emigranten Leopold Schwarzschild beschrieben. — 11 Leopold Schwarzschilds Radio-Manuskripte befinden sich im Leo Baeck-Institut in New York und in Kopien im Deutschen Rundfunk-Archiv in Frankfurt/M. Ich danke Ernst Loewy dafür, mich auf diese Dokumente aufmerksam und sie mir zugänglich gemacht zu haben. — 12 Zitiert bei B. Sösemann, a.a.O., S. 190 (Anm. 105). — 13 Kurt Tucholsky, *Politische Briefe*. Zusammengestellt von Fritz J. Raddatz. Reinbek 1969. Rowohlt Taschenbuch 1183, S. 33. — 14 Das Leben von Schwarzschild mit den drei wichtigen Stationen Berlin, Paris, New York gehört, auch in seinen Widersprüchen, zu den aufschlußreichsten Biographien für die politische Geschichte zwischen der Weimarer Republik und der Bundesrepublik Deutschland. Um so erstaunlicher, daß es bis heute keinen Biographen gefunden hat. Die in dieser Untersuchung zitierten Arbeiten und Artikel von Bernd Sösemann, Renate Schober und Golo Mann beschäftigen sich nur mit dem Journalisten des *Tage-Buchs* in der Weimarer Republik. Über Schwarzschilds amerikanische Jahre gibt es bis lang überhaupt keine Einzelstudie. Schwarzschild und *Das Neue Tage-Buch* hat bisher nur Hans-Albert Walter dargestellt (Hans-Albert Walter, *Deutsche Exilliteratur 1933–1950*. Bd. IV: Exilpresse. Stuttgart 1978, S. 72 ff.). Aber gerade seine Interpretation scheint nach ausführlichem Studium der Quellen nur schwer nachzuvollziehen. Walter versteht Schwarzschild als einen Intellektuellen »zwischen den Klassen«, der sich »von der seiner Herkunft (. . .) mehr und mehr entfernte« (S. 98) und linken Positionen zuwandte. Erst die Stalinschen Säuberungsprozesse bremsten in seiner Sicht Schwarzschilds »Entwicklung nach links« (S. 98). Die Moskauer Prozesse verwandelten »Sympathie« und »Zuneigung« in »enttäuschte Liebe«, den Sympathisanten in einen vom Sozialismus »tief Enttäuschten« (S. 103). In Wahrheit aber hat der Bürger-Journalist Leopold Schwarzschild seine Bürgerpositionen nie grundsätzlich aufgegeben. Seine Artikel im *Neuen Tage-Buch* dokumentieren jedenfalls durch alle acht Jahrgänge hindurch einen Journalisten, der zwar unterschiedlich argumentierte, aber immer mit dem unveränderten Ziel, die Interessen seiner Klasse zu verteidigen.

Joachim Radkau

Der Historiker, die Erinnerung und das Exil
Hallgartens Odyssee und Kuczynskis Prädestination

Die Geschichtsschreibung, so heißt es gern, sei das kollektive Gedächtnis der Menschheit; von daher könnte man es merkwürdig finden, daß die Historiker zu der wirklichen Erinnerung lebender Menschen und schon gar zu ihrer eigenen Erinnerung gemeinhin kein sonderlich vertrautes Verhältnis haben. Das Interview gehört nicht zu den herkömmlichen Methoden der Geschichtswissenschaft; das Interesse an Lebensgeschichten und an erzählten Erinnerungen (»Oral History«) konnte zur Attraktion einer neuerlichen antitraditionalistischen Strömung werden. Die Sozialgeschichte der 60er und frühen 70er Jahre pflegte an der traditionellen Historie den Hang zur personalisierenden und individualisierenden Betrachtungsweise zu bekritteln; eine nachrückende noch jüngere Historikergeneration dagegen entdeckte, daß das Interesse der alten Geschichtsschreibung an menschlichen Individuen oft gar nicht echt gewesen war.

Bei alledem war jedoch die Erinnerung immer eine Grundbedingung für Geschichte, und Erinnerungsmechanismen haben die Geschichtsschreibung durch und durch geprägt: Aber diese Prägung gaben die Historiker meist nicht gern zu erkennen. Viel zitiert wurde früher der von Ranke bekundete Wunsch, beim Schreiben der Geschichte sein »Selbst gleichsam auszulöschen und nur die Dinge reden, die mächtigen Kräfte erscheinen zu lassen«.[1] Deutlicher noch schreibt Ranke in einem Brief: »Die rechte Freude ist sich vergessen, sich hinzugeben, sein selber besser bewußt werden in dem Größeren.«[2] Die Selbstvergessenheit erscheint hier als Bedingung für den Historiker-Eros und die durch Geschichte erstrebte Steigerung des eigenen Selbstgefühls.

Der Ranke-Gegner Droysen, der die durchaus lustbetonte Rankesche Verschmelzung mit der Geschichte als »eunuchische Objektivität« mißverstand,[3] schildert die Arbeit des Historikers manchmal wie ein leidenschaftliches Bei-sich-selbst-Sein des Forschenden. Immer wieder betont er, daß die erlebte Wirklichkeit eigentlich unvergleichlich viel reicher sei als die schriftlichen Quellen –, aber er zieht daraus keine praktischen Konsequenzen. Er hatte selber eine bedeutsame Wende der deutschen Geschichte als Handelnder mit Leidenschaft miterlebt: die revolutionären Vorgänge von 1848; aber er ging mit dieser seiner Lebenserinnerung später ganz geringschätzig um und konnte sich auch nicht vorstellen, daß irgendein anderer Beteiligter noch Interesse daran habe, »Näheres davon niederzuschreiben«, da

»das Mißlingen des dort Unternommenen den Wert der einzelnen Vorgänge dort auf nichts reduziert« habe.[4] (Wie würde der vom Erfolg gebannte Historiker erst mit dem Exil nach 1933 umgegangen sein?)

Daß ein Historiker seine eigene Lebensgeschichte schreibt, gehört, soweit ich sehe, zu den Seltenheiten. Das mag daran liegen, daß Historiker häufig ein in sich gekehrtes, an äußeren Ereignissen armes Leben bevorzugen; es mag aber auch daran liegen, daß die erlebte Zeit verunsichernd wirkt auf die großzügige Art und Weise, wie die Geschichtsschreibung mit Zeit umgeht. »Die fürchterliche Flucht der Zeit, in der den Frühling der Herbst und den Winter der Frühling überrennt«, wurde von dem jungen Droysen als quälend und sinnverwirrend empfunden[5]; der Historiker jedoch, der im Geist die Jahrtausende überspringt, ist damit selber gleichsam überzeitlich geworden.[6] Aber dieses Lebensgefühl wird in der Geschichtlichkeit des eigenen Lebens zuschanden. Wenn Historiker dennoch Erinnerungen schrieben, so hatte das durchweg besondere Gründe, die sich auch in einem besonderen Verhältnis zur Geschichte niederschlugen.

Zu den bedeutenden Memoirenschreibern gehört der englische Historiker und Geschichtsphilosoph Robin G. Collingwood.[7] Seine um 1938 – deutlich unter dem Eindruck der Bedrohung durch den Faschismus – verfaßte Autobiographie sollte aber vor allem die Geschichte seines Denkens und seiner geistigen Entwicklung, nicht so sehr der Zufälligkeiten seines äußeren Lebens sein. Damit folgte er seiner Philosophie der Geschichtsschreibung: Für den Historiker – so Collingwood – sei die Geschichte, die er erforsche, »kein Schauspiel, das er betrachten, sondern Erfahrung, die er in seinem Geist durchleben soll«. »Der Prozeß des geschichtlichen Denkens ist gleicher Art wie der Prozeß der Geschichte selbst; beide sind Denkprozesse.« Aber der Hereinnahme der Geschichte in das Historikerleben – das auf diese Weise selber geschichtshaltig wird – fällt die Welt der Erfahrungen und Empfindungen zum Opfer: Collingwood betont, wir könnten nur Gedanken nachvollziehen, würden dagegen »niemals wissen, wie die Blumen im Garten des Epikur dufteten oder wie Nietzsche den Wind in seinen Haaren fühlte«.[8] (Die Wahl der Beispiele verrät, daß Collingwood die Geschichte der Gefühle doch gerne nacherlebt hätte!)

Unter den bekannten Historikern haben außerdem Johan Huizinga, Karl Lamprecht und Friedrich Meinecke Erinnerungen niedergeschrieben.[9] Wieder ist unschwer zu erkennen, daß die Bereitschaft zur Schilderung des eigenen Lebens, zumindest der eigenen Jugendentwicklung, mit einem besonderen Verhältnis zur Geschichte in Verbindung steht: hier mit einer nur mühsam kontrollierten Emotionalität, die sich an vielen Stellen der Geschichtsdarstellung verrät.[10] Besonders offenherzig in seinen persönlichen Konfessionen ist Huizinga, der Verfasser des von einem Märchenschimmer umgebenen Geschichtsgemäldes »Herbst des Mittelalters«, der auf seinem »Weg zur Geschichte« eine »geheime Sünde« entdeckt: nämlich »eine gewisse schon sehr früh entwickelte Schwäche für patrizische Abkunft und patrizische Namen unter Geringschätzung meiner eigenen, allzu offensichtlich plebejischen Abstammung«.[11] Hier ist angedeutet, daß die

Geschichte förmlich zur Überdeckung der eigenen, oft so wenig ansehnlichen Lebensgeschichte dienen kann.

Der Althistoriker Alfred Heuß bemerkt nicht ohne Bedauern, jene »Tage, wo ›Erinnerungen‹ aus dem Munde von Gelehrten vernommen« worden seien, lägen »jetzt schon weit zurück«, – das Ideal der »wissenschaftlichen« Geschichte mit seiner Befangenheit gegenüber der unmittelbaren Erinnerung könne ein derartiges Vorhaben nicht ermutigen.[12] All diese Prolegomena sind nützlich, um die hier zu erörternden Emigranten-Memoiren desto besser schätzen zu lernen.

Noch mehr weiß man sie zu würdigen, wenn man sie mit dem umfangreichsten Memoirenwerk aus der Feder eines »dringebliebenen« Historikers vergleicht: Es handelt sich ausgerechnet um Karl Alexander von Müller, der dem NS-Regime seine Berufung zum Ordinarius[13] und – unter Ablösung Meineckes – zum Herausgeber der Historischen Zeitschrift verdankte. Müllers Erinnerungen wuchsen auf volle drei Bände an: ein Umfang, der in einem merkwürdigen Mißverhältnis zu dem keineswegs gewichtigen wissenschaftlichen Werk des Verfassers steht. Trotz dieser Umfänglichkeit reicht das autobiographische Opus nur bis zum Jahr 1932.

Vor allem der dritte Band (»Im Wandel einer Welt«) ist in unserem Zusammenhang von Interesse: Er spielt teilweise im gleichen Münchener Milieu wie die Memoiren Hallgartens, der bei Müller studierte. Paul Nikolaus Cossmann, der Herausgeber der Süddeutschen Monatshefte, der vor und nach 1918 ein weitreichendes, Wirtschaft und Intelligenz verstrickendes Beziehungsnetz aufbaute und – obwohl selber jüdischer Herkunft – über diese Kanäle wirksam zur Konsolidierung des neuen, durch den Krieg rabiat gewordenen völkischen Nationalismus beitrug, ist eine zentrale Figur in den Erinnerungen Hallgartens wie in denen Müllers. Hallgartens Vater war als Aufsichtsratsvorsitzender der Süddeutschen Monatshefte von Cossmann verdrängt worden; Müller gehörte damals zu Cossmanns engsten Mitarbeitern. In Hallgartens Memoiren erscheint Cossmann als der böse Geist schlechthin –, als der Vorbote und Wegbereiter des kommenden Unheils; mit Cossmanns Auftreten scheint ein Schatten über Hallgartens Leben zu fallen.[14] Noch in seinem letzten Geschichtswerk widmete Hallgarten den Cossmannschen Ränken einen – von der Sache her keineswegs notwendigen – Exkurs[15]: Schon hier zeigt sich Hallgartens besonders in seiner Emigrantenzeit erkennbares Bestreben, die Gesamtgeschichte und seine eigene Lebensgeschichte in intimer Beziehung zueinander zu begreifen. Weit ausführlicher noch kommt Cossmann in den Erinnerungen Müllers vor: Auch dort ist er »mit seinem dunklen, schweren Ernst« eine finstere, etwas unheimliche Gestalt, zumal er eine »geheimnisumwölkte, weil vielfach verborgene und ungreifbare Macht ausübte«.[16] Aber es sind doch eher wohlige Schauer, die er bei Müller auslöst; er wirkt wie eine düstere, doch wohltätige Kraft. Übrigens kommt Cossmann in den Geschichtsdarstellungen, die sich mit dem Nährboden des Nationalsozialismus befassen, kaum vor. Er könnte also als Exempel für die über Memoiren zu entdeckenden historischen Zusammenhänge dienen.

Karl Alexander von Müller hätte eine besondere Chance gehabt, über seine Lebensgeschichte auch ein Stück »großer« Geschichte aufzurollen. Er bewegte sich in eben jenen Münchener Kreisen, die dem Nationalsozialismus den Weg in die »gute Gesellschaft« öffneten, ja er war geradezu einer der Entdecker Hitlers, der als einer der ersten auf die rhetorischen Fähigkeiten des damals noch unbekannten Gefreiten aufmerksam machte[17], und auch später hatte er oft Gelegenheit, Hitler im engen Kreis zu erleben. Leider schildert er jedoch solche Begegnungen durchweg aus der Perspektive der Zeit nach 1945, läßt also den künftigen »Führer« als unheilvolle Gestalt auftreten und rückt ihn in weite Distanz zu sich selber. Dabei gibt er gelegentlich zu: »Bei Hitler wuchs meine Witterung der Zukunft nur langsam und unklar«[18]; die in seinen Memoiren berichteten Hitler-Eindrücke können also so nicht authentisch sein. Bemerkenswert ist auch, daß er, der Historiker, nicht einsehen will, daß er selber damals zu jenen gehörte, die Geschichte *machten,* und mitnichten der beschaulich-distanzierte Beobachter war, als der er sich dem Leser vorstellen möchte.

Die professorale Grundstimmung der Autobiographie gestattet nur gelegentlich einen Blick in Abgründe, wenn Müller etwa erkennen läßt, wie ihn in seiner beruflich ungesicherten Zeit die Angst vor sozialer Deklassierung verfolgte und mit all den unter dem gleichen Trauma leidenden Schichten verband[19], und in welche sich bis zur physischen Krankheit steigernden Selbstzweifel er stürzte, als sich die Hoffnung auf einen Lehrstuhl immer wieder zerschlug.[20] Aber eben diese Tiefen, die ihn besonders eng mit geschichtsträchtigen Kollektivstimmungen seiner Zeit verbinden, kommen in dem gemächlichen Plauderton des Memoirenwerkes – der erste Band trägt den Titel »Aus Gärten der Vergangenheit« – kaum zur Geltung. Um mit der Lebensgeschichte wirklich *Geschichte* zu fassen, wäre ein anderer Stil nötig gewesen. Wurde er von den in die Emigration getriebenen Historikern gefunden?

Obwohl die Exilliteratur insgesamt durchaus eine gewisse Affinität zu dem Memoiren-Genre besaß[21], stammen doch nur ganz wenige Erinnerungen aus der Feder von Historikern; die zwei hier vorzustellenden Werke – von Hallgarten und von Kuczynski – sind die einzigen bisher veröffentlichten Historiker-Memoiren, von denen ich weiß.

Es würde schlecht zum Thema dieses Beitrages passen, wenn ich unerwähnt ließe, daß sich Hallgartens Erinnerungen für mich mit eigenen Erinnerungen verknüpfen. Ich lernte Hallgarten während der Arbeit an meiner Dissertation *Die deutsche Emigration in den USA* kennen und fand ihn über Erwarten mitteilungs- und erinnerungsfreudig; erst später wurde mir klar, daß ich ihm in der Entstehungsphase seiner kurz darauf niedergeschriebenen Memoiren begegnet war. Wie selbstverständlich ging er davon aus, daß sich in seiner Lebensgeschichte nach 1933 die Geschichte der Emigration spiegele. Aber auch seine Erfahrungen aus der Zeit vor 1933 erschienen ihm als historisch bedeutungsvoll. Ende 1971 suchte er mich dafür zu gewinnen, mit ihm zusammen eine Untersuchung über das Anschwellen des Antisemitismus in Deutschland von 1917–1920 zu schreiben; hierzu hatte Persönliches den Anstoß gegeben. Ein Artikel des amerikanischen Psychohistorikers Peter Loewenberg über die »erfolglose Jugend Heinrich Himmlers« hatte, der psychoanalytischen Methode getreu, die Wurzeln der Untaten des »Reichsführers SS« in dessen Kindheit gesucht. Hier hatte Hallgarten energisch widersprochen; Himmler war nämlich einst sein Klassenkamerad gewesen. Hallgarten glaubte sich in seinen Memoiren zu erinnern, er selber habe ihm, Himmler, »damals in der Schule fast am nächsten« gestanden[22]; in einem Leserbrief an die American Historical Review bezeichnet er den späteren Hauptverantwortlichen für die Judenvernichtungen sogar als »my once tender and sensitive former friend«![23] Er legte großen Wert darauf, daß Himmler noch nicht durch Kindheits- und Jugendeindrücke – und schon gar nicht durch Erlebnisse mit seinem jüdischen Freund Hallgarten ! –, sondern erst durch die historische Situation um 1918 zum Antisemiten geworden sei, und ihn ließ die Angelegenheit um so weniger los, als Loewenberg sich in seiner Entgegnung[24] nicht im mindesten bekehrt zeigte.

Hallgarten suchte gerne nach Verbindungen zwischen den Personenkreisen seiner Umgebung und der Geschichte, und er verschmähte dabei keineswegs psychologische Deutungsmuster; aber dort, wo sein Lebenslauf durch puren Zufall einmal in nächste Nähe des Katastrophenzentrums geraten war, sperrte er sich gegen psychologische Tiefgründigkeiten. Seinen Memoiren zufolge (S. 314) erfuhr er erst 1949, daß der Himmler seiner Jugend mit dem SS-Chef identisch war. Hallgarten schreibt, der »seelische Schock« für ihn sei »ungeheuer« gewesen; er sei darauf in einem leeren Zimmer auf und ab gegangen und habe immer wieder gebrüllt: »Das ist unmöglich. Das ist unmöglich.«

Über Hallgarten wurde ich noch mit einem anderen emigrierten Historiker bekannt, der ebenfalls im Begriff war, seine Erinnerungen niederzuschreiben,[25] und mir vieles davon mitteilte: mit *Alfred Vagts,* der damals schon seit vier Jahrzehnten zu Hallgarten in einer halb freundschaftlichen, halb distanzierten Beziehung stand. Während Hallgarten, Jahrgang 1901, zu jener Generation gehörte, die gerade zu spät geboren war, um den Ersten Weltkrieg noch als Soldat mitzuerleben, hatte Vagts, Jahrgang 1892, zu den Kriegsfreiwilligen gehört und in der Infanterie als Kompanieführer gedient.[26] Er glaubte, er sei »so ziemlich der einzige unter den Emigranten« gewesen, »der einmal in der deutschen Armee eine Befehlsstelle innegehabt hatte«[27]; als er während des Zweiten Weltkrieges eine Anstellung im amerikanischen Board of Economic Warfare fand, bemerkte er nicht ohne Selbstbewußtsein, daß er als einziger in dieser Behörde eigene Kriegserfahrung besaß.[28] Anders als Hallgarten, der von Hause aus Pazifist war, profilierte sich Vagts in der Emigration als Militärspezialist: Sein erstes amerikanisches Werk war eine »History of Militarism« (1937), und 1943 publizierte er in einem Armeeverlag ein Bändchen *Hitler's Second Army*[29], das sich – ihm zufolge – »in dem Tornister aller amerikanischen Unterführer« befand, als diese »sich dem Rheine näherten«[30], und das von der Kampfkraft der außer- und paramilitärischen Nazi-Organisationen ein weit übertriebenes Bild entwarf. Später in der Zeit des Vietnamkrieges war Vagts ein »Falke«, während Hallgarten sich als »Super-Taube« kennzeichnete.[31]

Unter den Emigranten war Vagts ein Grenzfall: Es stand ihm frei, ob er sich als Emigrant oder als Einwanderer und Neu-Amerikaner ansehen wollte. Er hatte 1924/25 zum ersten Schub deutscher Austauschstudenten, die in die USA reisten, gehört[32] und sich von seinen dortigen Arbeitsmöglichkeiten zu seinem Promotions- und Habilitationsthema inspirieren lassen. Sein magnum opus galt den deutsch-amerikanischen Beziehungen der imperialistischen Ära;[33] seine Emigration in die USA bewegte sich also auf den Bahnen seiner Forschungen. Wichtiger noch für sein persönliches Schicksal: Er hatte die Tochter des damals bekanntesten amerikanischen Historikers, Charles A. Beard, geheiratet; er kam also nicht als Fremder in die USA, hatte im Unterschied zu vielen anderen Emigranten bei der Einwanderung keine Schwierigkeiten und war auch frei von drückenden materiellen Sorgen. Vagts erinnert sich, daß sein amerikanischer Schwiegervater das vom Nazismus drohende Unheil »längst vor seinen in Deutschland lebenden Kindern« gesehen habe; Beard schrieb dem Paar im Herbst 1932: »Children, get out of Germany. It is coming, as it has in Italy, only worse.«[34] Dabei war Beard in den dreißiger Jahren ein erklärter Isolationist, der von einer amerikanischen Intervention in Europa nichts wissen wollte und allzu schrille Warnrufe vor der NS-Gefahr nicht schätzte.

Die unproblematische, ja elegante Art und Weise, mit der Vagts in den USA Wurzeln schlug, kontrastierte zu dem Schicksal Hallgartens, der – mochte er auch mit dem Bankier und Philanthropen Charles L. Hallgarten einen prominenten deutsch-amerikanischen Großvater besitzen[35] – in Amerika nie eine gesicherte Stellung fand und Vagts wiederholt durch sein Ungeschick bei der Stellensuche und bei der Akklimatisierung in den USA irritierte. In ihrem Historiker-Stil aber weisen beide viel Verwandtes auf. Beide befanden sich zumindest in ihrer Anfangszeit an der Grenze zum literarischen Milieu – jenem Milieu, das nach 1933 am stärksten ein Exilanten-Bewußtsein artikulierte –; Vagts hatte 1920 einen im Kriege verfaßten, im expressionistischen Stil gehaltenen Gedichtsband herausgebracht,[36] Hallgarten war im Bannkreis der Münchener literarischen Zirkel – von der Mann-Familie bis zu Ganghofer – aufgewachsen. Beide befaßten sich nicht nur mit ökonomischen Zusammenhängen der imperialistischen Politik, sondern waren zugleich bestrebt, die neuen Inhalte mit einem neuen Stil zu vermitteln. In einer Zeit, in der die Geschichte von deutschen Historikern gewöhnlich noch in der behäbigen Erzählweise der Romanschreiber des 19. Jahrhunderts dargestellt – oder einfach trocken referiert – wurde, bemühten sich Hallgarten und Vagts auf ihre Weise um Stilmittel, die einem gebrochenen Wirklichkeitsverständnis und einer ironischen Distanz zu den dargestellten Phänomenen entsprachen. Beide spielten mit den kabarettistischen Effekten des Stilbruchs, den die Verquickung von »großer Politik« und trivialen Wirtschaftsinteressen, überhaupt von Menschen und Dingen, Individuen und Strukturen bedeutete. So findet sich bei Vagts etwa die Überschrift »Bismarcks Entlassung und das amerikanische Schweinefleisch« (dem durch Bismarcks Sturz der Weg auf den deutschen Markt geebnet wurde)[37], während Hallgarten den Burenpräsidenten »Ohm« Krüger, den noch in einem NS-Film verherrlichten Helden einer sich gegen England wendenden deutschvölkischen Öffentlichkeit, so charakterisierte: »Die etwas muffige Frömmigkeit dieses volkstümlichen, aber etwas ungebürsteten und ungelüfteten Kolosses, mit der tiefen, rauhen Stimme, dem wollenen Regenschirm, dem ruppigen Zylinder und den fünfundsiebzig Enkeln, deckte einen recht erheblichen Besitz an Delagoabahnaktien aus dem Staatsschatz, die der Präsident nach seiner Flucht nach Europa für sich persönlich abstoßen ließ.«[38]

Es war ein in Sarkasmen und bizarren Bildern schwelgender Stil, der der Aufarbeitung von Emigrationserfahrungen nicht schlecht entsprach: besser jedenfalls als ein herkömmlicher Erzählstil, der sich auf den Sinnzusammenhang und die Bedeutsamkeit allen Geschehens gründet. Hallgartens Memoiren führen in die gleiche Welt wie sein wissenschaftliches Werk. Vagts' Erinnerungen geben Einblicke in die bei Hallgarten nicht immer unproblematische Beziehung zwischen Selbstdarstellung und Wirklichkeit. Die Memoiren Kuczynskis dagegen bieten ein Musterbeispiel für eine ganz andersartige Stilisierung des eigenen Lebens. Aber darüber später; zunächst zu *Hallgarten*.

Der Rückblick auf das eigene Leben war dem alternden Hallgarten anfangs nicht angenehm. Er empfand die Lektüre seiner Tagebücher als »recht quälend«: »das alles hat man mitgemacht, und was ist schließlich aus allem geworden?«[39] Seinen Memoiren gab er den melancholischen Titel *Als die Schatten fielen*. Die Verdüsterung seines eigenen Lebens sah er in innerem Zusammenhang mit der Verdüsterung des Horizontes der gesamten Weltgeschichte. In dem mit mir verfaßten Buch über die ökonomischen Zusammenhänge der deutschen Politik bis zur Gegenwart wünschte er als Schlußakkord: »In spe: DAS ENDE MIT SCHRECKEN«.[40]

Dennoch bestimmt das Leitmotiv »Götterdämmerung« überhaupt nicht den Grundton seiner Memoiren: Der muntere und oftmals spritzige Stil erweckt eher den Eindruck einer Unverdrossenheit und Unverwüstlichkeit des Schreibers. Hallgarten verweist selber an einer Stelle (S. 214 f.) auf die »skeptische und pessimistische Grundstimmung meines Lebens, die freilich nach außen hin durch das Auf und Ab meines Schicksals und das Schäumen meiner Hoffnungen überdeckt zu werden pflegte«. Ganz in der Art des genießerischen Sich-Erinnerns, so wie es einem herkömmlichen und beliebten Memoiren-Typus entspricht, ist das Buch mit Anekdoten gewürzt; gleiche Reize bieten im übrigen auch die Memoiren des Kommunisten Kuczynski. Aber bei jenem grand old man der DDR-Historikerschaft paßt die Wohlgelauntheit perfekt zu der Gesamttendenz des Buches. Hallgartens Memoiren dagegen sind – in ihren sympathischen Qualitäten wie in ihren Schwächen – durch ihre Unsicherheit darüber gekennzeichnet, welche Grundstimmung, welche Sinnzusammenhänge und welches Ziel dieses Leben besitzt. In einem Brief an mich bezeichnete

Hallgarten sich als »polymetis Odysseus«: Das homerische Epitheton »polymetis« heißt »erfindungsreich«, aber in bezeichnender Fehlleistung übersetzte Hallgarten es mit «vielherumgetrieben«.⁴¹ In der Tat war sein Leben eine Odyssee *ohne* die sprichwörtliche List des Odysseus. Noch kurz vor seinem Tode machte er sich Hoffnungen auf eine Gastprofessur im afrikanischen Zaïre und glaubte, er werde »nun im Schwarzen Erdteil entdeckt«, nachdem er von den »Musterstaaten des Weißen Mannes« mißachtet worden sei; zugleich allerdings findet er das Ganze »komisch« und knüpft an die in Aussicht stehenden »Abenteuer« die Eingangsverse von Wilhelm Buschs »Fipps, der Affe«⁴².

Das Schwanken zwischen Mythos und Jux, zwischen pathetischem Ernst und Selbstironie durchzieht seine gesamte Schreibweise. Die Memoiren tragen den Untertitel »Erinnerungen vom Jahrhundertbeginn zur Jahrtausendwende« – der Äonenklang ist um so unangebrachter, als sie nur bis 1968 reichen –; aber der etwas zu gewaltige Gestus – eine mitunter begegnende Schwäche Hallgartens – verliert sich doch fast ganz in dem wirklichkeitsnahen Stil der Memoiren, die (S. 320 f.) mit Humor – oder Galgenhumor? – berichten, wie der Verfasser noch in reifem Alter als Vertreter eines Anstreichmittels hinzuverdienen mußte, und überhaupt weniger, als man erwarten sollte, von seiner Arbeit als Historiker handeln.

Aber bestimmte Mißlichkeiten und Belastungen von Hallgartens Emigrantendasein werden in den Memoiren doch nur angedeutet und machen sich mehr indirekt bemerkbar; vor allem in dem schon erwähnten Mangel der Autobiographie an innerer Einheit –, jener Einheit, die Kuczynski im Übermaß zur Schau stellt. Hallgartens ungelöste Probleme haben mit seiner Tätigkeit als Wissenschaftler, seiner sozialen Verhaltensweise, seiner politischen Position und seiner Beziehung sowohl zur deutschen Geschichte wie auch zu seinem amerikanischen Gastland zu tun.

Wolfgang Hallgarten wurde in den USA George W. F. Hallgarten und war »stolz« darauf, als GWFH mit Hegel die Initialen zu teilen.⁴³ Auch er selber wollte kein bloßer Geschichtserzähler, sondern Geschichtsdeuter sein und Gesetzmäßigkeiten der Geschichte ermitteln. Er hatte den Ehrgeiz, die Nachfolge Max Webers anzutreten⁴⁴: ein Bestreben, das für heutige Leser in seinen Werken nicht ganz leicht zu erkennen ist. Wäre Hallgarten tatsächlich ein Theoretiker gewesen, hätte er seine Arbeit auch als Emigrant ohne große Behinderung fortsetzen können –, in Wirklichkeit jedoch war er ein stark von unmittelbarer Anschauung und intimen persönlichen Zugängen abhängiger Historiker. Daher bedeutete die Emigration für seine Forschertätigkeit nicht nur aus äußerlich-materiellen, sondern auch aus inneren Gründen eine schwere Krise; das Niveau seines vor 1933 in Deutschland verfaßten Imperialismus-Werkes⁴⁵, das ihn international bekannt machte, hat er später in keiner größeren Veröffentlichung mehr erreicht. Bei seinen späteren Schriften ist manchmal unsicher, ob er sich noch an die Fachkollegen wandte oder sich als Publizisten außerhalb des Wissenschaftsbetriebes begriff.

In seinen Memoiren (S. 239) stellt Hallgarten an sich selber schon für das Jahr 1937 fest, er sei »fast unbemerkt in den Stil und das Wesen« des amerikanischen Hochschullebens »hineingeglitten«. Vagts dagegen erinnert sich daran, es sei für Hallgartens berufliche Laufbahn verhängnisvoll gewesen, daß er in seinem Verhalten zu Amerikanern »unbelehrbar« gewesen sei und sich noch nach dem Verlust seines Vermögens wie der »Sohn aus reicher Familie« verhalten habe, »der, wenn ihm etwas nicht nach Wunsch gelingt, immer auf das verbliebene Geld rekurrieren kann«.[46] Hallgartens Erinnerungen handeln von zahllosen Bekanntschaften; aber ein Brief aus dem Jahre 1940, den er dort wiedergibt (S. 276), spricht aus, »ein wie rettungslos einsamer Mensch« er in Wahrheit war. »Ich bin die Stimme / die niemand hört / Ich bin der Schrei / der niemand stört / bin tiefe Wildnis / die niemand schreckt / bin der schlafende Prinz / den niemand weckt«, bedichtete er damals sich und sein Schicksal. Die Rettung brachten auf jenem Tiefpunkt nicht nur seine Heirat, sondern auch der Kriegsdienst, zu dem er, der sich seinen Pazifismus allen Zeitläufen zum Trotz bewahren wollte, sich freiwillig meldete.

Das zwiespältige Verhältnis zum Pazifismus teilte Hallgarten mit vielen anderen Emigranten, die einst dem Pazifismus nahegestanden hatten, aber über die westliche Politik des Appeasement gegenüber Hitler entsetzt waren.[47] Vagts versuchte die Amerikaner damals mit seinem Militarismus-Werk zu überzeugen, daß der wahre Widerpart des verabscheuten Militarismus nicht etwa Pazifismus, sondern »Civilianism« sei. Manche Emigranten wurden zu heftigen Gegnern des Pazifismus. Mit solchen Emigranten wollte Hallgarten nichts gemein haben; aber auch er schildert in seinen Memoiren – in einem »Parzifismus und Pulitik« betitelten Kapitel – den Pazifismus der Weimarer Zeit mit leicht geringschätziger Ironie (vgl. S. 160). Das Verhältnis zum Pazifismus verknüpfte sich für ihn mit seiner zeitlebens sehr engen Beziehung zu seiner Mutter, einer führenden deutschen Pazifistin[48], deren Bedeutung für Hallgartens Entwicklung in seinen Memoiren wohl etwas zu kurz kommt. Die Tiefe der inneren Gespaltenheit Hallgartens erkennt man an seiner letztwilligen Verfügung, daß seine Asche aus einem Flugzeug der Air Force über dem Atlantik verstreut werden solle.[49]

Schwankend war sein Verhältnis zu seiner amerikanischen Wahlheimat. In seinen Memoiren bemerkt er gelegentlich (S. 274 f.) – die Kritik an den USA mit einem Kompliment an die Amerikaner verbindend –, daß die gleiche »Verbindung von politischem Unabhängigkeitssinn und Religion, die den wahren Amerikaner ausmacht und oft wundervolle Menschen schafft«, im Guten wie im Bösen »das eigentliche Wesen der amerikanischen Weltpolitik« ausmache. Aber nicht immer sprach er in diesem Ton von den USA; sein Buch über das Wettrüsten (1967)[50] gipfelt in Schreckensvisionen. Der »atomare Imperialismus der USA« erweckte in ihm sogar einen Haß, wie er ihn einst gegenüber dem wilhelminischen Imperialismus nicht empfunden hatte: »alles, was ich auf dieser Welt noch tun kann«, schrieb er mir 1974, »wird dem Kampf gegen dies apokalyptische Untier gewidmet sein".[51] Die Watergate-Affäre animierte ihn 1973 zu dem Plan, eine »History of American Corruption« zu schreiben.⁵² Seine Empfindungen gegenüber den USA enthielten eine Bitterkeit, die seine Memoiren kaum erkennen lassen.

Eines der ungelösten Probleme in Hallgartens Leben war sein Verhältnis zur politischen Linken. Nach den Maßstäben der bundesdeutschen Historikerzunft stand Hallgarten weit links, wenn ihm nicht gar »Vulgärmarxismus« unterstellt wurde. Er selbst sah sich offenbar lieber als autonomen Geist zwischen den Fronten. In seinen Memoiren sinniert er (S. 198), »vielleicht« sei er »einer der letzten Mohikaner einer nach beiden Seiten hin unabhängigen Geschichtsforschung«. Ein anderer einsamer Außenseiter, Eckart Kehr, hatte ihm einst – Weihnachten 1931 – davon vorgeschwärmt, wie sie beide, wenn »rötere Zeiten« kämen, ein Forschungsinstitut gründen würden: »Dann können wir zusammen die alte und die mittlere Generation ermorden.«⁵³ Aber es ist nicht sicher, ob Hallgarten solche intellektuellen Mordpläne teilte und nicht lieber als Retter einer den Katastrophen des 20. Jahrhunderts hilflos gegenüberstehenden Geschichtswissenschaft auf den Plan getreten wäre. In seinen Memoiren (S. 256) bekundet er sogar »Verständnis« für diejenigen Historiker, die sich dem NS-Regime anbiederten –, gerade auch für seinen früheren Lehrer K. A. v. Müller (S. 134). Seine Geschichtswerke geben bei allem Sarkasmus gegenüber den herrschenden Gesellschaftsschichten doch kaum Anlaß dazu, das Heil im Sozialismus und bei den Arbeiterparteien zu suchen. Später schrieb er zum Thema »Arbeiterschaft«: »Ich hatt' einen Kameraden, einen schlechteren findst du nit . . . .«⁵⁴

Für einen Historiker wie Hallgarten hätte eigentlich die Auseinandersetzung mit dem Nationalsozialismus und seinen Hintergründen ein Hauptanliegen werden müssen; durch sein Imperialismus-Werk – das freilich noch nicht mit Blick auf den Nationalsozialismus entstanden war – wäre er dafür wohlgerüstet gewesen. In der Tat nahm Hallgarten als Emigrant mehrere Anläufe, um diesem Thema zu Leibe zu gehen; aber aus dem Rückblick wirken all diese Ansätze irgendwie steckengeblieben. Den auf der Grundlage seiner bisherigen Forschung so naheliegenden Weg, den Aufstieg der NSDAP von den einstigen Triebkräften des deutschen Imperialismus herzuleiten, schlug er erst relativ spät und zögernd ein.⁵⁵ Zunächst suchte er einen mehr intuitiv-psychologischen Zugang zum Phänomen Hitler: In seiner ersten im Exil konzipierten Publikation stellte er den NS-Führer in eine besonders von Richard Wagner verkörperte Reihe von »Fremden«, denen es gelungen sei, sich einer erschlafften und kampfunfähig gewordenen herrschenden Klasse als Retter anzudienen.⁵⁶ Diese »Fremden«, so Hallgarten, seien nicht selten zurückkehrende Emigranten: Unverkennbar ist seine NS-Deutung von der Sehnsucht des Emigranten nach einer bedeutenden Rolle geprägt. In seinen Memoiren (S. 63) gesteht Hallgarten, daß er selber als jugendlicher décadent, des kommenden Unterganges der Kultur gewärtig, sich gern als »Retter dieser sinkenden Schicht« (»Ritter« ist wohl ein Druckfehler) gefühlt habe! Jene Empfindungen, die Thomas Mann in seinem Essay »Bruder Hitler« artikulierte, waren auch Hallgarten vertraut. Als er sich 1940 als Emigrant und öffentlicher Warner vor der NS-Gefahr von der zunehmend interventionistischen Stimmung in den USA emporgetragen sah, notierte er (S. 273), »wir« stünden nun als die »›fremden‹ Retter« da, »die diesen Kontinent lehren, den neuen Napoleon mit den Waffen Napoleons ... zu bekämpfen«. Aber eben diesen Auftritt als »fremder Retter« empfand er als Hitler-ähnliche Rolle, bei der ihm »speiübel« wurde.

Welche Beziehungen besaß und entwickelte Hallgarten zu seinen Mitemigranten; nahm für ihn »die Emigration« durch Erfahrung und Erinnerung Gestalt an? Die Memoiren vermitteln hier kein klares Bild, obwohl sie zur Hälfte von seiner Emigrantenzeit handeln und schon die letzten Jahre vor 1933 wie ein Vorspiel zur Emigration schildern. Hallgarten erinnert sich (S. 190) an die erste Exilzeit: »Als Erholung von dem Gefühl des Gehetztwerdens und der dauernden Gefahr, der man in Deutschland ausgesetzt gewesen war, wirkte die Emigration zunächst angenehm und beruhigend ... und zeigte sich so bei Beginn in einem ganz trügerischen Licht.« Wann kam der Sturz in die Wirklichkeit des Flüchtlingsdaseins? Offenbar im Juli 1934, als Hallgarten im französischen Exil sein gewaltiges Imperialismus-Manuskript von den Emigranten der »University in Exile« an der New Yorker New School for Social Research ungeöffnet zurückgesandt bekam –, »UNGEÖFFNET«, schreibt er in großen Lettern und bemerkt dazu (S. 206): »meine Hand zittert noch heute, während ich das tippe.« Mir versicherte er jedoch, schon damals habe ihn »einjährige Beobachtung des Emigrantenwesens« gelehrt: »Emigranten tun recht selten was füreinander, schneiden sich dagegen ganz oft gegenseitig die Gurgel durch.«[57] In einem anderen Brief wies er mich darauf hin, in seinen Memoiren könne man darüber, wie ihm Mitemigranten geschadet hätten, »viel zwischen den Zeilen lesen«.[58] An einer Stelle des Buches bemerkt er ziemlich unmotiviert (S. 267): »Amerikaner sind im ganzen fair und wollen es sein. Meine Erfahrung war, daß wo immer dieser Grundsatz verletzt wurde, gewöhnlich besondere Typen hinter dem Busch zu suchen waren, beispielsweise Fremde und Emigranten, die sich aufspielen wollten.«

Seine Idee von der Sonderrolle des Fremden entsprang mindestens so sehr der Erfahrung der Emigration wie der Erfahrung des Faschismus. Immer mehr gelangte er zu der pessimistischen Überzeugung, daß das Emigrantenschicksal in all seiner Sinnlosigkeit dort, wo es *doch* einen historischen Sinn bekommt, eine Bedeutung fataler Art erlange: nämlich die, den Bazillus von Krieg und Gewalt aus dem Heimatland, das den Flüchtling ausstieß, in die Welt zu verbreiten. Nicht ohne Grund bemerkt ein Rezensent, »keine Zeile« der Hallgartenschen Erinnerungen lasse »vergessen, daß ein Emigrant sie verfaßt hat.«[59] Zur »Exilliteratur« ist das Buch jedoch nicht so sehr mit seinen expliziten Aussagen, sondern vor allem mit seiner inneren Heimat- und Ruhelosigkeit zu rechnen.

Der denkbar größte Gegensatz dazu sind die Memoiren von *Jürgen Kuczynski* –, auch sie ein Typus von Exilliteratur, aber aus der Perspektive des mit großem, äußerem Erfolg in die Heimat zurückgekehrten Wissenschaftlers. Anders als Hallgartens Buch, das in einem ungewissen Reiseleben ausläuft, besitzt Kuczynskis Opus einen klaren und einleuchtenden Schluß: das Ende des Exils, die Rückkehr nach Berlin. Der Grundton dieser Erinnerungen ist eine tiefe Ruhe, ein zielsicherer Gleichmut, der manchmal in tabakschmauchende Behaglichkeit – die Zigarre gewährte dem Schreiber sogar Zuflucht vor dem Stalin-Hitler-Pakt (S. 287)! –, manchmal in untergründigen Triumph mündet. Was bei Hallgarten ein immer wieder verunglückter Versuch blieb, gelang dem orthodoxen Kommunisten Kuczynski: auch im Exil und in der Nachkriegswelt ein Grandseigneur zu bleiben.

Anders als die Memoiren des Mutter-Sohns – manchmal Muttersöhnchens – Hallgarten sind Kuczynskis Memoiren das Werk eines dezidierten Vater-Sohns, der frühzeitig ein sachtes disziplinierendes Leitbild besaß. Der Kommunist Kuczynski verleugnete seine großbürgerliche Herkunft nicht im mindesten, sondern schrieb über seinen Vater, René Kuczynski, sogar ein Buch[60]: denn dieser, ein führender Statistiker der Weimarer Republik und in seinen privaten politischen Anschauungen weit links stehend, war dem Sohn sowohl in der Wissenschaft wie in der Politik ein gutes Stück vorangegangen. Jürgen Kuczynskis Entwicklung zum Kommunisten scheint sich, wenn man seinen Memoiren glauben darf, ohne jeglichen Bruch mit dem väterlichen Milieu vollzogen zu haben, wenn ihn auch das Vorbild des zwar KPD wählenden, aber »parteimäßig ungebundenen« Vaters jahrelang mit dem Eintritt in die KPD zögern ließ.[61]

In seinen Memoiren scheint Kuczynski sich geradezu einen Spaß daraus zu machen, sein Leben zu glätten und mit Sinn und Zukunftsträchtigkeit zu füllen, – in einem Maße, daß die derart perfektionierte Einheit des Werkes dann doch letztlich als artifizielle Form durchscheint, die man nicht zu arglos für bare Münze nehmen darf. Aus Anlaß seines Beitritts zur KPD, am 14. Juli 1930, schreibt er (S. 198): »Vom ersten Tag an war ich glücklich in der Partei. Ich hatte meinen festen Platz in der Welt gewonnen, und mein Leben war für seinen Rest bestimmt. So dachte ich, als ich in die Partei eintrat, und so ist es auch geblieben.« Die strikte Linientreue und das immerwährende Glück-Haben und Glücklichsein werden in dem Buch so plakativ ausgedrückt, daß dieses Lebensbild eher wie das Gemälde eines hochgezüchteten Naiven – beileibe nicht als wirklich naives Opus – wirkt. Er selber bemerkt (S. 242), als er einmal wieder von seinem »Glück« spricht: »wie oft und wie berechtigt oft kehrt dieses Wort wieder«. Aber er verschweigt auch nicht, daß seine politische Linientreue seiner französischen Frau Marguerite nicht ganz geheuer war, die dazu bemerkte: »Wenn du zweihundert Jahre eher geboren wärst, wärst du einer der treuesten Söhne der katholischen Kirche geworden.« (S. 242)

Nicht umsonst trägt Kuczynskis Buch den Untertitel »Die Erziehung des J. K. zum Kommunisten und Wissenschaftler«; es liegt nahe, einen Einfluß der bekannten Autobiographie *The Education of Henry Adams* (1906) anzunehmen, obwohl Kuczynski im Nachwort Adams nicht unter seinen Vorbildern erwähnt. Das ganze Opus ist ein bewußtes Spiel mit dem überkommenen Typus des Entwicklungsromans.

Gerade weil Kuczynski als Historiker und als Sammler von Autobiographien die Tücken der persönlichen Erinnerung kennt und ihm wohlbewußt ist, daß man sich »ganz genau« an manches erinnert, das überhaupt nicht stattgefunden hat (S. 426), erhebt er gar nicht den historischen Anspruch, alles in seinem Leben so zu schildern, »wie es eigentlich gewesen«, sondern verlegt sich darauf, aus seinem Leben ein Lehrstück zu machen, – eine freilich nur mit halbem Ernst durchgehaltene Ambition. Zum Stil der Memoiren – in denen Kuczynski von sich in der dritten Person spricht, dabei sich allerdings häufig selber das Wort erteilt und dann in die erste Person verfällt – gehört die auf Schritt und Tritt zu spürende Ironie. Sie haben darin eine gewisse Ähnlichkeit mit weiten Teilen der Hallgarten-Memoiren; aber während Kuczynskis Ironie etwas Olympierhaftes besitzt, ist Hallgartens Ironie der manchmal verzweifelte Witz des immer wieder in den Niederungen Steckengebliebenen. Während Hallgarten im übrigen einen Hang zur Indiskretion offenbart, hebt Kuczynski (S. 242) nicht umsonst an sich selber die »natürliche Neigung zur Verschwiegenheit« hervor. Auch bei der Lektüre seiner Memoiren darf man diese seine Neigung nicht vergessen.

Ganz offen und systematisch stilisiert Kuczynski seinen Weg zum Kommunismus im Sinne einer marxistischen Prädestination. In aller Breite (S. 7–16) schildert er, wie eben jene von Lenin bezeichneten »drei Quellen« des klassischen Marxismus auch die Entwicklung des jungen J. K. prägten: die deutsche Philosophie, der französische Sozialismus und die englische politische Ökonomie. Jene Kombination von Einflüssen, die im 19. Jahrhundert den Marxismus hervorbrachte, fand er, obwohl Jahrgang 1904, in seinem eigenen Leben noch einmal wiederholt. Manchmal läßt er offen durchblicken (vgl. S. 45), wie gern er sich als Marx redivivus vorkam, – oder zumindest doch als Engels redivivus: Wie jener mit seinem Buch über die *Lage der arbeitenden Klassen in England* zum Revolutionär wurde, so knüpfte Kuczynski an sein sozialistisches Erstlingswerk *Der Fabrikarbeiter in der amerikanischen Wirtschaft* gewiß ähnliche Hoffnungen. All die galanten Bescheidenheitsgesten der Memoiren können doch nur schlecht verhehlen, daß Kuczynski alles andere als gering von sich dachte.

Einen Unterton von Überlegenheit besitzt auch seine immer neu versicherte kommunistische Linientreue: Als er berichtet, wie er als frischgebackener Kommunist 1931 von der Partei fast als »revisionistischer Defätist« gemaßregelt worden wäre, weil er es für möglich gehalten hatte, daß die Kurve der Wirtschaftsdepression ab 1932 wieder aufwärts gehen würde, und wie er das Versprechen hatte geben müssen, »keine Prophezeiungen eines Krisenendes mehr zu machen« – später mußte die KPD viel Mühe auf den Nachweis verwenden, daß ein solches Krisenende möglich war! –, bemerkt er, von da ab hätte er sich über solche Angelegenheiten nicht mehr mit der Parteiführung gestritten, da in diesen Fällen »die Wirklichkeit in absehbarer Zeit sehr deutlich zeigen würde, wer recht hätte« (S. 226). Der Wissenschaftler, dem die Zukunft ohnehin recht gibt, braucht es auf eine Rechthaberei gegenüber der Partei nicht ankommen zu lassen.

Bei derartiger Gelassenheit ist nicht zu verwundern, daß auch das Exil in den Memoiren nicht im mindesten als tiefer und schmerzlicher Einbruch dargestellt wird. Wenn er in seiner Entwicklung irgendwo eine einschneidende Zäsur erkennen läßt, dann in der Zeit der illegalen Arbeit innerhalb Deutschlands während der ersten Jahre nach 1933: Diese Jahre – bemerkt Kuczynski – hätten seinen Charakter »endgültig« geformt, – sie hätten aus ihm und seinen Kampfgefährten »bessere Genossen«, »doch nicht liebenswertere Menschen« gemacht. »Sie haben uns selbstverständlich auch verkrüppelt, denn die natürliche Unbefangenheit dem Leben gegenüber, die manche von uns hatten, war verlorengegangen.« (S. 271) Aber in der gesamten Erzählatmosphäre des Buches wirkt dieses Geständnis eher fremdartig. Nur in einer Anekdote – wie er Ulbricht darauf hinwies, daß er bei illegalen Treffs eine »blonde Genossin« durch sein »jüdisches Aussehen« gefährde« (S. 266) – gibt er zu erkennen, daß er sich bemühte, aus der Lebensgefahr der Illegalität herauszukommen. Das Exil bedeutete auf diesem Hintergrund erst einmal Sicherheit. Der wohlgelaunte Memoirenstil kann wiederaufgenommen werden.

Nur einmal und nur ganz kurz kommt ein anderes Exil zum Vorschein: als er (S. 403) von den »elenden Streitereien unserer Parteigruppe in England« spricht. Es ging dabei – wie auch bei gleichzeitigen Konflikten unter den emigrierten Sozialdemokraten und noch anderen Emigrantenkreisen – um den »Vansittartismus«[62]: um die Frage, ob man unter »antifaschistischem« Vorzeichen sich der deutschfeindlichen Kriegsstimmung anschließen oder sich weiterhin mit deutschen Interessen identifizieren solle. Kuczynski war ein heftiger Gegner der Tendenz, »die deutsche Selbstkritik zur Selbstkastrierung zu erweitern« (S. 395); aber unter den England-Emigranten brachte er sich mit dieser Position in die Minderheit und wurde 1944 nicht wieder in die Leitung der Parteigruppe gewählt (S. 397). Dabei hatte er an früher Stelle (S. 285 f.) eine Anekdote erzählt, mit der er das Ausmaß seiner Autorität unter den KP-Exulanten illustrieren wollte und über deren Wahrheitsgehalt sich jeder Leser seinen Teil denken kann: 1944 habe er seine Mitemigranten darauf hingewiesen, daß der Krieg bald zu Ende sei und man nach der Rückkehr in Deutschland wohl soviel zu tun haben werde, »daß die Frauen für einige Zeit keine Kinder haben würden«: Darauf seien in der Tat prompt drei Kinder gezeugt worden! Aber diese Witzgeschichte lenkt davon ab, daß Kuczynskis politische Autorität damals im Sinken war.

Die Memoiren des Nestors der DDR-Historikerschaft wirken noch weit hintergründiger und erscheinen als Zwischenstufe in einem Prozeß der Selbstreflexion, seitdem aus der Feder des nunmehr fast Achtzigjährigen ein neues mit Erinnerungen gewürztes Buch erschienen ist: der *Dialog mit meinem Urenkel*[63], – ein Buch von einer Ungeniertheit, wie man sie bis dahin einem repräsentativen DDR-Wissenschaftler nicht zugetraut hätte. In seinen Memoiren hatte er noch (S. 176) einen gelegentlichen Rüffel Stalins lässig wie eine Anekdote berichtet und sonst über Stalin geschwiegen; jetzt legt er seinem Urenkel – der in Wirklichkeit für solche Fragen noch zu klein war – eine Frage nach seiner stalinistischen Vergangenheit in den Mund, deren Formulierung die Peinlichkeit erkennen läßt: »Sei nicht böse, Urgroßvater, und antworte mir nicht, wenn du nicht möchtest, aber ich wüßte gern, was Du über Dich in der ›Stalinzeit‹ sagen würdest.« In der Tat war er ein Stalinist durch und durch gewesen und macht kein Hehl daraus; im allgemeinen sucht er sein Verhalten zu rechtfertigen, zeigt aber doch (S. 80 f.) Scham darüber, wie weit er auf diesem Wege einst gegangen war. Er hält es sogar für möglich (S. 81), daß er in noch viel höherem Grad, als ihm heute bewußt ist, dem »Stalinismus« – er spricht von ihm in Anführungszeichen – erlegen sei. Aber die Frage, ob er damals glücklich gewesen sei, beantwortet er mit einem doppelten, mit Ausrufungszeichen versehenen »Ja!« (S. 83) Doch sein unablässiges »Glück« bekommt in seinen fiktiven Briefen an den Urenkel skurrile Züge, die es in den Memoiren höchstens andeutungsweise besaß. Auf die »letzte Frage« des Urenkels: »Warst Du eigentlich mit Deiner Beerdigung zufrieden, Urgroßvater?« versichert er prompt: »Natürlich freue ich mich, auf dem Intelligenzfriedhof, dem Dorotheenstädtischen, zu liegen, wo ich aus alten Zeiten mit Fichte und Hegel und aus meiner Zeit mit meinen Genossen Becher und Brecht und Eisler zusammen bin.« (S. 190)

In diesem neuen Buch, das mehr in der Tradition der Konfessionen als der der Memoiren steht, spricht er offen aus, daß er sich »natürlich« »vor 1945 immer gewünscht« habe, »ein Staatsmann zu werden« (S. 51). (Mit »natürlich« pflegt er Aussagen zu versehen, die überhaupt nicht natürlich sind.) Er sagt noch genauer (S. 50), bis 1939 sei es in der Partei so gut wie »klar« gewesen, daß er »nach der Revolution« Wirtschaftsminister werden solle. Seine Mißerfolge in der Exilpolitik bekommen dadurch ein Gewicht, von dem die Memoiren kaum etwas ahnen ließen. Dort konnte höchstens auffallen, wie wenig Wesens er von seiner im Exil einsetzenden Tätigkeit als Historiker machte, die ihn später zu internationalem Ruhm gelangen ließ; viel stärker als den Historiker spielte er den Wirtschaftstheoretiker heraus. Aber die Geschichtsschreibung war eben ursprünglich eine Exilbeschäftigung, nicht das eigentliche Ziel seines Lebens gewesen; daß die Parteiführung ihn auch nach 1945 auf dieses Tätigkeitsfeld beschränkte, war eine tiefe Enttäuschung für ihn. Im Hintergrund dieser Blockierung seiner politischen Karriere wittert er sogar »antisemitische Haltungen in der Sowjetunion« (S. 51).

Kuczynski läßt seinen Urenkel die Frage stellen: »War Dein Leben nicht viel schöner und aufregender, als Du noch im Kapitalismus in der Partei kämpftest?« Der Urgroßvater versichert, daß dem keineswegs so sei – da er nämlich auch nach 1945 »oft in sehr erbittertem Kampf gestanden« habe (S. 34) –, aber der Urenkel, dem hier eine Zusatzfrage gestattet wird, findet die Antwort »nicht sehr überzeugend«. Im Lichte des *Dialoges mit meinem Urenkel* erscheint die Zeit vor 1945, auf die sich die früheren Memoiren beschränken, – oder, noch weiter zurück, die Zeit vor 1939 – in der Tat als die Zeit der noch ungetrübten Hoffnungen. Bedeutungsvoll erwähnt er, daß er 1968 in seinem Beitrag zu der Festschrift für den 75jährigen Ulbricht sich »auf

Erlebnisse aus der Zeit vor dem Krieg« beschränkt habe: »darüber schrieb ich gerne«. (S. 53)

An einer Stelle der Memoiren (S. 392 f.) wird ein Akzent gesetzt, den man exiltypisch nennen kann: Da erkennt Kuczynski die »Rettung der deutschen Sprache« angesichts der »Verhunzung der deutschen Sprache durch die Faschisten« als ein hochbedeutsames Ziel, – eine Einsicht, die dazu geführt habe, daß er fortan mehr Sorgfalt auf seine eigene Sprache verwendet habe. Er schließt daran ein emphatisches Bekenntnis zur »deutschen Kultur und ihrer Tradition«: »Der Hitlerfaschismus vertiefte dieses nationale Lebensgefühl – und auch das Erlebnis mit der deutschen Sprache im Jahre 1942.« (S. 393)

Ähnliche emotionale Erfahrungen waren unter den Emigranten nicht selten.[64] Überhaupt konnte das Exil *als Exil* ja nur dann einen Sinn und eine erzählbare Gestalt bekommen und sich aus dem Strom internationaler Migrationen herausheben, wenn man sich auf ein Deutschland hin orientierte, das der eigenen Lebensgeschichte noch eine Fortsetzung versprach. Die Verschwommenheit jenes »anderen Deutschlands« äußerte sich auch in verschwommenen Konturen des Exils, die – da die Beziehung des Exils zum Nachkriegsdeutschland undeutlich blieb – auch in der späteren Erinnerung nur wenig an Schärfe zunahmen.

Aber an den Punkten, die das Verhältnis der Emigranten zu Deutschland betrafen, hakte sich die Erinnerung gerne fest. Mit besonderer Vorliebe erzählte *Vagts* später die Geschichte, wie er sich während des Krieges im Board of Economic Warfare dafür einsetzte, statt des Flächenbombardements auf deutsche Städte alle Zementfabriken zu bombardieren und so den Ausbau des Atlantic Wall lahmzulegen, und wie er von amerikanischer Seite mit der Bemerkung abgefertigt wurde: Ihr wollt wohl eure alte Heimat retten – »you still love your old country too much«. Mit Abscheu erwähnt er Thomas Manns Plädoyer für eine harte Siegerpolitik gegenüber Deutschland und das Unverständnis des noch kurz davor als geistiger Führer des Exils geltenden Schriftstellers für »das unter den Emigranten damals aufsteigende ›neue Gefühl für Deutschland und die Unantastbarkeit seiner Einheit‹«.[65]

Vagts allerdings, der in Amerika rascher als die meisten anderen Emigranten Wurzeln geschlagen hatte, dachte nicht daran, nach Deutschland zurückzukehren – aber er veröffentlichte später eine aus langjährig geführten Zettelkästen schöpfende historische Untersuchung über die *Deutsch-Amerikanische Rückwanderung*:[66] ein bedeutsames Kapitel aus der Geschichte jener »Fremden«, die einst auch den in die Emigration getriebenen Hallgarten fasziniert hatten. Wie bei Hallgarten und auch bei Kuczynski, der Biographien und Autobiographien gern als historische Quellen benutzte[67], steht Vagts' Interesse an der eigenen Erinnerung in einem manchmal engen Konnex mit seiner wissenschaftlichen Arbeit. Ein Zusammenhang dieser Art scheint heute wie ehedem die Bedingung dafür zu sein, daß ein Historiker Memoiren schreibt: auf irgendeine Art muß die Verwandtschaft von Geschichte und Selbsterfahrung bewußt erlebt und absichtsvoll heraufbeschworen werden, damit das eigene Leben geschichtshaltig wird.

1 Leopold v. Ranke, Sämtliche Werke. Bd. 15, S. 103 (aus der »Englischen Geschichte vornehmlich im 17. Jh.«). — 2 Zit. n. Paul Kirn, Einführung in die Geschichtswissenschaft. Berlin 1968, S. 89. — 3 Johann Gustav Droysen, Historik. ND Darmstadt 1958, S. 287. — 4 Ebd., S. 63. — 5 Rudolf Hübner (Hg.), J. G. Droysens Briefwechsel. Bd. 1, Osnabrück 1929, S. 13 (1829). — 6 Joachim und Orlinde Radkau, Praxis der Geschichtswissenschaft - die Desorientiertheit des historischen Interesses. Düsseldorf 1972, S. 102 ff. und 133 ff. — 7 Über seine Memoiren vgl. Roy Pascal, Die Autobiographie. Stuttgart 1965, S. 133 ff. — 8 Igor S. Kon, Die Geschichtsphilosophie des 20. Jahrhunderts. Bd. 1, Berlin (DDR) 1966, S. 250–261. — 9 Johan Huizinga, Mein Weg zur Geschichte. Klosterberg 1947. Karl Lamprecht, Kindheitserinnerungen. Gotha 1918. Friedrich Meinecke, Erlebtes 1862–1901 / Straßburg - Freiburg - Berlin 1901–1919. Stuttgart 1964. — 10 Vgl. Radkau, Praxis der Geschichtswissenschaft. S. 114, 170, 176 u. a. — 11 Huizinga, Weg. S. 14. — 12 Alfred Heuß, Verlust der Geschichte. Göttingen 1959, S. 52. — 13 Karl Ferdinand Werner, Das NS-Geschichtsbild und die deutsche Geschichtswissenschaft. Stuttgart 1967, S. 43. Eine Fülle von Hintergrundinformationen auch bei Helmut Heiber, Walter Frank und sein Reichsinstitut für Geschichte des neuen Deutschlands. Stuttgart 1966 (Frank war ein Schüler Müllers). — 14 George W. F. Hallgarten, Als die Schatten fielen. Frankfurt/M. 1969, S. 68 ff. — 15 G. W. F. Hallgarten / Joachim Radkau, Deutsche Industrie und Politik von Bismarck bis heute. Frankfurt/M. 1974, S. 220–223. — 16 Karl Alexander v. Müller, Im Wandel einer Welt. (Erinnerungen Bd. 3, 1919–1932). München 1966, S. 224. — 17 Werner Maser, Die Frühge-

schichte der NSDAP, Hitlers Weg bis 1924. Frankfurt/M. 1965, S. 137. Die Bedeutung der Erinnerungen Müllers als Quelle für die Frühzeit der NSDAP ergibt sich auch aus Ernst Deuerlein (Hg.), *Der Aufstieg der NSDAP in Augenzeugenberichten.* Düsseldorf 1968 (vgl. S. 152 f., 164 ff., 192 ff.). — **18** Müller, S. 129. — **19** Ebd., S. 140 f. — **20** Ebd., S. 256 ff. — **21** Joachim Radkau, *Die deutsche Emigration in den USA.* Düsseldorf 1971, S. 16 f. — **22** Hallgarten, *Schatten,* S. 37. — **23** *American Historical Review* vol. 76 (1971), S. 1269. — **24** Ebd., S. 1270. — **25** Die Erinnerungen befinden sich als Manuskript im Bestand Vagts des Bundesarchiv Koblenz. — **26** Hans-Ulrich Wehler, *Alfred Vagts — Bilanzen und Balancen, Aufsätze zur internationalen Finanz und internationalen Politik.* Frankfurt/M. 1979, S. 7. — **27** Vagts an Verf. vom 12. 12. 1967 (wie auch die im folgenden zitierten Briefe im Besitz des Verf.). — **28** Mskr. »Als Wirtschaftskrieger«, dem Verf. mit Schreiben vom 19. 11. 1973 übersandt. — **29** Alfred Vagts, *Hitler's Second Army.* Washington 1943. — **30** Vagts an Verf. vom 12. 12. 1967. — **31** Hallgarten an Verf. vom 15. 12. 1967. — **32** Wehler (s. Anm. 26) S. 9. — **33** Das über 2000 Seiten starke Werk wurde in deutscher Sprache in den USA veröffentlicht: A. Vagts, *Deutschland und die Vereinigten Staaten in der Weltpolitik.* 2 Bde. New York 1935. — **34** Vagts an Verf. vom 12. 12. 1967. — **35** Über ihn berichtet Vagts ausführlich in: ders., *Deutsch-amerikanische Rückwanderung.* Heidelberg 1960, S. 79 ff. Vagts schrieb auch den entsprechenden Artikel für die *Neue Deutsche Biographie* (7 (1966)). Hallgarten erwähnt seinen berühmten deutsch-amerikanischen Großvater in seinen Memoiren merkwürdigerweise nur ganz flüchtig. — **36** A. Vagts, *Ritt in die Not.* München 1920. — **37** Vagts, *Deutschland und die Vereinigten Staaten.* Bd. 1. S. 41. — **38** Hallgarten, *Imperialismus vor 1914.* München ²1963, Bd. 1, S. 497. — **39** Hallgarten an Verf. vom 15. 12. 1967. — **40** Ders. an Verf. vom 23. 3. 1973. — **41** Ders. an Verf. vom 20. 10. 1972. — **42** Ders. an Verf. vom 17. 11. 1974. — **43** Ders. an Verf. vom 1. 1. 1973. — **44** Mskr. »About Hallgarten's Methods«, dem Verf. mit Schreiben vom 18. 8. 1974 übersandt. — **45** Eine stark gekürzte Fassung des Imperialismus-Werkes brachte H. bereits im französischen Exil heraus: ders., *Vorkriegsimperialismus, Die soziologischen Grundlagen der Außenpolitik europäischer Großmächte bis 1914.* Paris 1935. Die vollständige zweibändige Ausgabe kam in 1. Aufl. erst 1951 heraus: *Imperialismus vor 1914, Die soziologischen Grundlagen der Außenpolitik europäischer Großmächte vor dem Ersten Weltkrieg.* München 1951. — **46** Vagts an Verf. vom 11. 10. 1979; ähnlich äußerte sich Gerald Feldman im Gespräch mit dem Verf. Zu Hallgartens Lebensgang und wissenschaftlichem Werk J. Radkau, G. W. F. Hallgarten, in: H.-U. Wehler (Hg.), *Deutsche Historiker.* Bd. VI. S. 103–118. — **47** Radkau, *Emigration,* S. 259 ff. — **48** Auch sie hat Memoiren geschrieben: Constanze Hallgarten, *Als Pazifistin in Deutschland.* Stuttgart 1956. — **49** Vagts an Verf. vom 11. 10. 1979. — **50** Hallgarten, *Das Wettrüsten. Seine Geschichte bis zur Gegenwart.* Frankfurt/M. 1967. — **51** Ders. an Verf. vom 7. 7. 1974. — **52** Ders. an Verf. vom 21. 11. 1973. — **53** J. Radkau / Imanuel Geiss (Hg.), *Imperialismus im 20. Jahrhundert, Gedenkschrift für G. W. F. Hallgarten.* München 1976, S. 269. — **54** Ders. an Verf. vom 24. 4. 1974. — **55** Erstmals mit *Hitler, Reichswehr und Industrie.* Frankfurt/M. 1955; danach erst fast zwei Jahrzehnte später mit *Deutsche Industrie und Politik* (Anm. 15). — **56** Ders., »Fremdheitskomplex und Übernationalismus, Beiträge zur Sozialgeschichte der deutschen Rassenideologie«. In: *Zeitschrift für freie deutsche Forschung.* 1 (1938) Nr. 1. — **57** Ders. an Verf. vom 15. 12. 1967. — **58** Ders. an Verf. vom 15. 6. 1969. — **59** *Der Spiegel* vom 5. 1. 1970. — **60** Jürgen Kuczynski, *René Kuczynski — Ein fortschrittlicher Wissenschaftler in der ersten Hälfte des 20. Jahrhunderts.* Berlin 1957. — **61** Ders., *Memoiren. Die Erziehung des J. K. zum Kommunisten und Wissenschaftler.* Berlin (DDR) ²1975. — **62** J. Radkau, »Die Exil-Ideologie vom »anderen Deutschland« und die Vansittartisten«. In: *aus politik und zeitgeschichte,* Beilage zur Wochenzeitung *Das Parlament* vom 10. 1. 1970, S. 31–48. — **63** Jürgen Kuczynski, *Dialog mit meinem Urenkel. Neunzehn Briefe und ein Tagebuch.* Berlin (DDR) 1983. — **64** Ganz unverständlich ist das ziemlich pauschale Urteil von Evelyn Lacina (*Emigration 1933–1945,* Stuttgart 1982, S. 133), »viele« Emigranten seien aus »Erbitterung und Haß« gegenüber Deutschland »weit über das Ziel hinausgeschossen«; »oftmals« hätten sie »für ihre Pläne bei den Alliierten Unterstützung« gefunden; in der Nachkriegspolitik der USA habe sich ihr »verhängnisvolle(r) Einfluß« gezeigt. Selbst Vagts, der den politischen Aktivitäten der Emigranten meist skeptisch gegenüberstand, betont (an Verf. vom 12. 12. 1967), daß seines Wissens – und er besaß durch seine Beziehungen einen guten Überblick – »kein Emigrant« mit dem Morgenthauplan und ähnlichen Plänen zu tun hatte. Das wird durch die bisher einzige ausführlichere Studie über den Einfluß von Emigranten im amerikanischen Nachrichtendienst bestätigt: Alfons Söllner, *Zur Archäologie der Demokratie in Deutschland. Analysen politischer Emigranten im amerikanischen Geheimdienst.* Frankfurt/M. 1982. — **65** Vagts, *Rückwanderung.* S. 123 f. — **66** Vgl. Anm. 35. In ähnlichen Gedankenkreisen bewegt sich das von Vagts im Alter verfaßte Manuskript über die Rolle der Unehelichen in der Neueren Geschichte. — **67** Kuczynski, *Dialog,* S. 146.

Anthony Glees

Eine Lücke in Hugh Daltons und Friedrich Stampfers Memoiren – und die Entfremdung zwischen Labour Party und Exil-SPD

Für meinen Freund Fritz Heine zum 80. Geburtstag

Im Herbst 1941, als Großbritannien um sein Leben kämpfte, fand in London ein Treffen zwischen einem der mächtigsten und einem der schwächsten Teilnehmer an diesem Kampf statt. Der eine war Minister in Churchills großer Kriegs-Koalition, der andere ein Mann, der wegen Hitlers Drittem Reich im Exil lebte. Der Minister war der Chef der ökonomischen Kriegsführung und Leiter der »Special Operations Executive« Hugh Dalton, der Exil-Deutsche war Friedrich Stampfer, einer der drei Herausgeber einer Flüchtlingswochenzeitschrift in New York. Ihr Treffen verlief sehr unglücklich.

Die Frage ist: weshalb verlief es so? War daran schuld, was sie einander zu sagen hatten? Das scheint unwahrscheinlich, denn der Minister wußte schon vorher, was der Exil-Deutsche vorbringen würde. Erlaubte die große Macht, die der eine hatte, es ihm, den Status des anderen Mannes zu ignorieren, der praktisch über keinerlei Macht verfügte? Das scheint auch unwahrscheinlich, denn Exilanten haben doch Macht, wenn auch nur potentielle. Eine große Anzahl bedeutender politischer Leitfiguren, wie Lenin, de Gaulle oder der Ayatolla Khomeini, bestätigen dies. Und außerdem, wäre es überhaupt zu dem Treffen gekommen, wenn es politisch keinen Sinn gehabt hätte? Es scheint, daß bei diesem unglücklich verlaufenen Gespräch etliche tieferliegende Faktoren mitgewirkt haben, die mit dem Zentrum des Komplexes Exil-Politik zu tun haben.

Wie an anderer Stelle beschrieben, wurde die verbannte sozialistische Opposition gegen Hitler und Nazi-Deutschland ab 1941/42 von den britischen Institutionen und denen, die für sie verantwortlich waren, fast vollständig übersehen, obwohl London offizieller Sitz der Exil-SPD und anderer deutscher Anti-Nazi-Gruppen war.[1] Die übliche Erklärung für dieses Phänomen war bisher die Annahme, daß die Exilanten als politisch unwichtig und unbedeutend betrachtet wurden, so daß es für jedes britische Amt einfach eine Verschwendung von britischer Zeit gewesen wäre, irgendwelche offiziellen Beziehungen zu ihnen zu unterhalten. Theoretisch gab es einige Möglichkeiten für die politisch organisierten Anti-Hitler-Gruppen, eine nützliche offizielle oder halb-offizielle Rolle im Krieg gegen die Nazis zu spielen. Obwohl einzelne Personen in wichtigen Gebieten gebraucht wurden, der Propagandaeffekt von organisierten Gruppen jedoch hatte durchaus die Zeit verkürzen können, die es dauerte, um Hitler zu schlagen:

Wenn man das deutsche Volk ermutigt hätte, daran zu glauben, daß es ganz andere Führer gab, die Demokraten waren und Deutschland einen Neubeginn versprachen, wäre es vorstellbar gewesen, daß dies zumindest einen merklichen Einfluß auf die deutsche Moral ausgeübt, wenn nicht sogar mehr bewirkt hätte. Der Einfluß, den eine Schattenregierung im Exil gewinnen konnte, wird ausreichend durch das Beispiel de Gaulles und der Freien Franzosen verdeutlicht.

In der Praxis allerdings wurden diese Gruppen (und insbesondere die Sozialdemokratische Partei im Exil) nicht in dieser Art eingesetzt. Ein auf Geheiß des englischen Außenministers Anthony Eden am 18. Juni 1941 herausgegebenes Dokument faßt die Verfahrensweise gegenüber Exilgruppen und ihren Führern zusammen.[2] Es schloß damit, daß kein Versuch unternommen werden sollte, eine »freie« deutsche Bewegung aufzubauen. Einmal, so hieß es dort, würde eine solche Bewegung die Gefühle »der Länder, die jetzt unter der deutschen Unterdrückung leiden«, ernstlich verwirren. Sie würden denken, daß die Ermutigung von Exildeutschen »Verpflichtungen für die Zeit nach dem Krieg einschließen könnte«. Außerdem: »Weit entfernt davon, im Ausland nach Führern und Unterstützung zu suchen, wäre die Bevölkerung in ihrer gegenwärtigen Stimmung leicht bereit, die Führer solcher Bewegungen als vom Feind bezahlte Verräter zu betrachten. Wir wären gezwungen (indem wir den Exildeutschen helfen), das politische Schicksal einer Anzahl von Deutschen zu fördern, die wenig oder keine Anhänger in Deutschland haben, die sogar (sic) das aktive Mißtrauen der Bevölkerung erregt haben.«[3]

Ungeachtet früher vorgetragener Mahnungen, das deutsche Volk doch nicht mit seinen Nazi-Unterdrückern und -Herrschern zu identifizieren[4], verfestigte sich die englische Haltung Ende 1941 zum Standpunkt, daß die Deutschen, die beanspruchten, ein anderes, ein Nicht-Nazi-Deutschland zu repräsentieren, sowohl gegenwärtig als auch künftig für politisch unbedeutend zu halten seien. Gegenwärtig, da Hitler so fest im Sattel saß, daß zum Beispiel SPD-Führer aus der Zeit vor 1933 keine Anhänger im Dritten Reich haben würden; künftig, da selbst wenn Hitler erfolgreich geschlagen wäre, alle Deutschen, die gegen ihn gekämpft hatten, nur als Verräter betrachtet würden. Daß dieser Standpunkt nach 1941 Richtlinie der englischen Politik war, kann nicht bezweifelt werden. Was jedoch in Frage gestellt werden kann, sind zwei wichtige Aspekte dieser Politik, die das Dalton-Stampfer-Gespräch betreffen. Der erste Aspekt ist, ob diese Politik überhaupt von einem Sozialisten unterstützt werden konnte. Es gehörte schließlich zum sozialistischen Glaubensbekenntnis, zu erwarten, daß organisierte Gewerkschaftsbewegungen eine politische Notwendigkeit seien und daß die Arbeiterklasse in einer demokratischen industrialisierten Gesellschaft immer die Vertretung ihrer Interessen durch eine sozialistische Partei erstreben würden. Kurz, ein freies Deutschland mußte zwangsläufig eine sozialistische Partei hervorbringen, und diejenigen, die offiziell für diese Partei sprachen, würden, falls sie überlebten, zwangsläufig eine Rolle in dieser Partei spielen. Als zweiter Aspekt verdient, bedacht zu werden, ob die Gründe, die angeführt wurden, um »andere« Deutsche für unwichtig zu erklären, gute Gründe waren. Es ist wohlbekannt, daß in der Politik Personen, Gruppen und sogar Realitäten übersehen werden können, weil sie tatsächlich unbedeutend sind oder auch deshalb, weil sie von großer Bedeutung sind. (Es kann zum Beispiel postuliert werden, daß die gegenwärtige britische Regierung – und die offizielle Opposition – die SDP-liberale Opposition, die 1983 fast so viele Stimmen erhalten hat wie Labour, ignoriert, nicht weil sie unwichtig ist, sondern weil sie hoffen, daß sich somit ihre Bedeutung verringert.)

Ich meine, daß die beiden anscheinend klaren Gründe, aus denen die Deutschen im Exil ignoriert wurden, durch einen dritten ergänzt werden müssen, und daß sich überdies dieser dritte Grund als der aufschlußreichste herausstellt. Was den Vorhersagewert der Einschätzung der Exildeutschen durch das Außenministerium angeht, so war sie einfach wertlos: die nachfolgenden Karrieren von Männern wie Erich Ollenhauer, Fritz Heine, Waldemar von Knoeringen, Richard Loewenthal (ohne die Männer zu erwähnen, die nicht in England waren, wie Willy Brandt, Ernst Reuter oder Herbert Wehner) zeigen, wie unklug es war anzunehmen, daß die Nachkriegs-SPD oder sogar eine beträchtliche Zahl von westdeutschen Wählern ihre Führer im Exil als »vom Feind bezahlte Verräter« brandmarken würden. Und die Behauptung, daß ihr sofortiger Einsatz als Gruppe im Propagandakrieg nutzlos gewesen wäre, steht auf schwachen Füßen. Während der Propagandawert von namentlich genannten Personen gering sein mochte, wäre der von Personen, die offiziell eine Partei wie die SPD repräsentieren, weitaus größer gewesen. Die britische Politik, die den Gruppen tatsächlich einen offiziellen Status versagte und den Personen verbat, ihre Namen zu verwenden,[5] sorgte selbst dafür, daß die Propagandasendungen nur den geringsten Nutzen hatten.[6] Da die Engländer beschlossen, die Exildeutschen nicht in offizieller Weise zu verwenden, kamen sie auf die Idee, sie für die »schwarze« Propaganda heranzuziehen, die vorgab, aus dem besetzten Europa und nicht vom BBC zu stammen, was sicherlich nicht dem Potential gerecht wurde, das die Exilanten darstellten. Kurz gesagt, nicht die angebliche Unwichtigkeit der Exildeutschen ist es wert, genauer untersucht zu werden; ihre politische Bedeutung muß detailliert analysiert werden, und das Treffen zwischen Dalton und Stampfer eignet sich sehr dafür.[7]

Eine merkwürdige Eigenheit der Exilgeschichte während des Krieges ist der Umstand, daß, wenn die Exilgruppen untereinander stritten oder übertriebene Behauptungen über den Widerstand gegen den Nationalsozialismus in Deutschland aufstellten usw., dies als ein weiterer Beweis für ihre Irrelevanz angesehen wurde. Aber wenn eine organisierte Gruppe eine gemeinsame politische Haltung anzunehmen schien, die im Widerspruch zur britischen Politik stand, dann wurde dies auch als Rechtfertigung betrachtet, die Exilanten zu ignorieren. Eine einleuchtende Erklärung für dieses kuriose Dilemma liefern die Argumente, die von Dalton und Stampfer im Herbst 1941 ausgetauscht werden. Der Verlauf und das Ergebnis ihres Treffens unterstrich die offizielle britische Nicht-Anerkennung der sozialdemokratischen

Opposition gegen Hitler. Aber der tiefere Grund dafür war nicht einfach der Mangel der Exildeutschen an politischem Ansehen, sondern paradoxerweise auch, daß sie eben doch Ansehen hatten; je deutlicher dies wurde, desto entschlossener waren die Briten, es nicht zu beachten.

Was man vielleicht als erstes zum Interview bemerken sollte, ist historiographischer Art: Obwohl Stampfers und Daltons Memoiren für ihre Genauigkeit und Ausführlichkeit bekannt sind und schon als wichtiges Quellenmaterial für zahlreiche Studien über diese Periode gedient haben, erwähnt doch keiner von beiden dieses Gespräch.[8] Es gibt auch keine offizielle Aufzeichnung dieses Treffens im Public Record Office (Büro für öffentliche Unterlagen), wahrscheinlich aus Gründen, die im folgenden besprochen werden. Der einzige dokumentarische Beleg für die Begegnung findet sich in den Archiven der Labour Party.[9] Es könnte also so aussehen, als ob weder Stampfer noch Dalton ihre Unterredung für wichtig genug hielten, um sie zu erwähnen. Doch von all den Verhandlungen zwischen den Exil-Sozialisten und der britischen Regierung, die während des Krieges stattfanden, war diese potentiell die entscheidendste. Sowohl Daltons politische Einstellung als auch vor allem seine extrem einflußreiche Position in der Labour Party und der britischen Regierung machten ihn zu einer Schlüsselfigur.[10]

Daltons scheinbare Vergeßlichkeit ist um so merkwürdiger, als er in dem Vorwort zu seinem Buch schreibt, daß ein guter Autobiograph seine Leser nicht darüber informieren sollte, »was in der Welt geschah«, sondern darüber, »was er zu der Zeit wußte«. Hugh Dalton, eine der großen Persönlichkeiten in der Führung der englischen Labour Party, wurde von seinen Freunden »Doktor Dynamo« genannt (er hatte seinen Doktortitel an der London School of Economics erworben), von seinen Feinden »schmutziger Grabenarbeiter« (Dirty Digger), und gab als Sozialist eine seltsame und manchmal untypische Figur ab. Er war in Eton (einer privaten Schule hauptsächlich für die Aristokratie) erzogen worden und griff, obwohl er einen tiefen Glauben an den Sozialismus auch in den Jahren behielt, in denen Labour nicht an der Regierung war, doch immer schnell diejenigen in seiner eigenen Partei an, die er für Labours geringe Popularität bei Wahlen verantwortlich hielt. Er prangerte oft den linken Flügel der Partei an, erstens wegen dessen Pazifismus und Bereitschaft zu einseitiger Abrüstung, zweitens wegen des Versuchs, den einige unternahmen, die britische kommunistische Partei in die Labour Party zu inkorporieren.[11] Dalton war auch gut bekannt für seine Bereitschaft, fähige junge Mitglieder der Partei zu unterstützen. Hugh Gaitskell, Harold Wilson, Jim Callaghan, Dick Crossman und Denis Healey waren während der Zeit des Zweiten Weltkrieges seine Protégés, und die beiden erstgenannten verdanken ihm einen beträchtlichen Teil ihres späteren Erfolges. Er vertrat einen Bergbau-Wahlkreis im Nordosten Englands und wurde nach dem Krieg Finanzminister (und nicht Außenminister, wie viele erwartet hatten). Dalton hatte aktiv an den parlamentarischen Manövern teilgenommen, die dazu geführt hatten, daß Chamberlain im Mai

1940 das Amt des Premierministers verlor. Zunächst hoffte Dalton, daß Lord Halifax Premierminister werden würde und Clement Attlee sein Vertreter, der für ihn im Unterhaus sprechen könnte (als Angehöriger des Hochadels konnte Halifax nur im House of Lords sprechen). Dennoch war Dalton während der dunklen Tage von 1940 in engem Kontakt zu Winston Churchill geblieben.

Die Belohnung für diese Zusammenarbeit (und eine Anerkennung von Daltons außergewöhnlicher Stellung) folgte in Form seiner Ernennung zum Minister für ökonomische Kriegsführung (Economic Warfare) in Churchills erstem Kabinett (obwohl Dalton nicht Mitglied des inneren Kriegskabinetts war und auch niemals wurde).[12] Dalton war einer der vier Führer der Labour Party, außer Attlee selbst, bei denen Churchill anordnete, daß »ihre Dienste im hohen Amt sofort erforderlich wären«.[13] Etwas später vergrößerte Churchill Daltons Macht, indem er ihn bat, die »Special Operations Executive« zu übernehmen:[14]

> »Dies war ein neues Kriegsinstrument und ich sollte dafür verantwortlich sein, ihm Form zu geben. Sein Zweck war, alle subversiven Aktionen gegen den Feind in Übersee zu koordinieren. Eine neue Organisation wurde aufgebaut, die einige kleine Elemente von existierenden Organisationen aufnehmen, aber in viel größerem Maßstab, mit größerer Reichweite und größtenteils mit neuem Personal operieren würde. Es sollte eine geheime oder Untergrund-Organisation sein (...) *Subversion war ein komplexer Begriff. Sie bedeutete Schwächung des Kampfwillens beim Feind durch welche ›verborgenen‹ Mittel auch immer und Stärkung des Willens und der Macht seiner Gegner,* einschließlich zumal der Guerilla- und Widerstandsbewegungen. Sie umfaßte also viele Arten von Propaganda (...) Ich nahm den Vorschlag des Premierministers mit großer Begeisterung und Zufriedenheit an. ›Und jetzt‹, ermunterte er mich, ›setzen Sie Europa in Brand.‹ «[15]

Dank dieser Aufforderung ›Europa in Brand zu setzen‹, wurde Dalton einer der mächtigsten Männer im Vereinigten Königreich. Und er hatte auch eine der wenigen Positionen inne, die für die deutsche politische Opposition gegen Hitler entscheidend sein sollte, falls sie überhaupt eine Rolle im offiziellen britischen Denken spielen würde. Tatsächlich läßt sich mit Recht behaupten, daß Daltons Stellung für die Exildeutschen von kaum geringerer Bedeutung war als die des Premierministers oder Außenministers (die beide keinen Kontakt zu Exilsozialisten aus Deutschland hatten). Es ist klar, daß die Aufgaben, für die Dalton verantwortlich war, genau in den Bereichen lagen, in denen die Exilsozialisten eine Rolle zu spielen hofften: bei der Schwächung des Kampfwillens der Deutschen und bei der Stärkung des Widerstands von Hitlers Gegnern. Es überrascht daher nicht, daß die exilierten SPD-Führer 1940 und Anfang 1941 auf ausdrücklichen Wunsch von Hugh Dalton aus Lissabon ausgeflogen wurden. Am 17. Dezember 1940 wurde das Außenministerium angewiesen, Visa nach Lissabon zu telegraphieren, da »das Ministerium für ökonomische Kriegsführung interessiert daran ist, diese Männer ins UK (United Kingdom) zu bringen (...), *da sie für einen besonderen Zweck gebraucht werden*«.[16]

Aber nicht nur seine Funktion machte Dalton zur Schlüsselfigur für Exildeutsche. Er war außerdem Experte für Auslandsangelegenheiten mit vieljähriger Erfahrung und einem besonderen Interesse für englisch-deutsche Beziehungen. Er war bekannt dafür, eine sozialistische Außenpolitik betreiben zu wollen, und tendierte zur Auffassung, daß Hitler und die Nazis getrennt vom deutschen Volk als ganzem gesehen werden müßten. Das war das sine qua non für die Anerkennung der Exildeutschen. Nur durch die Unterscheidung zwischen Nazi- und Nicht-Nazi-Deutschen konnte der Opposition gegen das Dritte Reich eine konstruktive Haltung gegeben werden. Dalton, so zeigte sich, hatte diese Differenzierung akzeptiert und keine Scheu davor, sowohl diesen Unterschied als auch seine Sorge um die deutschen Probleme zu verdeutlichen. In seinen Memoiren schreibt er zum Beispiel:

> »Ich war eingeladen worden, im April 1933 nach Deutschland zu reisen und eine Reihe von Vorträgen in den wichtigsten deutschen Städten unter der Schirmherrschaft des Deutschen Kulturbundes zu halten (...) aber im März, als Hitler vollends die Macht ergriffen hatte, sagte ich ab. Ich erklärte Bernstorff in der deutschen Botschaft, daß ich als Sozialist und Demokrat nicht das Privileg der freien Rede zu beanspruchen wünschte, das jetzt den Deutschen verweigert wurde (...) Ich verkürzte meinen Besuch auf vier Tage in Berlin. (Ein Ziel dieses Besuches) war, Einzelheiten über Professoren und andere Akademiker zu erfahren, die durch die Nazis ihre Arbeit verloren hatten und deren Leben vielleicht sogar in Gefahr war (...) Mein erster Kontakt ergab sich mit Emil Lederer, Professor für Wirtschaftswissenschaft in Berlin, der im vorhergehenden Oktober zusammen mit Hugh Gaitskell, der deutsch sprach und deutsche ökonomische Schriften kannte, bei uns gewesen war (...)«[17]

1935 besuchte Dalton auch die Tschechoslowakei –

> »dort waren zu dieser Zeit zwei deutsche Mitglieder im Kabinett, (...) der Sozialist war ein alter Bekannter von mir, Ludwig Czech, den ich oft bei Treffen der Arbeiter- und Sozialistischen Internationale getroffen hatte. Er war, so sagte er mir, nunmehr der einzige sozialistische Minister deutscher Rasse (sic) in Europa (...)«[18]

Das erste Ergebnis von Daltons europäischen Reisen war, daß er Labour drängte, eine härtere und realistischere Einstellung gegenüber der Bedrohung durch die deutsche Wiederaufrüstung einzunehmen. Dies brachte ihn in ernsthaften Konflikt mit anderen Führern der Labour Party, einschließlich Attlee selbst, insbesondere mit Stafford Cripps, der glaubte, die richtige Art, Hitler von Aggressionen abzuhalten, sei, eine »Volksfront« von Sozialisten und Kommunisten aufzubauen (eine Idee, die von Dalton als »völliger Unsinn« bezeichnet wurde).[19] Er war also nicht einer der Labour-Führer, die es vorzogen, europäische Kommunisten anstelle der Sozialdemokraten als Verbündete gegen Hitler zu sehen, ungeachtet der Tatsache, daß für viele der Linken in der englischen Politik die Sozialdemokraten, insbesondere die deutschen Sozialdemokraten, den Status einer besiegten Armee hatten.

Ein weiteres Ergebnis von Daltons Reisen war die Niederschrift eines Buches. Es hieß *Hitlers Krieg* (London: Penguin Books, 1940), und bereits der Titel bestätigte, daß Hitler und das deutsche Volk nicht als Synonyme betrachtet werden sollten. Dies bedeutet jedoch nicht, daß Dalton Weimar gegenüber unkritisch war; er beurteilte es als

> »malerisch, aber wenig anregend. Seine parlamentarische Demokratie war unreif und stümperhaft, gehemmt durch zu viele Parteien, versteinert durch proportionale Repräsentation, nicht reich an außergewöhnlichen Persönlichkeiten. Doch die Weimarer Republik konnte einige Errungenschaften vorweisen (...) viele der jungen Deutschen konnten zum ersten und zum letzten Mal unter dem, was die Nazis ›Sau-Republik‹ nannten, Freiheit erleben. (...) Es wirft ein schlechtes Licht auf England und Frankreich, daß sie sich nicht mehr darum bemüht haben, sich offen mit den demokratischen Führern der Weimarer Republik zu befreunden und zu helfen, das Prestige dieser Führer in ihrem eigenen Land zu vergrößern. *Das war ein großer Fehler* (...) «[20]

Dalton argumentierte, daß die deutsche »Revolution (seine Anführungszeichen) »halbherzig« gewesen sei. Da waren keine »neuen Fortschritte in Richtung Sozialismus – außer in Plänen auf dem Papier«. Und wenn Deutschland eine »starke Regierung« gehabt hätte, »hätte es Hitler im November 1923 gehängt«. Das deutsche Volk aber hatte »immer wieder, nach einer Demonstration des Widerstandes, praktisch ohne einen Schlag vor seinen altehrwürdigen Herren kapituliert (...) «[21] Daher fragte Dalton:

> »Wie ist es zu erklären, daß ein Volk mit so hohen Ansprüchen wie die Deutschen und so großen Errungenschaften auf so vielen Gebieten es jemals tolerieren konnte, daß Kreaturen wie Hitler und seine ihn unterstützenden Untermenschen Macht gewannen und dann an die Regierung kamen? Ich kenne die Antwort nicht, aber wie auch immer sie lautet, sie kann für Deutschland nicht sehr schmeichelhaft sein (...) aber laßt uns nicht vergessen, daß in keiner Wahl in dieser unablässigen Serie von Wahlen zwischen 1928 und 1933 (...) eine Mehrheit für Hitler stimmte. Drei vorbereitende Wochen Gestapo-Terror waren nötig, (...) um den Anteil der Nazistimmen nur auf 43% zu bringen.«[22]

Während es also falsch wäre, Dalton als einen begeisterten »Fan« der Weimarer Republik oder der SPD zu sehen, so wäre es genauso falsch,

die Tatsache zu verkennen, daß Dalton nicht so bitter oder so voller Abscheu reagierte, wie man es von einem englischen Repräsentanten während Englands gefährlichster Zeit hätte erwarten können. Viele Politiker hegten eine andere Meinung. Wir sollten nicht vergessen, daß genau zu dieser Zeit Lord Vansittart *Black Record* schrieb, wo er erklärte, daß das ganze deutsche Volk einfach »eine Rasse von blöden Aggressoren (...) der Abschaum der Erde« sei.[23]
Darüber hinaus bot Dalton eine konstruktive Reihe von Vorschlägen für die Zukunft an. Sobald Großbritannien einen »vollständigen Sieg über Deutschland« errungen hätte, sollte es

> »mit einer neuen deutschen Regierung verhandeln. (Obwohl) ein starkes Deutschland im Sinne von einem Deutschland, das stark genug ist, diese böse Tradition fortzuführen (...), das, mit Ausnahme von kurzen Intervallen, wie zum Beispiel dem der Weimarer Republik, sich als ein tyrannisierender, schlechter Nachbar in Europa gebärdet hat, künftig nicht mehr tolerierbar ist (...) muß Deutschland doch versichert sein, daß diese Rolle nun nicht von anderen, gegen Deutschland gerichtet, übernommen wird.«[24]
>
> »Es erstaunt mich überhaupt nicht, daß einige achtsame Menschen (glauben), der einzige Weg, um Sicherheit zu gewinnen (...) sei, Deutschland in die Knie zu zwingen und ihm dann auf dem Kopf zu sitzen (...) (Aber) meiner Meinung nach ist ein solches Verhalten kurzsichtig (...) Deutschland niederzuhalten ist keine langfristige Politik (...) Nehmen wir an, es ist nicht wahr, daß die Deutschen ewige Barbaren seien, unfähig, ehrliche friedliche Beziehungen einzugehen. Dann sieht man, was für eine Chance wir verpaßt haben werden, sie sich zivilisieren zu lassen. So wie England und Frankreich, die beide zu ihrer Zeit Aggressoren waren, diese schlechte Angewohnheit aufgegeben haben, so könnte das Deutschland auch tun.«[25]
>
> »Wir sollten, sogar jetzt, während der Krieg weitergeht, sagen: ›Wir sind gegen jeden Versuch, Deutschland von außen aufzubrechen. Wir streben die Erniedrigung oder Zerstückelung eures Landes nicht an. Wir wünschen sehr, euch ohne weitere Verzögerung im friedlichen Verbund der zivilisierten Nationen zu begrüßen (...) Wenn ihr eine Regierung bildet, die ernsthaft gewillt ist, daß Deutschland ein guter Nachbar und ein guter Europäer werde, dann wird es keine Erniedrigung oder Rache geben (...) gleichgültig wie groß die Schwierigkeiten sind, wir müssen danach streben, die Mitarbeit Deutschlands als eines gleichberechtigten Partners zu gewinnen, der von einem politischen System regiert wird, dessen Ziele und Ansprüche unseren entsprechen (...)«[26]

Mit diesem Schluß formulierte Dalton natürlich auch die offizielle Labour Politik in Bezug auf Deutschland, wie sie in der Erklärung des National Executive Committee der Labour Party zu »Labour, der Krieg und der Frieden« vom 9. Februar 1940 festgehalten ist.

Es schien daher den exilierten SPD-Führern sehr vernünftig, anzunehmen, daß sich Dalton für sie als ausgezeichneter Kontakt herausstellen werde. Er war sozialistischer Genosse (der die internationalen Verpflichtungen der Labour Party sehr ernst nahm), er interessierte sich für Außenpolitik und stand schließlich einem der wichtigsten Ministerien vor, dem Ministerium, zu dem, mit Ausnahme des Foreign Office, der Zugang entscheidend war, wenn die Exil-Sozialisten in England einen offiziellen Status erreichen wollten. Kurz, wenn einer ihrer Führer von Dalton in seinem Ministerium empfangen wurde, dann schien es für die SPD durchaus gerechtfertigt zu glauben, daß ihre politische Bedeutung von der britischen Regierung anerkannt würde. Und gerade die Tatsache, daß Dalton Stampfer empfing, verdeutlicht, daß das, was während des Gesprächs geschah, nicht einfach mit der angeblichen Bedeutungslosigkeit der Exil-Deutschen begründet werden kann.

Daltons Gegenüber, Friedrich Stampfer, war ein älteres Mitglied der SPD, geboren 1874 in Brünn in Mähren als Sohn einer jüdischen Familie. 1916, schon Sozialdemokrat, wurde er als Invalide aus der deutschen Armee entlassen und zum Herausgeber des »Vorwärts«, der offiziellen Parteizeitung ernannt, später zum Mitglied der Exekutive der SPD, ihres höchsten Gremiums. Doch gab er diesen Posten de facto 1940 auf, als der offizielle Sitz der Partei nach England verlegt wurde und Stampfer beschloß, in die USA zu fliehen.[27] Stampfer scheint in Amerika ein erfülltes und auch sonst erfolgreiches Exilleben geführt zu haben.[28] Eine sehr herzliche Beziehung verband ihn mit William Green, dem Präsidenten der American Federation of Labour, der persönlich Präsident Roosevelt darum gebeten hatte, Stampfer ein Visum zu geben.[29] Stampfer erhielt finanzielle und moralische Unterstützung vom Jewish Labor Committee und war zusammen mit Gerhard Seger und Rudolf Katz Mitherausgeber der wöchentlich in New York erscheinenden »Neuen Volkszeitung«. Stampfer sah seine Hauptaufgabe im Exil darin, sich für die Entstehung eines »anderen« Deutschland einzusetzen und die politischen Freiheiten, die ihm eine große demokratische Nation anbot, voll auszunutzen, indem er versuchte, die US-Politik in dieser Frage zu beeinflussen:

> »Letters to the editor (sic) geben Gelegenheit, in großen Zeitungen ein breites amerikanisches Publikum anzusprechen. Einladungen zu Vortragsreisen, die von Boston bis New Orleans und im Mittelwesten bis Chicago und Milwaukee führen, geben Gelegenheit, für die gemeinsame Sache zu werben. Die Parole ›Für Deutschland, gegen Hitler‹ eint über Parteigrenzen hinaus. Nur mit den Kommunisten gibt es keine Gemeinschaft. Als Agenten Moskaus arbeiten sie an einer dauernden tödlichen Verfeindung zwischen Deutschland und Amerika (...)«

Stampfers unverblümter Anti-Kommunismus half ihm zweifellos, auf einigen Seiten Anerkennung zu finden. Dies entsprach natürlich Daltons Einstellung zu Kommunisten. Aber es bedeutete auch, daß die andere große amerikanische Gewerkschaft, die CIO, die von Kommunisten dominiert wurde, gegen Stampfer und die Arbeit der deutschen Sozialdemokraten im Exil opponierte.[30]

In seinen Memoiren spielt Stampfer auf das Problem des Vansittartismus (und »Morgenthauismus«) an und äußert sich zumal zu den gespannten Beziehungen zwischen englischen und deutschen Sozialisten, ohne jedoch die Gründe für diese Spannung genauer zu analysieren:

> »Eine Szene, die sich auf dem Kongreß in New Orleans abspielte, haftet stark in meiner Erinnerung. Nachdem Walter Citrine den Kongreß für die englische Arbeiterbewegung und ich für die deutsche begrüßt hatte, erhob sich Green impulsiv von seinem Präsidentenstuhl und legte beide Hände, des Engländers und des Deutschen, ineinander. Der Kongreß applaudierte. Ich hatte aber sofort den Eindruck, daß Sir Walter (...) von dieser improvisierten Verbrüderung mit einem ›feindlichen‹ Ausländer nicht sehr erbaut war. *Spätere Erfahrungen haben diesen Eindruck verstärkt* (...)«[31]

Stampfer beschreibt dann seine Reise ins Vereinigte Königreich im Winter 1941/42, eine gefährliche Reise, für die man viel Mut und einen wichtigen Grund haben mußte. Und wir sollten nicht vergessen, daß er, obwohl er zum Teil auf den Hauptgegenstand seines Gespräches mit Dalton anspielt, weder Dalton noch das Treffen mit ihm erwähnt. Er verfolgte, so sagt er, zwei Absichten mit seinem Besuch. Zunächst wollte er Kontakt aufnehmen mit

> »den Vorstandskollegen (sic) Vogel und Ollenhauer, die nun, nach fast völliger Auflösung unserer Körperschaft in England, die Partei repräsentieren, *dann aber einen Plan (weiter betreiben), der mich während meiner ganzen Emigrationszeit beschäftigte, (die) Herstellung einer regelmäßigen Rundfunkverbindung der Partei im Exil zu ihren Anhängern im Inland.* Dieser Plan ist nie zur Ausführung gelangt, da wir darauf bestanden, unsere Ansprachen, frei von jeder Zensur, unter unserer eigenen Verantwortung, zu halten. Bei den Verhandlungen, die ich mit Vertretern englischer Behörden führte, konnte ich mich darauf berufen, daß sich die amerikanischen Gewerkschaften für diesen Plan lebhaft interessieren (...) Nun erklärten mir die Engländer (...) daß die Zuständigkeit in dieser Sache von England nach Amerika übergegangen sei. Unverrichteter Dinge kehrte ich daher zurück (...)«[32]

Da dieses Zitat einen Hinweis sowohl auf seine Diskussionen mit Dalton enthält, als auch auf eine Ursache, weshalb sie zu keinem Erfolg führten, lohnt es sich, es genau zu analysieren. Stampfer erklärt, eines der Ziele seiner Reise nach England sei die Konzeption einer Serie von Propaganda-Sendungen für das Dritte Reich gewesen, die inhaltlich und in der Produktion von exilierten deutschen Sozialisten betreut werden sollten. Er behauptet dann, daß die Engländer ihm sagten, die USA hätten nunmehr die Verantwortung für solche Angelegenheiten übernommen. Diese Erklärung ist natürlich höchst überraschend. Es gab keinen Grund, aus dem die USA die Verantwortung für solche Angelegenheiten an sich gezogen haben sollten (sie waren jedenfalls noch nicht in den Krieg eingetreten). Außerdem handelt es sich um eine seltsame Vorstellung, daß Stampfer die gefährliche Reise nach England habe unternehmen müssen, nur um zu erfahren, daß er sich für die Sache in Amerika hätte einsetzen sollen. Und schließlich war die Aussage völliger Unsinn, daß die Engländer keine Verantwortung mehr für Rundfunksendungen ins Reich hätten.

Stampfer verfolgt jedoch dieses Thema nicht weiter. Statt dessen beginnt er, was man ›eine Autobiographie in einer Autobiographie‹ nennen könnte, indem er seinen Bericht über die Reise nach London durch »Tagebuchblätter« erweitert; er erwähnt ein Mittagessen in Schmidts deutschem Restaurant in Soho, einen Besuch bei der Cambridge Union Debating Society (wo man sich mit Vansittarts Thesen über die Deutschen beschäftigte) und Diskussionen am Kamin in Vogels und Ollenhauers Haus in Mill Hill im Norden von London. Dalton aber wird nicht erwähnt.

Die Aufzeichnungen der Gespräche zwischen den beiden Sozialistenführern, die in einem weiteren Sinn zwei Nationen vertraten, die miteinander kämpften, um sich gegenseitig zu zerstören, lassen darauf schließen, daß Stampfers Darstellung weniger vollständig war, als sie hätte sein sollen. Daltons Versäumnis, das Gespräch überhaupt zu erwähnen, ist sogar noch eigenartiger. Vor seinem Treffen mit Dalton hatte Stampfer William Gillies besucht, den International Secretary der Labour Party. Ein großer Teil ihrer ziemlich scharfen Unterredung hatte sich um einen Brief gedreht, den Stampfer am 21. August 1941 an die New York Times geschrieben hatte, in dem er sich gegen eine Nachkriegspolitik aussprach, die versuchen würde, Deutschland zu einseitiger Abrüstung zu zwingen. Stampfer war der Meinung, daß eine solche Politik sich nach Hitlers Niederlage nicht nur als veraltet erweisen (da sich eine Nicht-Nazi-Regierung nur zu gerne an der allgemeinen Abrüstung beteiligen würde), sondern daß sie einfach die Entschiedenheit der Deutschen weiterzukämpfen festigen werde. Wie ich an anderem Ort ausgeführt habe, verhielt sich Stampfer hier nicht sehr staatsmännisch, was auch immer man von seiner Einstellung hält (für die es eine gewisse Berechtigung gab, denn auch einem geschlagenen Deutschland mußte man ein Zeichen geben, daß ein neuer Anfang möglich wäre).[33] Mehr als das aber war diese Diskussion ein ernsthaftes Hindernis für eine erfolgreiche Verhandlung mit Dalton, der, obwohl er in der Hierarchie der Partei über Gillies rangierte, doch dessen Parteigenosse und verpflichtet war, ihm zur Seite zu stehen.

Als Stampfer schließlich mit Dalton konfrontiert war, versuchte er, dessen Unterstützung dafür zu gewinnen, daß die SPD offiziell an den von den Briten kontrollierten Propagandasendungen beteiligt werde. Stampfer beklagte sich darüber, daß es den exilierten deutschen Sozialisten nicht erlaubt war, bei Rundfunksendungen ihren Namen zu verwenden, und hob als Gegensatz dazu die US-Politik hervor, die gegenwärtig Niederschriften von Reden verbreitete, die Max Brauer, der berühmte ehemalige Bürgermeister von Altona, von den Staaten aus gehalten hatte. SPD-Führern in England, so verlangte Stampfer, sollten dieselben Möglichkeiten eingeräumt werden wie den Freien Franzosen in ihrer Rundfunksendung »Les Français parlent aux Français«. Daltons Antwort auf diese Forderung war fast abschreckend. Er sagte, daß »persönliche Gespräche in Erwägung gezogen worden seien, wir aber mit gewissen Ausnahmen dagegen sind«. Stampfer wies darauf hin, daß die SPD-Führer in Amerika sehr ernst genommen würden und einer von ihnen, Rudolf Katz, sich regelmäßig mit Colonel Donovan vom amerikanischen Geheimdienst, OSS, träfe. Dalton antwortete nur, daß er die Angelegenheit mit seinen Kollegen im Kabinett besprechen würde (doch es gibt keine Bestätigung dafür, daß er dies getan hat). Stampfer fragte Dalton dann direkt, ob die britische Regierung mit der Exil-SPD zusammenarbeiten wolle. Die SPD wäre durchaus bereit, alles Nötige zu tun, um im Kampf gegen Hitler als gleichberechtigter Partner zu gelten. Die Briten müßten doch, sagte Stampfer mit Nachdruck, daran Interesse haben, warum sonst hätten sie Vogel, Ollenhauer, Heine und Geyer geholt?

Dalton erwiderte barsch, daß es »jetzt sehr ernsthafte Hindernisse« gäbe, die einer solchen Zusammenarbeit im Wege stünden, eines davon sei »Stampfers Meinung über die Abrüstung«. Stampfer weigerte sich, dies anzuerkennen, und behauptete statt dessen, der wirkliche Grund für Daltons geringes Interesse an der SPD läge darin, daß Vansittartsche Theorien die Labour Party beherrschten. Die britische Politik sollte doch auf der Annahme aufbauen, daß der Krieg mit einer deutschen Revolution enden würde und dann eine »Arbeiter-Regierung« an die Macht käme. Diese Ansicht, so gab er vor, würde von anderen Sozialisten geteilt, die die Nationen vertreten, die jetzt von den Nazis unterworfen seien. – Dies war auch die Meinung einiger englischer Sozialisten bis 1945. In einem Brief an mich schrieb Austin Albu, ein ehemaliges Parlamentsmitglied der Labour Party und »Junior Minister« für Deutschland: »(...) blickt man zurück, so ist es erstaunlich, daß so viele Sozialisten glaubten, am Ende des Krieges gäbe es eine deutsche Revolution.« (25. 7. 83) – Dalton wandte ein, daß Stampfer unrecht habe – keiner würde mehr auf einseitiger deutscher Abrüstung insistieren als eben diese Parteien. Außerdem bestünde ein direkter Zusammenhang zwischen dem Einfluß, den die SPD auf die britische Propaganda auszuüben hoffte und den Plänen, die sie zu verbreiten wünschte; die Briten würden auf keinen Fall »Propaganda begrüßen, die im Widerspruch mit der Atlantischen Charta stände«. So kam das überaus wichtige Treffen zu seinem frostigen Abschluß.

Stampfers Reise führte zu immer übleren Erlebnissen. Er wurde wegen eines Emigranten-Krachs aus seiner Unterkunft hinausgeworfen. Er war privat von Gillies und Dalton angegriffen worden. Dann wurde er auch öffentlich kritisiert. Am 9. November 1941 brachte die »Sunday Times« einen Leitartikel, der ihn namentlich und ausführlich attackierte. In einer Debatte im House of Lords wurde er verteufelt, als Lord Vansittart seine Jungfernrede hielt. Vansittart ging so weit zu behaupten, daß Stampfers Ideen in den Sendungen der BBC nach Deutschland schon im Umlauf seien und ein falsches Bild der britischen Politik gäben: »Man kann nur dann hundert Prozent vom britischen Volk verlangen, wenn man ihm die Wahrheit sagt, und die ist, daß wir das ganze deutsche Volk bekämpfen (...)« Aus diesen Ereignissen kann vielleicht als einziges positives Resultat gefolgert werden, daß Stampfer und die SPD nicht wirklich so unbedeutend waren, wie behauptet worden ist, denn sonst wären Angriffe auf so hoher Ebene ziemlich unnötig gewesen. Es spricht daher viel dafür, daß Stampfers Besuch nicht deshalb mit einem völligen Fehlschlag endete, weil die von ihm repräsentierte Gruppe und deren Auffassung der britischen Regierung bei der Entwicklung und Durchführung ihrer Kriegspolitik als unwichtig gegolten habe. Sondern die Gründe müssen in der komplexen Wechselwirkung zwischen politischen Ideen und Menschen in der dünnen Luft der hohen Diplomatie und der niederen Subversion gesucht werden. Indem Stampfer diese Themen aufbrachte, berührte er eine der empfindlichsten Stellen in der britischen Einstellung zu Deutschland in dieser Zeit, ein Schlachtfeld für verschiedene und einander widersprechende Meinungen und ein Gebiet, auf dem die kommunistische Untergrabung der britischen Politik am aktivsten war.

Wir dürfen nicht vergessen, daß es Daltons wichtigste Aufgabe war, aufgrund seiner Position als Leiter der Special Operations Executive, alle Anti-Nazis einzusetzen, die ernsthaft in der Lage waren, England in dem geheimen Krieg gegen Hitler zu helfen. Ein Mann wie Stampfer war, theoretisch gesehen, einzigartig: nicht nur ein in Deutschland bekannter Politiker, der eine große deutsche politische Partei vertrat, sondern auch ein erfahrener Propagandist. Praktisch gesehen allerdings, versammelte Stampfer auf sich auch eine Reihe von negativen Attributen, deren Bedeutung zunahm, als der Krieg über den europäischen Schauplatz hinausgriff und sich in einen Weltkrieg verwandelte.

Winston Churchills Ernennung im Mai 1940 führte zu einigen wesentlichen Veränderungen in der englischen Politik. Insbesondere verlegte Churchill einen Akzent: aus einem anti-faschistischen wurde ein anti-deutscher Krieg.[34] Es scheint plausibel, daß er dies tat, weil das englische Volk Deutschland wirksamer bekämpfen würde, wenn der Kampf den Deutschen und nicht den Faschisten galt. Die Folge dieser Politik war, daß Vorhaben, die bisher legitime Themen für politische Debatten und Handlungen gewesen waren, wie z. B. die Beteiligung exilierter Anti-Nazis nun sehr riskante Projekte wurden, die schnell einen schweren Verweis aus den Ministerien einbringen konnten. Was in der ersten Zeit des Krieges bei den Engländern ernsthafte Beachtung gefunden hatte, war nun politisch unmöglich geworden. Zum Beispiel wollten sowohl Eden als auch Churchill die Unterscheidung zwischen Nazis und Deutschen verschwimmen lassen (zum Teil, weil es möglich schien, daß diese Unterscheidung eine Art englischer Unterstützung der Anti-Nazis in Nachkriegsdeutschland nach sich ziehen könnte). Churchill wünschte nicht, Sozialisten Vorschub zu leisten, gleich, ob es deutsche oder andere waren.

Es verrät, mit wieviel Stärke Churchill sein Kabinett führte, daß ein Sozialist wie Dalton am Ende zustimmen sollte, seine eigene Position aufzugeben. Denn abgesehen von seiner subjektiven Analyse des deutschen Problems, hatte auch Daltons Partei 1939 und 1940 massive Vorstöße unternommen, um das Foreign Office dazu zu gewinnen, den deutschen Sozialisten im Exil zuzuhören und von ihnen zu lernen. Labour war darüber extrem beunruhigt gewesen, daß es sich bei den einzigen Exil-Deutschen, die offiziell empfangen wurden, um Personen des rechten Flügels, wie Hermann Rauschning, handelte.[35] Tatsächlich hatte Dalton selbst die Initiative unterstützt. Denn Vogel, Ollenhauer und die anderen waren nicht die einzigen Sozialisten, denen Dalton helfen wollte. Ellic Howe erzählt von einem Vorfall, in den Dalton und Léon Blum verwickelt waren. Im März 1938 wurde ein gewisser Major Grand zu ›C‹ gerufen, dem Chef von M 16, einem der britischen Geheimdienste, der sich mit der englischen Sicherheit im Ausland beschäftigte. ›C‹ teilte ihm mit, er glaube, daß

»der Krieg mit Deutschland unvermeidlich, und er im Begriff wäre, gewisse Vorbereitungen zu treffen. ›Ich möchte, daß sie Sabotage betreiben‹, sagte ›C‹. ›Ist irgendetwas ausgenommen?‹ fragte Grand. ›Überhaupt nichts‹, antwortete ›C‹. (Nach dem Juli 1940) bestellte mich Dalton zu sich und forderte mich auf, Léon Blum, einen sozialistischen Politiker, aus Frankreich zu holen. Ich sah ihn einige Tage später und sagte ihm, daß ich ein U-Boot oder ein Lysander-Flugzeug brauchte, und daß er außerdem die Zustimmung des Kriegskabinetts erbitten müßte. Dalton sagte, daß er dies nicht tun könnte. Ich nehme nicht an, daß die Konservativen an Blum sehr interessiert waren. Ich sagte, daß ich kein Leben in Gefahr bringen und die Operation nicht durchgeführt werden könnte, weil ihr keine erste, kriegswichtige Priorität eingeräumt worden sei (...) also hat mich Dalton entlassen (...)«[36]

Blum war natürlich kein Deutscher, aber die Begebenheit bestätigt Daltons Position, wie sie sich auch in seiner Bereitwilligkeit, Vogel und Ollenhauer aus Lissabon herauszuholen, zu erkennen gegeben hatte – Dalton sah sich dazu verpflichtet, anderen Sozialisten zu helfen, und war durchaus bereit, zu diesem Zweck den englischen Geheimdienst zu verwenden.

Die zweite wichtige Wendung in der Politik, die Churchill durchsetzte, und die Einfluß auf das Gespräch zwischen Stampfer und Dalton nehmen sollte, war der Versuch, die UdSSR auf britischer Seite am Krieg zu beteiligen. Churchill zeigt sich zu Beginn seiner Zeit als Premierminister durchaus dazu bereit, den Russen wesentliche Konzessionen zu machen, um den Hitler-Stalin-Pakt zu brechen.[37] Nach dem Juni 1941, als die UdSSR in den Krieg eintrat, wurde es zum dominierenden Ziel der englischen Politik, sicherzustellen, daß nichts geschah, was die sowjetische Bindung an die große Allianz hätte schwächen können.

Diejenigen, die die Richtlinien der britischen Politik bestimmten, wurden von einigen ihrer Spezialisten im politischen Geheimdienst ermahnt, daß jeder Versuch, zwischen »guten« und »schlechten« Deutschen zu unterscheiden, bei den Russen größtes Mißtrauen hervorrufen würde. Es ist natürlich eine interessante Frage, was diese Spezialisten dazu bewogen haben mag, solche Informationen zu liefern, nicht zuletzt, weil diese Spezialisten den Politikern zu erklären versäumten, daß die Russen selbst eine völlig andere Linie verfolgten. Tatsächlich war es ein Eckstein sowjetischer Politik, daß »Hitlers kommen und gehen, aber das deutsche Volk für immer bleibe«, wie es Stalin selbst ausdrückte.[38] Die britische Propaganda für Deutschland wurde desungeachtet im Sinne dieser geheimdienstlichen Devisen genau beobachtet. Als eine seiner ersten Amtshandlungen kritisiert Eden die BBC, weil dort von »Nazi«-Schiffen und nicht von »deutschen« Schiffen gesprochen worden war. Und ein Zwischenfall, der 1944 Hugh Carleton Greene zustieß und erst vor kurzem bekannt wurde, zeigt, wie weitgestreut und sorgfältig diese Überprüfung war. Greene arbeitete für den deutschen Service der BBC. Als er im Juli 1944 von dem Anschlag auf Hitler erfuhr, setzte er einem entsprechenden Artikel die Überschrift voran »In Deutschland ist der Bürgerkrieg ausgebrochen«. Das Foreign Office, das mitgehört hatte, reagierte »äußerst wütend«, da »jeder Gedanke, Deutsche könnten gegen Deutsche kämpfen« (was einschloß, daß einige Deutsche Anti-Nazis waren), »russischen Verdacht hervorrufen« würde.[39]

So kam es, daß ebenso Stampfers allgemeine Stellung als Anti-Nazi und deutscher Sozialdemokrat wie sein besonderes Ansinnen, nämlich, daß der SPD im Exil erlaubt werde, Propagandasendungen für Deutschland zu produzieren, mit einer Reihe entscheidender Interessen in der englischen Politik nicht in Einklang zu bringen war. Die Briten wollten nicht den Anschein erwecken, während des Krieges politische Gruppen zu unterstützen, die nach dem Krieg weitere Unterstützung erwarten mochten. Die britische Propaganda für Deutschland schloß also alle Bemühungen der sozialdemokratischen Gruppe aus, wie Stampfer sie vorgeschlagen hatte. G. Harrison vom Foreign Office gab der offiziellen britischen Erklärung dieser Haltung prägnante Form, als er im Januar 1942 die Antwort auf eine offizielle sowjetische Anfrage skizzierte, die die Anzahl der Exil-Deutschen in London und ihre politische Zugehörigkeit wissen und die britische Einstellung zu ihnen kennenlernen wollte. Er schrieb:

>»Ich glaube nicht, daß es schadet, dem sowjetischen Botschafter mitzuteilen, daß *wir den deutschen Emigranten nicht viel Bedeutung beimessen.* Andererseits brauchen wir ihm aber nicht mitzuteilen, daß sie im allgemeinen zwar links, aber anti-kommunistisch sind.«[40]

Ihre Anfrage bezeugte, daß die Russen an diesem Thema interessiert waren. Weder gaben sie einen Grund an, noch war es nötig, eine offizielle britische Stellungnahme einzuholen, denn sie wußten mit ziemlicher Sicherheit sowieso, wie diese lautete. Sie setzten nur ein Warnzeichen, das vom Foreign Office auch als solches verstanden wurde.

Dies sind also die formalen Gründe, deretwegen das Stampfer-Dalton-Gespräch zu einem solchen Mißerfolg wurde. Aber zusätzlich gibt es noch eine Reihe informeller Gründe, die auch beachtet werden müssen.[41] Es ist kaum daran zu zweifeln, daß Stampfer ein potentielles Risiko für die russischen Pläne darstellte. Wenn diejenigen, die die Richtlinien der Politik im Kreml und in Whitehall bestimmten, darauf bauten, daß Hitler besiegt werden würde, dann mußten sie sich auch über die Zukunft Europas nach dem Krieg Gedanken machen. Natürlich wollten die Russen ihre eigenen Anhänger, die deutschen Kommunisten im Exil, fördern. Das bedeutete wiederum, daß die deutschen Sozialdemokraten (die verschworenen Feinde der KPD) soweit wie möglich in geschwächtem Zustand in politischer Quarantäne gehalten werden sollten. Jegliche Entwicklung, die die Sozialdemokraten innerhalb des Dritten Reichs und auch im Exil unterstützen könnte, wünschte der Kreml unterbunden zu sehen.

In Daltons eigener SOE (Special Operations Executive) gab es einige Netzwerke, die es möglich gemacht hätten, die Pläne des Kreml auszuführen. Ein solches Netzwerk wurde von H.A.R. »Kim« Philby geleitet, der bis zum Frühherbst des Jahres 1941 tatsächlich für die Ausbildung von SOE-Propaganda-Experten verantwortlich[42], zudem Freund und Kontaktperson von Hugh Gaitskell war, der wiederum, wie oben erwähnt, über spezielle Kenntnisse von den deutschen Angelegenheiten verfügte.[43] Andere Netzwerke konzentrierten sich um Exil-Deutsche selbst, von denen zumindest einer das Vertrauen eines der berühmtesten Experten für deutsche Außenpolitik hatte, der selbst für Dalton im SOE arbeitete.

Es kann daher festgestellt werden, daß mit einer Wahrscheinlichkeit, die an Sicherheit grenzt, die Politik, die nach Churchills Amtsübernahme im Mai 1940 begann, mit der informellen Nötigung, die die Kommunisten ausübten, einvernehmlich handelte, um jede Chance zu zerstören, die es Stampfer möglich gemacht hätte, sein Ziel zu erreichen – nämlich »die Herstellung einer regelmäßigen Rundfunkverbindung der Partei im Exil zu ihren Anhängern im Inland«.

Das katastrophale Ergebnis der Begegnung zwischen Dalton und Stampfer im November 1941 war daher unvermeidlich. Das Treffen verdeutlichte, daß die Briten offiziell für die Exil-Sozial-Demokraten einen Mangel an Interesse zeigten und gleichzeitig, daß diese potentiell eine wichtige Stellung innehatten. Stampfers Reise nach England, die mit erheblichen persönlichen Gefahren verbunden war, führte ihn in eine Welt, in der sich neue und komplizierte politische Druckverhältnisse ständig verschoben. Er hätte besser daran getan, in New York zu bleiben. So überrascht es kaum, daß beide Männer es vorgezogen haben, das Ereignis, das sich unter diesen Umständen zutrug, lieber aus ihren Memoiren herauszulassen.

1 Siehe Röder, W., »Die deutschen sozialistischen Exilgruppen in Großbritannien«. 2. Ausg. Bonn 1973, und Glees, A., »Exile Politics During the Second World War«, Oxford 1982. — **2** PRO FO 371 26559c 2951. — **3** Ebd. Es wäre interessant zu erfahren, wie diese Ansichten dem Außenministerium mitgeteilt wurden, denn dies hat einige Bedeutung für das Problem, das hier untersucht wird. — **4** Chamberlains Aussage vom 30. April 1940 war nur ein Beispiel dafür. Glees, op. cit., S. 150. — **5** Glees, op. cit., S. 73 ff. — **6** Dies kann im Detail in den Studien über die Rundfunksendungen nachgelesen werden, die während des Krieges nach Deutschland ausgestrahlt wurden; insbesondere bei Howe E., »The Black Game«, London 1982; Tracey, M., »A Variety of Lives«, London 1983 und Pütter, C., »Deutsche Emigranten und britische Propaganda«, in: Hirschfeld, G. (Hg.), »Exil in Großbritannien«, Stuttgart 1984. — **7** Glees op. cit., S. 116 ff. — **8** Dalton, H., »Memoirs«. 3 volumes, London 1957, besonders Band 2: »The Fateful Years«, und Stampfer, F.: »Erfahrungen und Erkenntnisse«. Köln 1957, und Matthias, E. (Hg.): »Mit dem Gesicht nach Deutschland«. Düsseldorf 1968. — **9** Box 9 Middleton Papers. — **10** Siehe Dalton, op. cit., S. 366 ff; Foot M.R.D: »SOE« London 1984; Williams, P., »Hugh Gaitskell«. London 1982, S. 93; Howe, e., op. cit. etc. — **11** Dalton, op. cit., S. 44, 47, 63, 64, 69, 89, 149. — **12** Gilbert, M., »Finest Hour«. London 1983, S. 306 ff, 315. — **13** Gilbert, op. cit., S. 667, und Dalton, op. cit., S. 366. — **14** Gilbert, op. cit., S. 667, und Dalton, op. cit., S. 366. — **15** Dalton op. cit., S. 366. Hervorhebungen von mir, A.G. — **16** Glees, op. cit., S. 42, FO 371 24419 c 13495; Hervorhebungen von mir, A.G. — **17** Dalton, op. cit., S. 37/8. — **18** Ebd., S. 60/1. — **19** Ebd., S. 129. — **20** Dalton, H.: »Hitler's War«, S. 22, Hervorhebung von mir, A.G. — **21** Ebd., S. 24. — **22** Ebd., S. 47. — **23** Glees, op. cit., S. 51. — **24** Ebd., S. 133. — **25** Ebd., S. 146/7. — **26** Ebd., S. 149/50. — **27** Stampfer, F., »Erfahrungen und Erkenntnisse«. Köln 1957, S. 7 ff. — **28** Radkau, J., »Die deutsche Emigration in den USA«. Düsseldorf 1971. — **29** Stampfer, op. cit., S. 273. — **30** Ebd., S. 282. — **31** Ebd., S. 282. Hervorhebung von mir, A. G. — **32** Ebd., S. 238. Hervorhebung von mir, A.G. — **33** Glees, op. cit., S. 113 ff. — **34** Burridge, TD: »British Labour and Hitlers War«. — **35** Glees, op. cit., S. 33 ff. — **36** Howe, op. cit., S. 34. Grand war übrigens der unmittelbare Vorgesetzte von Kim Philby, dem russischen Agenten im britischen Geheimdienst. — **37** Gilbert, op. cit., S. 1130 ff. — **38** Glees, op. cit., S. 187 ff. — **39** Trace, op. cit., S. 71 ff. — **40** PRO FO 371 30929 c 405. — **41** Eine vollständigere Darstellung dieses Aspekts der Exil-Politik, in: Glees, A., »German Political Exiles, British Intelligence and Communist Subversion«, erscheint in Kürze. — **42** Howe, op. cit., S. 105. — **43** Williams, op. cit., S. 95, 89/90.

Thomas Lange

Sprung in eine neue Identität
Der Emigrant Ernst Erich Noth

Als Ernst Erich Noth am 15. Januar 1983, nur 72 Jahre alt, starb, schien er gerade am Beginn einer zweiten Karriere als Autor in Deutschland zu stehen. Im Vorjahr waren – rund 50 Jahre nach der Erstveröffentlichung – zwei seiner Romane neu erschienen: *Die Mietskaserne* (1931) und *Weg ohne Rückkehr,* letzterer sogar als deutschsprachige Erstausgabe nach der französischen Veröffentlichung von 1937 *(La voie barrée).* Das lange Verschwinden aus der deutschen literarischen Öffentlichkeit ist in seinem Fall nicht nur durch die übliche Vernachlässigung gegenüber Exilautoren zu erklären. Er selbst hatte sich lange gegen die Wiederauflage seiner früheren Werke gesträubt, denn er war auf Distanz zu Deutschland gegangen. Er sah sich als Auswanderer in eine neue sprachliche und kulturelle Heimat, aus der er ohne Begeisterung wieder in sein Geburtsland zurückgekehrt war. Noths Werk wird zwar von deutschen Themen beherrscht, versteht sich aber als Teil der französischen Literatur. Lebenslauf, Thematik seiner Werke und bewußte eigene Entscheidung machten Noth zu einem Autor, der stets abseits stand, ja, der sich sogar abseits dessen fühlte, was er als eigene schriftstellerische Berufung bezeichnete.[1] Im Rückblick auf sein Lebenswerk kam er zu einer geradezu vernichtenden Selbstkritik: er sah sich als »unverbesserlicher Phantast«.[2] Sein Weg war der einer permanenten, sich radikalisierenden Desillusionierung, eines früh angelegten, sich immer mehr zuspitzenden Fremdheitsgefühls, einer Verweigerung, die zwischen Selbstbewahrung und Selbststilisierung dann zur Isolierung wurde.

Dieser Aufsatz, der dazu beitragen soll, eine der eigenwilligsten Positionen des deutschen Exils ins Gedächtnis zu rufen, ist dem Andenken an Ernst Erich Noth und seiner jahrelangen, geduldigen Hilfestellung für den Verfasser gewidmet.

I Desertion aus der Mietskaserne

Noth ist ein Autor, der im Schreiben sein Leben einholen, zu sich selbst finden wollte. Mit einer ungeheuren Obsession umkreist er immer wieder dieselben Probleme: deutsche Jugend und deutsche Nation, Intellektuelle und Politik, die deutsche und französische Kultur, Engagement und Skepsis. Immer wieder tauchen in seinen Romanen wechselnde Personifikationen dieser Themen, in seinen Essays Thematisierungen seiner persönlichen Erfahrung auf, aber nie kommt es zu einer bruchlosen Parteinahme oder zu einer ungebrochenen Identität. Schon mit dem Namen fängt es an: Ernst Erich Noth wurde am 25. Februar 1909 in Berlin unehelich geboren; sein erster Name lautete Paul Albert Krantz.

> »Mein Adoptivvater war Musiker, meine Mutter die Tochter eines Straßenbahnschaffners. Meinen leiblichen Vater habe ich nicht gekannt. Sein Name, der wirklich nichts zur Sache tut, ist mir geläufig. Er mag sich später einige Gedanken gemacht haben, wen und was er da in die Welt gesetzt hatte; denn es sollte ihm einmal ziemlich dröhnend in die Ohren gellen, daß aus diesem Jungen nicht gerade die vorbildlichste Verkörperung von Preußens Gloria geworden war, zu der sein Geschlecht sich zählte, in welchem Schwängerung und Sitzenlassen eines jungen Mädchens aus niederem Stande keineswegs als Verstoß gegen Anstandsregeln und Ehrbegriffe galten. Der Musiker hatte mir dann seinen eigenen Namen gegeben; und ich wäre trotz seines jähzornigen Wesens froh gewesen, hätte ich mich für immer im Glauben wiegen dürfen, sein ältester Sohn zu sein; aber als ich etwa zwölf Jahre alt war, brüllte er mir im Rausch die Wahrheit ins Gesicht. Meine Mutter war dabei, und weil sie bei der brutalen Enthüllung entsetzt aufweinte, kriegte sie eine Extratracht Prügel. Ich gelobte damals, diese vielfach heimzuzahlen; glücklicherweise ist es nie dazu gekommen. Wieviel Dank ich diesem Manne schulde, der sich mit meiner Legitimierung mehr auf seine Schultern geladen hatte, als er tragen konnte, ist mir erst viel später und, wie es meistens so geht, an eigenem Leibe klargeworden.«[3]

Krantz'/Noths Lebenslauf als Jugendlicher ist in mancher Hinsicht typisch für die Alltagsmisere der ersten deutschen Republik: In der Kriegszeit teilte er die Entbehrungen der Zivilbevölkerung, nach 1918 erfuhr er den Umsturz der Wertordnungen der Vorkriegsmoral. Als proletarischer Freischüler auf einem Gymnasium hatte er sich gegen den Standesdünkel der Klassenkameraden zu behaupten und lernte reaktionäre Gymnasialprofessoren und nur vereinzelte Beispiele republikanischer Reformbemühungen kennen. Eine durchaus repräsentative und übliche Episode war auch seine kurze Mitgliedschaft bei einer nationalistischen Jugendorganisation, dem Jungdeutschen Orden. Am Ende der Schulzeit aber wurde er in eine Affäre verwickelt, die zwar auf typische Ursachen zurückging, aber ganz untypische Prominenz errang. Den Ausgangspunkt beschreibt er in seinen 1971 erschienenen »Erinnerungen eines Deutschen« so:

> »Im Morgengrauen des 27. Juni 1927 erschoß mein Klassenkamerad Günter Scheller in der Steglitzer Stadtwohnung seiner auf Reisen abwesenden Eltern den Kochlehrling Hans Stefan und sich selber. Seine Schwester Hilde und ich waren Zeugen der Tat und in deren Entstehung verwickelt. Meine Verstrik-

kung in diesen Wahnsinnsakt war schwerwiegender als diejenige des Mädchens. Die Mordwaffe war jener Revolver, den ein Angehöriger des Jungdeutschen Ordens mir ein paar Wochen vorher zur Aufbewahrung anvertraut hatte, damit seine Eltern ihn nicht entdeckten. Die Waffe ging seitdem unter uns Primanern von Hand zu Hand. Wir genossen auf lustangstvolle Weise die Sensation, ›den Tod in der Tasche zu tragen‹. Nicht für andere, sondern für uns selber. Aufschneiderei, Geste, Faszination: Es verschaffte uns ein prickelndes Überlegenheitsgefühl, eine Welt, die wir gemeinhin für verständnislos, schnöde und feindselig hielten, in Gedanken mit unserem Selbstmord zu bedrohen: endgültige Absage, Verweigerung und Flucht.«[4]

Der anschließende Prozeß um die sogenannte »Steglitzer Schülertragödie« endete zwar mit Freispruch für den erwiesenermaßen unschuldigen Paul Krantz, er schlug aber als Sensationsprozeß Wellen weit über die deutsche Presse hinaus. Der Fall wurde als Symptom für »Krise« und auch »Dekadenz« der Jugend gewertet. Als einschneidend gilt er in der deutschen Kriminal- und Sozialgeschichte wegen seiner jugendlichen Protagonisten, aber auch wegen der auftretenden prominenten Gutachter (z. B. des Jugendpsychologen Eduard Spranger). Noch 1964 stellte das ZDF eine dokumentarische Verfilmung her: »Der Fall Krantz«. Was die damalige deutsche Öffentlichkeit an diesem Prozeß schockierte, beschreibt eine zeitgenössische Selbstdarstellung der jungen, sich »sachlich« gebenden Generation so:

»Die jungen Leute erschienen (vor Gericht – TL) zum Beispiel gemütsroh, weil sie nach der Tat keine traurige Haltung zeigten. Weder Paul Krantz noch Hildegard Scheller zeigten die ›richtige‹, erschütterte Haltung nach der Tat. Das entspricht einer stillschweigenden Konvention der jungen Generation, gewisse gefühlsmäßige Haltungen nicht zu heucheln. ... Diese junge, der Not vertraute Generation dagegen will sagen und tun was ist. Viele Ältere hat gerade das am meisten empört: die Offenheit des Verzichts auf die doppelte Moral.«[5]

Paul Krantz beendete seine Schullaufbahn in der Odenwaldschule und begann ein Studium in Frankfurt am Main, wo er Karl Mannheim und die marxistisch und psychologisch fundierte Gesellschaftskritik des Instituts für Sozialforschung kennenlernte. Erste literarische Sporen verdiente er sich mit Sozialreportagen in neusachlichem Stil in der »Frankfurter Zeitung«. Diese Berichte über Hoffnungslosigkeit und Elend in einer Mietskaserne oder bei der Binnenschiffahrt auf dem Rhein waren mit dem (wie er später selbst schrieb) großspurigen Pseudonym »Albert Magnus« gezeichnet.[6] Zweiundzwanzigjährig veröffentlichte er dann (1931) im Verlag der »Frankfurter Zeitung« den Roman »Die Mietskaserne«. Unter dem Pseudonym »Ernst Erich Noth« schildert er darin seine soziale Biographie und – verschlüsselt – die seelische Konfliktsituation, die Ausgangspunkt der Steglitzer

Ereignisse war. In diesem fiktionalen Bereich nimmt Noth ein neues Spiel mit Namen, Identitäten und Identitätsbrüchen auf, das als Koppelung von politischer und psychologischer Symbolik sein Werk durchzieht. Der für ihn selbst als Pseudonym vom Verlagsleiter Heinrich Simon vorgeschlagene Name »Fritz Schuppert« begegnet uns in verschiedenen Formen in späteren Werken wieder und wird erst im letzten Roman »Le passé nu« (1965) als Verkörperung aller unangenehmen Züge des Deutschen mit einem Revolverschuß erledigt.[7]

»Die Mietskaserne« hatte großen Erfolg und löste in der »Frankfurter Zeitung« eine Debatte aus. Benno Reifenberg (späterer Mitherausgeber der Nachkriegs- »Frankfurter Allgemeinen Zeitung«) und Georg Glaser (der ein ganz anderes, aber ebenso eigenwilliges Emigrantenschicksal hatte wie Noth) stritten darum, ob individuelle Emanzipation aus der proletarischen Klasse für einen »linken« Schriftsteller – und zumal einen der wenigen, die tatsächlich aus dem Mietskasernenmilieu stammten – erlaubt sei. Unter den Zeitromanen voller Fatalismus (Fallada, »Kleiner Mann – was nun?«, 1932), pathetischer Anklage (Ernst Gläser »Jahrgang 1902«, 1928) und Zynismus (Erich Kästner, »Fabian«, 1931) taucht bei Noth als einem der jüngsten Autoren ein zaghaft-optimistisches »Gefühl skeptischen Ausweichens«[8] auf. Aus der Lebensnegierung der Jugendkrise wurde die Suche nach einer Lebensmöglichkeit, die für den jungen Autor in einem individualistischen Beiseitestehen zu finden sein schien.

Der Student Paul Krantz beschäftigte sich mit dem Thema der Nachkriegsjugend noch auf andere Weise, indem er bei dem Frankfurter Germanisten Franz Schultz eine Dissertation über »Die Gestalt des jungen Menschen im deutschen Roman der Nachkriegszeit« erarbeitete. In wissenschaftlich-analytischer Distanz sucht er einen objektiven Standpunkt zu der Bewegung, an der er selbst teilhatte (ohne seinen Roman übrigens einzubeziehen). Politische und rein ästhetische Bewertungen vermeidend, beschreibt er vor allem das geistige und psychologische Selbstbild der Schriftstellergeneration seit der Jahrhundertwende anhand von fast 70 Romanen. Für den wissenschaftlichen Kontext der Zeit bleibt die Arbeit noch zu entdecken. Krantz/Noth orientierte sich hauptsächlich an Eduard Sprangers »Psychologie des Jugendalters« (1924) und bevorzugte sozialpsychologische Erklärungen, was sicher auch durch seinen Kontakt mit dem »Institut für Sozialforschung« angeregt wurde. Gegen die damals populäre Generationstheorie (Pinder, Günther Gründel)[9] hält er fest, daß weder biologische Gleichaltrigkeit noch gleichartige soziale Erfahrungen Verhalten und Meinungen altersnaher Jahrgänge erklären könnten, seien diese doch, wie die Gegenwart zeige, so widersprüchlich, daß gegenwärtig »die Angehörigen der gleichen Jahrgänge zum vernichtungsbereiten Einsatz gegeneinander bereit stehen«.[10]

Für die intellektuelle Biographie Krantz/Noths ist festzuhalten, daß er ebenso gegen zu heftige Desillusionierungstendenzen der »Neuen Sachlichkeit« wie gegen politische Tendenzromane, aber auch gegen die »ideologisch und moralisch entwurzelte« Ausbreitung »erotischer Wirrnis« in den Romanen etwa Klaus Manns argumentiert.[11] Mit

Spranger betont er »Reife« und »Objektivität« und fordert Überwindung des »materialistischen Determinismus«.[12] Die Richtung auf einen idealistischen Individualismus zeichnet sich ab, Parallelen zu Karl Mannheims These vor der »freischwebenden Intelligenz« oder zu Alfred Döblins Essay »Wissen und Verändern« (1931) liegen nahe.[13]

II Das Exil: Flucht in die Integration

Die Arbeit des Doktoranden Paul Krantz wurde nie veröffentlicht, die Promotion nicht vollzogen: nach dem 30. Januar 1933 erhielt er wegen Tätigkeit in der »Roten Studentengruppe« und dem »Ausschuß für minderbemittelte Studenten« Promotionsverbot, wurde relegiert und floh schließlich vor der drohenden Verhaftung am 4. März 1933 nach Frankreich.[14] (Das Promotionsverfahren einschließlich Rigorosum wurde 1971 – nicht ohne Peinlichkeiten – nachgeholt, nachdem Noth schon über 20 Jahre lang akademischer Lehrer gewesen war.)

Im Exil nahm Paul Krantz immer mehr die Identität seines schriftstellerischen alter ego Ernst Erich Noth an. Zu seinem bürgerlichen Namen wurde er zwar erst mit der Einbürgerung in den USA 1948,[15] doch schon lange vorher ist die Hinwendung zu einer neuen Identität deutlich. Dem proletarischen Milieu schon seit Schülerzeiten entfremdet, verstärkte sich im Exil die Distanz zur eigenen kulturellen Herkunft. Der Bruch mit dem Deutschland der Hitler-Diktatur war unzweifelhaft. Den abstoßenden Opportunismus der arrivierten Liberalen lernte er gleich nach seiner Ankunft in Paris bei Friedrich Sieburg, dem dortigen Korrespondenten der »Frankfurter Zeitung« kennen.[16] Wenig verband Noth mit den linken, antifaschistischen Intellektuellen, aus deren Reihen man ihm zu seinem ersten Roman den Vorwurf des »Klassenverrats« gemacht hatte. Noch weniger schloß er sich anderen Emigranten an, als bei vielen, die seine Identität kannten, offenbar noch Ressentiments gegen den gerichtsnotorischen »Paul Krantz« vorhanden waren, die gelegentlich zu süffisanten Bemerkungen führten.[17]

Paul Krantz wollte sich nicht mehr mit deutscher Kultur identifizieren lassen; Ernst Erich Noth suchte in eine neue Identität als Angehöriger der französischen »civilisation« und »république des lettres« hineinzuwachsen. Er hatte in Deutschland keine soziale oder ideologische Identität, keine berufliche Position, keine gefühlsmäßige oder an einen Ort, eine Landschaft gebundene »nationale« Heimat gehabt.[18] So entdeckte er seine »Befähigung zum Abenteuer«.[19] Dieses führte ihn in äußerlich wenig exotische Gegenden wie das linke Seineufer und die Provinzstadt Aix-en-Provence, die aber als geistiges Terrain ihm unbekannte Horizonte erschlossen. »La rive gauche« war das gesellschaftlich nahezu geschlossene Milieu der französischen Intelligenz; in der alten Kulturlandschaft der Provence fand er so etwas wie eine Heimat. Wenig geneigt und gedrängt, im Verlassen Deutschlands einen Verlust zu erblicken, konzentrierte er Fähigkeiten und Energie darauf, eine »Verkettung günstiger Umstände«[20] zu nutzen, um Zugang zu französischen Verlagen und Redaktionsstuben zu finden. Nicht darauf eingestimmt, im Ghetto der »Emigrantenwelt« zu versinken, gelang ihm die bemerkenswerte, wenn nicht sogar einzigartige Leistung, sich in das die deutschen Emigranten sonst abweisende Intellektuellenmilieu vom »linken Ufer« zu integrieren.[21] Durch Vermittlung Gabriel Marcels kam es zu einer französischen Ausgabe der »Mietskaserne« (»L'enfant écartelé«, 1935). Er wurde regelmäßiger Mitarbeiter linker und liberaler Zeitschriften (»Europe«, »Europe nouvelle«, »Les Nouvelles Littéraires«), linkskatholischer Organe (»La vie intellectuelle«), schließlich Redaktionsmitglied der »Cahiers du Sud«. Von Politik und Kultur im Dritten Reich verschoben sich seine Themen ins Gebiet der deutschen und französischen Literatur. Den Beginn dieses rasanten Kopfsturzes[22] in eine andere Kultur markiert knapp ein Jahr nach der Ankunft in Paris eine Analyse der deutschen Zustände, die die Summe seiner bisherigen Lebenserfahrungen enthält.

III Distanz durch Analyse: »Die Tragödie der deutschen Jugend«

Ebenfalls durch Gabriel Marcel vermittelt erschien im Juni 1934 »La tragédie de la jeunesse allemande« in der von dem Radikal-Sozialisten Jean Guéhenno, dem Chefredakteur von »Europe« wie »Vendredi« beim Verlag Grasset herausgegebenen Reihe »Les Ecrits«. Das Buch ist bemerkenswert als soziologische Untersuchung der Massenbasis des Nationalsozialismus und zugleich als subjektive Bestandsaufnahme der eigenen Generation. Es war zur Information der französischen Öffentlichkeit gedacht und gehört in den doppelten Kontext der deutschen und französischen Auseinandersetzung mit der Frage der deutschen Jugend. Der Werbetext[23] – unter dem Foto des sehr ernst, sehr jung und sehr deutsch aussehenden Autors – lautete: »Während des Krieges erfuhr sie (die deutsche Jugend – TL) den Hunger, danach die Arbeitslosigkeit. Heute Hitler. Was geschieht morgen?« Er kennzeichnet die Erwartungshaltung des beunruhigten französischen Publikums. Das Wort »Tragödie« im Titel spiegelt Überraschung, Enttäuschung und Ratlosigkeit vor den Ursachen des Endes der Weimarer Republik. Es war ein häufiger Topos für die ersten Analysen in der Emigration.[24] Noth betont den Generationsaspekt, was heute als etwas ungewöhnlich erscheint angesichts der normativ gewordenen soziologischen Gleichung »Großkapital + Kleinbürgertum = Faschismus«. Doch entspricht dies durchaus der Selbstdarstellung des Nationalsozialismus als »junger Bewegung« und seiner unleugbaren Attraktivität gerade für die jüngeren Jahrgänge. Noths Buch rechnet, im Stil nicht immer ohne Pathos, mit der mystischen Selbststilisierung ab, in der sich seit den Zeiten von Sturm und Drang, romantischem Weltschmerz, Décadence und Jugendstil hochfahrende Weltverbesserungsutopien und Todessehnsucht mit der Ideologie vom »deutschen Jüngling« verbunden hatten.[25] Er zeichnet eine Kontinuität von dem weltfremden »Idealismus« der deutschen Jugendbewegung zur politisierten, sich jung gebenden »Bewegung« des Nationalsozialismus. Die

Geschichte der deutschen Jugend im ersten Jahrhundertdrittel sieht er aufgrund geistesgeschichtlicher und sozialpsychologischer Faktoren mit einer gewissen Stringenz vom Hohen Meissner – dem Symbol für den Höhepunkt der Jugendbewegung – in die Kasernen des Dritten Reiches verlaufen. Unrealistisch und unpolitisch war der Weltverbesserungsdrang der Jugendbewegung:

>»So verausgabten unzählige Deutsche ihre besten Energien im Kampf für Abstinenz, Vegetariertum und andere Ziele, die ihnen, was peinlich aber wahr ist, die conditio sine qua non zur Schaffung einer neuen Menschenrasse in einer neuen Gesellschaft zu sein schienen. Währenddessen verrottete die alte Welt und zog die Jugend in ihren Untergang mit.«[26]

Lebensumstände, Erziehung und soziale Entwicklung im und nach dem Krieg waren nicht dazu angetan, realistischere Verhaltensformen und rationales Politverständnis zu fördern. Die Material- und Massenschlachten des 1. Weltkriegs hatten den Glauben an den Eigenwert des Individuums vernichtet und die Erlebnisse der Aufwachsenden waren geprägt von einer permanenten Desillusionierung hinsichtlich der Irrealität der offiziellen Moral. Die nach wie vor auf abstrakte Ideale hin erzogene junge Generation ertappte die Gesellschaft »gleichsam in flagranti« bei ihren alltäglichen realen Verstößen gegen angeblich noch gültige Normen. Dieses für seine Generation wie auch für Noth selbst persönlich einschneidende Erlebnis – er verwendet diese Formulierung nahezu wörtlich mehrfach sowohl in seiner Dissertation wie in seinem Buch[27] – führte zur Bewußtheit, aber noch lange nicht zur politischen Klarheit über die Zustände.

Die Politiker der Weimarer Republik erwiesen sich als wenig hilfreich:

>»Gerade in ihrer Haltung gegenüber der Jugend begingen die Republikaner unwiderrufliche Irrtümer. Das System versagte nicht nur darin, daß es die legitimen Ansprüche der Jugend nicht zufriedenstellen konnte, sondern es war auch nicht in der Lage, ihr Enthusiasmus für die eigene politische Ordnung zu vermitteln. Die Republik hatte ein tragisches Schicksal, weil es ihr nicht gelang, die Zuneigung der Jugend zu erringen. [...] Die Jugend beobachtete mit einer durch die drohenden Gefahren geschärften mitleidslosen Klarheit die Politik der Parteien, die zwar für die Lage verantwortlich, aber nicht imstande waren, sie zureichend zu erklären. Sie regierten einen Staat, der der jungen Generation alle Möglichkeiten zum Vorwärtskommen verweigerte. Da gab es kein Handlungsprogramm und auch keine Parole, die Energien binden konnte und ihr zumindest die Gelegenheit angeboten hätte, sich als letzten Ausweg in den politischen Kampf zu werfen. Diese Ohnmacht der Republikaner bereitete die jungen Deutschen schon darauf vor, dem Einfluß Hitlers zu erliegen.«[28]

Verschärfend wirkte noch die zahlenmäßige Verteilung der Altersgruppen:

> »Die Weimarer Republik erschien von Anfang an der Jugend schrecklich überaltert zu sein. Die wichtigen Posten wurden von Mitgliedern der alten Generation eingenommen. Eine solche Situation erscheint als besonders schwerwiegend, wenn man bedenkt, daß die Zahl der Deutschen zwischen zwanzig und vierzig Jahren ganz erheblich die derer über vierzig Jahre übersteigt. Diese Anomalie führte zu Konflikten, die um so kritischer waren, als besonders die junge Generation unter der Arbeitslosigkeit zu leiden hatte.«[29]

In dieses Vakuum konnte die Propaganda des Nationalsozialismus hineinstoßen. Gerade die jungen Neuwähler trugen entscheidend zu den Wahlerfolgen der Nazis bei, die – auch mit ihren Jugendorganisationen – für ihre Bewegung den Charakter jugendlicher Dynamik propagandistisch ausschlachteten.[30] In eindrucksvollen, fast schon romanhaften Passagen beschreibt Noth die von der politisierten Geschichtsschreibung der Zeit oft vernachlässigte psychologische Situation dieser Gruppen: die Verlorenheitsgefühle der Nachkriegs-Generation, die in einer krassen no-future-Situation lebte, wie ihre psychischen Depravationen, die sie zu Aggressionen neigen ließ; das alles machte sie bereit, einer Partei zu folgen, die ihr eine – wie immer schlecht begründete – emotionale Sicherheit versprach. Die Bedingungen des politischen Extremismus noch vor allen politischen Zielen werden von Noth so zusammengefaßt:

> »Die brachliegenden Energien suchten einen Ausweg in einem heilenden Fieber. Und sie fanden Anführer und politische Organisationen, die nur darauf warteten, sie bei sich aufzunehmen. Die letzte Etappe ihres Leidensweges, die Arbeitslosigkeit, verstieß die jungen Leute zu den Landstreichern, in die Bettelei und ins Verbrechen. Eine gewisse Anzahl strömte in die bereits überfüllten Wartesäle der Schulen und Universitäten, doch sie verließ diese erzwungene Untätigkeit, um sich in den politischen Kampf zu werfen, der auf eine bessere Zukunft Hoffnungen machte. Jeder Arbeitslose war ein lebender Beweis der Unfähigkeit des Weimarer Systems; viele schlossen sich militanten politischen Organisationen an, die im Namen einer verratenen Jugend unnachsichtig mit der Republik abrechneten.«[31]

Die soziale Voraussetzung für die politische Bedeutung der Jugend insbesondere nach 1918 – so wird auch heute argumentiert – ist die Tatsache, daß sie mit der zunehmenden Auflösung ständisch-familiärer Bindungen in der Industriegesellschaft in eine relative Autonomie geriet. Die politischen, gewerkschaftlichen und kirchlichen Organisationen wurden dadurch gezwungen, ihren Nachwuchs in speziellen Organisationen heranzuziehen. Der »Kampf der Erwachsenen um die Jugend« wurde das Motiv zum Aufbau zahlreicher Jugendorganisationen. Diese trugen insofern das Erbe der Jugendbewegung weiter, als sie bestimmte lebensreformerische Elemente aufnahmen. Denn eigentlich die gesamte »Jugendpflege« in der Weimarer Republik folgte von rechts bis links der Parole, die Jugend zu »gesunden« und das bedeutete, sie vor der Liberalisierung vor allem im Bereich der Sexualität oder der sich anbahnenden Freizeit- und Konsumgesellschaft allgemein zu »bewahren«. De facto richteten sich also alle diese Gruppen gegen die bestehende Gesellschafts- und Staatsform.[32] Diese schien allen, auch den Jugendlichen selbst, der gemeinsame moralische Feind zu sein. Am konsequentesten wurde er aber nun vom Nationalsozialismus angegriffen, der auch gleich eine Ideologie anzubieten hatte. Diese war zwar nicht logisch und stimmte in vielem nicht mit der Realität überein, wohl aber mit den global gesellschaftskritischen Strömungen der jugendlichen Subkultur. Die mangelnde Realitätstüchtigkeit der NS-Ideologie wurde zu einem Vorzug umgemünzt: ein Mythos braucht keine Rechtfertigung. Das alles kann – nach Noth – psychologisch gesehen werden als

> »der Wunsch, durch Gefühlsausbrüche aus der Realität zu entwischen. Das war eine Tendenz, die sich um so schneller verbreitete, als die sozialen Umbrüche dazu verführten, eher an mystische Wunder zu glauben als an nüchterne Verstandeseinsichten.«[33]

Es ist die Leistung Noths, die Konstitution der deutschen Jugend so beschrieben zu haben, daß die Wirkung des Nationalsozialismus verstehbar wird. Denn dieser bot der Ablehnung des bestehenden Systems den radikalsten Rückhalt und das konsequenteste Gegenbild:

> »So stellte er das Weimarer System als Inkarnation einer hassenswerten Vergangenheit dar und interpretierte die bis dahin ausschließlich individualistisch verstandenen soziologischen und politischen Gegensätze zwischen den Generationen neu. In diesem System stellte der Nationalsozialismus die ›junge‹ Bewegung und die kämpferische Partei, während die politischen Gegner für das veraltete Prinzip standen. Wie die Jugendbewegung eine romantische Naturliebe pflegte, so predigte der Nationalsozialismus die Rückkehr zu ›Blut und Boden‹. Indem er den ›Adel der nordischen Seele‹ feierte, konnte er seinen brutalen politischen Methoden eine heroische Färbung verleihen. Umgeben vom Heiligenschein des Märtyrers profitierte er beträchtlich von der Tatsache, daß seine Versprechungen auf die verschiedenste Art und Weise verstanden werden konnten. Er verkörperte das Prinzip der Bewegung und der fruchtbaren Unruhe, den Glauben ans Germanentum und die Sendung des Reichs. Einer Jugend, die nach traurigen Erfahrungen in einen barbarischen Zustand zurückgefallen war, pflanzte er eine fanatische Kraft ein, die ihr nur zu sehr entgegenkam. In den Reihen der Braunhemden marschierten der zerlumpteste Arbeitslose und der Kriminelle Seite an Seite mit dem überzeugten Idealisten und dem brennenden Fanatiker, der aufrechte Gläubige an der Seite des Ehrgeizlings, Arbeiter neben den Studenten.

... Die Jugend wollte unbedingt die Revolution; und sie erschien ihr nur möglich durch den Umsturz der herrschenden Ordnung, durch die Vernichtung des Gegners in einem erbitterten Kampf. Fünfzehn Millionen junger Deutscher im Alter zwischen 20 und 30 Jahren hatten sich Kommunismus oder Nationalsozialismus angeschlossen, jedoch marschierte die überwiegende Mehrheit von ihnen [...] unter der Fahne des Hakenkreuzes.«[34]

In weiteren Kapiteln beschreibt Noth andere Jugendorganisationen der Weimarer Republik und stellt dann – ausführlich aus »Mein Kampf« zitierend – deren Gleichschaltung im Dritten Reich dar. Anschaulich legt er dar, wie die nationalsozialistische Erziehung die deutsche Jugend militarisiert, den totalen Staat vorbereitet, der alle positiven Ansätze nach dem Krieg – sachliche Selbstbewußtwerdung im persönlichen, vor allem auch sexuellen Bereich – wieder vernichtet. Das Großkapital im politischen, der Spießbürger im moralischen Bereich beginnt wieder zu herrschen. Und nun muß Hitler zwischen diesen und der Unzufriedenheit einer auf einen – wenn auch noch so vagen – »Sozialismus« drängenden Jugend sein Reich stabilisieren. Dies könnte auch durch die nationalistische Ableitung der Energien in einem Krieg geschehen.[35]

Beides – Kriegsgefahr und Hoffnung auf eine »Zweite Revolution« aus den Reihen der »sozialistischen« SA – sah Noth als mögliche Perspektiven. Er betont am Schluß die – von vielen Emigranten erhoffte – »Zweite Revolution«, die der Tragödie der deutschen Jugend dieses Mal den »Heldentod« ersparen möge, auf den sie in den Lesebüchern schon eingestimmt wird.[36]

Die »Tragédie de la jeunesse allemande« erschien – symbolisches Datum – kurz nach dem 30. Juni 1934, an dem die inner-nationalsozialistische Opposition und damit auch die (eher erträumte als geplante) »Zweite Revolution« liquidiert wurde. Bis Ende 1934 machte sich Noth noch Illusionen über das Widerstandspotential in Deutschland[37] und hoffte auf eine soziale Revolution. Andererseits aber – und das unterscheidet ihn von den meisten Emigranten – sah er die Hitlersche Macht sich zu einem »Vierten Reich« stabilisieren.[38] Die folgende Entwicklung bestätigte Noths frühe und richtige Einschätzung der Lage, erleichterte ihm die Abwendung von unrealistischen Hoffnungen, verstärkte andererseits aber auch seine Isolierung im Spektrum der deutschen Emigration.

IV Verstehen statt Verurteilen: Noths »Tragédie« im zeitgenössischen Kontext

Noths eigenständige Leistung liegt in dem Versuch, das Zustandekommen der Hitlerschen Massenbasis zu erklären. Ausgehend von seinen eigenen Erfahrungen, konnte er, klarer als andere, die primär ihre Enttäuschung laut werden ließen, die Anziehungskraft des Nationalsozialismus anschaulich machen. Typisch für die Emigration war eher der linksliberale Publizist Georg Bernhard. Der ehemalige Chefredakteur der »Vossischen Zeitung« und dann der Emigrantenzeitung »Pariser Tageblatt« fand es in seiner umfangreichen Darstellung »Die deutsche Tragödie. Der Selbstmord einer Republik« (1933) »unbegreiflich«, daß die Deutschen Hitler gewählt hatten. Grob, arrogant und pauschal erklärt Bernhard das massenweise Überlaufen der nach 1918 »umschmeichelt(en)« und »glorifiziert(en)« Jugend zu den Nazis damit, daß sie auf die Propaganda hereingefallen sei.[39] Ähnlich verbanden andere prominente Emigranten ihre vorwurfsvolle Kritik an die Adresse der Jugend zugleich mit der Hoffnung auf eine radikale Abkehr derselben Jugend von den Nazis. So konstatierte Heinrich Mann 1934 »Verzweiflung, Stumpfheit, Schwäche« als Ursachen des Mitmachens der Jugend im Dritten Reich.[40] Der zur gleichen entscheidenden Generation wie Noth (geb. 1909) gehörende Klaus Mann (geb. 1906) zeichnete das Bild der Nachkriegsjugend etwas aufmerksamer hinsichtlich der beeinflussenden Faktoren nach, kam aber noch 1938 zu einem ähnlich herablassenden Urteil:

> »Sicher ist, daß auch die deutsche Jugend mit Schuld trägt an der Katastrophe, von der wir unsere Jugend nun betroffen sehen. Ein Teil unserer Jugend ist stumpf und denkunfähig gewesen, ein anderer Teil hat ihren echten Glauben mißbrauchen lassen von notorischen, hundertmal überführten Lügnern.«[41]

Noch 1938 behauptete er, daß nach authentischen Berichten aus dem Dritten Reich bei den »betrogenen (jugendlichen) Enthusiasten die Enttäuschung am bittersten« sei. Manns Optimismus erklärt sich – neben seiner Absicht, ein nur negatives Deutschland-Bild im Ausland zu korrigieren – sicher auch aus seiner Hoffnung, wird aber von der Realität nicht bestätigt.

Wenn man die heute allgemein zugänglich gemachten Berichte liest, die ehemalige Genossen aus dem Deutschen Reich an die Leitung der Exil-SPD schickten, wird man eher Noths Einschätzung bestätigt finden. Schon 1934 wird berichtet, wie begeistert die meisten Jugendlichen in der nationalsozialistischen Erziehung aufgingen und dabei »ihre eigene Unfreiheit und den auf sie ausgeübten Zwang durchaus nicht« empfinden.[42] Im Jahr 1937 werden die Motive der Jugendlichen von einem achtzehnjährigen Gefolgschaftsführer der Hitler-Jugend wohl zutreffend benannt:

> »Die Jungen sind zwar begeistert, aber es ist nicht die Idee des Nationalsozialismus, die sie innerlich beseelt, es ist die Begeisterung für den Sport, für die Technik, für die Romantik, für das Exerzieren usw.«[43]

Diese privat-subjektive Ebene, nicht die politische, war vielen emigrierten Intellektuellen wohl nicht zugänglich. Mit Begriffen wie »Schwäche«, »Denkunfähigkeit«, »Verführung« reagierten viele Hitler-Gegner enttäuscht und aggressiv auf diese verbreitete Widerstandslosigkeit gegen, ja vielfach sogar Begeisterung für den »neuen Staat«. Sie bedurfte allerdings um so mehr der Erklärung, als die junge Generation vor 1933 ein ganz anderes Bild geboten und von sich entworfen hatte. Sie stellte sich als kühl, handlungsorientiert, pragmatisch, antiindividualistisch, mit einem zeitgenössischen Schlagwort: als »sachlich« dar.[44] Typisch dafür war Frank Matzkes weit verbreitetes Buch mit dem trotzigen Titel: »Jugend bekennt: so sind wir!« (1930). Hier sind die Schlüsselbegriffe des Selbstverständnisses: Sachlichkeit, Einsamkeit, Sport, Technik, Kameradschaftsehe usw. Die andere Seite dieser Sachlichkeit, daß sie nämlich nur die Außenseite einer tiefsitzenden irrationalen Unterordnungsbedürftigkeit war, wird aber auch schon bei Matzke sichtbar. So heißt es über

> »uns [...] die Herren von morgen. [...] Modern in Wirklichkeit aber ist jene andere Haltung, in der viel Soldatisches steckt: Dienst in einem Ganzen, Unterordnung im Äußerlichen, Rechtschaffenheit und Pflichterfüllung auch dort, wo diese Pflicht nicht vorerst sich selbst begründete und legitimierte.«[45]

Die Abwendung von der Weimarer Gesellschaft und Politik war ja mit einem tiefen Bedürfnis nach Integration verknüpft, wobei in spezifisch deutscher Tradition dies auch eine Integration in militärische Unterordnung war – etwa in der heroisierten Gestalt des soldatischen Arbeiters bei Ernst Jünger.[46] Die Möglichkeit zur Identität durch Identifikation boten die Jugendorganisationen der NSDAP in hohem Maße. Zugleich wurde aber dort der bis dahin immer wieder betonte Generationsgegensatz für beendet erklärt und damit der Sonderstatus der sich für unabhängig haltenden jungen Generation abgeschafft: das Jugendalter, das sich als eigenständige Lebensphase der Industriegesellschaft zu konstituieren begann, wurde faktisch verboten, indem die Jugendorganisationen zu einer Formation von vielen im formierten Staat gemacht wurden.[47] Nun hieß es: »Schluß mit dem Kampfe der Generationen, und [...] Einordnung der gesamten Jugend in Volk und Staat als ›Stand der jungen Mannschaft‹.«[48]

Die subjektive Stimmung unter den »Betroffenen« gaben eher Publikationen wie die von Karl Rauch: »Schluß mit ›junger Generation‹!« (1933), Kurt Maßmann: »Wir Jugend! Ein Bekenntnisbuch der deutschen Nachkriegsgeneration« (1933) oder das sehr umfangreiche von E. Günther Gründel: »Die Sendung der jungen Generation. Versuch einer umfassenden revolutionären Sinndeutung der Krise« (1932) wieder. Sie beschrieben die psychosoziale Entwicklung der Jugend durchaus realitätsnah, steuern aber eine Utopie, den »neuen Menschen« an. Sie bestätigen den von Noth diagnostizierten, blind-gläubigen, realitätsvergessenen Aktionismus (»Was uns treibt ist nicht wäg- und meßbar«). Ihr nebulöser Gefühlssozialismus vom »neuen Menschen«, der der »lebendige Mensch in seiner Ganzheit« sein soll, bei dem weit mehr als seine Intelligenz [...] sein Charakter (gilt)«[49], erinnert fast wörtlich an Hitlers »Mein Kampf«[50]. Radikalität äußerte sich als (politisch angepaßtes) Analyse-Verbot:

»Man werfe alle die vergangene Modeliteratur über die Jugend und ihre ›Probleme‹ auf den Müllhaufen! ... Wir bieten keine Probleme und wir haben keine Probleme im Sinne dieser psychoanalytischen Sensationsliteratur! Wir kennen nur das eine ›Problem‹, die Schicksalsfrage: DEUTSCHLAND!«[51]

Schlußpunkt der organisatorisch längst vollzogenen »Lösung« der Jugendfrage war dann Baldur von Schirachs Buch über »Die Hitlerjugend« (1934).[52]

Noths Buch über die deutsche Jugend war für ein französisches Publikum geschrieben und traf dort auf eine andere Erwartung. Weder gab es 1934 eine scharfe Lagerspaltung der Intellektuellen (wie bei den Deutschen noch in der Emigration), noch spielte der Aufbau einer eigenen faschistischen Ideologie eine große Rolle.[53] Im Frühjahr 1933 erschien in Paris die französische Übersetzung des Buches von Gründel.[54] Die Rezensionen dokumentieren Interesse, aber zugleich auch cartesianisch-strenge Zurückweisung von Gründels Mystik. Die empirischen Beschreibungen des Alltags und Seelenzustandes der deutschen Jugend seien gut und schön, schreibt ein Kritiker, doch die Theorien blieben vage. Was ist diese »Sendung«, diese »deutsche Revolution«, außer daß sie deutsch ist? »... le sens de la nouvelle révolution préconisé nous échappe. Qu'elle soit allemande, profondément allemande, soit; ... mais en quoi consistera-t-elle?«[55] Im großen und ganzen herrschte in Frankreich noch das seit Madame de Staël (»De l'allemagne«, 1810) klassische Deutschland-Bild: man sah dort schwerfällig-gemütliche Kleinstadtgotik, gekoppelt mit einem sehr erdenfernen Idealismus. Die verstiegene Nazi-Mystik schien, als sie offizielle Ideologie geworden war, »den eingestandenen oder geheimen Wünschen eines großen Teils des deutschen Volkes« zu entsprechen, wie Jules Romains schrieb, und André Gide notierte nach einer Deutschland-Reise, daß das deutsche Volk sich wohl »enthirnen« wolle.[56]

Schon seit Ende der zwanziger Jahre bereitete sich aber ein Wandel, geradezu eine Umkehrung in der gegenseitigen Einschätzung vor. Dies ist verknüpft mit dem Namen des Pariser Korrespondenten der »Frankfurter Zeitung«, Friedrich Sieburg. Sein Buch »Gott in Frankreich?« (1929; frz. »Dieu, est-il Français?«, Paris 1930) wurde in beiden Ländern viel gelesen, und es verbreitete nun ein ganz anderes Frankreich-Bild, denn es kam aus einer anderen deutschen Selbsteinschätzung. Es zeichnete ein hoffnungslos altmodisches, ein liebenswürdig-vertrotteltes, unmodernes Frankreich. Es ist »Zeichen einer vergehenden Welt« und bedarf der »Europäisierung«. Die aber ist der deutschen Jugend aufgegeben, die (und hier kommt das alte Klischee wieder zum Vorschein) »ins Unendliche« strebt, denn: »Nicht das Sein, sondern das Werden ist der deutsche Zustand.«[57] Das Buch machte auch in Frankreich Eindruck und zwar vor allem mit seinen Thesen über die Jugend. Sogar Gide meinte, daß »Deutschland den bei uns unverstandenen Vorzug der Jugend vor uns voraus« habe.[58] Man begann in Frankreich, den deutschen Jugend-Mythos ernstzunehmen.

Das in den Gegensatz alt-jung gefaßte neue deutsche Frankreich- und Selbstbild der Deutschen mußte natürlich in Frankreich dann besonderes Interesse wecken, als mit dem Nationalsozialismus die Partei die Macht übernahm, die sich als Ausdruck des »jungen« Deutschland verstand. Auch hier nahm Friedrich Sieburg wieder eine Schlüsselstellung ein. Zwar bestimme der »Antagonismus Frankreich-Deutschland ... den Zustand und das Schicksal Europas«, aber der Ausgang dieser Auseinandersetzung wurde in bester Revanchismus-Tradition umgekehrt. Frankreich sei ein »lebendiges Museum« und wir Deutsche könnten »wegen Frankreichs Ungeneigtheit, sich von seiner Vergangenheit zu lösen, nicht auf unsere Zukunft verzichten«.[59] Die Drohung war deutlich, wurde aber zunächst wegen der romantisierenden Idyllisierungen, die in Sieburgs Buch dominierten, wenig gehört. 1933 enthüllte sich, wo Sieburg das Neue sah: er war ein Mitläufer der Nazis noch vor der ersten Stunde. Schon im Januar 1933 hielt er in Paris einen Vortrag, in dem er das neue System als den Versuch bezeichnete, mit der Vergangenheit tabula rasa zu machen und einen Staat zu schaffen, der Industrialisierung und germanisches Bedürfnis nach mystischer Legitimation des Staates vereine. Einer seiner Zuhörer, der im französischen Unterrichtsministerium tätige Pierre Viénot hielt diesen, von Sieburg dann in seinem Buch »Es werde Deutschland« (1933) breiter ausgeführten Thesen entgegen, daß er das nicht so optimistisch sehen könne. Höflich und distanziert meinte der Franzose, daß dieses Ideal »zusammen zu marschieren, ohne zu wissen wohin [...] doch den beunruhige, der klare Ideen suche.« Es sei schwer zu glauben, daß diese Jugend nur von einem Militarismus an sich, »un militarisme gratuit«, ohne Gedanken an einen tatsächlichen Krieg angezogen werde.[60] Traditionelle Skepsis bestimmte das Verhältnis der Franzosen zum Nachbarn im Osten.

Diesen mißtrauischen Vorbehalten und den in Frankreich üblichen rationaleren Kategorien kam Noths Analyse viel eher entgegen. Sie wurde weithin zur Kenntnis genommen und war wohl sicher wirkungsvoller, als es eine lakonisch-überhebliche Rezension in der mittlerweile ebenfalls in Paris herausgegebenen »Zeitschrift für Sozialforschung« vermuten ließ.[61] Wie erhellend Noths Analyse gerade auf nicht-deutsche Leser wirkte, die von den Befangenheiten vieler Emigranten frei waren, zeigen auch die begeisterten Äußerungen des holländischen Kritikers Menno ter Braak, der Noth positiv gegen Klaus und Heinrich Mann abhob.[62] Der französische Germanist Edmond Vermeil betonte, daß Noths Buch dabei helfe, die undurchsichtigen Vorgänge »outre-rhin« zu verstehen – »tout s'y expliquera par la misère des jeunes«. Gleichschaltung, Aufgabe des Individualismus und vieles andere half Noth begreiflich zu machen.[63] Andere Rezensionen[64] und Vorabdrucke einzelner Kapitel bezeugen eine breite Wirkung, die durch die Koinzidenz von Erscheinungsdatum und den Juni-Morden 1934 noch aktualisiert wurde.[65]

V Eine neue Identität: Trennung des »Menschen«
   vom »Parteigänger«

Das Jahr 1935 bedeutete für Noth die erfolgreiche Etablierung in der französischen Literaturszene. Durch sein Buch und verschiedene Zeitschriftenaufsätze war er bekannt geworden. Er erhielt nun eine Einladung, bei den »Dekaden der Abtei von Pontigny«, wo sich die Crême der französischen Intelligenz gelegentlich zu Diskussionen traf, einen Vortrag zum Thema des »Asketismus in der gegenwärtigen Jugend« zu halten.[66] Die französische Übersetzung der »Mietskaserne« wurde u. a. von Eugène Dabit, dem populistischen Autor und Freund André Gides, zustimmend besprochen und nach französischem Geschmack freilich eher als »récit«, denn als »roman« gewürdigt.[67] Dabits thematisch verwandter Roman »Hotel du Nord« (1929) wurde später durch die Verfilmung von Marcel Carné (1938) berühmt. – Gleichfalls 1935 wurde Noth (als einziger Ausländer) Redakteur der avantgardistischen Kulturzeitschrift »Cahiers du Sud« in der er über Kurt Weill, Darius Milhaud, Carl von Ossietzky und auch den Nachruf auf den schon 1936 während einer Rußlandreise (mit Gide) verstorbenen Eugène Dabit schrieb.[68]

Auch andere Zeitschriften öffnete sich Noth, so »Vendredi«, die die politische »front populaire« durch eine intellektuelle unterstützen wollte und die Literaturzeitschrift »Les Nouvelles Littéraires«. In den Beiträgen Noths verlagert sich der Schwerpunkt deutlich von der Politik auf die Literatur, und hier treten neben die deutschen (Kracauer, Feuchtwanger, Glaeser, Roth, A. Zweig) französische Gegenwartsautoren und zwar vornehmlich solche, die eine recht politikferne Haltung einnahmen: Marie Mauron, Jean Giono, Ferdinand Ramuz.[69] Daß Noth diese ausgesprochen regional verwurzelten Autoren bevorzugte, ist einmal damit zu erklären, daß die Landschaft der Provence (wo er seit 1933 in der Nähe von Aix-en-Provence lebte) seinem Bedürfnis nach Heimat und Menschlichkeit entgegenkam. Diese Hinwendung zum Land ist für den Großstädter Noth zwar überraschend, aber auch als Ausgleich zu den Erfahrungen des Mietskasernensprößlings völlig verständlich.[70] Noth wählte zudem mit der Provence nicht reine Natur, sondern eine Landschaft, die seit Petrarca literarisches und künstlerisches Thema gewesen war. Mit dem Künstler-Klima der Provence kam Noth über den späteren Cézanne-Biographen John Rewald in Kontakt (dem er seinen zweiten Roman diktierte), hielt sich allerdings von einer weitgehend deutschen Malerkolonie in Château-Noir nahe seinem Wohnort Le Tholonet ziemlich fern.[71]

Daß die geographische Identitätssuche Noth in eine abgelegene Provinz führte, war aber auch mehr als ein Zufall: es war Symbol seines Willens, abseits zu stehen. Dies kommt deutlich zum Ausdruck in zwei Interviews mit dem französischen Großkritiker (und Chefredakteur der »Nouvelles Littéraires«) Fréderic Lefèvre, von denen das erste ebenfalls 1935 stattfand und eine Art Entrébillet in die französische Literaturwelt für Noth bedeutete. In Lefèvres Rubrik »Une heure avec...« waren von deutschen Autoren sonst nur Joseph Roth und –

Nietzsche dem französischen Publikum vorgestellt worden.[72] Das Bild, das Lefèvre von Noth entwarf, war das eines schlichten, exzellent französisch sprechenden, kultivierten Deutschen, der weder Jude noch politisch gebunden war und der für die traditionellen französischen Kulturwerte: Geistesfreiheit und Zivilisation, gegen die Bedrohung des Menschen durch die Politik eintritt. Ein eigenartiges Bild von den deutschen Emigranten in der französischen Öffentlichkeit wird sichtbar, wenn Lefèvre sein Erstaunen schildert, daß Noth so gar nicht jüdisch aussehe. Zum andern verwundert heute, daß er Noth gegen den – bisher sonst nicht weiter belegten, aber offenbar erhobenen – Vorwurf in Schutz nimmt, er sei ein enttäuschter Hitleranhänger. Noth hat in dem Interview noch einmal Gelegenheit, seine Thesen zu entwickeln, daß die deutsche Jugend schon vor Hitler durch die Verhältnisse barbarisiert worden sei und daß er zwar Sympathie für die Verratenen empfinde, aber nicht für die Nazis. Die Titel seiner damals gerade neu erscheinenden Romane geben sein Selbstbild wieder: »Der Einzelgänger« (Zürich 1936; frz. »Un homme à part«, 1936) und »La voie barrée« (1937; dt. »Weg ohne Rückkehr«, 1982). Insbesondere den zweiten Roman sah er als Abschied sowohl von seiner deutschen Vergangenheit wie aus der deutschen Literatur, die ihm von der Politik bedroht schien (und damit meinte er auch die deutschen Exilverlage, die nur eines seiner Werke veröffentlicht hatten).[73]

In diesen Interviews (ein zweites folgte 1938) findet eine Abkehr Noths von der engagierten Analyse statt, sein Rückzug auf die Analyse des Engagements. Während andere deutsche Emigranten gerade ab 1935 zu der Überzeugung kamen, daß an einen schnellen Sturz des Dritten Reiches nicht zu denken sei und sie sich daher verstärkt ins politische Engagement stürzten (wofür der »Kongreß zur Verteidigung der Kultur« 1935 in Paris mit dem Auftreten der Elite der Emigration das äußere Signal war), verlief Noths Entwicklung gerade umgekehrt, aber für seine Person konsequent. Noth hatte schon die Hinwendung der deutschen Jugend zum Nationalsozialismus in seiner »Tragédie« so zwingend und intensiv beschrieben, ihre Bereitschaft zu folgen und die machtbewußte Führungstaktik der Nazis so überzeugend dargestellt, daß die Hoffnung auf eine »Zweite Revolution«, auf eine Selbstreinigung aus dem Volk heraus im Grunde unwahrscheinlich blieb. Während er die Haltung der Massen verständnisvoll – wenn auch kritisch – schilderte, so wandte er sich doch scharf gegen die Intellektuellen, die ihre Pflicht zu Frage und Zweifel zugunsten der Propaganda verrieten. Dies meinte er nicht nur in Bezug auf die Nazidichter, sondern in seinem Bericht über den »Kongreß zur Verteidigung der Kultur« auch zu den Intellektuellen, die ihre humanistischen Grundsätze im Blick auf die Sowjetunion (etwa im Fall des verhafteten Victor Serge) taktisch einschränkten.[74] Noth entwickelte zunehmend eine radikale Position der unbedingten Verteidigung der Geistesfreiheit, mit der er sich von den tatsächlichen politischen Fronten entfernte. Den Geist zu verteidigen, ohne die Methoden der Angreifer zu übernehmen, das bedeutete in der aktuellen Situation auch, ihn bis zu einem gewissen politikfernen, abstrakten Grad zu entleeren. Noth stellte diese Gefahr in seinen Romanen dar. Der Held in »La voie barrée«, der das Recht auf Leben und private Idylle gegen kämpferische Parteigänger aller Schattierungen von links bis rechts behauptet, der sich im Nazideutschland fremd, in seiner neuen provenzalischen Exilheimat zwar frei, aber nicht weniger fern von sich fühlt, kann seine einsame Freiheit nur in einer Maske aus Gefühlskälte und Zynismus bewahren: das Wissen, nur einen Aufschub vor der großen Katastrophe für sich erreicht zu haben, macht ihn allen gegenüber zum Fremdling.[75]

Im Roman führt Noth Rede und Gegenrede und vor allem die psychologischen Konsequenzen seiner isolierenden Haltung eindrucksvoller und realistischer aus als in seinem Essay »L'Homme contre le Partisan« (1938). Hier schließt er sich der Tradition französischer Moralistik, konkreter: der Argumentation Julien Bendas in dessen »La trahision des clercs« (1927) an. In dieser Kontinuität von romanischer »civilisation«, wo der bürgerliche »citoyen« und »écrivain« seine feste Stelle im liberalen Kapitalismus innehat, findet Noth den Standpunkt, von dem aus er Faschismus und Kommunismus als kaum unterscheidbare totalitäre Systeme brandmarken kann. Der Mensch, das ist der Intellektuelle, dessen »ewige Mission« in der Bewahrung seiner moralischen und künstlerischen Integrität besteht, die gerade im Exil sich in der Konzentration auf das künstlerische Werk bewähren soll, das auch dem vorübergehend (und nicht ohne eigenen Willen) geknechteten Volk, aber nicht nur einer Partei zu dienen hat.[76]

Die hellsichtige Analyse der totalitären Diktaturen überzeugt hier mehr als die dagegen aufgebaute positive Position, die die Thesen des bürgerlichen Individualismus auf eine Weise überspitzte, die auch in der französischen Kritik Skepsis hervorrief. Noths Integrationswille, seine Überhöhung der französischen Kultur und Gesellschaft zum Hort der Freiheit und Menschenwürde, ließ ihn hier für manche Aspekte vorübergehend blind werden. Der komplexen Realität näher war er in seinem nächsten Roman, »Le désert« (1939), der, gleich auf Französisch niedergeschrieben, seinen endgültigen Eintritt in die französische Literatur markieren sollte. Die Schwäche des isolierten Einzelnen wird hier als absolute Leere und Kälte spürbar; der Entschluß, dem Engagement abzusagen, führt nicht mehr in eine private Idylle (wie noch in »La voie barrée«), sondern in eine eisige Stille ohne Liebe, Freunde, politische oder metaphysische Bindung. Die Flucht vor dem Engagement (die auch eine Flucht vor Liebe und menschlicher Wärme ist) führt aus der Gegenwart zur Beschäftigung mit der Geschichte. Diese ist nicht – wie in anderen Exilromanen – positives Exempel, sondern (am Beispiel des dreißigjährigen Krieges) negatives Präludium einer schlimmeren Gegenwart. Konsequent endet der Held in der Selbstvernichtung.

Es wäre kurzschlüssig, hier Erzähler und Autor einfach zu identifizieren, und das Buch – verständlich aus der Perspektive eines engagierten Zeitgenossen – einfach als einen Roman des Defätismus zu lesen.[77] Gerade in der Entstehungszeit des Romans 1938/39 war der Autor Noth außerordentlich aktiv darin, dem französischen Publikum die Werke der besseren, d. h. emigrierten deutschen Schriftsteller vorzustellen.[78] In dieser Zeit der Krise und Gewißheitssuche, als der Vertrag von München und schließlich der Hitler-Stalin-Pakt die hergebrachten Parteifronten erschütterte,[79] benutzte Noth das Medium des Romans, um die radikale Verlassenheit eines Intellektuellen darzustellen. Es war die Zeit der Parteiwechsel, als auf kommunistischer Seite etwa W. Münzenberg, A. Koestler, Manès Sperber die Partei verließen, auf der anderen auch einige Emigranten wieder nach Deutschland zurückkehrten. Noth registrierte diese Form der heimwehkranken Rückflucht bei Ernst Glaeser und Bernhard von Brentano.[80] Auch die Flucht in den Glauben (wie sie Döblin und Werfel später vollzogen) war keine Alternative für Noth, der in Frankreich engen Kontakt zu katholischen Kreisen hatte (Pater Bruckberger, Gabriel Marcel, Georges Bernanos) und der zumindest in »Le désert« eine seiner Romanfiguren diesen Weg (der auch einer aus der Welt heraus ist) gehen läßt. Noths Position läßt sich am ehesten noch mit dem Gefühl existenzieller Fremdheit des sich seiner totalen Freiheit und damit Einsamkeit bewußt werdenden modernen Intellektuellen in Bezug setzen, wie sie ein Jahr früher (und im gleichen Verlag) von Jean Paul Sartre in »La nausée« (1938) ohne alle politischen Bezüge dargestellt worden war. Die Bewußtwerdung existenzieller Ausgesetztheit und Verlorenheit über (oder: hinter, unter) den politischen Fronten kennzeichnete in jenen Jahren viele Autoren konträrer politischer Einstellungen. Man kann Beziehungen – nicht Identitäten – herstellen zu der Kommunistin Anna Seghers (»Transit«, 1944), zu dem Konservativen Ernst Jünger (»Auf den Marmorklippen«, 1939), aber auch zu Werken der »jungen Generation« im faschistischen Deutschland (W. Koeppen, H. Lange, E. Nossack).[81] Dieses, nur unzulänglich als »existenziell« zu bezeichnende Lebensgefühl findet sich auch im Bereich des Unterhaltungsromans (E. M. Remarque, G. Simenon, E. Ambler, G. Greene). Es war eine Zeitstimmung, die in den Werken von Sartre oder Camus (»L'étranger«, 1942) auch ungehindert die deutsche Zensur in Paris passieren konnte.[82] Noth aber war wohl der erste deutsche Autor, der dies zeitgeschichtlich bedingte Krisengefühl als existenziellen Ausdruck der sozialen und psychischen Lage des modernen Intellektuellen darstellte.

Die Zeitereignisse forderten allerdings von Noth Parteinahme unter Androhung von Lebensgefahr. 1939 wurde er, wie im Schriftwechsel zwischen Gestapo und deutscher Botschaft in Paris abzulesen ist, allein aufgrund seiner deutschsprachigen Schriften ausgebürgert.[83] Die geistige Isolation des Intellektuellen war die eine Seite. Die reale Rechtlosigkeit des emigrierten Intellektuellen war eine andere, weitaus brutalere. Der Emigrant Paul Krantz, der in Frankreich eine ebenfalls emigrierte deutsche Sängerin geheiratet hatte, wurde bei Kriegsausbruch schematisch wie alle sogenannten »feindlichen Ausländer« in Frankreich interniert. Noth kam nach Les Milles, wo später u. a. Lion Feuchtwanger, Walter Hasenclever und Max Ernst festgesetzt waren. Noth wird schon nach wenigen Tagen entlassen und versucht nun in Zeitungsartikeln und einer Broschüre, für eine differenziertere

Behandlung der in Frankreich lebenden Deutschen – je nachdem, ob sie Anhänger oder Gegner Hitlers waren, – einzutreten. Dies blieb erfolglos;[84] dafür brachte ihm seine sehr verständnisvolle, profranzösische Haltung, mit der er zwischen Internierung und deutscher KZ-Haft polemisch unterscheiden wollte, Anfeindungen von anderen Internierten ein, die z. T. längere und härtere Erfahrungen gemacht hatten. Nach der Okkupation 1940 wurde Noth erneut interniert, konnte im allgemeinen Chaos abenteuerlich entkommen und verbarg sich in Klöstern und bei seiner Familie in Aix. 1941 gelang ihm mit ihr zusammen die Flucht in die USA. Literarisches Ergebnis dieser Zeit war die tagebuchartige Chronik »La guerre pourrie« (1942), die neben Feuchtwangers und Döblins Berichten eines der anschaulichsten Zeugnisse dieser Zeit ist.[85] In kurzen Szenen schildert Noth die allgemein defätistische oder sogar pronazistische Stimmung in Frankreich 1939/40, die überhaupt nicht zu seinem Idealbild der verteidigungsbereiten lateinischen Zivilisation passen wollte. Er war gezwungen, vom »Menschen« wieder zum »Parteigänger« zu werden. Schon 1939 sah er in seinem Buch »L'Homme contre le Partisan« einen »effort donquichottesque«, dessen Veröffentlichung er am liebsten verhindert hätte. Durch die Propaganda Goebbels' sei dieser Krieg beschmutzt (»pourrie«) und damit Noths Ideal verraten worden. Die beginnende Résistance läßt Noth dennoch an einen Sieg glauben, der nachzuholen hat, was die in Deutschland ausgebliebene Revolution versäumte.[86]

Die enttäuschte Parteinahme Noths fixiert sich zunehmend auf ein Deutschland, von dem er auch nach 1945 noch eine mögliche nationalistische Bedrohung ausgehen sieht. In zwei essayistischen, extrem parteilichen Pamphleten gegen ein unabhängiges Deutschland, das über kurz oder lang auch ein wiederaufgerüstetes sein würde, verstieß er 1947 gegen die Neuorientierung der amerikanischen Politik, so daß er seinen Posten in der deutschen Abteilung des Rundfunksenders NBC verlor.[87] Nach einigen Anfangsschwierigkeiten hatte Noth dann als Literaturprofessor und wissenschaftlicher Journalist Erfolg in den USA, wurde aber nie dort heimisch.[88] Ohne seine Familie kehrte er, Stellung und Einkommen aufgebend, 1963 wieder nach Frankreich zurück, wo er in dem Roman »Le passé nu« (1965) den autobiographisch gefärbten Enttäuschungsprozeß, der von der Kindheit in der Weimarer Republik über die Nazizeit in die französische Emigration und schließlich in die USA führt, exemplarisch überhöht schildert. 26 Jahre nach »Le désert« äußerte sich der Pessimismus des Autors nun zwar handlungsstärker, aber noch genauso intensiv. In seinen »Mémoires d'un Allemand« (1971) nimmt er in einer scharfen, fast zynischen »Autocritique d'un auteur engagé«[89] (die in der deutschen Fassung merkwürdigerweise fehlt) auch die früher noch bewahrten Ideale zurück: die antihitlerische Sache hat zwar gesiegt, aber ohne die Gerechtigkeit noch länger auf ihrer Seite zu haben; auch der Sehnsuchtsort der Provence erscheint ihm nun nachträglich ein »pseudoparadis«.

Nach Deutschland kehrte er 1971 zurück, um als Gastprofessor an der Universität Frankfurt/M. und als wissenschaftlicher Autor sich nun auf Exilliteratur zu spezialisieren. Als »unbequemer Zeuge und Mahner«[90] für die Generation der Enkel sah er sich nun. Endgültig als Fremder kehrte er in das Land zurück, in dem nur noch sehr wenige lebten, die das Privileg hatten, ihn als den »Paul Krantz« zu kennen und anzureden, als der er 50 Jahre früher aus einem inneren ins äußere Exil aufgebrochen war. Doch alle Bitterkeit und manchmal fast zynische Skepsis im persönlichen Gespräch können den Eindruck nicht verwischen, den seine vitale Persönlichkeit und die Konsequenz seines Lebenswegs – gerade auch im Aushalten zermürbender Desillusionierungen – auf diese »Enkel« hinterlassen hat.

1 Ernst Erich Noth, *Erinnerungen eines Deutschen*, Hamburg und Düsseldorf 1971, S. 256, 282. — **2** Ernst Erich Noth, *Mémoires d'un Allemand*, Paris 1970, S. 421. Diese ganze Passage einer überaus harschen Selbstkritik fehlt in der deutschen Ausgabe. — **3** Noth, *Erinnerungen*, a.a.O., S. 9. — **4** Ebd., S. 94. – Zum Steglitzer Schülermordprozeß siehe auch T. Lange in T. Koebner (Hg.): Mit uns zieht die neue Zeit... (ed. suhrkamp, 1985). — **5** Frank Matzke, *Jugend bekennt: So sind wir!* Leipzig 1930, S. 48. — **6** Vgl. Noth, *Erinnerungen*, a.a.O., S. 206. – Albert Magnus, Mietskaserne. In: *Frankfurter Zeitung* vom 27. 7. 1930, Jg. 74, Nr. 552, S. 3–4. - Albert Magnus, Über die Rheinschiffahrt. In: *Frankfurter Zeitung* vom 29. 6. 1930. — **7** S. dazu Noth, *Erinnerungen*, a.a.O., S. 235. — **8** Ernst Erich Noth, *Die Mietskaserne* 1931, zit. nach der Neuausgabe Stuttgart 1982, S. 315. — **9** Wilhelm Pinder, *Das Problem der Generation in der Kunstgeschichte Europas*, Berlin 1926. - Erich Günther-Gründel, *Die Sendung der jungen Generation. Versuch einer umfassenden, revolutionären Sinndeutung der Krise*, München 1932. — **10** Paul Krantz/d. i. Ernst Erich Noth, *Die Gestalt des jungen Menschen im deutschen Roman der Nachkriegszeit*. Inaugural-Dissertation zur Erlangung der Doktorwürde der Philosophischen Fakultät der Johann Wolfgang Goethe-Universität Frankfurt/M. Typoskript, S. 161; s. auch S. 27, 113. — **11** Ebd., S. 148, 159, 162, 82. — **12** Ebd., S. 68, 180. — **13** Noth, *Erinnerungen*, a.a.O., S. 191, 196; zur Beziehung Döblin-Mannheim s.: Wulf Köpke, Alfred Döblins Überparteilichkeit. Zur Publizistik in den letzten Jahren der Weimarer Republik. In: Thomas Koebner (Hg.), *Weimars Ende*, Frankfurt/M. 1982, S. 318–329. — **14** Noth, *Erinnerungen*, a.a.O., S. 240 ff. – Interview von Ernst Erich Noth mit Klaus Schöffling, in: Klaus Schöffling (Hg.), *Dort wo man Bücher verbrennt*, Frankfurt/M. 1983, S. 400–411. — **15** Noth, *Erinnerungen*, a.a.O., S. 206. — **16** Ebd., S. 251 ff. — **17** So etwa Hans Natonek in einer Rezension von Noths Roman »Le désert«, in: *Das Neue Tage-Buch*, vom 2. 3. 1940, S. 212; oder Alfred Döblin in einer Anspielung auf Noths Buch »La guerre pourrie« (1942) in einem Brief an Hermann Kesten vom 10. 1. 1943. In: Hermann Kesten (Hg.), *Deutsche Literatur im Exil. Briefe europäischer Autoren 1933–1945*. Zuerst 1964, Frankfurt/M., Fischer TB 1993, S. 177. — **18** Noth, *Erinnerungen*, a.a.O., S. 73 ff. — **19** Ebd., S. 257. — **20** Ebd., S. 281. — **21** Herbert R. Lottmann, *La Rive gauche* (Zuerst: The Left Bank, New York 1981), Paris 1981, S. 64 ff. - S. auch Margrit Zobel-Finger, Die Rolle der deutschen Emigranten. In: Karl Kohut (Hg.), *Literatur der Résistance und Kollaboration in Frankreich. Geschichte und Wirkung I. 1930–1939*, Wiesbaden 1982, S. 99–112. – Arthur Koestler, *Als Zeuge der Zeit*. Bern und München 1982, S. 208. — **22** Zu dem ich eine ausführliche Darstellung vorbereite. — **23** In: *Les Nouvelles Littéraires* vom 30. 6. 1934, S. 4. — **24** Z. B. Georg Bernhard, *Die Deutsche Tragödie. Der Selbstmord einer Republik*. Prag 1933. - Albert Grzesinski, *La tragédie de la République allemande*, Paris 1934. - Hubertus Prinz zu Löwenstein, *Die Tragödie eines Volkes. Deutschland 1918–1934*, Amsterdam 1934. – S. auch zur zeitgenössischen Schuld-Kontroverse: Sigrid Schneider, *Das Ende Weimars im Exil-Roman*. München – New York – London – Paris 1980, S. 16 ff. — **25** Ernst Erich Noth, *La tragédie de la jeunesse allemande*, Paris 1934, S. 31 ff. – Ich zitiere im folgenden nach dieser Ausgabe und meiner eigenen Übersetzung. In einer wirklich »tragisch« zu nennenden Koinzidenz wurden kurz nach Noths Tod, Anfang 1983, von Pierre Foucher, dem besten Kenner der deutschen Emigration in Aix-en-Provence, eine große Menge von Papieren und Manuskripten bei früheren Bekannten Noths in Aix entdeckt. Tragisch ist dies deshalb, weil sich darunter die verloren geglaubten deutschen Urschriften zu *La voie barrée* und der *Tragédie de la jeunesse allemande* befinden, von Büchern also, an deren Übersetzung Noth in seinen letzten Jahren arbeitete. Bedauerlicherweise untersagt bisher Claudia Noth, Ernst Erich Noths Witwe, jede wissenschaftliche Verwendung dieses unschätzbaren Materials. Es ist im Interesse des Werks von Noth zu hoffen, daß der Zugang dazu bald geöffnet werden wird. — **26** Noth, *tragédie*, a.a.O., S. 46. — **27** Ebd., S. 65; ders., *Gestalt*, a.a.O., S. 147 ff. — **28** Noth, *tragédie*, a.a.O., S. 100. — **29** Ebd., S. 101. — **30** S. Eike Henning, *Bürgerliche Gesellschaft und Faschismus in Deutschland. Ein Forschungsbericht*. Frankfurt/M. 1977, S. 208. – Eberhard Schanbacher, Wahlsoziologische Aspekte des Aufstiegs der NSDAP. In: *Informationen für den Geschichts- und Gemeinschaftskundelehrer 22*, Frankfurt/M. 1981, S. 28–47. – Klaus Schönkäs, Tagungsbericht: *Jugend auf dem Weg ins Dritte Reich*, 14.–16. Dezember 1979, Frankfurt/M., Institut für historisch-sozialwissenschaftliche Analysen e. V. – Auf dieser Tagung wurde von Barbara Stambolis ein Referat gehalten, dessen Vortragsmanuskript sie mir dankenswerterweise zur Einsicht überließ. Ebenso gab sie mir wichtige Literaturhinweise, wie auf Peter Loewenberg, The Psychohistorical Origin of the Nazi Youth Cohort. In: *American Historical Review*, 76,2, (1971), S. 1457–1502; hier bes. S. 1484 ff. — **31** Noth, *tragédie*, a.a.O., S. 73 f. — **32** Hermann Giesecke, *Vom Wandervogel bis zur Hitlerjugend*. München 1981, S. 141 ff., 152. — **33** Noth, *tragédie*, a.a.O., S. 85. — **34** Ebd., S. 112, 145. — **35** Ebd., S. 152, 239, 245. — **36** Ebd., S. 254. — **37** Vgl. dazu Hans-Albert Walter, Das Bild Deutschlands im Exilroman. In: *Die Neue Rundschau*, 77 (1966), H. 3, S. 437–458. – Gisela Berglund, *Deutsche Opposition gegen Hitler in Presse und Roman des Exils. Eine Darstellung im Vergleich mit der historischen Wirklichkeit*. Stockholm 1972, S. 122, 274 f., 284 ff. – Schneider, a.a.O., S. 10 ff. — **38** Ernst Erich Noth, Les débuts du quatrième Reich. In: *Europe nouvelle*, Nr. 864 vom 1. 9. 1934, S. 881–883. – Sehr ähnliche Tendenzen vertritt Noth in: Le quatrième Reich, in: *Europe*, Nr. 145 vom 15. 1. 1935, S. 113–119. — **39** Bernhard, *Deutsche Tragödie*, a.a.O., S. 127 ff. — **40** Heinrich Mann, Betrug an der Jugend. – Zuerst unter dem (bezeichnenden) Titel: Hereingefallene Jugend, am 3. 5. 1934 in der *Neuen Weltbühne*. – Zit. n. ders.: *Verteidigung der Kultur. Antifaschistische Streitschriften und Essays*, Hamburg 1960, S. 48. — **41** Klaus Mann, *Die Kriegs- und Nachkriegsgeneration*. Vortrag, New York 1938. Zit. n. ders., *Jugend und Radikalismus*. Aufsätze, hg. von Martin Gregor-Dellin, München 1981, S. 65. — **42** *Deutschland-Berichte der Sozialdemokratischen Partei Deutschlands* (SOPADE), hg. von Klaus Behnken, Frankfurt/M. 1980, 7 Bde. Jg., 1934, S. 555. S. 550–580 findet sich ein ausführlicher Bericht: Die Jugend im Dritten Reich. — **43** Deutschland-Berichte, a.a.O., Jg. 1937, S. 843. — **44** Vgl. Giesecke, a.a.O., S. 170 f. — **45** Matzke, a.a.O., S. 7, 96 f. — **46** Giesecke, a.a.O., S. 171 f., 175 f. – Vgl. Jüngers Buch »Der Arbeiter«, 1932. Dazu: Thomas Koebner, Die Erwartung der Katastrophe. Zur Geschichtsprophetie der »neuen Konservativen« (Oswald Spengler, Ernst Jünger). In: ders. (Hg.), *Weimars Ende*, a.a.O., S. 356. – S. auch: Thomas Lange, Literatur des technokratischen Bewußtseins. In: *Zeitschrift für Literaturwissenschaft und Linguistik*, Jg. 10 (1980), H. 40: Sachliteratur. S. 55. — **47** Giesecke, a.a.O., S. 204. — **48** Karl Rauch, *Schluß mit »junger Generation«!* Leipzig 1933, S. 119. — **49** Zitate aus Günther-Gründel, a.a.O., S. 331 ff. — **50** Vgl. Zitate bei Noth, *tragédie*, a.a.O., S. 157 ff. — **51** Kurt Maßmann, *Wir Jugend! Ein Bekenntnisbuch der deutschen Nachkriegsgeneration*. Berlin 1933, S. 78. — **52** Vgl. Giesecke, a.a.O., S. 186. — **53** H. Hofer, Die faschistische Literatur, in: Kohut, *Literatur der Résistance*, a.a.O., S. 113–145. – Lottmann, a.a.O., S. 98 ff. — **54** *La mission de la jeune génération*, beim Verlag Plon, bei dem wenige Jahre später die französischen Ausgaben von drei Romanen Noths veröffentlicht wurden. — **55** In: *Europe nouvelle*, vom 18. 3. 1933, S. 255. – Ähnliche Rezensionen in *Europe nouvelle* vom 26. 8. 1933, S. 814–817, oder H. D., Jeunesses européennes, in: *Europe nouvelle* vom 11. 8. 1934, S. 810–812. — **56** Jules Romains, *Le couple France – Allemagne*. Deutsche Bearbeitung, Berlin 1935, S. 21. – André Gide, *Tagebuch 1889–1939*, Bd. III, Stuttgart 1954, Eintragung vom 5. und 7. 4. 1933. — **57** Friedrich Sieburg, *Gott in Frankreich?* Frankfurt/M. 1929, S. 232 ff. — **58** Gide, a.a.O., S. 307–309. — **59** Sieburg, a.a.O., S. 260, 82, 15. — **60** F. Sieburg parle des forces en présence dans l'Allemagne d'aujourd'hui. Ein anonymer Bericht über diesen Vortrag in: *Europe nouvelle* vom 28. 1. 1933, S. 82. – Zu Sieburgs Rolle in Frankreich s.: Manfred Flügge, Friedrich Sieburg. Frankreichbild und Frankreichpolitik 1933–45. In: Jürgen Sieß (Hg.), *Vermittler. Deutsch-französisches Jahrbuch 1*. Frankfurt/M. 1981, S. 197–218. – Franz Schonauer, Der Schöngeist als Kollaborateur oder Wer war Friedrich Sieburg? In: Karl Corino (Hg.), *Intellektuelle im Banne des Nationalsozialismus*, Hamburg 1980, S. 107–119. — **61** Erich Trier in: *Zeitschrift für Sozialforschung*, Bd. IV, Paris

1935, S. 136: »zuweilen etwas an der Oberfläche der meist richtig wiedergegebenen Tatbestände«. – **62** Vgl. die Rezension von ter Braak, Het »Emigrantencomplex«, in: *Het Vaderland* vom 25. 11. 1934. Er bespricht dort Noths »Tragédie« und Klaus Manns »Flucht in den Norden«. Vgl. weiterhin zahlreiche Stellen im Briefwechsel von ter Braak mit Eddie du Perron, *Briefwisseling, 1930–1940*, deel III, Amsterdam 1962, S. 58, 61, 65, 93, 95 f., 422 u. ö. – **63** Edmond Vermeil, La Tragédie allemande et le Troisième Reich. In: *Europe nouvelle* vom 15. 9. 1934, S. 923–926. – **64** Max Castelli, E. E. Noth, La tragédie de la jeunesse allemande. Klaus Mehnert, La neunesse en russie soviétique. In: *Cahiers du Sud*, 21. Jg., (1934), Nr. 165, S. 647–650. – Kurt Tümer in: *La vie intellectuelle*, Bd. 35, April–Mai 1935, S. 258–260. — **65** *Europe nouvelle* vom 23. 5. 1934, S. 644–645. — **66** Lottmann, a.a.O., S. 60 ff. – Noth, *Erinnerungen*, a.a.O., S. 327. – Text des Vortrags in: *Cahiers du Sud*, 23 (1936), S. 5–17. — **67** Noth, *Erinnerungen*, a.a.O., S. 283, 294. – Dabits Rezension in: *Europe*, Nr. 153 vom 15. 9. 1935, S. 145. — **68** Noth, *Erinnerungen*, a.a.O., S. 272 f. – *Les Cahiers du Sud*, 22,1 (1935), S. 451–461; – 23 (1936), S. 751–753; – 24,1 (1937), S. 39–41. — **69** Über Edouard Aude in: *Les Nouvelles Littéraires* vom 29. 5. 1937; über Rilke: 3. 4. 1937, S. 9; Kracauer, 12. 6. 1937, S. 9; Feuchtwanger: 25. 9. 1937, S. 6; E. Glaeser: 10. 3. 1938, S. 6; Marie Mauron: 29. 10. 1938, S. 3; Jean Giono: 10. 1. 1938, S. 8; Ramuz: 25. 6. 1938, S. 9; Chamisso: 31. 9. 1938, S. 6; Bernhard von Brentano: 18. 3. 1939, S. 3. – Zu *Vendredi* vgl. Lottmann, a.a.O., S. 133–138. – Noth in Vendredi: *Littérature d'exil*, Nr. 47 vom 25. 9. 1936, S. 4; Nr. 70, 5. 3. 1937, S. 7; 5. 8. 1938, S. 5. — **70** Noth, *Erinnerungen*, a.a.O., S. 11 ff. — **71** Vgl. Noth über Rewald in: *Cahiers du Sud*, 23 (1936), S. 673–676. Und in: *Les Nouvelles Littéraires* vom 6. 5. 1939, S. 3. – Zu den Beziehungen Noths zu Rewald und anderen Emigranten in Aix sowie zu seinem persönlichen Auftreten, das sich in der Erinnerung seiner Zeitgenossen geradezu konträr zu seiner Selbstdarstellung in Romanen und Autobiographie verhält, vgl. Pierre Foucher: Emigrés allemands et autrichiens en Pays d'Aix (1933–1939), in: *Cahiers d'études germaniques* (1981), Nr. 5, Université de Provence, S. 277 f.; – sowie ders.: dass., ungedruckter Teil seiner mémoire de maîtrise, Typoskript Aix-en-Provence 1980, S. 79–85. — **72** *Les Nouvelles Littéraires:* Une heure avec Joseph Roth, 2. 6. 1934, S. 6; Une heure avec Nietzsche, 14. 3. 1936, S. 4. — **73** Noth, *Erinnerungen*, a.a.O., S. 295. – Frédéric Lefèvre, Une heure avec Ernst Erich Noth, in: *Les Nouvelles Littéraires* vom 2. 3. 1935, S. 6. – Ders.: Une journée à Aix-en-Provence avec Ernst Erich Noth, romancier allemand, in: *Les Nouvelles Littéraires* vom 5. 2. 1938, S. 1 u. 6. – Zur Zurückweisung durch die Exilverlage äußerte sich Noth in dem Interview mit Schöffling, a.a.O., S. 407. — **74** Ernst Erich Noth, Portraits et Commentaires, in: *Cahiers du Sud*, 22,1 (1935), S. 611–616. – Noth, *Erinnerungen*, a.a.O., S. 317 ff. — **75** Ernst Erich Noth, *La voie barrée*, Paris 1937. Zit. n. Noths eigener Neuübersetzung »*Weg ohne Rückkehr*«, Stuttgart 1982, S. 193, 145, 261, 288, 333 ff., 349. — **76** Ernst Erich Noth, *L'Homme contre le Partisan*, Paris 1938, S. 36, 147, 186 ff. – Vorabdruck einzelner Kapitel in: *Cahiers du Sud*, 25 (1938), S. 512–535; La vie intellectuelle, 57, 1938, S. 367–382; Rezensionen in: *La Nouvelle Revue Française*, 1938, II, S. 879; *Le Temps* vom 15. 12. 1938 u. ö. — **77** So die Rezension von Hans Natonek in: *Das Neue Tage-Buch*, 9, vom 2. 3. 1940, S. 212–213. — **78** Neben zahlreichen Aufsätzen vor allem in den *Nouvelles Littéraires* erschien in Kolmar 1938 seine Broschüre *Le roman allemand*. — **79** Z. B. Manès Sperber, *Bis man mir Scherben auf die Augen legt. All das Vergangene* (1977), München 1982, dtv 1757, S. 165 ff. — **80** Ernst Erich Noth, Le mal du pays chez les écrivains allemands éxilés. Ernst Erich Noth rencontre Ernst Gläser, in: *Les Nouvelles Littéraires* vom 10. 9. 1938, S. 6. – Von Brentano qui est actuellement à Paris, rentrera-t-il un jour en Allemagne? In: *Les Nouvelles Littéraires* vom 18. 3. 1939, S. 3. — **81** Vgl. Hans Dieter Schäfer, Die nichtnationalsozialistische Literatur der jungen Generation im Dritten Reich. In: ders., *Das gespaltene Bewußtsein. Deutsche Kultur und Lebenswirklichkeit 1933–1945*. München 1981, S. 29. — **82** Vgl. den Bericht des ehemaligen deutschen Zensors in Paris, Gerhard Heller, *Un allemand à Paris*, Paris 1981. — **83** Man bezieht sich allein auf den »Einzelgänger« und ein Kapitel aus »La voie barrée«, das in der deutschsprachigen Moskauer Exilzeitschrift *Das Wort* abgedruckt wurde (H. 3, 1937, S. 19–25). – Vgl. Brief von Jagusch im Auftrag des Reichsführers SS und Chefs der Deutschen Polizei an die Abt. I des Reichsministeriums des Innern vom 16. 5. 1939. Aus Beständen des Berlin Document Center nach Mitteilung durch das Bundesarchiv, Koblenz. — **84** Ernst Erich Noth, 15 jours dans un centre de rassemblement. In: *Les Nouvelles Littéraires* vom 7. 10. 1939, S. 1 ff. – L'exil d'hier drame individuel est devenu drame collectif, a.a.O., vom 9. 3. 1940, S. 1 f. – Als Broschüre: *L'Allemagne exilé en France*, Paris 1939. — **85** Alfred Döblin, *Schicksalsreise*. Frankfurt/M. 1949. – Lion Feuchtwanger, *Unholdes Frankreich*, Mexiko 1942. — **86** Ernst Erich Noth, *La guerre pourrie*, New York 1942, S. 29, 36, 146, 185. — **87** Ernst Erich Noth, *Ponts sur le Rhin* und *Ponts sur le Rhin. Mémoire aux Américains*. Beide: New York – Juans-les-Pins, 1947. – Zur Tätigkeit bei NBC vgl. Noth, *Mémoires d'un Allemand*, Paris 1970, S. 415. Diese Passage fehlt in der deutschen Fassung. — **88** Noth, *Erinnerungen*, a.a.O., S. 384. — **89** Noth, *Mémoires*, a.a.O., S. 419 ff. — **90** Noth im Interview mit Schöffling, a.a.O., S. 410.

Eberhard Lämmert

Lion Feuchtwanger und das kalifornische Exil

*Für Marta Feuchtwanger**

I

»Die äußere Landschaft des Dichters verändert seine innere.«[1] Lion Feuchtwanger schrieb diesen Satz zwei Jahre nach seiner Ankunft in Los Angeles. Zehn Jahre zuvor hatten die Nationalsozialisten Lion und Marta Feuchtwanger aus Berlin vertrieben und enteignet, später hatten sie die beiden durch die französischen Behörden aus ihrem Zufluchtsort Sanary in ein Internierungslager gezwungen und schließlich genötigt, getarnt unter seinem einst aus Laune gewählten Pseudonym Wetcheek die Pyrenäen zu überqueren und mit Hilfe amerikanischer Freunde über den Atlantik zu fliehen.

Als Lion Feuchtwanger jenen Satz schrieb, wußte er noch nicht, daß sein Ausländerstatus ihn auch nach dem Zusammenbruch des Hitler-Regimes in den Grenzen der USA festhalten würde: Die anhaltende Verweigerung der amerikanischen Staatsbürgerschaft und damit der unaufhebbare Zweifel, ob er nach einer Ausreise in sein Haus in Los Angeles würde zurückkehren können, haben ihn schließlich zeitlebens an seinem Wohnsitz in Kalifornien festgehalten.

Gewiß macht es einen Unterschied, ob ein Autor sich einer Landschaft verbindet, die er frei wählt, oder einer Himmelsgegend, die ihm als geduldetem Flüchtling vorgeschrieben bleibt. Exilliteratur trägt deshalb oft genug auch Zeichen des Widerstandes gegen die neue Umgebung und gibt allenfalls zu erkennen, ob ein Autor sich mit der Landschaft und mit den Menschen, unter die es ihn verschlug, abfinden konnte, oder ob die Flucht ihm auferlegte, fortan ein Dichter ohne Land zu sein.

Schon bei der Ankunft in Los Angeles hatten Lion und Marta Feuchtwanger die Schwierigkeiten zu bestehen, die mit einer Existenzgründung im Exil einhergehen. Als erstes mußten sie nach Mexiko aufbrechen, um dort das rettende Pseudonym wieder abzulegen und sich unter richtigem Namen noch einmal das Tor zur Neuen Welt zu öffnen. Wieder bedurfte es dazu der freiwilligen Unterstützung von Freunden und Hilfsorganisationen, und es brauchte eine längere Zeit des Hoffens und Bangens, ehe eine Bittschrift an den Finanzminister Morgenthau ihnen den Zugang zu dem Geld erlaubte, das sie bereits in Amerika verdient hatten, das ihnen aber seit dem Kriegsausbruch gesperrt war. Dann galt es, unter der zusätzlichen Drohung, schließlich doch noch als »enemy alien« eingestuft zu werden,[1a] eine Schriftstellerexistenz neu zu begründen in einem Lande, das um die halbe Welt entfernt war von den Lesern, die das NS-Regime ihm entzogen hatte wie alles, was er besaß, bis auf seine bayerische Mundart und

seine deutsche Schriftsprache. Stand nun das »Elend«, von dem der
Student auf den Münchener Hörsaalbänken gelernt hatte, daß es für
»Ausland« und »Not« der umgreifende Ausdruck war, dem Sieben-
undfünfzigjährigen als Alterswirklichkeit bevor?

Feuchtwanger traf in Los Angeles auf eine deutsche Kolonie von
Schriftstellern, Komponisten, Schauspielern und Filmregisseuren,
deren Versammlung an einem Ort jede deutsche Stadt mit Neid erfüllt
hätte, außer eben Berlin vor dem Machtantritt Hitlers. Und Feuchtwanger war nicht der Mann, die Hände in den Schoß zu legen. Er
organisierte seinen Arbeitstag mit derselben Beharrlichkeit und Strategie, mit der er sich an jedem neuen Orte eingerichtet hatte, er schrieb
weiter Dramen und Romane, knüpfte Verbindungen an mit Filmproduzenten und Presseleuten, und er hatte Erfolg mit seinen Büchern,
wie er ihn vorher gehabt hatte. Seine Bücher fanden Übersetzer, Leser
und Bewunderer.

Es erinnert geradezu an die Energie amerikanischer Einwanderer
und Pioniere, wenn man ihn am neuen Orte bald, und schließlich besser als zuvor, mit allem ausgerüstet sieht, was einer braucht, um sein
Leben als schreibender Selfmademan voll zu entfalten. So verwundert
es nicht, daß das großzügige Haus, das Marta Feuchtwanger führte,
bald auch offen stand für amerikanische Künstlerfreunde und gern
gesehene Bekannte, hübsch anzusehende Damen eingeschlossen.[2]

Ein Exil, gewiß. Aber zugleich ein Ort, der im Vergleich zu den
Schreckenszuständen in Deutschland für Schriftsteller deutscher
Sprache das bestmögliche Asyl auf der ganzen Welt war. Und Feucht-
wanger residierte als Helfer für Bedürftige, die weniger gut von ihrer
Arbeit leben konnten, als aufmerksamer Freund und unterhaltsamer
Gesprächspartner unter gleichmütig eingehaltenen Arbeitsgewohn-
heiten und umgeben von einer dritten, bewundernswerten Privatbi-
bliothek im Zentrum dieses literarischen »Deutsch-Californien«.[3]

Bleibt es gleichwohl ein Naturgesetz oder eine unabwendbare Auflage, daß Schriftsteller im Exil zu leiden haben? Gewiß ist der Verlust
der Heimat für jeden, der ihn erleidet, eine Lebenslast. Aber hatten die
Streiter für eine liberale Demokratie nicht das Land unter den Füßen,
das als Urbild einer liberalen Demokratie gelten konnte? Und hatten
die Intellektuellen, die der Welt eine Zukunft mit den Segnungen des
Sozialismus wünschten, hier nicht mindestens wie kaum in einem
anderen Land die Möglichkeit, ihre Stimme frei zu erheben? Und wußten die Juden unter ihnen nicht aus ihrer Geschichte, daß über ihr
Volk seit beinahe zweitausend Jahren nichts anderes als Exil verhängt
war?

Lion Feuchtwanger ist schon in Frankreich ein Chronist des Exils
geworden, und der Titel seiner Trilogie *Der Wartesaal*, in der er die
Vorgeschichte und die Geschichte der Austreibung aus Deutschland
beschrieb, wurde bald zum geflügelten Wort unter den Verbannten,
die lange und oft genug vergeblich auf eine zweite Heimat in der
Fremde hofften. *Trübe Gäste* nennt ein Kapitel in *Exil*, dem letzten
Roman der Trilogie, die deutschen Emigranten in Paris. Es schildert,
wie sie, untereinander tief zerklüftet nach Herkunft und nach politi-

scher Gesinnung, bedrückt von der oft mürrischen bis feindseligen Duldung in ihrem Gastland einer ungewissen Zukunft entgegenleben. »Es gab Ärzte und Rechtsanwälte, die mit Krawatten hausierten, Büroarbeit verrichteten oder sonstwie, illegal, von der Polizei gehetzt, ihr Wissen an den Mann zu bringen suchten. Es gab Frauen mit Hochschulbildung, die als Verkäuferinnen, Dienstmädchen, Masseusen ihr Brot verdienten.«[4] Feuchtwanger zeichnet von Ort zu Ort Gehetzte, ohne Papiere, ohne Geld, ohne dauerhafte Freunde; er beschreibt den Neid und das Gezänk zwischen ihnen, »Haß, manchmal Todfeindschaft«[5] und Verrat.

Galt aber nun die Summe dieser trüben Erfahrungen auch oder gerade nicht für die Schriftstellerkolonie unter dem hellen Himmel Kaliforniens? Hier, beim Schriftstellerkongreß in Los Angeles 1943, hat Feuchtwanger wiederum stellvertretend für seine Kollegen die besonderen »Arbeitsprobleme des Schriftstellers im Exil« ins Licht gerückt.[6] Das beginnt beim Fehlen des Schreibtischs im engen Hotelzimmer, dem Geldmangel und der befristeten Aufenthaltsbewilligung, also bei all den banalen Alltagskämpfen, die dem nervösen Schriftsteller nur stärker zusetzen als jedem anderen, wenn die sorgende Hand eines Freundes oder einer Lebensgefährtin nicht die gröbsten Malaisen abfängt. Aber hinter dem Alltagselend, das sich von Fall zu Fall überwinden oder doch zäh ertragen läßt, erhebt sich für den Schriftsteller mehr als für jeden sonst die besondere Not, »abgespalten zu sein vom lebendigen Strom der Muttersprache«.[7] Veródung, Skrupel, Übersetzungselend, das der Sprache den Duft nimmt: das sind die grausameren Banalitäten, denen ein Schriftstellerleben im Exil, auch an der sonnigen Küste Kaliforniens, ausgesetzt ist. Stärker noch macht dem Schriftsteller die fremde Umwelt zu schaffen. Sie schneidet ihn ab von der Nahrung, die er nötiger braucht als das tägliche Brot: von den Lebensproblemen der Menschen, für die er in der gemeinsamen Sprache schreibt. Was von den Nöten des deutschen Volkes unter Hitler blieb noch gegenwärtig genug, um als Romanstoff zu taugen, und was von den Lebensfragen eines fremden und womöglich feindlichen Landes konnte in Romane eingehen oder in Dramen, die amerikanische Leser fesseln sollten? Der Schriftsteller im Exil lebt nicht nur in der Fremde, er ist ein Fisch auf dem Lande, dessen Luft er nicht atmen kann. So erging es vielen, und der Freitod auch ohne den drohenden Zugriff der Nazihenker war oft genug ein letzter Schritt aus solcher Atemnot.

Der Schriftsteller, der überleben wollte, war genötigt, Stoffe zu finden, die über die Gegenwart hinaus reichten. Der Rückgriff in die Geschichte war alles andere als eine Fluchtbewegung. Die zeitliche Distanz ließ die räumliche Ferne unbedeutend werden, und mythische oder historische Menschheitsprobleme ließen sich nutzen, um das Gesicht der Gegenwart schärfer hervortreten zu lassen. Hier war Feuchtwanger, der Theoretiker und Praktiker des historischen Romans schon vor dem Exil, ganz in seinem Element. Aber auch Thomas und Heinrich Mann und selbst der unnachsichtige Zeitkritiker Brecht fanden mit solcher Stoffwahl ihren Rückhalt in der fremden

Umgebung. Die visionären Ausschweifungen Döblins, des exakt beobachtenden Autors von *Berlin Alexanderplatz*, sind verzweifelte Anstrengungen, sich einen noch weiteren Kosmos zu erschließen.

Die Anstrengungen schließlich, sich auch der fremden Gegenwart zu öffnen, macht die »Schwachen schwächer, aber den Starken stärker«[8], wie Feuchtwanger vor seinen versammelten Kollegen bekannte, und deshalb könne das Exil auch eine Quelle neuer dichterischer Kraft sein. Fünf große Zeugen für seine These, daß das Exil das Wesen eines Dichters verändere, führt Feuchtwanger schon zu Beginn seiner Rede auf, und obwohl er angibt, gerade über diese Dichter im Exil schon als Münchener Student seine eigene Meinung gehabt zu haben, kann es dem Literarhistoriker nicht entgehen, daß vier von den fünf Namen aus Brechts Exilgedichten »Die Auswanderung der Dichter« und »Besuch bei den verbannten Dichtern« hier wieder auferstehen und daß dem fünften der verehrte Freund Heinrich Mann einen seiner großen Essays gewidmet hatte.

Treten unter der autobiographischen Notiz Feuchtwangers am Ende literarische Leitbilder auf den Plan, Hausgötter der kalifornischen Dichterkolonie oder gar einer weit größeren, zweitausendjährigen Dichter- und Schriftstellergemeinde? Es lohnt, dem Wink Feuchtwangers zu folgen und den Blick über das kalifornische Exil in die Geschichte auszuweiten. Feuchtwanger nennt die Namen von Ovid, Li-Tai-Po, Dante, Heinrich Heine und Victor Hugo.[9] An ihren Geschichten lassen sich die Abenteuer und der Mythos vom verbannten Dichter prüfen und womöglich besser verstehen, was das Allgemeine ist und was das Besondere an den Erfahrungen der deutschen Dichterkolonie in Kalifornien.

II

Ovid beherrschte die Häuser und die Straßen Roms mit seinen zarten und frechen Liebesgedichten. Als Augustus ihn verbannte, weil sein übermütiges Metier oder auch seine Mitwisserschaft über Angelegenheiten der kaiserlichen Familie ihm unbequem wurden, drohte Ovid ihm mit seiner Kunst, denn »mein Begräbnis soll nicht schweigend vor sich gehen«.[10] Noch nach seinem Tod, so versichert er von seinem Verbannungsort her, wird seine Dichtung der Macht des Kaisers ihre Grenzen setzen, solange Rom besteht.

Ovid war nicht in Rom, als Augustus ihn verbannte, er besuchte gerade die Insel Elba. Doch schon der überstürzte, nächtliche Abschied von Rom, von seiner Gattin und den Freunden, die ihn zur Eile drängen, um sein Leben zu retten, fordert ihn heraus zu einer großen Abschiedselegie und zu dem einzigen Thema, das fortan seine Elegien beherrscht wie vorher die Liebe in allen ihren Spielarten.[11] Schon vom Schiff aus malt er die Gefahren eines unbehausten Lebens aus, und der Ort seiner Verbannung am Schwarzen Meer, weit jenseits der römischen Kultur, ist für ihn von Anfang an nur die »barbara terra«,[12] die barbarische Fremde. Vom äußersten Rande des Erdkreises her erscheint ihm in seiner Erinnerung das ferne Rom als das Land seines Glücks unter der Hand eines gnadenlosen Herrschers. Die Menschen um ihn her sind wild wie Wölfe, fellgekleidete Sarmaten, pfeilbewaffnete Geten, Völker, die seine Kunst nicht verstehen und sich über sein Latein am Ende nur lustig machen.[13] Ihre Sprache ist tierisch, und die Sorge plagt ihn, daß ihm die eigene Sprache von Jahr zu Jahr spröder wird und er die Worte nicht mehr findet, weil keine Rezitation und kein Gespräch in römischer Zunge ihm vergönnt sind. Frost macht ihn krank, und Furcht vor den räuberischen Nachbarn schwächt ihn.

Klage um Klage sandte er ins ferne Rom, ungewiß, ob seine Stimme die Freunde erreichte, und ungewisser noch, ob sie den alten Glanz behalten hatte. Noch stärker nagt die Furcht, die langen und unsicheren Postwege könnten ihm die Lebensangelegenheiten seiner Angehörigen und Freunde so unvertraut machen, daß die Themen und die Bilder seiner Briefgedichte ihr Verständnis nicht mehr treffen.

Doch stiftet seine Muse ihm im Exil auch neue Lebenskraft und bleibt sogar in langen darbenden Jahren sein einziger Halt. Als schließlich seine Hoffnung schwindet, das wirkliche Rom je noch erreichen zu können, wagt er den letzten Schritt und erklärt den Ort, an dem er dichtet, zu seinem Rom.[14]

Ovid hat dem alten Verbannungsthema aus der eigenen Erfahrung nicht nur eine neue Unmittelbarkeit abgewonnen; er hat in den neunzehn Jahren seiner Entfernung von Rom das Thema seiner frühen Liebesdichtung ausgeweitet auf eine umfassende Liebe zu seinem Land, und er hat ihm in seinen Elegien weit über Augustus hinaus ein Denkmal gesetzt. Dabei hat auch er für seine Klage über das frostige Land der Skythen schon literarische Modelle gefunden bei Herodot und in Vergils *Georgica*, und die Verbannungs-Topoi von der eigenen traurigen Verfassung und der Sehnsucht nach den Schönheiten Roms und seinen fernen Freunden hatten schon in Ciceros Briefen literarischen Glanz gewonnen. Den Grund dafür, daß er selbst zum literarischen Modell eines Exildichters wurde, hat Goethe mit dem Blick auf Rom in eine knappe Maxime gefaßt: »Ovid blieb klassisch auch im Exil: er sucht sein Unglück nicht in sich, sondern in seiner Entfernung von der Hauptstadt der Welt.«[15]

Ovids unerlöster Tod in der Fremde wird zum Auftakt für den Mythos vom verbannten Dichter.[16] Der vierzig Jahre jüngere Seneca, den Claudius nach Korsika verbannt, zitiert ihn in einer Petition an den Kaiser. Boethius spricht sich im Kerker von Pavia mit Ovids kräftespendender Berufung auf seine Muse Trost zu. Alexander Puschkin besingt ihn aus Rumänien, und Karl Marx übersetzt in London Passagen von Ovids *Tristia* und sendet Jenny Liebesgrüße aus der Fremde, in denen er seine Verbannung an Ovids Geschick mißt. Paul Verlaine durchleidet Kälte und Traurigkeit der Fremde in Erinnerung an Ovid, und Bertolt Brecht wählt ihn zum Totenführer am Eingang der Hütte, in der die verbannten Dichter wohnen. Noch ein Jahrzehnt nach dem Zweiten Weltkrieg schrieb der Rumäne Vintila Horia, der aus den Konzentrationslagern der Nationalsozialisten nach Südamerika entkommen konnte, einen Ovid-Roman, der seine eigenen Nöte der

Armut und der Sprachlosigkeit in einem fremden Land und seine Heimatsehnsucht den Briefen Ovids unterlegt. Ovids Erfahrungen kehren wieder: »Meiner Vergangenheit entrissen ... entdeckte ich mich selbst«; und in der Angst vor dem Verfall seiner Schreibkraft richtet Horia sich an seinem Erzfeind auf: »Ich bin der Dichter, er ist nichts als der Kaiser.«

So hinterläßt Ovid ein Themen-Repertoire vom Dichter in der Verbannung, und es gibt in den zwei Jahrtausenden abendländischer Geschichte seither eine nicht abreißende Kette von Schriftstellern, die dieses Repertoire lebendig halten und neu ausstatten mit ihren eigenen Lebensumständen. Ovid vermachte seiner Nachwelt nicht nur die Muster der Liebeserfahrung, sondern auch die Leidensmuster für den Dichter im Exil.

Von Li-Tai-Po wissen wir wenig. Er war ein Mann des raschen Wortes, der Geliebte besingen und der sich, trunken oder nüchtern, bei Hofe in Szene setzen konnte. Zweimal verbannt, durchstreifte er zuletzt den unbesiedelten Süden des chinesischen Reiches und starb, wie man erzählt, als er sich betrunken über den Rand eines Bootes lehnte, um im Wasser den Mond zu umarmen.[17]

Bertolt Brecht hat an die Umgetriebenheit Li-Tai-Pos und seiner literarischen Zeitgenossen mit dem Blick auf den »exodus in toto« der deutschen Literatur erinnert,[18] und Günter Eich hat von seinen Liedern Strophen nachgedichtet wie diese:

>»Das Reich verging, der Frühling sprießt,
> Paläste wurden Trümmerhügel.
> Es bleibt der Mond im Wasserspiegel,
> Die Geisterinsel, die uns grüßt.«[19]

Als während der politischen Unruhen seines Jahrhunderts Gewaltherrschaft und blutiger Aufstand Zehntausende zu Flüchtlingen machten, wurde das Leben des verjagten, gefangengesetzten und wieder verbannten Li-Tai-Po zum Symbol für eine ganze Epoche.

Dante wurde aus seiner Heimat Florenz verstoßen, während er in Rom den Papst beschwor, die strenge Kirchenherrschaft über seine Stadt zu lockern. Er rief den neu gewählten deutschen Kaiser an, die Parteigänger des Papstes aus Florenz zu vertreiben und seine Stadt zu erobern und zu strafen. Als dies nicht gelang, setzte Dante sein Wanderleben fort. Erst in seinen letzten Lebensjahren fand er eine friedliche Bleibe in Ravenna, dort vollendete er die *Göttliche Komödie*. Im Zentrum des dritten Teils, der Wanderung durch das Paradies, entfaltet Dante die Idee seiner poetischen und politischen Sendung aus der Geschichte seiner Vaterstadt und aus dem Geschick seiner eigenen Verbannung. Der Ahnherr seiner Familie weitet seinen Blick über die Zeiten und sagt ihm seine Leiden in der Fremde voraus, und im 17. Gesang, dem Kernstück des *Paradiso*, erfährt er, was Verbannung heißt:

>»Du wirst erfahren, wie das Brot der Fremde
> Gar salzig schmeckt, und welche harten Stufen
> Auf fremden Treppen auf und ab zu steigen.«[20]

Undank und Verrat von den eigenen Genossen wird ihm vorausgesagt, aber auch der Sieg seines Helfers, des deutschen Kaisers Heinrich, über die Gewaltherrschaft, die seine Stadt bedrückt: er wird im Volk der Florentiner Wandlung schaffen, und Reiche und Arme werden ihren Stand vertauschen.

Der stärkste Trost für den Dichter aber wird der sein, daß sein Leben noch viel weiter in die Zukunft wirken wird als die Strafe, die den Verrätern zuteil wird. Darum fordert sein Mentor ihn schließlich auf:

»Trotz alledem, laß jede Lüge fahren.
Verkünde offen alles, was Du schautest,
Und laß nur, wo die Räude beißt, sie kratzen.

Denn wenn auch Deine Kunde hart zu kauen
Beim ersten Kosten, wird sie Lebensnahrung
Dann hinterlassen, wenn man sie verdaute.«[21]

Auch Dante wählte den Zugriff auf die Geschichte und auf die Ordnung des ganzen Weltgefüges, um die Gegenwart zu ertragen und gleichzeitig zu durchleuchten. *La Divina Commedia* wurde zur Selbstrechtfertigung seiner Strafgesänge auf die eigene Heimat, und die Zuversicht, daß seine Terzinen einst den Florentinern zur Lebensnahrung würden, ließ ihn alle Schmähungen bei Lebzeiten auf sich nehmen.

Heinrich Heines Verstoßung aus Deutschland vollzog sich weniger augenfällig. Man jagte ihn nicht weg, man nahm ihn nur nirgends auf. Allerdings ließ seine messerscharfe Feder auch kaum eine Lebensgewohnheit seiner Zeitgenossen verschont und kaum ein Lieblingsmotiv seiner Dichterkollegen unverletzt. Doch waren ihm selbst Verletzungen und Zurückweisungen früh zur bitteren Lebenserfahrung geworden; er war ein Jude, und so fand er häufiger als andere in Deutschland verschlossene Türen. An der Berliner Universität war eine Habilitation nicht zu erreichen. Hamburg gewährte ihm keine Anwaltspraxis und keine Stellung als Stadtbeamter, München keine Professur. Bei Cotta als Redakteur anzufangen, hatte er freilich keine Lust. Er zog das vogelfreie Leben eines Schriftstellers vor und fand sich bald sicherer geborgen im fremden Paris als unter den Augen der deutschen Zensurbehörden. Als der deutsche Bundestag 1835 seine Schriften zusammen mit denen der Jungdeutschen verbot, blieb er gleich dort, obwohl absehbar war, daß ein deutschschreibender Autor ohne die Aussicht, seine Bücher im eigenen Lande abzusetzen, in Paris bald nur von der Luft zu leben hätte. Als auch sein Onkel ihn nahezu enterbte, begehrte und erhielt er sogar für einige Zeit eine Pension der französischen Regierung.

Haß und Liebe zu dem Land, das seine Schriften verboten hatte, brachten sein großes Gedicht *Deutschland. Ein Wintermärchen* hervor. Er wurde hellsichtig für die deutsche Geschichte und unnachsichtig gegen alle, die das Land in seiner Rückständigkeit hielten. Er schrieb in Paris sein Gedicht auf die schlesischen Weber, das eine einzige Anklage gegen die Ausbeutung von Menschen ist und doch eine Liebeserklärung an die deutschen Brüder in der ärgsten Not. In seinem *Wintermärchen* beruft er sich am Ende auf Dante, der nicht nur die Sünder der Vorwelt, sondern auch seine zeitgenössischen Feinde in die »singenden Flammen« seines »Inferno« sperrte, und mit der Mahnung an den preußischen König, sich zu fürchten vor der furchtbaren Waffe eines beleidigten Dichters.

Heine ist in Deutschland bis ins 20. Jahrhundert geschmäht worden wie kein anderer Dichter und zugleich in aller Welt besungen worden wie kaum ein zweiter. Noch vor einem Jahrzehnt kam der Versuch, die Universität seiner Geburtsstadt Düsseldorf nach seinem Namen zu nennen, nach langjährigem Ringen nicht zustande. Vielleicht paßt zu ihm kein Denkmal. Aber von dem Ansehen, das er bald und bis in seine tödliche Krankheit hinein in Paris genoß, hätte ihm bei Lebzeiten ein Bruchteil in seiner Heimat noch unendlich viel wohler getan als der erste Schritt, den der Heimkehrer im ersten Caput des *Wintermärchens* auf deutsche Erde tut:

> »Der Riese hat wieder die Mutter berührt,
> und es wuchsen ihm neu die Kräfte.«[22]

Ein wahrhafter Riese auch in der Verbannung auf einer englischen Kanalinsel war der poetische und politische Visionär Victor Hugo.

»Bannis! bannis! bannis! c'est là la destinée«[23], so dröhnte seine Stimme zum Festland hinüber, und er erklärte sich selbst zum blutenden Märtyrer, als Louis Napoléon ihn bald nach seinem Amtsantritt als unentwegten Republikaner in die Verbannung nötigte. Nach zwei Jahren schrieb er einen Brief, in dem er Gott dankte »de cette épreuve où il me trempe. Je souffre, je pleure en dedans, j'ai dans l'âme des cris profonds vers la patrie, mais, tout pesé, j'accepte et je rends grâces. Je suis heureux d'avoir été choisi pour faire le stage de l'avenir.«[24]

Victor Hugo hatte früh durch seinen Roman *Der Glöckner von Notre Dame* eine Berühmtheit erreicht, die vielleicht nur dem jähen Erfolg Feuchtwangers mit *Jud Süß* zu vergleichen ist. Sein Ansehen faßte er bald als Verpflichtung auf, auch zu den politischen Sitten seines Landes seine mächtige Stimme zu erheben. Darum waren auch nach seiner Verbannung seine Gedichte und Sendschreiben von der sicheren englischen Insel her eine Waffe, die Napoléon III. stets zu fürchten hatte. Zeitgenossen des Kaiserreiches pilgerten zu der Insel im Kanal und huldigten dem Verbannten, so schreibt Heinrich Mann, wie ihrem besseren Selbst. Sein Haus auf dem Felsen im Meer gab den Blick in die Weite frei, und Dumas père adressierte einen Brief an ihn: »Victor Hugo, Ozean.«[25]

In seinem Roman *Les Misérables* rechtfertigt Hugo alle Geächteten. Und nach sieben Jahren auf Guernsey rechtfertigt er auch das Exil, das ihm erlaubt zu sehen »les linéaments réels de tout ce que les hommes appellent faits, histoire, événements, succès, catastrophes, machinisme énorme de la Providence ... Je mourrai peut-être dans l'exil, mais je mourrai accru.«[26]

Es war allerdings ein Glück für den Visionär, der schließlich aus dem Exil selbst eine Art von napoleonischem Herrschersitz machte, daß Madame Hugo die grauen und entbehrungsreichen Seiten des Inselalltags auf sich nahm und ertrug wie ein Joch, damit er sich nicht zu beugen brauchte.

III

Der Blick auf die fünf Autoren, die Feuchtwanger aufgeboten hatte als Zeugen für die Herausforderungen des Exils, läßt Gemeinsamkeiten des Leidens und der Selbstbehauptung erkennen, die durch die Jahrhunderte als Leitbilder weiterwirken. Er läßt noch nicht sehen, wie lang und wie dichtgefügt die Kette der Schriftsteller ist, die ins Exil gejagt wurden oder die es freiwillig aufsuchten, um sich ihr freies Wort nicht verbieten zu lassen.

Es ist bedenkenswert genug, daß aufsässige Politiker oder Militärs, aber auch Gelehrte eher mit dem Tod zu rechnen haben oder mit Gefangenschaft; Schriftsteller dagegen werden eher ins Exil gezwungen. Der Grund liegt nahe: Politische Rebellen, aber auch Wissenschaftler lassen sich nur im eigenen Lande in Schach halten; jenseits der Grenzen könnten sie ihr Werk fortsetzen und womöglich dem Feinde nutzbar machen. Wer dagegen einen Schriftsteller exekutiert oder gefangen setzt, kann damit die weitere Verbreitung seines Werkes nicht aus der Welt schaffen. Es lebt und wirkt unter seinen Landsleuten womöglich stärker als zuvor, wenn sein Autor erst die Aura des Märtyrers erhalten hat. Mit seiner Vertreibung erhofft man sich hingegen, ihm seine wichtigsten Waffen aus der Hand zu schlagen: die eigene Anschauung von den Mißständen, die er beschrieb, und die gemeinsame Sprache, in der er sich ausdrückte. Von Ovid bis Solschenizyn ist das so geblieben, und selbst die Deutsche Demokratische Republik läßt Schriftsteller, die Unruhe stiften könnten innerhalb der eigenen Mauern, lieber ausreisen oder verwehrt ihnen, wie es schon Ovid oder Dante widerfuhr, die Rückkehr von einer Gelegenheitsreise.

So verschieden wie die Zeitumstände, die Gastländer und der persönliche Lebenswille sind die Schicksale der exilierten Schriftsteller in aller Welt. Den einen schreckt die Barbarei oder die Nichtachtung in der fremden Umgebung, der andere ist schon bei seiner Ankunft hoch angesehen. Der eine setzt sein gewohntes Metier fort, wie Li-Tai-Po, der andere ist fortan von einer einzigen Mission erfüllt, Strafblitze zu schleudern und den Kampf fortzusetzen gegen die Macht, die ihn vertrieb, wie Victor Hugo. Dennoch gibt es eine Reihe von Themen und von Schreibmustern, an die alle Dichter mehr oder weniger gebunden bleiben, wenn sie ins Exil gezwungen werden – auch die deutschen Schriftsteller, die der deutsche Faschismus vor einem halben Jahrhundert in fremde Länder trieb.

Hitlers Machtergreifung in Deutschland löste den größten Exodus von Schriftstellern aus, den die Geschichte kennt. Ernst Loewy hat etwa hundert von ihnen in einer Anthologie versammelt; der Index im *Handbuch der deutschen Exilpresse*, das Lieselotte Maas erarbeitet, weist viele Hunderte von Namen nach, und das ist immer noch nur der Bruchteil derer, die nicht ganz verstummen.[27] Und selbst das Verstummen konnte viele Gründe haben. So durften beispielsweise ausgerechnet die jüdischen Schriftsteller, die nach Palästina entkommen konnten, im neuen Staate Israel nicht mehr in deutscher Sprache publizieren.

Aus diesem Grunde gibt es seit 1933 nicht mehr die deutsche Literatur, zu der auch Autoren in der Fremde gehören, es gibt seit 1933 mehrere deutsche Literaturen: Die Teilung Deutschlands hat nicht in Jalta begonnen, sondern schon ein Jahrzehnt zuvor – sie ist das Werk der Deutschen selbst gewesen.

Nach dieser gewaltsamen Teilung ist es auch nicht mehr ohne weiteres möglich, eine zusammenhängende Geschichte der deutschen Literatur zu schreiben, die seit den dreißiger Jahren sehr verstreut oder allenfalls in einigen Zentren entstand, in Städten wie Paris, Prag und Moskau, oder dann in London, an der französischen Mittelmeerküste, in Mexiko, an den Universitäten der amerikanischen Ostküste und in Los Angeles. Möglich und notwendig ist es jedoch zu erarbeiten, wie die deutschen Schriftsteller im Exil unter allen erkennbaren Wunden und Narben die Literatur des 20. Jahrhunderts bereichert haben und welche Menschenbilder sie aus Deutschland in die Welt trugen, während die Nationalsozialisten an den Fronten und in den Gaskammern millionenfach Menschenleben opferten und vernichteten.

IV

Als ein Landstrich von besonderer Prägekraft für die im Exil entstandene deutsche Literatur nimmt sich jene eigentümlich weitmaschige, kalifornische Stadtlandschaft zwischen Hollywood und Santa Monica aus, die nach dem Kriegsausbruch eine ungewöhnliche Zahl von deutschen Schriftstellern und Komponisten, von Theaterleuten und Wissenschaftlern anzog. Sehr unterschiedlich jedoch sahen, mit Feuchtwanger zu sprechen, die »inneren Landschaften« der Autoren aus, die hier ihre Existenz neu begründeten oder auch nur fristeten.[28]

Blickt man auf die großen *Joseph*-Romane Thomas Manns, die *Josephus*-Trilogie Feuchtwangers, den *Henri Quatre* Heinrich Manns, Werfels *Lied der Bernadette* und *Stern der Ungeborenen*, Brechts *Mutter Courage* und *Der kaukasische Kreidekreis,* so zeigt sich, daß hier Autoren versammelt waren, deren im Exil entstandene Hauptwerke auch nach heutigem Maßstab zu den Brückenpfeilern gehören, über die das Nachkriegsdeutschland die Verbindung zu den literarischen Traditionen der Weimarer Republik wiedergewinnen konnte. Bemerkenswert ist, daß hier gerade diejenigen sich zusammenfanden, die vor 1933 in der Berliner Dichterakademie den Kampf ausgefochten hatten um ein modernes Verständnis des Literaten gegenüber dem nachgebeteten und längst ausgehöhlten Dichterbegriff der klassisch-romantischen Epoche. Die Gegner in diesem Streit, vor allem Kolbenheyer und Wilhelm Schäfer, konnten sich bald in der Gunst des Dritten Reiches sonnen; für die Brüder Mann und für Döblin war damit der Weg ins Exil schon vorgezeichnet. Auch Brecht und Feuchtwanger hatten sich, wie man aus Brechts Brief zum 50. Geburtstag Feuchtwangers weiß, auf die Seite der damals schon beschimpften »modernen Asphaltliteratur« geschlagen, der Döblin zuvor gleichfalls verächtlich die »Dichter vom total platten Lande« entgegengestellt hatte.²⁹ Hier in Los Angeles waren nun die besten Köpfe dieser springlebendigen Berliner Literaturszene der zwanziger Jahre versammelt.

Eigentümlich genug ist es deshalb, daß sich hier an der Westküste der USA keineswegs nur unter den schon länger ansässigen Siedlern der deutschen Kolonie und ihrer Presse³⁰, sondern auch unter den dem Dritten Reich entkommenen Künstlern und Intellektuellen ein Kulturbewußtsein neu entfaltet, das aus älteren Schichten deutscher oder gemeinsam europäischer Tradition stammt. Die Auseinandersetzung, die schon ein Jahrzehnt vor jenem Zerwürfnis in der Preußischen Dichterakademie Heinrich und Thomas Mann um den Bestand des deutschen Begriffs »Kultur« gegenüber dem von Frankreich her inspirierten Begriff einer demokratischen »Zivilisation« miteinander ausgetragen hatten, erneuerte sich nun unter anderen Vorzeichen und mit anderer Frontstellung. Die Ankömmlinge aus Europa erfuhren bald, daß selbst die »civilisation« nach französischem Muster, wie Heinrich Mann sie verteidigt hatte, und daß sogar die sozialistischen Gesellschaftsbilder, um derentwillen deutsche Intellektuelle sich der wütenden Verfolgung des Dritten Reiches ausgesetzt hatten, hier alles in allem als ein sehr europäisches Fluchtgepäck erschienen, das den, der an ihm festhielt, eher skeptisch stimmte oder hilflos machte gegenüber dem »western style of civilisation«, nach dem man an der amerikanischen Westküste lebte.

Zu den Befremdlichkeiten, mit denen man zu tun hatte, gehörten keineswegs nur das unbefangene Tüchtigkeits- und Erfolgsstreben und der Geschäftssinn, der auch vor künstlerischen Produktionen nicht Halt machte; den Buchmarkt fand man weitgehend auf Serienarbeit eingestellt, und »mit brennender Sehnsucht« vermißte man »ein Theater, das mehr wäre, als ein Unterhaltungsinstitut«.³¹ Die Schwierigkeiten mit der fremden Sprache, die gerade den Künstlern und Intellektuellen unter den Exilierten die gewohnte Geschmeidigkeit des Ausdrucks verwehrte, taten das übrige, um Idiosynkrasien gegenüber den angetroffenen Verhältnissen zu verfestigen, und so wurde die deutsche oder auch die europäische literarische Bildung und Kultur für viele unversehens neu zu einem Bollwerk der Selbstbehauptung, hinter dem sie sich mehr oder minder in einer Art von »Exterritorialität« verschanzten.³²

Nirgendwo konnte schließlich die Überzeugung, daß Originalität das Gebot der künstlerischen Produktion sei, schmerzlicher getroffen werden als bei der unmittelbaren Berührung mit dem industrialisierten Kunstbetrieb Hollywoods. Dabei war es gerade Hollywood, das den meisten Ankömmlingen zunächst den Lebensunterhalt sicherte oder – durch den eigens gegründeten European Film Funds – mindestens erleichterte: durch Manuskriptaufträge, die freilich mit Wissen aller Beteiligten Schubladenarbeit blieben und nur dazu dienten, den Almosencharakter der Zuwendungen zu verschleiern. Aber schon der Gedanke, daß scripts und Ideenkonzepte auf diese Weise ohne

Anspruch auf weitere Einflußnahme des Autors in fremde Verfügungsgewalt übergingen, war nach den mitgebrachten Begriffen vom »geistigen Eigentum« unerträglich genug,[33] und vollends lief der arbeitsteilige Charakter der Kunstproduktion und die alles beherrschende Kalkulation mit dem Zuspruch eines breiten Publikums allen eingewurzelten Vorstellungen zuwider, die von der europäischen Genietradition her das Bild des einsam schaffenden und doch menschheitsvertretenden Künstlers geprägt hatten. So befestigte sich der alte Mythos von der besonderen Berufung, die den »Dichter« über den Publikumsschriftsteller erhebt, hier im Exil noch einmal und sozusagen wider Willen selbst bei denen, die ihm in Deutschland längst abgeschworen hatten.

Feuchtwanger hatte es da leichter: er hatte nach seinem vielberedeten *Erfolg* in Deutschland nicht die Vorstellung gewonnen, ein Exponent der hohen Literatur sein zu müssen, und so konnte er auch in Amerika am ehesten der bleiben, der er war. Während die Autoren, die den historischen Roman eher als ein zu volkstümliches Genre verachtet hatten, sich nun in Amerika, getreu der jahrhundertealten Praxis des Exilschriftstellers, auf historische Stoffe umstellten oder, wie Werfel und Döblin, neue Kosmologien entwarfen, konnte Feuchtwanger mit neuen Stoffen sein altes Metier fortsetzen: als ein bereits eingeübter Verfasser historischer Romane.

So blieb die deutsche Literatur auch in Kalifornien von der zeitgenössischen amerikanischen weithin abgetrennt. Selbst der erfolgsgewohnte Thomas Mann ließ, während er von Amerika aus mit seinen Radioansprachen in den politischen Kampf gegen Hitler entschieden eingriff, in seine kunstvolle Prosa und in seine Lebensart so gut wie nichts von amerikanischer Färbung ein, und Bertolt Brecht – einer der wenigen Autoren, in deren Texten der kalifornische way of life seinen Niederschlag fand – nutzte ihn doch nur, um ihn beißend zu satirisieren. Nicht nur, daß er das amerikanische Weißbrot unerträglich fand und daß er sich auf die Suche nach Bäumen machte, deren Laub im Winter abfiel – für ihn blieb das kalifornische Hollywood auch unter den eigenen Augen, was es in den Vorstellungen der Deutschen von jeher gewesen war: ein Dorado des chromblitzenden und immergrünen Kapitalismus, bewohnt von den Enkeln der Goldgräbergeneration – den räuberischen Barbaren des Ovid von fern vergleichbar, nur moderner.

Was sich im überwachen Kopf von Bert Brecht abspielte, traf mehr oder weniger auf die meisten Flüchtlinge aus Europa zu. Sie wurden den Amerikaner, den »homo americanisatus«[34], so wie sie sich ihn in Deutschland zurechtgemacht hatten, nie ganz los. Was sie daran am meisten hinderte, war schließlich die schwere Bürde aller Exilschriftsteller, seit es sie gibt: der selbstgesetzte Auftrag, gerade in der Fremde die eigene Kultur, in diesem Falle also die des »anderen Deutschland« als einzig Verantwortliche zu hüten, während sie in der Heimat mit Füßen getreten wurde.

Die Auswirkungen dieses Amerikabildes, wie es von der Kolonie der deutschen Exilierten in Kalifornien während des Krieges gewollt oder ungewollt erneuert und während der McCarthy-Ära vielfach verfestigt wurde, reichen auch in Deutschland weit in die Nachkriegszeit. Stärker noch als die Kommunistenfurcht, die durch die Zuteilung Deutschlands zu zwei verschiedenen politischen Hemisphären hierzulande ihre eigene Heftigkeit entfaltete, wirkten ihre Erfahrungen mit den Erscheinungsformen der amerikanischen Massenkultur auch auf die nachfolgende Generation nach, die das Hitler-Deutschland aus eigenem Erleben nicht mehr kannte. Denn Hollywood hat einen Großteil der »trüben Gäste« Kaliforniens nicht nur buchstäblich ernährt, es ist für die scharfsichtigsten unter ihnen auch zum Inbegriff einer Professionalisierung und Kommerzialisierung der Kultur geworden und damit zum Gegenbild für alles, was an Verehrung für das »wirkliche« Kunstwerk europäischer Tradition in das 20. Jahrhundert hinüberreicht. Horkheimer schrieb dort 1941 seinen richtunggebenden Aufsatz über *Neue Kunst und Massenkultur,* und *Kulturindustrie* heißt das vorletzte Kapitel in der *Dialektik der Aufklärung,* die Horkheimer und Adorno in Los Angeles verfaßten. Der Reflex ihres Schauderns vor den Formen der amerikanischen Kulturindustrie hat die kritische Theorie der jüngeren Intellektuellen in Deutschland bis heute geprägt, und so läßt sich ernsthaft sagen, daß die bedeutendsten Exponenten der Frankfurter Schule den Kulturschock der kalifornischen Exilierten sozusagen heimgeholt haben nach Europa, wo er nun, zusammen mit dem tatsächlich erfolgten Import dieser Kulturindustrie, noch einmal schwer zu verarbeiten ist.[35]

V

Victor Hugo wäre es auf seiner britischen Insel nicht im Traume eingefallen, ein Engländer zu werden. Fester als je band ihn dort die Sorge um das französische Volk, aber auch der Haß auf seinen Herrscher, an sein Land. Er lebte buchstäblich mit dem Rücken gegen England. Den Sozialisten Bertolt Brecht mußten nicht erst peinliche und unsinnige Verhöre aus Amerika vertreiben: Er sah, sobald es anging, seinen Platz dort, wo nach seiner Vorstellung die Zukunft für die Deutschen einzurichten war. Thomas Mann wollte jahrelang wie Dante ein Strafgericht über sein Vaterland verhängt sehen und überwarf sich darüber mit Brecht, der darin überreizt eine Infamie gegen das deutsche Volk sah.[36] Anderen Autoren wie Werfel, Bruno Frank und Heinrich Mann war es, wie vielen Poeten im Exil vor ihnen, bei aller Rückkehrsehnsucht nicht mehr vergönnt, den heimatlichen Boden noch einmal zu betreten.

Und Feuchtwanger? Er stand an Teilnahme für das Land, das ihn verstoßen hatte, den anderen nicht nach. Doch wollte er, an gleich welchem Ort der Erde, Schriftsteller sein, und jedenfalls einer, der in seinen Werken keinen Zweifel ließ, daß die Verbreitung von Humanität auf der ganzen Erde seine Sache war. Wie sehr er sich auch, verkappt als Mister Wetcheek, von Deutschland her über den amerikanischen Durchschnittsbürger vom Schlage »Babbitt« lustig gemacht hatte – gerade in Amerika hatte er erkannt, daß dieser Prototyp des so sentimentalen wie geschäftstüchtigen Bourgeois längst in Europa mehr zu Hause war als in den Staaten.[37] Allerdings hat auch er, der sich zu seinen Romanen stets die gründlichsten Vorstudien zumutete, gezögert, die spät in seinem Leben erst erfolgte Fühlungnahme mit der amerikanischen Umwelt in literarische Sujets umzusetzen. Auch sein in Kalifornien geschriebener Roman *Waffen für Amerika* spielt im Frankreich des 18. Jahrhunderts. Aber für seine Anstrengungen, dem europäischen wie dem amerikanischen Publikum gerecht zu werden, spricht die harte Arbeit, die er sich auferlegte, um »in der amerikanischen Luft, inmitten der amerikanischen Wirklichkeit« die Gestalt Benjamin Franklins in ihrer Größe und auch mit ihren »sehr vielen Menschlichkeiten« gerecht zu erfassen.[38]

So ist dem Autor Feuchtwanger mehr als anderen Exilschriftstellern die »Landschaft« Amerikas auch zu einer Hilfe für seine Arbeit geworden. Seine politischen Überzeugungen hat er auch dort offen vertreten, aber schärfer als zuvor hat er dort auch das Metier des Schriftstellers als seine Lebensaufgabe erkannt. Die Entscheidung, die der engagierte Künstler mehr als einmal auszutragen hat zwischen dem Einsatz seiner Person gegen politische Verbrechen und der Treue zu seinem einzelgängerischen Handwerk, hat er in seinem Roman *Goya oder der arge Weg der Erkenntnis*, den er in Los Angeles schrieb, als ein historisches Künstlergeschick dargestellt: Wer die Feder führt und seiner Zeit in Bildern oder in Sätzen ihr Gesicht zeigt, muß nicht die Waffen ergreifen, um ein Kämpfer zu sein. Mit einer ungewöhnlichen Zähigkeit nahm Feuchtwanger deshalb, wohin immer es ihn verschlug, sein Schreibhandwerk auf, und so wurde er in Kalifornien, wie er es selbst jenen Dichtern im Exil zuschrieb, die dort die Kraft zum Weiterschreiben finden, ein »Recke im Elend«.[39]

Diese beiden altdeutschen Wörter hat Feuchtwanger aus seiner Beschäftigung mit der Literatur des Mittelalters in eine Zukunft mitgenommen, die ihm härtere Prüfungen auferlegte, als der Student ahnen konnte. Immer wieder hat er in seinen Werken die Geschichte aufgesucht, um Distanz zu nehmen vor der allzu bedrängenden Gegenwart. Seinen Rousseau-Roman *Narrenweisheit* schrieb er schließlich, um auch allen Mißverständnissen gegenüber seinen eigentlichen Helden, den *Fortschritt*, noch in der Selbstironie zu verteidigen.[40]

Weil er sich seiner eigenen Zeit und seiner jeweiligen Umgebung ohne Rückhalt öffnete, darum hat er auch – um einiges mehr als andere seiner Zeitgenossen im Exil – eine Leserschaft gefunden, die weit über die Grenzen seiner eigenen Sprache hinausreicht. Er, der das Wort »Wartesaal« für das Exil in die Welt setzte, hat doch während der Exilzeit am wenigsten nur im Wartesaal gelebt. Zusammen mit Marta Feuchtwanger gelang es ihm da oder dort, sich einen Raum für einen Schreibtisch und eine Bibliothek zu schaffen und ein Haus dazu – und Marta Feuchtwanger war dabei seit frühen Tagen sein zweites und manchmal sein besseres Ich. Auch das gehört zum verdienten Lebensglück.

Das Institut, das nun an der University of Southern California in Los Angeles den Namen Feuchtwangers trägt, und die Pflege, die seinem

Werk dort seither von Harold von Hofe und seinen Mitarbeitern zuteil wird, bezeugen deutlich genug, daß die Arbeiten dieses deutschen Schriftstellers im kalifornischen Exil schließlich so gut ein Teil der Literatur der Vereinigten Staaten geworden sind wie sie eine Stimme des überlebenden Deutschland in seiner dunkelsten Zeit waren. Marta Feuchtwanger, die den Grundstock zu diesem Institut schuf mit der großzügigen Übereignung seines geistigen Eigentums, machte Lion Feuchtwanger damit schließlich auch zu einem Bürger der Vereinigten Staaten, der er kurioserweise zu Lebzeiten nicht hatte werden können. Aber auch darin vertritt ihn nun, und hoffentlich noch lange, seine Frau.

*Am 21. Januar 1981 überbrachte eine Berliner Delegation Marta Feuchtwanger in Los Angeles die Grüße der Stadt und ihrer Universitäten zu ihrem 90. Geburtstag. Die University of Southern California hatte Marta Feuchtwanger wenige Tage zuvor mit dem »honorary degree of Humane Letters« ausgezeichnet, und das Feuchtwanger Institute for Exile Studies richtete an diesem Tage zu ihren Ehren eine Veranstaltung aus. Die dort unter dem Titel *Lion Feuchtwanger – writer in exile* gehaltene Rede wurde für den Abdruck in der deutschen Fassung geringfügig bearbeitet. Dem »Jahrbuch für Exilforschung« ist es zu danken, daß sie im Jahr der 100. Wiederkehr des Geburtstags von Lion Feuchtwanger zur Veröffentlichung gelangt.

1 Lion Feuchtwanger, »Die Arbeitsprobleme des Schriftstellers im Exil« (Los Angeles 1943). In: *Sinn und Form* 6, 1954, S. 351. Auch in: Lion Feuchtwanger, *Centum Opuscula. Eine Auswahl*. Zusammengestellt und hg. von Wolfgang Berndt. Rudolstadt 1956, u. d. T. *Der Schriftsteller im Exil*, S. 550. — 1a Ein Jahr nach seiner Ankunft hatte Feuchtwanger sich vor dem Californian Investigation Committee dagegen zu verwahren, mit anderen refugees die kalifornische Bleibe wieder räumen zu müssen. Vgl. »Lion Feuchtwanger on the Classification of Refugees«. In: *Aufbau* VIII, Nr. 11 vom 13. 3. 1942, S. 4. — 2 Unter den vielen Erwähnungen, die das »Schloß am Meer« bei Freunden und Kollegen Feuchtwangers findet, vgl. bes. Hermann Kesten in einem Brief an Franz Schoenberner vom 8. 1. 1947. In: *Deutsche Literatur im Exil. Briefe europäischer Autoren*. Hg. v. Hermann Kesten. Wien 1964, S. 295 f. Dort findet auch Marta Feuchtwangers allgegenwärtige Erscheinung besondere Erwähnung. – Die Passage ist mit anderen Dokumenten zitiert von Lothar Kahn: »Lion Feuchtwanger«. In: *Deutsche Exilliteratur seit 1933*. Bd. 1: Kalifornien. Teil 1. Hg. v. John M. Spalek und Joseph Strelka. Bern und München 1976, S. 336 f. – [Dieser mit seinen verschiedenen Beiträgen sehr ergiebige Band wird künftig als ›Spalek und Strelka‹ zitiert.] — 3 Thomas Mann, »Freund Feuchtwanger«. In: *Nachlese. Prosa 1951–1955*. Berlin und Frankfurt/M. 1956, S. 198. Auch: *Ges. Werke*. Bd. 10. Frankfurt/M. 1960, S. 532. Auch diese Erinnerung zu Feuchtwangers 70. Geburtstag zeichnet ein lebhaftes Bild von dem »wahren Schloß am Meer« als Arbeitsstätte und als Ort der Geselligkeit. — 4 Lion Feuchtwanger, *Exil*. Berlin und Weimar 1976, Kap. I, 8, »Trübe Gäste«, S. 123. — 5 Ebd., S. 125. — 6 Vgl. dazu Ehrhard Bahr, »Der Schriftstellerkongreß 1943 an der Universität von Kalifornien«. In: Spalek und Strelka (Anm. 2), S. 40–61. — 7 Lion Feuchtwanger, »Die Arbeitsprobleme ...«, (Anm. 1). — 8 Ebd., S. 351. Ähnlich und ausführlicher schon in *Exil*. (Anm. 1), S. 125 f. Äußerungen anderer Schriftsteller über die Hoffnung auf eine Stärkung ihrer Schreibimpulse durch das Exil versammelt Alexander Stephan, *Die deutsche Exilliteratur 1933–1945*. München 1979, S. 153 f. — 9 »Arbeitsprobleme ...«, S. 348. — 10 Publius Ovidius Naso, *Tristia*. Hg. v. Georg Luck. Heidelberg 1967, S. 180 (= V, 1, v. 13 f.: sic ego, Sarmaticas longe proiectus in oras,/ efficio tacitum ne mihi funus eat.) Über Ovids Exildichtung ausführlich Hartmut Froesch, *Ovid als Dichter des Exils*. Bonn 1976 (= Abh. z. Kunst-, Musik- und Literaturwissenschaft, Bd. 218). E. L., »Die Metamorphose des Ovid«. In: *Liebe als Literatur*. Hg. v. Rüdiger Krohn. München 1983, S. 143–162. — 11 Abschieds-

elegie = *Tristia*, I, 3. — **12** *Tristia*, III, 3, v. 46. — **13** *Tristia*, V, 10, v. 37 f.: barbarus hic ego sum, qui non intellegor ulli,/ et rident stolidi verba Latina Getae. — **14** »Epistulae ex Ponto«. I, 5, v. 65–68. In: Publius Ovidius Naso, *Briefe aus der Verbannung. Lateinisch und Deutsch.* Hg. v. Georg Luck. Zürich und Stuttgart 1963, S. 326/328: hoc, ubi vivendum est, satis est, si consequor arvo,/ inter inhumanos esse poeta Getas./ quo mihi diversum fama contendere in orbem?/ quem fortuna dedit, Roma sit ille locus. — **15** Goethe, *Maximen und Reflexionen.* Hg. v. Günther Müller. Stuttgart ³1949, Nr. 674 (= Hecker Nr. 1032). — **16** Vgl. zur folgenden Aufzählung die Fülle der Nachweise im Kapitel »Me coluere minores« bei Froesch (Anm. 10), S. 115–145, und E. L. (Anm. 10), S. 157–160. — **17** Vgl. P. Eugen Feifel, *Geschichte der chinesischen Literatur.* Darmstadt ²1959, S. 187–191. Ferner Erwin Laaths, *Geschichte der Weltliteratur.* München 1953, S. 195 f., sowie Bertolt Brecht, [Anmerkungen zu den ›chinesischen Gedichten‹]. Zw. 1935 u. 1941. In: *Schriften zur Literatur und Kunst.* Bd. 3. Frankfurt/M. 1967, S. 58–60. — **18** Bertolt Brecht, [Das letzte Wort] (1934). In: *Schriften zur Literatur und Kunst.* Bd. 2. Frankfurt/M. 1967, S. 7. — **19** Günter Eich, *Gesammelte Werke.* Bd. 4. Frankfurt/M. 1973, S. 335 — **20** Dante, *Die göttliche Komödie.* Italienisch und Deutsch. Übers. v. Hermann Gmelin. III. Teil: »Das Paradies«. Stuttgart ²1975, S. 202, XVII, v. 58–60: Tu proverai sì come sa di sale/ Lo pane altrui, e come è duro calle/ Lo scendere e il salir per l'altrui scale. — **21** Ebd., S. 208, XVII, v. 127–132: Ma nondimen, rimossa ogni menzogna,/ Tutta tua vision fa manifesta,/ E lascia pur grattar dov' è la rogna./ Chè se la voce tua sarà molesta/ Nel primo gusto, vital nutrimento/ Lascerà poi, quanto sarà digesta. — **22** Heinrich Heine, *Deutschland. Ein Wintermärchen.* Caput I, Ende. Frankfurt/M. 1983. Vgl. dort auch den Beitrag von Joseph Strelka: »Heinrich Heines ›Deutschland. Ein Wintermärchen‹ als Exildichtung«, S. 103–121. — **23** Victor Hugo, »Les châtiments« (1853). In: *Œuvres poétiques.* éd. par Pierre Albouy, T. 2, Paris 1967, p. 222. — **24** Victor Hugo, *Correspondance.* T. II (1849–1866). Paris 1950, p. 179. Dazu wie zur gesamten Exilzeit Hugos ausführlich Joanna Richardson, *Victor Hugo.* New York 1976, hier bes. p. 139 sq. — **25** Heinrich Mann, »Victor Hugo« (1925). In: *Essays.* Hamburg 1960, S. 67. — **26** Victor Hugo, »Carnets, Albums, Journaux« (1853–1855). In: *Œuvres complètes.* Édition chronologique, pub. sous la direction de Jean Massin, T. 9, 1968, p. 1148. — **27** *Exil. Literarische und politische Texte aus dem deutschen Exil 1933 bis 1945.* Hg. v. Ernst Loewy. Stuttgart 1979. Lieselotte Maas, *Handbuch der deutschen Exilpresse 1933 bis 1945.* Bd. 1–3. Hg. v. E. L. München 1976–1981. — **28** Wulf Koepke nennt in seinem Beitrag »Die Exilschriftsteller und der amerikanische Buchmarkt«, in: Spalek und Strelka (Anm. 2), S. 111, abschließend die amerikanische und die deutsche Literatur während der Exilzeit treffend »a divided stream«. Auch Franklin Walker vermerkt in *A Literary History of Southern California.* Berkeley 1950, p. 258, daß die in Kalifornien lebenden deutschen Schriftsteller in ihren Werken kaum je auf ihre amerikanische Umwelt Bezug genommen haben. Vgl. dazu auch: Eike Middell u. a.: *Exil in den USA.* (= Kunst und Literatur im antifaschistischen Exil. Bd. 3), Leipzig 1979, S. 204 f. Die unterschiedliche Einwirkung der kalifornischen Landschaft auf das Lebensgefühl der deutschen Exilautoren schildert lebhaft und mit vielen Belegen Erna M. Moore, »Exil in Hollywood«. In: Spalek und Strelka (Anm. 2), S. 28 ff. — **29** Bertolt Brecht, »Lion Feuchtwanger zum 50. Geburtstag«. In: *Schriften zur Literatur und Kunst 3.* Frankfurt/M. 1967, S. 65 f. Alfred Döblins Äußerung fiel im Zusammenhang seiner Entgegnung auf eine Rede Kolbenheyers in der Sektion für Dichtkunst der Preußischen Akademie der Künste am 13. 10. 1930, die mit scharfen Attacken auf die Berliner Autoren und auf das Großstadtleben verbunden war. Vgl. auch Inge Jens, *Dichter zwischen rechts und links.* München 1979, S. 104. — **30** Vgl. Carol Bander, »Die deutschsprachige Presse der Westküste: 1933–1949«. In: Spalek und Strelka (Anm. 2), S. 195–213. — **31** Lion Feuchtwanger, »Jessner und sein Theater«. In: *Aufbau* XI, Nr. 51 vom 21. 12. 1945, S. 15. - Instruktive Details über die Einstellungsschwierigkeiten der deutschen Exilierten gegenüber den kalifornischen Lebensverhältnissen bei Moore und Koepke (Anm. 28), S. 23 ff. bzw. 95 ff., sowie bei Middell (Anm. 28), im Kapitel »Das Amerikabild der Emigranten und seine Realisierungsmöglichkeiten«, S. 68–72, und »Lebensbedingungen der Emigranten in den USA«, S. 72–75. — **32** Von dieser inneren »Exterritorialität« spricht Ludwig Marcuse ausführlich in *Mein zwanzigstes Jahrhundert.* Zit. bei Moore (Anm. 28), S. 38. Vgl. auch Koepke (Anm. 28), S. 96. — **33** Dazu bes. Moore (Anm. 28), S. 25 f. — **34** So Lion Feuchtwanger im »Nachwort des Autors 1957« zu *Pep. J. L. Wetcheeks amerikanisches Liederbuch.* Berlin und Weimar 1964, S. 338. — **35** Zu Horkheimers und Adornos Verarbeitung ihrer Hollywood-Erfahrungen vgl. die kluge Studie von Gundolf Schneider-Freyermuth: »Exil in Glamorland. Kulturindustrie: Ein Begriff aus den Erfahrungen des Hollywooder Lebens«. In: *Kaspar. Zeitschrift über den Umgang mit Literatur.* 2. 1979, S. 34–45. Details über die Mitglieder des »Instituts für Sozialforschung« in Kalifornien auch bei Ruth Goldschmidt-Kunze: »Die deutsche Literatur und die Universitäten in Kalifornien«. In: Spalek und Strelka (Anm. 2), S. 150–153, sowie über Horkheimers Aufsatz *Neue Kunst und Massenkultur* und über die *Dialektik der Aufklärung* bei Middell (Anm. 28), S. 239–245. — **36** Dazu ausführlich Herbert Lehnert, »Bert Brecht und Thomas

Mann im Streit über Deutschland«. In: Spalek und Strelka (Anm. 2), S. 62–88. — **37** *Nachwort.* (Anm. 34), S. 338. — **38** Lion Feuchtwanger, »Zu meinem Roman ›Waffen für Amerika‹«. In: *Centum Opuscula.* (Anm. 1), S. 408–410. Über die bis in die zwanziger Jahre zurückreichende literarische Beschäftigung Feuchtwangers mit Amerika und über seine anhaltenden Versuche, beiden Kontinenten gerecht zu werden, vgl. die ergiebige Studie von Harold von Hofe, »Lion Feuchtwanger and America«. In: *Lion Feuchtwanger. The man, his ideas, his work.* Ed. by John M. Spalek. Los Angeles 1972, bes. p. 31–39. Auch zu Feuchtwangers Stellungnahmen zu den Verhören der McCarthy-Ära, die sich u. a. auch im *Goya*-Roman niedergeschlagen haben, finden sich dort, p. 44, wichtige Hinweise. — **39** So Lion Feuchtwanger im Kapitel I, 8: »Trübe Gäste« des Romans *Exil.* (Anm. 4), S. 123 f. — **40** So Lion Feuchtwanger über sein Buch *Waffen für Amerika.* (Anm. 38), S. 410: »Der Held des Buches vielmehr ist der Fortschritt. Es handelt nicht von Franklin oder von Beaumarchais, sondern vom Sinn des geschichtlichen Geschehens.«

Reinhard M. G. Nickisch

Da verstummte ich ...
Kreativitätsschwund als Folge der Exilierung – das Beispiel des Expressionisten und Publizisten Armin T. Wegner (1886–1978)

Der Fall des Expressionisten, Publizisten und ›Weltreporters‹ Armin T. Wegner (1886–1978) hat in der bisherigen Exilforschung kaum eine Rolle gespielt. Dabei liefert die Entwicklung Wegners nach seinem Weggang aus Deutschland in vieler Hinsicht ein trauriges Musterbeispiel für die Schäden und Langzeitfolgen, unter denen ein deutscher Autor unseres Jahrhunderts in einem erzwungenen und verschärften Exil zu leiden hatte. Zudem zeichnet sich der Fall Wegners dadurch aus, daß dieser Schriftsteller das Schwinden und Erlahmen seiner produktiven Kräfte selber nicht wahrhaben wollte, sondern bis zuletzt nach Mitteln und Wegen suchte, sich und anderen eben dies zu verbergen.

Als Hitler Anfang 1933 an die Macht kam, galt Wegner als ein prominenter und sehr erfolgreicher Autor, von dem Ende 1932 etwa eine Viertelmillion Bücher in Deutschland verbreitet waren. Verschiedene seiner Werke erschienen im Russischen, Holländischen, Japanischen und in Esperanto. Für die Literaturkritik und Literaturwissenschaft der Zeit vor 1933 gehörte er mit zu den bedeutendsten Expressionisten, vor allem wegen seiner beiden Lyrik-Bände *Das Antlitz der Städte* (1917) und *Die Straße mit den tausend Zielen* (1924). Über den ersteren schrieb beispielsweise Hans Franck in der Frankfurter Zeitung vom 25. 10. 1918: »Es gibt kein deutsches Versbuch, in dem das Gesicht der großen Stadt mit gleicher Wucht und Wahrhaftigkeit durch das Wort nachgestaltet wurde.« Noch emphatischer äußerte sich der Kritiker Hanns Martin Elster in den »Horen« zu Wegners zweitem Lyrik-Band von 1924: »Wir haben kein ähnliches Gedichtwerk, das über so weiten Raum hin, ihn bezwingend, die entsetzlichen und herrlichen Mächte der Zeit in solchen Bann zwang.« (1, 1925, S. 96) Aber auch seine expressionistische Prosa, gesammelt in drei Büchern von 1919, 1920 und 1921, zumal seine *Türkischen Novellen* (1921), trug dazu bei, daß Albert Soergel in seiner berühmt gewordenen ersten Bestandsaufnahme der expressionistischen Dichtung (*Im Bann des Expressionismus.* Leipzig 1925) Wegner nahezu acht Seiten widmete (S. 462–470) und ihn zusammen mit Franz Werfel und Paul Zech eine wesensverwandte Dichtergruppe bilden ließ, deren gemeinsame thematische und poetische Tendenz er mit der Kapitel-Überschrift »Von der Einsamkeit – Vom Ich zum Du – Vom alten, vergänglichen zum neuen, ewigen Ich« kennzeichnete (S. 462). Und noch 1931 war Wegner für Martin Sommerfeld, den Herausgeber einer Anthologie, die eine Art Resümee der deutschen Lyrik zwischen 1880 und 1930 bieten sollte (*Deutsche Lyrik 1880–1930.* Berlin 1931), einer der diese Epoche mit repräsentierenden Dichter, dem quantitativ der gleiche Raum in der Sammlung zugestanden wurde wie etwa Becher, Benn, Carossa, Däubler, Hermann-Neiße, R. Huch, Kästner, Klabund, Lasker-Schüler, Mombert, Nietzsche, Schlaf, Toller, Zech und Zuckmayer.

Wiewohl die Literaturwissenschaft der Weimarer Zeit Wegner nur als Expressionisten würdigte, hatte er sich im Grunde schon vor der Veröffentlichung seines zweiten großen Vers-Bandes 1924 von der expressionistischen Dichtungsweise gelöst. (Bezeichnenderweise waren die Gedichte in diesem Buch, das als ein etwas verspäteter Abgesang der expressionistischen Lyrik erscheinen könnte, alle schon zwischen 1910 und 1920 in Europa und im Orient entstanden.) Wegner schrieb dann jahrzehntelang keine Lyrik mehr. Er wandte sich dem Roman, der Erzählung, dem Hörspiel und, am entschiedensten, der Reiseschilderung zu. Die nahezu 50 Rundfunksendungen Wegners aus der Zeit zwischen 1926 und 1932 bestanden fast durchweg aus Reiseberichten. Unter den vier großen Reisebüchern, die er noch bis zum Beginn der Naziherrschaft in Deutschland veröffentlichen konnte, sind vor allem die Rußlandreportage *Fünf Finger über Dir* von 1930[1] und der Palästina-Bericht von 1932 *Jagd durch das tausendjährige Land* zu nennen. Nach dem Urteil von Walter Jens hat es Wegner auf diesem seinem neuen Gebiet der Reisebeschreibung zur Meisterschaft gebracht – er nennt ihn einen »Koeppen der zwanziger Jahre!«.[2] Die zeitgenössische Kritik bezeichnete ihn respektvoll als ›Weltreporter‹. 1928 hatte Wegner einen Band Erzählungen, 1929 einen Roman herausgebracht, und im Dezember 1932 konnte er noch u. d. T. *Der Knabe Atam* die Vorgeschichte eines neuen großangelegten Romans (über das schreckliche Schicksal des armenischen Volkes in der Türkei) veröffentlichen (Berliner Tageblatt, 25. 12. 32) – ein Stück Prosa, das mit seinem kontrollierten Pathos, seiner distanzierten Erzählhaltung und der fast mythischen Würde des Erzählten zu großen Hoffnungen berechtigte. Nichts deutete vor dem Unglücksjahr 1933 darauf hin, daß Schaffenskraft und Entwicklungsfähigkeit Wegners, wie sonst bei vielen vormaligen Expressionisten, stagnieren könnten. Um so eklatanter ist darum der Bruch in der Schriftsteller-Existenz, der durch Verhaftung und Emigration herbeigeführt worden ist.

Nach seiner Entlassung aus dem KZ hatte Wegner noch von England aus 1934/35 einige Reiseschilderungen unter dem Decknamen Klaus Uhlen in deutschen Zeitungen unterbringen können. Erste Nachkriegs-Publikationen von ihm sind erst 1949/50 zu registrieren. Wegner ist also als Literat nahezu fünfzehn Jahre lang, von seinem 50. bis fast zu seinem 65. Lebensjahre, nicht existent gewesen! Danach veröffentlichte er zwar wieder ziemlich regelmäßig und häufig, freilich nur kleinere Zeitungs-, Zeitschriften- und Rundfunkbeiträge. Ein größeres, bedeutenderes literarisches Werk Wegners ist seit 1933 nicht mehr erschienen. Jene kleineren journalistischen Beiträge, mit denen er sich seit 1949/50 als Autor wieder zu Wort meldete, greifen im übrigen bezeichnenderweise vielfach auf ältere Arbeiten zurück und tragen feuilletonistischen oder später – überwiegend – autobiographischen Charakter. Der bedeutendste unter den autobiographischen Beiträgen, der aber ebenfalls frühere Arbeiten adaptiert, ist zweifellos eine (nicht gedruckte) achtteilige Hörfolge *Die Reise ohne Heimkehr. Armin T. Wegner erzählt*, die eine Art Längsschnitt durch Wegners Leben bot und 1961/62 von mehreren deutschen Rundfunkanstalten gesendet wurde. Eine genauere Einschätzung der Arbeiten aus der Zeit nach 1945 ist kaum noch möglich, weil sie in der Mehrzahl nur schwer oder (noch) nicht zugänglich sind. Man wird sie in erster Linie als die unumgänglichen Brotarbeiten eines ›freischaffenden‹ Autors zu werten haben. Zur Vollendung größerer schriftstellerischer Unternehmungen hat sich Wegner nach wiederholtem eigenen Bekunden nicht mehr fähig gefühlt.

Wie ist dieser so jäh eintretende und jahrzehntelang (bei Wegner praktisch bis zum Lebensende) andauernde Kreativitätsverlust eines Exilanten zu erklären? Warum hat z. B. in solch einem Falle die Heilkraft der Zeit völlig versagt? Alexander Stephans Erklärung, daß es den älteren schon avancierten Autoren (Wegner wurde 1936, als er sich in seinem italienischen Exilort Positano niederließ, fünfzig Jahre alt!) an der nötigen Flexibilität gefehlt habe, um ihre neue Lebenssituation literarisch auszubeuten – daß also der Verfall ihrer Produktionskraft schlicht altersbedingt sei[3]: – diese Erklärung reicht im Falle Wegners nicht aus. Das kreative Vermögen erfuhr bei anderen Autoren im Exil (Thomas Mann ist das berühmteste Beispiel dafür) trotz fortschreitenden Alters nachgerade eine Steigerung. Vor der radikalen Zäsur von 1933 deutete, wie oben ausgeführt, vieles darauf hin, daß auch Wegner noch einer Entwicklung seiner schriftstellerischen Möglichkeiten fähig gewesen wäre. Die Gründe für den Kreativitätsschwund sind mithin anderwärts zu suchen.

An erster Stelle ist zu veranschlagen, daß sich die Existenz- und Schaffensprobleme, die den Exil-Autoren allgemein entstanden, aufs äußerste verschärften, wenn jemand, wie eben Wegner, als Exilant im faschistischen, mit Nazi-Deutschland verbündeten Italien, also de facto im erweiterten Machtbereich Hitlers, leben mußte. Italien als Exilland ist bisher in der Forschung kaum gewürdigt worden. Bei Stephan findet sich im Kapitel *Geographie des Exils* lediglich der Hinweis (S. 53), daß sich Walter Hasenclever, Karl Wolfskehl und Otto Zoff »zum Teil bis 1938/39 im Italien Mussolinis zu halten« vermochten. Offensichtlich wurde auch für sie die Situation dort so unerträglich, daß sie noch beizeiten in andere, weniger von der Isolation bedrohte Exilländer, wie England, Frankreich, Neuseeland, die USA, flüchteten. Auch Alfred Neumann verließ 1938 Italien, wohin er 1933 emigriert war. Stefan Andres dagegen lebte erst seit 1938 im italienischen Exil, und Kasimir Edschmid hielt sich sowohl vor 1938 als auch danach unbehelligt im Machtbereich des Duce auf.

Wegner hatte in Deutschland Schreibverbot wie viele andere, den braunen Machthabern mißliebige Autoren auch. In Italien fehlte ihm als deutschschreibendem Autor praktisch jede Publikationsmöglichkeit. Er hätte auch nicht offen und frei das sagen können, was er für richtig und vertretbar hielt. Zugespitzt könnte man formulieren: Wegner war in der äußeren Emigration in Italien gezwungen, obendrein in die ›innere Emigration‹ zu gehen. So erscheint es nur zu begreiflich, daß er in seinem italienischen Exil bis zum Kriegsende nichts Literarisches veröffentlicht hat. Italienisch hat er überdies nie recht zu beherrschen gelernt. Er hielt an seiner Muttersprache fest.

Verfolgung und Exilierung hatten Wegner schließlich auch radikal und unwiderruflich von all dem abgeschnitten, was für den vital-aktiven und kommunikationsbedürftigen Publizisten, Weltreporter und Literaten ein Lebenselixier gewesen war – der ständige anregende und herausfordernde Umgang mit anderen Autoren, Künstlern, Freunden, politisch Gleichgesinnten usf. in der vor 1933 ungemein stimulierenden Atmosphäre der geistig-kulturellen Metropole Berlin. Die kleine Emigranten-Kolonie in Positano (zu ihr gehörte seit 1937 Stefan Andres, dem Wegner aber erst erheblich später persönlich nähertrat) konnte das in keiner Weise ersetzen. Wegner lebte also in einer kaum zu übertreffenden geistigen, sprachlichen und politischen Isolation, die ihn um so härter treffen mußte, als er auf sie nicht etwa durch ein vormaliges eremitenähnlich geführtes Schriftsteller-Dasein vorbereitet war.

Da Wegner nach seiner Entlassung aus dem KZ in Deutschland keine Publikationsmöglichkeiten mehr hatte und es dann im italienischen Exil keine Leserschaft mehr für ihn gab, war es fast unvermeidlich, daß man ihn in der Heimat vergaß, daß man nach ihm und seinem Werk dort nicht einmal nach dem Krieg wieder fragte. »Durch qualvolle Erinnerung an alles Grauen für Jahrzehnte verstört, hatte ich dennoch an neuen Werken zu schreiben, alte fortzusetzen begonnen. Doch wie mein Land in zwei Hälften gespalten, ohne Zutrauen zu mir selbst, sank mir die Feder aus der Hand. Das Feuer der Empörung in mir begann zu erlöschen. Mutlos geworden durch den mangelnden Widerhall, ohne den kein Künstler zu schaffen vermag, verstummte ich.«[4]

Das Zitat weist u. a. auch auf eine weitere schwerwiegende Ursache hin, die die Beeinträchtigung von Wegners schriftstellerischer Produktivität bereits seit 1934/35 zur Folge gehabt haben dürfte: die nie mehr überwundene traumatische Nachwirkung seiner persönlichen Erlebnisse an den nazistischen Folterstätten und die damit einhergehende vorzeitige Schwächung seiner seelischen und kreativen Energien. Die durch tiefreichende Verstörung, äußere und innere Emigration, extreme Isolierung, Vereinsamung und hartnäckige Ignorierung bewirkte Paralyse der Schaffenskräfte zeitigte eine Erscheinung, die als nahezu unausweichliche Folge einer verschärften Exilsituation bei solchen Menschen zu erklären ist, deren schöpferische Kraft zwar gebrochen, deren Wille zur geistigen Selbstbehauptung aber noch nicht erloschen ist: Sie besteht in dem zwanghaft wirkenden Bemühen des Exilgeschädigten, das Versiegen der Schaffenskräfte durch gewichtig klingende Erklärungsversuche positiv zu interpretieren – zu rechtfertigen.

Wer sich in einer so verzweifelten Lage wie der exilierte Wegner befand und nicht selbst aufgeben wollte, mußte nach einem Sinn suchen, der ihm seine nunmehrige deprimierend sterile Existenz irgendwie als einleuchtend und damit erträglich erscheinen ließ. Wegner fand ihn darin, daß er glaubte, sich angesichts seines in der Tat ungewöhnlichen Lebens als ein vom Schicksal gezeichneter, ja *ausgezeichneter* Mensch sehen zu dürfen. Und dieses Schicksal hatte ihn eben auch dazu verurteilt, als Dichter zu schweigen. In seiner Wuppertaler Rede »Das Wagnis« von 1962 hat er das in einer feierlich überhöhten Sprache deutlich ausgesprochen: »Ich sagte mir, das Schicksal hat dich am Leben erhalten, damit du für die Leiden deines Volkes zeugst. Aber sobald ich zu schreiben begann, entsank mir die Feder. ›Wer liest, was du erfahren und gesehen hast‹, sagte ich mir. (!) ›Müßte er nicht hingehen, sich das Haupt von den Schultern zu reißen, um dies nicht zu Ende zu denken?‹ Von überall, vom Himmel, von der Erde, aus den Tiefen des eigenen Herzens schrie mir wie in der Offenbarung des Johannes eine Stimme zu: ›Versiegle, was die sieben Donner zu dir geredet haben. Schreibe es nicht!‹

Da verstummte ich.«[5]

In der gleichen Rede bemüht sich Wegner, seinen Zuhörern noch weitere, tiefer liegende Ursachen für das Erlahmen seiner dichterisch-schöpferischen Kräfte einsichtig zu machen. Da nennt er zum einen die exilbedingte Entwurzelung: »Eines Tages hat man dem Baum, der hier vor Ihnen steht, die Wurzeln unter dem Leibe abgeschnitten. Er mußte sich auf die Wanderung in fremde Länder begeben, aber es gelang ihm nicht, von neuem dort Wurzeln zu schlagen.«[6] Und er führt zum anderen das an, was er selbst als den eigentlichen und tiefsten Grund für sein Verstummen als Dichter anzusehen gelernt hat – nämlich, daß er zu einer neuen, veränderten Auffassung von der Aufgabe des Dichters in unserem Zeitalter gekommen sei: »(...) wahre Dichtung ist immer auch Glaube, und Glaube die größte Dichtung der Menschheit. Deshalb ist Dichten zu allen Zeiten ein Wagnis gewesen. Aber welchen Anspruch, welches übermenschliche Ausmaß nimmt dieses Wagnis an, wenn der Dichter erst einen neuen Glauben schaffen soll, bevor er zu schreiben anfängt, eine Aufgabe, zu deren Erfüllung es mehr als eines Geschlechts bedarf.«[7]

Hatte er sich zuerst damit getröstet, daß man ihm bei seiner »Geißelung in einem düsteren Keller unter der Erde mit Peitschenhieben für immer den Mund geschlossen« habe[8], so glaubt er nunmehr sein Nicht-mehr-dichten-Können dadurch gerechtfertigt, daß ein Dichter in unserer Zeit, vor der Schaffung neuer poetischer Werke, erst einmal als Mitbegründer, als Mitschöpfer eines neuen Glaubens der Menschen zu wirken habe. Es gibt viele Hinweise darauf, daß Wegner sich seit der Jahrhundertmitte zunehmend mit solch einer mystisch-religiösen Auffassung von der Aufgabe des Dichters befreundete. Die Höhe des schier uneinlösbaren Anspruchs, den er sich mit dieser neuen Anschauung vom Dichterberuf auferlegte, konnte ihn ohne Frage besonders wirkungsvoll darüber beruhigen, daß er seit seiner Exilierung kein großes poetisches Werk mehr vollendet hatte. »So verbrachte ich viele Jahre, ohne selber ein Buch zu schreiben. Sollte man sich fragen, ob es mir dabei gelang, den neuen Namen Gottes zu finden, so würde ich antworten, nicht auf das Finden komme es an, sondern auf das Suchen. Ja, ich sagte mir, wenn ich auch nur einen einzigen Buchstaben von diesem Namen fände, oder auch nur den Aufstrich zu dem ersten Buchstaben, so wäre das wichtiger, als dickleibige Bände zu verfassen.«[9]

Glaubenserkenntnisse zu gewinnen war demnach für den alternden Exilanten wichtiger geworden als Bücherschreiben. – Wegner hat immerhin nach fast fünfzehn Jahre währender Stummheit als Autor an der Wende von den vierziger zu den fünfziger Jahren wieder literarisch zu arbeiten begonnen. Die Aufsätze, Rundfunkbeiträge und Vorträge betreffen zumeist das eigene Schicksal des Autors, vor allem das seit 1933 erfahrene. Zwei Romane, von denen der eine bereits in den zwanziger Jahren geplant und Anfang der dreißiger begonnen worden ist (als Fragment gedruckt liegt lediglich das schon erwähnte Prosastück *Der Knabe Atam* von 1932 vor), sind nicht vollendet worden. Der eine Roman sollte das Schicksal der vertriebenen Armenier behandeln und den Titel »Die Austreibung« oder »Menschengeschlechter ziehen vorüber wie die Schatten vor der Sonne« erhalten. Das andere, zweiteilig projektierte Werk, wohl in den fünfziger und sechziger Jahren begonnen, sollte die Geschichte eines deutschen Dorfes in der Nazi-Zeit erzählen und den Titel tragen »Die Mühle Gottes« (I. Teil) und »Nacht des Gerichts« (II. Teil). Besucher des alten Wegners wissen von einigen hundert Manuskriptseiten zu berichten, die in seinem römischen Arbeitszimmer lagen.[10]

Wolfgang Frühwald hat in seiner Betrachtung von Ernst Tollers Autobiographie *Eine Jugend in Deutschland* zu erklären versucht, weshalb auffallend viele Autoren des deutschen Exils Werke autobiographischen Charakters verfaßt haben. Seine Erklärung trifft weitgehend auch für den das eigene Leben deutenden exilierten Wegner der Nachkriegszeit zu: »Die Isolation (...) im Exil, die bohrende Frage nach den Gründen für das Scheitern des Kampfes, der von den politischen Verhältnissen erzwungene rasche Alterungsprozeß ihres Werkes ließ die deutschen Autoren im Exil vorzeitig sich selbst historisch werden. Im eigenen Ich suchten sie die *Welt von gestern* nach den Ursachen der Katastrophe zu befragen, im Gleichnis ihres Lebens ihr Zeitalter zu deuten.«[11] Wegners autobiographische Arbeiten nun sind für einen Biographen, der Wegners Leben, zumal sein aktives Schriftstellerleben bis 1933, möglichst objektiv rekonstruieren und beschreiben will, nicht immer nur hilfreich. Der durch den fast völligen Kreativitätsverlust verursachte Leidensdruck kann bei einer sensiblen Künstlerpersönlichkeit offenbar so stark werden, daß er nicht nur einen andauernden Rechtfertigungszwang auslöst, sondern den so gründlich vom Exil Beschädigten über die Rechtfertigungsversuche hinaus zu Anstrengungen treibt, die ganze eigene Existenz bis in die Höhen der Selbstverklärung hinauf zu stilisieren, das eigene Leben zu legendarisieren – unter Beiziehung sogar mystischer und metaphysischer Aspekte. Auffallendstes Kennzeichen in seinen autobiographischen Darstellungen ist zunächst, daß Wegner von sich in der dritten Person spricht. Man muß diese Merkwürdigkeit wohl in erster Linie psychologisch interpretieren. Da Wegner in seiner autobiographischen Prosa zumeist von den Schrecknissen seiner Lebensgeschichte zwischen 1933 und 1945 handelt, diese Schrecknisse ihn aber, wie oft von ihm bekundet, über Jahrzehnte hin quälten, hat sich wohl bei ihm das Bedürfnis durchgesetzt, diese wenigstens sprachlich-formal von sich wegzurücken. Wegner hat die Wahrheit des von ihm formulierten Satzes »Nichts Unnachgiebigeres gibt es als die Vergangenheit« an sich selbst bitter erfahren. Man kann also in der Wahl der Er-Erzählhaltung nicht die Entscheidung für ein literarisches Kunstmittel sehen, das vielleicht eine weitgehende Objektivierung des Geschilderten erlauben würde. Denn diese ist im Ergebnis jedenfalls nicht erreicht worden. Andere wesentliche Merkmale der späten autobiographischen Prosa Wegners verhindern eine ›objektive‹, realistisch-nüchterne Darbietung des Mitgeteilten: zumal die Selbstdarstellung als eines vom Schicksal sowohl besonders Begünstigten als auch besonders Geschlagenen, eines Märtyrers der deutschen Geschichte dieses Jahrhunderts. Die Intention der Selbststilisierung in solchem Sinne wird insbesondere faßbar in einem entsprechenden Vokabular. Ein paar Belege: »ein (...) vom Schicksal gesegneter Mensch« – »was ihm (= Wegner) (...) durch die Gnade des Schicksals noch gestattet ist« – »Zwei Gewichte entscheiden auf der Waage unseres Schicksals: Gnade und Verhängnis« – »›Nicht, was ich will, Schicksal – was du willst, geschehe!‹« – »Vielleicht strafte ihn das Schicksal jetzt dafür, daß er als Knabe seinen Vater verwünscht hatte« – »Werkzeuge höherer Fügung« – »Die Geißelung« (auf seine Folterung bezogen)...[12]

In Wegner hatte sich, wie schon angedeutet, mit zunehmendem Alter die Überzeugung gefestigt, daß sein Leben auf geheime und doch zugleich offenbare Weise vom »Schicksal« gelenkt und bestimmt worden sei. In seinen autobiographischen Äußerungen war er stets bemüht, auf die für ihn unwiderleglichen Anzeichen schicksalhafter Lenkung in seinem ungewöhnlichen Lebensgange hinzuweisen.[13] Die Summe all dieser Anzeichen machte es für ihn völlig einsichtig, daß sein Leben ein beispielhaft wunderbares Gepräge gehabt hatte – so jedenfalls stellte es sich ihm in der Rückschau dar. In solcher Selbstdeutung scheint der Schreibende eine tiefe, für ihn notwendige Selbstberuhigung gefunden zu haben; eine Beruhigung, die er deshalb so sehr brauchte, weil er sich nur durch das Aufweisen allergewichtigster Gründe sein schmerzhaftes Scheitern als produktiver Schriftsteller in seiner zweiten Lebenshälfte erklären konnte.

Die Selbststilisierung Wegners zeigt schließlich noch einen Wesenszug seiner Persönlichkeit und Dichtung, der im Grunde latent schon in seinem expressionistischen Werk angelegt gewesen ist, nun aber erst zur Geltung kommt: Religiosität. Es ist mehr als fraglich, ob das religiöse Element in der Persönlichkeitsstruktur je so stark existenz- und werkbestimmend hervorgetreten wäre, wenn Wegner das für seine Schaffenskraft ruinöse Exilantenschicksal erspart geblieben wäre. Doch der Hinweis auf Wegners spezifische Schicksalsgläubigkeit kann erhellen, was an vielen Stellen seines Werkes bei erster Betrachtung sonst als unerklärlich anmutet: die nur auf mystische

Weise mögliche Verquickung von Dingen, Vorgängen und/oder Personen, deren Beziehung zueinander dem rational Denkenden als ausgeschlossen, als miteinander unverträglich gelten muß. So etwa sah Wegner in Lenin den »toten Christus der Revolution«.[14] Oder er berichtet von der Deutung eines Kritikers seiner ersten Verse, der seinen zweiten Vornamen T(heophil) als Abkürzung für Tantalus verstanden habe – Tantalus als »der ewig Begierige, der doch die ersehnte Frucht niemals erlangen kann«.[15] Er selbst jedoch sah in dem T., da es für Theophil steht, das Signum für den »Freund Gottes (...); denn immer wieder wird ihn das Schicksal in höchste Gefahr führen, um ihn im letzten Augenblick vom Rande des Abgrunds zurückzuhalten«.[16] An anderer Stelle steigerte er sich in der Deutung des Anfangsbuchstaben seines zweiten Vornamens noch. »Das große T. gilt den Christen als Sinnbild des ›Kreuzes‹, an dem die Opfer ihrer Überzeugung hängen, den Buddhisten als Zeichen des ›All-Einen‹. Nur auf Kürze und Einfachheit bedacht, als ich meinen Namen (zum erstenmal, R. N.) für den Druck niederschrieb, hatte ich mich unbewußt verraten.«[17] Auch in seinem Nachnamen Wegner erblickte er eine schicksalhafte Vorherbestimmung seines Lebens: Wegner als »der des Weges Schreitende, der Wanderer durch viele Länder«.[18] Diese 1956 geäußerte Auffassung bestätigte er 1971/72 (?) in dem ungedruckten und undatierten Manuskript »Verschollen für ein Menschenalter«: »Dieser Schriftsteller (= Wegner) schien von Anfang an durch Geburt und Erbe zu einem Wanderlos bestimmt.« (S. 3)

Vollends deutlich aber wird Wegners mystisch gewordene Fühl- und Denkweise, wenn er über den Tod und ein Fortleben nach dem Tode spricht. Über seine Erwartungen und Empfindungen angesichts des ihm nach menschlichem Ermessen nahe bevorstehenden Todes in Bagdad, wo er im Mai 1916 schwer an Flecktyphus erkrankt war, schreibt er 1956 aus der Rückschau: »Ein Berauschter bereitet(e) sich vor, sich mit dem All wie in einer Vermählung zu vereinen.«[19] 1952 formuliert er bezeichnenderweise in seinem Vortrag »Der gefallene Engel setzt sich auf den Stuhl seines Herrn« vor den Studenten der Züricher Universität: »Die menschliche Seele steht immer in engstem Zusammenhang mit allen Erscheinungen des All (!) über uns. Was sich unabsehbar über uns ausbreitet, senkt sich als Spiegelbild in gleichem Maße tief in unser Inneres hinab.«[20]

Auffallend ist des weiteren auch, daß Wegner eine Vorliebe dafür gehabt zu haben scheint, bestimmten Phasen seines Lebens mit Hilfe mystisch anmutender Zahlenangaben eine geheime Bedeutung zuzuweisen. Einen heiter-symbolischen Aspekt hat zunächst noch seine Äußerung, daß sich in seiner Jugend »statt der sieben Städte Griechenlands um den Ort von Homers Geburt« »sieben Städte Deutschlands« darum gestritten hätten, »wo er (Wegner) ihr schlechtester Schüler gewesen sei«. (Ms. Verschollen, S. 3) – Ernstgemeinte symbolische Bedeutung indes mutet uns Wegner mit Zahlgaben zu, wenn er sein Leben gegliedert sieht durch eine »dreifache Wiederkehr« (die Rückkehr vom Land in die Stadt 1906, die aus dem Orient nach Deutschland 1918, die aus Italien nach Deutschland 1956)[21], wenn er sich in seinem (bisher nicht gedruckten) Hörspiel »Auf der Suche nach den zehn Gerechten« von 1956 als »Trinius«, den »Dreifache(n)«, bezeichnet, weil er »eine dreifache Prüfung« zu bestehen gehabt habe (Ms., S. 4), oder wenn er, durch ein entsprechendes Naturphänomen am Kaukasus zu solchem Glauben ermutigt, ausführt, auch ihm werde es vom Schicksal wohl vergönnt sein, eine »dritte Blüte« seines Schriftstellertums zu erleben: »Im allgemeinen, hieß es, blühen die Rosen in den Tälern des Kaukasus infolge der südlichen Wärme im Sommer zweimal. Aber dann ereignet es sich, daß kurz vor Beginn des Winters manchen Rosen eine dritte Blüte geschenkt wird. Nachdem mir infolge der Vertreibung aus Deutschland und des endlosen Umherirrens in der Welt die Früchte des Alters lange versagt blieben, warum sollte nicht auch mir durch die Gunst eines mir trotz allem gewogenen Schicksals die Gnade der dritten Blüte zuteil werden?«[22]

In dem erwähnten Züricher Vortrag von 1952 wird Wegners verstärktes Interesse an religiösen Fragestellungen schon im Untertitel – »Dichtung und Glaube« – thematisiert. Der Vortragstext selbst verdeutlicht, daß Wegner nicht etwa christlich geworden ist. Vielmehr glaubt er sowohl die antiken wie die östlich-orientalischen ›Götter‹ wie auch die »christlichen Göttergestalten« einer noch höheren geheimnisvollen Macht mit Notwendigkeit unterworfen.[23] Er nennt sie »die über allem schwebende und die Dinge der Welt vereinende Macht des Alls« und will darum, so sieht er seine neue Aufgabe als eine Art Dichter-Prophet, in seinen Zuhörern das Gefühl dafür erwecken, »daß wir im Leben wie in der Kunst, ja in dieser vor allem, unter der Macht neuer Glaubenskräfte stehen, vor der Erkenntnis, daß ein neues hoffnungsvolleres Zeitalter sich im Leben und in der Kunst vorbereitet, in dem wir uns wieder der verborgenen ewigen Mächte des Alls und ihrer Herrschaft über uns bewußt werden.«[24]

Eine religiöse Grundhaltung bestimmt auch das ungedruckt gebliebene Funkspiel »Auf der Suche nach den zehn Gerechten. Ein Oratorium«, das in den Jahren 1956, 1957, 1959 und 1960 von den meisten westdeutschen Rundfunkanstalten gesendet wurde. Wegner läßt in dem Funkspiel zahlreiche Stimmen von Personen zu Wort kommen, die er bei seinem ersten Deutschland-Besuch nach dem Kriege aufgesucht hatte, um sie zu fragen, ob sie ihm nicht solche Menschen nennen könnten, die sich in der allgemeinen moralischen Verderbnis der Deutschen zur Zeit des Nazismus als ›Gerechte‹ bewährt hätten – als Helfer der Verfolgten, vor allem der verfolgten Juden. Angespielt wird auf die bekannte Erzählung aus dem Alten Testament über den bevorstehenden Untergang Sodoms, das von Gott verschont werden sollte, wenn sich nur zehn Gerechte darin fänden (1. Mose 18, 22–23). Wegner sieht sich in der Rolle dessen, für den das verderbte Deutschland nur mehr ›annehmbar‹ ist, wenn auch er wenigstens ›zehn Gerechte‹ in Sodom-Deutschland finden kann.

Die Vorstellung, daß der Nazismus und sein Krieg eine Heimsuchung für Deutschland bedeutet haben, ist ja ebenfalls durchaus testamentarischer Natur. Auch seine Verhaftung und ›Geißelung‹ 1933/34

hat Wegner im Sinne einer Theodizee zu verstehen gelernt: »(...) als ich in meiner Verzweiflung nicht wußte, was ich tun sollte, entschloß ich mich, das mir zugewiesene Schicksal anzunehmen. Mit diesem Augenblick verwandelte sich mir das empfangene Leid in Kraft und die Erniedrigung in Gnade. (...)
Für mich waren meine Peiniger Werkzeuge höherer Macht.« (Ms., S. 5) Hinter solcher Deutung des jüngsten deutschen und des eigenen Schicksals wird als Denkmuster das Bibel-Wort sichtbar: »Welchen der Herr lieb hat, den züchtigt er.« (Hebr. 12, 6) Für Wegner bedeutete ›Bewältigung der Vergangenheit‹ Annahme der vom Schicksal verhängten Heimsuchung Deutschlands durch die überlebenden Deutschen, was für ihn praktisch besagte: Bekennt Euch zu Eurem Versagen, verschweigt es nicht, zieht Folgerungen daraus. Die Untat, die Sünde ist zu bereuen, erst dann kann man, d. i. Deutschland, in den Stand der Gnade gelangen.[25]

Das zweite nach 1945 entstandene Hörspiel Wegners mit dem Titel »Der Todessänger«, zuerst im März 1959 im Südwestfunk gesendet, gestaltet das Thema ›Bewältigung der deutschen Vergangenheit‹ ebenso unter religiösen Aspekten. Im Mittelpunkt des auf einer »wahren Begebenheit«[26] beruhenden Funkspiels steht der sangesmächtige Vorbeter Schalom Katz, der als einziger Jude einer kleinen rumänischen Stadt einem Massaker der SS entgangen ist – um seines machtvollen und herzanrührenden Gesanges willen, den er im Angesicht des Todes für seine todgeweihten Gemeindemitglieder angestimmt hatte – und der nun, nach dem Kriege, von seinem neuen Wohnsitz in Washington aus um die Welt reist und allenthalben in den jüdischen Gemeinden seinen Todesgesang und die furchtbare Geschichte von dessen Entstehung vorträgt. Es geht Wegner in diesem Hörspiel abermals um eine nachträgliche Sinngebung und die dadurch mögliche seelische Überwindung der schrecklichsten Ereignisse der Nazi-Ära. Die Interpretation, die die israelischen Neubürger der Stadt Tel-Aviv in den Pausen des Vortrags dem nun immer und überall von Schalom Katz wiederholten Todesgesang geben, enthält zugleich eine versteckte Deutung der Beharrlichkeit, mit der Wegner selbst nach dem Ende des Zweiten Weltkrieges sein eigenes Schicksal seit 1933 auf der Suche nach einer tragfähigen Selbstrechtfertigung umkreiste. Einer der Bürger fragt: »Aber weshalb wiederholt er überall diesen Todesgesang?« Die Antwort eines Mitbürgers lautet: »Vielleicht ist das die einzige Möglichkeit für ihn, seine Scham zu überwinden.« Und auf die Frage: »Welche Scham?« kommt die Antwort: »Die Scham, die anderen überlebt zu haben.«[27] Womöglich liegt in diesen beiden Antworten der Schlüssel zu Wegners eigenem Lebensgefühl, wie es ihn seit seiner erzwungenen Emigration beherrscht hat. Den zitierten Aussagen aus dem Dialog des Funkspiels von 1959 sind Verse aus Wegners spätem Gedicht »Alter Mann« von 1976 an die Seite zu stellen, die das in den Hörspiel-Sätzen Ausgesprochene mit lyrischer Intensität bestätigen, ja es bis zur Verzweiflung des Sprechenden an sich selbst steigern:

Wer bin ich?
Nicht besser als ihr, einer der übrigblieb,
der nicht zu sagen wagt, was er schaute.
Von bösen Träumen zum Himmel gehoben,
ein Stummer, dem es die Sprache verschlug,
ein Geretteter, der am Leben blieb,
aufgespart – wozu?

Mit einem Herzen voll Angst,
ohne den anderen helfen zu können,
mit Gier und List am Leben bleiben,
ohnmächtig – ist das nicht die bitterste Strafe?
Was sind Lieder, die ich singe,
was Zeugnisse von allem, was ich sah
und was ich niederschreibe?
Ein Hohn![28]

In den beiden zitierten Proben aus Wegners Alterswerken hat man literarisch-poetische Manifestationen dessen vor sich, was inzwischen in der Medizin als Überlebenssyndrom bekannt ist und dessen konstitutive Symptome gerade bei solchen Menschen festgestellt worden sind, die lange Zeit in KZs leben mußten und/oder verfolgt wurden. Zu diesen Symptomen gehört – außer Angst- und Beklemmungszuständen, Alpträumen, Erinnerungsstörungen, zunehmenden Kontaktstörungen und Verfolgungsängsten – insbesondere das Gefühl der Überlebensschuld. Von allen Lebensbeeinträchtigungen, die jene Symptome indizieren, ist das zuletzt genannte zweifellos das schwerste. Es ist das Gefühl, das den davon Beherrschten am einschneidendsten von den ›normal‹ Lebenden trennt.

Christa Wolf, die in ihrem Roman *Kindheitsmuster* (1976) im Zusammenhang mit dem Thema der Vergangenheitsbewältigung auch auf das Überlebenssyndrom zu sprechen kommt, führt den Ausspruch eines Arztes an: »Die Welt der Lebenden und die Welt der Überlebenden sind unendlich weit voneinander entfernt, sie sind durch Licht- oder, richtiger, Schattenjahre getrennt.« Dem, der überlebt hat, ist es unmöglich gemacht worden, noch einmal so zu existieren wie in der Zeit, bevor er den tödlichen Bedrohungen ausgesetzt gewesen ist, die er mehr oder minder zufällig überlebt hat. Christa Wolf gibt in dem erwähnten Zusammenhang auch die Erfahrung einer Freundin wieder, die nur durch Zufall dem Tod in Auschwitz entgangen ist: »Die Wirklichkeit sei für sie seitdem hinter einem Schleier, der nur manchmal, in seltenen Augenblicken, zerreiße.«[29] Die Obsession, zu der sich anscheinend die Überlebensschuld beim Überlebenden auswächst, führt also zu einem verminderten Wahrnehmen und Erleben der Wirklichkeit.

Wer aber seine Lebenswirklichkeit nur mehr reduziert aufzunehmen vermag, kann sie auch nicht mehr zulänglich gestalten. Wegner lebte ja im Gegensatz zu den meisten anderen deutschen Autoren, die zumindest das Glück hatten, sich dem unmittelbaren Zugriff der Nazi-Macht entziehen zu können, bis 1943, also fast ein Jahrzehnt lang, als Exilant in der ständigen Furcht, unversehens das abermals zu erleiden, was ihm schon im ersten Jahr der braunen Terrorherrschaft in Deutschland zugestoßen war. Die permanente Angst und die quälende Vorstellung, nur dank unbegreiflich freundlicher Zufälle davongekommen zu sein, haben seine gestalterischen Kräfte und Energien gelähmt. Der Rechtfertigungszwang, dem sich der derart Deprivierte nach dem Kriege ausgesetzt fühlte, so daß er seinen Lebensgang gar im mystisch milden Licht der Selbstverklärung zu deuten begann, läßt das Maß der Verzweiflung und Entmutigung ahnen, in die Haft, Folter und Exil in tödlicher Bedrohung und extremer Isolation selbst geistig vitale Naturen treiben können.

Das in Wegners zweiter Lebenshälfte alles andere verdrängende Thema der bösen Vergangenheit beherrschte denn auch das einzige neue lyrische Werk, das er vor dem Erscheinen des *Odyssee*-Bandes (1976) in der Nachkriegsära veröffentlicht hat: »Das Lied aus der blutigen Stadt Berlin« (1962).[30] Das große dreiteilige Gedicht mit seinen 28 vierzeiligen Strophen aus freirhythmisch gefügten, reimlosen Langversen ist eine späte Elegie in der Form eines dreimal erneuerten Zwiegesprächs zwischen Sohn und toter Mutter über das Martyrium des Sohns im Folterkeller der SS, sein späteres bitteres Exilantenschicksal, seine, in ihm fest eingegrabene Erinnerung an die Demütigung und sein Fremdsein im Nachkriegsdeutschland. Auch dieses umfangreiche Klage-Gedicht enthält (wieder) eine mystisch-christliche Deutung des Wegnerschen Schicksals. Auf des Sohnes Klage über das ihm angetane Unrecht erwidert die Mutter: »›Um der Liebe Gottes Willen (!) geschah es, Sohn. Willst du immer daran denken?‹« Und der Sohn nimmt diese Deutung seines Leidens an: »›Immer, Mutter, immer.‹«[31] – Höchst aufschlußreich für Wegners Fixiertsein an die Vergangenheit sind auch die folgenden Verse der späten Elergie: »›Erinnerung ist der Kerker, der mich gefangen hält.‹« »Nachts im Traum aber kehrt meine Seele zurück in die blutige Stadt Berlin.‹«[32] Und an anderer Stelle, in der 1976 veröffentlichten Alterslyrik, heißt es folgerichtig: »Wie lieblich und heiter ist es zu sterben, / sich aufzulösen im ewigen All« – so lautet der Beginn des Gedichts »Die Rückkehr«.[33]

Die Sprache der sehr spät entstandenen Wegnerschen Verse ist schlicht und gehoben-würdig, aber doch auch vielfach matt und verbraucht. Gedanken wiederholen sich; vieles gerät zu formelhaft-abstrakt. Wegner schreibt freirhythmische Langverse ohne Reime oder Assonanzen in einer prosanahen Syntax. Die äußere Gestalt ähnelt der in seinem zweiten großen Gedichtbuch von 1924. Freilich besitzt die Sprechweise jetzt nicht mehr entfernt die Dynamik und expressive Gewalt von damals. Zu den Reduktionen im Ideell-Gedanklichen und den Defekten im Poetisch-Gestalterischen steht in fast peinlichem Gegensatz die Haltung, in der sich der greise Autor bei seinem kompensatorischen Bemühen um verklärende Selbsterhöhung sehr oft gefällt: Es ist die Pose des Richters, des Mahners und Propheten, dessen Worte vorgeblich mehr verschweigen als aussagen – wofern sie überhaupt gesprochen werden; es ist die einschüchternde Attitüde dessen, der immer wieder andeutet, daß er Unsägliches erfahren und geschaut habe. Solche Hinweise auf die Unsagbarkeit des Erfahrenen und Geschauten sind hier im Grunde nichts anderes als Schutzkonstruktionen einer Persönlichkeit, deren kreative Kräfte paralysiert oder aufgebraucht sind und die den Bruch zwischen der Zeit ihrer aktiven und gestaltungskräftigen Lebensperiode und der Zeit ihrer – haft- und exilbedingten – schriftstellerischen Lähmung nicht verwunden hat.

Es ist vielleicht am bedrückendsten, zu sehen, daß der, den Folter und Exil so gezeichnet haben, in gewissen Augenblicken selbst geahnt hat, wie elend vergeblich seine fast ein Vierteljahrhundert währenden Anstrengungen um einen tröstenden und tragfähigen Ausgleich für jene Verluste gewesen sind. Die letzten Zeilen des weiter oben zitierten Gedichts »Alter Mann« von 1976 lauten:

> Was sind Lieder, die ich singe,
> was Zeugnisse von allem, was ich sah
> und was ich niederschreibe?
> Ein Hohn!

---

[1] *Fünf Finger über Dir.* Von mir 1978, mit einem Nachwort und einer biographischen Zeittafel versehen, neu herausgegeben. — [2] In seinem großen Porträt-Essay von 1974 (Frankf. Allg. Ztg., v. 14.09., Nr. 213), mit dem Jens sich leidenschaftlich für die Wiederentdeckung Wegners einsetzte. — [3] Alexander Stephan, *Die deutsche Exilliteratur 1933–1945.* München 1979, S. 145. — [4] A.T.W., *Fällst du, umarme auch die Erde oder Der Mann, der an das Wort glaubt.* (Auswahl aus W.s Schriften) Wuppertal 1974, S. 143. Ähnlich auch S. 202 f. — [5] Vgl. Anm. 4, S. 202 — [6] Ebd., S. 201. — [7] Ebd., S. 204 f. — [8] Ebd., S. 203. — [9] Ebd., S. 205. — [10] Noch 1933 plante Wegner auch einen mehrbändigen Roman, in dem das Schicksal ganz Deutschlands von 1870 bis zur damaligen Gegenwart gestaltet werden sollte. — [11] Frühwald, Wolfgang, »Exil als Ausbruchsversuch. Ernst Tollers Autobiographie.« In: Durzak, Manfred (Hg.), *Die deutsche Exilliteratur 1933–1945.* Stuttgart 1973, S. 489–498. Hier S. 495 f. — [12] Alle Belege auch *Fällst du.* S. Anm. 4. — [13] Am eindrücklichsten, weil besonders konsequent, geschieht dies in der Hörfolge *Die Reise ohne Heimkehr* (1961–1962), die einen stark stilisierten Längsschnitt durch Wegners Leben enthält. — [14] Anm. 1, S. 29. — [15] Anm. 4, S. 130, 139. — [16] Ebd., S. 130. — [17] Ebd., S. 138. — [18] Ebd., S. 130. — [19] Ebd., S. 131. — [20] Abgedr. in A.T.W., *Odyssee der Seele. Ausgew. Werke.* Hg. v. Ronald Steckel. Wuppertal 1979, S. 303–306. Hier S. 305. — [21] Vgl. Anm. 4, S. 128 ff. — [22] Ebd., S. 117 — [23] Vgl. Anm. 20, S. 307. — [24] Ebd., S. 316 — [25] Vgl. zu dieser Thematik allgemein Köpke, Wulf, »Das Deutschlandbild der Exilschriftsteller um 1945 und ihre Erwartungen für ein Nachkriegsdeutschland.« In: *Jahrbuch für Internationale Germanistik.* (1981) R.A., Bd. 10, S. 12–21. Hier bes. S. 14 u. 19. — [26] Wegner hatte von dieser Begebenheit 1950 bei seinem ersten Nachkriegsaufenthalt in Israel erfahren. — [27] Vgl. Anm. 20, S. 296. — [28] Ebd., S. 353. — [29] Christa Wolf, *Kindheitsmuster.* Darmstadt und Neuwied 1976, S. 389. — [30] Zuerst in *Akzente* erschienen, dann 1965 nochmals in den *blättern des bielefelder jugend-kulturringes.* Im Folgenden zit. nach *Fällst du* s. Anm. 4, S. 119–125. — [31] Vgl. Anm. 4, S. 120. — [32] Ebd., S. 121 f. — [33] Vgl. Anm. 20, S. 366.

Hélène Roussel

Die emigrierten deutschen Künstler in Frankreich und der Freie Künstlerbund[1]

Die Bemühungen deutscher bildender Künstler um einen Zusammenschluß im französischen Exil haben auf den ersten Blick einen widersprüchlichen und diskontinuierlichen Charakter. 1936 entsteht eine erste Vereinigung unter dem Namen *Kollektiv Deutscher Künstler* (KDK), die aber bald wieder verschwindet. Im Herbst 1937 erscheint eine neue Organisation, die erst später, im Frühjahr 1938, offiziell gegründet wird, sich dabei den Namen *Freier Künstlerbund* (FKb) gibt und bis zum Kriegsausbruch besteht. In dieser kurzen Zeit entfaltet der FKb eine umfangreiche Aktivität. Er stellt durch die Herausgabe eines Bulletins und über eine große Ausstellung im Herbst 1938 die Verbindung zwischen zahlreichen emigrierten bildenden Künstlern in Frankreich her und fördert zugleich die Beziehungen zu französischen und anderen ausländischen Künstlern und Kunstinstitutionen.

Die erste Vereinigung, das KDK, entstand in der für den Zusammenschluß der Intellektuellen und Künstler günstigen Atmosphäre der Volksfront, konnte sich aber nicht lange halten. Wie erklärt es sich, daß es dem FKb, der zu einem Zeitpunkt gegründet wurde, als sich die Volksfront aufzulösen begann, gelang, einen wichtigen Teil der deutschen und österreichischen emigrierten Künstler zu organisieren? Warum organisierten sich die bildenden Künstler erst so spät, während die Schriftsteller bereits im Herbst 1933 den *Schutzverband* neu gründeten? Warum finden sich in den Unterlagen des FKb[2] fast keine Hinweise auf das KDK, obwohl ihre Hauptinitiatoren zum Teil identisch sind?

Schließlich, wie hat der FKb in der spezifischen politischen und künstlerischen Konstellation der Jahre 1938-1939 seine künstlerischen und antifaschistischen Aktivitäten koordinieren können?

Um die Reichweite dieser Bemühungen einschätzen zu können, ist es notwendig, zuerst auf die besonderen Kennzeichen der deutschen und österreichischen Künstleremigration in Frankreich und auf gemeinsame Initiativen vor der Gründung des KDK einzugehen.

Die Emigration der deutschen und österreichischen
bildenden Künstler nach Frankreich

Bis zum Kriegsausbruch war Frankreich das Hauptaufnahmeland für die bildenden Künstler. Eine wichtige Rolle spielten daneben bis 1938 die Tschechoslowakei, ab 1938-39 zunehmend Großbritannien und die Vereinigten Staaten.

In die Tschechoslowakei gingen vor allem satirische Zeichner, da dort zwischen 1933 und 1938 ein wichtiger Teil der deutschen Exilpresse erschien. Auch Frankreich war ein Hauptzentrum der Exilpresse. Es waren aber andere Gründe, die nahezu 200 deutsche und österreichische bildende Künstler ins französische Exil führten. Eine jahrzehntelange Tradition hatte Frankreich zum Hauptanziehungspunkt für ausländische bildende Künstler gemacht. Eine Reihe deutscher Künstler hatte sich bereits vor dem Exil dort aufgehalten. Seit der Jahrhundertwende war Paris wegen der sich dort kreuzenden Strömungen der Moderne, wegen seiner Museen, der künstlerischen Ausbildungsstätten und seines bedeutenden Kunstmarktes eine Metropole der bildenden Künste. Seit den 20er Jahren zogen die Côte d'Azur und die Provence eine wachsende Zahl von Künstlern an[3].

Diese künstlerische Ausstrahlung hat neben Malern, Zeichnern, Radierern, Bildhauern und Fotografen besonders auch Kunsthistoriker und -kritiker nach Frankreich geführt: Wilhelm Uhde und Carl Einstein lebten hier seit den 20er Jahren, Max Raphael kam Ende 1932; 1933 emigrierten Paul Westheim, Otto Grautoff, Klaus Berger, Aenne Liebreich, Fritz Schiff und Heinrich Stern, 1934 Karl von Tolnay, Paul und Herta Wescher, Max Osborn folgte 1938.[4]

Der Emigrationsprozeß der bildenden Künstler nach Frankreich zog sich anders als bei den Schriftstellern über mehrere Jahre hin und war im ganzen gesehen auch weniger umfassend. Allerdings suchten schon 1933 nicht wenige Künstler dort Zuflucht, wie z. B. Albert Flocon (Mentzel), Hermann Henry Gowa, Curt Lahs, Jean Leppien, Robert Liebknecht, Richard Lindner, Heinz Lohmar, Käte Münzer-Neumann, Horst Strempel, Günther Strupp, Gert Wollheim, Fritz und Else Wolff, Ludwig Wronkow, dazu eine Reihe ausländischer Künstler wie der Holländer Cesar Domela, die Polen Jankel Adler und J. D. Kerszenbaum und der Russe Wassili Kandinsky, die bis dahin ins deutsche Kulturleben integriert waren. Die Gründe ihrer Emigration waren unterschiedlich. Einige rechneten sich zu avantgardistischen Strömungen, die in Deutschland zunehmend unter Druck gesetzt wurden (das Bauhaus wird im April 1933 endgültig geschlossen); andere fanden, ob unmittelbar bedroht oder nicht, im Dritten Reich keinen Raum mehr für ihre Arbeit. Außerdem erkannten Künstler jüdischer Herkunft die längerfristige Bedrohung, die sich in den ersten antisemitischen Verfolgungen ankündigte. Politischen Opponenten und rassisch Diskriminierten wurde schließlich durch die nationalsozialistische Gesetzgebung die materielle Existenzgrundlage ganz oder teilweise entzogen.

Eine Reihe von Künstlern, die im französischen Exil arbeiteten, verließen Deutschland aus verschiedenen Gründen erst später: Hanns Kralik, Leo Maillet (Mayer), Anton Räderscheidt 1934, Francis Bott, Johnny Friedländer, Erwin Graumann, Hans Hartung und Eugen Spiro 1935, Erwin Öhl 1936, Max Beckmann,[5] Arnold Fiedler und Heinz Kiwitz 1937, Hans Bellmer, Gert Caden und Hermann Lismann 1938. Einige von ihnen lebten in der Illegalität oder wurden zeitweise in Konzentrationslager verschleppt, manche konnten eine Zeitlang unter Schwierigkeiten weiterarbeiten, andere wieder wurden Opfer verschärfter antisemitischer Maßnahmen.

Ein Teil dieser Künstler ist über andere Länder nach Frankreich gekommen, und zwar über die Schweiz, Italien, Jugoslawien oder die Balearen, von denen sie durch die Truppen Francos vertrieben wurden. 1938 kamen, nach dem »Anschluß«, österreichische, nach dem Münchner Abkommen deutsche Künstler aus der Tschechoslowakei nach Frankreich. Viele von ihnen hielten sich nur kurze Zeit dort auf.

Manche Künstler, die sich bereits in den 20er Jahren in Frankreich niedergelassen hatten, verstanden sich ab 1933 als Emigranten, wie z. B. Max Ernst, Otto Freundlich, Max Lingner, Ferdinand Springer und Hans Reichel und beteiligten sich in unterschiedlichem Grade an den Initiativen der Emigranten. Das gilt auch für den Österreicher Victor Tischler nach dem »Anschluß«. Einige gehörten sogar dem KDK bzw. dem FKb an.

Die auf den ersten Blick überraschende Tatsache, daß die Emigration der bildenden Künstler sich schrittweise und über einen längeren Zeitraum vollzog, hängt nicht nur mit der persönlichen Situation, sondern mit der Spezifik künstlerischer Tätigkeit und mit der Entwicklung der nationalsozialistischen Politik im Bereich der bildenden Künste zusammen. Werke der bildenden Kunst haben in der Regel nicht dieselbe öffentliche Verbreitung wie Bücher und Zeitungen. Ihre Provokation geht, sieht man von Werken mit offen politischer Tendenz ab, weniger von einer expliziten Aussage als von Malweisen aus, in denen Mehrdeutigkeit angelegt ist. Diese Gründe mögen dazu beigetragen haben, daß die bildenden Künstler mit Ausnahme der von den nationalsozialistischen Behörden ausdrücklich Geächteten nicht von Anfang an im Mittelpunkt der kulturpolitischen Verfolgung standen und für eine Zeitlang einen Spielraum für ihre künstlerische Tätigkeit behielten.

Auch ist an die größere Mobilität der bildenden Künstler zu denken. Studienreisen sind Bestandteil der Ausbildung von Malern und Bildhauern. So konnten sich nicht wenige Künstler bis 1939 für kürzere oder längere Zeit außerhalb Deutschlands aufhalten, ohne die Brücken hinter sich abbrechen zu müssen. Daraus ergaben sich unterschiedliche Möglichkeiten. Fritz Cremer kam als junger Bildhauer 1934 nach Paris, 1936 nach London, 1937 bis 1939 mehrmals nach Italien. In London riet ihm Brecht von der beabsichtigten Emigration ab. Cremer folgte seinem Rat und kehrte nach Deutschland zurück. Auch Walter Denecke und Richard Oelze gingen nach längeren Auslandsaufenthalten zurück. Alle drei nahmen als Wehrmachtsangehörige am Krieg teil. Cremer beteiligte sich aber zugleich am illegalen Widerstand.[6]

Entscheidend war, daß eine einheitliche nationalsozialistische Kunstpolitik sich erst Mitte der 30er Jahre herausbildete. Die 1933 einsetzenden Maßnahmen führten zunächst mit der »Säuberung« von Kunstakademien, -hochschulen und Museen, auch mit der Schließung, bzw. dem Umbau von Institutionen zu Entlassungen oppositioneller, jüdischer oder als »entartet« eingeschätzter Künstler und Kunstwissenschaftler. Die Gründung der Reichskulturkammer im

Herbst 1933 verstärkte über die Zwangsmitgliedschaft die Möglichkeit staatlicher Kontrolle über Kunst und Künstler. Daneben gab es Propagandafeldzüge und Ausstellungen, die sich gegen den »Kulturbolschewismus« und die moderne Kunst richteten.

Eine einheitliche Kunstpolitik gab es aber insofern nicht, als über die Kunstpolitik selbst innerhalb der nationalsozialistischen Partei und der entsprechenden Kulturorgane zunächst keine Einigkeit bestand. Es gab vor allem den Konflikt zwischen den Anhängern einer am italienischen Faschismus orientierten Kunstpolitik, die bestimmte Strömungen der Moderne, insbesondere den Expressionismus verteidigten, und den um Rosenberg gesammelten Gegnern der Moderne, die eine »völkische Kunst« propagierten[7]. Erst nach Hitlers Ansprache auf dem Nürnberger Parteitag im September 1934 konnten sich die Antimodernisten durchsetzen. Damit aber waren die Voraussetzungen für eine von Kulturorganisationen und Staat getragene Offensive gegen die moderne Kunst geschaffen. Im November 1936 wurde durch einen Erlaß von Goebbels die Kunstkritik verboten und durch »Kunstberichte« ersetzt, um jede Infragestellung der offiziellen Kunst zu verhindern[8]. Im Juli 1937 fand in München die symbolische Aktion statt, die das Gegenstück zu den Bücherverbrennungen vom 10. Mai 1933 bildet. Die Ausstellung »Entartete Kunst« war das Vorspiel zur Schließung der Abteilungen für moderne Kunst an den deutschen Museen, zum massiven Ausverkauf der in öffentlichen Museen und in Privatsammlungen beschlagnahmten Kunstwerke ans Ausland und zur Verbrennung von zahlreichen Ölbildern, Graphiken und Zeichnungen im März 1939 in Berlin.

Trotz dieser Maßnahmen blieben namhafte bildende Künstler in Deutschland, darunter auch erklärte Gegner der im Dritten Reich herrschenden Kunstauffassungen: das gilt für Ernst Barlach, Otto Dix, Käthe Kollwitz, Karl Hofer, Georg Muche, Karl Rössing, Werner Scholz oder Magnus Zeller. Durch Ausstellungs- oder gar Malverbote wurden manche Künstler an der Fortsetzung ihrer künstlerischen Tätigkeit gehindert und mußten, um überleben zu können, sich mit Gelegenheitsarbeiten durchschlagen. Eine Reihe von Künstlern nahm am illegalen Widerstand teil, unter ihnen Otto Nagel, Carl Lauterbach und Otto Pankok. Einige fanden dabei den Tod: unter anderem Alfred Frank, Julo Levin, Peter Ludwigs, Franz Monjau, Kurt Schumacher, Fritz Schulze und Heinrich Will. Viele verblieben bis zum Schluß in einer unbequemen schwankenden Situation »zwischen Widerstand und Anpassung«[9].

Die Tatsache, daß die Emigration der bildenden Künstler nicht das Ausmaß derjenigen der Schriftsteller erreicht, bedeutet nicht, daß sich eine größere Anzahl dem Nationalsozialismus angeschlossen hat.

Erste kollektive Ausstellungen von emigrierten Künstlern in Frankreich

Obwohl Frankreich in den 30er Jahren eines der bedeutendsten Kunstzentren war, war es nicht leicht, dort als Künstler zu leben. Wirtschaftskrise und Arbeitslosigkeit trafen die Emigranten, vor allem die jungen Künstler doppelt hart. Viele bildende Künstler im französischen Exil mußten ihre künstlerische Tätigkeit zugunsten von Gelegenheitsarbeiten einschränken. Die Skala solcher Arbeiten reicht von der Innendekoration (Hermann Henry Gowa, Gert Caden), Knopfmalerei für die Haute Couture (Arnold Fiedler), über die Gestaltung von Werbeplakaten (Friedrich Hagen) zu Fotoreportagen (Jean Leppien). Manche mußten ihre künstlerische Tätigkeit auf andere Felder verlagern. So verzichtete Johannes Wüsten, der vor 1933 vor allem als Kupferstecher hervorgetreten war, aus Mangel an Arbeitsmaterial auf diese Form und konzentrierte sich auf Pressezeichnungen und literarische Arbeiten.

Es war außerordentlich schwer, Werke an öffentliche Kunstinstitutionen zu verkaufen oder gar öffentliche Aufträge zu erhalten, die in Deutschland neben dem Verkauf auf dem privaten Kunstmarkt eine zusätzliche Einnahmequelle gebildet hatten. Manche konnten sich an kollektiven Ausstellungen, insbesondere an Salons beteiligen, nur den allerwenigsten gelang es, einen Veranstalter für eine Einzelausstellung zu finden. Zu ihnen gehören insbesondere Max Lingner mit zwei Ausstellungen[10] und John Heartfield, der 1935 in der Maison de la Culture (damals rue Navarin) 150 Fotomontagen zeigen konnte, die innerhalb der französischen künstlerischen Avantgarde und der politischen Linken ein positives Echo fanden: Davon zeugt u. a. ein Aufsatz von Aragon in »Commune« mit dem Titel »John Heartfield und die revolutionäre Schönheit«[11].

Die Presse, die Zeichnungen und Karikaturen benötigte, trat als Auftraggeber und Verbreitungsmedium in gewissem Maß an die Stelle des öffentlichen und privaten Kunstbetriebs, für den die Künstler vordem produziert hatten.

Die Exilsituation, die die Künstler isolierte, ihre materielle Existenzgrundlage in Frage stellte und zur Neubestimmung ihrer künstlerischen Identität zwang, legte den Gedanken kollektiver Aktivitäten und eines organisatorischen Zusammenschlusses nahe. Die Gründung des KDK und dann des FKb scheint mir solchen Bedürfnissen auch zu entsprechen.

Um die Ursachen genauer zu verstehen, die zur Gründung dieser Vereinigungen geführt haben, soll kurz auf vorausgehende gemeinsame Aktivitäten deutscher bildender Künstler im französischen Exil eingegangen werden.

Die erste öffentliche Kundgebung, auf der Werke deutscher emigrierter bildender Künstler dem französischen Publikum vorgestellt wurden, fand 1933 in Paris statt, unter der Schirmherrschaft des französischen *Komitees zum Schutz der verfolgten jüdischen Intellektuellen*[12], dem die ehemaligen Minister Léon Bérard und François Piétri vorstanden. Das Komitee stellte den aus Deutschland vertriebenen jüdischen Malern im Rahmen des Salon d'Automne (Herbstsalon) einen eigenen Ausstellungsraum zur Verfügung; es erließ ihnen die Ausstellungsgebühren, legte aber eine Abgabe von »25 Prozent des Verkaufserlöses an die Arbeitslosenkasse ihrer französischen Kollegen«[13] fest. Auf diese Weise konnten 64 Arbeiten von 30 Künstlern ausgestellt werden.

Paul Westheim erwähnt unter den Ausstellenden vor allem solche, die in Deutschland bekannt waren, darunter Wollheim, Isenburger, Schülein und Lipmann-Wulf, einige junge Maler und mehrere Künstlerinnen wie Edith Auerbach, Eugenie Fuchs und Käte Münzer. Seinem Urteil über die Ausstellung ist eine gewisse Verlegenheit anzumerken. Westheim unterstreicht einerseits den improvisierten Charakter: Das Komitee »hat in aller Eile zusammengeholt, was in Paris erreichbar war«[14]. Gleichzeitig betont er die humanitäre Absicht: »Man wollte denen, die ihrer Arbeitsmöglichkeiten beraubt sind, ein improvisiertes Asyl bieten, ganz gleich wer er sei und wie sein Wert. Der Automne hat damit eine Kameradschaftlichkeit dokumentiert, die ihm zur Ehre gereicht. Seine Geste ist ein Ausdruck der Solidarität, sie betont die Abneigung gegen ein System, das Freiheit der Kunst ebenso wenig achtet, wie alle anderen Menschenrechte.«[15] Im folgenden Jahr stellte das Komitee im selben Rahmen Arbeiten von 17 Künstlern aus und betonte, in der Zwischenzeit habe »die Zahl der deutschen Emigranten in Frankreich kontinuierlich abgenommen«[16], was allerdings für die Künstler nicht zutraf.

Die beiden Ausstellungen im Rahmen des Herbstsalons sind in erster Linie als humanitäre Geste zu verstehen: als eine, freilich noch sehr vage, moralische Verurteilung derer, die für »das Unglück, das die Juden in Deutschland getroffen hat«[17], verantwortlich waren. Sie blieben auf die jüdischen Künstler beschränkt, die Frage der aus politischen Gründen in Deutschland verfolgten Künstler blieb ausgeklammert. Die Initiative scheint von französischen Kreisen ausgegangen zu sein, nicht von den Emigranten selbst[18]. Das alles verweist auf den noch weitgehend unorganisierten Zustand der deutschen künstlerischen Emigration in Frankreich während der Anfangsjahre des Exils.

Diese Situation ändert sich spürbar seit dem Sommer 1935 mit dem Zusammenschluß der deutschen Antifaschisten im Zeichen der Volksfront. Damit sind die Voraussetzungen für Ausstellungen mit stärker politischem Charakter gegeben, an denen Künstler, Schriftsteller, Journalisten und Angehörige der politischen Emigration teilnehmen. Davon gehen wiederum Impulse für die Gründung einer eigenen Organisation der bildenden Künstler aus.

Ausstellungen, Kundgebungen, Presseorgane
und Buchveröffentlichungen im französischen Exil

In Paris fand zwischen 1934 und 1938 jedes Jahr mindestens eine antifaschistische Ausstellung statt, in der dokumentarisches Material, bzw. Bücher gezeigt wurden. Diese Ausstellungen wurden von Emigrantenverbänden veranstaltet, die sich als Teil der Volksfrontbewegung verstanden. In mehreren Fällen wurden bildende Künstler zur Vorbereitung herangezogen. Eine Reihe dieser Ausstellungen gingen auf die Initiative der *Deutschen Freiheitsbibliothek*, bzw. des *Internationalen Antifaschistischen Archivs*[19] zurück. In deren Räumen am

Boulevard Arago fanden bereits 1934 zwei Ausstellungen statt: im Mai die von Will Lammert[20] gestaltete Eröffnungsausstellung, im Laufe des Sommers eine Ausstellung über »Deutschland nach dem 30. Juni 1934«[21]. In der Galerie Billiet-Vorms war vom 23. Februar bis zum 15. Mai 1935 die »Internationale Ausstellung gegen den Faschismus« zu sehen, die vom *Institut zum Studium des Faschismus* (INFA) zusammengestellt wurde. Künstlerischer Leiter der Ausstellung war der belgische Künstler Frans Masereel, unterstützt von mehreren jungen Künstlern, darunter Deutschen wie Jean Leppien und Franzosen wie Jean Amblard[22]. In Zusammenarbeit mit dem *Schutzverband Deutscher Schriftsteller* (SDS) organisierte die *Deutsche Freiheitsbibliothek* eine Buchausstellung (u. a. mit Tarnschriften), die im Juni 1935 im Rahmen des ersten Internationalen Schriftstellerkongresses zur Verteidigung der Kultur stattfand. Der Beitrag der bildenden Kunst zum Kongreß und zur Buchausstellung bestand in einer Wandmalerei von Max Lingner, die in der Eingangshalle des Veranstaltungsorts, des Palais de la Mutualité hing.[23]

Es folgten in den nächsten Jahren zwei vom SDS und von der *Freiheitsbibliothek* organisierte Buchausstellungen, jeweils als Reaktion auf faschistische Buchausstellungen in Paris. Die erste »Das freie deutsche Buch« fand vom 16. bis zum 23. November 1936 statt, die zweite »Das deutsche Buch in Paris 1837--1937« war auf einen längeren Zeitraum angelegt: sie fand vom 25. Juni bis zum 20. November 1937 anläßlich der Pariser Weltausstellung statt. Abgesehen von der Einladungskarte zu der letztgenannten Ausstellung, auf der eine Heinebüste abgebildet war, habe ich keine Hinweise auf eine spezifisch künstlerische Gestaltung dieser Ausstellungen gefunden. Im Rahmen der Weltausstellung selbst beteiligten sich deutsche emigrierte Maler an der Gestaltung des Friedenspavillons[24].

Die im Februar 1938 vom *Thälmann-Komitee* veranstaltete Ausstellung »5 Jahre Hitler-Diktatur« erwies sich als die politisch brisanteste. Die nationalsozialistische Regierung übte starken Druck auf die französische Regierung aus, die Ausstellung zu schließen. Dazu kam es zwar nicht, es mußten aber einige Exponate zurückgezogen werden, offensichtlich ein Zugeständnis der französischen Regierung im Zeichen der sich anbahnenden Apeasementpolitik.[25] An der künstlerischen Gestaltung dieser Ausstellung wirkten, unter der Leitung von Heinz Lohmar und Alfred Herrmann, Friedrich Hagen, Heinz Kiwitz, Hanns Kralik und Erwin Oehl mit. Die Ausstellung wurde von einem Album begleitet[26], das Holzschnitte Heinz Kiwitz' enthielt, der erst im Januar 1937 nach Frankreich ins Exil gegangen war. Kiwitz' Flucht war folgendes vorausgegangen: nachdem er zunächst in Deutschland politisch verfolgt worden war (KZ-Haft), hatten NS-Stellen dann ohne sein Einverständnis eine Ausstellung seiner Arbeiten veranstaltet, mit der Absicht, ihn als »einen der wichtigsten Künstler des ›neuen Deutschland‹«[27] aufzubauen. Kiwitz hatte es abgelehnt, »anerkannt zu werden von denen, die heute in Deutschland regieren, die die Kunst in die Kasernen sperren und von Kommißstiefeln zurechttreten lassen«[28].

Der Beitrag der bildenden Künstler zu derartigen Ausstellungen reichte von Texten, Fotos, Tabellen bis zur Anfertigung von Graphiken oder gar von Wandbildern. Damit trugen sie entscheidend zur Publikumswirksamkeit der Ausstellungen bei, ohne jedoch deren Gesamtkonzept zu bestimmen. Dies war nach dem Zeugnis Karl Obermanns, der damals als junger Historiker und KPD-Mitglied an der Vorbereitung solcher Ausstellungen teilgenommen hat[29], die Aufgabe von »Ideologen«.

Über die Gestaltung von Ausstellungen dieser Art hinaus nahmen deutsche Künstler auch an anderen politischen und kulturellen Aktivitäten teil. So gehörten mehrere dem Künstlerteam an[30], das unter der Leitung von Max Lingner das Pressefest der KPF-Zeitung »L'Humanité« künstlerisch ausgestaltete. Lingner war von 1931 bis 1935 der Hauszeichner von Barbusses Zeitschrift »Monde« gewesen, danach veröffentlichte er von 1936 bis 1939 zahlreiche Zeichnungen in der französischen kommunistischen Presse.

Während eine Reihe von Künstlern sich mit der Gestaltung von Werbeplakaten über Wasser hielten, widmeten sich einige wenige dem politischen Plakat. Anlaß dazu gab etwa die Kampagne zur Verteidigung der spanischen Republik: so Max Lingner mit seinem berühmten Plakat »Madrid 1937« und Cesar Domela, dessen Sympathien den spanischen Anarchisten galten[31]. Zu erwähnen wäre noch das Plakat, bzw. der Handzettel, den Heinz Lohmar für die Uraufführung von Brechts »Gewehre der Frau Carrar« in Paris neben dem Bühnenbild entworfen hat[32].

Der Illustrationstätigkeit deutscher bildender Künstler für die Presse im französischen Exil müßte eine ganze Studie gewidmet werden. Ich will mich hier nur auf einige wenige Beispiele beschränken und die Arbeiten von Johnny Friedländer in »Marianne« und von Horst Strempel in »Monde«, »Ce Soir« und »La Patrie humaine«, sowie von Fritz Wolff im »Pariser Tageblatt« und Heinz Lohmar in der »Deutschen Volkszeitung« anführen.

Eine weitere Studie verdient die Aktivität deutscher emigrierter Künstler auf dem Gebiet der Buchillustration und der Bucheinbandgestaltung. Es sei hier nur daran erinnert, daß »Jean«, d. h. Hanns Kralik, als Illustrator von Wolfgang Langhoffs »Moorsoldaten«[33] im Exil bekannt wurde. Er gestaltete neben Paul Urban, Heinz Lohmar, Jean Leppien[34] und vor allem John Heartfield Einbände der Bücher von Münzenbergs *Editions du Carrefour*. In Prag schuf Heartfield die Fotomontagen, die als Buchdeckel der beiden Braunbücher gegen Hitlerterror und Reichstagsbrand in der ganzen Welt Verbreitung fanden. Gemessen an der Tatsache, daß bei den meisten Buchveröffentlichungen im Exil aus Geldmangel auf jede Art von Illustration verzichtet werden mußte, bildet 1937 die Veröffentlichung von Stefan Lackners[35] Theaterstück »Der Mensch ist kein Haustier« mit sieben Lithographien von Max Beckmann bei Editions Cosmopolites eine wichtige Ausnahme.

Diese wenigen Beispiele belegen die Vielfalt antifaschistischer Aktivitäten der emigrierten bildenden Künstler im französischen Exil. Bis zur Gründung eigener Künstlervereinigungen gilt dies im wesentlichen für kommunistische oder KPD-nahe Künstler. Es handelte sich bei diesen Aktivitäten eher um ergänzende Beiträge zu politischen Kundgebungen als um eigenständige künstlerische Manifestationen. Allerdings sollte man diese beiden Kategorien nicht zu scharf trennen, gab es doch im antifaschistischen Kampf dieser Jahre eindrucksvolle Beispiele ihres Zusammenspiels, wie Picassos »Guernica« oder Heartfields Fotomontagen.

Das Kollektiv Deutscher Künstler

Die Gründung des KDK in den ersten Monaten des Jahres 1936[36] stellt den ersten Versuch eines längerfristigen Zusammenschlusses zwischen kommunistischen und anderen antifaschistischen, parteipolitisch nicht gebundenen Künstlern dar.

Über Zusammensetzung und Tätigkeit des Kollektivs ist wenig bekannt: nur wenige Unterlagen konnten bisher wieder aufgefunden werden, in der Exilpresse finden sich nur spärliche Angaben. Aus den gedruckten Quellen[37] geht hervor, daß Max Ernst, Otto Freundlich, Heinz Lohmar, Hanns Kralik, Robert Liebknecht, Erwin Öhl, Horst Strempel und Gert Wollheim dem Kollektiv angehört haben; dagegen ist die Mitgliedschaft von Eugen Spiro und Paul Westheim, den Hauptinitiatoren des späteren FKb, nicht eindeutig belegt.[38] Es ist jedoch anzunehmen, daß ein Kontakt zwischen ihnen und dem Kollektiv bestanden hat.

In der »Pariser Tageszeitung« sind drei öffentliche Veranstaltungen des KDK angekündigt, und zwar für die Zeit zwischen dem 17. Juni und dem 1. Juli 1936. Bei der ersten sollten Arbeiten von Lohmar, bei der dritten Arbeiten von »Jean« (Kralik) jeweils mit anschließender Diskussion vorgestellt werden, bei der zweiten sollte Max Ernst einen Vortrag zum Thema »Surrealismus und Revolution« halten[39]. In »Das Wort« berichtete Wolf Franck über eine vom KDK herausgegebene Zeitschrift, »Die Mappe«, in der »die Maler, Graphiker, Bildhauer, Fotografen und Kunstschriftsteller ... laufend ihre Arbeiten in Originalen und Reproduktionen veröffentlichen«[40]. Über die erste Nummer der Zeitschrift, die »gut gelungene Reproduktionen je einer Arbeit von Max Ernst, Jean, Max Lingner, Heinz Lohmar, Vitezslav Wack und Wolff«[41] enthielt, fällte er ein durchaus positives Urteil: »die hingebungsvolle Bemühung um sozialen Gehalt und künstlerische Gestaltung (kommt) gleichermaßen zum überzeugenden Ausdruck (...) der Beweis (wird) geliefert (...), daß es trotz und gegen Hitler auch eine freie deutsche Kunst gibt.«[42] Trotz dieser optimistischen Äußerung scheint keine weitere Nummer der »Mappe« herausgekommen zu sein. Die letzte belegte Aktivität des KDK[43] bestand in einem Atelierfest am 20. 2. 1937 zugunsten der spanischen Kinder. Dazu liegt eine vervielfältigte Einladung mit einer Graphik von Lingner und Kralik vor[44].

Das KDK scheint keine eigene Ausstellung durchgeführt zu haben. Es ist anzunehmen, daß seine Aktivitäten nach dem Februar 1937 allmählich eingeschlummert sind, ohne daß es jemals zu einer förmlichen Auflösung gekommen wäre; dies war meines Erachtens auch nicht nötig, da das KDK von vornherein wohl eher einen äußeren Rahmen für das Auftreten deutscher emigrierter bildender Künstler in der Öffentlichkeit darstellte, als eine festgefügte Vereinigung.[45] Wäre das KDK noch Mitte 1937 handlungsfähig gewesen, so hätte es bestimmt zu der Münchner Ausstellung »Entartete Kunst« Stellung bezogen und sein Protest wäre in der Exilpresse nachzulesen.[46]

Vom Kollektiv Deutscher Künstler zum Freien Künstlerbund

Im Herbst 1937 entstand eine neue Vereinigung emigrierter deutscher bildender Künstler in Paris. Sie trat zunächst unter dem Namen *Deutscher Künstlerbund* auf, nannte sich dann vorübergehend *Freier Deutscher Künstlerbund*, schließlich ab Frühjahr 1938 *Freier Künstlerbund*. Die Aufgabe der alten Bezeichnung, *Kollektiv Deutscher Künstler* und die zweifache Umbenennung sind nicht von ungefähr erfolgt.

Der Name *Kollektiv Deutscher Künstler* griff auf die Tradition linker Künstlerkreise in Deutschland vor 1933 zurück. Den Weimarer Künstlerkollektiven ging es in erster Linie darum, durch eine möglichst hierarchiefreie Zusammenarbeit die Grenzen der individuellen Kunstproduktion und den überkommenen Gegensatz zwischen Kunstproduzenten und -konsumenten zu überwinden[47]. Unter den völlig neuen, erschwerten Arbeitsbedingungen des Exils ließ sich aber nicht ohne weiteres an dieses avantgardistische Konzept anknüpfen. Das *Kollektiv Deutscher Künstler* mußte sich zwangsläufig bescheideneren Aufgaben zuwenden: vor allem galt es, einen Zusammenhalt zwischen emigrierten deutschen Künstlern herzustellen und Kontakte zur Öffentlichkeit aufzubauen. Vom Geist der Weimarer Kollektive zeugten jedoch die angestrebten öffentlichen Diskussionen über Werke einzelner Mitglieder, ein Element, das sich in der Praxis des späteren Künstlerbundes nicht wiederfindet.

Als im Herbst 1937 die Gründer der neuen Vereinigung ihr den Namen *Deutscher Künstlerbund* (DKb) gaben, beriefen sie sich auf eine andere Tradition als die der Weimarer Künstlerkollektive. Nach dem Vorbild der Schriftsteller, die im Herbst 1933 den in Deutschland bereits gleichgeschalteten SDS in Paris neu gegründet hatten, beabsichtigten die bildenden Künstler, einen möglichst breiten Zusammenschluß exilierter Künstler zu schaffen. Als Grundlage diente der gemeinsame Protest gegen das Verbot des seit Jahrzehnten bestehenden renommierten *Deutschen Künstlerbundes*, der eben durchaus pluralistisch angelegt gewesen war. Name und Struktur des Verbandes sollten solchen Künstlern den Beitritt erleichtern, die vor 1933 weder in der künstlerischen Avantgarde, noch im systemkritischen linken politischen Spektrum beheimatet gewesen waren und die die Bezeichnung »Kollektiv« möglicherweise abgeschreckt hätte.

Der DKb war 1903 von Malern wie Kalckreuth (der zeit seines Lebens Vorsitzender blieb), Hodler, Slevogt, Corinth und Liebermann, von Lichtwark, dem Kunsthistoriker und Wegbereiter einer Kunstpädagogik, und von Harry Graf Keßler, dem bekannten Kunstsammler und Mäzen gegründet worden. Der Bund wollte die Arbeit unabhängiger Malergruppen koordinieren, die in mehreren deutschen Städten Sezessionen gebildet hatten. Sein Ziel war es, zur Verbreitung der modernen Kunst in Deutschland, d. h. damals vor allem des Impressionismus, beizutragen. Mit dem Durchbruch des Expressionismus und anderer neuer Kunstrichtungen war die Tätigkeit des Bundes allmählich eingeschlafen, er bestand noch bis 1933, ohne jedoch eine wesentliche Rolle im öffentlichen Kunstleben zu spielen.

Eugen Spiro, der Vorsitzende der neugegründeten Vereinigung, hatte schon vor 1933 dem DKb angehört. Er selbst verkörperte mit seinem Lebenslauf und seinem Schaffen die Kontinuität dieser langen Kunsttradition. 1874 geboren, war er am Anfang des Jahrhunderts Mitbegründer des Salon d'Automne in Paris gewesen, dessen Mitglied er auch im Exil noch war. An der Académie Ranson in Montparnasse hatte er zusammen mit Othon Friesz gelehrt. 1914 war er bei der Kriegserklärung nach Deutschland zurückgekehrt und hatte 1915 die Leitung der von Liebermann[48] gegründeten *Berliner Sezession* (d. h. inzwischen der *Alten Sezession*) übernommen. 1927–1929 war er Vorsitzender der *Vereinigten Berliner Künstlerverbände*[49]. In seinen Berliner Jahren hatte Spiro eine Professur an der Staatlichen Kunstschule. 1934 wurde ihm die Aufnahme in die Reichskammer der Bildenden Künste verweigert, in der Folge mußte er seine Malschule aufgeben, die von jungen Malern wie Peter Weiss besucht wurde[50]. 1935 ging Spiro ins Exil nach Paris, wo er Vorsitzender der Deutschen Sektion der *Internationalen Liga gegen Antisemitismus*[51] wurde.

Die Namensänderung des *Deutschen Künstlerbunds* in *Freien Deutschen Künstlerbund* im Frühjahr 1938[52] ist aus der Praxis der Namensgebung bei den Kulturverbänden der deutschen Volksfrontbewegung zu erklären: die programmatische Kombination von »frei« und »deutsch« war hier verbreitet. Es blieb aber nicht bei diesem Namenswechsel: Der österreichische Maler Victor Tischler stellte einen Antrag zur Weglassung der Bezeichnung »deutsch«, damit österreichische Künstler dem Bund beitreten konnten, ohne damit an ihre deutschen Kollegen »angeschlossen« zu werden. Dem Antrag wurde zugestimmt und die Vereinigung von nun an *Freier Künstlerbund*[53] genannt. Der Bezug auf den *Deutschen Künstlerbund* wurde jedoch nicht aufgegeben: er findet sich in fast jedem Aufruf des *Freien Künstlerbundes*.

Die neue Vereinigung und die Antwort
auf die Ausstellung »Entartete Kunst«

Als die Maler Eugen Spiro, Gert Wollheim, Erwin Öhl und die Kunstkritiker Paul Westheim und Herta Wescher am 20. September 1937 bei Max Lingner zur Neugründung des *Deutschen Künstlerbundes* zusammenkamen, ging es ihnen zunächst gar nicht so sehr darum, eine Vereinigung mit eigenständigen organisatorischen Zielen zu schaffen; sie verfolgten mit der Gründung vielmehr ein aktuelles Ziel: vom Pariser

Exil aus eine geeignete Antwort auf die Münchner Ausstellung »Entartete Kunst« zu geben.

Die Ziele der Initiative wurden im Laufe einer Diskussion näher bestimmt, deren Argumentation und Beschlüsse von Herta Wescher[54] in einem Protokoll festgehalten wurden. Sie schrieb: »Es wird beschlossen, als die erste und wichtigste Aufgabe des Bundes eine Ausstellung der in Deutschland verfemten freien Kunst zu organisieren. Herr Professor Spiro vertritt den Standpunkt, das weitere Arbeitsprogramm des Bundes zunächst hinter diese Aufgabe zurückzustellen, um aus der Lösung dieser praktischen Aufgabe die Weiterentwicklung des Bundes, Zusammensetzung des Vorstandes wie organisatorischen Aufbau herauswachsen zu lassen«[55]. Paul Westheim definierte die eigentliche Zielsetzung der beabsichtigten Ausstellung so: Sie »soll eine grundsätzliche Demonstration gegen die Münchner Ausstellung ›Entarteter (sic) Kunst‹ werden und sich darum möglichst weitgehend auf die dort vertretenen Namen stützen. Ein Anhang von Bildern solcher Künstler wird vorgesehen, die, ohne in München zu hängen, aus Deutschland emigriert sind, weil ihnen die Fortführung ihrer künstlerischen Arbeit nicht mehr möglich war.«[56]

Darüber, daß die Ausstellung überhaupt eine explizite Antwort auf die Münchner Ausstellung darstellen sollte, einigte man sich rasch. Meinungsverschiedenheiten bestanden in der Frage, wie die in München angeprangerten Künstler zu verteidigen seien und welcher Platz den dort nicht ausgestellten oppositionellen, bzw. nichtfaschistischen Künstlern einzuräumen sei. Sollte die Pariser Ausstellung im wesentlichen als eine *Gegen*ausstellung konzipiert werden oder aber als eine Ausstellung der nicht gleichgeschalteten deutschen Kunst? Schließlich beschloß man, beide Aspekte beizubehalten und im Titel der Ausstellung zu kombinieren. Damit war in diesem konkreten Fall über eine Grundsatzfrage entschieden worden, die – bewußt oder unbewußt – der Konzeption der meisten kulturellen Veranstaltungen im Exil zugrundelag.

Als ein rein taktisches Problem erschien dagegen die Frage, ob es angebracht sei, in München angegriffene, aber noch in Deutschland lebende Künstler mit in die Gegenausstellung aufzunehmen. Es mußte lediglich geprüft werden, ob das juristisch möglich sei und ob das die Betroffenen nicht in Gefahr bringen würde; deren Meinung sollte letztlich den Ausschlag geben. Solche Überlegungen waren übrigens nur unter der Voraussetzung denkbar, daß die Initiatoren des Ausstellungsprojekts Kontakte zu Künstlern der »inneren Emigration« aufrechterhalten hatten.

Max Lingner, der über Beziehungen zu kulturellen und politischen Kreisen der französischen Linken verfügte, schlug vor, ein »Protektorat«[57] ins Leben zu rufen. Diese Schirmherrschaft sollte zugleich aus »Prominenten der französischen Künstlerschaft, der Presse, der französischen und deutschen Volksfrontparteien«[58] bestehen und der Ausstellung zu einer möglichst starken Resonanz in der Öffentlichkeit verhelfen. Lingners Vorschlag fand Zustimmung, nicht aber seine weitere Anregung, in der Auswahl der Exponate dem Geschmack des französischen Publikums Rechnung zu tragen. Dem hielt Gert Wollheim, ein Maler aus der *Novembergruppe* und Initiator der Künstlergruppe *Das Junge Rheinland* entgegen, daß »die spezifisch deutschen Richtungen der französischen Mentalität fernstehen«[59].

Die Diskussion läßt erkennen, wie schwerig es war, einer antifaschistisch orientierten künstlerischen Kundgebung zugleich Gehör in Frankreich und Effizienz gegenüber der nationalsozialistischen Kunstpolitik zu verschaffen. Im übrigen sollte die Klärung der Ausstellungsziele den Beteiligten kurze Zeit später dabei helfen, gegenüber neu auftauchenden Projekten einer Gegenausstellung schnell und präzise Stellung zu beziehen.

Zunächst machte sich der Arbeitsausschuß auf die Suche nach einer geeigneten, auch den finanziellen Möglichkeiten der Aussteller angemessenen Galerie. Westheim verfaßte einen Programmentwurf, der zur Anwerbung von Mitgliedern des geplanten »Protektorats« und vor allem zur Sammlung von Geldern dienen sollte. Dann überstürzten sich die Ereignisse. Am 10. November informierte Westheim den Ausschuß über ein schweizerisches Projekt einer Ausstellung von »rund hundert Bildern ›entarteter deutscher Kunst‹«[60], ein Projekt, dem bereits die Unterstützung der Stadt Biel und der sozialdemokratischen Partei der Schweiz gesichert sei[61]. Die Initiatoren des schweizerischen Projekts schlugen dem Pariser Ausschuß eine Kooperation vor und boten als Gegenleistung an, die schweizerische Ausstellung anschließend in Paris zu zeigen.

Auf der Sitzung des Arbeitsausschusses vom 17. November kündigte Westheim auch noch eine britische Initiative an, die deutlich weiter vorangeschritten sei als die französischen und schweizerischen Projekte und über Geld- und Informationsmittel verfüge, die weit über die des DKb hinausgingen[62]. Kandinsky, Picasso, Arp, Léger und Max Ernst hätten ihre Teilnahme bereits zugesagt, dem Protektorat gehörten Persönlichkeiten wie Thomas Mann, Einstein, Huxley und Picasso an. Das englische Komitee verfüge über 80 000 Schweizer Franken, eine Mäzenatin habe vorgeschlagen, die Ausstellung »Entartete Kunst« geradewegs aufzukaufen. Zur Londoner Ausstellung[63], die etwa 200 Werke von 80 Künstlern umfassen würde, sollten 3 Kataloge erscheinen, darunter ein Katalog von Merin[64]; die »Cahiers d'Art«, die Kunstzeitschrift von Christian Zervos, hätten einen größeren Beitrag zugesagt.[65]

Westheims Angaben lassen erkennen, daß die Londoner Initiative nicht so sehr auf emigrierte Künstler als auf britische Kunstsammler, Museumsleiter und renommierte Kunstkritiker, wie etwa Herbert Read zurückging. Vor allem aber unterschied sich von Anfang an ihre Grundkonzeption sehr deutlich von der des Pariser Projekts: Zwar verstand sich auch das britische Projekt – wie die Wahl der Exponate andeutet – als Antwort auf die Münchner Ausstellung; da aber die Londoner Veranstalter sich auf eine historisierende Einordnung der Exponate nach Kunstströmungen beschränkten und auf jeden aktuellen kunstpolitischen Verweis verzichteten, brachten sie den Stellenwert der Münchner Ausstellung im Kontext der nationalsozialistischen Kunstideologie und -politik dem Publikum nicht nahe. Das Wichtigste war in ihren Augen, die von den Nazis begangene »injustice«[66] im Namen ethischer Grundprinzipien[67] wiedergutzumachen.

Dagegen unterstrich Westheims Programmentwurf[68], daß unter dem Schlagwort »Entartete Kunst« eine verstärkte Verfolgung der Künstler, und zwar »wegen ihrer künstlerischen Gesinnung, ihrer politischen Überzeugung oder wegen ihrer Zugehörigkeit zu einer Rasse, die das Hitler-Regime zu vernichten sucht«, eingesetzt habe. Er nannte, über die konkrete Repression hinaus, als Hauptziel der Münchner Ausstellung den »Vorstoß gegen das Grundprinzip allen künstlerischen Schaffens: die Freiheit der Kunst«. Zugleich ordnete er die Ausstellung in einen übergreifenderen Zusammenhang ein: sie sei »nur ein Teil der systematischen Unterdrückung des Kunstschaffens durch die Hitler-Diktatur«.

Ein weiterer Dissens betraf die Einbeziehung von Werken exilierter Künstler in die Gegenausstellung. Die britischen Veranstalter lehnten einen derartigen Vorschlag Westheims ab, den sie als Spezialisten der modernen deutschen Kunst um Mithilfe gebeten hatten. Ihr Argument war, daß die Leihgeber der Bilder »darauf bestehen, daß der völlig unpolitische Rahmen dieses Planes unverändert gewahrt bleibe«[69]. Ob es sich dabei um ein vorgeschobenes Argument handelte, ist nicht zu entscheiden. Offensichtlich sollte mit dem Ausschluß exilierter Künstler eine öffentliche Diskussion über die politischen Hintergründe der Emigration und damit eine explizite Stellungnahme der Veranstalter zur Unterdrückung der Kunst im Dritten Reich vermieden werden.

Obwohl die Mitglieder des Pariser Ausschusses mit Spiro übereinstimmten, »daß die Gesinnung dieser Ausstellung eine völlig andere sei als die des eigenen Projekts des *Deutschen Künstlerbundes*, dessen Idee damit kaputtgeschlagen sei«[70], erklärten sie sich bereit, zur Verwirklichung des Londoner Projekts beizutragen. Sie sahen zwar, daß sie wenig Einflußmöglichkeiten hatten, waren sich aber auch darüber im klaren, daß die im Ausland verfügbaren Bilder »nicht für zwei Manifestationen ausreich(en)«[71]. Auch hatten sie die Hoffnung noch nicht aufgegeben, »das Londoner Projekt in Paris unter der Flagge des *Deutschen Künstlerbundes* starten zu lassen«[72], oder zumindest »nach Möglichkeiten für die eigenen Ziele propagandistisch auszuwerten«[73].

Damit war jedoch der Impuls, der zur Gründung des DKb geführt hatte, für eine Weile gelähmt: In den Unterlagen des Bundes läßt sich keine Aktivität der Vereinigung zwischen dem 17. November 1937 und dem 28. März 1938 feststellen. In dieser Zwischenphase entwickelte aber Westheim eine sehr rege Tätigkeit. Vor 1933 hatte er zugleich als namhafter Kunstkritiker und als Herausgeber des »Kunstblatts« zur Verbreitung der modernen Kunst beigetragen. In der Exilpresse griff er seit 1933 die in Deutschland herrschende Kunstauffassung und die Gleichschaltung der Kunst an[74]. Anfang 1938 gelang es ihm, die nationalsozialistische Kunstpolitik zu einem Zeitpunkt, als sie gerade einen härteren Kurs eingeschlagen hatte, an einem exemplarischen Fall bloßzustellen[75].

Dank der Kontakte, die Westheim zu Kunstkreisen in Deutschland aufrechterhalten hatte, war ihm folgender Zwischenfall zu Ohren gekommen: Bei einem »Schulungskurs« für Museumsdirektoren in Berlin hatte ein nationalsozialistischer Kunstfunktionär van Gogh als Geisteskranken und Grunewald wegen seiner Religiosität angegriffen. Am heftigsten hatte er sich gegen Rembrandt geäußert: »Wir lehnen den Ghetto-Maler Rembrandt ab«[76]. Solche Ausfälle hatten eine Protestwelle in den deutschen Museen ausgelöst. Über diesen Vorfall berichtete Westheim in der Exilpresse[77]. Er alarmierte vor allem die französische und die holländische Presse, in der dann auch entrüstete Artikel über die Ausdehnung des Schlagwortes »Entartete Kunst« auf allgemein anerkannte große Künstler der Vergangenheit erschienen.[78] Kurz danach kommentierte Westheim: »Das Echo von ›Rembrandt ein Ghettomaler‹, vor allem der Veröffentlichung von Beaux Arts[79] war so verheerend, daß die Auslandsdeutschen durch Zuschriften in Berlin protestierten. Ergebnis: Parteiverfahren gegen Parteigenossen Hansen (den Referenten beim Schulungskurs, H. R.) zwecks Ausschluß (aus) der Partei.«[80] Daraufhin scheinen die nationalsozialistischen Behörden vorsichtiger geworden zu sein, zumindest was weitere Angriffe auf große Vertreter europäischer Malerei vergangener Jahrhunderte betrifft.

In derselben Zeit unterstützte Westheim eine zweite gegen die nationalsozialistische Kunstpolitik gerichtete Initiative, die von Hans Siemsen ergriffen worden war, einem emigrierten sozialistischen Journalisten, der, wie Westheim, der Leitung des SDS angehörte. Es ging darum, französische Kunstkreise zu einem Protest gegen die Ausstellung »Entartete Kunst« und die Schließung der Abteilungen für moderne Kunst an den deutschen Museen zu bewegen[81]. Einer Reihe von Persönlichkeiten wurde in einem Rundschreiben Informationsmaterial zugeschickt. Dieses Rundschreiben erschien auf deutsch in den von Max Braun herausgegebenen *Deutschen Informationen*[82] und auf französisch im *Bulletin der Vereinigung der bildenden Künstler der Maison de la Culture*[83], einer Vereinigung, die Künstler wie Masereel, Gromaire, Jean Lurçat, Edouard Goerg und Ossip Zadkine zu ihren Mitgliedern zählte. Auf Anregung von Hans Siemsen und des von ihm gegründeten *Bund Neues Deutschland*[84] erklärten u. a. Matisse, Dufy, Othon Friesz, Lipchitz öffentlich ihren Protest, ebenso Maximilien Luce, der Vorsitzende des französischen *Verbandes Unabhängiger Künstler*[85] und Jacques Soustelle, der damalige Vizedirektor des Musée de l'Homme[86].

In dieser Phase fand ebenfalls die schon erwähnte Ausstellung des *Thälmann-Komitees*: »Fünf Jahre Hitler-Diktatur« statt. Ihr Hauptgestalter Heinz Lohmar war Mitglied der KPD und zugleich ein Freund von Max Ernst, der ihn in die surrealistischen Künstlerkreise eingeführt hatte. Außerdem war er im französischen Exil als Bühnenbildner des Kabaretts *Die Laterne* und der beiden 1937 und 1938 in Paris uraufgeführten Brechtstücke bekannt geworden. Er hatte dem KDK angehört und sollte bald im Leitungsgremium des FKb eine wichtige Rolle spielen.

Nach jener Ruhepause der Organisation beschlossen im Mai 1938 die Initiatoren des *Deutschen Künstlerbundes*, der sich inzwischen *Freier Künstlerbund* nannte, ihre Mitarbeit an der Londoner Ausstellung aufzukündigen, sie nahmen sogar gegen deren Orientierung öffentlich Stellung[87]. Die Gründe für die Auseinandersetzung sind durch einen Briefwechsel zwischen dem FKb und den britischen Veranstaltern bekannt. Zunächst stellte Herbert Read die dem FKb ursprünglich gegebene Zusicherung in Frage, daß dieser, falls er an der Vorbereitung der Ausstellung in London mitwirken würde, sie dann auch in Paris zeigen könne[88]. Vor allem aber hatten die Londoner Anfang 1938 durch eine Reihe von Beschlüssen die ohnehin schon schwache politische Konzeption der Ausstellung weiter entschärft.

So hatten sie den Namen Thomas Mann aus der Protektorenliste gestrichen mit der Begründung, »man wolle Juden und Emigranten nicht unter den Protektoren haben«[89], – ihrer Meinung nach ein notwendiger Schritt, »damit die Welt sehe, daß eben gerade die *nicht direkt* betroffene Kulturwelt entsetzt ist über die Kulturlosigkeit, um den Vorwand zu nehmen, daß die Betroffenen sich selbst propagieren«[90]. Tatsächlich aber scheint mir der Grund für diesen Entschluß ein anderer gewesen zu sein. In einem Brief vom 17. Mai 1938 an Wollheim erklärte Herbert Read, daß der Ausschluß Thomas Manns aus dem »Protektorat« eine logische Folge des Entschlusses sei, »to present the exhibition on a non-political basis«[91]. Er fügte hinzu: »We made that decision in the interests of those artists who are still living in Germany«.[92]

Das Londoner Komitee beschloß, auch Werke in die Ausstellung hereinzunehmen, deren Schöpfer, wie der Bildhauer Kolbe[93], in Deutschland als offizielle Künstler galten. Der Grund: Kolbes Werke gehörten zu den in der Ausstellung dokumentierten »historischen«[94] Kunstströmungen. Das wurde vom FKb als »ein überraschendes Entgegenkommen gegenüber der Seite« gewertet, »die an der deutschen Künstlerschaft jene ›injustice‹ begangen hat«[95], die doch die Londoner Ausstellung gerade wiedergutmachen wollte.

Schließlich wurde der ursprüngliche Name der Ausstellung: »Benned Art« zugunsten von »20th Century German Art« aufgegeben. Auch diese Umbenennung war für die von den Veranstaltern schrittweise durchgesetzte Entpolitisierung der Ausstellung kennzeichnend. Die Tendenz zur Ausklammerung jedes direkten Bezugs auf die nationalsozialistische Kunstpolitik ist nicht allein mit der von dem Londoner Komitee ins Feld geführten Rücksicht auf die Interessen der ausgestellten Künstler zu erklären. Sie muß meines Erachtens in Zusammenhang mit der in den Monaten vor Unterzeichnung des Münchner Abkommens sich bereits deutlich abzeichnenden britischen Apeasement-Politik gesehen werden.

Die heftigste Reaktion auf die Entwicklung im Londoner Komitee kam von seiten Oskar Kokoschkas, Max Ernsts und Gert Wollheims. Sie machten ihre Beteiligung an der Ausstellung davon abhängig, daß ein von der Gestapo in Wien zerschnittenes Bild Kokoschkas auf der Ausstellung gezeigt würde[96]. Kokoschkas »Portrait« wurde schließlich gezeigt, wenn auch nicht direkt innerhalb der Ausstellung. Neben Werken Kokoschkas wurden auch Bilder der beiden anderen Künstler auf der Ausstellung gezeigt, wenn auch nicht auszumachen ist, ob sie ihre Zustimmung gaben[97].

Die Londoner Ausstellung fand im Juli 1938 in den New Burlington Galleries statt. Es war die erste Antwort auf die Ausstellung »Entartete Kunst«. Jedoch fand sie aus den genannten Gründen keine einhellige Zustimmung der exilierten Künstler. Die im Rahmen der Ausstellung publizierten Veröffentlichungen hielten sich gleichfalls an die von den Veranstaltern vorgegebene »unpolitische« Linie. Die Studie »Modern German Art«[98], verfaßt von Oto Bihalji-Merin unter dem Pseudonym Peter Thoene und mit einem Vorwort von Herbert Read, gibt einen Überblick über die deutsche Kunst im 20. Jahrhundert, verweist aber mit keinem Wort auf die Münchner Ausstellung oder die Kunstpolitik im Dritten Reich. Dasselbe gilt für die von Will Grohmann der »Zeitgenössischen Kunst in Deutschland« (»L'Art contemporain en Allemagne«) gewidmete Nummer der Zeitschrift »Les Cahiers d'Art«[99].

Der Freie Künstlerbund: Struktur, Zusammensetzung, Ziele

Im Frühjahr 1938 verbanden sich die Initiatoren des DKb mit Mitgliedern des ehemaligen KDK zur Gründung des FKb[100]. Die neue Vereinigung unterschied sich von allen früheren Initiativen. Man wollte eine feststrukturierte Vereinigung mit formgerechten Statuten und festgelegter Arbeitsteilung ins Leben rufen, die als eingetragener Verein von den französischen Behörden anerkannt werden sollte. Das war angesichts der seit Mai 1938 verschärften Aufenthaltsbestimmungen für deutsche Emigranten in Frankreich eine Sicherheitsmaßnahme für das Auftreten in der französischen Öffentlichkeit. Gleichzeitig wurden damit Konsequenzen aus dem gescheiterten Projekt der Gegenausstellung zu München gezogen.

Daß der FKb in Paris gegründet wurde, ist kein Zufall: in Paris und Umgebung lebte die Mehrheit der Mitglieder, nur wenige wohnten in Südfrankreich, wie Räderscheidt in Sanary und Floch in Toulon.

Bei der offiziellen Gründungsversammlung am 20. April 1938 im Café Méphisto[101] wurden Eugen Spiro, Heinz Lohmar, Paul Westheim, Gert Wollheim, Victor Tischler, Max Ernst und Sabine Spiro[102] als Vorstandsmitglieder, als Präsident einstimmig Oskar Kokoschka gewählt[103], der nach einigem Zögern diese Funktion übernahm. Da Kokoschka im Prager Exil lebte, handelte es sich eher um eine symbolische Geste als um einen verpflichtenden Arbeitsauftrag. Otto Freundlich, Erwin Öhl und Herta Wescher wurden in die Aufnahmekommission gewählt, die die mit Angaben zweier Bürgen versehenen Aufnahmeanträge der künftigen Mitglieder prüfen sollte[104]. Bei der Vorstandssitzung vom 25. April 1938 wurde folgende Arbeitsteilung innerhalb des Vorstandes beschlossen: »1. Vorsitzender Eugen Spiro, 2. Vorsitzender Tischler, 1. Schriftführer: Wollheim, 2. Schriftführer: Frau Sabine Spiro, Kassierer Lohmar. Beisitzer: Max Ernst, Paul Westheim«[105].

In einer Reihe programmatischer Texte (Rundschreiben, Aufrufe, Pressemitteilungen) definierte der Bund zunächst die Zielgruppe, die er mit seiner Arbeit erreichen wollte. Er wollte »die über alle Länder zerstreuten deutschen und österreichischen Künstler, Kunstschriftsteller und Kunstfreunde sammeln«,[106] die »für freie künstlerische Entwicklung sind und die Zwangsorganisation der Kulturkammer ablehnen«,[107] und »durch gemeinsames Wirken der Gefahr der Isolierung begegnen, der der Einzelne ausgesetzt ist«[108]. Obwohl die Vereinigung ihren Sitz in Paris hatte, beschränkte sie sich nicht auf die nach Frankreich emigrierten Künstler, vielmehr versuchte sie gleich bei den ersten Sitzungen, zu den in der ganzen Welt verstreuten Künstlern Kontakt aufzunehmen. So wurde beschlossen, sich an Künstler in London, Palästina, den Vereinigten Staaten, Moskau, Brasilien, der Türkei, Holland, Prag, der Schweiz, Kopenhagen, Norwegen, Johannesburg, Belgien und Ialien zu wenden, mit dem Ziel, sie als Mitglieder anzuwerben, gegebenenfalls sogar Ortsgruppen zu bilden. Der *Oskar-Kokoschka-Bund* in Prag, ein Verband emigrierter deutscher bildender Künstler, trat dem FKb geschlossen bei. In London entstand Ende 1938 eine Ortsgruppe des Bundes, sie wurde kurz darauf zur Sektion Bildende Kunst des inzwischen gegründeten *Freien Deutschen Kulturbundes* umgewandelt, der während des Zweiten Weltkrieges eine umfangreiche Aktivität unter den deutschen und österreichischen Exilierten in Großbritannien entwickeln sollte. In den Unterlagen wird ebenfalls eine von Fritz Schiff geleitete Ortsgruppe in Palästina erwähnt, jedoch ohne weitere Angaben[109].

Der FKb knüpfte zu zahlreichen Künstlern Beziehungen an, wenn sich auch nicht alle formell im Bund organisierten. Davon zeugen Briefe und Sitzungsberichte: So entstanden Verbindungen zu Max Beckmann in Amsterdam, zu Paul Klee und Walter Trier in der Schweiz, Felix Nußbaum in Belgien, Theo Balden und Johannes Wüsten in Prag, der nach seiner Übersiedlung nach Paris im Frühjahr 1938 beim *Künstlerbund* aktiv mitwirkte, zu den Architekten Bruno Taut und Wagner in der Türkei, zu Lasar Segall in Brasilien, Fred Uhlman, Heckroth und Flachslander in London, zu den Bauhausdozenten Gropius und Josef Albers, zu George Grosz und Arthur Kaufmann in den Vereinigten Staaten, zu Will Lammert und Heinrich Vogeler in Moskau und Bruno Krauskopf in Norwegen.

Für Frankreich zählte die offizielle Mitgliederliste, die bei der Pariser Polizeipräfektur registriert war[110], an die dreißig Namen; jedoch war die Anzahl der Künstler, die an den Aktivitäten des Bundes teilnahmen, erheblich höher, von den Sympathisanten ganz zu schweigen. Unter den (von den französischen Behörden registrierten oder nicht registrierten) Mitgliedern befanden sich Maler und Zeichner wie Max Lingner, Erwin Julius Graumann, Käte Münzer-Neumann, Francis Bott, Friedrich Hagen, Fritz und Else Wolff, Bert[111], Richard Lindner (der künftige Schöpfer der Pop Art in den USA), Julius Schülein, Hanns Kralik, Max Keilson, Robert Liebknecht (ein Sohn von Karl Liebknecht), Fritz Mühsam, Paul Elsass, Edith Auerbach, Otto Freundlich und Hanna Kosnick-Kloss, Bildhauer wie Peter Lipmann-

Wulf, Marianne Heymann und Marianne Gold, der Fotograf Breitenbach, Kunsthistoriker wie Herta Wescher, Sabine Spiro, Klaus Berger und Lothar Barth. Anton Räderscheidt, ein bedeutender Maler der »Neuen Sachlichkeit« trat dem FKb ebenfalls bei[112] und war mit Josef Floch eines der wenigen Mitglieder des Bundes in Südfrankreich. Aufgrund eines am 30. Mai 1938 gefaßten Beschlusses, nach dem »alle dem deutschen Kulturkreis angehörigen Künstler aufgefordert werden (sollten), dem Bund beizutreten«[113], wurden außer den Österreichern Tischler, Josef Floch und Edgar Jené der Pole Kerszenbaum und der Tscheche Trebicky als Mitglieder geworben, Frans Masereel wurde zum Ehrenmitglied ernannt[114].

Es wurde versucht, zu Kandinsky, Hans Reichel und Jankel Adler, sowie zu den Kunsthistorikern Karl von Tolnay und Wilhelm Uhde Kontakt aufzunehmen, aber allem Anschein nach ohne Erfolg. Einige aus Deutschland emigrierte Künstler wie Kandinsky hielten sich von jeder antifaschistischen Aktivität fern. Wilhelm Uhde schrieb Aufsätze in der von Münzenberg nach seinem Bruch mit der kommunistischen Bewegung gegründeten »Zukunft« und brachte so seine Solidarität zu den exilierten Künstlern zum Ausdruck. Es darf nicht unerwähnt bleiben, daß manche Künstler, die wie Albert Flocon sich für die Integration in Frankreich entschieden hatten, keinen Kontakt zu Emigrantenverbänden suchten. So waren den Bemühungen des FKb in mehrfacher Hinsicht äußere Grenzen gesetzt.

In einem der ersten Aufrufe des Bundes hieß es, daß er sich der Zusammenfassung aller Künstler, die die nationalsozialistische Kunstpolitik ablehnten, »in engster Fühlung« mit denjenigen Künstlern widmen wolle, »die im nationalsozialistischen Deutschland die Unabhängigkeit ihres Schaffens trotz aller Unterdrückung zu wahren suchen«[115]. Diese Angabe ist in den späteren Texten nicht mehr zu lesen, – vermutlich aus Sicherheitsgründen – jedoch bestätigt sie die Annahme, daß zu diesem Zeitpunkt Beziehungen zwischen emigrierten und nicht emigrierten antifaschistischen bildenden Künstlern noch bestanden.

Innerhalb weniger Monate gelang es den Initiatoren, den FKb zu einer repräsentativen weitverzweigten Vereinigung zu machen, die Verbindung zu den weitverstreut lebenden Mitgliedern wurde durch Briefverkehr, später auch durch ein Bulletin aufrechterhalten.

Was war die politische und ästhetische Grundlage des Zusammenschlusses im FKb? Seine Zusammensetzung, eine Verbindung von kommunistischen und anderen antifaschistischen, politisch nicht näher festgelegten Künstlern, rückt den FKb in den Umkreis der deutschen Volksfrontbewegung. Jedoch unterstrichen mehrere Grundsatzerklärungen, daß er »rein künstlerische Ziele«[116] anstrebe. Als Kokoschka zögerte, den Ehrenvorsitz der Vereinigung anzunehmen, erklärte der Vorstand in einem Beschluß: »Der FKb ist unpolitisch und verfolgt das alleinige Ziel, alle im Ausland lebenden, unabhängigen[117] deutschen und österreichischen Künstler und Kunstschriftsteller zusammenzufassen zum Zwecke gemeinsamer künstlerischer Arbeit«[118]. Die Betonung des unpolitischen Charakters des Bundes muß in Zusammenhang mit dem Pluralismuskonzept gesehen werden, der dem Bund eine breite Mitgliederschaft und entsprechend vielfältige Wirkungsmöglichkeiten sichern sollte. Darüber hinaus ist diese Akzentsetzung auch aus dem politischen Klima zu verstehen, das Anfang 1938 unter den deutschen Emigranten in Frankreich herrschte. Die Widersprüche zwischen den verschiedenen Gruppen der deutschen Volksfrontbewegung hatten sich verschärft, gegenseitige Anschuldigungen nahmen zu und entluden sich bereits 1937 in eine Reihe von Konflikten: Die Bemühungen um die Verwirklichung des Volksfrontkonzepts wurden, auch unter dem Einfluß der französischen Entwicklung, zunehmend in die Defensive gedrängt. Gleichzeitig ging die Emigrantenpolitik der französischen Regierung auf einen härteren Kurs[119].

Dennoch: wenn sich der FKb als »apolitisch« bezeichnete, hatte das eine andere Bedeutung als beim Vorbereitungsausschuß der Londoner Ausstellung. Gemeint war, daß es über die unterschiedlichen Positionen der Mitglieder innerhalb des Bundes keine politischen Auseinandersetzungen geben sollte. Dieser innere Konsens bedeutete keine Entpolitisierung, erst recht keine Einschränkung der Aktivitäten gegen die Kunstpolitik im Dritten Reich. Für diese Haltung ist Kokoschka selbst repräsentativ, gerade weil sein antifaschistisches Engagement sich erst schrittweise im Exil entwickelte. In Prag hatte er einer Vereinigung antifaschistischer Künstler gestattet, sich nach ihm zu nennen, ohne selbst diesem *Oskar-Kokoschka-Bund* beizutreten. Von Prag aus nahm er die symbolische Präsidentschaft des *FKb* in Paris an; erst im englischen Exil, als Vorsitzender des *Freien Deutschen Kulturbundes*, entfaltete er eine rege antifaschistische Tätigkeit.

Auch auf dem Gebiet des künstlerischen Schaffens verstand sich der *FKb* entschieden als pluralistisch. Die Aufnahme geschah unabhängig davon, »zu welcher Kunstrichtung der Einzelne sich bekennt«[120], ausdrücklich wurde erklärt, es gehe »nicht um die Verteidigung *einzelner* (von mir unterstrichen, H. R.) Kunstrichtungen«[121]. Die Zusammensetzung des Vorstandes und der Aufnahmekommission entsprach diesem pluralistischen Konzept. Verschiedene Strömungen der zeitgenössischen Kunst waren vertreten: der Surrealismus durch Max Ernst und Lohmar[122], die abstrakte Kunst durch Otto Freundlich, die rheinischen Sezessionen der 20er Jahre durch Gert Wollheim, während Paul Westheim und Herta Wescher als Kenner der modernen Kunst überhaupt ausgewiesen waren. Diese Strömungen koexistierten in den Gremien neben der älteren, inzwischen »klassisch« gewordenen Impressionismustradition, wie sie Eugen Spiro vertrat, und dem vor 1933 in der ASSO[123] praktizierten Realismus, zu dem sich Erwin Öhl bekannte.

Obwohl mehrere seiner aktivsten Mitglieder sich zur künstlerischen Avantgarde bekannten, hob der FKb die Notwendigkeit hervor, »das Schaffen unserer großen Meister zu verteidigen, in ihrem Sinne weiterzuarbeiten, um in der Welt das Ansehen der deutschen Kunst und Künstlerschaft zu erhalten«[124]. Solche Formulierungen übernahm der Bund allem Anschein nach von den bereits bestehenden Kulturverbänden im Umkreis der deutschen Volksfront, die, in teilweise deutlicher Abgrenzung gegenüber der Avantgarde, die Pflege und Weiterführung humanistischer Traditionen in den Mittelpunkt ihrer Arbeit stellten. Allerdings bestand der FKb darauf, »alles Wertvolle und Zukunftsstarke in der gesamten Kulturtradition hochzuhalten und dem Deutschland von morgen zu bewahren«[125]. Die Bezeichnung »zukunftsstark« deutete darauf hin, daß eine solche Verteidigung der Kulturtradition nicht unbedingt im ästhetischen Rückwärtsgang stattfinden solle. Dennoch bestand zwischen dem ästhetischen Spektrum des Bundes und seinen programmatischen Erklärungen ein Widerspruch, der allenfalls in der Praxis gelöst werden konnte.

Im Arbeitsprogramm waren als Hauptaufgaben vorgesehen: »die Durchführung von Ausstellungen der freien deutschen Kunst«, »die Beteiligung an den wesentlichen internationalen Kunstausstellungen« und die »Herausgabe eines regelmäßigen Informationsdienstes«[126]. Die wichtigste Initiative des Bundes war die Durchführung einer kollektiven Ausstellung in Paris im November 1938.

Die Ausstellung »Freie Deutsche Kunst«

Die Ausstellung des FKb fand vom 4. bis zum 18. November 1938 in der Maison de la Culture, Rue d'Anjou, unter der Schirmherrschaft des SDS statt. Sie war Bestandteil der vom SDS zu seinem 30. Jahrestag veranstalteten Deutschen Kulturwoche in Paris, an der sich verschiedene Kulturvereinigungen und -institutionen der deutschen Emigration beteiligten.

Der FKb wurde vom SDS aufgefordert, eine Ausstellung durchzuführen[127], gleichzeitig wurde ihm ein Ausstellungsraum in der Maison de la Culture in Aussicht gestellt, die Kosten wurden »durch ein freundliches Arrangement« zur Hälfte vom SDS getragen[128]. Außer dem Schutzverband halfen die Maison de la Culture und die *Internationale Schriftstellervereinigung zur Verteidigung der Kultur* bei der Verwirklichung des Ausstellungsprojekts[129]. Seit dem Herbst 1933 hatte der in Paris neugegründete SDS eine intensive Arbeit unter den emigrierten Schriftstellern und auch unter französischen Intellektuellen entwickelt. Er erwies sich als die treibende Kraft der kulturellen Aktivitäten der deutschen Emigration: davon zeugt nicht zuletzt die Kulturwoche vom Herbst 1938.

Bei der Vorbereitung wurde – wie bereits beim Gegenausstellungsprojekt – zunächst über die Zielsetzung diskutiert. Einem von Spiro verfaßten Exposé[130] nach sollte die Ausstellung »das betonen, was in London verfehlt wurde: die Hitler-Barbarei dokumentieren durch Zeigen des Materials, das teils die sogenannte entartete Kunst zum Ausdruck bringt«. Dazu gehörten »Liebermann, Ury, Pechstein, Beckmann, usw.« Um diesen Kern herum sollte »die beste Kunst der in Paris lebenden Emigrierten« gruppiert werden. Darüber hinaus wollte Spiro die Verfolgungen der Künstler an seinem eigenen Fall »durch den Original-Absagebrief mit dem Verbot der Malerei«[130a] dokumentieren sowie durch Texttafeln, die den Besucher auf verschiedene

Aspekte der repressiven Kunstpolitik im Dritten Reich aufmerksam machen sollten.

Gert Wollheim, der mit Spiro und Lohmar die Vorbereitungskommission bildete, hatte ein anderes Konzept. Er schlug vor, »das Schwergewicht mehr auf die Ausstellung von Werken der Mitglieder des Bundes« zu legen und der »Dokumentation« nur einen beschränkten Platz einzuräumen[131]. Da eine Gegenausstellung bereits stattgefunden habe, »wenn (sie) auch mißglückt« sei, solle man sich nun auf den Beweis konzentrieren, »daß die emigrierte Kunst doch noch lebendig ist und das weitertreibt, was man in Deutschland beseitigt zu haben glaubt«[132].

Das endgültige Konzept der Ausstellung entsprach dann Wollheims Vorstellung. Der Dokumentationsteil nahm einen begrenzten, jedoch eindrucksvollen Platz ein: Die Zerstörung der Kunst im Dritten Reich wurde durch die Fetzen des zerschnittenen Bildes Kokoschkas[133] und das Faksimile von »Rhône et Saône« dokumentiert, einer ebenfalls im Mai 1938 in Wien von der Gestapo zerstörten Rötelzeichnung von Renoir. Als Zeugnisse der offiziellen deutschen Kunst bekamen die Zuschauer u. a. Abbildungen zweier Aquarelle von Hitler zu sehen.

Insgesamt wurden in der Rue d'Anjou Werke von ungefähr 70 Künstlern gezeigt, darunter Ölbilder von Spiro, Ernst, Klee, Grosz, Wollheim, Beckmann, Räderscheidt und Krauskopf, Aquarelle von Walter Trier und Nußbaum, Graphiken von Wüsten, Kralik und Kiwitz, Fotos von Breitenbach, Plastiken von Demeter[134] und Lipmann-Wulf. Weder Heartfield noch andere Mitglieder des *Oskar-Kokoschka-Bundes* waren vertreten, da sie nach der Besetzung des Sudetengebietes durch die Wehrmacht gezwungen waren, ihre Flucht aus der Tschechoslowakei zu organisieren.

Gleichzeitig ehrte die Ausstellung das Andenken des Malers Ernst Ludwig Kirchner, der kurz davor in der Schweiz Selbstmord begangen hatte, weil er, nach Westheims Worten, »nicht mehr in einer Welt leben konnte, die es zuläßt, daß die schöpferischen deutschen Künstler beschimpft, unterdrückt und angeprangert werden«[135].

Die Pariser Ausstellung verband einen breiten, viele Richtungen der »freien deutschen Kunst« berücksichtigenden Kunstpluralismus mit einer unmißverständlichen antifaschistischen Tendenz, ohne beide Aspekte gegeneinander auszuspielen.

Insbesondere war die expressionistische Kunst mit Bildern von Kirchner, Kokoschka und Beckmann gut vertreten. Kurze Zeit zuvor hatte die sogenannte »Expressionismusdebatte« einen wichtigen Teil der literarischen Emigration beschäftigt. Die Initiatoren der Debatte, Kurella und Lukács, hatten den Expressionismus beschuldigt, zu den geistigen Wegbereitern des Faschismus in Deutschland zu gehören. Es läßt sich aber weder in Sitzungsberichten noch im Mitteilungsblatt des FKb die geringste Anspielung auf diese Debatte feststellen.

Das hatte verschiedene Ursachen. Einmal standen die Schriftsteller stärker im Mittelpunkt ästhetisch-ideologischer Diskussionen der deutschen Emigration. Die Expressionismusdebatte war in erster Linie eine Debatte über die expressionistische Literatur, bei der der

Expressionismus in der bildenden Kunst, für die sich Kurella und Lukács wenig interessierten, nur in einigen Beiträgen diskutiert wurde – so z. B. in einem Aufsatz von Klaus Berger in »Das Wort«,[136] der selbst dem FKb angehörte.

Darüber hinaus war es kein Zufall, wie Dieter Schiller in »Exil in Frankreich« bemerkt,[137] daß die Diskussionsbeiträge aus Paris von Rudolf Leonhard, Kurt Kersten und Klaus Berger den Expressionismus von unterschiedlichen Positionen aus gegen Lukács und Kurellas Angriffe in Schutz nahmen. Die deutschen Schriftsteller in Frankreich standen in viel unmittelbarerem Kontakt mit Vertretern unterschiedlichster Positionen der literarischen Moderne als Kurella und Lukács, die aus der Moskauer Perspektive unter dem Eindruck der künstlerischen Auseinandersetzungen in der Sowjetunion schrieben. Auch hatten die emigrierten Schriftsteller in Paris den Annäherungsprozeß verfolgt, der sich im Zeichen der französischen Volksfront zwischen deren literarischen und politischen Anhängern und Vertretern avantgardistischer Kunstströmungen angebahnt hatte.

Das galt auch für die bildenden Künstler, die überdies die verheerenden Auswirkungen der Angriffe auf die Avantgarde in Deutschland zum Teil am eigenen Leib erfahren hatten. Das machte sie hellhörig gegen jede Diffamierung der Avantgarde. Deshalb auch war für die Mitglieder des FKb die Verteidigung des in Deutschland unterdrückten Expressionismus Bestandteil ihres antifaschistischen Engagements. Daher der Raum, den der Expressionismus in der Pariser Ausstellung einnahm, aber auch Westheims Würdigung von Barlach[138] und Kirchner.

Die Ausstellung des FKb fand trotz des ungünstigen Zeitpunkts nach dem Münchner Abkommen ein relativ breites Echo in der französischen Presse, und zwar nicht nur in Kunstzeitschriften, sondern auch in linken Presseorganen und einigen großen Boulevardblättern. Die meisten Berichterstatter hoben die Bemühungen exilierter Intellektueller und Künstler hervor, »die Fackel der Kultur aufrechtzuerhalten«[139]. Ausdrücklich wurde der »Bekenntnis-« und »Protest-«Charakter[140] der Ausstellung gewürdigt. Die französischen Journalisten nutzten die Gelegenheit, ihre Leser über die Maßnahmen zur Unterdrückung der Freiheit künstlerischen Schaffens in Deutschland zu informieren. Die Detailgenauigkeit einiger Berichte läßt vermuten, daß der FKb der französischen Presse entsprechendes Informationsmaterial hatte zukommen lassen.

Im allgemeinen konzentrierte sich die Aufmerksamkeit der französischen Rezensenten eher auf die antifaschistische Richtung der Ausstellung als auf ihr künstlerisches Anliegen, das nur von einigen Kunstkritikern, vor allem in »Le Populaire«, »L'Ordre« und »Ce Soir«[141] gewürdigt wurde. Mehreren Berichten ist eine gewisse Zurückhaltung bei grundsätzlich positivem Tenor anzumerken. So heißt es in »Beaux Arts«: »Ob man die in der Rue d'Anjou ausgestellten Werke mag oder nicht, kann man ihnen jedenfalls meines Erachtens eine große Wahrhaftigkeit nicht absprechen«.[142] Trotz der Vielfalt der in Paris vertretenen modernen Kunstströmungen waren viele

Rezensenten in der zeitgenössischen deutschen Kunst noch wenig bewandert.

In der nationalsozialistischen Presse wurde die Ausstellung kaum registriert, im Gegensatz zur Ausstellung »Fünf Jahre Hitler-Diktatur« im Februar 1938, die sehr scharfe Stellungnahmen hervorgerufen hatte. Vom 7. November ab konzentrierte die gesamte Presse ihre Propaganda auf die Erschießung des Legationsrats vom Rath durch Herschel Grynszpan, sowie auf die ideologische Vorbereitung des Pogroms der sogenannten »Reichskristallnacht«, die am 9. November inszeniert wurde.

Das Mitteilungsblatt des Freien Künstlerbundes und das Deutsche Kulturkartell

Der Beschluß, einen regelmäßigen Informationsdienst herauszugeben, um die »Mitglieder über die wichtigen Kunst- und Kulturereignisse zu unterrichten«[143], konnte nicht sofort verwirklicht werden. Zunächst waren eine Reihe personeller und materieller Probleme zu lösen. Es galt, einen französischen Staatsbürger zu finden, der formell die redaktionelle Verantwortung übernahm. Weiter mußte eine finanzielle Rücklage geschaffen werden, damit das Erscheinen über einen längeren Zeitraum gesichert war.[144] Eine der Maßnahmen, mit denen die finanzielle Basis des FKb und des Informationsdienstes abgesichert werden sollte, bestand darin, fördernden Mitgliedern des Bundes Sonderdrucke der Mitteilungsblätter mit einer signierten Originalbeilage zum Preis von 100 Francs anzubieten.[145] Herausgeber und Hauptredakteur des Blattes war Paul Westheim, dem Redaktionskomitee gehörte auch Herta Wescher an. Die erste Nummer erschien im September 1938.

Der Titel des Mitteilungsblattes: »Freie Kunst und Literatur«, machte deutlich, daß die Herausgeber sich nicht auf die bildende Kunst beschränken wollten. In der ersten Nummer hieß es programmatisch: »Was wir wollen: Unterrichten über die Kulturarbeit, die wir leisten. Unterrichten über Kulturvernichtung durch NS-Terror«[146]. Von Anfang an wandte sich das Blatt an alle emigrierten deutschen Intellektuellen, Schriftsteller und Künstler. Die Absicht, verschiedenartige kulturelle Aktivitäten der Emigration zu berücksichtigen, wurde ab der 2. Nummer vom Oktober 1938 auch organisatorisch deutlich: »Freie Kunst und Literatur« wurde das Organ des *Deutschen Kulturkartells*.

Dieses Kartell, das am 13. Oktober 1938 in Paris gegründet wurde, umfaßte Kulturvereinigungen der deutschen Emigration, die sich mehr oder minder mit dem Volksfrontkonzept identifizierten und zum Teil von Kommunisten geleitet wurden. Dazu gehörten außer dem SDS und dem FKb der *Verband Deutscher Journalisten in der Emigration*, der *Deutsche Volkschor*, die *Vereinigung Deutscher Bühnenangehöriger*, die *Freie Deutsche Hochschule* und die *Deutsche Volkshochschule*. Das Kulturkartell nahm sich vor, »(parteipolitisch neutral) die Arbeit der einzelnen Verbände wirksamer (zu) machen durch gemeinsames Vorgehen in kulturellen Fragen, gemeinsame Durchführung von Veranstaltungen, gegenseitige Hilfeleistung bei der praktischen Arbeit, Pflege der Verbindungen zu den Organisationen und Persönlichkeiten des Gastlandes und der Emigration in den anderen Ländern«[147].

Die Gründung des Kartells war vom SDS den anderen Kulturvereinigungen vorgeschlagen worden; Westheim, der zu beiden Vorständen gehörte, hatte dem FKb den Vorschlag übermittelt. Der Vorstand des Bundes billigte den Vorschlag im Juni 1938 und delegierte Westheim und Lohmar zur Gründungssitzung. Den Positionen des Bundes gemäß sollten sie folgende Grundprinzipien vertreten: »1. Das Kartell muß unpolitisch sein«. »2. Dieses Kartell soll zunächst ein Kartell der sogenannten Kulturverbände sein« (d. h. die Einzelverbände behielten ihre vollkommene Autonomie). »3. Das Kartell soll die Zeitung herausgeben und verhindern, daß mehrere Zeitungen entstehen«[148].

Die Gründung des *Deutschen Kulturkartells* ist, wie die Veranstaltung der Deutschen Kulturwoche, zugleich als Versuch der deutschen Kommunisten und ihnen nahestehender Personen und Gruppen zu verstehen, auf dem kulturellen Gebiet den Einigungsprozeß neu zu beleben, der auf dem politischen Gebiet ins Stocken geraten war. Bei diesem Versuch stützten sie sich auf die Aktionseinheit, die innerhalb der meisten Kulturvereinigungen weiterhin bestand. Daneben gab es Versuche einer politischen Einigung, wenn auch mit begrenzter Zielsetzung. So unterzeichneten Spiro und Westheim Aufrufe »An die Völker der demokratischen Länder« und »An das deutsche Volk«,[149] die nach dem Münchner Abkommen vor den Kriegsabsichten der nationalsozialistischen Politik warnen wollten. Im übrigen ging es bei der Gründung des *Deutschen Kulturkartells* auch darum, Persönlichkeiten der deutschen Volksfrontbewegung neue Gelegenheiten zu gemeinsamen politischen Stellungnahmen zu geben.

Zwischen den Leitern des FKb und des *Deutschen Kulturkartells* gab es also weder im kulturellen noch im politischen Bereich nennenswerte Meinungsunterschiede. Dennoch entbrannte Anfang 1939 ein heftiger Streit zwischen Paul Westheim und Bruno Frei über das Mitteilungsblatt des Kartells, bzw. des FKb. Im Februar 1939 gaben Rudolf Leonhard und Bruno Frei, der eine als Vorsitzender, der andere als Sekretär des Kartells, im Namen des neugegründeten Dachverbandes die erste Nummer eines neuen Mitteilungsblattes mit dem Titel »Internationale Mitteilungen« heraus, die sich als »Sonderausgabe von ›Liberté pour l'Art et la Littérature‹«[150] ausgab. Obwohl das neue Blatt Aufmachung und Informationsspektrum deutlich von »Freie Kunst und Literatur« übernahm, stellte es sich vor als »der erste Versuch«, durch »eine ständige gegenseitige Information über alles, was uns gemeinsam berührt«, »die Verbindung zwischen den in der ganzen Welt verstreuten freien deutschen Kulturorganisationen und Gruppen von Kulturträgern herzustellen«[151]. Daß »Freie Kunst und Literatur« in den ersten Nummern dasselbe Ziel verfolgt hatte, wurde mit keinem Wort erwähnt. Westheim sah sich vor vollendete Tatsachen gestellt und erhob Protest. Er schrieb Frei, die neue Veröffentlichung sei »eine illegale Ausgabe«, ja »ein Plagiat«[152] (was er in einem Brief an Spiro belegte: »ein Teil der Texte ist direkt von mir übernommen«[153]). Den Grund für das Vorgehen Leonhards und Freis sah er darin, daß der Vorstand des Kartells in seiner Mehrheit die Herausgabe des Mitteilungsblatts nicht ihm und dem FKb überlassen, sondern »die Sache selbst machen«[154] wolle. Westheim stellte fest, daß es keinen Platz für zwei Mitteilungsblätter dieser Art gäbe und setzte sich dafür ein, daß »Freie Kunst und Literatur« fortgeführt werde, da es »nun mal in mehreren Nummern erschienen ist«[155]. Er verwies auch auf die negativen Auswirkungen eines plötzlichen Bulletinwechsels für die politische Glaubwürdigkeit der Emigration: »Auch der Eindruck auf Goebbels ist zu bedenken, daß wir etwas anfangen und selbst wieder vernichten. Das ist einfach untragbar.«[156] Westheim schlug folgende Lösung vor: »An Stelle der ›Internationalen Mitteilungen‹ wird ›Freie Kunst und Literatur‹ (ohne mich) vom Kulturkartell weitergeführt nach Benehmen mit dem Freien Künstlerbund und Berücksichtigung seiner besonderen Interessen.«[157]

Der Konflikt wirft mehrere Fragen auf. Kann man ihn als einen Versuch der Kommunisten, die im SDS oder der *Freien Deutschen Hochschule* stärker als im FKb vertreten waren, verstehen, ihren Einfluß auf das Mitteilungsblatt des *Kartells* zu vergrößern? Das ist nicht auszuschließen, obwohl Lohmars Haltung zunächst dagegen zu sprechen scheint. Er verlangte den Rückzug und die Einstellung der »Mitteilungen«, deren Herausgabe er als einen Übergriff des Kartellvorstands betrachtete.[158] Das beweist aber nur, daß Lohmar als loyaler Vertreter des FKb dem *Kartell* gegenüber die Interessen seiner Vereinigung verteidigte. Zugleich wies er, wie Westheim berichtet, darauf hin, »daß gewisse – politische – Teile der »Mitteilungen« zu Schwierigkeiten im FKb führen müßten, da wir strikt unpolitisch in unserem Auftreten sein müssen.«[159] Hier scheint mir der Kern des Konflikts zu liegen, den Westheim in seinen Protestbriefen umging, wenn er das Mißtrauen der Kartellführung an seiner Person festmachte. Das Kartell wollte allgemeine politische Informationen und Stellungnahmen ins Mitteilungsblatt einbringen. Der FKb aber beschränkte sich bewußt auf die politische Dimension von Kunst- und Kulturfragen.

Nicht auszuschließen ist auch, daß der SDS als treibende Kraft des *Kartells* sich mit dem Informationsblatt/Mitteilungen ein eigenes regelmäßig erscheinendes Organ verschaffen wollte. Es scheint für den FKb mit seinen Kontakten zu wohlhabenden Kunstsammlern[160] verhältnismäßig leichter gewesen zu sein, Geld für ein Monatsblatt zu sammeln, als für den SDS.

Möglich ist auch, daß es sich hier um eine Initiative handelt, die über ihr Ziel hinausgeschossen ist. Die Idee, die Korrespondenz mit den jeweiligen Organisationen beim Kartellvorstand zu zentralisieren, hätte »sich dann ausgewachsen« (...) »zu einem periodisch angelegten Mitteilungsblatt«[161]. Das war Freis Interpretation, die auch Westheim nicht grundsätzlich zurückwies.

Jedenfalls zeugt das Konzept der »Internationalen Mitteilungen« von einer Überschätzung der Wirkungsmöglichkeiten des Kartells. In ihrem Leitartikel kündigten Leonhard und Frei die Absicht an, aus dem Blatt »die Vermittlungsstelle für die deutschen Kulturarbeiter in allen Ländern«[162] zu machen. Zu einer Zeit, da es bereits keine ernsthaften Perspektiven einer politischen Einigung der deutschen Emigration mehr gab, schmiedete die Leitung des *Deutschen Kulturkartells* anspruchsvolle Pläne zur Koordination kultureller Aktivitäten, die die tatsächlichen Kräfte des *Kartells* und der Emigranten überstiegen.

Die zur Schlichtung des Konflikts einberufene Kommission stellte sich offensichtlich hinter Westheim; es erschien meines Wissens keine weitere Nummer der »Internationalen Mitteilungen«, während Westheim 1939 die »Freie Kunst und Literatur« mit 4 Nummern fortsetzte.

Der Konflikt stellte die Mitgliedschaft des FKb im *Kartell* nicht in Frage. »Freie Kunst und Literatur« wies weiter auf die Veranstaltungen des *Kartells* hin. Sie nannte sich ab der fünften Nummer im Untertitel aber wieder »Mitteilungsblatt des Freien Künstlerbundes 1938«. Die Berichterstattung konzentrierte sich auf die Aktivitäten des Bundes[163], auf Veranstaltungen von Verbänden emigrierter deutscher Künstler in anderen Ländern und auf die Kunstpolitik des Nationalsozialismus.

Das Mitteilungsblatt veröffentlichte regelmäßig Zeichnungen von Mitgliedern des Bundes: von Spiro, Lohmar, Wüsten, Max Ernst, Tischler, Bert, Fritz Wolff, Kralik, Friedrich Hagen und Edith Auerbach. Zum 150. Jahrestag der Französischen Revolution erschien im Juli 1939 eine Sondernummer:[164] eine Dokumentation von Maßnahmen der Revolutionsregierung zur Befreiung der Kunst vom Ancien Régime, sowie Porträts revolutionärer Führer, die von Mitgliedern des FKb gezeichnet worden waren. Die Zeichnungen und der Textteil wurden auf Wachsmatrizen geprägt und vervielfältigt. Dieses Verfahren zeigt die Schwierigkeit, Kunst im Exil zu verbreiten, aber auch die beharrlichen Bemühungen, sie trotz alledem bisweilen mit technischen Improvisationen und Erfindungen ans Publikum zu bringen.

Ausstellungstafeln für New York

Die letzte größere Initiative des FKb war die Vorbereitung der Ausstellung: »Deutschland von gestern – Deutschland von morgen«, die 1939 bei der Weltausstellung in New York gezeigt werden sollte. Die entsprechenden Überlegungen und Aktivitäten waren, mehr noch als die Herausgabe des Mitteilungsblatts, durch die inneren Konflikte der deutschen Emigration in den Jahren 1938–1939 gekennzeichnet.

Nachdem die deutsche Regierung ihre Entscheidung bekannt gegeben hatte, die Weltausstellung zu boykottieren, schlug eine New Yorker Zeitung[165] im April 1938 den deutschen Emigranten vor, Deutschland dort zu vertreten: »Germany in exile«. Zu diesem Zwecke bildete sich in New York ein Vorbereitungsausschuß, der von der *American Guild for German Cultural Freedom* geleitet wurde[166] und aus amerikanischen und deutschen Persönlichkeiten bestand, darunter Thomas Mann, Paul Tillich und Eduard Heimann, Tony Sender, Gerhard Seger und Kurt Rosenfeld[167]. Dieser Ausschuß sollte Gelder sammeln und mit den amerikanischen Behörden die Bedingungen aushandeln, unter denen die deutsche Emigration sich an der Weltausstellung beteiligte. Gleichzeitig sollten verschiedene repräsentative Emigrantenvereinigungen in Europa mit der Vorbereitung eines »Deutschen Freiheitspavillons« beginnen. Der New Yorker Ausschuß sollte darüber entscheiden, wann die Öffentlichkeit über den Stand der Vorbereitung informiert werden sollte.

In Paris erklärten sich mehrere Vereinigungen bereit, am Projekt teilzunehmen: der SDS, die *Freie Deutsche Hochschule* und der FKb, jene Vereinigungen also, die später das *Kulturkartell* gründen sollten; weiter der von Hans Siemsen geleitete *Bund Neues Deutschland*, in dem vor allem Sozialisten organisiert waren, wenn auch dieser Bund eine genauere politische Festlegung bewußt vermied. Zwischen dem *Bund Neues Deutschland* und den anderen Vereinigungen bestanden Verbindungen, da Hans Siemsen auch dem Vorstand des SDS angehörte und Kurt Kersten an der Vorbereitung des Projekts auf beiden Seiten teilnahm. Bald aber erwiesen sich die politischen Widersprüche stärker als der Wille zur Kooperation.

Hans Siemsen scheint die Feindseligkeiten als erster eröffnet zu haben, indem er versuchte, bei den deutschen Mitgliedern des amerikanischen Ausschusses die anderen Vereinigungen zu diskreditieren. In einer Reihe vertraulicher Briefe vom Mai–Juli 1938[168] an die New Yorker Veranstalter stellte er sie und vor allem den SDS als »ganz und gar unter kommunistischer Leitung (stehend) – und zwar hundertprozentig generallinientreu«[169] dar. Er scheint auch sein eigenes Ausstellungskonzept auf einer Veranstaltung des *Bund Neues Deutschland* in Paris vorgestellt zu haben.[170] Die anderen Vereinigungen betrachteten diese Veranstaltung als Kampfansage und fühlten sich von Siemsen hintergangen. Rudolf Leonhard und Paul Westheim veröffentlichten daraufhin in der Exilpresse zwei Berichte[171] über die Vorbereitungen des SDS, der *Freien Deutschen Hochschule* und des FKb, um deren Planungen öffentliches Gewicht zu verleihen.

Das Projekt eines »Deutschen Freiheitspavillons« wurde im Sommer 1938 aufgegeben. Es war dem New Yorker Komitee nicht gelungen, die nötigen Gelder aufzubringen; auch war die amerikanische Regierung anscheinend nicht dazu zu bewegen, Vereinigungen mit starker kommunistischer Beteiligung an einer Ausstellung, die Bestandteil der offiziellen Weltausstellung sein sollte[172], teilnehmen zu lassen.

Daraufhin entwarfen die beteiligten Vereinigungen, ohne den *Bund Neues Deutschland*, ein begrenzteres Ausstellungsprojekt zum Thema »Deutschland von gestern – Deutschland von morgen«. Diese Ausstellung sollte während der Weltausstellung, jedoch außerhalb des Ausstellungsgeländes, stattfinden. Der FKb fertigte 30 Tafeln auf Sperrholzplatten an. Sie stellten jene »Epochen der deutschen Geschichte (dar), in denen Deutsche aktiv für ihre Freiheitsideale gekämpft haben«, vom Bauernkrieg bis zum »heutigen illegalen (Kampf) des freiheitlichen Deutschlands gegen die faschistisch-imperialistische

Kriegspolitik«[173]. »Innerhalb eines dekorativen Rahmens« waren »zu jeder Tafel die charakteristischen Dokumente, Portraits usw. hinzugefügt«[174]. Auf diese Reihe historischer Tafeln folgten Tafeln zu »einzelne(n) Kulturgebiete(n)« und zur »Kulturvernichtung durch den Nazismus«[175].

An der Gesamtkonzeption der Ausstellung beteiligten sich Carl Misch, Kurt Kersten und Wolf Franck als Journalisten, Johann L. Schmidt, der Leiter der *Freien Deutschen Hochschule,* Lothar Barth als Kunsthistoriker, Hermann Berlinski, der Leiter des *Deutschen Volkschors*[176]. Das endgültige Projekt scheint von der Thematik her einem Projekt[177] von Hans Siemsen, Kurt Kersten, Jakob Altmaier und Alfred Döblin, das übrigens auch nicht verwirklicht wurde, ziemlich nah gekommen zu sein. Die Tafeln wurden nach Vorschlägen von Lohmar und Alfred Herrmann von Spiro, Wollheim, Krauskopf, Wüsten, Graumann, Bott, Tischler, Max Ernst, Käte Münzer, Hagen, Lipmann-Wulf, Bert, Kralik, Kerszenbaum, Fritz Wolff und Sussmann[178] geschaffen. Anfang 1939 wurden sie in die Vereinigten Staaten geschickt, scheinen aber dort verloren gegangen zu sein.

Als letztes Projekt kündigte der FKb im Mitteilungsblatt eine große Ausstellung an, auf der die verschiedenen in Paris vertretenen Emigrationen – neben den Deutschen die Spanier, Italiener, Österreicher, Tschechen usw. – vertreten sein sollten.[179] Der Ausbruch des Krieges verhinderte die Verwirklichung dieses hochfliegenden Plans.

Im Herbst 1939 wurden die meisten deutschen und österreichischen Künstler interniert. Viele setzten unter schwierigen Bedingungen ihre künstlerische Arbeit in den Internierungslagern fort; in Gurs und Les Milles entfaltete sich so eine rege künstlerische Tätigkeit[180]. Spiro wurde aus Altersgründen nicht interniert; er bemühte sich, den internierten Kollegen zu helfen. Er bat Breitscheid, sich bei den französischen Behörden für die Freilassung Westheims einzusetzen; für Lohmars Frau erwirkte er von amerikanischen Hilfsorganisationen eine finanzielle Unterstützung. Diese Hilfsaktionen führte er in Verbindung mit Walter Landauer und Willi Münzenberg durch,[181] dessen *Deutsch-Französischer Union* er im Juli 1939 beigetreten war, ohne seine engen Kontakte zu kommunistischen Künstlern abzubrechen[182]. Spiro ersuchte die *American Guild for German Cultural Freedom,* der Liste von Schriftstellern, die von ihr finanziell unterstützt wurden, eine Liste von Künstlern hinzuzufügen, die eine solche Unterstützung dringend benötigten[183].

Während der Besetzung Frankreichs durch die deutsche Wehrmacht waren die Schicksale der emigrierten Künstler ebenso verschieden wie die der übrigen Emigranten: Max Ernst, Wollheim, Lipmann-Wulf, Eugen und Sabine Spiro konnten in die Vereinigten Staaten entkommen. Wüsten floh aus der Internierung und kam ins besetzte Paris zurück, in der Hoffnung, in der Großstadt besser untertauchen zu können. Als er wegen völliger Entkräftung in ein Wehrmachtslazarett eingeliefert werden mußte, wurde er erkannt und nach Deutschland zurückgebracht. Zu 15 Jahren Zuchthaus verurteilt starb er 1944 an einer zu spät behandelten Tuberkulose. Lohmar und Kralik blieben in

Frankreich und beteiligten sich an der Résistance. Paul Westheim erhielt durch die Hilfe Frans Masereels[184] ein Visum für Mexiko; er ließ sich dort nieder und veröffentlichte Studien zur mexikanischen Malerei. Er starb 1963 bei einem Aufenthalt als Gastdozent in Westberlin.

*

Die Geschichte des FKb dokumentiert neben den konkreten Arbeits- und Lebensverhältnissen emigrierter Künstler in Frankreich die Praxis antifaschistischen Engagements in ihren Erfolgen, Mißerfolgen und Konflikten. Die schrittweise Entwicklung und die Konstituierung des Bundes sind undenkbar ohne die gleichzeitige Veränderung des Bewußtseins der Künstler, was ihre politische Verantwortung und die gesellschaftliche Rolle der Kunst betrifft. In der Tat wurden viele Künstler sich erst allmählich bewußt, daß es nicht mehr nur darum ging, ihr Werk im Exil fortzuführen, sondern gemeinsam die Tradition der künstlerischen Moderne, die in Deutschland bedroht war, zu verteidigen. Jene Künstler, die sich von Anfang an als Antifaschisten verstanden hatten, machten die Erfahrung, daß sie über die Beteiligung am politischen Kampf hinaus eigene, spezifisch künstlerische Formen der Selbstbehauptung und der Auseinandersetzung mit dem Faschismus entwickeln mußten.

Das Jahr 1937 markiert den entscheidenden Einschnitt in dieser Entwicklung: die Ausstellung ›Entartete Kunst‹, die darauf bezogenen publizistischen Aktivitäten und politisch-organisatorischen Überlegungen der Emigranten beschleunigen den Zusammenschluß der Künstler. Der verschärfte Druck des Nationalsozialismus auf die Künste in Deutschland und die Erfahrungen politischer und künstlerischer Isolierung der Emigranten verstärkten die Bemühungen um eine handlungsfähige, öffentlichkeitswirksame und repräsentative Vereinigung im Exil. So konnte der FKb auch angesichts deutlicher Auflösungserscheinungen der Volksfront für einen kurzen Zeitraum zum Zentrum antifaschistischer künstlerischer Aktivitäten des Exils in Frankreich werden.

Sein ursprüngliches Programm konnte der FKb nicht vollständig verwirklichen. Seine wichtigste und erfolgreichste Leistung war die Organisation der Ausstellung ›Freie Deutsche Kunst‹ im November 1938. Mit der Herausgabe des Mitteilungsblattes wurde die Kommunikation unter den exilierten Künstlern verstärkt oder überhaupt erst hergestellt. Weitere Aktivitäten und Projekte konnten in der kurzen Zeitspanne bis zum Kriegsausbruch nicht mehr verwirklicht werden.

Die Gründe für die Konflikte innerhalb des Verbandes und dessen Auflösung sind auf verschiedenen Ebenen zu suchen. Das Scheitern einer unmittelbaren Antwort auf die Münchner Ausstellung ist auf die anfängliche organisatorische Schwäche und die fehlende materielle Basis des Bundes zurückzuführen. Die Konflikte bei der Herausgabe des Bulletins und der Vorbereitung der New Yorker Ausstellung verweisen auf die zunehmenden Spannungen innerhalb der deutschen Emigration zwischen volksfrontorientierten Gruppen und solchen, die der Zusammenarbeit mit Kommunisten zunehmend skeptischer gegenüberstanden. Aber auch innerhalb der volksfrontnahen Vereinigungen wirkten sich Versuche von deutschen Kommunisten, ihren schwindenden politischen Einfluß im kulturellen Sektor zu kompensieren, nachteilig auf die unterschiedlichen Aktivitäten aus.

Die französische Öffentlichkeit registrierte die Tätigkeit des FKb in erster Linie anläßlich der Ausstellung vom November 1938. In der Würdigung durch die Presse spielten die antifaschistische Solidarität und der Konsens über die Verteidigung der künstlerischen Freiheit in Deutschland eine entscheidendere Rolle als die Anerkennung des spezifischen Beitrags deutscher Emigranten zur Kunstentwicklung in Frankreich. Trotz einiger weniger Ausstellungen, etwa Heartfields oder Lingners, gab es in Frankreich bis 1939 keine nennenswerte Rezeption der künstlerischen Leistung deutscher emigrierter bildender Künstler.

1 Für ihre Hilfe bei der Anfertigung der deutschen Fassung des vorliegenden Aufsatzes sei Lutz Winckler, Rudolf Dickmann und Rosemarie Huhn herzlich gedankt. — 2 Sie wurden nach der Besetzung von Paris durch die deutsche Wehrmacht von der Gestapo in der Wohnung Eugen Spiros, des Vorsitzenden des FKb beschlagnahmt und befinden sich im Zentralen Staatsarchiv Potsdam, DDR. Bestände dieses Archivs werden im folgenden in abgekürzter Form zitiert (ZSta, Nachlaß Name, Aktennummer, Blattnummer). — 3 Vgl. dazu zwei Aufsätze in: *Cahiers d'Etudes Germaniques*. (1981) Nr. 5, Aix-en-Provence: Pierre Foucher, »Les émigrés allemands et autrichiens en pays d'Aix«, S. 269–286 und André Fontaine, »Histoire provisoire du camp des Milles«, S. 287–322. Bei Aix-en-Provence lebten für kürzere oder längere Zeit mehrere Künstler im Château-Noir, dem ehemaligen Besitz Cézannes: Dazu gehörten die Maler Leo Marschütz, Werner Laves, Käthe Wilczynski, der Kunsthistoriker John Rewald sowie besuchsweise der Architekt Konrad Wachsmann. In Fontvieille ließen sich 1933 Ludwig und Bedřiska (Fritzi) Rosenwald nieder. Andere hielten sich an der Côte d'Azur auf: die Maler Jankel Adler und Heinrich Davringhausen (später Henri Davring) in Cagnes-sur-Mer, Hermann Henry Gowa in Nizza, Ferdinand Springer in Grasse, Anton Räderscheidt und Gert Caden in Sanary, der Bildhauer Josef Floch in Toulon. — 4 Die Künstler, deren Namen hier und in den folgenden Abschnitten aufgelistet werden, werden hier nur als Beispiele für die Verschiedenheit der Einzelsituationen und -schicksale angeführt. Solche Listen erheben keinen Anspruch auf Vollständigkeit; dies ist beim jetzigen Stand der Forschung noch nicht möglich. — 5 Er ging 1938 dann nach Holland. — 6 Vgl.: *Fritz Cremer. Leben, Werke, Schriften, Meinungen*. Gesammelt und dargestellt von Diether Schmidt. Dresden 1972. — 7 Vgl. Hildegard Brenner, *Die Kunstpolitik des Nationalsozialismus*. Reinbek 1963. — 8 Im *Völkischen Beobachter* vom 28. 11. 1936 hieß es: »An die Stelle der bisherigen Kunstkritik, die in völliger Verdrehung des Begriffes ›Kritik‹ in der Zeit jüdischer Kunstüberfremdung zum Kunstrichtertum gemacht worden war, wird ab heute die Kunstbericht gestellt; an die Stelle des Kritikers tritt der Kunstschriftsteller. Der Kunstbericht soll weniger Wertung, als vielmehr Darstellung und damit Würdigung sein. (...) Er verlangt Bildung, Takt, anständige Gesinnung und Respekt vor dem künstlerischen Wollen. Nur Schriftleiter werden in Zukunft Kunstleistungen besprechen können, die mit der Lauterkeit des Herzens und der Gesinnung des Nationalsozialisten sich dieser Aufgabe unterziehen«, zitiert in: Josef Wulf, *Die Bildenden Künste im 3. Reich. Eine Dokumentation*. Reinbek 1963, S. 127. — 9 Vgl. die beiden Ausstellungskataloge: *Zwischen Widerstand und Anpassung in Deutschland 1933–1945*, Berlin (West) 1978, und *Widerstand statt Anpassung. Deutsche Kunst im Widerstand gegen den Faschismus 1933–1945*, Berlin (West) 1980. Obwohl sich die zweite Ausstellung als eine Antwort auf die erste versteht, sind m. E. beide komplementär und notwendig, um die Situation der nicht-nationalsozialistischen bis oppositionellen Künstler im Dritten Reich in ihrer Vielfalt und ihren Widersprüchen voll zu erfassen. — 10 Beide Ausstellungen fanden 1933 und 1939 in der Galerie Billiet-Vorms, in der Rue La Boëtie statt.

Als Pariser Ausstellungen exilierter Künstler wären u. a. noch zu nennen: eine George-Grosz-Ausstellung in der Galerie Billiet im April 1934 (vgl. *Pariser Tageblatt* [PT] Nr. 130 vom 21. 4. 1934), eine Klee-Ausstellung im Juni 1934 (vgl. PT Nr. 186 vom 16. 6. 1934), eine Hans-Reichel-Ausstellung 1936 in der Académie Ranson (vgl. François Mathey, *Hans Reichel*. Frauenfeld o. J., S. 178), eine Hans-Hartung-Ausstellung 1939 in der Galerie Henriette in Paris (vgl. *Hans Hartung. Werkverzeichnis der Graphik 1921–1965.* Zusammenstellung Rolf Schmücking. Braunschweig 1965). Im Mitteilungsblatt des FKb (*Freie Kunst und Literatur*) wurden 1939 zwei Ausstellungen von Mitgliedern des Bundes erwähnt: in der Aprilnummer eine Kokoschka-Ausstellung in der Galerie Saint-Etienne (Nr. 6, S. 5) und in der letzten Fred-Uhlman-Ausstellung bei Jeanne Castel (Nr. 9, o. D., S. 5). — 11 »John Heartfield et la beauté révolutionnaire«. In: *Commune* (1935) Nr. 21, S. 985–991. — 12 *Annuaire du Salon d'Automne* (1933), S. 349. — 13 Ebd. — 14 »Kameradschaft«. In: *Das Neue Tage-Buch.* H. 20 vom 11. 11. 1933, S. 481–2. (Vgl. auch Germaine Selz, »Les artistes allemands réfugiés au Salon d'Automne«. In: *Les Cahiers du Sud.* Nr. 158, Jan. 1934.) — 15 Ebd. — 16 *Annuaire du Salon d'Automne* (1934), S. 280. — 17 Ebd. (1933), S. 347. — 18 Die kleine künstlerisch-literarische Zeitschrift *Die Zone* bildet insofern eine Ausnahme, als ihre Gründung auf die Initiative eines Emigranten deutsch-ungarischer Herkunft, nämlich Emil Szittya zurückging. Allerdings verstand sich diese Zeitschrift ausdrücklich nicht als Organ der Emigration: »Die Zone ist keine Emigrantenzeitschrift« heißt es in der Nr. 4 vom 25. 12. 1933, 2. Umschlagseite. Sie stellte nach der Nr. 8 vom 31. 7. 1934 ihr Erscheinen ein. — 19 Vgl. dazu einen Vortrag Dieter Schillers über die »Deutsche Freiheitsbibliothek«, gehalten am 24. Febr. 1984 im Centre Culturel de la RDA, Paris. — 20 Vgl. Max Schroeder, *Von hier und heute aus.* Berlin (DDR) 1957, S. 265. — 21 Vgl. Ankündigung in der *Neuen Weltbühne.* Nr. 33, 16. 8. 1934, S. 1052. — 22 Mündl. Mitteilungen Leppiens und Amblards an H. R. Zur Geschichte des INFA, vgl. Jacques Omnès, »L'Institut pour l'Etude du Fascisme«. In: *Emigrés allemands contre Hitler.* Gilbert Badia et al. Erscheint im Herbst 1984 Paris. — 23 Mündl. Mitteilung des Malers Boris Taslitzky an H. R. — 24 Mündl. Mitteilung des Malers Erwin Öhls an H. R. — 25 Vgl. dazu zwei Aufsätze G. Badias, »Le Comité Thälmann«. In: G. Badia et al., (Anm. 22) und »›Fünf Jahre Hitlerregime‹. Eine Ausstellung des Pariser Thälmann-Komitees im Februar 1938«. In: *Beiträge zur Geschichte der Arbeiterbewegung.* Berlin (DDR). H. 4, S. 552–567. -- 26 N. Marceau (d. i. Nahoum Fanszten), *Cinq ans de dictature hitlérienne* (auch eine Auflage u. d. T.: *Allemagne 1938*). Hg. v. Thälmann-Komitee und der Pariser Leitung (USRP) der Gewerkschaftszentrale CGT, mit einem Aufruf Romain Rollands, Paris 1938. Ein weiterer Erfolg der NS-Regierung war, daß der Verkauf des Albums innerhalb des Ausstellungsraums von den französischen Behörden untersagt wurde. — 27 Heinz Kiwitz, »Absage eines deutschen Künstlers an Hitler«. In: *Pariser Tageszeitung* [PTz]. Jg. 2 vom 27. 8. 1937, Nr. 440. — 28 Zu Kiwitz vgl. Ulrich Krempel/Bernd Hess, »Was war denn da schon zum Lachen? Heinz Kiwitz 1910–1938. Leben und Werk«. In: *Sammlung. Jahrbuch für antifaschistische Kunst und Literatur.* Hg. v. Uwe Naumann. Bd. 2. Frankfurt/M. 1979, S. 88–96. — 29 Mündl. Mitteilung an H. R. — 30 So u. a. Erwin Öhl und Jean Leppien: Mündl. Mitteilungen an H. R. — 31 Mündl. Mitteilung an H. R. — 32 Abgedruckt In: Maximilian Scheer, *So war es in Paris.* Berlin (DDR) 1973, S. 176. — 33 Erschienen Zürich 1935 und in viele Sprachen übersetzt. — 34 mündl. Mitteilung an H. R. Damals zeichnete Leppien mit Lépine. — 35 D. i. Ernst Morgenroth. — 36 Bei seiner Ankunft in Paris Anfang Mai 1936 fand Erwin Öhl das KDK bereits vor: mündl. Mitteilung an H. R. — 37 Bis jetzt wurden die Vereinigungen deutscher bildender Künstler im französischen Exil in folgenden Arbeiten dargestellt: Richard Hiepe, *Gewissen und Gestaltung.* Frankfurt/M. 1960. Harald Olbrich, *Zur künstlerischen und kulturpolitischen Leistung deutscher bildender Künstler im Exil 1933 bis 1945.* (Inaugural-Dissertation) ms. Diss. Leipzig 1965. *Widerstand statt Anpassung* (Anm. 9). Dieter Schiller et al., *Exil in Frankreich.* Leipzig 1981. — 38 Hiepe (op. cit.), Olbrich (op. cit.) und Schiller (op. cit.) gehen davon aus, liefern aber keinen Beweis dafür. Auch die in den letzten Jahren mitgeteilten Erinnerungen von Malern wie Lohmar und Öhl, die in beiden Vereinigungen tätig waren, sind m. E. in diesem Punkt nicht ungeprüft zu übernehmen: Aufgrund des großen zeitlichen Abstandes stellt sich für sie die Entwicklung vom KDK bis zum FKb viel linearer dar, als es für den Forscher anhand der verfügbaren Unterlagen nachzuvollziehen ist. — 39 PTz, Juni 1936. — 40 Wolf Franck, »Pariser Deutsche Chronik« (datiert von Mitte Jan. 1937), in: *Das Wort* 2 (1937). H. 3, S. 104. — 41 Ebd. Mit Wolff ist vermutlich Fritz Wolff gemeint. Bis jetzt konnte kein Exemplar dieser Zeitschrift aufgefunden werden. — 42 *Das Wort* (Anm. 40). — 43 PTz, Jg. 2 vom 16. 2. 1937, Nr. 245. — 44 Fotokopie im Max-Lingner-Archiv, Berlin (DDR). -- 45 Mündl. Mitteilung Erwin Öhls an H. R. — 46 Im Juni 1937 traten Paul Westheim und Max Lingner auf dem Internationalen Kongreß der unabhängigen Kunst in Paris (7.–11. Juni) auf, und zwar nicht im Namen des KDK, sondern als Vertreter der unabhängigen deutschen Kunst schlechthin. Sie überreichten den Veranstaltern eine deutsch und französisch verfaßte Broschüre, eine Dokumentation über die Verfolgungen gegen die Kunst in Deutschland (vgl. Kongreßbericht in der PTz vom 14. 6. 1937, Nr. 367. — **47** Vgl. dazu Heidrun Schröder-Kehler, »Deutsche Künstler im französischen Exil«. In: *Widerstand statt Anpassung* (Anm. 9), S. 129, und 153. — **48** Vgl. Ernst Scheyer, *Eugen Spiro – Clara Sachs.* München 1977, S. 18–19. — **49** ZSta, Nachl. Spiro, 10, 1: Lebenslauf Spiros bis 1936. — **50** Vgl. *Peter Weiss als Maler.* Hamburg 1982, S. 84–85, s. Anhang. — **51** Laut Olbrich (Anm. 37), Bd. 1, S. 47. — **52** Bei den ersten Sitzungen am 28. 3. und am 1. 4. wurde der Name DKb noch beibehalten (vgl. Sitzungsberichte: ZSta, Nachl. Spiro, 21,21 (Rückseite) und 21,23. — **53** Ebd., 21, 50: Protokoll der Gründungssitzung, am 20. 4. 1938. — **54** Später Autorin des Buches: *Die Collage. Geschichte eines künstlerischen Ausdrucksmittels.* Köln 1968. — **55** ZSta, Nachl. Spiro, 21, 3–5: Sitzungsbericht vom 30. 9. 1937. — **56** Ebd. — **57** Ebd. — **58** Ebd. — **59** Ebd. — **60** Ebd., 21, 13–14: Sitzungsbericht vom 10. 11. 1937. — **61** Ebd. — **62** Ebd., 21, 17–18: Sitzungsbericht vom 17. 11. 1937. — **63** Laut Westheims Informationen (ebd.) hat der nach Paris emigrierte Bankier und Kunstsammler Hugo Simon »dem neuen Plan seine Sammlung zugesagt, die vorher dem Künstlerbund versprochen war«. Den weiteren Unterlagen des FKb und dem Katalog der Londoner Ausstellung (*Exhibition of Twentieth Century German Art.* London 1938) ist zu entnehmen, daß Hugo Simon schließlich Exponate für die Londoner Ausstellung und für die Pariser FKb-Ausstellung vom November 1938 zur Verfügung gestellt hat. — **64** D. i. Oto Bihalji-Merin, ein 1929 nach Deutschland emigrierter jugoslawischer Kunstkritiker, der 1933 bis 1935 im französischen Exil das *Institut zum Studium des Faschismus* geleitet hatte: vgl. dazu J. Omnès (Anm. 22). — **65** ZSta, Nachl. Spiro, 21, 17–18 (Anm. 62). — **66** Ebd., 3, 60: Brief Herbert Reads an Wollheim vom 17. 5. 1938. — **67** Ebd., Read wörtlich: »We have no interests to serve beyond those general principles of liberty of conscience and freedom of opinion which have been sacrified in Germany.« — **68** Ebd., 22, 3–4: Vervielfältigtes Rundschreiben des DKb, o. D. — **69** Ebd., 21, 17–18: Sitzungsbericht vom 17. 11. 1937. — **70** Ebd. — **71** Ebd. — **72** Ebd. — **73** Ebd. — **74** Er schrieb als Kunstkritiker für mehrere wichtige Exilperiodika, und zwar für das *Neue Tage-Buch* (allerdings nur bis 1937), das PT, danach die PTz, die *Neue Weltbühne* und das *Wort.* Zu Westheims Kunstkritik im Pariser Exil, vgl. Tanja Frank, »Paul Westheim, ein antifaschistischer Kunstkritiker«. In: *Mitteilungen der Akademie der Künste der DDR.* Berlin (1983) Nr. 2. — **75** Vgl. Hitlers Rede am 19. 7. 1937 aus Anlaß der Eröffnung der Münchner Ausstellung: »Ich will in dieser Stunde bekennen, daß es mein unabänderlicher Entschluß ist, genau so wie auf dem Gebiet der politischen Verwirrung nunmehr auch hier mit den Phrasen im deutschen Kunstleben aufzuräumen (...) Wir werden von jetzt ab einen unerbittlichen Säuberungskrieg führen gegen die letzten Elemente unserer Kulturzersetzung«, »Reichskammer der bildenden Künste« v. 1. 8. 1937. Zitiert in: Josef Wulf, *Die Bildenden Künste im 3. Reich. Eine Dokumentation.* Reinbek 1966, S. 360. — **76** Zitiert in: Paul Westheim, »Museumskrieg«. In: *Die Neue Weltbühne.* Jg. 34 vom 27. 1. 1938, Nr. 4, S. 108. — **77** Ebd. und vom 17. 3. 1938, Nr. 11, S. 346 f. (»Museumskrieg«. Fortsetzung). Im mexikanischen Exil schrieb Westheim noch einmal zu dem Vorgang: »Die Geschichte von Rembrandt als Ghettomaler«. In: *Freies Deutschland* 2 (1942–1943) Nr. 11, S. 26. — **78** So z. B. Maurice van Moppès, »Les excès de la logique«. In: *Beaux Arts* vom 21. 1. 1938. — **79** Ebd. — **80** ZSta, Nachl. Hans Siemsen, 2, 12: Brief Westheims an H. Siemsen vom 9. 3. 1938. — **81** Ebd., 2, passim. — **82** Ebd., 2, 21: Rundbrief des *Bundes Neues Deutschland* gezeichnet Hans Siemsen 13. 6. 1938. In Wahrheit mit H. Siemsen die *Deutschen Mitteilungen*, die ab Febr. 1938 von Max Braun und Georg Bernhard als Gegenstück zu den *Deutschen Informationen* herausgegeben wurden. Letztere brachte von nun an nur noch Bruno Frei heraus. — **83** Bulletin *Peintres et sculpteurs de la Maison de la Culture* (1938) Nr. 5, S. 47–50. Als 1936 die *Maison de la Culture* von der *Association des Ecrivains et Artistes Révolutionnaires* (AEAR) im Zeichen der Volksfront gegründet wurde, entstand diese Vereinigung aus der Sektion Maler und Bildhauer der AEAR. — **84** Dieser Bund sollte in der Auflösungsphase der Bewegung für eine deutsche Volksfront den Zusammenschluß sozialistisch gesinnter Persönlichkeiten ermöglichen. Er scheint eher ein Sammelpunkt für bekannte, nach mehreren Ländern emigrierte Intellektuelle und Künstler gewesen zu sein, als eine festgefügte Mitgliederorganisation (vgl. ZSta, Nachl. H. Siemsen, passim). Zu ihm gehörten u. a. Alfred Döblin, Thomas Mann, Josef Roth, Arnold Zweig, Theodor Wolff, Wilhelm Uhde, Emil Ludwig, Jakob Altmaier, Kurt Kersten, Arthur Koestler, Ernst Feder, Hugo Perls, Julius Deutsch, der Bankier Hugo Simon, die Professoren Anna Siemsen, H. Freundlich, Leo Kestenberg, Fritz Lieb, H. Rheinstrom, Staudinger, Veit Valentin, Siegmund Schultze (ebd., 36, 1: Mitgliederlisten). Der Bund verstand sich nicht als reine Exilvereinigung, sondern hatte auch eine französische Sektion (vgl. ebd., 2, 14: Brief H. Siemsens an Westheim vom 16. 3. 1938), der einer Mitgliederliste zufolge Bernard Groethuysen, Raymond Raoul Lambert, Albert Lévy und die Germanisten Maurice Boucher und Robert Minder angehörten. Westheim war kein Mitglied des Bundes, war aber bereit, an der Durchführung der Protestaktion weiterhin mitzuarbeiten, als er erfuhr, daß sie »inzwischen eine Angelegenheit der Ligue de l'Allemagne Nouvelle geworden war« (ebd., 2, 13: Postkarte Westheims an H. Siemsen vom 12. 3. 1938). — **85** *Société des Artistes*

Indépendants. — **86** ZSta, Nachl. H. Siemsen, 2, passim. — **87** Ebd., Nachl. Spiro, 22. 10: Rundbrief des FKb 1938, o. D. — **88** Ebd., 3, 60: Brief Reads an Wollheim vom 17. 5. 1938. — **89** Ebd., 3, 65: Brief W. Hahns (?) an Wollheim vom 11. 7. 1938. — **90** Ebd. — **91** Ebd., 3, 60 (Anm. 88). — **92** Ebd. — **93** Vgl. dazu Westheim, »Kolbe und Dettmann«. In: *Neue Weltbühne.* Jg. 33 vom 6. 5. 1937, Nr. 19, S. 599–600. — **94** ZSta, Nachl. Spiro, 22, 10 (Anm. 87). — **95** Ebd., 3, 39: Brief Spiros und Wollheims an den Committee of the Exhibition Modern German Art (Herbert Read) vom 11. 5. 1938. — **96** Ebd., 3, 107 und 110: Zwei Briefe Spiros an das Londoner Komitee, o. D. und 21, 40: Sitzungsbericht vom 26. 7. 1938, der einen Brief Kokoschkas erwähnt, in dem er »weiteren verschärften Protest gegen die Londoner Ausstellung (wünscht).« — **97** Vgl. den Ausstellungskatalog (Anm. 63). — **98** Erschienen unter dem Pseudonym Peter Thoene. Harmondsworth 1938. — **99** Erschienen u. d. T. *L'Art contemporain en Allemagne, par Will Grohmann.* 1938. — **100** ZSta, Nachl. Spiro, 21, 21 (Rückseite): Sitzungsbericht vom 28. 3. 1938. — **101** Ebd., 21, 50 (Anm. 53). — **102** Junge Kunsthistorikerin, nicht verwandt mit Eugen Spiro. — **103** ZSta, Nachl. Spiro, 21, 50 (Anm. 53). — **104** Ebd. — **105** Ebd., 21, 51: Bericht über die Vorstandssitzung vom 25. 4. 1938. — **106** Ebd., 21, 21: Statuten, o. D. — **107** Ebd. — **108** Ebd., 22, 14: Aufruf des FKb, o. D. — **109** Ebd., 21, 39: Sitzungsbericht vom 26. 7. 1938. — **110** Ebd., 23, 6–7: Membres de l'Union des Artistes Libres (1938). — **111** D. i. J. Justus, ein ungarischer, jedoch aus Deutschland nach Prag emigrierter Zeichner, der dort zu einem der bekanntesten Karikaturisten der Exilpresse wurde. 1938 floh er aus Prag nach Paris. — **112** ZSta, Nachl. Spiro, 3, 44: Brief Räderscheidts an Spiro aus Sanary vom 16. 8. 1938 (s. Anhang). Räderscheidts Kontakt zum FKb kam durch Westheim zustande (ebd.). — **113** Ebd., 21, 55: Sitzungsbericht vom 30. 5. 1938. — **114** Ebd., 3, 141: Brief Masereels an Spiro vom 1. 8. 1939. — **115** Ebd., 22, 16: Vervielfältigter Aufruf des FKb, o. D. — **116** Ebd., 22, 14 (Anm. 108). — **117** Für ein breites weltanschauliches Spektrum innerhalb der deutschen Emigration, d. h. vor allem im liberalen Flügel, bezeichnete dieses Wort programmatisch eine Haltung der generellen Ablehnung der NS-Politik und der von ihr geforderten Gleichschaltung. Für die bildenden Künstler wies es aber zugleich auf die Tradition des »unabhängigen Künstlers« hin. — **118** ZSta, Nachl. Spiro, 21, 50 (Anm. 53). — **119** Etwa ab April–Mai 1938. Vgl. dazu: G. Badia et al., *Les barbelés de l'exil. Etudes sur l'émigration allemande et autrichienne (1938–1940).* Grenoble 1979, S. 80–88. Außerdem war höchstwahrscheinlich die im Februar 1938 vom französischen Minister Yvon Delbos durchgeführte Zensur der Ausstellung des Thälmann-Komitees (S. Anm. 26) auch von den bildenden Künstlern als Warnzeichen verstanden worden. — **120** ZSta, Nachl. Spiro, 22, 14 (Anm. 108). — **121** Ebd., 22, 1: Vervielfältigter Aufruf o. D. — **122** Auch wenn sich beide in diesen Jahren schrittweise von der surrealistischen Bewegung lösten, blieben sie jedoch noch in ihrem Umkreis. — **123** *Assoziation Revolutionärer Bildender Künstler Deutschlands.* 1928 gegründet. — **124** ZSta, Nachl. Spiro, 22, 1 (Anm. 121). — **125** Ebd., 22, 16 (Anm. 115). — **126** Ebd., 22, 16 (Anm. 115). 22, 1 (Anm. 121). 22, 14 (Anm. 108). — **127** Ebd., 21, 56 und 57: Zwei Berichte über die Sitzung vom 28. 6. 1938. Im ersten heißt es: »Der SDS lädt den FKb ein, sich an seiner Jubiläumsfeier am 14. Oktober 1938 mit einer Ausstellung in den Räumen der *Maison de la Culture* zu beteiligen«; im zweiten: »Westheim teilt mit, daß es wahrscheinlich ist, daß für Oktober die *Maison de la Culture* ihren Ausstellungsraum dem FKb unter dem Patronat des SDS zur Verfügung stellen wird.« — **128** Ebd., 3, 32: Postkarte Westheims an Spiro vom 19. 9. 1938. — **129** Vgl. dazu P. Westheim, »Die Ausstellung«. In: *Deutsche Volkszeitung* vom 13. 11. 1938, S. 7. Aragon leitete zugleich die *Maison de la Culture* und die aus dem ersten Internationalen Schriftstellerkongreß zur Verteidigung der Kultur 1935 entstandene *Internationale Schriftstellervereinigung zur Verteidigung der Kultur.* — **130** ZSta, Nachl. Spiro, 22, 17: Anlage zu einem Brief Spiros an Wollheim vom 6. 3. 1938. — **130a** Ebd.-S. auch Anhang. — **131** Ebd., 5, 20: Brief Wollheims an Spiro, o. D. — **132** Ebd. — **133** Dieses Bild wurde dann als Postkarte vom *Deutschen Kulturkartell* herausgegeben, vgl. *Internationale Mitteilungen* (1939) Nr. 1, S. 4 (ZSta, Nachl. Spiro, 22, 22). — **134** Er stellte eine Büste Hellmut von Gerlachs, des Präsidenten der deutschen Sektion der *Liga für Menschenrechte* aus, der 1935 im Pariser Exil verstorben war. — **135** P. Westheim, »Die Ausstellung des *Freien Künstlerbundes* in der *Maison de la Culture*«. In: *PTz* vom 6. 11. 1938. — **136** Zu Klaus Berger vgl. seinen von Hélène Roussel protokollierten autobiographischen Bericht »Bienvenue monsieur Berger!« In: G. Badia et al., *Exilés en France. Souvenirs d'antifascistes allemands émigrés.* Paris 1982 sowie sein Interview im Videofilm »*Exil 33 – Paris 82. Des émigrés allemands en France racontent*«, gedreht von einer Studentengruppe der Universität Paris 8 unter der Leitung von Monika Bellan und Hélène Roussel, Université Paris 8, cop. 1982 PUV. — **137** Vgl. Anm. 37, S. 321 ff. — **138** *Das Wort* 4 (1939) H. 3, S. 73–77. — **139** Jean-Maurice Hermann in: *Le Populaire* vom 10. 11. 1938 (übersetzt von H. R.). — **140** In: »*Beaux Arts*« vom 11. 11. 1938, Nr. 306. — **141** In der Nummer vom 4. 11. 1938 unterstrich Georges Besson »die höchstpersönlichen Tendenzen, die in den letzten 30 Jahren auftauchten und bekannt wurden und die in ihrer Mehrzahl in die Geschichte der europäischen Malerei eingehen werden (übersetzt von H. R.). — **142** In:

Beaux Arts (Anm. 140). — **143** ZSta, Nachl. Spiro, 22, 15: Rundbrief oder Pressemitteilung, vervielfältigt o. D. mit dem Titel: »Der deutsche Künstlerbund ist in Deutschland verboten.« — **144** 400 Francs wurden für das Erscheinen dreier Nummern gebraucht: vgl. ebd., 21, 55 (Anm. 113). Westheim sammelte 800 Francs: vgl. ebd. 21, 56 (Anm. 127). — **145** Vgl. *Freie Kunst und Literatur* (ab jetzt FKuL) (1938) Nr. 2. — **146** Ebd., (1938) Nr. 1, S. 2. — **147** Ebd., (1938) Nr. 2. **148** ZSta, Nachl. Spiro, 21, 56 (Anm. 127). Die unter Punkt 3 geäußerte Befürchtung ist m. E. darauf zurückzuführen, daß die Vorbereitung der ersten Nummer des Mitteilungsblatts des FKb bereits fortgeschritten war, ihr Erscheinen aber aufgrund organisatorischer Schwierigkeiten, u. a. bei der Suche nach einem verantwortlichen Redakteur (vgl. dazu ebd., 3, 45: Postkarte Westheims an Spiro vom 8. 8. 1938), mehrmals verschoben werden mußte: Sie kam erst im September heraus. Unter Umständen konnte dann die Leitung des FKb befürchten, »daß mehrere Zeitungen entstehen«, d. h. daß ihr andere Vereinigungen (oder Persönlichkeiten?) des künftigen Kartells mit der Herausgabe eines Kartellorgans zuvorkämen. Im Februar 1939 kam es tatsächlich zu einem solchen Konflikt zwischen FKb und Kartelleitung. — **149** Ebd., 22, 17 und 18: beide Aufrufe o. D. — **150** Französischer Untertitel von FKuL. Ebd., 3, 96: Brief Westheims an Frei vom 20. 2. 1939. — **151** Ebd., 22, 19: *Internationale Mitteilungen* (1939) Nr. 1, S. 1. — **152** Ebd., 3, 96 (Anm. 150). — **153** Ebd., 3, 97: Brief Westheims an Spiro vom 22. 2. 1939. — **154** Ebd., 3, 96 (Anm. 150). — **155** Ebd., 3, 97 (Anm. 153). — **156** Ebd. — **157** Ebd. — **158** Ebd. — **159** Ebd. — **160** Die höchstwahrscheinlich mit Hilfe der signierten Sonderdrucke des Mitteilungsblatts gesammelten Zuwendungen von Förderern des FKb beliefen sich einer undatierten Fördererliste zufolge (ZSta, Nachl. Spiro, 6, 34) auf 2300 Francs. Zu den Förderern des Bundes gehörten u.a. die Baroninnen Alix de Rothschild und Baby Goldschmidt-Rothschild, der Bankier Hugo Simon und der Filmregisseur Max Ophüls. (ebd.). Übrigens hatte Spiro »durch die Protektion der Baronin Goldschmidt-Rothschild (...) eine Wohnung und Atelier in der Rue de la Faisanderie« erhalten (»Eugen Spiro, ein Brief zum 90. Geburtstag«, in: Zeitschrift *Schlesien*, Nürnberg 1965, H. 1. — **161** Ebd., 3, 97 (Anm. 153). — **162** Ebd., 22, 19: *Internationale Mitteilungen* (Anm. 151), S. 1. — **163** Ab Nr. 5, 1939. — **164** Nr. 7–8. — **165** Die *New York Post*: vgl. ZSta, Nachl. H. Siemsen, 16, 4: Brief H. Siemsens an W. (vermutlich Willi Münzenberg) vom 29. 8. 1938. — **166** Ebd., 16, 2: Brief H. Siemsens an Bruno Frei vom 22. 8. 1938. Die *American Guild for German Cultural Freedom* entstand 1935 auf Initiative von Hubertus Prinz zu Löwenstein als Hilfsorganisation für emigrierte deutschsprachige Schriftsteller und Intellektuelle (vgl. Hans-Albert Walter, *Deutsche Exilliteratur 1933–1950*. Bd. 2: *Asylpraxis und Lebensbedingungen in Europa*. Darmstadt und Neuwied, cop. 1972, S. 289–293). — **167** Ebd., 16, 2 (Anm. 166). — **168** Ebd., 17, 4–8: Brief an Prof. Tillich vom 25. 5. 1938, ebd., 17, 20: Brief an K. Rosenfeld vom 8. 6. 1938, ebd., 17, 33: Brief an Tillich vom 30. 6. 1938, ebd., 17, 37–40: Brief an Tillich und Rosenfeld vom 8. 7. 1938. — **169** Ebd., 17, 37–40 (Anm. 168). H. Siemsen fügte hinzu: »Ich glaube, ich bin das einzige parteilose Mitglied des (SDS-)Vorstands«, was nicht stimmte, da das mindestens auch auf Westheim und Wolf Franck zutraf. — **170** Vgl. ebd., 16, 2 (Anm. 166), Brief H. Siemsens an Frei, in dem er den öffentlichen Charakter der Veranstaltung bestritt. — **171** Westheim in der PTz, Leonhard in der *Deutschen Volkszeitung* (vgl. ebd., 16, 4–7 (Anm. 165)). Westheims Bericht erschien am 9. 8. 1938, Leonhards Notiz: »Weltausstellung 1939« am 14. 8. 1938. — **172** ZSta, Nachl. H. Siemsen, 16, 4–7: Brief H. Siemsens an W. (Anm. 165), in dem er aus einem Brief des amerikanischen Komitees vom 28. 8. 1938 folgende Stelle zitierte: »Die Gruppen, von denen Sie sprechen, haben keinerlei Aussicht, von der amerikanischen Regierung zugelassen zu werden.« — **173** FKuL (1939) Nr. 5. — **174** Ebd. — **175** Ebd. — **176** Ebd. — **177** Ebd., 16, 4–7 (Anm. 165). Brief H. Siemsens an W. — **178** FKul (1939) Nr. 5. — **179** Ebd. (1939) Nr. 9, S. 8. — **180** In Les Milles entstanden z. B. Wandmalereien, die heute noch bestehen und 1983 unter Denkmalschutz gestellt wurden. — **181** Nach dem Kriegsausbruch beteiligte sich Landauer, der zusammen mit Hermann Kesten die deutsche Abteilung beim Verlag Allert de Lange in Amsterdam geleitet hatte, an den Hilfsaktionen der American Guild for German Cultural Freedom. Darum wandte sich Spiro an ihn mit einem Brief vom 3. 1. 1940 (ZSta, Nachl. Spiro, 3, 190–1), in dem er auf seine Bemühung hinwies, in Zusammenarbeit mit Willi Münzenberg und Babette Gross Unterstützung für notleidende bildende Künstler zu erhalten (s. Anhang). — **182** Vgl. dazu Olbrich (Anm. 37), S. 79. — **183** ZSta, Nachl. Spiro, 3, 190–1 (Anm. 181). — **184** Vgl. dazu Pierre Vorms, *Gespräche mit Frans Masereel*. Zürich, cop. 1967, S. 174.

Anhang: Dokumente

Dokument Nr. 1:

Brief des Präsidenten der Reichskammer der bildenden Künste an Eugen Spiro vom 20. Oktober 1934:

Aktenzeichen I. 8. / 17. 10.

In entsprechender Anwendung zur Wiederherstellung des Berufsbeamtentums vom 7. 4. 1933 (RGBl. I S. 175) lehne ich gemäß § 10 der ersten Verordnung zur Durchführung des Reichskulturkammergesetzes vom 1. November 1933 (RGBl. I S. 797) Ihr Gesuch um Aufnahme in die Reichskammer der bildenden Künste, Fachverband Deutsche Maler und Graphiker, ab. Ich untersage Ihnen die weitere Berufsausbildung als Maler und Graphiker. E. Hönig
Einschreiben
(ZSta, Nachl. Spiro, 10, 14)

Dokument Nr. 2:

Brief Anton Räderscheidts, Sanary (Var), La Cride an Eugen Spiro vom 16. 8. 1938:

Sehr geehrter Herr Spiro!

Von Westheim erfahre ich von der Existenz des Künstlerbundes. Er gab mir Ihre Adresse und den Rat mich anzumelden. Ich tue dies mit dem größten Interesse, halte es jedoch für angebracht, Sie bei dieser Gelegenheit darauf aufmerksam zu machen, daß ich von mir nicht bekannten »Kollegen« der Hitlerfreundschaft verdächtigt werde. So maßlos ungerecht und kränkend diese Verleumdung auch für mich ist, hat sie doch einen scheinbaren Anhalt. Ich wurde gleich in den Tagen des »Umbruchs« vom Westdeutschen Beobachter in scharfer Weise angegriffen und im Zusammenhang mit meinen ehemaligen Freunden Hoerle und F. W. Seiwert als Prototyp des »marxistischen Künstlers« bezeichnet. Man sagte Kontrollierung der städtischen Gelder an, die ich mit Hilfe des Kunstdezernenten Meerfeld (Köln) »gestohlen« habe, etc. In der Panik dieser Tage glaubte ich Sicherheit im feindlichen Lager zu finden, was allerdings nur mit endgültiger Paßentziehung endete. Es gelang mir erst ein Jahr später über Berlin einen Paß zu bekommen und in die Schweiz zu entkommen. 1936 gelang es mir dann, Einlaß in Frankreich zu bekommen. Es tut mir leid, Sie mit dieser ganzen Geschichte anöden zu müssen; aber ich halte es für richtig, daß Sie genau informiert sind. Mit besten Grüßen
Anton Räderscheidt
(ZSta, Nachl. Spiro, 3, 44)

Dokument Nr. 3:

Max Ernst

Eine Max Ernst-Monographie ist in den prächtigen Ausgaben der »Cahiers d'Art« erschienen. Das Schaffen von 1919 bis 1936 in großen Abbildungen, abschließend mit »La joie de vivre«, einem Werk, in dem ein Künstler zusammengefaßt hat, was an Meisterschaft in ihm ist. Texte von Breton, Bousquet, Viot, Crevel, Read, Aragon, Tzara, Gedichte von Eluard und Péret und eine Einleitung von Max Ernst, Kindheitsträume, die in den Bildern Gestalt annehmen, Reflexionen über Kunstgestalten und Deutungen des eigenen Schaffens. Vor allem jenes Phänomens der »collage«, mit der Ernst sich das Mittel schafft, auszudrücken »ce qui se voyait en moi«. Eine Hand, von ihrem Arm abgelöst, um das Beispiel Bretons aufzunehmen, gewissermaßen autonom gemacht, in Verbindung oder in Kontrast gebracht mit anderen Objekten, wird Hand in einem spezifischeren Sinne, Formzeichen, Ausdrucksymbol. »Le dérèglement de tous les sens« Rimbauds, auf das Ernst sich beruft. So kommt er zu jener »collage«, der Aneinanderfügung »zweier ganz verschiedener Realitäten in einem Rahmen, der ihnen offenbar nicht zukommt«. Man kennt aus dem Avantgarde-Film »L'âge d'or« die surrealistische Vision: die Kuh im Bett und die beiden heterogenen Objekte in einem Rahmen, der ihnen nicht zukommt, sagen wir in einer Bar oder in einer Flußlandschaft. Dieses »dépaysement« der Objekte, das führt zu einem Auslöschen der konventionell gewordenen Formbegriffe, zu einer Neuformung aus ursprünglichem, aus unterbewußtem Sehen, mit einem Wort: aus der Vision.

Bei Ernst ist Malerei nicht Abmalen, sondern eben Vision. Erfindung. Dichterisches Phantasieerlebnis. Eines Tages, im Jahre 1919, fällt ihm ein Katalog mit anthropologischen, mikroskopischen Apparaten, mineralogischen Gegenständen in die Hände. Es reizt ihn, um diese Objekte herum, eine zweite Realität, eine Landschaft etwa zu zeichnen. Es gibt ein weiteres Beispiel. In der Sommerfrische ein Zimmer, ein Fußboden, durch vieles Scheuern sind die Maserungen herausgekommen, Abbild vom Wachsen und Werden im Holz, und in dem Wald, den er malt, sieht er die Bäume von dieser Maserung durchzogen, »inwendig voller Figur«, könnte man das Dürer-Wort variieren.

Den vernünftigen Menschen fällt es schwer, Max Ernst und den Surrealismus zu begreifen. Freilich bei aller Vernunft begreifen ja gerade die vernünftigen Menschen das Allermeiste nicht. Begreifen nicht einmal, daß sie – unbewußt – mitten im Surrealismus leben. Ihre Politik zum Beispiel. Nichtintervention, Selbstbestimmungsrecht, »Kanonen statt Butter«, die Anstreichergilde, die Rembrandt für »entartet« erklärt, ist es nicht der Surrealismus, Weltgeschichte, Weltschicksal geworden?

Übrigens muß es in der griechischen Antike schon so etwas wie Max Ernst gegeben haben. Haben sie nicht die Chimären, die Zentauren und mehr der Art dichterisch erfunden?

(FKuL, Nr. 5, März 1939, S. 3: ungezeichneter Beitrag, vermutlich von Herta Wescher, da Parallelen zu ihrer späteren Collage-Studie (s. Anm. 54) deutlich vorliegen) – Orthographie stillschweigend korrigiert bzw. modernisiert.

Dokument Nr. 4:

<u>Brief Eugen Spiros an Herrn Landauer vom 3. 1. 1940:</u>

Sehr geehrter Herr Landauer:

Wenn ich mich heute in meiner Eigenschaft als Präsident des »Freien Künstlerbunds«, der Vereinigung aller in der Emigration lebenden deutschen und österreichischen Künstler an Sie wende, so geschieht das aus einer großen Sorge heraus. Die in Frankreich lebenden exilierten Künstler sind in den letzten Monaten fast durchweg in eine außerordentliche Notlage geraten, und zwar handelt es sich zum großen Teil um solche, die in den Camps de Rassemblement konzentriert sind, aber auch um eine Reihe von Künstlern, die entweder schon wieder freigelassen sind oder wegen ihres Alters oder aus Gesundheitsgründen etc. von diesen Maßnahmen ausgenommen worden sind. Vielleicht haben Sie das Wirken der deutschen und österreichischen Künstler in den letzten Jahren in Paris verfolgen können, einen kleinen Ausschnitt mögen Ihnen auch die beiden beigefügten Artikel zeigen, die im Frühjahr dieses Jahres in der »Zukunft« erschienen sind.* Alle unsere weiteren Pläne sind natürlich durch den Kriegsausbruch zunichte geworden und die Not unter den Künstlern ist ungeheuer groß. Gerade in den letzten Tagen sind mir erschütternde Briefe von einzelnen zugegangen, die rasche Hilfe dringend notwendig machen.

Als ich nun heute diese große Sorge mit Willi Münzenberg besprach und dabei von der großzügigen Aktion erfuhr, die durch die Vermittlung von Herrn Landshoff und Ihnen von Thomas Mann und anderen amerikanischen Freunden für die exilierten Schriftsteller unternommen worden ist und weitergeführt wird, kam uns der Gedanke, Sie zu bitten, die Aufmerksamkeit der amerikanischen Freunde mit aller Dringlichkeit auf die außerordentliche Notlage der exilierten Künstler zu lenken. Ihre Zahl ist nicht so groß, als daß es unmöglich erscheinen müßte, ihnen zu helfen. Ich erlaube mir, Ihnen heute eine erste kleine Liste beizufügen, aus der Sie ein ungefähres Bild gewinnen. In der Mehrzahl werden Ihnen die Namen genug sagen, ich bin aber natürlich sehr gern bereit, Ihnen jetzt alle ergänzenden Einzelheiten zu geben, die erforderlich scheinen. Ausnahmsweise und eigentlich entgegen den von Ihnen gegebenen Direktiven haben übrigens vor kurzem schon zwei oder drei der bedürftigsten unserer Kollegen auf einer Liste der von Frau Gross Unterstützten gestanden.

Sollte es gelingen, einen Teil des Amerika-Fonds für unsere notleidenden Künstler abzuzweigen, so wäre es vielleicht am besten, wenn die Mittel der Einfachheit halber weiter wie bisher an die »Zukunft« überwiesen würden (eventuell mit dem Vermerk: »für die bildenden Künstler«). Ich könnte dann jederzeit im Einvernehmen mit Frau Gross darüber verfügen. Verzeihen Sie freundlichst, wenn ich schon so weit in die Details eingehe und eine günstige Regelung meines Anliegens quasi vorausnehme, aber die Frage ist so brennend, daß sie hoffentlich den amerikanischen Spendern im rechten Licht erscheinen wird.

Mit meinem verbindlichen Dank für alles, was Sie für uns tun können, begrüße ich Sie,

in ausgezeichneter Hochachtung

   Eugen Spiro   Präsident des »Freien Künstlerbundes«

---

* Es handelt sich vermutlich um zwei Artikel von Hugo Rellstab: *»Deutsche und österreichische Künstler in Paris«*, (2) 26. 5. 1939, Nr. 21, S. 390. und: *»Deutsche Kunst in Pariser Ausstellungen,* (2) 14. 7. 1939, Nr. 28, S. 475.

Cordula Frowein

The Exhibition of 20th Century German Art in London 1938 – eine Antwort auf die Ausstellung »Entartete Kunst« in München 1937

Die Ausstellung »Entartete Kunst« war der bis dahin schärfste Angriff der Nazis gegen die moderne Kunst. In knapp drei Wochen hatte man in der Aktion »Entartete Kunst« mit Vollmacht Hitlers 5000 Gemälde und Skulpturen und 12 000 graphische Blätter aus 101 deutschen Museen entfernt, um – wie es hieß – »Werke deutscher Verfallskunst zum Zwecke einer Ausstellung auszuwählen und sicherzustellen«.[1] Die kostbarsten Stücke, 730 Gemälde und Skulpturen von 112 Künstlern, waren in der »Entarteten Kunst«-Ausstellung zusammengepfercht worden – in den »sackartig schmalen, durch Schwerwände noch verengerten Räumen (...) der Gipsgußsammlung (im Dachgeschoß) des Archäologischen Instituts in dem alten Galeriegebäude der Hofgartenarkaden (...) versehen mit aufhetzenden Unterschriften (...), unflätigen Späßen (...)«[2], mit Texten des Nazi-Kunst-Schreibers Wolfgang Willrich. Parallel zur »Entarteten Kunst«-Ausstellung propagierten die Nazis die offizielle Kunst im Dritten Reich – in der 1. Großen Deutschen Kunstausstellung im neueingeweihten Haus der Deutschen Kunst. Zur Eröffnung am 18. Juli 1937 sagte Hitler in seiner Rede: »Wir werden von jetzt ab einen unerbittlichen Säuberungskrieg führen, einen unerbittlichen Vernichtungskrieg gegen die letzten Elemente unserer Kulturzersetzung.«[3] Einen Tag später wurde die »Entartete Kunst«-Ausstellung eröffnet.

Die Künstler waren tief getroffen. Max Beckmann verließ noch am selben Tag fluchtartig Deutschland und ging ins Exil nach Amsterdam. Er hatte zurückgezogen in Berlin gelebt, nachdem er bereits 1933 seines Amtes als Lehrer in Frankfurt enthoben worden war. Ernst Barlach schrieb in seiner Heimatstadt Güstrow am 1. Sept. 1937: »Zum Arbeiten werde ich auf absehbare Zeit nicht kommen. Ins Ausland gehe ich nicht, im Vaterland muß ich mich wie ein Emigrant fühlen – und zwar schlechter als ein wirklicher, weil alle Wölfe gegen mich und hinter mir heulen. Dabei soll man und muß sich vor Verbitterung und derlei unproduktiven Einstellungen bewahren.«[4] 381 seiner Werke waren aus öffentlichen Sammlungen entfernt worden. 1938 wurde sein Relief vom Ehrenmal in Hamburg abgeschlagen – damit waren alle seine öffentlich ausgestellten Skulpturen (in Magdeburg, Kiel, Lübeck, Güstrow und Hamburg) vernichtet.[5] Verschärft überwacht und unter Arbeitsverbot, starb er im Oktober 1938. Oskar Kokoschka, im Exil in der Tschechoslowakei, reagierte auf die Ausstellung »Entartete Kunst« mit seinem »Selbstbildnis eines entarteten Künstlers« – eine Äußerung von Schock, Verletztheit und Unantastbarkeit zugleich. In der Aktion »Entartete Kunst« waren allein 417 seiner Bilder aus deutschen Museen entfernt worden.

Fast genau ein Jahr nach der »Entarteten Kunst«-Ausstellung, am 7. Juli 1938, wurde die Ausstellung »20th Century German Art« in den New Burlington Galleries in London eröffnet.[6] 270 Werke waren zu einer bedeutenden Retrospektive zusammengekommen, darunter Franz Marcs ›Blaue Pferde‹, auch auf dem Plakat abgebildet, Kirchners ›Rote Häuser‹ von 1913, 5 Reliefs von Ernst Barlach bis hin zu Kokoschkas ›Selbstbildnis eines entarteten Künstlers‹. Im Mittelpunkt der Ausstellung stand Max Beckmanns Triptychon ›Versuchung‹, eine Parabel von Unterdrückung und Machtlosigkeit, das er vor seiner Flucht 1937 in Berlin gemalt hatte. Die Werke stammten zum größten Teil aus dem Besitz von emigrierten Kunsthändlern und Sammlern. Aus Deutschland konnten keine Werke kommen. Herbert Read, der bekannte Kunstkritiker und Vertreter der modernen Kunst, war Vorsitzender des Organisationskomitees. Die Ausstellung stand unter dem Schutz eines internationalen Patronats.

Das Patronat

Pablo Picasso, Aristide Maillol, James Ensor, Le Corbusier, Jean Renoir, der Filmregisseur und Sohn des Malers, Sir Kenneth Clark, der Direktor der National Gallery London, die namhaften englischen Kunstwissenschaftler: Sir Tancred Borenius, Professor an der University of London, und W. G. Constable, Direktor des Courtauld Institute of Art, London, Virginia Woolf, H. G. Wells, The Bishop of Birmingham, Karel Čapek ... im ganzen 35 Schirmherren unterstützten die Ausstellung mit ihren Namen. Die Liste reichte von Repräsentanten der gehobenen Gesellschaft über Künstler, Literaten und Intellektuelle bis hin zu namhaften Antifaschisten. Präsident der Ausstellung war der angesehene englische Maler Augustus John, der in enger Verbindung zur Artists International Association stand. Karel Čapek aus der Teschechoslowakei, Schriftsteller und Zeichner, hatte gemeinsam mit John Heartfield, George Grosz und Künstlern der antifaschistischen Satire im Exil in Prag, Th. Th. Heine, Johannes Wüsten u. a. in der Internationalen Karikaturistenausstellung im Prager Künstlerverein Manès 1934 ausgestellt. Die agitatorischen Werke forderten den Protest des deutschen Gesandten in Prag heraus. Seine Angriffe waren besonders gegen die Fotomontagen von Heartfield gerichtet, von denen 7 aus der Ausstellung entfernt werden mußten.[7] Picasso war selbst von der Aktion »Entartete Kunst« betroffen – auch seine Werke waren aus deutschen Museen entfernt worden, vier seiner Bilder unter den 125 Spitzenwerken aus deutschem Museumsbesitz, die ein Jahr später, im Juli 1939 in der Auktion in der Galerie Fischer in Luzern im Auftrag des Goebbelschen Propagandaministeriums versteigert wurden.⁸ Die englischen Schirmherren trugen mit ihren Spendengeldern entscheidend zur Realisierung der Ausstellung bei.

Das Organisationskomitee

Die Erforschung der Vorgeschichte bei der Ausstellung ist sehr erschwert, da das gesamte Archiv bei einem Bombenangriff auf London verloren gegangen ist.⁹ Die Untersuchungen basieren u. a. auf Berichten von Beteiligten, vor allem von Edith Hoffmann, einer der ersten Mitarbeiterinnen am Projekt. Sie war aus Berlin nach gerade abgeschlossenem Kunstgeschichtsstudium nach England emigriert und die einzige, die die Situation im Dritten Reich aus eigener Erfahrung kannte. Den Vorsitz im Organisationskomitee hatte Herbert Read. Zum Komitee gehörten Roland Penrose und The Earl of Listowel. Read war einer der Inspiratoren des Projekts, kam aber erst zu einem fortgeschrittenen Stadium als aktiver Mitarbeiter hinzu und mit ihm Penrose, erst wenige Monate vor der Eröffnung der Ausstellung dann der Earl of Listowel. Alle drei verliehen der Ausstellung mit ihren bekannten Namen einen respektablen Rahmen. Read war eine zentrale Figur in der modernen englischen Kunstszene, stand in engem Kontakt mit Henry Moore, Barbara Hepworth, Paul Nash u. a. und galt als der führende Kunstkritiker für die Moderne, Autor einer Reihe von Büchern über Kunst und Dichtung. Er gehörte zu den wenigen in England, die sich für die moderne deutsche Kunst interessierten, und war empört über das Verbot der Kunst unter den Nazis. Er plädierte wiederholt für die Freiheit des Künstlers in der Gesellschaft, vor allem in Beiträgen zur Zeitschrift der Artists International Association.

Sein Freund, Roland Penrose, der englische surrealistische Maler, hatte sich ebenfalls für die deutsche zeitgenössische Kunst eingesetzt und 1936 die London Gallery gegründet, als erstes Forum für die in England noch weitgehend unbekannte moderne Kunst des Kontinents. 1936/37 zeigte sie erste Ausstellungen von Schlemmer, Moholy-Nagy, Herbert Bayer u. a.¹⁰ Penrose war begütert und investierte viel in die Förderung der modernen Kunst, möglicherweise auch in die Ausstellung »20th Century German Art«. Er hatte sich einen Namen gemacht durch die Organisation der »First International Surrealist Exhibition« 1936, ebenfalls in den New Burlington Galleries, an deren Organisation auch Herbert Read beteiligt war. Beide traten als Progressive in der Kunstszene und als prononcierte Antifaschisten und Gegner der britischen Appeasementpolitik auf. Zusammen mit englischen Künstlern, Henry Moore, Paul Nash u. a. unterzeichneten sie im April 1937 ein Manifest mit dem Aufruf, in dem sie die Regierung eines »fascism by deceit« beschuldigten und Künstler aufriefen, die sich zuspitzende Krise und Gefährdung des Friedens aufzuhalten.¹¹

The Earl of Listowel, im Patronat und im Organisationskomitee vertreten, hatte vor allem repräsentative Funktion. Er war Schriftsteller und Literat und persönlich an der deutschen Kunst interessiert. Seit 1937 vertrat er als Junior die Labour Party im House of Lords (Labour befand sich zu der Zeit in der Opposition zur regierenden Partei unter Chamberlain). »Honorary Organiser« war Irmgard Burchard, eine Kunsthändlerin und Sammlerin aus Zürich, von der die Hauptinitiative in der Organisation ausging.

Das Ausstellungsprojekt in der Schweiz

In knapp einem Jahr intensiver Vorbereitungszeit war die Ausstellung zustande gekommen. Die Initiative ging von zwei Projekten aus, die aus Protest gegen die »Entartete Kunst«-Ausstellung im Sommer 1937 in London und Zürich unabhängig voneinander entstanden waren. Die Initiatoren des Projekts in der Schweiz waren Irmgard Burchard und Oto Bihalji-Merin, der heute bekannte Verfasser zahlreicher Kunstbücher, 1933 aus Berlin nach Paris und 1935 nach Zürich emigriert. 1937 veröffentlichte er sein Buch *Spanien zwischen Tod und Geburt*, das seine Erlebnisse als Kämpfer bei den Internationalen Brigaden im Spanischen Bürgerkrieg bezeugt.[12] Während Irmgard Burchard zusammen mit dem Schweizer Maler Richard P. Lohse die Organisation der Ausstellung übernahm, beschloß Bihalji, ein Buch über die »entartete« Kunst zu schreiben. Es erschien ein Jahr später zur Eröffnung der Ausstellung in London unter dem Titel *Modern German Art* und unter dem Pseudonym Peter Thoene als Penguin Paperback und lag zusammen mit dem Katalog zum Verkauf in der Ausstellung aus. Es war das erste Buch über die zeitgenössische deutsche Kunst in englischer Sprache.[13]

Die Basis für die Organisation der Gegenausstellung stellten die Sammlungen verfemter Kunst dar, die mit den Emigranten aus Deutschland gekommen waren. Zahlreiche Kunsthändler und Sammler emigrierten in den ersten Jahren bis zum Kriegsausbruch, vor allem in die Schweiz, wo sich ein reges Interesse für die moderne deutsche Kunst entwickelte, sowohl bei Privatsammlern als auch bei Galerien und dem Basler Museum – dem einzigen Museum unter den Leihgebern für die Londoner Ausstellung. Irmgard Burchard hatte zahlreiche Kontakte zu den Schweizer Galerien und Sammlern, die sie als Leihgeber gewann. Viele der emigrierten Sammler und Kunsthändler kannte sie bereits von einem mehrjährigen Berlinaufenthalt, von dem sie 1934 zurückgekehrt war. Bevor sie mit den Vorbereitungen für die Gegenausstellung begann, hatte sie eine Reihe von Verkaufsausstellungen mit Werken aus dem Besitz von Emigranten organisiert. Die erste fand im Z-Haus in Zürich statt, einer Zentrale für Emigranten.[14] Von hier aus wurde 1937 die Gegenausstellung vorbereitet. Irmgard Burchard reiste zu Sammlern in der Schweiz und Frankreich. Durch ihre Verbindung zu dem Kunsthändler Herbert Einstein in London, der an dem Projekt in England mitarbeitete, kam es zur Zusammenarbeit der zwei Projekte. Sie verlagerte ihre Aktivitäten nach London und wurde zur treibenden Kraft in der Organisation der Ausstellung »20th Century German Art«. Irmgard Burchard »war voll expansivem Idealismus und Durchsetzungswillen, brachte ungewöhnliche Leistungen zustande, riß andere Menschen mit«.[15]

Das Projekt in England

Eine der Hauptinitiatorinnen war die Leiterin der von Roland Penrose gegründeten London Gallery, Lady Norton, eine Kunstsammlerin aus diplomatischen Kreisen, deren Mann als Botschafter in Warschau amtierte. Sie hatte seit mehreren Jahren den Plan gehegt, eine große Ausstellung der zeitgenössischen deutschen Kunst zu organisieren. Möglicherweise gingen die Impulse, sie zu diesem Zeitpunkt als Entgegnung zur »Entarteten Kunst«-Ausstellung zu realisieren, von Read und Penrose aus. Zu den frühen Mitarbeitern an dem Projekt gehörte Herbert Einstein, der die Leihgeber in England gewann – unter ihnen sowohl Emigranten als auch englische Galerien und Privatsammler. In England war es viel schwieriger, diese Ausstellung durchzusetzen als in der Schweiz, da es fast ganz an Resonanz fehlte. Edith Hoffmann schreibt: »Sie können sich kaum vorstellen, wie schwer es war, ›respectable people‹ dafür zu interessieren: 1.) weil den meisten Engländern moderne deutsche Kunst unbekannt oder ein Greuel war, 2.) weil sich niemand die Finger verbrennen wollte.«[16] Sie gewann den in England bekannten Sammler Eumorfopoulos als Schirmherrn und Geldgeber für die Ausstellung. Die finanziellen Mittel, die für die Ausstellung, vor allem durch die Spendengelder der Schirmherren, zur Verfügung standen, blieben dennoch immer knapp. Die Organisation der Ausstellung erforderte erheblichen Aufwand, vor allem wegen der Transporte aus verschiedenen Ländern. Zusätzlich zu den 270 ausgestellten Werken gab es noch weitere, die auf Nachfrage besichtigt werden konnten.

Die Ausstellung zeigte repräsentative Werke vieler bekannter deutscher Künstler wie Max Liebermanns berühmten Papageienmann von 1902, sein Porträt von Albert Einstein von 1922, das mit Hilfe von Spendengeldern für eine öffentliche Sammlung zum Preis von £ 350 angekauft wurde. Kandinsky war mit fünf Ölbildern aus den Jahren 1909–1930 vertreten, darunter einem seiner Hauptwerke ›Composition No. 2‹; Paul Klee mit 15 Werken: Ölbildern, Aquarellen und Zeichnungen, die auf große Sympathie bei den Engländern stießen; Lehmbruck mit 6 Skulpturen, darunter seinem letzten Werk vor seinem Tod 1909; Paula Modersohn-Becker mit 7 charakteristischen Bildern. Dies sind nur einige Beispiele. Die meisten Exponate waren vor 1933 entstanden.

Die in der Ausstellung vertretenen Künstler lebten z. T. in Deutschland, z. T. im Exil; einige waren bereits gestorben.[17] Kaum eines der Werke kam aus dem Besitz der Künstler. Die Leihgeber, in alle Winde zerstreut, werden in vielen Fällen namentlich im Katalog genannt[18], wie der Architekt Erich Mendelsohn, im Exil in England, Stephan Lackner in Paris, der Freund und Mäzen Beckmanns und Leihgeber des Triptychons, und die Kunstkritiker Wilhelm Uhde und Paul Westheim, beide in Paris. Eine große Zahl von Werken kam aus der Sammlung des aus Berlin emigrierten Bankiers Hugo Simon in Paris, darunter das Relief »Vision« von Barlach, ebenso Werke von Lehmbruck, Klee, Kirchner, Heckel, Kokoschka. Leihgeber aus der Schweiz waren die Galerie Fischer in Luzern und die Galerie Wolfsberg in Zürich. Sie druckten das Plakat und den Schutzumschlag des Katalogs mit Franz Marcs »Blauen Pferden«. Irmgard Burchard steuerte Max Beckmanns »König« von 1937, Corinths »Selbstportrait am Walchensee« von 1922 und je ein Bild von Paul Klee und Oskar Schlemmer bei. Zu den zahlreichen ungenannten Leihgebern gehörte der Erfurter Schuhfabrikant Alfred Hess, der eine große Sammlung besaß und Mäzen zahlreicher Künstler gewesen war. Aus seinem Besitz stammte die große gelbe Kuh von Franz Marc von 1912.[19] Das Basler Museum war das einzige Museum, das Werke für die Ausstellung zur Verfügung gestellt hatte. Die Organisatoren sahen sich daher auf die Sammlungen der Kunsthändler und Privatsammler angewiesen, und es erwies sich als äußerst schwierig, die Exponate zusammenzubekommen.

»Gewisse Kunsthändler, die deutsche Moderne hatten, taten natürlich ihr Möglichstes, ihre Bilder in die Ausstellung zu bringen, und die Leitung konnte sich gewiß nicht leisten, sie abzuschlagen. Ein Teil kam wohl aus dem Kunsthandel (es gab ja in London sehr wenige, die deutsche Expressionisten besaßen), aber bei der Organisation hatte der Handel keinen Anteil – außer durch Irmgard Burchard. Was die Kunsthändler anbetrifft, so glaube ich, daß Irmgard Burchard die einzige Händlerin war, die beteiligt war (obwohl sie sich in diesem Zusammenhang nie als Händlerin ausgab), und vielleicht auch einer ihrer Freunde, der z. B. dem Komitee seine Wohnung lieh, ein gewisser Henry Ginsbury, eine Art ›gentleman amateur‹.[20] Henry Ginsbury arbeitete als Herausgeber für verschiedene Verlage und vermittelte zwischen Bihalji und dem Penguin Verlag. Über seinen Einfluß auf das Zustandekommen der Ausstellung ist wenig bekannt. In seiner Wohnung in 65 Curzon Street, London W.I., nicht weit von den New Burlington Galleries, fanden Treffen des Komitees statt.

Zur Konzeption der Ausstellung schreiben die Organisatoren im Katalog:

> »The Exhibition has been conceived historically. It begins with the fully developed phase of Impressionism, as established about the turn of the century; it then follows the stages which correspond in Germany to those generally recognised as Post-Impressionism, Cubism, and Surrealism. It is to be observed, however, that the most characteristic type of modern German art demands and has received a special name, Expressionism.«

Der Expressionismus war in der Ausstellung am stärksten repräsentiert. Die genannten Kunstrichtungen zeigte man in chronologischer Anordnung, in einem Rückblick auf die deutsche Kunst des 20. Jahrhunderts, wie der Titel sagt. Es blieb jedoch die gesamte ›Neue Sachlichkeit‹ ausgespart, die die Nazis scharf angegriffen hatten. Von George Grosz ließ man die satirischen Zeichnungen des Bürgertums, der ›herrschenden Klasse‹ weg; John Heartfield mit seinen politischen Fotomontagen fehlte ganz. Auch Clément Moreau, Heinz Kiwitz, Karl Schwesig, Johannes Wüsten, Th. Th. Heine, Günther Wagner u. a., von den Nazis aus politischen Gründen verfolgte Emigranten, waren in der Ausstellung nicht vertreten. Es lag im Interesse der Organisatoren, sich politisch neutral zu verhalten.

Die Organisatoren präsentieren die Ausstellung

Herbert Read stellte die Ausstellung zwei Tage vor ihrer Eröffnung in einer Pressekonferenz vor. Im Manchester Guardian vom 6. 7. 1938 hieß es:

> »Mr. Herbert Read, chairman of the organising committee of an exhibition of twentieth-century German art, which is to be opened in London to-morrow by Mr. Augustus John, admitted yesterday at a luncheon connected with the exhibition that the project had been inspired by the exhibition of so-called degenerate art in Munich.
> ›There we have seen artists whom we had learned to respect held up to the ridicule of the world‹, he said, ›to make some reply to that exhibition is not, in our opinion, a question of politics, but simply of justice. We are united by only one principle – respect for the liberty of artistic expression.‹
> They had done nothing to compromise artists still living in Germany, and they would be represented at the exhibition without their connivance or consent by works from private collections. The organisers did not represent any sinister international forces. Any profit from the exhibition would be devoted to the relief of exiled artists.«

Die Eröffnung der Ausstellung verlief höchst merkwürdig. Die Organisatoren selbst sprachen nicht. Augustus John, der, wie angekündigt, die Eröffnungsrede halten sollte, sagte nur einige unverbindliche Worte. In einem Bericht im Daily Express vom 8. 7. 1938 hieß es:

> »In a speech of record brevity, Augustus John declared banned German art show open yesterday afternoon. All he said (so far as one could hear, with crowds of late-comers shuffling in, milling and gasping in intense heat) was: ›I have much pleasure in declaring this exhibition open.‹ If John had spoken at greater length he might have been less tactful.«

Nach dem abrupten Ende von Johns Eröffnung sprang eilig der pensionierte Regierungsbeamte Sir Ronald Storrs ein, »who went on to say what was wanted (by the organisers), that show was not non-political but anti-political«.

In der Einführung zum Katalog verhalten sich die Organisatoren politisch zurückhaltend. Es heißt:

> »The project which is realised in the present Exhibition is not a new one – it has been under discussion several times during the last ten or fifteen years. It has long been obvious to those who knew modern Germany that there existed in that country an art which, while influenced by the Impressionist and Post-

Impressionist movements in France, had original qualities deriving from a native tradition. For various reasons this art remained overshadowed by the nearer and more highly organized art of France; the trend of political events widened the breach; the war of 1914–18 made it for a time absolute. The mutual understanding that was slowly growing in the postwar years included art in its scope. A few painters – Liebermann and Kokoschka, for example – held exhibitions in London, and the literature of art could no longer ignore the existence of the German movement. But just when the moment seemed propitous for a more active interchange of ideas, German art was swept away in the country of its origin, condemned on political grounds and ruthlessly suppressed. The artists themselves either fled into exile or were compelled to abandon their creative activity. The organisers of the present Exhibition are not concerned with the political aspect of this situation; they merely affirm one principle: that art, as an expression of the human spirit in all its mutations, is only great in so far as it is free. Art has its disciplines, but these originate in the mind of the artist, and cannot be imposed by the indoctrinated will of a statesman, however wise. That is the only principle we maintain, but in virtue of this principle we can offer the persecuted artists of Germany the prospect of appealing to the unprejudiced eyes of the world ... The organization of the Exhibition has presented many difficulties, but they have been successfully overcome, and the great majority of the artists are represented by an adequate selection of their best works. These have been collected from many parts of the world, but in view of the political situation the organizers have refrained from consulting the artists themselves. In no case has an artist still living in Germany been asked to participate in the Exhibition: they are represented by works from private collections outside Germany without the artist's knowledge or consent.«

Wer das Vorwort zum Katalog verfaßt hat, bleibt ungeklärt. Die Aussagen sind widersprüchlich, Herbert Read erklärt Jahre später, Irmgard Burchard habe es geschrieben,[21] Stephan Lackner, der auch an der Organisation beteiligt war, meint, Herbert Read und Kenneth Clark hätten maßgeblich daran mitgearbeitet; sicher scheint, daß es mehrere Autoren gewesen sind und daß unterschiedliche politische Haltungen eine Rolle gespielt haben. »Die Organisatoren der Ausstellung waren wohl sehr gemischt«, kommentiert dies Edith Hoffmann, »sowohl rechts wie links gerichtet – aber die wirklich aktiven Mitglieder des Komitees waren eher links (Herbert Read war ›Anarchist‹) und manche hatten sicher kunsthändlerische Motive (z. B. Irmgard Burchard, wenn ich mich recht erinnere). Read war ein Idealist, der sich über die Lage in Deutschland nicht täuschte und viel mit Emigranten zu tun hatte. Wie er immer wieder betonte, lag allen vor allem daran, durch die Ausstellung für die künstlerische Freiheit zu manifestieren (...) Man las wohl Hitlers (Goebbels' etc.) Reden nicht selbst, erhielt aber doch Berichte darüber.«[22]

Die »Entartete Kunst«-Ausstellung wird im Vorwort nicht erwähnt. Die Betonung, daß der Plan 10–15 Jahre alt sei, lenkt von dem aktuellen Anlaß ab und hebt die politisch neutrale Haltung hervor. Es heißt, daß es zu den in Deutschland lebenden Künstlern keinen Kontakt gebe. Man wollte sie nicht gefährden. »Es gab sicher wenig Kontakt mit Künstlern in Deutschland, da man wußte, daß das für diese gefährlich war.«[23] Lady Norton hatte an Emil Nolde schreiben wollen. Sie und Herbert Read strebten zunächst danach, mit der Ausstellung in Deutschland Aufsehen zu erregen und auf Hitler Eindruck zu machen.[24] »Ich warnte selbst die Mitglieder des Komitees während einer der ersten Sitzungen, nicht an Künstler zu schreiben oder Werke aus Deutschland kommen zu lassen (ich war wohl die Einzige, die aus Deutschland kam – Irmgard Burchard war Schweizerin – und die Verhältnisse dort genau kannte). Trotzdem wußten viele von den Künstlern gewiß, was geplant war – aus Gerüchten, Indiskretionen, Privatbriefen etc. Gewiß schwiegen sie auch darüber.«[25] Einer kurzen Bemerkung Oskar Schlemmers in einem Brief an seine Frau Tut Schlemmer ist zu entnehmen, daß er von der Ausstellung gewußt haben muß. Aus seiner Heimatstadt Stuttgart, wo er zurückgezogen lebte, schrieb er: »Die Londoner Ausstellung scheint eröffnet, der Führerrede nach zu schließen und der Aufregung deswegen.«[26]

Daß es jedoch zu Künstlern im Exil Kontakt gab und eine Zusammenarbeit mit dem Freien Künstlerbund in Paris vorausgegangen war, der die neutrale Haltung des Komitees kritisiert hatte, erwähnten die Organisatoren nicht. Es war im April/Mai 1938 zu heftigen Kontroversen gekommen, nachdem das Komitee beschlossen hatte, das politische Moment aus dem Exposé der Ausstellung auszuschließen.[27] Daraufhin strich man den Namen von Thomas Mann aus der Liste der Patronatsträger. Hélène Roussel zitiert aus einem Brief von Herbert Read an den Freien Künstlerbund Mitte Mai 1938, in dem ausgesprochen wird, daß man sich weder mit Juden noch Emigranten – wie es heißt, »ni juif, ni émigré«[28] – assoziieren wolle. Es kam zum Bruch zwischen dem Freien Künstlerbund und dem Komitee in London. Eine ursprünglich geplante Weiterreise der Ausstellung von London nach Paris wurde von Read in Frage gestellt. Im Mitteilungsblatt des Freien Künstlerbundes »Freie Kunst und Literatur« hieß es rückblickend: »Der Freie Künstlerbund war um Mitarbeit an der Londoner Ausstellung gebeten worden. Die Ausstellung sollte die an den Künstlern begangene ›injustice‹ dokumentieren. Im Laufe der Vorarbeit wurde dieses Programm von dem Londoner Komitee preisgegeben, so weit preisgegeben, daß sogar eine der verehrungswürdigsten Persönlichkeiten der deutschen Emigration aus dem Protektorat gestrichen wurde. Daraufhin mußte der FKB eine weitere Beteiligung ablehnen.«[29]

Oskar Kokoschka, Max Ernst, Gert Wollheim, die einzigen Mitglieder des Bundes, die in der Ausstellung vertreten sein sollten, erhoben

Protest gegen die Ausstellung ihrer Bilder. Ihr Einspruch blieb jedoch unberücksichtigt. Die Entscheidung lag bei den Organisatoren und Leihgebern.

Der Freie Künstlerbund in Paris, in dem sich Künstler unterschiedlichster politischer und künstlerischer Richtungen (unter ihnen Max Ernst, Gert Wollheim, Eugen Spiro, Heinz Kiwitz, Max Lingner u. a. und die Kunstkritiker Paul Westheim, ein Hauptexponent der »entarteten Kunst«, und Herta Wescher; Kokoschka, im Exil in Prag, war Ehrenpräsident) mit dem Ziel vereinigt hatten, eine agitatorische Protestausstellung zu organisieren, konnten ihre Ziele in England, wo ganz unterschiedliche politische Bedingungen herrschten, nicht durchsetzen. In England herrschte die Appeasementpolitik vor, und politische Aktivität war den Emigranten verboten. Fred Uhlman, Mitglied des Freien Künstlerbundes und Ende 1937 nach England weiteremigriert, bedauerte, daß es in England keine Organisation gab, die die Interessen der Künstler bei der Vorbereitung der Ausstellung hätte vertreten können. Kokoschkas Witwe, Olga Kokoschka, erklärt, daß OK keinen Einfluß darauf gehabt hatte, ob seine Werke ausgestellt wurden oder nicht, da keines der Bilder aus seinem Besitz gekommen war. Kokoschka kritisierte die Haltung des Komitees in einem Brief an Herbert Read vom 17. Mai 1938, der wahrscheinlich zu Beginn der Kontroverse geschrieben wurde. Der Brief trägt die Überschrift »Vertraulich«:

> »(...) Aus Briefen meines Freundes W. (Paul Westheim) in Paris habe ich entnommen, daß der Charakter der Ausstellung jede Woche in anderm Licht erschien, je nach den politischen Einflüssen, die sich dort auswirkten. Es ist ja traurig, daß auch eine Aktion, die geistige Arbeit vor den Bilderstürmern und Analphabetikern in Schutz zu nehmen bestimmt war, in einem mächtigen Land, das diesen geistesfeindlichen Elementen noch nicht einstimmig zujubelt, von Tagespolitik gestört werden kann, aber es muß schließlich doch der gute Wille und die bessere Einsicht der Majorität sich durchsetzen. Deshalb lag mir auch sehr an dem Gelingen der Ausstellung, besonders da ein Künstler, der heute nicht einen englischen, amerikanischen oder französischen Paß trägt, vogelfrei ist samt seinem Lebenswerk (...) Ich muß wieder von vorne beginnen und brauche mächtigen Schutz und möglichst eine Arbeitsbewilligung in England. Andernfalls bin ich verloren, da Ihre Lords großmütigerweise meine Heimat, Österreich, an die Nazi als Geschenk abgetreten haben (...) Sie würden mich ungeheuer verpflichten, wenn Sie mir die Möglichkeit verschafften, Ihren Kriegsminister Sir Hore-Belisha in England zu portraitieren. Ich schrieb deshalb auch schon an Freund Augustus John.«[30] (Brief an Augustus John, s. Anm. 62.)

Kokoschka spricht klar seine Kritik an der Appeasementpolitik und ihren Einflüssen auf das Ausstellungsprogramm aus. Er war einer der wenigen Künstler, der im Exil als Individualist gegen die Nazis kämpfte. In Prag nannte er sich »Anarchist ohne Bomben«. Sein Masaryk-Bild 1935–36, das Porträt des ersten Präsidenten der tschechoslowakischen Republik, stellte einen Wendepunkt in seiner künstlerischen Entwicklung dar. Es war »seine erste politische Allegorie und spiegelte seine zunehmende Konzentration auf politische zeitgeschichtliche Vorgänge«.[31] 1937 entwarf er ein Plakat »Helft den baskischen Kindern« und eine Lithographie »La Pasionaria«, das Bild einer Mutter mit Kind. Entscheidenden Ausschlag für sein politisches Engagement gaben der Spanische Bürgerkrieg, die »Entartete Kunst«-Ausstellung und die Annexion Österreichs im März 1938. Eine seiner spektakulärsten Aktionen war sein »Ansuchen an den Haager Schiedsgerichtshof« 1938, in dem er gegen die Annexion Österreichs im März 1938 protestierte. Noch Jahre später malte er, 1942 im Exil in England, seine politische Allegorie »Anschluß«. Als er den Brief an Read schrieb, spitzte sich die Lage in der Tschechoslowakei bedrohlich zu, drei Tage später – am 20. Mai – kam es zur Mobilmachung der Tschechoslowakei. Kokoschka stand eine dritte Flucht bevor.[32] Er war auf die Unterstützung und den Schutz so einflußreicher Personen wie Read besonders jetzt angewiesen. Read hat in seiner Funktion als Vorsitzender des Organisationskomitees zweifellos eine Vermittlerrolle gespielt. Edith Hoffmann beurteilt die Haltung Reads und des Komitees so: »Es wäre ein Unrecht, einen Mann wie Read als einen ›appeaser‹ zu behandeln – er und ähnliche Menschen haben in England viel für Emigranten getan. Ich spreche aus eigener Erfahrung. Aber sie taten es in aller Stille. Eine sensationelle Sache daraus zu machen, wie man es in Paris wollte, wäre Read und den anderen ein Greuel gewesen, und sie glaubten, daß man damit nichts Positives erreichen würde. Eine Sensation wurde es sowieso und vor allem, weil Hitler sich (trotz aller Diskretion) getroffen fühlte und mit einer Rede reagierte. Er hat also verstanden, daß es in Wirklichkeit eine politische Aktion war. Wenn man so gehandelt hätte, wie es die Pariser wollten, so hätte er das Ganze als Emigrantensache abgetan.«[33]

Die politisch neutrale Haltung des Komitees wurde von Kandinsky unterstützt. Er lebte im Exil in Neuilly s/Seine bei Paris und stand in brieflichem Kontakt mit Herbert Read. Read hatte ihm am 27. April über den Beschluß im Komitee berichtet, darauf antwortete Kandinsky am 9. Mai 1938:

> »Ça m'a fait un grand plaisir d'entendre de vous les résultats du ›meeting of the committee‹. A mon avis les décisions sont vraiment parfaites. Comme ça les artistes habitants l'Allemagne pourront se décider eux-mêmes. Et l'exclusion du ›moment politique‹ dans l'exposé est une belle décision. La chose est simple, et il ne vaut pas la paine de la souligner trop – la situation dans l'art en Allemagne est claire sans explications forcées.«[34]

Kandinsky, gebürtiger Russe, der in Deutschland eine zweite Heimat gefunden hatte, war im Zuge der Schließung des Bauhauses zum zweitenmal aus Deutschland vertrieben worden – das erstemal 1914 durch den Ausbruch des Ersten Weltkriegs. Er fühlte sich dem deutschen Kunstleben sehr verbunden und hatte das Projekt für eine Gegenausstellung schon im November 1937 unterstützt. Am 1.12.1937 schrieb er an Irmgard Burchard, daß er für die »in London geplante Ausstellung »Entartete Kunst« schon »viel Reklame in verschiedenen Ländern gemacht« habe. Aus dem Brief an Read vom 9. Mai 1938 geht hervor, daß auch er die Rücksichtnahme auf die in Nazideutschland lebenden Künstler guthieß. Die zugespitzte Krise in den Sudeten muß eine entscheidende Rolle gespielt haben für die zunehmende politische Zurückhaltung des Komitees in London. Der in Kandinskys Brief vom 1.12.1937 erwähnte Titel der Ausstellung »Entartete Kunst« entspricht einem früheren Arbeitstitel »Banned Art«. Er wurde durch den neutraleren Titel »20th Century German Art« ersetzt. Wenige Tage vor Eröffnung der Ausstellung wartete Paul Westheim mit einer scharfen Kritik an der Ausstellungsleitung in der Exilpresse auf, rechtzeitig, um die Organisatoren in Verlegenheit zu bringen. Sein Artikel erschien in der von ihm herausgegebenen »Pariser Tageszeitung« unter dem sensationellen Titel »Die Vandalen«:

> »Der zerschnittene Kokoschka – wird er in London ausgestellt? Bei der Leitung der Ausstellung ›Deutsche Kunst des 20. Jahrhunderts‹, die am Freitag in London eröffnet wird, ist ein Bild von Kokoschka angelangt, das zerschnitten ist.
> Zerschnitten in Wien von einer Nazihorde, bei jener Betätigung, die sie Haussuchung nennen. Es soll sogar eine amtliche Abteilung gewesen sein: die Gestapo-Abteilung H II.
> Eine Kulturschande!
> Dolchstößer der Kultur! (...)
> Das Bild von Kokoschka ist ein männliches Portrait, aus dem Jahre 1927, wenn ich mich recht erinnere. Eine treffende Portraitcharakteristik.
> In dem Augenblick, in dem diese Zeilen geschrieben werden, ist es noch ungewiß, ob das Ausstellungskomitee in London sich entschließen wird, das zerschnittene Bild auszustellen. Man sollte meinen, daß eine Ausstellung, wie von uns angekündigt, ›sozusagen als Gegenstück zu Hitlers ›entartete Kunst‹ gedacht‹ ist, nichts anderes zu tun brauchte, als dieses zerschnittene Kokoschka-Bild auszustellen, um so vor der Welt zu dokumentieren, was aus der deutschen Kunst des 20. Jahrhunderts unter der Kulturpflege der Nazis geworden ist.
>
> (...) dieses selbst nicht Stellung nehmen wollende Ausstellungskomitee hatte zunächst einmal gefunden, daß das Bild, dessen Ausstellung durch ein Londoner Komitee in Berlin gewiß nicht gern gesehen wird, zu schlecht sei, um in die Ausstellung aufgenommen zu werden (...) (Wobei ich als Verfasser der im Dritten Reich eingestampften Kokoschka-Monographie mir die Frage erlauben möchte, wer in diesem Komitee sich die Kompetenz anmaßt, ein Bild von Kokoschka für ›zu schlecht‹ zu befinden?!).

> Inzwischen ist einem Journalisten gesagt worden, leider werde man das Bild doch ausstellen müssen, da die Presse schon Wind von der Sache habe.
> ›Leider!‹
> Das Ausstellungskomitee möchte zwar ein Gegenstück zu Hitlers ›entarteter Kunst‹ zeigen. Aber doch so, daß es Herrn Hitler nicht allzu wehe tut!«[35]

Die populäre englische Tageszeitung Daily Express publizierte bereits am Tag nach der Eröffnung ein Foto des zerschnittenen Bildes und einen kurzen Bericht:

> »The picture that Nazi Police cut in four was there – in a cupboard. Committee were in a state of hand-wringing perplexity about it. At least they didn't this time pretend it hadn't arrived. They even let it be photographed. But they still hadn't hung it.
> ›The trouble is‹, chairman Herbert Read told me, ›that it's not really a good Kokoschka ... not up to his best.‹ I don't suppose that is why it was cut up.
> I see what Read means. When a third-rate book is banned it is embarrassing to defend it, much as one disapproves of banning. But this mutilated painting seemed to me at least as good as many that were hung.«[36]

Einen interessanten Aspekt der Geschichte beleuchtet eine Aussage von Fred Uhlman, der Kokoschka im November 1938 kennenlernte, als dieser ins Exil nach England kam. Beide gehörten zu den Gründungsmitgliedern des Freien Deutschen Kulturbundes in Großbritannien und standen in freundschaftlicher Verbindung. Uhlman berichtet, Kokoschka habe ihm anvertraut, er habe das Bild selbst zerschnitten. Edith Hoffmann schreibt: »Uhlman hat mir auch gesagt, daß OK es selbst zerschnitten hat. Ich weiß nicht, ob es wahr ist.«[37] In der von ihr verfaßten Kokoschka-Monographie[38], die sie im Exil in England in engem Kontakt mit Kokoschka geschrieben hat, ist das Bild als Porträt »Robert Freund« im Œuvreverzeichnis aufgeführt; es heißt: »Collection: Robert Freund Vienna. (Lacerated by Police of Vienna, Section II, H, on May 5th, 1938).« Die große Kokoschka-Monographie von H. M. Wingler, 1956, übernimmt diese Information; das Bild ist inzwischen in New Yorker Privatbesitz: »Das Bild wurde am 5. Mai 1938 von der Wiener Polizei (Gestapo, Abteilung II H) in vier Teile zerschnitten. Die wieder zusammengeführten Stücke wurden 1949 vom Künstler ergänzt (Fehlstellen besonders an der Kinnpartie und unten links) und restauriert, das Monogramm wurde erneuert. Die Datierungsfrage ist dadurch noch schwieriger geworden, als sie es ohnedies war. Das Verfahren, mit fast karikaturistischen Mitteln zu charakterisieren, erinnert an die Schaffensperiode 1908/9. Maltechnik und Farbigkeit lassen es hingegen als nahezu sicher erscheinen, daß das Bild um 1914 entstand.«[39] Paul Westheim, Verfasser der ersten Kokoschka-Monographie, 1919, wiederaufgelegt 1925, mit einem Nachtrag zu den

1919–1925 entstandenen Bildern, nimmt an, daß das Bildnis 1927 entstanden sei.[40] Die Datierungsfrage bleibt ungeklärt und auch auf welche Weise das Bild zerschnitten worden ist. Wenn Kokoschka tatsächlich das Bild zerschnitten haben sollte, könnte es sein, daß in Absprache zwischen ihm und Westheim eine Legende erfunden worden ist, um mit dem zerschnittenen Bild ein Symbol für die Angriffe der Nazis auf die moderne Kunst zu schaffen. Das zerschnittene Bild wäre das geeignete Exponat für eine agitatorische Protestausstellung gewesen. Die Forderung, es in London zu zeigen, spitzte die Kontroverse zwischen dem Freien Künstlerbund und dem Londoner Komitee zu. Die Positionen schienen unvereinbar. Edith Hoffmann erläutert dazu: »Es gab wirklich große Differenzen zwischen den beiden Komitees, das lag sozusagen in der Natur der Beteiligten. Die Pariser, Westheim und die Künstler, waren in viel stärkerem Grad engagiert, denn sie waren persönlich betroffen. Emigranten und in einer schwierigen Lage. Ich kannte Westheim etwas und auch Wollheim. Westheim war damals ein schwieriger etwas verbitterter Mann. Wollheim war ein sehr heftiger Mensch. Bei ihnen und anderen Beteiligten ging es um die eigene Haut. Dagegen hatten die Londoner – ich glaube alle ohne Ausnahme – eine ganz andere Haltung diesem Unternehmen gegenüber. Wenn ich mich recht erinnere, war kein einziger Deutscher dabei, und kein Künstler. Es handelte sich also nicht um eine persönliche Angelegenheit. Es ging um das Prinzip der Freiheit, der künstlerischen Freiheit in diesem Fall. Man wollte die Verfolgung der modernen Kunst in Hitler-Deutschland anprangern.«[41]

Reaktionen in der englischen Öffentlichkeit

In der englischen Öffentlichkeit erregte die Ausstellung Aufsehen, gerade weil sie ein Politikum war. Sie machte Schlagzeilen in den populären Zeitungen: »Degenerate Art Show – A Reply to Munich«, »Banned Art«, »Hitler Pilloried This«. Fast alle Berichterstatter nahmen Bezug auf die Münchner Ausstellung. In den großen englischen Zeitungen schrieben die führenden Kunstkritiker: in The Sunday Times, Eric Newton, in The Observer Jan Gordon, in The New Statesman & Nation Raymond Mortimer, in The Spectator Anthony Blunt. The Times Literary Supplement bildete auf der Titelseite Beckmanns Triptychon ab, zwei Tage nach seiner Rede in der Ausstellung. Die Empörung über das nationalsozialistische Verbot der Kunst war groß, die Freiheit der Kunst in England eine Selbstverständlichkeit. Die Werke selbst, die in England noch ganz unbekannt waren, erfuhren ganz unterschiedliche Urteile. Herbert Read hatte im Vorwort zu Bihaljis Buch *Modern German Art* geschrieben: »to the general public in Great Britain, modern German Art is totally unknown (...) among (...) art critics, collectors, and dealers – it is almost entirely neglected (...) In England we shall slowly gain a knowledge of their work, and then it would not be surprising to find a shift of emphasis in our critical standards.« Aber soweit kam es in England nicht. Die gesamte englische Kunstszene, Museen, Galerien waren an Paris orientiert. Der deutsche Expressionismus erschien den Engländern als zu vehement und laut; es gab Verdikte wie »rude and violent energy«. Die Urteile waren subjektiv, die Werke stießen zum großen Teil auf Ablehnung. Und obwohl, wie die Sunday Times schrieb, »Englands instinctive sympathies are always with the underdog«,[42] gab es auch, wie Kokoschka befürchtet hatte[43], eine Tendenz, dem Verbot der Nazis aus ästhetischen Gründen zuzustimmen. Zu einem extremen Urteil kam Raymond Mortimer im New Statesman & Nation:

> »(...) because Hitler has condemned works as degenerate, one is tempted to acclaim them with enthusiasm. But it is the critic's first duty, (...) to resist such temptations. (...) it is unnecessary in England to emphasise the supreme importance to an artist of freedom. No intelligent person will be found to deny it. (...) in so far as the German Exhibition at the New Burlington Gallery is propaganda, it is, in my opinion, extremely bad propaganda. People who go to see the Exhibition are only too likely to say: ›If Hitler doesn't like these pictures, it's the best thing I've heard about Hitler.‹ For the general impression made by the Show upon the ordinary public must be one of extraordinary ugliness.«[44]

Künstler, die in England noch am ehesten auf Zustimmung stießen, waren Barlach, Klee, Kollwitz und Liebermann, von denen auch Werke verkauft wurden. Die Verkaufserfolge blieben jedoch gering. Das einzige Bild, das in eine öffentliche Sammlung in England Einlaß fand, war Liebermanns Einstein-Porträt von 1922, das mit Hilfe von Spendengeldern zum Preis von £ 350 erworben wurde.

Durch die Ausstellung »20th Century German Art« erfuhren die Engländer zum erstenmal, welche Kunst in Deutschland verboten worden war, wie die Sunday Times schreibt: »England has at last developed a curiosity to know what kind of art it is, that has deserved such wholesale excommunication.« Auch die »Entartete Kunst«-Ausstellung wurde in England erst durch die der Londoner Ausstellung von einer größeren Öffentlichkeit zur Kenntnis genommen. Die zahlreichen Berichte in der britischen Presse sorgten für eine breite Streuung der Information über die Verfemung der Kunst in Deutschland.

Hitlers Reaktion auf die Ausstellung »20th Century German Art«

Ein Jahr zuvor – im Juli 1937 – hatten die Nazis die »Entartete Kunst«-Ausstellung zugleich mit der 1. Großen Deutschen Kunstausstellung gezeigt, diese im neueingeweihten Haus der Deutschen Kunst, die »Entarteten« im alten Galeriegebäude der Hofgartenarkaden im Dachgeschoß. Jetzt stand die Ausstellung »20th Century German Art« in den New Burlington Galleries in London der offiziellen Nazi-Kunstausstellung im Haus der Deutschen Kunst, der 2. Großen Deutschen Kunstausstellung, gegenüber. Die Londoner Ausstellung war mit ihrer Eröffnung der Münchner um drei Tage zuvorgekommen. Wütend schimpfte Hitler in seiner Rede zur Eröffnung am 10. Juli 1938

HITLER ATTACKS LONDON ART EXHIBITION

"Herr Hitler complained of the impertinence of a London Exhibition of pre-Nazi German artists, which he likened to the staging of the opposition Reichstag Fire Trial."—
"News Chronicle," July 11, 1938.
"Modern art had no place in National Socialist Germany. He intimated that modern artists who had not yet left Germany should do so now."—"Scotsman," July 11, 1938.

GO AND SEE EXPELLED AND BANNED ART
VISIT AND SUPPORT THE

EXHIBITION OF GERMAN 20th CENTURY ART
at 5 Burlington Gardens, W.1
(Conducted Parties of ten or more 9d. per head)
(Single 1/6)

WHY DOES HITLER EXPEL ARTISTS?
BECAUSE FASCISM IS AFRAID OF THOSE WHO THINK, OF THOSE WHO SEE TRUTH, OF THOSE WHO SPEAK THE TRUTH.
WHY DOES THE SPANISH GOVERNMENT ATTRACT SPAIN'S GREATEST ARTISTS TO THE CAUSE OF THE PEOPLE?
BECAUSE DEMOCRACY IS NOT AFRAID OF TRUTH.
UPHOLD THE RIGHT TO SAY THE TRUTH

SUPPORT SPAIN

Published by the Artists' International Association and printed at the Farleigh Press, (T.U. all depts.), 17-59 Cayton Street, London, E.C.1.

Flugblatt: »Hitler Attacks German Art Exhibition« mit einem Aufruf zum Besuch der Ausstellung »20th Century German Art« in den New Burlington Galleries London 7. Juli–21. August 1938. Herausgegeben und verteilt von Mitgliedern der Artists International Association, der antifaschistischen englischen Künstlerorganisation, anläßlich einer Spaniendemonstration.

auf die Londoner Ausstellung. Auszüge aus der Rede wurden im Radio übertragen und am folgenden Tag, am 11. Juli 1938, im Völkischen Beobachter auf der Titelseite unter dem Titel »Das Bekenntnis des Führers zu Kunst und Künstler«[45] publiziert:

»(...) es gibt nur noch vereinzelte, schon unermeßlich törichte Menschen, und dies sind dann zumeist Juden, die im Auslande das stupide Gerede der Zeit vor dem Jahr 1933 auch heute noch ab und zu wiederholen. So hat man in einem Staat, der sich einmal den Spaß eines besonderen Gerichtshofes erlaubte, der im Gegensatz zum Deutschen Reichsgericht in einem ebenso kindischen wie verletzenden Verfahren die Unschuld van der Lubbes erweisen sollte, in diesen Tagen wieder einmal die Welt mit einer Ausstellung beglückt, die bestimmt sein soll, den Gegensatz aufzuzeigen zwischen den kulturträchtigen Leistungen bekannter Novembergrößen vom Stamme der Dada, der Kubi usw. und der Armut der heutigen deutschen Kunst. Ich nehme an, daß dabei auch etwas Geschäftsinteresse mitwirken wird. In irgendeiner Form muß doch die Reklametrommel für die bolschewistische Kunstverwirrung gerührt werden. Ihr Ton klingt aber besonders laut und eindringlich, wenn man das nationalsozialistische Deutschland als politischen Verstärker einschalten kann. Man muß den biederen Angelsachsen kurzerhand überfallen mit dem Hinweis auf die Schande der deutschen Kulturbarbarei, um ihm dann die angebotenen Kunstwerke dieser Epoche, wenn schon nicht kulturell, so doch wenigstens politisch aufschwatzen zu können. Und man muß sich beeilen, diese Werke noch beizeiten an den Mann zu bringen. Denn Deutschland ist auf so vielen Gebieten in den letzten Jahren vorangegangen, daß die Gefahr nicht von der Hand zu weisen ist, daß der ›Nazistaat‹ am Ende auch in seiner Kulturpropaganda als auf dem richtigen Weg befindlich erkannt werden wird und damit ein neuer Einbruch in die Front der international-jüdischen Kulturgeschäftemacher eintritt. Es gibt dabei einem einfältigen Ausland gegenüber anscheinend gar keine bessere Empfehlung für einen kulturellen Unsinn oder Betrug als die Bemerkung, daß das im heutigen Deutschland abgelehnt wird.«

Die Kundgebung in Trafalgar Square.

Die Reaktion Hitlers auf die Ausstellung galt dem Exil nicht zu Unrecht als Erfolg. Paul Westheim schrieb zehn Tage später in der Neuen Weltbühne:

> »Hitler selbst, statt dankbar zu sein für so zarte Rücksichtnahme (damit meinte Westheim die Ablehnung des zerschnittenen Bildes durch das Komitee), war unhöflich genug, in seiner Münchner Rede die Londoner Noninterventionisten in unzarten Worten abzukanzeln. Immerhin: obwohl Goebbels auf der letzten Tagung der Reichskulturkammer behauptete (am Tag vor Hitlers Rede), kein Mensch im Ausland interessiere sich für die unterdrückten Künstler, haben nun die Künstler und Kunstfreunde im Dritten Reich aus autoritärem Munde erfahren, daß man sich in der Welt sehr lebhaft mit ihnen und ihrer Kunst beschäftigt.«[46]

In einem Artikel »Die KuKa macht Devisen« (KuKa = Kunstkammer) schrieb Paul Westheim im Dezember 1938 in der Neuen Weltbühne: »Während in München von ›Nichtskönnern‹ gesprochen wurde, von ›Kunststotterern‹ oder krankhaft Entarteten, die sterilisiert werden müßten, ist man jetzt, bei ruhiger Überlegung, zu der Auffassung gekommen, diese Machwerke seien für das Ausland doch sehr gut, und womöglich lasse sich daraus ein großartiges Devisengeschäft machen.«[47] Das Goebbelssche Propagandaministerium hatte erst im Mai 1938 die »Kommission zur Verwertung der eingezogenen Produkte entarteter Kunst«[48] gegründet und Kunsthändler mit dem Verkauf beauftragt, vor allem solche, die Kontakte im Ausland hatten. In der Deutschen Botschaft in London, die Hitler über die Ausstellung informiert hatte, war »zeitweise (...) ein regelrechter Kunsthandel etabliert«.[49] Den Verkaufsversuchen der Nazis in London blieb aber der Erfolg versagt. »Bilder, die zur Ansicht nach London geschickt worden waren, mußten wieder zurückgehen: man forderte enorme Preise.«[50] Über all das war Hitler informiert; darüber hatte Goebbels auf der Reichskulturkammertagung am Tag vor Hitlers Rede am 10. Juli 1938 gesprochen, als er sagte, im Ausland interessiere sich niemand für die »entartete Kunst«. Westheim schrieb weiter:

> »Es besteht auch ein Plan, im Ausland eine Auktion aus dem Besitz der deutschen Museen zu veranstalten (...) Unnötig zu sagen, daß der Plan streng geheim gehalten wird. Die Auktion soll durch die Galerie Fischer in Luzern erfolgen.
>
> Die Galerie Fischer, renommiertes Haus, ist dazu gewiß geeignet. Sie hat sich auch bisher für die ›Entarteten‹ eingesetzt, und sie hat beispielsweise der Londoner Ausstellung ›20th Century German Art‹ eine Reihe trefflicher Werke überlassen: von Barlach die Holzplastiken ›Hunger‹ (Kat. Nr. 2), ›Menschliches Martyrium‹ (3), ›Mutter und Kind‹ (4), von Kokoschka das Selbstbildnis von 1912 (105) und das Madrid-Bild. Diese Ausstellung hat, wie bekannt, im Dritten Reich nicht gerade Freude sondern eher Entrüstung erregt. Der ›Führer‹ hat in

> der Rede zur Eröffnung seiner Münchner Ausstellung etwas von geschäftlichen Hintergründen gesagt, und von dem Versuch, Kunstwerke, die das neue Deutschland endgültig entwertet hat, schnell noch an den Mann zu bringen. Vielleicht betraf das auch die Galerie Fischer; wenigstens waren die von ihr nach London gesandten Werke (bis auf eins) als verkäuflich bezeichnet. Trotzdem will das Propagandaministerium bei dem Versuch, den abgestoßenen deutschen Museumsbesitz schnell an den Mann zu bringen, auch die Galerie Fischer, Luzern, berücksichtigen.«[51]

125 Spitzenwerke wurden am 30. 6. 1939 in Luzern zur Versteigerung angeboten, 36 Bilder nicht verkauft. Noch vor der Auktion im März 1939 räumte man plötzlich den Kornspeicher in der Köpenicker Straße in Berlin, in dem die aus deutschen Museen beschlagnahmten Werke gelagert waren, und verbrannte mit Einverständnis Goebbels' den Rest der Aktion »Entartete Kunst« – 1004 Gemälde und Bildwerke und 3825 Aquarelle, Zeichnungen und graphische Blätter – am 30. März 1939 im Hof der Hauptfeuerwache in Berlin. Darunter waren vor allem antimilitaristische Werke wie von Dix und Grosz und sozialistische Kunst von Käthe Kollwitz. Von den ursprünglich insgesamt etwa 17 000 Kunstwerken hatte man nur etwa 700 Stück für international verwertbar gehalten.

Im Völkischen Beobachter vom 11. Juli 1938, derselben Nummer, die Auszüge aus Hitlers Rede brachte, in der die ersten zwei Seiten ganz der Eröffnung der 2. Großen Deutschen Kunstausstellung gewidmet waren, stand auf Seite 2 ein Artikel, überschrieben »Entartete Kunst in London«, London, 10. Juli, ungezeichnet. Darin heißt es, »diese Machwerke sprechen so sehr allem gesunden Menschenverstand Hohn, daß eine solche Ausstellung nur zugunsten des neuen Deutschland sprechen kann«.

> »Der eigentliche Veranstalter dieses Hetzunternehmens, Sir Ronald Storrus (richtig Storrs), ein Salonbolschewist britischer Prägung (...) hielt es für notwendig zu betonen, daß diese Ausstellung unpolitischer, ja antipolitischer Natur sei. Allein schon ein Blick in die Ausstellung hätte genügt, jeden Unvoreingenommenen davon zu überzeugen, daß sie lediglich das Gebiet der Kunst bzw. der Unkunst zu einer politischen Hetze gegen das neue Deutschland benützt. Auch die dort verkaufte Broschüre über ›deutsche‹ Kunst gibt zu diesem Punkt Aufklärung genug, denn ihr Verfasser ist, auch wenn er sich unter dem Pseudonym Peter Thoene verbirgt, unseres Wissens kein anderer als der Bolschewist Peter Walden (...) Und das alles wird dann ›unpolitische Kunst‹ genannt.«[52]

Sir Ronald Storrs war konservativer Regierungsbeamter. Der Identifikation von Oto Bihalji-Merin kamen die Nazis ziemlich nahe – ein anderes Pseudonym von ihm war Peter Waldschmidt.[53]

Die Nazis fühlten sich durch die Ausstellung »20th Century German Art« besonders angegriffen, da diese den Anspruch erhob, die »Deutsche Kunst des 20. Jahrhunderts« zu repräsentieren. Das war ein Grund, warum sie die Ausstellung noch einmal ins Visier faßten. Diesmal schrieb Robert Scholz, Hauptstellenleiter Bildende Kunst im Amt Rosenberg, Mitglied der »Kommission zur Verwertung der Produkte entartete Kunst«, Kunstberichter beim Völkischen Beobachter. Nach 1945 zu 10 Jahren Zuchthaus verurteilt, lebt er heute in der Bundesrepublik Deutschland als Kunstschriftsteller (Robert Scholz, Architektur und bildende Kunst 1933–1945, Schütz-Verlag Oldendorf). Er hatte bei Erich Wolfsfeld und Karl Hofer in Berlin Kunst studiert, die beide 1933 entlassen worden waren. Im Völkischen Beobachter vom 2. August 1938 füllte Scholz drei volle Spalten. Der Anlaß war angeblich ein Statement von Herbert Read im Daily Telegraph – ein Datum wird nicht angegeben. Ich habe diesen Artikel nicht auffinden können, halte mich also an die Aussagen, die Scholz anführt, wobei offen bleibt, ob er korrekt zitiert. Read habe, auf die Rede Hitlers Bezug nehmend, noch einmal betont, »daß die Organisatoren der Ausstellung lediglich die eine Absicht gehabt hätten, der englischen Öffentlichkeit eine Phase moderner Kunst zu zeigen, von der sie glauben, daß sie von beträchtlichem Interesse sei«. »Bis dahin«, schreibt Scholz, »könne man das Dementi als Ausdruck politischer Harmlosigkeit noch hinnehmen, aber es gipfelt in dem Satz: ›Das (was nämlich in dieser Ausstellung gezeigt wird) war die Kunst in Deutschland während eines halben Jahrhunderts, und bis Deutschland eine andersgeartete Kunst von gleichem Wert erzeugt hat, sind wir berechtigt, sie als repräsentativ für den wahren Geist dieses Landes zu betrachten.‹« »Diese Behauptung«, fährt Scholz fort, »daß die in der Londoner Ausstellung gezeigten Machwerke der Expressionisten, Kubisten und Dadaisten den wahren Geist Deutschlands repräsentieren, würde uns, als private Meinung vorgebracht, gar nicht interessieren; wenn aber eine derartige Behauptung der englischen Öffentlichkeit in der Presse aufgetischt wird, dann müssen wir eine solche eindeutig politisch tendenziöse Kunstgeschichtsfälschung ganz entschieden zurückweisen. (...) Wir haben uns daraufhin nochmals den Katalog und die bebilderte Broschüre angesehen.«

Es scheint, daß Scholz gar nicht selbst in der Ausstellung war, sondern den Artikel aufgrund des Katalogs und Bihaljis Buch *Modern German Art* geschrieben hat. Der Artikel rechnet penibel das, was die Londoner Ausstellung zeigt, gegen das auf, was in der »Entarteten Kunst«-Ausstellung zur Schau gestellt worden ist: »(...) in der ganzen Londoner Ausstellung ist auch nicht ein einziges Bild, das auch nur entfernt an jene Ausschweifungen einer perversen ›künstlerischen‹ Phantasie heranreicht, die mindestens für die Hälfte der in der Ausstellung »›Entartete Kunst‹« gezeigten Bilder charakteristisch war.« Es geht Scholz darum, zu beweisen, daß in der Londoner Ausstellung viele Werke zu sehen wären, die die Nazis gar nicht für entartet erklärt hätten. Unter dem Zwischentitel »Irreführendes Beispiel: Lovis Corinth« behauptet er:

»Wir müssen das englische Publikum darüber aufklären, daß es in dieser Ausstellung hinters Licht geführt wird. So werden (...) 15 Werke von Lovis Corinth gezeigt, und jeder Besucher (...) muß annehmen, (...) daß das gesamte Werk Corinths in Deutschland diffamiert wurde. Nirgends wird in dieser Ausstellung die Wahrheit gesagt, daß nämlich nur die Spätwerke Corinths abgelehnt wurden, welche der Ausdruck eines durch schwere Krankheit verursachten Kräfteverfalls sind und durch deren Herausstellung der künstlerisch gewissenlose jüdische Kunsthandel die Erscheinung dieses kraftvollen Malers pietätlos verzerrt hat (...) Man hat in dieser Ausstellung verschwiegen, daß bei den meisten der bekannten Namen nicht das gesamte Werk und nicht die Person des betreffenden Künstlers, sondern immer nur einzelne, eindeutig den Kunstverfall der chaotischen Nachkriegsjahre dokumentierende Werke abgelehnt wurden.«

Hier verleugnet Scholz, daß bei den meisten verfemten Künstlern das gesamte Werk betroffen war, wie bei Kandinsky, Barlach, Kollwitz, Franz Marc und vielen anderen. Er verleugnet die Verfolgung der Künstler, von denen inzwischen der Großteil im Exil lebte – hatte Hitler doch gesagt, Künstler, die noch nicht gegangen wären, sollten es jetzt tun, wie der Scotsman am 11. Juli 1938 schrieb –, die Verfolgung der jüdischen Künstler und deren Verschleppung in Konzentrationslager, die Verfolgung der linken politisch organisierten Künstler, die Folterung von Künstlern, wie im Fall von Karl Schwesig, der dies in seinen Zeichnungen »Schlegelkeller« dokumentierte.

In der Londoner Ausstellung waren eine Reihe von Künstlern vertreten, die die Nazis nicht in der »Entarteten Kunst«-Ausstellung präsentiert hatten, wie Walter Trier, Paul Hamann, Hans Feibusch u. a. Es erwies sich gerade als eine Stärke der Ausstellung, daß sie sich nicht an die Prinzipien der Nazis hielt. Sie manifestierte die »künstlerische Freiheit«, wie Edith Hoffmann sagt.

Max Beckmanns Rede in der Ausstellung »20th Century German Art« und das kulturelle Rahmenprogramm

Die Londoner Ausstellung war mehr als eine Entgegnung auf die »Entartete Kunst«-Ausstellung. In einem kulturellen Rahmenprogramm präsentierte sie die »entartete« Musik[54] – und die verbotene Literatur. Die Organisatoren hatten Max Beckmann eingeladen, der als einziger Künstler in der Ausstellung sprach. Seine Rede am 21. Juli 1938 wurde zu einem großen Ereignis. Er kam aus dem Exil in Amsterdam: »Ich bin oft allein, das Atelier in Amsterdam, ein großer Tabakspeicher, füllt sich aufs neue mit Figuren aus alter und neuer Zeit, und immer spielt das Meer von nah und weit durch Sturm und Sonne in meine Gedanken.« Stephan Lackner, der mit Beckmann nach London gereist war, erinnert sich:

Anläßlich Beckmanns Rede, »hatten sich alle möglichen Aristokraten, antifaschistische Literaten, öffentliche Würdenträger versammelt, und als Beckmanns massive, tiefernste Gestalt erschien, wirkte sie wie ein Bär, der gerade seine Höhle verlassen hat und schon daran denkt, möglichst bald in die Wildnis zurückzuwandern. Die Vorlesung, von einer englischen Übersetzung gefolgt, machte Eindruck.«[55] In seiner Rede stellte Beckmann die Unbeirrbarkeit der künstlerischen Kraft der nationalsozialistischen Kulturbarbarei entgegen.

>»Malerei ist eine schwere Sache und fordert den Menschen mit Haut und Haaren. So bin ich vielleicht blind an vielen Dingen des realen und politischen Lebens vorbeigegangen. Allerdings nehme ich an, daß es zwei Welten gibt: die Welt des Geistes und die der politischen Realität (...) Worauf es mir in meiner Arbeit vor allem ankommt, ist die Idealität, die sich unter der scheinbaren Realität befindet. Ich suche aus der gegebenen Gegenwart die Brücke zum Unsichtbaren (...) Prinzipiell bin ich immer dagegen gewesen, daß der Künstler über sich und seine Arbeiten schreiben oder reden soll. Nicht Eitelkeit oder Erfolgsgier zwingt mich heute, einmal selbst das Wort zu nehmen über Dinge, die sonst nicht auszusprechen sind für mich. Die Welt aber ist in eine derartige, auch künstlerische Katastrophensituation hineingeraten, daß sie mich, der ich fast dreißig Jahre als absoluter Einsiedler gelebt habe, zwingt, aus meinem Gehäuse hervorzutreten (...) Die größte Gefahr, die uns Menschen allen droht, ist der Kollektivismus. Überall wird versucht, das Glück oder die Lebensmöglichkeiten der Menschen auf das Niveau eines Termitenstaates herabzuschrauben. Dem widersetze ich mich mit der ganzen Kraft meiner Seele (...) Mit dem Ausschalten der menschlichen Beziehungen untereinander in der künstlerischen Darstellung entsteht jenes Vakuum, unter dem wir mehr oder weniger alle leiden (...) Der Kontakt des Mitgefühls für den Mitmenschen muß wieder hergestellt werden.«[56]

Zur historischen Bedeutung der Londoner Ausstellung

Es gab den Plan, die Ausstellung im Anschluß an London in Brüssel und New York zu zeigen. In New York sollte sie zur Zeit der Weltausstellung im Sommer 1939 eröffnet werden. Nach der Schließung in London, am 27. August 1938, ging sie aus ungeklärten Gründen nicht nach Brüssel weiter – es liegt nahe, daß mit der wachsenden Kriegsangst in Europa, Brüssel als Ausstellungsort als zu unsicher erschien. Viele der Exponate wurden nach New York geschickt.[57] Über eine größere Ausstellung in New York ist nichts bekannt. Es bleibt auch ungeklärt, ob die Exponate der Londoner Ausstellung im ›Freedom Pavilion‹ auf der Weltausstellung gezeigt werden sollten. Dabei handelte es sich um ein Projekt der Emigration, die »freie deutsche Kultur« zu präsentieren.[58] Namhafte Amerikaner wie Henry Morgenthau, Owen D. Young, Harry F. Guggenheim waren zusammen mit Thomas

Mann, Otto Klemperer, Paul Tillich u. a. im Patronat vertreten. Es bestand die Absicht, wie es in dem achtseitigen Prospekt heißt, in den »Art Galleries«, das »Beste der Malerei, der Skulptur, der Fotografie, der Druckgraphik und Zeichnungen« zu zeigen. Das Projekt für den Freedom Pavilion kam auf Intervention Mussolinis jedoch nicht zustande. Die Entscheidung darüber fiel Anfang 1939. Eine große Ausstellung deutscher Kunst fand in New York also nicht statt. Es ist jedoch möglich, daß es mehrere kleine Ausstellungen mit Werken aus der Londoner Ausstellung gegeben hat.[59]

Die internationale Zusammenarbeit zwischen Emigration und Ausland war mit dem Projekt für den Freedom Pavilion auf einem Höhepunkt angelangt. Danach zerschlug sie sich. Die Londoner Ausstellung blieb die einzige bedeutende Unternehmung des Auslands gegen die Kunstpolitik des Dritten Reichs. Einige Wochen später wurde das Münchner Abkommen geschlossen, es folgte die Zersplitterung des Exilzentrums in Prag und nach Kriegsausbruch auch die des Zentrums in Paris. Die Appeasement-Politik erlaubte keinen starken Protest gegen die Nazimethoden. »A Warlike State Cannot Create«, hatten die englischen Surrealisten auf ihr Banner geschrieben, als sie am 1. Mai 1938 mit Chamberlainmasken gegen den nachgiebigen Kurs der englischen Regierung demonstrierten – Penrose war ihr Vorsitzender und Mitdemonstrant.

Der Freie Künstlerbund betrachtete die Londoner Ausstellung als eine »verlorene Gelegenheit«.[60] Er organisierte eine eigene Ausstellung »Freie Deutsche Kunst« im Maison de la Culture in Paris im November 1938, in der u. a. das zerschnittene Bild von Kokoschka gezeigt wurde. Es löste Empörung unter den Besuchern aus.[61] Die Pariser Ausstellung folgte im Gegensatz zur Londoner Ausstellung einem agitatorischen Programm und blieb eine reine ›Emigrantensache‹. In der Pariser Ausstellung wurde durch das zerschnittene Bild von Kokoschka die Zerstörung von Kunstwerken durch die Nazis angeprangert. Die Intention der Londoner Ausstellung war es, die Kunstwerke für sich sprechen zu lassen. Sie demonstrierte zumal mit zwei Bildern von Kokoschka und Beckmann – dem »Selbstbildnis eines entarteten Künstlers« und dem Triptychon »Versuchung« – die tiefe Verstörung des Künstlers und sein Aufbegehren gegen die Beschneidung individueller und künstlerischer Freiheit.[62]

1 Ermächtigung Adolf Zieglers durch Goebbels zur Beschlagnahme von »Werken deutscher Verfallskunst seit 1910« aus deutschem Museumsbesitz vom 30. 6. 1937, in: Diether Schmidt (Hg.), *In letzter Stunde, Künstlerschriften II 1933–1945*, Dresden 1963, S. 247/8. — 2 Hildegard Brenner, *Die Kunstpolitik des Nationalsozialismus*, Reinbek 1963. Zitat nach Paul Ortwin Rave, Kunstdiktatur im Dritten Reich, Hamburg, 1949, S. 56. — 3 Diether Schmidt (s. Anm. 1), S. 248. — 4 Ebd., S. 116, Ernst Barlach in einem Brief an seinen Bruder Hans Barlach, Güstrow, 1. Sept. 1937. — 5 Ebd., S. 250. — 6 The Exhibition of Twentieth Century German Art, London New Burlington Galleries, 7. Juli–27. August 1938. Der Katalog zur Ausstellung wurde von der Max Beckmann Gesellschaft reproduziert. Dazu

erschien: Erläuterungen zum Katalog der Ausstellung und zur Ausstellung selbst, zusammengestellt aufgrund der Vorarbeiten von Erhard Göpel, Text von Günter Busch. Beide München 1968, Jahresgabe der Max Beckmann Gesellschaft. Die New Burlington Galleries war eine angesehene unkommerzielle Galerie im Zentrum des Westends, sie lag direkt neben der Royal Academy of Arts und in unmittelbarer Nähe zu den modernen Galerien in Bond Street. Das Gebäude, in dessen oberstem Stockwerk die Galerie war, wurde nach dem Krieg abgerissen. — **7** *Widerstand statt Anpassung, Deutsche Kunst im Widerstand gegen den Faschismus 1933–1945.* Katalog/Buch zur Ausstellung, Karlsruhe 1980. S. 117. Die Manès Affairen 1934–1937. Es waren 3 Ausstellungen, die den Protest des deutschen Gesandten Koch herausforderten, 1934, 1936 und 1937. Im Oktober 1938 nach dem Münchner Abkommen trugen Karel Čapek und sein Bruder, der Maler Josef Čapek, entscheidend zur Rettung deutscher Künstler im Exil in der Tschechoslowakei nach England bei. Čapeks Kontakt zu Roland Penrose, einem der Organisatoren der Ausstellung »20th Century German Art« führte zur Gründung des Artists Refugee Committee im November 1938, mit dessen Hilfe der Großteil exilierter deutscher Künstler aus der Tschechoslowakei nach England gerettet werden konnte, unter ihnen John Heartfield. — **8** Auktion in der Galerie Fischer in Luzern »Gemälde und Plastiken moderner Meister aus deutschen Museen«. — **9** Herbert Read schreibt, der Sekretär der Ausstellung, »Patrick Blackwood (...) and all his records, were destroyed by a bomb during the war and this is the reason that it is so difficult to give you any documentation for the Exhibition«. Aus einem Brief von Herbert Read, York, England, 7. Februar 1966, an Erhard Göpel, der die Untersuchungen für die von der Max Beckmann Gesellschaft herausgegebene Publikation begonnen hatte (s. Anm. 6). Nachlaß Erhard Göpel in der Bayerischen Staatsbibliothek München. — **10** Informationsblatt der London Gallery: »Activities of the London Gallery Ltd. 1936–1950«, publiziert von der Galerie. Sie wurde in einem der ersten Bombenangriffe auf London zerstört und öffnete erst wieder nach dem Krieg. — **11** In: The Story of the AIA Artists International Association 1933–1953, Lynda Morris and Robert Radford, Museum of Modern Art, Oxford 1983, Katalog zur Ausstellung. — **12** Oto Bihalji-Merin (geb. Serbo-Kroate) war 1924 nach Berlin gekommen, wo er Kunst und Kunstgeschichte studierte. 1933 ging er ins Exil nach Paris, wo er das Institut zur Erforschung des Faschismus zusammen mit Koestler und Sperber gründete. 1935 kam er nach Zürich. Bihaljis *Spanien zwischen Tod und Geburt* erschien 1937 in Zürich, London und New York. Aus: »Bihalji-Merin wird achtzig«, Typoskript von Bihalji-Schoenberner. — **13** *Modern German Art* by Peter Thoene, Introduction by Herbert Read, Harmondsworth 1938. Das Buch kam unter Pseudonym heraus. Auf der Rückklappe des Umschlags war jedoch ein Foto des Autors zu sehen, ein Zugeständnis Bihaljis an den Verlag, da dies in der Reihe üblich war. Bihalji hatte nach eigenen Worten ein Foto ausgesucht, auf dem man ihn kaum erkennen konnte. Daß die Nazis ein Auge auf ihn hatten, zeigt der Artikel im Völkischen Beobachter (s. Reaktionen). — **14** Die Flüchtlingszentrale im Z-Haus wurde 1933 über Nacht von einer Gruppe Schweizer Künstler und Architekten gegründet. Über die Anfänge des Projekts in der Schweiz, siehe: Richard Paul Lohse, Zetthaus (auch Z-Haus), in: *Dreissiger Jahre Schweiz, Ein Jahrzehnt im Widerspruch*, Katalog zur Ausstellung im Kunsthaus Zürich 1981/82, S. 89–101. — **15** Ebd. — **16** Edith Hoffmann, Jerusalem, in einem Brief an C. Frowein vom 29. 2. 1984 – im folgenden angegeben als EH an CF. — **17** Künstler, die in Deutschland lebten, waren Ernst Barlach, Willi Baumeister, Otto Dix, Erich Heckel, Carl Hofer, Käthe Kollwitz, Gerhard Marcks, Ewald Mataré, Otto Mueller, Emil Nolde, Max Pechstein, Oskar Schlemmer, Karl Schmidt-Rottluff. Ludwig Meidner verließ Deutschland erst 1939 und emigrierte nach England. – Künstler, die im Exil lebten: Wassily Kandinsky war bereits 1933 nach Paris emigriert, ebenso Gert Wollheim, Paul Klee, gebürtiger Schweizer, kehrte 1933 zurück nach Bern, wo er bis zu seinem Tod 1940 lebte. Oskar Kokoschka emigrierte zuerst nach Wien, dann nach Prag und im Dezember 1938 nach England. Heinrich Campendonck ging 1934 nach Amsterdam. Raoul Hausmann emigrierte 1933 nach Ibiza, 1936 nach Zürich, 1937 nach Prag, 1938 nach Paris und dann nach Südfrankreich. Kurt Schwitters ging 1936 ins Exil nach Norwegen, er folgte seinem Sohn Ernst, der Fotograf war. 1940 wurde er wieder vertrieben, er flüchtete vor der deutschen Besatzung nach England. Erst im Jahr der »Entarteten Kunst«-Ausstellung, 1937, flüchtete Friedrich Vordemberge-Gildewart zunächst nach Zürich und 1938 nach Amsterdam, wo er mit Max Beckmann zusammentraf. Lyonel Feininger, Halbamerikaner, flüchtete 1937 in die USA. Georg Grosz war 1932 zu einer Gastdozentur in die USA gereist und konnte 1933 nicht mehr nach Deutschland zurückkehren. Max Ernst lebte seit 1922 in Paris, Otto Freundlich seit 1924, Helmut Kolle ebenfalls seit 1924. Ins Exil nach Paris gingen Hans Hartung, Erwin Graumann, Wolf Demeter. – Künstler, die nicht mehr lebten: Max Liebermann starb 1935 zurückgezogen in Berlin, Christian Rohlfs 89jährig im Januar 1938. Ernst Ludwig Kirchner, der seit 20 Jahren in Davos in der Schweiz lebte – er zählt nicht zu den Emigranten des Dritten Reichs – erschoß sich im Juni 1938. Franz Marc und August Macke waren im Ersten Weltkrieg gefallen, Paula Modersohn-Becker war 1907 gestorben, Wilhelm Lehmbruck 1919, Lovis Corinth 1925, Max Slevogt 1932. Der Schweizer Maler Otto Meyer-Amden, Hoelzel-Schüler und Freund von Oskar Schlemmer und Willi Baumeister, der auch in der Ausstellung vertreten war, starb 1933, Ernst Barlach im Oktober 1938. 16 Künstler, die im Exil in England lebten, waren in einem separaten Teil der Ausstellung mit je einem Werk vertreten, die fast alle aus der Zeit des Exils stammten. Zu ihnen gehörten die Maler Hans Feibusch, Martin Bloch, Erna Auerbach, Margarethe Marks, Walter Hoefner, Fritz Kraemer, Hein Heckroth (Maler und Bühnenbildner, der mit dem Ballett Jooss zusammen nach England emigriert war) und Fred Uhlman, von Beruf Jurist, der erst im Exil in Paris (1933–1937) zu malen begonnen hatte. Mit seinen naiven Bildern hatte er sowohl in Paris als auch in England Erfolg. Zu den Bildhauern gehörten: Fritz Kormis und Benno Elkan, beide aus Frankfurt, Tiza Hess und die Österreicher Georg Ehrlich, Max Sokol und Paul Königsberger, mit einer Büste von Sigmund Freud aus dem Jahr 1930 vertreten. Im englischen Exil lebten zur Zeit der Ausstellung nur verhältnismäßig wenige Künstler, und im Gegensatz zu Frankreich und der Tschechoslowakei waren sie nicht organisiert. Der große Strom von Flüchtlingen kam erst nach dem Münchner Abkommen Ende 1938, Anfang 1939, unter ihnen John Heartfield und Oskar Kokoschka aus Prag, die zusammen mit Fred Uhlman zu Mitbegründern des Freien Deutschen Kulturbundes wurden. — **18** Viele der Leihgeber blieben ungenannt, in etwa der Hälfte der Fälle steht im Katalog: ›Private Collection‹. Den Angaben nach kamen etwa ⅓ der Werke aus der Schweiz, ⅓ aus Frankreich und ⅓ aus England. — **19** Heinz Kamnitzer beschreibt die Ankunft der Sammlung in dem Haus in London, in dem er zusammen mit Hans Hess lebte. »Seitdem lebte ich zusammen mit einer gelben Kuh und einer riesigen Indianerfrau von Franz Marc (...)« in: Heinz Kamnitzer, Heimsuchung und Testament, Leipzig 1983. — **20** EH an CF, 29. 2. 1984. — **21** Read an Göpel, s. Anm. 9. — **22** EH an CF, 3. 6. 1982. — **23** EH an CF, 13. 6. 1982. — **24** Nach einem Interview mit EH durch Gustav Metzger in Paris am 4. Nov. 1982. — **25** EH an CF, 13. 6. 1982. — **26** Brief von Oskar Schlemmer an seine Frau Tut, in: Oskar Schlemmer, *Briefe und Tagebücher*. Hg. Tut Schlemmer, Stuttgart 1977, S. 169. Die Datierung 30. Juni 1939 muß ein Irrtum sein. — **27** Das geht aus einem Brief von Kandinsky an Read hervor (9. Mai 1938 aus Neuilly s/Seine), der im folgenden noch zitiert wird. Es ist eine Antwort auf einen Brief von Read, in dem er K. von dem Beschluß im Komitee berichtet hat. (Aus: University of Victoria Library U.S.A.). — **28** Vergleiche Hélène Roussels Beitrag über die Geschichte des Freien Künstlerbundes, Paris, in diesem Band. — **29** Die Ausstellung »20th Century German Art« in: Freie Kunst und Literatur, No. 1, September 1938. Die Umbenennung von ›Deutscher Künstlerbund‹ in ›Freier Künstlerbund‹ im Frühjahr 1938 (s. Anm. 27) machte es möglich, daß auch österreichische Künstler Mitglieder wurden. Zu den Mitgliedern gehörten Victor Tischler, Max Ernst, Heinz Kiwitz, Hanns Kralik, Heinz Lohmar, Anton Räderscheidt, Hans Hartung, Otto Freundlich, »Bert«, Fred Uhlman u. a. — **30** Ein Brief von Oskar Kokoschka an Herbert Read vom 17. Mai 1938 aus dem Hotel Juliš, Prag. Aus dem Archiv von Oto Bihalji-Merin, Belgrad. – Ein Bild von Hore-Belisha ist nicht entstanden. — **31** Edith Hoffmann, Ein Brief von Kokoschka. Kokoschka an Alfred Barr New York, 2. Juli 1935, in: »Jahrbuch der Hamburger Kunstsammlungen«, Bd. 23, Hamburg 1978. — **32** Kokoschka war 1934 aus Dresden zunächst nach Wien emigriert und ging im selben Jahr nach Prag. — **33** EH an CF, 29. 2. 1984 — **34** S. Anm. 27. — **35** Pariser Tageszeitung Nr. 731, 1938. — **36** Daily Express 8. Juli 1938, London. — **37** EH an CF, 29. 2. 1984. — **38** Edith Hoffmann, *Oskar Kokoschka, Life and Work*. Mit einem Vorwort von Herbert Read, London 1947. — **39** Hans Maria Wingler, *Oskar Kokoschka, Das Werk des Malers*, Salzburg 1954, Nr. 89 im Œuvre Verzeichnis S. 303. — **40** Paul Westheim, *Oskar Kokoschka*, Potsdam 1919, 2. erweiterte Aufl., mit Nachtrag 1919–1925, Berlin, 1925. — **41** EH an CF, 29. 2. 1984. — **42** The Sunday Times, 16. 7. 1938. — **43** Kokoschka, der zunächst für die Realisierung der Ausstellung in London war, wandte sich später auch deshalb dagegen, weil er befürchtete, daß die in England noch völlig unbekannte deutsche Kunst auf Ablehnung stoßen könnte und damit die Gefahr bestände, daß die Öffentlichkeit dem Verbot der Kunst durch die Nazis zustimme. — **44** The New Statesman & Nation. 16. Juli 1938. — **45** Völkischer Beobachter, 11. Juli 1938. — **46** Paul Westheim, Bemerkungen, in: Neue Weltbühne, No. 29, 21. Juli 1938. — **47** Paul Westheim, Die KuKa macht Devisen, in: Neue Weltbühne, Dez. 1938. — **48** Diether Schmidt, s. Anm. 1. — **49** P. Westheim, Die KuKa macht Devisen, s. Anm. 47. — **50** Ebd. — **51** Ebd. Über die Vorbereitungen der Auktion in der Galerie Fischer schreibt Paul Ortwin Rave in seinem 1949 erschienenen Buch *Kunstdiktatur im Dritten Reich*: »Durch seinen Geschäftsfreund Haberstock eingeführt, hatte der Kunsthändler Theodor Fischer aus Luzern die Ware besichtigt.« (Damit waren die beschlagnahmten Werke aus deutschen Museen gemeint, die die Nazis im Depot in Berlin, einem Kornspeicher in der Köpenicker Straße gesammelt hatten, insgesamt etwa 17 000 Kunstwerke, von denen nur etwa 700 Stück für international verwertbar gehalten wurden.) Fischer »meinte in einem Brief an

Hofmann (8. Oktober 1938), ›der vorteilhafteste Weg einer Liquidierung‹ wäre eine internationale Auktion, für die er in einer Liste Vorschläge beifügte. Man rechnete mit einem Ertrag von 30 000 englischen Pfund«. Der Brief war sechs Wochen nach Ende der Londoner Ausstellung geschrieben. In einem Schreiben Theodor Fischers an Haberstock vom 6. März 1939 aus Luzern hieß es: »Für Saalmiete in Zürich habe ich bereits einige tausend Franken bezahlt. Für die Versicherung und die Bankgarantie muß ich auch mehrere tausend Franken bezahlen. Ich bin dazu bereit, aber ich will zuerst die Verträge in Händen haben, denn Sie glauben nicht, wie von überall von den Juden intrigiert wird. Wenn einmal beidseitig die Verträge unterschrieben sind, hört dieses Intrigantentum auf, vorher nicht. Andererseits ist die erfreuliche Tatsache zu bezeichnen, daß ich aus der Schweiz, aus Amerika, aus England und von der Regierung in Frankreich Anfragen erhalten habe, und alle sind sehr interessiert an der Auktion.« — 52 Völkischer Beobachter, 11. Juli 1938. Zum Pseudonym von Bihalji: aus einem Interview mit Oto Bihalji-Merin durch Mira Bihalji-Schoenberner, der Tochter des Schriftstellers, der heute in Belgrad lebt, im März 1984. — 53 Völkischer Beobachter, 2. Aug. 1938. — 54 Die Nazis hatten auch eine Ausstellung »Entartete Musik« veranstaltet, die am 25. Mai 1938 in Düsseldorf eröffnet worden war. Sie fand im Rahmen der Reichsmusiktage im Düsseldorfer Kunstpalast statt. — 55 Stephan Lackner, *Ich erinnere mich gut an Max Beckmann*, Mainz 1967, S. 39. — 56 Max Beckmann »Über meine Malerei«, Rede in der Ausstellung am 21. 7. 1938, Auszüge aus der Rede nach Beckmanns Manuskript. Zitiert nach: Max Beckmann, *Die Triptychon im Städel*, Frankfurt, 1981, S. 3–6. Sie wurde direkt anschließend ins Englische übersetzt. Der Kunsthändler und Freund Max Beckmanns, Curt Valentin, veröffentlichte 1941 die englische Fassung in New York im Selbstverlag. — 57 Auch Werke, die nicht in der Ausstellung waren, wurden nach New York geschickt, darunter eins der berühmten Frauenbilder von Kirchner von vor 1914 und ein Bild von Schmidt-Rottluff – beides große Bilder. Sie kamen während des Krieges nach London zurück, zur London Gallery. Danach verschwanden die Bilder, von ihnen fehlt jede Spur. (Bericht einer Beteiligten.) — 58 Prospekt für den ›Freedom Pavilion‹, aus dem Besitz von Ferdinand Kramer, Frankfurt. Erste Entwürfe für einen ebenfalls angelegten Pavillon waren bereits von F. Kramer, dem Frankfurter Architekten im Exil in New York gezeichnet worden. In dem Programm waren auch Ausstellungsräume vorgesehen. Nach einem Interview mit F. Kramer, Frankfurt 1983. (Das nationalsozialistische Deutschland hatte eine Teilnahme an der New Yorker Weltausstellung abgelehnt.) — 59 Max Beckmanns Triptychon »Versuchung«, sein »König« und »Quappi« wurden in einer kleinen Beckmann-Ausstellung in der Galerie Buchholz in New York im Januar 1939 gezeigt. Sie war als Filiale der Berliner Galerie 1936 von Curt Valentin 1936 gegründet worden (s. auch Anm. 57). Diese kleine Ausstellung, die Bilder aus den Jahren 1936–1938 zeigte, wanderte weiter nach Kansas City, Los Angeles, San Francisco und Seattle. Sie wurde von den Kritikern mit Beifall aufgenommen. Im Juli 1939 zeichnete man Beckmann auf der Golden Gate Ausstellung in San Francisco für das Triptychon »Versuchung« mit einem Preis von 1000 Dollar aus. Das Triptychon befand sich bis vor wenigen Jahren im Besitz von Stephan Lackner (Kalifornien) und ist heute in den Bayerischen Staatsgemäldesammlungen in München. — 60 »Die Ausstellung 20th Century German Art« in: Freie Kunst und Literatur No. 1, Paris, September 1938. — 61 Paul Westheim: Die Ausstellung des Freien Künstlerbundes in der Maison de la Culture. In: *Pariser Tageszeitung* Nr. 835, 6./7. Nov. 1938, zitiert nach: Widerstand statt Anpassung (s. Anm. 7), S. 140. — 62 (S. auch Anm. 30). Oskar Kokoschka an Augustus John am 26. 5. 1938: »(. . .) My pictures are doomed to perish if the radical wing in Germany gets right finally, the more conservative wing instead tries to sell our pictures in U.S.A. or somewhere else that's the reason, what for the Pranger show at Munich was arranged (now at Berlin).« Kokoschka spricht von den ausgesonderten Werken in der Aktion »Entartete Kunst«, die Händler im Ausland zu verkaufen versuchten. »(. . .) Please tell them in London, that they must not loose a word about me there. I am glad that my turn comes to open my mouth or better to show them my fists. Hore-Belisha would be an enormous chance, you understand!«

Ernst Loewy

Freier Äther – freies Wort?
Die Rundfunkarbeit deutscher Autoren im Exil 1933–1945

1. Zur Forschungslage[1]

»Rufe in die Nacht« lautet der Titel einer Sammlung von Gedichten und Prosa von Erich Weinert, die dieser während des Zweiten Weltkrieges über den Moskauer Sender nach Deutschland gesprochen hat.[2] Eine ähnliche Formulierung benutzte der amerikanische Historiker und Publizist Charles James Rolo in einem Buch, das den Rundfunk vor allem als Mittel der psychologischen Kriegführung zum Thema hat und dessen erste Auflage bereits 1940 erschien.[3] Das darin enthaltene Kapitel »Voices from out of the night« ist jenen Unternehmungen gewidmet, die sich als deutsche »Freiheitssender« bezeichnet haben und deren Tätigkeit seinerzeit, d. h. vor allem in den ersten Kriegsmonaten, nicht nur von einigen Exilzeitschriften, sondern auch von der britischen und französischen Tagespresse aufmerksam verfolgt wurde.

Die Exilforschung hat sich mit dem Thema Rundfunk bis vor wenigen Jahren kaum beschäftigt. Aber auch das Interesse, das die Rundfunkgeschichtsschreibung dem Thema Exil entgegenbringt, ist vergleichsweise jungen Datums. Zwar war im Zusammenhang mit dem »Ätherkrieg« – genauer: der psychologischen Kriegführung der Alliierten gegen das Dritte Reich – die Forschung auf den Beitrag deutscher Emigranten gestoßen. Thematisiert wurde dieser Beitrag kaum. Allerdings hat die Historiographie der DDR sich diesem Gegenstand früher zugewandt als die Rundfunkgeschichtsschreibung in der BRD.[4] Ein wachsendes Interesse ist neuerdings auch hier nicht mehr zu verkennen.

Die Literatur über die Rundfunkarbeit deutschsprachiger Emigranten hatte sich bisher an drei Mustern orientiert: dem der monographischen Darstellung der deutschsprachigen Programme einzelner Sender[5], dem der Untersuchung der Institutionen und Methoden der psychologischen Kriegführung[6], sowie schließlich dem der persönlichen Erinnerung. Das Letztere liegt den Memoiren solcher Autoren zugrunde, die (wie Carl Brinitzer, Hanuš Burger, Ernst Fischer, Hans Habe, Hans Jacob u. a.) an deutschsprachigen Rundfunkeinrichtungen des Auslands mitgewirkt haben[7]. Auch die Erinnerungen des britischen Journalisten Sefton Delmer, der seinerzeit die Mehrzahl der britischen Geheimsender ins Leben gerufen und geleitet hat, sind in diesem Zusammenhang zu nennen[8]. Auch ist auf einige fiktionale Werke hinzuweisen, in denen der Gegenstand eine zentrale Rolle gespielt hat[9].

Wenn erst in jüngerer Zeit dem politischen Exil in rundfunkgeschichtlichen Darstellungen Beachtung zuteil geworden ist, so mag dies mit dem allgemeinen Verdrängungsmechanismus zu erklären sein, dem der Gegenstand auch in anderen Forschungszweigen ausgesetzt war. Vielleicht fehlte aber auch die assoziative Verknüpfung von »Rundfunk« und »Exil«, da man die deutschsprachigen Sendungen des Auslands eher mit diesem, als mit der deutschen Emigration in Verbindung brachte. Daß der Rundfunk andererseits innerhalb der Exilforschung so spät entdeckt wurde, mochte mit der Vergänglichkeit des Mediums zu tun gehabt haben, mit der sehr heterogenen Überlieferung sowie der insgesamt als schwierig angenommenen Quellenlage. Es bedurfte in der Tat langwieriger Recherchen und vielleicht auch eines von unterschiedlichen Seiten formulierten Forschungsinteresses, um des Gegenstandes habhaft zu werden und ihn sowohl archivalisch als auch analytisch zu erschließen. Dabei rückte aber nicht nur der quantitative Anteil der deutschsprachigen Emigranten an der alliierten Rundfunkpropaganda ins Blickfeld: Es stellte sich vielmehr auch die Frage nach der Bedeutung deutschsprachiger Rundfunkaktivitäten für das Verhältnis zwischen antifaschistischem Exil und Widerstand.

2. Freier Äther – freies Wort?

Im Rahmen seiner für den Rundfunk verfaßten »Deutschen Satiren« schrieb Bertolt Brecht 1938 ein Gedicht »Die Bücherverbrennung«, das jüngst vielfach zitiert worden ist. Es bezieht sich auf den offenen Brief von Oskar Maria Graf, in welchem dieser am 12. Mai 1933 in der »Wiener Arbeiterzeitung« darüber Klage führte, daß ausgerechnet seine Bücher von der Aktion verschont blieben.

> Die Bücherverbrennung
>
> Als das Regime befahl, Bücher mit schädlichem Wissen
> Öffentlich zu verbrennen, und allenthalben
> Ochsen gezwungen wurden, Karren mit Büchern
> Zu den Scheiterhaufen zu ziehen, entdeckte
> Ein verjagter Dichter, einer der besten, die Liste der
> Verbrannten studierend, entsetzt, daß seine
> Bücher vergessen waren. Er eilte zum Schreibtisch,
> Zornbeflügelt, und schrieb einen Brief an die Machthaber.
> Verbrennt mich! schrieb er mit fliegender Feder, verbrennt
> mich!
> Tut mir das nicht an! Laßt mich nicht übrig! Habe ich nicht
> Immer die Wahrheit berichtet in meinen Büchern? Und jetzt
> Werd ich von euch wie ein Lügner behandelt! Ich befehle
> euch:
> Verbrennt mich![10]

Das Gedicht hatte Brecht für den Deutschen Freiheitssender geschrieben, der von 1937 bis 1939 von Mitgliedern der Exil-KPD im republikanischen Spanien betrieben wurde. Er war, was seinen Programmumfang, seine Sendeleistung und seinen Mitarbeiterkreis betraf, eine der gewichtigsten deutschsprachigen Rundfunkeinrichtungen des Exils.

Allgemein bekannt sind auch die Radioreden »Deutsche Hörer!«, mit denen Thomas Mann während des Krieges von den USA aus über die Sender der BBC in das Deutsche Reich hineinzuwirken suchte.[11]

Diese wie viele andere Rundfunksendungen des deutschsprachigen Exils beruhten auf der aufklärerischen Absicht, das Goebbelssche Vokabular mit den Realitäten des Dritten Reiches zu konfrontieren und damit auf seinen wahren Begriff zu bringen. Sie gingen davon aus, daß Deutschland und der Nationalsozialismus nicht dasselbe seien. In einer Sondersendung vom August 1941 sagte Thomas Mann:

> Deutsche Hörer!
>
> Die größte moralische Wohltat, die man dem deutschen Volk erweisen kann, ist, daß man es zu den unterdrückten Völkern rechnet. Denn wie sollte das Urteil über Deutschland lauten, und welche Hoffnungen könnte man für die Zukunft auf Deutschland setzen, wenn es die Untaten, die es unter seinem gegenwärtigen Regime begeht, freien Willens und mit klarem Bewußtsein beginge? Ihr, die ihr der Stimme der Freiheit lauscht, die von außen kommt, fühlt euch offenbar als Angehörige eines unterdrückten Volkes, und die Tatsache allein, daß ihr lauscht, ist schon ein Akt geistigen Widerstandes gegen den Hitler-Terror und der geistigen Sabotage des blutigen und unabsehbaren Abenteuers, in das er euch Deutsche gestürzt hat.[12]

Die Publizistik des Exils benutzte zunächst vor allem das gedruckte Wort, ein Faktum, das eine Vielzahl von Zeitschriften hervorbrachte, darunter ein gutes Dutzend von allgemeiner, überregionaler, politischer und literarischer Ausrichtung. Gedrucktes konnte von den Ländern des Exils aus freilich nur unter Schwierigkeiten den Leser in Deutschland erreichen, z. T. in Form von Tarnschriften, die in das Reich geschmuggelt, oder in Form von Flugblättern, die (während des Krieges) durch Flugzeuge der Alliierten hinter den deutschen Grenzen abgeworfen wurden.

Angesichts der für Druckmedien verbarrikadierten Grenzen des Dritten Reiches mußte für die im Exil befindlichen Antifaschisten die vermeintliche Freiheit des Äthers schon früh eine außerordentliche Anziehungskraft ausüben. An diese Freiheit war die Hoffnung auf eine Breitenwirkung geknüpft, die dem gedruckten Wort versagt bleiben mußte. Gelegentlich wurde sie auch euphorisch gefeiert wie etwa in dem Gedicht »Freiheitssender« von Berthold Viertel:

> Freier Weg zum Ohre durch die Luft,
> Willige Welle, die dem Wunsch sich fügt
> Auch des Redners, der unendlich lügt:
> Trage nun den Ehrenmann wie sonst den Schuft!

Abgesandter du der Freiheit, schwinge
In die waffenstarre Festung dich!
Zu den dort Gefangenen sprich und sprich,
In das Innerste des Landes dringe!

Nur im Innern kannst du dich entfalten,
Was kein Heer von außen trifft, triffst du.
Sprich dem Volke Mut und Hoffnung zu,
Falsche, nur erzwungene Einigkeit zu spalten.

Stimme du der Revolution,
Sprichst du erst, wer kann dein Wort verbergen?
Es vernimmt den Spruch das Ohr der Schergen,
Einer Stimme können sie nicht drohn.

Können sie die Luft zu Boden schlagen,
Die dem Volk die wahre Losung weiß?
Freiheitssender! Frei um jeden Preis!
Krähte da ein Hahn? Bald wird es tagen.[13]

Er fragt sich, ob oder wie weit die hochgespannten Erwartungen, die von einzelnen Emigranten an das Medium Rundfunk geknüpft wurden, von der Wirklichkeit eingelöst werden konnten. War der Äther tatsächlich so frei, wie diese hofften? War die ihm überantwortete Botschaft im Reiche zu empfangen? Und: War ein freier Zugang zum Äther überhaupt herstellbar? Dabei ist die Frage nach der Wirkung noch gar nicht gestellt.

Zunächst ist festzuhalten, daß es den deutschen Sendungen aus dem Ausland nicht gelang, größere Teile der deutschen Bevölkerung nachhaltig zu beeinflussen oder sie auch nur zu erreichen. Denn dem Abhören von »Feindsendern« stand die Androhung drakonischer Strafen entgegen. Wirklich frei zu empfangen, wenn auch nicht in Europa, waren allein die sogenannten »Deutschen Stunden« in Übersee, die allerdings für ein anderes Publikum bestimmt waren und vornehmlich der Kommunikation unter den deutschen Emigranten dienten.

Doch waren es weniger die äußeren Beschränkungen, die die Hoffnung dämpften, mit den Mitteln des Rundfunks die Deutschen für einen aktiven Widerstand gegen das NS-Regime gewinnen zu können, als vielmehr die Tatsache, daß den Artikulationsmöglichkeiten deutscher Emigranten von seiten der Gastländer gerade im politisch hochsensiblen Rundfunkbereich enge Grenzen gesetzt waren. Die Hoffnung, von der Autorität der benutzten ausländischen Rundfunkeinrichtungen zu profitieren, wurde durch eben diese Autorität weitgehend zunichte gemacht. Auch die erwünschte rundfunkpublizistische Einkreisung des NS-Staates war bis zum Kriegsausbruch bestenfalls formal erfüllt; inhaltlich standen ihr außenpolitische Rücksichtnahmen gegenüber dem Dritten Reich sowie das Nichtzustandekommen eines Systems kollektiver Sicherheit zwischen den Westmächten und der Sowjetunion entgegen. »Freiheitssender«, die diesen Namen uneingeschränkt verdienten, konnten unter diesen Umständen allenfalls die Ausnahme sein. Von ihnen wird später zu sprechen sein.

Mit dem sich entfaltenden »Ätherkrieg« wurden neben den bereits bestehenden Auslandsdiensten der regulären Rundfunkanstalten (BBC seit Ende 1938, Radio Straßburg und Radio Moskau schon seit Ende der zwanziger Jahre) oder den neu eingerichteten Diensten (wie der Stimme Amerikas) Instrumente geschaffen, die sich von allen bisherigen grundsätzlich unterschieden. Ich meine jene Art von Tarnsendern, die (wie Gustav Siegfried I, der Soldatensender Calais, der Deutsche Kurzwellensender Atlantik, der Sender »1212«) unter Verschleierung des politischen Standpunktes ihrer Urheber auf die Unzufriedenen im deutschen Volk, vor allem in der Wehrmacht, spekulierten, und sich vielfach als das Werk abgefallener Offiziere, Soldaten oder Nazis ausgaben. Sie sprachen deren Sprache und bedienten sich aller Mittel der Subversion, insbesondere der bewußten Falschmeldung. Im Gegensatz zu den eigentlichen »Schwarzsendern«, deren Aussagen weitgehend auf Erfindung beruhten, gaben sich die sogenannten »Grausender« eher seriös, ließen aber auf jeden Fall den Hörer über Standort und Betreiber des Senders im unklaren. Auch sie freilich wendeten den Kodex publizistischer Fairneß und wahrheitsgetreuer Berichterstattung allenfalls dann an, wenn die jeweilige Situation und propagandistische Zielsetzung es als opportun erscheinen ließen. Sie benutzten, ebenso wie die Schwarzsender, das Mittel der gezielten Fehlinformation, sofern sich dieses, etwa durch ein geschicktes Arrangement von Versatzstücken auf realem Hintergrund, glaubhaft an den Mann bringen ließ. Hanuš Burger, als Redakteur und Sprecher für den von Luxemburg aus operierenden amerikanischen Geheimsender »1212« tätig gewesen, schildert in seinen Erinnerungen die Herstellung von »Augenzeugenberichten«, die aus Fliegeraufnahmen, Stadtplänen, Lokalnachrichten, Zeitungsinseraten, Gefangenenvernehmungen und einem guten Schuß Phantasie erdichtet wurden.[14] Das Ziel war die Verunsicherung von Bevölkerung und Wehrmacht, die Schwächung der Kampfmoral, nicht die langfristig wirkende Aufklärung. Hinter der »verdeckten« Propaganda verbargen sich allemal Intentionen, zu denen die Regierungen sich offiziell nicht bekennen mochten.

Das heißt übrigens nicht, daß solche Sendungen nicht von denselben Organen der psychologischen Kriegführung produziert wurden, die auch für die »offene« (»weiße«) Propaganda zuständig waren. Richard Crossman, einer der bedeutendsten Köpfe der britischen und später auch der alliierten psychologischen Kriegführung, brillanter Publizist, führender Labour-Politiker und Mitglied der ersten Regierung Wilson, charakterisiert in seinem Vortrag »Psychological Warfare« seine Tätigkeit als eine solche, »in welcher meine linke Hand wußte, was meine rechte tat, jedoch meine rechte Hand, die BBC, keine Ahnung von dem hatte, was meine linke machte«.[15] Diese Anspielung galt eben dieser Tatsache.

Wiewohl die alliierten Mächte sich an ihren eigenen Interessen und nicht an denen des deutschen Exils orientierten, ist nicht zu übersehen, daß sie ohne die Hilfe der durch den Nationalsozialismus vertriebenen und im Exil lebenden Deutschen, Österreicher und deutschsprachigen Tschechen außerstande gewesen wären, ein so ausgedehntes Netz deutschsprachiger Rundfunk- und Propagandaaktivitäten ins Leben zu rufen. Ein von den Emigranten ausgeübter Einfluß auf den Inhalt der Programme war damit allerdings noch nicht garantiert. Voraussetzung der Zusammenarbeit blieb freilich eine (wenn auch vielfach nur partielle) Interessenidentität der Emigranten mit den alliierten Mächten, insbesondere ein allgemeiner Konsens über die Notwendigkeit der militärischen Zerschlagung des Dritten Reiches. Deutlicher als in anderen Medien scheint sich im Rundfunkbereich eine teils erzwungene, teils sicherlich auch freiwillige Anpassung der Vorstellungen deutscher Emigranten an diejenigen der Gastländer vollzogen zu haben. Vor allem aber dürfte diese Anpassung, wo immer sie stattfand und »gelang«, nur der besondere (und dem rechtlich wie politisch so stark eingebundenen Medium Rundfunk entsprechende) Ausdruck der Integration deutscher Emigranten in das jeweilige Gastland gewesen sein, in dem viele ja auch auf Dauer bleiben wollten. Gleichzeitig mag man, jedenfalls aus der Retrospektive, den hier wirksamen Anpassungsdruck als Vorwegnahme jener Polarisierungstendenzen ansehen, die dann wenig später auch das Schicksal des geteilten Deutschland bestimmen sollten und selbstverständlich auch die Neuordnung des Rundfunks prägten.

Gewiß führte weder ein einheitlicher noch ein geradliniger Weg von den Rundfunkaktivitäten des Exils über den Besatzungsrundfunk zum selbständigen deutschen Nachkriegsrundfunk, weder in institutioneller noch in personeller Hinsicht. Doch findet man unschwer sowohl die Rechtsform der BBC (wenn auch in abgewandelter Form) als auch bestimmte journalistische Gepflogenheiten wie Trennung von Nachricht und Kommentar bei den in der britischen Zone angesiedelten Sendern Hamburg und Köln wieder, d. h. dem Nordwestdeutschen Rundfunk (sinngemäß aber auch bei den Rundfunkanstalten in Süddeutschland). Man kann in den Programmen vor allem der Rundfunkstationen der amerikanischen Besatzungszone einen großen Anteil von Übernahmen des zunächst noch (bis November 1945) bestehenden Radio Luxemburg sowie der Voice of America ausmachen, in den Sendungen der sowjetischen Besatzungszone andererseits die Fortsetzung der bereits von entsprechenden sowjetischen Sendern eingeschlagenen politisch-ideologischen Linie entdecken.[16]

3. Freiheitssender

Von besonderem Gewicht, jedenfalls für die Exilgeschichte, waren jene Rundfunk-Einrichtungen, die sich als Organe von politischen Gruppierungen des Exils ausgaben und in der Regel als »Freiheitssender« bezeichneten. Ich will mich deshalb im wesentlichen auf diese beschränken, freilich ohne damit suggerieren zu wollen, daß es sich dabei um die wichtigsten oder wirkungsvollsten deutschsprachigen Rundfunkeinrichtungen des Auslands gehandelt habe. Die »Freiheitssender« verstanden sich als Sprachrohr des »anderen« Deutschland, als die »Stimme des stumm gewordenen Volkes« (Heinrich Mann) und unterschieden sich als Überzeugungsrundfunk deutlich sowohl von den regulären deutschsprachigen Diensten der Auslandssender als von den subversiven, eine Unterminierung der gegnerischen Moral bezweckenden Schwarzsendern. Bezeichnend für ihre Programme war der Versuch, freilich mit unterschiedlicher Akzentsetzung, einem emphatischen Antifaschismus Ausdruck zu verleihen und diesen gelegentlich auch mit einer patriotischen Aura zu versehen.

Die ersten Versuche, gegen das Dritte Reich gerichtete geheime Sender[17] zu etablieren, waren wagemutige Unternehmungen. Ein Sender der Schwarzen Front, der die Ziele des oppositionellen Nationalsozialisten Otto Strasser propagierte, war in der Nähe von Prag in der Mansarde eines Hotels installiert; die nur kurze Tätigkeit des Senders wurde Anfang 1935 durch einen von der Gestapo inszenierten Mord beendet. Die Affäre fand seinerzeit in der ČSR eine breite Publizität und hatte Mitte der 60er Jahre auch ein gerichtliches Nachspiel in der Bundesrepublik. Der unter dem Verdacht des Mordes stehende SS-Mann Alfred Naujocks, der gleiche, der vor Kriegsbeginn 1939 den fingierten Angriff auf den Sender Gleiwitz geleitet hatte, erlebte das Ende des Prozesses allerdings nicht mehr, da er während des Verfahrens einem Herzinfarkt erlag.[18] Die abenteuerlichste Unternehmung dürfte wohl ein Sender der Deutschen Freiheitspartei gewesen sein, die der ehemalige Zentrumsabgeordnete und zeitweilige Pressechef der Reichsregierung Carl Spiecker gegründet hatte. Die Anlage operierte Anfang 1938 für kurze Zeit unter britischer Flagge von einem im Ärmelkanal kreuzenden Fischkutter aus.[19]

Die Internationalisierung des Bürgerkriegs in Spanien bot den linken Gruppierungen des deutschen Exils ein Aktionsfeld, das ihnen ermöglichte, das ihnen auf dem Heimatboden Verwehrte zu tun, nämlich den Faschismus direkt und unmittelbar – selbst mit der Waffe – zu bekämpfen. Ihre Solidarität mit der vom internationalen Faschismus bedrängten Republik fand ihren Ausdruck in zahlreichen literarischen Werken sowie publizistischen Aktivitäten, zu denen auch die Mitwirkung an mehreren Rundfunkeinrichtungen gehörte. Die Sendungen waren u. a. für die internationalen Brigaden bestimmt, die ab Ende 1936 an den Kämpfen teilnahmen. Einige fungierten als Sprachrohr der von außen bedrohten, gleichzeitig aber auch im Umbruch befindlichen staatlichen Macht in Madrid und Barcelona, andere unmittelbar als Organe der revolutionären Kräfte, die das politische Spektrum des autonomen Katalonien bis zur Erringung der kommunistischen Vorherrschaft im Verlauf der Mai-Unruhen 1937 bestimmten. Zu nennen sind hier insbesondere die dabei zum Verstummen gebrachten Programme der Anarchosyndikalisten und der POUM. Die deutschen Sendungen der einen wurden durch den Publizisten Augustin Souchy, die der anderen durch Max Diamant, ehemaligem SAP-Repräsentanten in Spanien, betreut.

Die bedeutendste Sendeeinrichtung im republikanischen Spanien aber war der leistungsstarke Deutsche Freiheitssender auf Welle 29,8, der Nachrichten, Berichte, Aufrufe, Reden und Gedichte ausstrahlte.[20] Er war von der spanisch-republikanischen Regierung dem Exekutivkomitee der Kommunistischen Internationale (EKKI) und damit gleichzeitig der KPD für bestimmte Sendezeiten zur Verfügung gestellt worden. Diese hatte ihrerseits die Sendezeit dem Deutschen Volksfront-Komitee überlassen. Der Sender versuchte den Eindruck zu erwecken, als stünde er auf deutschem Boden. Mit der Niederlage des republikanischen Spanien im März 1939 mußte er seine Tätigkeit einstellen.

Zu den festen und gelegentlichen Mitarbeitern am Deutschen Freiheitssender gehörten u. a. die KPD-Funktionäre Gerhart Eisler und Kurt Hager sowie die Schriftsteller Bertolt Brecht, Oskar Maria Graf, Heinrich Mann, Gustav Regler, Ernst Toller und Arnold Zweig. Auch Persönlichkeiten der internationalen Linken meldeten sich zu Wort, wie der amerikanische Schriftsteller Ernest Hemingway, der Sänger Paul Robeson, die englischen Politiker Harold Laski und D. N. Pritt sowie der flämische Maler und Graphiker Frans Masereel. Programmatische Aufforderungen zum Widerstand gegen Hitler brachte dieser Deutsche Freiheitssender wiederholt in Form der »10 Gebote für Deutsche«, die das Muster für ähnliche Anweisungen der alliierten Propaganda während des Krieges abgaben. Sie lauteten in der Fassung des in Spanien stationierten Deutschen Freiheitssenders:

1. Du sollst langsam arbeiten. Organisiere Streiks und wo nötig Sabotageakte. Wenn Du Soldat bist, sollst Du nicht schießen.
2. Du sollst gegen Hitler und seine Helfershelfer kämpfen, gegen Göring, Hess, Krupp, Thyssen, gemeinsam mit allen Gegnern Hitlers. Nur die Einheitsfront der Arbeiter und Bauern führt zum Sieg.
3. Du sollst die Wahrheit über Hitlers Greueltaten verbreiten, wann immer und wo immer Du kannst. Verbreite sie, schreibe sie auf kleine Zettel, die Du herumliegen lassen kannst oder sage sie weiter. Die Wahrheit ist eine starke Waffe im Kampf gegen den Nationalsozialismus.
4. Du sollst Hitlers Lügen nicht glauben. Trau' nicht den Nazizeitungen. Glaube dem Nazidruck kein einziges Wort.
5. Du sollst Dich nicht bestehlen lassen. Deine Steuern fließen in die Taschen der Nazigrößen und Kriegsgewinnler. Zahle keine Steuern mehr. Hole Dir Dein Geld von der Sparkasse oder von der Bank zurück. Bring kein Geld mehr zur Sparkasse.
6. Du sollst keine rassischen oder konfessionellen Unterschiede mehr kennen. In Hitlerdeutschland gibt es nur zwei Arten von Menschen, – die einen stopfen sich die Tasche voll ohne zu arbeiten, die anderen werden vom Regime gejagt und unterdrückt. Die Gejagten und Unterdrückten sind Deine Freunde.
7. Du sollst den Opfern der Nationalsozialisten helfen wo immer Du kannst. Die Frauen, deren Männer im Konzentrationslager sind, die Kinder, deren Eltern von Hitler umgebracht worden sind, sie brauchen Deine Hilfe und Sympathie.

8. Du sollst den Kampf gegen Hitler methodisch und systematisch führen. Schließe Dich niemandem an, bevor Du ihn nicht sorgfältig geprüft hast. Aber verbünde Dich mit ihm, sobald Du sicher sein kannst, daß er gegen Hitler kämpft.
9. Du sollst mithelfen, Spione, Provokateure, Hitleragenten zu entlarven; sei wachsam und argwöhnisch; hüte Dich vor falschen Freunden, denn sie kommen in immer neuer Verkleidung. Wenn Du einen Spion entdeckt hast, melde allen Freunden seinen Namen.
10. Du mußt und sollst gegen Hitler kämpfen mit allen Dir zur Verfügung stehenden Mitteln und Kräften. Er hat die Blüte der deutschen Kultur des Landes verwiesen. Er hat die Blüte der deutschen Arbeiterklasse ins Gefängnis geworfen. Er hat die Blüte der deutschen Bauernschaft zu Sklaven gemacht. Und nun treibt er alle ins Verderben. Friede dem deutschen Volk, Tod dem Hitlerregime.[21]

Mit Kriegsbeginn meldeten sich aus Frankreich einige dem französischen Informations- und Außenministerium unterstehende deutsche und österreichische Freiheitssender, die wegen der militärischen Niederlage Frankreichs nur einige Monate Bestand haben konnten. Einer dieser Sender, an dem der ehemalige KPD-Politiker Willi Münzenberg sowie der ehemalige Zentrumspolitiker Werner Thormann mitgewirkt haben, gab sich als Nachfolger des Deutschen Freiheitssenders in Spanien aus. Er setzte dessen antifaschistische Agitation fort, bekämpfte jedoch gleichzeitig mit derselben Intensität den Kommunismus stalinscher Prägung und attackierte die Komplizenschaft von Hitler und Stalin. In der von Münzenberg in Paris herausgegebenen Zeitschrift »Die Zukunft« vom 10. November 1939 hieß es:

> Verschärfter Widerstand der deutschen Arbeiter gegen den Hitler-Stalin-Pakt
>
> Seit mehreren Jahren ist in Deutschland ein illegaler Kurzwellensender tätig, der seine Arbeit trotz der stärksten Verfolgung durch die Gestapo fortsetzt. Dieser unter dem Namen »Deutscher Freiheitssender 29. 8.« bekannte illegale Sender hat in den letzten Jahren wiederholt Aufrufe bekannter ausländischer und deutscher, der Diktatur feindlicher Persönlichkeiten an das deutsche Volk verbreitet. Für die Stimmung der breiten Massen der Arbeiter ist es nun bezeichnend, daß der Sender in letzter Zeit wiederholt scharf mit dem Hitler-Stalin-Pakt abgerechnet hat. Am 2. November hörten Radiofreunde in Dänemark eine Botschaft einer Betriebsgruppe in Bochum, die Stalin für den Hitlerkrieg verantwortlich machte und erklärte, in Zukunft den Kampf ebenso unerbittlich gegen Stalin wie gegen Hitler führen zu wollen. Die Belegschaft appellierte an alle Arbeiter Deutschlands, sich in einer unabhängigen deutschen Einheitspartei zu sammeln, die für

alle, mit Ausnahme der Nationalsozialisten und stalinistischen Kommunisten, offen stehen soll. Wir notieren diese Tatsache als ein erfreuliches Zeichen der sich bildenden großen und gesunden Einheitsbewegung in Deutschland.²²

Es wird seinerzeit kaum jemanden überrascht haben, daß die KPD-Führung die Benutzung des Namens und Ansehens einer von ihr ins Leben gerufenen Einrichtung als »Usurpation« verstanden hat. Die Reaktion blieb denn auch nicht aus. Wilhelm Florin, Mitglied des ZK und des Politbüros der KPD sowie ehemaliges Reichstagsmitglied, griff von Moskau aus die »Halunken des sogenannten Freiheitssenders« an, die er pikanterweise nicht nur als »vorgeschobene Posten der englisch-französischen Imperialisten« bezeichnete, sondern auch als Störenfriede der deutsch-sowjetischen Eintracht qualifizierte.²³

Die französischen Einrichtungen eröffneten einen neuen Abschnitt in der Geschichte der deutschen »Freiheitssender«. Als abhängige Organe ausländischer Behörden hatten sie jedenfalls ihre Unschuld eingebüßt. Der Deutsche Freiheitssender in Spanien konnte als Organ einer, freilich mehr intendierten als bereits existierenden deutschen Volksfront noch für sich in Anspruch nehmen, im Namen des deutschen Widerstandes zu sprechen. Mit dem endgültigen Scheitern der Volksfront-Bestrebungen sowie dem Nichtzustandekommen einer verantwortlichen deutschen Exilvertretung war diese Möglichkeit vertan. Zwar konnten politische Gruppierungen und engagierte Einzelpersonen nicht daran gehindert werden, den Anspruch auf die Repräsentanz eines »anderen Deutschland« auch weiterhin aufrechtzuerhalten, doch war deren Legitimation fragwürdig. Dieser Sachverhalt erleichterte es den für den Fremdsprachen- oder Auslandsrundfunk zuständigen Stellen in den Gastländern, deutschsprachige Rundfunksendungen und die publizistische Mitarbeit von Emigranten nach eigenem Ermessen und eigenen Bedürfnissen einzusetzen und zu benutzen. Bereits bei Kriegsbeginn standen propagandistische Nützlichkeitserwägungen im Vordergrund. Das Etikett von »Freiheitssendern« wurde zusammen mit ihrer Diktion und ihrem Gestus allerdings gern übernommen. Doch gehörten die mit diesem Etikett sich schmückenden Einrichtungen eindeutig zum publizistischen Instrumentarium der psychologischen Kriegführung der Alliierten, auch wenn ihre Mitarbeiter subjektiv die Tradition der »Freiheitssender« fortzusetzen meinten.

Auch die ersten deutschsprachigen Tarnsender in Großbritannien waren in den frühen Kriegsjahren am Modell der »Freiheitssender« orientiert; sie konnten sich dabei – ähnlich wie in Frankreich – auf deutsche Exilgruppierungen stützen. Im Mai 1940 nahm ein den Intentionen der Deutschen Freiheitspartei nahestehender Sender mit der Ansage »Hier spricht Deutschland auf Welle 30,2« seine Tätigkeit auf. Er stand unter der redaktionellen Leitung des bereits erwähnten Carl Spiecker und von Hans-Albert Kluthe. Daneben war ein Sender deutscher Linkssozialisten, vornehmlich um die Gruppe »Neu Beginnen«, unter dem Namen Sender der Europäischen Revolution, sowie ein

Sender österreichischer Sozialisten, Radio Rotes Wien, tätig. Mitarbeiter des Senders der Europäischen Revolution waren u. a. der spätere SPD-Bundestagsabgeordnete Waldemar von Knoeringen, der spätere Intendant des Süddeutschen Rundfunks und Berliner Publizistikprofessor Fritz Eberhard und der spätere Londoner ARD-Korrespondent Paul Anderson. Die Sender waren von der britischen Regierung (dem Ministry of Information und dem Foreign Office) ins Leben gerufen worden, blieben jedoch – im Rahmen vorgegebener Richtlinien – der politischen Einstellung der sie tragenden Gruppierungen verpflichtet.[24]

Die schwindende Hoffnung auf einen Umsturz in Deutschland und eine von innen herbeigeführte Beendigung des Krieges hatte den Glauben, dem Nationalsozialismus mit politischen Mitteln begegnen zu können, auf ein Minimum reduziert. Die Macht des Wortes war unter diesen Umständen weniger gefragt als das Wort der Macht. Mit der Konferenz von Teheran Ende 1943 setzte sich auf alliierter Seite endgültig jener Trend durch, der durch Churchill und Roosevelt auf der Konferenz von Casablanca Anfang 1943 formuliert wurde und der mit der Forderung nach »bedingungsloser Kapitulation« Deutsche fürs erste von der Mitbestimmung bei der Gestaltung der Geschicke ihres Landes ausschloß. Schon vorher hatten auf westlicher, d. h. auf britischer Seite die politisch motivierten und auf politische Resonanz hoffenden Sender ihre Tätigkeit einstellen müssen. Der linkssozialistische, bis zum Eintritt der Sowjetunion in den Krieg jedoch dezidiert anti-sowjetische Sender der Europäischen Revolution wurde bereits im Juni 1943 der west-östlichen Allianz geopfert. Neben die seriöse Berichterstattung der BBC und ähnlicher später hinzutretender amerikanischer Einrichtungen trat als eher taktisches Mittel der Kriegspropaganda jene geschickte, oft kumpelhaft verbrämte oder durch Obszönität angereicherte Mischung von Wahrheit und Lüge, die für einen Teil der von Sefton Delmer ins Leben gerufenen Tarnsender charakteristisch war. Ideologisch und zum Teil auch personell fand die Tätigkeit des Deutschen Freiheitssenders auf Welle 29,8 ihre Fortsetzung in verschiedenen, vom Boden der Sowjetunion aus operierenden offenen und verdeckten Einrichtungen. Vom September 1941 bis Kriegsende betrieb die Sowjetunion den Deutschen Volkssender. Er unterstand direkt dem ZK der KPD. Zu den Mitarbeitern gehörten u. a. Wilhelm Pieck, Walter Ulbricht und Otto Winzer sowie die Schriftsteller Johannes R. Becher, Willi Bredel, Fritz Erpenbeck, Ernst Fischer, Erich Weinert und Friedrich Wolf. Ein Pendant hierzu stellte der ebenfalls von der Sowjetunion aus betriebene Sender Österreich sowie der Sudetendeutsche Freiheitssender, Organe der KPÖ bzw. der KPČ, dar. Im Juli 1943 wurde ferner der Sender Freies Deutschland als Organ des gleichnamigen Nationalkomitees (NKFD) eingerichtet.[25]

Der Sender des Nationalkomitees »Freies Deutschland« war im Gegensatz zu allen übrigen »Freiheitssendern« eine »offene« Einrichtung, also kein Geheimsender. Seine Sendungen wurden von Radio Moskau und anderen Sendern der Sowjetunion ausgestrahlt. In seiner Ansage hieß es:

»Achtung! Hier spricht der Sender des Nationalkomitees ›Freies Deutschland‹ ... Wir sprechen im Namen des deutschen Volkes ... wir rufen zur Rettung des Reiches! ... Wir rufen die deutsche Wehrmacht!«

Mit diesem Sender wurden Elemente der Volksfrontpropaganda der dreißiger Jahre, freilich unter direkter sowjetischer Kontrolle, reaktiviert. Die Zusammenarbeit mit gefangenen Wehrmachtsangehörigen des Nationalkomitees »Freies Deutschland« und des Bundes Deutscher Offiziere sowie der Appell an »nationale« Kräfte in der Heimat bewirkte eine Anreicherung dieser Propaganda durch patriotische Töne.

Das Nationalkomitee »Freies Deutschland« betonte nicht nur den Unterschied zwischen Hitler und der »NS-Führerclique« auf der einen, dem deutschen Volk auf der anderen Seite, es machte auch Zusagen hinsichtlich einer freien, unabhängigen, gerechten, demokratischen deutschen Regierung, die der nationalsozialistischen folgen sollte. Eine solche würde die bürgerlichen Rechte achten und den wahren Nationalinteressen dienen. Auch würde sie nicht nur die Gewerkschaftsfreiheit, sondern auch das rechtmäßig erworbene Eigentum und die Freiheit des Handels wieder herstellen. Dies alles sollte allerdings nur für den Fall gelten, daß die Deutschen das NS-Regime aus eigener Kraft beseitigen und die Kriegsverbrecher bestrafen würden. Die Äußerungen des NKFD sollen sich gelegentlich von den härteren offiziellen Verlautbarungen sowjetischer Politiker abgehoben haben.[26] Doch versteht es sich, daß auch dieser Sender in allen Phasen seines Bestehens der strikten Kontrolle sowohl durch die KPdSU als auch durch die sowjetische Armeeführung (VII. Abteilung der Roten Armee) unterworfen war. Den für den Rundfunk tätigen deutschen Emigranten konnte dabei ein relativ großer Spielraum zugestanden werden, zumal es sich hier vorwiegend um KP-Mitglieder handelte, bei denen eine den Zielen der Sowjetunion weitgehend konforme ideologische und politische Ausrichtung erwartet werden durfte.

4. Binnensender, inneramerikanische Rundfunkoffensive

Grundsätzlich zu unterscheiden von denjenigen Einrichtungen, die sich an den Hörer in Deutschland wandten, sind jene Programme in Amerika und im Fernen Osten, die sich der Binnenkommunikation unter den Emigranten und ihren Gruppierungen widmeten. Die Versorgung mit Nachrichten, Unterhaltung und Lebenshilfen aller Art stand hier zumeist an erster Stelle. Dies geschah in sogenannten »Deutschen Stunden«, die bei kommerziellen Rundfunkanstalten angemietet wurden. Entsprechende Programme gab es (gibt es z. T. auch heute noch) in New York, Philadelphia, Chicago und anderen Städten der USA. In Montevideo/Uruguay wurde bereits 1938 eine noch gegenwärtig bestehende Einrichtung, La Voz Del Dia – Die Stimme des Tages, ins Leben gerufen. Selbst im japanisch besetzten Shanghai wurden zwischen 1939 und 1945 Sendungen für die vorwiegend jüdische Emigrantenkolonie ausgestrahlt, wobei neben der englischen und jiddischen auch die deutsche Sprache verwendet wurde. Eine dieser Einrichtungen war ein Organ des Shanghaier Büros der Sowjetischen Nachrichtenagentur TASS, eine zweite wurde durch das amerikanische Office of War Information (OWI) zusammen mit der britischen Political Warfare Executive (PWE) finanziert, die dritte war ein Sprachrohr des jüdischen Flüchtlingshilfe-Komitees.

Die überwiegende Zahl der Rundfunkeinrichtungen dieser Art befand sich in den Vereinigten Staaten. Bereits 1927 berichtete die Zeitschrift »Der Deutsche Rundfunk« von der Existenz einer »Deutschen Stunde« in New York.[27] In den vierziger Jahren gab es davon bereits etwa 40, die Mehrzahl im Osten der Vereinigten Staaten, einige jedoch in Kalifornien sowie im mittleren Westen. Eingerichtet zunächst für die in den USA ansässigen Deutsch-Amerikaner, hatten nach dem Machtantritt der Nationalsozialisten sich die damals existierenden »Deutschen Stunden« vielfach als »neutral« ausgegeben oder waren gar unter den Einfluß der NS-Propaganda geraten. Einige Stationen wie WEVD oder WLTH stellten hingegen als Reaktion auf die Geschehnisse im Dritten Reich ihre deutschsprachigen Programme ein. Erst die Zunahme des vorwiegend jüdischen Flüchtlingsstromes aus Deutschland führte zur Wiederaufnahme der Sendungen, jedoch unter anderen Vorzeichen. So konnte im November 1938 die deutschjüdische Wochenzeitung »Aufbau« berichten, daß die Radiostation WEVD dem German-Jewish-Club, als dessen Organ der »Aufbau« gegründet worden war, eine regelmäßige Sendestunde zur Verfügung gestellt hat.[28]

Über diesen Sender kamen u. a. der »Aufbau«-Herausgeber Manfred George, der Arzt und Schriftsteller Martin Gumpert, der ehemalige Berliner Rabbiner Joachim Prinz sowie der Schachweltmeister Emanuel Lasker zu Wort. Als Leiter der Sendungen zeichnete Josef Freudenthal verantwortlich. Anscheinend bestand dieses Programm nicht lange, doch Anfang 1940 berichtete der »Aufbau« von einem ähnlichen Versuch:

> Unter dem Motto: Wieder leben, trauern, hoffen hat der Sender WLTH, der wie verschiedene andere Sender vor Jahren sein deutsches Programm abgeschafft hat, eine neue deutsche Abteilung eingerichtet.[29]

Wiederum wurde Josef Freudenthal zum Leiter berufen. Eine längere Lebensdauer war freilich auch diesem Unternehmen nicht beschieden. Fast zur gleichen Zeit (Sommer 1940) begann die dem Schutzverband Deutscher Schriftsteller (SDS) nahestehende German American Writers Association (GAWA), deren erster Vorsitzender Oskar Maria Graf und deren Sekretär Manfred George war, mit einem eigenen Programm, das von der Station WCNW ausgestrahlt wurde. Mit der Auflösung der GAWA, die an den Meinungsverschiedenheiten über den deutsch-sowjetischen Vertrag zerbrach, im Juni 1940 wurden auch deren Sendungen eingestellt.[30] Der Schwerpunkt des Programms lag, was durch den Veranstalter erklärlich ist, auf literarischem Gebiet. Eine der letzten Sendungen war eine Gedenksendung zum 65. Geburtstag von Thomas Mann Anfang 1940. Offenkundig eine, allerdings nur kurze Fortsetzung der GAWA-Radiostunde war die »Freie Deutsche Radiostunde« (Juni–September 1940).[31]

Ende März 1941 startete schließlich der »Aufbau« eine unter seinem eigenen Namen erscheinende und durch die WHOM (später auch WEVD) wöchentlich ausgestrahlte »Aufbau«-Radiostunde.[32] Den spärlichen Angaben, die die Zeitschrift darüber brachte, ist zu entnehmen, daß literarische und informative Beiträge wechselten. Mitte April 1941 lief sogar eine tägliche »Aufbau«-Radiostunde an. Sie sollte zum »aktuellen Sprachrohr der Emigration aus Zentral-Europa« ausgebaut werden.[33] Die Tatsache, daß sie bereits nach wenigen Wochen im »Aufbau« nicht mehr erwähnt wurde, läßt auch hier auf eine kurze Lebensdauer schließen. Daß die noch unkalkulierbare Haltung der Vereinigten Staaten vor Pearl Harbour und die damit verbundenen Irritationen der »Aufbau«-Redaktion damit ursächlich zu tun gehabt haben mochten, kann nur vermutet werden.

Wenn von literarischen Beiträgen deutscher Emigranten für die New Yorker Sendestationen die Rede ist, sollte die Tätigkeit von Peter Lindt als Redakteur der New Yorker Sendestation WBNX nicht vergessen werden. In Lesungen und Interviews, die von 1942 bis 1944 ausgestrahlt wurden, ließ er die bedeutendsten der in die USA emigrierten Autoren und Künstler zu Wort kommen (Lion Feuchtwanger, Emil Ludwig, Klaus Mann, Thomas Mann, Max Reinhardt, Franz Werfel und viele andere).[34] Nach Kriegsende konnte Lindt seine literarischen Sendungen für den Sender WEVD produzieren.

Mit dem Eintritt der USA in den Krieg sah die Regierung sich vor die Notwendigkeit gestellt, die deutsche Minderheit gegen den Bazillus des Nationalsozialismus zu immunisieren. Denn noch bis ins Jahr 1942 fand die pro-nazistische Strömung unter den alteingesessenen Deutsch-Amerikanern ihren Niederschlag sowohl im Charakter verschiedener deutschsprachiger Rundfunkprogramme der USA als auch in der personellen Besetzung. Die Errichtung des Office of War Information (OWI), der im Juni 1942 ins Leben gerufenen staatlichen Informations- und Propagandabehörde der USA, diente unter anderem dazu, diesem Zustand ein Ende zu bereiten. Umbesetzungen zugunsten deutscher Emigranten sollten die Einhaltung eines pro-amerikanischen und antinazistischen Grundkonsenses garantieren und die Voraussetzungen für eine wirksame Aufklärung und Propaganda unter den Deutsch-Amerikanern schaffen.

In einer Anzeige des »Aufbau« wirbt das Office of War Information direkt für eine von ihm in Auftrag gegebene Sendereihe:

> We believe the German-American Loyalty Program can make an important contributation to the war effort by serving as a medium through which Americans of German descent can express their loyalty to this country. The Program can also serve to fight subversive influence which may attempt to spread among German language groups.[35]

Um die Deutsch-Amerikaner hatte sich freilich schon vor der Gründung des staatlichen Office of War Information der German-American Congress for Democracy bemüht. Im Vorstand dieser antikommunistischen landsmannschaftlichen Organisation war das Exil nur durch die Repräsentanten des rechten Flügels der SPD, Gerhart Seger, Chefredakteur der »Neuen Volks-Zeitung« New York, sowie Max Brauer, früherer Oberbürgermeister von Altona, später Erster Bürgermeister der Freien und Hansestadt Hamburg, vertreten.[36] Mitte 1942 dehnte der German-American Congress for Democracy seine Aktivitäten auch auf den Rundfunk aus. So sendete er »regelmäßig jeden Sonntag (...) ein neues deutsches Radio-Programm über Station WBNX«.[37] Zu den Mitarbeitern gehörten Gottfried Salomon-Delatour von der New School of Social Research und Professor für Soziologie in Frankfurt/M. (bis 1933 und wieder nach 1958) und Rudolf Katz, stellvertretender Chefredakteur der »Neuen Volks-Zeitung«, nach seiner Remigration Justizminister in Schleswig-Holstein und zuletzt Vizepräsident des Bundesverfassungsgerichts in Karlsruhe.[38] Die Bedeutung, die man diesem Programm beimaß, ist aus einer im Juni 1942 erschienenen Mitteilung der »Neuen Volks-Zeitung« abzulesen: sie weist darauf hin, daß es mit Hilfe des Office for Facts and Figures (einem der Vorgänger des Office of War Information) an 22 amerikanische Sendestationen weitervermittelt wurde.[39] Die »Neue Volks-Zeitung« begrüßte denn auch die Errichtung des OWI mit dem Ausdruck besonderer Erwartungen (»eine Rundfunk-Offensive tut not«).[40] War es doch dessen Aufgabe, das Informationsprogramm der USA zu koordinieren, die auf diesem Sektor bestehenden Einrichtungen zu vereinigen und damit die Arbeit zu intensivieren.[41] Auch der mit der Ausrichtung der »Neuen Volks-Zeitung« und ihren großdeutschen Vorstellungen gemeinhin wenig sympathisierende »Aufbau« machte seine vorwiegend jüdisch-liberale Leserschaft auf dieses Programm aufmerksam:

> Es mag hier an dieser Stelle gesagt werden, daß die Radioabteilung des German American Congress eine sehr wertvolle antifaschistische Aufklärungs- und Propagandaarbeit leistet, und daß sie in ihrem Kampf gegen den gemeinsamen Feind die Unterstützung aller Stellen verdient (auch die der jüdischen Organisationen, die sich hierin bisher mehr als zurückhaltend erwiesen haben). Der Congress genießt übrigens bei dieser Radioarbeit die volle Zustimmung des Department of War Information, mit dessen Unterstützung auch die Platten zur Verteilung an die einzelnen Radiostationen im Lande gelangen.[42]

Nachdem das Office of War Information mit selbst produzierten Sendereihen die amerikanischen Stationen zu beliefern begonnen hatte, fanden die Sendungen des German-American Congress for Democracy im »Aufbau« keine Beachtung mehr. Zu diesen OWI-Sendereihen gehörte u. a. die zwischen September 1942 und Februar 1943 ausgestrahlte Serie »We fight Back. German-American Loyalty Hour«. Sie stand unter der Leitung des »Aufbau«-Herausgebers Manfred George sowie des ehemaligen Direktors am Schiffbauerdamm-Theater in Berlin, Ernst Josef Aufricht, und zählte zu ihren Autoren und Mitwirkenden so bekannte Personen wie Albert Bassermann, Paul Dessau, Stefan Heym, Lotte Lenya, Thomas Mann, Walter Mehring, Hans Sahl, Paul Tillich, Fritz von Unruh, Kurt Weill u. a.[43] Mitarbeiter und Programm dieser Serie deuten auf eine stärkere Einbeziehung der diversen antifaschistischen Kräfte der deutschen Emigration in die amerikanischen Propaganda-Aktivitäten, eine Folge – ohne Zweifel – des vorübergehend suspendierten Antikommunismus im Zeichen der amerikanisch-sowjetischen »Waffenbrüderschaft«.[44]

5. Zusammenfassung

Versucht man die Ziele der deutschen (deutschsprachigen) Rundfunkaktivitäten der Emigranten zu definieren, so kommt man zu folgendem Ergebnis:

Sie dienten
1. der Infiltration antifaschistischen Gedankengutes nach Deutschland,
2. der Kommunikation mit dem innerdeutschen Widerstand,
3. der psychologischen Kriegführung der Alliierten,
4. der internen Kommunikation und Selbstverständigung unter den Emigranten selbst, sowie
5. der Aufklärung (wenn auch in beschränktem Maße) des Auslands über die ihm (und auch etwaigen deutschsprachigen Minderheiten) durch den Nationalsozialismus drohenden Gefahren.

Die Aktivitäten vollzogen sich in einem weitgesteckten Rahmen und zeigten eine beachtliche Variationsbreite. Ihnen dienten die nach Deutschland gerichteten Freiheitssender ebenso wie auch die internen Emigrantenprogramme, die Auslandsdienste der regulären Rundfunkanstalten wie auch die subversiven Tarnsender. Zumeist standen sie im Schnittpunkt der politischen Intentionen des deutschen Exils und der Zwecke der alliierten psychologischen Kriegführung und wurden zuletzt eindeutig von diesen gesteuert. Kam dabei auch das »andere Deutschland«, als welches das Exil sich verstanden hat, vielfach nur sehr gebrochen zu Wort, so sollte man gerade deshalb den Versuchen, ihm Gehör zu verschaffen, besondere Beachtung schenken. Jedenfalls waren es diese Ansätze durch die sich selbst während des Krieges noch ein Teil der hier geschilderten Rundfunkaktivitäten von der reinen Indienstnahme für alliierte Zwecke unterschied, wie sehr sie sich auch im konkreten Fall mit diesen Zwecken identifiziert haben mochten. Andererseits ist nicht zu verkennen, daß die aus der Identifikation mit diesen Zwecken resultierende Mitarbeit in den unterschiedlichen Rundfunkeinrichtungen der Alliierten unter den gegebenen, d. h. durch die NS-Herrschaft herbeigeführten, Umständen für viele die adäquate oder einzige Möglichkeit war, sich an deren Bekämpfung zu beteiligen.

Auch wenn der meßbare Erfolg der Rundfunkaktivitäten im Ganzen gesehen gering gewesen ist, so haben sie doch dazu beigetragen, das Informationsdefizit einer Anzahl von Menschen zu verringern, ihre Isolation punktuell zu durchbrechen, ihnen einen moralisch-politischen Halt zu geben. Wenn es darüber hinaus gelungen ist, die Allmacht des ′ Reichs-Rundfunks und des Propagandaministeriums wenigstens ansatzweise infrage zu stellen, so war dies nicht ganz so wenig, wie es eine reine Kosten-Nutzen-Rechnung suggerieren mag.

1 Die Arbeit basiert auf einem Vortrag, der während der »Woche der verbrannten Bücher« (10. bis 15. 5. 1983) in Osnabrück gehalten wurde. Gleichzeitig konkretisiert er einige Gedanken, die bereits in einem früheren Aufsatz (*Exil und Rundfunk. Ein Überblick*. In: *Leben im Exil. Probleme der Integration deutscher Flüchtlinge im Ausland 1933–1945*. Hg. von Wolfgang Frühwald und Wolfgang Schieder. Hamburg 1981.) angedeutet wurden. Die Arbeit entstand im Zusammenhang mit einem von der Deutschen Forschungsgemeinschaft geförderten und vom Deutschen Rundfunkarchiv in Frankfurt sowie dem Institut für Publizistik in Münster betreuten Projekt »Exil und Rundfunk«, dessen Resultat in Kürze im K. G. Saur Verlag, München, erscheinen wird (Conrad Pütter, *Rundfunk im Widerstand. Eine Dokumentation deutschsprachiger Rundfunkaktivitäten des Auslands und des Exils*. Unter Mitarbeit von Ernst Loewy und mit einem Beitrag von Elke Hilscher. Von Elke Hilscher wird außerdem eine Monographie über die Rundfunktätigkeit deutscher Emigranten in Frankreich erscheinen.) Der Verfasser dankt Elke Hilscher und Conrad Pütter für zahlreiche Anregungen für den vorliegenden Beitrag. Dieser wird zusammen mit allen während der Osnabrücker Tagung gehaltenen Referaten, in einem zweibändigen Tagungsbericht im Verlag Lambert Schneider, Heidelberg, erscheinen. — 2 Erich Weinert, *Briefe in die Nacht. Gedichte 1933–1945*. Berlin (DDR) 1955. — 3 Charles James Rolo, *Radio goes to the war. The »Fourth« front*. New York 1942. — 4 Vor allem in *Beiträge zur Geschichte des Rundfunks*. 1 (1967) ff. — 5 Bernhard Wittek, *Der britische Ätherkrieg gegen das Dritte Reich. Die deutschsprachigen Kriegssendungen der British Broadcasting Corporation*. Münster 1962. Wladimir Ostrogorski, *Der deutschsprachige Dienst des Moskauer Rundfunks im Kampf gegen den Faschismus in Deutschland (1929–1945)*. (Diss.) Leipzig 1971. Carl Vogelmann, *Die Propaganda der österreichischen Emigration in der Sowjetunion für einen selbständigen österreichischen Nationalstaat*. (Diss.) Wien 1973. Winfried B. Lerg, Ulrich Schulte-Döinghaus, *Der Rundfunk und die kommunistische Emigration. Zur Geschichte des »Deutschen Freiheitssenders« 1937–1939*. In: Winfried B. Lerg, Rolf Steininger (Hg.): *Rundfunk und Politik*. Berlin 1975. — 6 Daniel Lerner, *Psychological Warfare against Nazi-Germany. The Sykewar-Campaign D-day to V-day*. Cambridge (Mass.), London 1949 u. 1971. Ellic Howe, *Black Game. British subversive operations against the Germans during the Second World War*. London 1982. — 7 Carl Brinitzer. *Hier spricht London. Von einem, der dabei war*. Hamburg 1969. Hanuš Burger, *Der Frühling war es wert*. Gütersloh 1977. Ernst Fischer, *Erinnerungen und Reflexionen*. Hamburg 1969. Hans Habe, *Im Jahre Null*. Erw. Ausg., München 1977. Hans Jacob, *Kind meiner Zeit. Lebenserinnerungen*. Köln 1962. — 8 Sefton Delmer, *Die Deutschen und ich*. Hamburg 1962. — 9 Fritz Erpenbeck, *Emigranten*. Roman. Berlin, Weimar 1976 (Erstausgabe Moskau 1939). Hanuš Burger, *1212 sendet*. Tatsachenroman. Berlin (DDR) 1961 (Dokumentarspiel im ZDF am 9. 5. 1983 u. d. T. *Geheimsender 1212*). Georg Kaiser, *Der britische Sender*. Hörspiel. In: Kaiser, *Werke*. Bd. 6. Berlin 1972, S. 373 ff. — 10 Bertolt Brecht, *Gesammelte Werke*. Bd. 9 (= Gedichte 2). Frankfurt/M. 1967, S. 694. Vgl. hierzu Bertolt Brecht, *Über reimlose Lyrik in unregelmäßigen Rhythmen*. In: *Gesammelte Werke*. Bd. 19 (= Schriften zur Literatur und Kunst 2). Frankfurt/M. 1967, S. 403. Über die tatsächliche Ausstrahlung der Brecht-Satiren konnte bisher nur wenig in Erfahrung gebracht werden. Vgl. *Exil in den Niederlanden und in Spanien (Kunst und Literatur im antifaschistischen Exil 1933–1945*. Bd. 6. Frankfurt/M. 1981, S. 256 f.). — 11 Thomas Mann, *Deutsche Hörer! Fünfundfünfzig*

Radiosendungen nach Deutschland. Zweite erweiterte Ausgabe. Stockholm 1945. Auch in: T. M., *Gesammelte Werke.* Bd. XI (1960/1974), S. 83 ff. Ergänzt durch: *Drei Rundfunkansprachen.* Bd. XIII (1974), S. 738 ff. Die Sendungen wurden zwischen Oktober 1940 und Dezember 1945 ausgestrahlt. – Vgl. auch Ernst Loewy (Bearb.), *Thomas Mann – Ton- und Filmaufnahmen. Ein Verzeichnis.* Hg. vom Deutschen Rundfunkarchiv (Thomas Mann, *Gesammelte Werke in dreizehn Bänden.* Supplementband). Frankfurt/M. 1974. — 12 Ebd., Bd. XI, S. 1009 f. — 13 Berthold Viertel, *Der Lebenslauf (Gedichte).* New York 1946, S. 58. – Dies war übrigens nicht das einzige Gedicht, durch das die Tätigkeit deutscher Freiheitssender thematisiert wurde; Silvia Schlenstedt zitiert in ihrem Beitrag, *Exil in den Niederlanden und in Spanien, (Kunst und Literatur im antifaschistischen Exil.* Bd. 6. Leipzig, Frankfurt/M. 1981, S. 255 f.) Gedichte von Rudolf Leonhard, Max Zimmering sowie des Norwegers Nordahl Grieg über den Deutschen Freiheitssender auf Welle 29,8 in Spanien. — 14 Hanuš Burger (s. Anm. 7), S. 209 f. — 15 Richard H. S. Crossman, Psychological Warfare. In: *The Journal of the Royal United Service Institution* 97 (1952), S. 321. — 16 Golo Mann wechselte von ABSIE (American Broadcasting Station in Europe) für kurze Zeit zu Radio Frankfurt, Edmund Schechter von ABSIE zu Radio München. Er war hier als amerikanischer Rundfunkoffizier 1947–1948 und später in Berlin als Direktor beim RIAS tätig. Hugh Carleton Greene, Leiter des Deutschen Dienstes der BBC seit 1940, selber freilich kein Deutscher, war 1946–1947 Rundfunk-Kontrolloffizier der britischen Besatzungsmacht und seit dem 1. 1. 1948 erster Generaldirektor des *NWDR.* Alexander Maaß, im Exil beim Deutschen Kurzwellensender Atlantik sowie beim Soldatensender Calais, wurde Programmreferent beim Hamburger Sender, ab 1950 stellvertretender Programmdirektor beim NWDR, Hans Mahle, stellvertretender Chefredakteur beim Sender des Nationalkomitees Freies Deutschland von 1943–1945, mit der Gruppe Ulbricht nach Berlin gekommen, wurde erster Intendant des Berliner Rundfunks und später Generalintendant der Sender der SBZ bzw. DDR (1947–1951), Matthäus Klein, Mitarbeiter des Senders des Nationalkomitees Freies Deutschland seit 1943, war später Sprecher beim Berliner Rundfunk. Fritz Eberhard, Redakteur beim Sender der Europäischen Revolution und damit in englischen Diensten, wechselte 1945 zu den Amerikanern über und war als Programmberater von Radio Stuttgart tätig: 1949 wurde er Intendant des Süddeutschen Rundfunks (bis 1958). — 17 Ein exakter Gebrauch des Begriffes »Sender« wird an dieser Stelle nicht angestrebt. Vielfach schmückten sich deutschsprachige Programme mit dem Namen eines »Senders«, wiewohl sich ihre Tätigkeit in der Regel im Rahmen bestehender Sendeeinrichtungen vollzog. — 18 Vgl. František Hrdlicka, Im Schatten der Nazis: *Der Sender ›Schwarze Front‹.* In: *Beiträge zur Geschichte des Rundfunks.* 14 (1980) H. 2–3, S. 34 ff. *Hamburger Morgenpost* vom 4. 2. 1967. — 19 Auskunft von Ernst Langendorf, insbes. Brief vom 13. 4. 1976 an den Verf. — 20 Winfried B. Lerg und Ulrich Schulte-Döinghaus (s. Anm. 5), S. 170 ff. — 21 Jürgen Kuczynski, *Freedom calling. The story of the secret German radio.* London 1939. Zit. nach Lerg-Döinghaus (s. Anm. 5), S. 197 f. sowie Anm. 65. — 22 *Die Zukunft* (Paris). 2 (1939) Nr. 45, S. 7. — 23 *Die Welt* (Stockholm) vom 31. 3. 1940. Vgl. auch Babette Gross, *Willi Münzenberg. Eine politische Biographie.* Stuttgart 1967, S. 330. — 24 Pütter, Conrad, *Der ›Sender der Europäischen Revolution‹ im System der britischen psychologischen Kriegführung gegen das Dritte Reich.* In: Wolfgang Frühwald, Wolfgang Schieder (Hg.), *Leben im Exil. Probleme der Integration deutscher Flüchtlinge im Ausland 1933–1945.* Hamburg 1981, S. 168 ff. Vgl. auch Werner Röder, *Die deutschen sozialistischen Exilgruppen in Großbritannien 1940–1945.* 2. Aufl. Bonn-Bad Godesberg 1973, S. 184–89. Helene Maimann, *Politik im Wartesaal, Österreichische Exilpolitik in Großbritannien 1938–1945.* Wien 1975, S. 192. — 25 Rolf Schablinski, *Der Sender Freies »Deutschland«.* In: *Beiträge zur Geschichte des Rundfunks.* 1 (1967) H. 2, S. 41 ff. Anton Ackermann *Stimme des Freien Deutschlands. Der Rundfunk des Nationalkomitees 1943–1945 als Universität des neuen Lebens.* In: *Erinnerungen sozialistischer Rundfunkpioniere.* Berlin (DDR) 1975, S. 205 ff. Luise Kraushaar, *Zur Tätigkeit und Wirkung des Deutschen Volkssenders (1941–1945).* In: *Beiträge zur Geschichte der Arbeiterbewegung* 6 (1964), S. 116 ff., u. a. m. — 26 Vgl. Federal Communications Commission / Foreign Broadcast Intelligence Service. Special report Nr. 98 vom 3. 11. 1943 (National Archives, Washington, D.C., NA, RG 262, Entry 45). — 27 Harry Knopf *Deutsche Radiostunde in New York.* In: *Der Deutsche Rundfunk* 5 (1927), H. 21 (22. 5. 1927). — 28 *Aufbau* vom 1. 11. 1938, S. 1. — 29 *Aufbau* vom 19. 1. 1940, S. 9. — 30 *Aufbau* vom 14. 6. 1940, S. 13. — 31 Aufbau vom 21. 6. 1940, S. 11 – Franziska Ascher-Nash, die zu diesen Autoren gehört, erzählt über ihre Tätigkeit für die GAWA in ihrer Autobiographie: *Lauf, lauf, Lebenslauf.* Manuskript in der Deutschen Bibliothek. — 32 *Aufbau* vom 28. 3. 1941, S. 16. — 33 *Aufbau* vom 18. 4. 1941, S. 28. — 34 Peter M. Lindt, *Schriftsteller im Exil: Zwei Jahre deutsche literarische Sendung am Rundfunk in New York.* New York 1944 u. Nendeln (Liechtenstein) 1974. – Vgl. auch Gert Niers, *In memoriam Peter M. Lindt: New Yorker Staatszeitung. Herold* vom 27. 11. 1976. Elke Hilscher, Nachlaß *Peter M. Lindt. Eine Aufgabe für die Kommunikationsforschung des Exils.* In: *Studienkreis Rundfunk und Geschichte. Mitteilungen* 7 (1981) Nr. 3, S. 152. —

35 *Aufbau* vom 25. 12. 1942, S. 9. — **36** Vgl. Joachim Radkau, *Die deutsche Emigration in den USA. Ihr Einfluß auf die amerikanische Europapolitik 1933–1945.* Düsseldorf 1971, S. 1973. — **37** *Aufbau* vom 10. 7. 1942, S. 12. In der *Neuen Volkszeitung* vom 16. 8. 1941 war bereits von einer deutschen Einzelsendung (»Arbeitersänger«) die Rede, die am gleichen Tage gelaufen sein muß. — **38** *Aufbau* vom 17. 7. 1942, S. 23. — **39** *Neue Volks-Zeitung* vom 23. 1. 1943, S. 4. — **40** *Neue Volks-Zeitung* vom 25. 7. 1942, S. 6. — **41** *Guide to the National Archives of the United States,* Washington, D. C., National Archives and Records Service. General Services Administration 1974, S. 660 ff. — **42** *Aufbau* vom 31. 7. 1942, S. 13. — **43** Ernst Josef Aufricht, *Erzähle, damit du dein Recht erweist.* Berlin 1966, S. 250. Die Sendungen wurden regelmäßig im *Aufbau* angekündigt. Vgl. *Aufbau* vom 25. 9. 1942 bis 26. 3. 1943. — **44** S. a. Ernst Loewy, *Rundfunk im amerikanischen Exil.* In: *Das Exilerlebnis: Verhandlungen des Vierten Symposiums über deutsche und österreichische Exilliteratur.* Hg. v. Donald G. Daviau und Ludwig M. Fischer. Columbia (South Carolina) 1982, S. 109 ff.

Jan-Christopher Horak

Wunderliche Schicksalsfügung: Emigranten in Hollywoods Anti-Nazi-Film

In den Autobiographien der deutschsprachigen Emigration von Hollywood ist die Anekdote durch ihre Wiederholung schon zur Floskel geworden. Sie scheint eine Binsenweisheit des Hollywood-Exils gewesen zu sein. Gemeint ist der ironische Zustand, der die von den Nationalsozialisten verfolgten deutschsprachigen Schauspieler im Hollywood-Film in die Rollen ihrer ehemaligen Peiniger versetzte. Alfred Polgar stellt lakonisch fest:

> Die von den Nazis vertriebenen europäischen Schauspieler haben jetzt am Pazifik mehr zu tun. Sie finden in den vielen Kriegsfilmen, die derzeit hergestellt werden, Verwendung. Zumeist als Nazis. Wunderliche Schicksalsfügung: als Darsteller der Bestialität, deren Opfer man geworden ist, zur Geltung zu kommen, vielleicht zu Star-Ehren.[1]

Robert Thoeren erzählt die Anekdote etwas anders:

> In 200 Jahren wird einmal ein aufgewecktes Kind in der Schule die Hand heben und fragen: »Herr Lehrer, wie haben eigentlich die Nazis ausgesehen?« Da wird man dann in die Archive gehen und Filme aus der Zeit vorführen und wird feststellen müssen, daß die Nazis ein rein semitischer Stamm waren, wie sie in den Hollywood-Filmen von Fritz Kortner, Sig Arno, Curt Bois, Alexander Granach, Felix Basch, Kurt Katch etc. verkörpert wurden.[2]

In jeder Anekdote steckt mehr als ein bißchen Wahrheit. Dieser Aufsatz geht von der These aus, daß die emigrierten Filmschaffenden in Hollywood einen maßgeblichen Einfluß auf bestimmte Genres des US-Films ausüben konnten, weil sie als Europäer bestimmte Marktlücken im Hollywood-Arbeitsmarkt füllen konnten. Zu nennen wären vor allem der sogenannte »european costume picture« in den 20er und 30er Jahren und der Anti-Nazi-Film in den 40er Jahren. Dieser Einfluß ist sowohl quantitativ zu betrachten, d. h., er kann an der Zahl der mitarbeitenden emigrierten Filmschaffenden gemessen werden, als auch qualitativ, d. h., er schlägt sich auf die Inhalte der produzierten Filme nieder. Der Anti-Nazi-Film spielt in diesem Kontext eine besondere Rolle, denn er entstand gerade zu einem Zeitpunkt, als die größte Emigrationswelle in Hollywood eintraf. Die amerikanische Filmindustrie stellte die Emigranten für die Produktion von Anti-Nazi-Filmen ein, weil sie glaubte, daß die Europäer auf diesem Gebiet eine besondere Kompetenz besaßen. Diese erste Berührung der Film-Emigranten mit der amerikanischen Filmindustrie führte dann langfristig zu einer beruflichen Integration einer Mehrzahl der Neuankömmlinge in die Hollywood-Film-Produktion.

Die Emigration der deutschsprachigen Filmkünstler ist – als berufsspezifisches Phänomen innerhalb des deutschen Exils zwischen 1933 und 1945 – durch ihre relative Größe und Geschlossenheit gekennzeichnet. Kaum eine andere Sparte des deutschen Kulturlebens konnte während der Verfolgung jüdischer und politisch engagierter Bürger durch die Faschisten ihre erste und zweite Garde so geschlossen von Deutschland ins Ausland retten. Soziologisch gesehen waren die Filmkünstler dem deutschen Bildungsbürgertum zuzuordnen; ihre Emigration führte zu schichtspezifischen Anpassungsproblemen im Asylland z. B. durch den zeitweiligen oder vollständigen Verlust von Status und Einkommen. Die Situation der Filmschaffenden läßt sich hierin mit der Situation anderer Berufssparten vergleichen.[3] Als eine überwiegend jüdische Emigration unterscheidet sie sich aber von anderen Berufsgruppen wie Schriftstellern, Publizisten und Politikern, die einen höheren Prozentsatz an politischen Flüchtlingen aufweisen konnten.[4] So verstand sich die überwiegende Mehrzahl der Filmschaffenden nach ihrer Übersiedlung in die Vereinigten Staaten nicht als Exilanten, sondern wie die allgemeine jüdische Emigration als zukünftige Bürger der Wahlheimat, die die vollkommene Assimilation anstrebten.[5]

Der Grund für den Exodus der Filmschaffenden von Berlin gerade nach Hollywood ist naheliegend: Hollywood besaß, als Kern der zentralistisch organisierten amerikanischen Filmwirtschaft, die größte funktionierende Filmindustrie der Welt. Zudem mußten die Emigranten in den Filmindustrien anderer europäischer Länder mit scharfen, meist politisch bedingten Arbeitsrestriktionen kämpfen, während in Hollywood ihre Arbeitsmöglichkeiten lediglich von den Gesetzen der kapitalistischen Marktwirtschaft abhingen. Bis zum Ausbruch des Krieges konnten dennoch viele Emigranten zeitweilig in Europa beim Film legal oder »schwarz« unterkommen. Nach der Besetzung Frankreichs lieferten nur noch in begrenztem Maße London und Hollywood Waren an die Filmmärkte der westlichen Welt. Wer unter den Filmkünstlern den Weg nach Hollywood nicht schaffte, mußte entweder zwangsläufig den Beruf wechseln oder in völliger Isolation für einen einheimischen Markt z. B. in Spanien oder Indien arbeiten.[6] Einige wenige etablierten sich in London. In Amerika versuchten besonders die Schauspieler auch außerhalb des Films, etwa in New Yorker Theatern oder auf Provinzbühnen unterzukommen, doch hier waren die Möglichkeiten genauso begrenzt wie im Hörfunkprogramm der vom Office of War Information organisierten »Voice of America«.

In Hollywood fanden die Filmemigranten eine Situation vor, in der sie zwar die privaten Sympathien der amerikanischen Filmangestellten genossen, aber einen schweren Konkurrenzkampf auf dem Arbeitsmarkt zu führen hatten. Dabei fielen auf seiten der deutschsprachigen Emigranten zwei Faktoren positiv ins Gewicht. Erstens produzierte Hollywood Waren für einen Weltmarkt. Die Emigranten konnten Fähigkeiten anbieten, die in bestimmten Grenzen zur Befriedigung des Marktes gebraucht wurden. Zweitens waren die Arbeitsmöglichkeiten in Hollywood zum Teil durch eine wirtschaftliche Verflechtung der amerikanischen und der deutschen Filmindustrie vor 1933 begünstigt. Die US-Filmkonzerne hatten nicht nur einen großen Teil des deutschen Filmmarktes beherrscht, Koproduktionen mit deutschen Firmen angestrebt und die Europäer mit amerikanischen Produktionsmethoden vertraut gemacht, sondern sie hatten auch viele deutschsprachige Filmkünstler in den 20er und frühen 30er Jahren nach Hollywood verpflichtet. So konnten die Filmemigranten bis etwa 1938 noch relativ leicht in den ihnen zugedachten Genres unterkommen, vor allem bei »european costume pictures«.

Diese Verflechtung zwischen Berlin und Hollywood schuf die Basis sowohl für den beruflichen Erfolg vieler Emigranten als auch für die Integration einer Mehrzahl der weniger oder nicht erfolgreichen Filmschaffenden. Denn auch wenn die Filmindustrie keine Vollzeitbeschäftigung garantierte, so konnten sie und der ihr angeschlossene Dienstleistungsbereich doch genügend Arbeitsplätze schaffen, um den Emigranten einen relativ bequemen Lebensunterhalt zu sichern. Erst die Massenemigration nach Hollywood Anfang der 40er Jahre brachte eine verschärfte Konkurrenzsituation unter den Emigranten mit sich, doch fast gleichzeitig expandierte der Arbeitsmarkt für deutschsprachige Filmschaffende durch die kriegsbedingte Produktion von Anti-Nazi-Filmen.

Am Beispiel einiger emigrierter Filmproduzenten läßt sich aufzeigen, daß der wirtschaftliche Zugang der deutschsprachigen Emigranten zur amerikanischen Filmwirtschaft in den Jahren nach Kriegsbeginn über die Anti-Nazi-Filmproduktion erfolgte. Die Produzenten, die ihr Kapital aus Europa gerettet hatten, versuchten, in Hollywood eine eigene Filmproduktion zu finanzieren und zu organisieren, indem sie zunächst einen Anti-Nazi-Film drehten. Als selbständige Filmproduktion und außerhalb der üblichen Produktionsstrukturen in Hollywood produzierten Alexander Korda »To Be Or Not To Be« (1942), Hermann Millakowsky »Women in Bondage« (1943), Seymour Nebenzahl »Hitler's Madman« (1943), Arnold Pressburger »Hangmen Also Die« (1943), Gregor Rabinovitch und Eugene Frenke »Three Russian Girls« (1943), Rudolf Monter »A Voice in the Wind« (1944). Diese Filme können als echte Emigrantenproduktionen angesehen werden, da ihre Mitarbeiterstäbe zum größten Teil aus deutschsprachigen Filmschaffenden bestanden. Allein an diesen sechs Filmen wirkten mit: Ernst Lubitsch, Melchoir Lengyel, Rudolf Maté, Vincent Korda, Werner Richard Heymann, Felix Bresart, Ernö Verebes, Edgar Licho, Helmut Dantine, Otto Reichow, Richard Ordinski, Frank Wysbar, Steve Sekely, Tala Birell, Felix Basch, Frederick Brunn, Gisela Werbesirk, Roland Varno, Rudolf Joseph, Albrecht Joseph, Erwin O. Brettauer, Douglas Sirk, Edgar G. Ulmer, Emil Ludwig, Eugene Schüfftan, Karl Hajos, Ludwig Stössel, Johanna Hofer, Wolfgang Zilzer, Lore Mosheim, Fritz Lang, Bertolt Brecht, Hanns Eisler, Fred Pressburger,

Alexander Granach, Hans Heinz von Twardowski, Tonio Selwart, Ludwig Donath, Reinhold Schünzel, Max Ophüls, Fedor Ozep, Victor Trivas, Anna Sten, Friedrich Torberg, Rudi Feld, Olga Fuchs, Hans Schumm, Rudolf Myzet, Fred Nurney und Martin Berliner.

Sechs der sieben oben genannten Filmproduzenten starteten mit diesen Filmen eine erfolgreiche Hollywood-Karriere. Millakowsky wurde »Executive Producer« bei den Republic Studios, Nebenzahl und Pressburger produzierten weiterhin selbständig unter den Firmennamen Angelus und Nero Pictures bzw. Arnold Productions. Frenke produzierte ab 1945 für Nebenzahls Nero, später für seine eigene Firma Southland Productions, während Monter später eine erfolgreiche Fernsehproduktion gründete. Rabinovitch hatte zwar Schwierigkeiten, eine selbständige Produktion aufzubauen, konnte aber als Angestellter der Columbia eine Reihe Filme nach dem Krieg in Italien realisieren. Lediglich Korda reiste wieder nach England ab, wo er weiter erfolgreich produzierte.

Von den emigrierten Filmleuten prägten neben den Produzenten vor allem auch Regisseure und Drehbuchautoren die Anti-Nazi-Filmproduktion in Hollywood. Etwa sechzig Anti-Nazi-Filme der Hollywooder-Produktion verdanken ihr Entstehen der maßgeblichen Beteiligung eines emigrierten Produzenten, Regisseurs oder Drehbuchautors. Wenn man von ca. 180 Filmen ausgeht, die sich im engeren Sinne als Anti-Nazi-Filme identifizieren lassen, haben die emigrierten Filmschaffenden ein Drittel dieses Genres in den Jahren 1939–1946 mitgestaltet. Wird die Beteiligung nach Berufsgruppen aufgefächert, so finden sich die Namen von acht Produzenten, 19 Regisseuren und 42 Drehbuchautoren. Dieser Prozentsatz ist schon sehr hoch, wenn er mit der Beteiligung der Emigranten in anderen Genres verglichen wird. Berücksichtigt man die Tatsache, daß der Arbeitsmarkt in Hollywood ca. 220 Produzenten, 250 Regisseure und über 800 Drehbuchautoren umfaßte, wird die hohe Beteiligung der Emigranten noch auffälliger, denn auch um die Arbeitsplätze bei den Anti-Nazi-Filmen fand sicherlich ein intensiver Konkurrenzkampf statt. Nach einer Erhebung von Leo Rosten im Jahre 1939/40 stammten nur 17,4 Prozent der Produzenten, 28,7 Prozent der Regisseure und 13,9 Prozent der Drehbuchautoren aus dem gesamten Ausland, so daß nur ein verschwindend geringer Teil zur deutschsprachigen Emigration gerechnet werden kann.[7] So sind die emigrierten Filmschaffenden weit über ihre zahlenmäßige Stärke am Arbeitsmarkt hinaus an der Produktion von Anti-Nazi-Filmen in Hollywood beteiligt gewesen.

Wenn man die Situation der emigrierten Schauspieler betrachtet, zeigt sich ein ähnliches Bild. Eine Untersuchung der »cast lists« von über 100 Anti-Nazi-Filmen der Jahre 1939–1946 ergab, daß deutschsprachige Schauspieler in 90 Prozent der Filme mindestens eine Rolle besetzten,[8] in 54 Prozent der Filme erhielt ein emigrierter Schauspieler sogar eine Haupt- oder tragende Nebenrolle, wobei hinzugefügt werden muß, daß sich der Kreis der Schauspieler, die für solche Rollen in Frage kamen, auf wenige Namen beschränkte. Insgesamt arbeiteten über 130 Schauspieler der deutschsprachigen Emigration in Hollywood an den Anti-Nazi-Filmen. Nach Rosten stammten 25,3 Prozent der 2000 Schauspieler in Hollywood aus dem gesamten Ausland und weniger als vier Prozent aus deutschsprachigen Ländern.[9] So kann auch hier belegt werden, daß die emigrierten Filmschauspieler weit über ihrer zahlenmäßigen Präsenz in Hollywood bei der Produktion von Anti-Nazi-Filmen mitgewirkt haben.

Zunächst lassen sich die Anti-Nazi-Filme der Emigration in drei grobstrukturierte Themenbereiche gliedern: 1. Filme der Fünften Kolonne, 2. Filme über das Dritte Reich, 3. Filme zum antifaschistischen Widerstand in Europa.

Die sogenannten Filme der Fünften Kolonne sind zum größten Teil Spionagefilme, in denen der Feind als Naziagent identifiziert wird, d. h., die für das Genre ›Spionagefilme‹ konstituierenden Merkmale wurden politisch aktualisiert, um eine neue Form zu entwickeln. In den Filmen geht es um Spionage, um Sabotage, um politische Zersetzungsarbeit der antidemokratischen, profaschistischen Koalition in Amerika oder England. Diese Filme entstanden sowohl aus Genrekonventionen als auch aus der historisch erfaßten Gefahr einer Fünften Kolonne in den Vereinigten Staaten. Wie Jones (1945) konstatiert, gehörte der überwiegende Teil der Anti-Nazi-Filme im ersten Kriegsjahr zu diesem Typus.[10] Nach »Confessions of a Nazi Spy« (1939, Anatole Litvak), der der erste Anti-Nazi-Film aus Hollywood überhaupt war, wirkten Emigranten an nicht weniger als 15 weiteren Filmen dieser Art mit, u. a. an »Manhunt« (1941, Fritz Lang), »Saboteur« (1942, Peter Viertel), »Pacific Blackout« (1942, Franz Schulz/Curt Siodmak), »Nazi Agent« (1942, Lothar Mendes), »Margin for Error« (1943, Otto Preminger), »The Unwritten Code« (1944, Robert Wilmot) und »The Stranger« (1946, Victor Trivas/Sam Spiegel).

Die Filme zum Thema »Neuordnung im Dritten Reich« beschäftigen sich dagegen direkt mit den Zuständen im faschistischen Deutschland. In den meisten Filmen wird eine Darstellung des Dritten Reiches bevorzugt, in dem der Terror gegen die Bevölkerung im Mittelpunkt steht, während Filme über den deutschen Widerstand kaum zu finden sind. Im Gegensatz zum ersten Themenbereich kann nicht von einer Welle solcher Filme gesprochen werden, auch wenn sie während der Kriegsjahre immer wieder in Erscheinung traten. Zwischen 1940–1946 drehten Emigranten aber mindestens 12 Filme zu diesem Thema, u. a. »The Mortal Storm« (1940, Georg Froeschel/Hans Paul Rameau), »The Strange Death of Adolf Hitler« (1943, Fritz Kortner/Joe May), »None Shall Escape« (1944, Alfred Neumann/Joseph Than/Andre de Toth), »Enemy of Women« (1944, Alfred Zeisler/Herbert Lippschitz), »The Seventh Cross« (1944, Fred Zinnemann/Anna Seghers) und »The Searching Wind« (1946, William Dieterle).

Die Filme, die sich mit dem antifaschistischen Widerstand in Europa auseinandersetzen, waren vor allem im zweiten Kriegsjahr dominant.[11] Ein Grund hierfür mag die Rede Präsident Roosevelts über die Rolle der Vereinten Nationen und der Atlantikcharta gewesen sein. Gezeigt wird in den Filmen der Widerstand der unterdrückten Völker Europas gegen die deutschen Faschisten, die als brutale Besatzungsmacht dargestellt, während die Untergrundkämpfer fast ausnahmslos als liberale Demokraten charakterisiert werden. Die deutschsprachigen Emigranten scheinen sich auf die Widerstandsbewegungen in Frankreich, in der Tschechoslowakei und in der Sowjetunion spezialisiert zu haben. Sie waren für 23 Filme verantwortlich, u. a. »Paris Calling« (1941, Hans Szekely), »The Wife Takes a Flyer« (1942, Gina Kaus), »Destination Unknown« (1942, John Kafka), »Reunion in France« (1942, Hans Lustig/Ladislaus Bus-Fekete), »The Cross of Lorraine« (1943, Alexander Esway/Hans Habe/Lilo Dammert), »Uncertain Glory« (1944, Joe May/Laszlo Vadnai), »The Song of Russia« (1944, Joe Pasternak/Laszlo Benedek/Leo Mittler/Victor Trivas).

Zwei weitere Kategorien der Anti-Nazi-Filme bilden Filme, die das Flüchtlingsproblem aufgreifen, und die »Pro-England-Filme«. Das Flüchtlingsthema muß den emigrierten Filmschaffenden besonders nahegelegen haben, doch nur in wenigen Filmen spielt die Emigrationsproblematik eine Rolle. Sämtliche Filme Hollywoods, die das Thema streifen, wurden unter Beteiligung von Emigranten produziert, u. a. »Escape to Glory« (1940, Hans Brahm), »Hold Back the Dawn« (1941, Billy Wilder), »Gangway for Tomorrow« (1943, John H. Auer) und »Casablanca« (1943, Michael Curtiz). Emigranten wirkten an folgenden anglophilen Filmen mit, u. a. »International Squadron« (1941, Lothar Mendes) und »The White Cliffs of Dover« (1944, Georg Froeschel/Hans Lustig).

Nach dem Krieg, bzw. nach dem kommerziellen Erfolg von »Berlin Express« (1948, Curt Siodmak) hielt die Produktion von Anti-Nazi-Filmen für Kino und Fernsehen an. Nicht nur in den USA, sondern auch in der BRD drehten Emigranten solche Filme. Es entstanden zahlreiche Filme, die den deutschen Faschismus historisch aufarbeiteten oder sich lediglich Genrekonventionen zu eigen machten, um Spionage- und Abenteuerfilme zu produzieren, die im Zweiten Weltkrieg spielen. Als der Kalte Krieg begann, drehte Hollywood zudem antikommunistische Filme, die oft in Osteuropa angesiedelt waren, so daß emigrierte Schauspieler auch hier unterkommen konnten. Die Zahl der Fernsehsendungen ist fast unüberschaubar.

Die Verwendung des Begriffs »Anti-Nazi-Film« in der zeitgenössischen Rezeption und Filmkritik geht implizit davon aus, daß dieser Terminus eine allgemein bekannte Filmform definiert. In der bisherigen Diskussion ist dieser Begriff mehr oder weniger wörtlich verstanden worden: Anti-Nazi-Filme polemisieren gegen den Nationalsozialismus, gegen den Faschismus. Im amerikanischen Kino wurden sie zum größten Teil als propagandistische Unterhaltungsfilme konzipiert, die 1. die anti-demokratischen Aspekte des Faschismus, den Terror und die Gewalt des politischen Systems entlarven, die 2. die negativen Folgen der totalitären Herrschaft für die Lebensumstände der unterm Faschismus geknechteten Bürger darstellen, die 3. die amerikanische Demokratie und den »american way of life« als patriotisches und antifaschistisches Gegen- und Vorbild in Erscheinung treten lassen sollten und 4. ein im weitesten Sinne humanistisches und liberales Weltbild propagieren sollten.

Die Anti-Nazi-Filme sind aber nicht nur in einem propagandistischen Kontext zu sehen, sondern auch in einem kommerziellen: sie verstehen sich als Ware im massenmedialen Angebot der amerikanischen Filmkonzerne. Als solches ist ihre Aufgabe, das Publikum zu unterhalten, indem sie Bekanntes und Beliebtes in immer neuer Aufmachung präsentieren. Ihre ökonomische Effizienz ist an ihre kommunikative gebunden. Ein bestimmendes Element in der Filmproduktion ist daher die Wiederholung bestimmter narrativer, thematischer oder produktionstechnischer Muster, die sich zu einem Genre verdichten. Die Genre-Produktion im kapitalistischen Markt hat wiederum Auswirkungen auf die Erwartungen der Rezipienten, die den Film nicht als alleinstehende Ware rezipieren, sondern in Beziehung zu allen zuvor gesehenen Filmen des gleichen Genres lesen:

> Genres may be defined as patterns/forms/styles/structures which transcend individual films, and which supervise both their construction by the filmmaker, and their reading by an audience.[12]

Genremerkmale im Hollywood-Kino erlauben eine besondere Kommunikation zwischen Kommunikator und Rezipient, gerade weil bestimmte Erzählstrukturen, Konventionen, visuelle Metaphern und Zeichen genrespezifisch eingesetzt werden. Genre-Codes signifizieren Bedeutung in einem sich ständig verändernden System von Kontexten und Konventionen. Sie stehen immer in einem Prozeß, der von den konstituierenden Faktoren der Gesellschaft bedingt wird. Man kann also vermuten, daß der Anti-Nazi-Film als Genre von dem in anderen amerikanischen Medien ausgetragenen Diskurs über den deutschen und europäischen Faschismus zehrt. Den öffentlichen Diskurs über die Gefahren des Faschismus für das amerikanische Volk und mögliche Vorgehensweisen sollte man daher an den Anti-Nazi-Filmen ablesen können. Auch die ca. sechzig Anti-Nazi-Filme der deutschsprachigen Emigration müssen im Kontext der Genre-Produktion gesehen werden, da sie selbstverständlich in diesen Produktionsstrukturen entstanden sind. Zu fragen ist, ob die Emigranten im Rahmen des Genres eine differenzierte Darstellung des deutschen Faschismus zustande bringen und damit den Realitätsgehalt der Anti-Nazi-Filme erhöht haben.

In der Tat kann festgestellt werden, daß die Filmschaffenden der Emigration immer wieder Informationen, Anekdoten und Einstellungen aus der deutschsprachigen Exilpresse und -literatur in den Anti-Nazi-Filmen verwendet haben. Die Filme existieren sozusagen in einem kommunikativen Raum zwischen Exilperiodika und Massenmedien. So schreibt Georg Froeschel in einem Leserbrief an »Freies Deutschland« (Mexiko):

> Da ich von der ersten Nummer an Abonnent Eurer exzellenten Zeitschrift bin, darf ich Euch wohl sagen, daß es ein solches gutes auf Einheit gegen die Reaktion ausgerichtetes Blatt leider in Deutschland nie gegeben hat. Wir von Hollywood benutzen die Motive und Milieuschilderung Eurer

Berichte über Deutschland sehr oft, als Details für die Anti-Nazi-Filme, und es sind nicht die schlechtesten Details.[13]

Als Beispiel sei eine Anekdote über den tschechischen Arbeiter Vaček aus den Skodawerken genannt, der angeblich vierzehn Offiziere des deutschen Generalstabs mit flüssigem Blei übergoß. Zuerst in einem Bericht von Lenka Reinerova in »Freies Deutschland« im März 1942 veröffentlicht, taucht sie einige Monate später in dem Bestseller von Curt Riess *Underground Europe* (New York, 1942) auf und zuletzt Ende 1943 als Anekdote im Munde des Widerstandsführers Janosch in dem Film »Hostages«, nach dem Roman von Stefan Heym.[14] In den Berichten von Reinerova und Riess wird auch die Schildkröte als Symbol des tschechischen Widerstandes in den Skodawerken genannt, bevor es in »Hangmen Also Die« eine prominente Rolle spielt. So eine deutlich gekennzeichnete Kommunikationskette kann nur in seltenen Fällen ermittelt werden, dennoch sind Teilverbindungen immer wieder sichtbar. Der Anti-Nazi-Film der Emigration schöpft seine Glaubwürdigkeit just aus dem Zusammenspiel zwischen den filmischen Codes des Genres und den aus den publizistischen Medien gesicherten Erkenntnissen. Nicht die objektive und erst nachträglich durch die Historiographie zu ermittelnde Realität gilt als Maßstab für die Überprüfung des Wahrheitsgehalts der Anti-Nazi-Filme, sondern das aus den Massenmedien rezipierte Bild der Wirklichkeit. So müßte der meinungsbildende Einfluß der Anti-Nazi-Filme und die Rolle der emigrierten Filmschaffenden höher eingeschätzt werden als bisher angenommen.

Der wichtigste Aspekt des im Anti-Nazi-Film geformten Faschismusbildes ist der totalitäre Militarismus. Die militaristischen Elemente des Nazi-Stereotyps scheinen zum Teil aus den Propagandafilmen des Ersten Weltkrieges zu stammen, doch gleichzeitig erfahren sie eine Radikalisierung dadurch, daß sie sich nicht auf das Bild deutscher Soldaten allein beziehen. Denn das Dritte Reich wird im Film des Zweiten Weltkrieges als totalitärer Wehrstaat gesehen, in dem das gesellschaftliche und politische Leben von den Anforderungen des Eroberungskrieges diktatorisch bestimmt wird.

Nach dem Faschismusbild im Anti-Nazi-Film der Emigration haben sich die Nazis das Ziel gesetzt, die ganze Welt in ihren Machtbereich zu ziehen: Ganz Europa steht unter ihrer Gewaltherrschaft, in Afrika wird gekämpft, in Nord- und Südamerika leistet die Fünfte Kolonne ihre Wühlarbeit, Asien überläßt man den verbündeten Japanern. Die einzelnen besetzten Länder Europas fungieren nur noch als Vasallen des Großdeutschen Reichs, ihre Bewohner werden zu Sklavenvölkern der »Herrenrasse« degradiert, der bürgerlichen oder Menschenrechte beraubt. Die Produktivkraft der unterdrückten Völker, ihre industriellen und landwirtschaftlichen Güter dienen nur noch den Zielen der deutschen Nation, während sie selbst hungern müssen. Durch Mord, Massenmord und Mithilfe eines langsamen Hungertodes begeht der faschistische Staat an den eroberten Völkern einen planmäßigen Genozid. Höchstes Ziel dieser Politik ist die Schaffung von Lebensraum und die Weiterführung des Krieges.

Die totale Militarisierung bedeutet für den einzelnen Bürger in Deutschland den Verlust der Individualität und der bürgerlichen Rechte, vor allem des Rechts auf freie Meinungsäußerung, aber auch des Rechts an der eigenen Person. Die Familie verliert ihren Status als gesellschaftlich notwendige Organisationsform, da sowohl das Gebären als auch die Erziehung der Kinder von den übergeordneten Organisationsformen des faschistischen Staates usurpiert werden. Liebe, menschliche Gefühle und die traditionellen Werte der bürgerlichen Moral sind verboten; Geschlechtsverkehr wird auf seine biologische Funktion reduziert. Die Verfolgung der Familie umgreift ebenfalls die Ablehnung des christlich-humanistischen Kulturerbes: Gott und Kirche, Wissenschaft und Universität sind zugunsten des blinden Glaubens an den »Führer« Adolf Hitler verpönt.

Das Faschismusbild im Anti-Nazi-Film ist somit vor allem von amerikanischen Moralvorstellungen geprägt. Über die tatsächlichen politischen Moralvorstellungen im deutschen Faschismus geben die Anti-Nazi-Filme ein unvollständiges Bild. Zunächst personalisiert der Film den Faschismus in der Figur des Diktators Adolf Hitler, der im allgegenwärtigen Porträt als absoluter Herrscher gekennzeichnet wird. Um ihn schart sich die Nazi-Führungsclique, zusammengesetzt aus Opportunisten, Kriminellen und anderen zweifelhaften Existenzen. Unterstützt werden die Nazis von den Militärs, von opportunistischen Bürgern und Kleinbürgern. Nicht oder nur selten genannt werden dagegen die Großindustriellen und die deutsche Bürokratie als mögliche Machthaber im faschistischen Staat, ebensowenig erscheint die Arbeiterschaft als Widerstandspotential. So tendieren die Anti-Nazi-Filme insgesamt eher zu konservativen als zu linksorientierten Faschismusdeutungen. Den Faschismus in Deutschland betrachtet man als eine revolutionäre Bewegung, die innenpolitisch die traditionellen gesellschaftlichen Strukturen vernichtet und außenpolitisch den Eroberungskrieg im Namen einer faschistischen Führungselite führt.

Der Widerstand in Deutschland wird, wenn überhaupt, als eher passiv dargestellt, meist nur als eine Vorstellung im Bewußtsein einzelner Bürger. Dabei wird das deutsche Volk im Film selten pauschal für die Verbrechen der deutschen Faschisten verurteilt. Vielmehr kommt es zu einer Aneignung des Doppelgängermotivs, um das gespaltene Bewußtsein des deutschen Bürgertums zu signifizieren. Auf der einen Seite die aktiven Nazis und Opportunisten des faschistischen Systems, auf der anderen Seite die stillen Mitläufer und heimlichen Gegner, die das »andere Deutschland« noch in sich tragen. In mehreren Filmen kommt es zu einem Bruch zwischen Brüdern, zwischen Vätern und nationalsozialistisch erzogenen Söhnen. Diejenigen, die sich gegen die faschistische Herrschaft wehren, werden verfolgt, oft getötet oder können sich ins Ausland retten, um den Kampf von dort aus weiterzuführen. Doch in keinem Fall können sie auf die Mithilfe eines organisierten Widerstandes zurückgreifen, sie bleiben isolierte Einzelkämpfer.

Erst zum Ende des Krieges produzierten einige Emigranten Filme, die das deutsche Volk zu rehabilitieren suchten. In »The Seventh

Cross« (1944), nach dem gleichnamigen Roman von Anna Seghers und unter der Regie von Fred Zinnemann, gelingt die Flucht aus dem KZ, dank der aktiven und passiven Hilfe zahlreicher einfacher Bürger. »Hotel Berlin« (1945), nach dem Roman von Vicki Baum, thematisiert sowohl den Aufstand des 20. Juli 1944, als auch die Arbeit einer deutschen Untergrundbewegung. Daß die Intentionen dieser Filme mit den offiziellen Kriegszielen der amerikanischen Regierung nicht konform waren, wurde ihnen von der zeitgenössischen Kritik zum Vorwurf gemacht.

Es kann also festgestellt werden, daß die Emigranten zwar eine Fülle von Detailinformationen in ihre Filme einbringen, doch nur in seltenen Fällen die Vorstellung eines »anderen Deutschlands« propagieren konnten.

So ist es verständlich, daß trotz der relativ günstigen Beschäftigungs- und Verdienstmöglichkeiten bei den Anti-Nazi-Filmen und der mit ihnen verbundenen Chancen, die amerikanische Öffentlichkeit mindestens teilweise über die Zustände im faschistischen Europa aufzuklären, das Selbstverständnis der emigrierten Filmschaffenden gelitten hat. Für die Europäer, die sich als Künstler sahen, war die ausgeprägt kommerzielle Produktionsweise in Hollywood und das Mitwirken an Propagandafilmen ein Abstieg und nur schwer mit dem ursprünglichen Berufsbild zu vereinbaren. Walter Wicclair schreibt z. B. über den durchaus seriösen Anti-Nazi-Film »The Hitler Gang«: »Die Hollywood Colony lachte sich halb tot, als sie sich so auf der Leinwand sah.«[15] Für die Schauspieler kam hinzu, daß sie meistens nur kleine Rollen erhielten und damit in Relation zu ihren Erfahrungen in Europa den größten Verlust an Berufsprestige und Einkommen erlitten. Wiederholt beklagen sich die Schauspieler über die ihnen zugedachten Rollen als Nazis oder deren Opfer. So heißt es im *Aufbau* vom sehr erfolgreichen Schauspieler Helmut Dantine: »Aber er ist mit seinen Rollen nicht sehr zufrieden. Er ist dagegen, Nazis Worte in den Mund zu legen, die sie unter den gegebenen Umständen nicht sprechen würden.«[16] Und Alma Jo Revy schreibt über ihren Mann Richard Ryen, der wichtige Nebenrollen in mindestens zwölf Anti-Nazi-Filmen zwischen 1942–44 bekam: »Richard verkauft sich hin und wieder dem Film. Weil er, I quote him, noch einen Rest von Schamgefühl besitzt, hat er seinen Namen für diese Zwecke in Richard Ryen umgeändert«.[17] Gerade bei der Produktion von Anti-Nazi-Filmen haben sich die Schauspieler anscheinend geschämt. So sucht man vergeblich in den veröffentlichten Autobiographien von Fritz Kortner, Walter Slezak, Helene Thimig-Reinhardt, Otto Preminger, Elisabeth Bergner u. a. nach Aussagen über ihre Tätigkeit bei der Produktion von Anti-Nazi-Filmen.[18] Andere schauen auf diese Arbeit mit Bitterkeit zurück, wie der Schauspieler Rudolf Anders: »I am oversensitive about this Nazi part business, because I loathed it beyond description. For years it was a livelihood.«[19] Sie betrachteten ihre Rolle als reine Verdienstquelle, ohne ihnen ein berufliches Prestige beizumessen oder sie im Sinne einer antifaschistischen Tätigkeit zu betrachten. Die wenigen Schauspieler, die sich wie Alfred Linder Gedanken machten über die politischen Aspekte der Arbeit, behaupteten, die emigrierten Schauspieler seien am wenigsten geeignet, Nazis auf der Leinwand darzustellen, allerdings räumte er ein, »die karikaturistische Verzerrung der Nazis sei etwas, was der Amerikaner wünsche und die hier lebenden Schauspieler aus Deutschland spielen ihnen dabei in die Hand«.[20]

Preminger charakterisierte dagegen die Situation als zwiespältig: »Die Rollen sind nicht gerade Sache eines zufriedenen Menschen, aber ich spiele sie mit all den finsteren Eigenschaften, die ich in sie hineinlegen kann, damit diese Charaktere die ganze Verderbtheit der Nazi-Ideologie zeigen.«[21] Schauspieler, die es sich leisten konnten, wie z. B. Paul Henreid, Joseph Schildkraut oder Curt Goetz, weigerten sich, Nazi-Rollen zu übernehmen. Damit liefen sie aber Gefahr, in der Emigrantenkolonie in Hollywood als Nazi-Sympathisant diffamiert zu werden. Gegen Curt Goetz z. B. eröffnete Hans Kafka im *Aufbau* eine Kampagne, indem er behauptete, Goetz sei von MGM gefeuert worden, weil er sich geweigert habe, an einem Anti-Nazi-Stoff zu arbeiten und sich gegen die Nazis öffentlich zu bekennen. Ähnliches erlebte Lilian Harvey, als sie einige Anti-Nazi-Rollen ablehnte.[22] Ob aus politischen oder ästhetischen Gründen, die meisten emigrierten Schauspieler in Hollywood sträubten sich gegen die Anti-Nazi-Filme, auch wenn sie ihren Lebensunterhalt durch solche Arbeit bestreiten mußten. Walter Wicclair faßte die Meinung vieler seiner Kollegen zusammen, als er in seiner Autobiographie notiert: »Viele solcher Filme, ich möchte sagen, sogar die meisten, wirkten so naiv, daß wir zu sagen pflegten: Wie der kleine Moritz sich eine Diktatur vorstellt.«[23]

Nach Aussagen der emigrierten Regisseure und Drehbuchautoren zu urteilen, schätzten diese die Anti-Nazi-Filme, bei denen sie mitgearbeitet hatten, kaum höher ein als die Schauspieler. Entweder wurden die Filme als »Propaganda« abgetan oder nach ihrem ästhetischen Wert abschätzig als ›Kintopp‹ eingestuft – jeweils ohne sie im Rahmen einer antifaschistischen Publizistik zu sehen. So meint Fred Zinnemann lakonisch über seinen Film »The Seventh Cross«: »Perhaps because I knew Europe well, this film about the Second World War seemed to have an authentic look about it.«[24] Nach »Five Graves to Cairo« (1943) gefragt, erzählt Billy Wilder immer nur von seiner Begegnung mit dem »großen Erich von Stroheim« und fügt hinzu, es sei ein guter Film gewesen.[25] Otto Preminger erwähnt »Margin for Error« nur, weil diese Filmproduktion ihm die Rückkehr zur 20th-Century-Fox als Regisseur erlaubte, nachdem er mehrere Jahre auf der schwarzen Liste Hollywoods gestanden hatte.[26] John Brahm erinnert sich nur daran, daß »Escape to Glory« und »Tonight We Raid Calais« (1943) »war pictures« waren.[27] Gina Kaus erwähnt eine von ihr in wenigen Wochen verfaßte »Anti-Hitler-Geschichte« lediglich, weil dies ihre Zusammenarbeit mit dem Drehbuchautor Jay Dratler und ihre Karriere als Hollywood »Scriptwriter« einleitete.[28] Charlotte Lustig schreibt über ihren Mann, den Drehbuchautor Hans Lustig: »Er hat auch seinen ersten ›credit‹ in ›Reunion in France‹ erhalten ... aber davon sollte man vielleicht gar nicht reden.«[29] Auch Georg Froeschel, der 1942 seine antifaschistische Aufgabe anscheinend ernst nahm,

machte sich noch Jahre später lustig über seine Beteiligung an der Produktion von »The Mortal Storm«, weil er den amerikanischen Produzenten mit einer alten Klamotte habe beeindrucken können.³⁰
Nur Fritz Lang, der vier Anti-Nazi-Filme im Laufe des Krieges drehte, sah seine Tätigkeit als eine im weitesten Sinne antifaschistische. Über seinen ersten Anti-Nazi-Film, »Manhunt«, sagte er: »For me it was the first time I could really show what the swastika meant, you know, and I showed it as often as I could.«³¹ Zu »Hangmen Also Die« äußerte er sich noch deutlicher:

> ›Hangmen Also Die‹ ist eine Auseinandersetzung über die Notwendigkeit, Geiseln zu opfern. Ich habe Berichte über einzelne Geschehnisse in jenen Tagen durch die Tschechoslowakische Exilregierung in London erhalten. Vor allem aber liegt der Sinn des Films (...) in dem Aufzeigen der Haltung eines Volkes, das sich durch seine Untergrundbewegung den Naziunterdrückern gewachsen fühlt und sie schließlich zerbricht.³²

Andere emigrierte Filmschaffende, die sich über ihre Anti-Nazi-Filmarbeit ebenfalls eher positiv äußern, sind Hans Paul Rameau, Anatole Litvak, Douglas Sirk und Hermann Millakowsky, doch beziehen sie diese Einschätzung weniger auf die antifaschistischen Aussagen ihrer Filme, als auf die Erfolge der jeweiligen Produktionen, die dann ihren beruflichen Werdegang förderten.³³
Die unpolitische Haltung gegenüber Anti-Nazi-Filmen liegt wahrscheinlich darin begründet, daß diese emigrierten Filmschaffenden aus dem jüdischen Bürgertum stammten, ihr Hauptaugenmerk auf der Wiederherstellung ihrer bürgerlichen Existenz lag und sie konsequenterweise an einer vollständigen Integration in die amerikanische Filmindustrie interessiert waren. Sie wirkten an der Produktion von Anti-Nazi-Filmen mit, aber nicht primär, um einen Beitrag zur antifaschistischen Publizistik zu liefern, sondern mit dem Blick darauf, an einem guten Genre-Film beteiligt zu sein – dies ist die erste Stufe auf der Erfolgsleiter in Hollywood. Ebenso wie ihre amerikanischen Kollegen betrachteten sie diese Filme eben nur als Ware »pictures«, die sich entweder gut verkaufen ließ und damit einen beruflichen Aufstieg ermöglichte oder nicht. Zwar mußten die Filmschaffenden Deutschland zwangsläufig verlassen, doch im Gegensatz zu den politischen Flüchtlingen, die z. T. bei den Exilzeitschriften und damit im Kontext einer antifaschistischen Publizistik arbeiteten, beteiligten sich viele Emigranten aus der Filmbranche deswegen an den Anti-Nazi-Filmen, weil ihnen nur diese Möglichkeit auf dem Arbeitsmarkt angeboten wurde. Zu den Unterschieden zwischen der jüdischen und der politischen Emigration schreibt Heinz Kühn:

> Wenn man von der deutschen Emigration spricht, muß man unterscheiden zwischen den Emigranten vor Hitler und den Emigranten gegen Hitler. Natürlich waren die vom Schicksal der Emigration vereinten Verfolgten alle gegen Hitler, aber

daß sie gegen Hitler waren, war für die meisten nicht der Grund dafür, daß sie emigrieren mußten. Und in der Emigration war wiederum für die meisten Denken und Handeln nicht auf Rückgewinnung und Neugestaltung der deutschen Heimat, sondern auf die Neugewinnung einer Heimat außerhalb Deutschlands orientiert.[34]

Deshalb betrachteten sie die Anti-Nazi-Filme als eine Ghettoisierung ihrer filmfachlichen Kompetenzen, d. h., der Erfolg in der Filmbranche konnte erst dann als gesichert gelten, wenn der Sprung in die amerikanischen Genres, wie z. B. Musicals oder Komödien, gelang. Wie die anderen Billig-Genres, z. B. der Western oder der Gangsterfilm, bediente sich der Anti-Nazi-Film in ihren Augen primitiver Mittel, um das Ziel der Profitmaximierung zu erreichen. Zwar gab es einige, wie den Regisseur William Dieterle, die höhere Anforderungen an den Anti-Nazi-Film stellten, doch ihre Stimmen blieben ungehört.[35]

Die oben zitierten Zeugnisse deuten auf schlechte Erfahrungen oder nicht vorhandene Ansprüche hin. Zur Einordnung solcher negativen Einschätzungen sollte erwähnt werden, daß auch die amerikanischen Filmschaffenden die Hollywood-Filmproduktion abwertend beurteilten, auch wenn sie selber erfolgreich waren.[36]

Festzuhalten ist also, daß trotz anfänglicher Schwierigkeiten, des Verlusts an beruflichem Ansehen, bedingt durch die niedrigen künstlerischen Ansprüche der amerikanischen Filmkonzerne, eine wirtschaftliche Integration in die Filmindustrie für eine überwiegende Mehrheit der nach Hollywood emigrierten Filmkünstler erfolgte. Zwar wurde ihr in Europa geprägtes Berufsverständnis im Sinne des »all-American entertainment« umgekrempelt, doch sie hatten den Holocaust überlebt. Die wenigsten Filmemigranten waren daher bereit, ihre neue Heimat zu kritisieren, die meisten lehnten nach 1945 eine Rückkehr nach Deutschland ab.

---

1 Alfred Polgar, *Leben am Pazifik*. In: *Aufbau*, Jg. 8 vom 4. Sept. 1942, Nr. 36, S. 21. — 2 Zit. bei Walter Slezak, *Wann geht der nächste Schwann?* München 1970, S. 228. — 3 Vgl. Herbert A. Strauss, »Zur sozialen und organisatorischen Akkulturation deutsch-jüdische Einwanderer in der NS-Zeit«. In: Wolfgang Frühwald und Wolfgang Schieder (Hg.) *Leben im Exil*. Hamburg 1981, S. 240. — 4 Der *Aufbau* nennt folgende Zahlen: »The end of the European war finds 120 actors and actresses, 60 writers, 38 directors, 24 producers, 19 composers and about 150 ›specialists‹ such as cameramen, still-photographers, art directors, costume designers, dance directors, etc. in Hollywood«. Aufbau, Jg. 11 vom 25. Mai 1945, Nr. 21, S. 21. G. P. Straschek, *Kinematographie im Exil. Die Emigration deutscher Filmkünstler 1933–1945*. Bd. II: Bio-filmo-bibliographisches Handbuch, soll ca. 2000 Exilierte erfassen. Nach einer Zählung des Verfs. dürften weniger als fünf Prozent der ca. 450 in Hollywood tätigen Emigranten nicht-jüdisch gewesen sein. — 5 Strauss, 1981, S. 237. — 6 Siehe dazu vom Verf., *Fluchtpunkt Hollywood. Eine Dokumentation zur Filmemigration nach 1933*. Münster 1984. Der Band enthält eine Bio-Filmographie von ca. 450 Emigranten, Einleitung und Bibliographie zur Hollywood-Emigration. — 7 Leo C. Rosten, *Hollywood. The Movie Colony. The Movie Makers*. New York 1941, S. 320 ff. — 8 ›Cast lists‹ des Call Bureau Cast Service, Association of Motion Picture Producers, Margaret Hendrick

Library of the Academy of Motion Picture Arts and Sciences, Los Angeles. — **9** Rosten. 1941, S. 335. — **10** Dorothy B. Jones, »Hollywood goes to War«. In: *The Nation* vom 27. Jan. 1945, Vol. 160, S. 93 ff. — **11** Ebd. — **12** Andrew Tudor, »Genre and Critical Methodology«. In: Bill Nichols (Hg.), *Movies and Methods*. Berkeley 1976, S. 124. — **13** Georg Froeschel, in: *Freies Deutschland/Alemania Libre*. 1 (1942) Nr. 12. — **14** Siehe Lenka Reinerova, Prag. In: *Freies Deutschland*. 1 (1942), Nr. 5, S. 18. Curt Riess, *Underground Europe*. New York 1942, S. 33 f. Dieser Zusammenhang zwischen Anti-Nazi-Filmen und Exilperiodika wird in der Promotionsarbeit des Verfs. *Anti-Nazi-Filme der deutschsprachigen Emigration von Hollywood 1939–1945*. Münster 1984, näher untersucht. — **15** Walter Wicclair, *Von Kreuzberg bis Hollywood*. Berlin (DDR) 1975, S. 138. — **16** Hans Kafka, »Vier berühmte Nazis«. In: *Aufbau*, Jg. 9 vom 24. Sept. 1943, Nr. 39, S. 12. — **17** Brief von Alma Jo Revy an Manfred Georg v. 15. Juli 1942. Manfred Georg Archiv, Marbach. — **18** Siehe Fritz Kortner, *Aller Tage Abend*. München 1969, S. 351. Slezak, 1970, S. 197 f. Helene Reinhardt-Thimig, *Wie Max Reinhardt lebt... eine Handbreit über den Boden*. Frankfurt/M. 1975, S. 243. Otto Preminger, *Preminger. An Autobiography*. Garden City NJ 1977, S. 70. Elisabeth Bergner, *Bewundert viel und viel gescholten... Unordentliche Erinnerungen*. München 1978, S. 194 f. — **19** Interview Amendt-Anders mit d. Verf. in *Middle-European Emigres in Hollywood 1933–1945, an American Film Institute Oral History Project*. Beverly Hills CA 1977, S. 233. — **20** Zit. bei Henry Marx. Linder spielt Dr. Goebbels. In *New Yorker Staatszeitung und Herold*. Jg. 95 vom I. Aug. 1943, Nr. 31, S. 6 B. — **21** Preminger, zit. in *New Yorker Staatszeitung und Herold*. Jg. 95 vom. 3. Jan. 1943, Nr. 1, S. 5 B. — **22** Siehe *Aufbau*, Jg. 8 vom 16. Okt. 1942, Nr. 42, S. 18 u. vom 4. Dez. 1942, Nr. 49, S. 15. Hans Borgelt, *Das süßeste Mädel der Welt*. München 1976, S. 207. — **23** Walter Wicclair, *Von Kreuzberg bis Hollywood*. Berlin (DDR) 1975, S. 135. — **24** Zit. in *Focus on Film*, Nr. 14, Spring 1973, S. 24. — **25** Unveröffentlichtes Transkript, American Film Institute Seminar, Hollywood den 13. Dez. 1978. — **26** Preminger, 1977, S. 70 f. — **27** Interview Hans Brahm mit d. Verf. In: Verf., 1977, S. 89. — **28** Gina Kaus, *Und was für ein Leben... mit Liebe und Literatur, Theater und Film*, München 1979, S. 253. — **29** Brief Charlotte Lustig an Manfred Georg vom 27. Okt. 1942, Manfred Georg Archiv, Marbach. — **30** Günther Peter Straschek, *Filmemigration aus Nazi-Deutschland*, Teil 4: *Unter Palmen und blauem Himmel*, Sendung des WDR vom 2. Dez. 1975. — **31** Fritz Lang in *American Film Institute/Dialogue on Film* vom 5. 4. 1974, Vol. 3, Nr. 5, S. 8. — **32** Fritz Lang über »Hangmen Also Die«. In: *Aufbau*, Jg. 9 vom 9. 4. 1943, Nr. 15, S. 11. — **33** Interview Hans Paul Rameau mit d. Verf., München den 31. Jan. 1980. Interview Douglas Sirk mit d. Verf., Rurvigliani CH den 13. Dez. 1976. Allen Eyles and Barrie Pattison, Anatole Litvak. Interview, in: *Films and Filming*, Vol. 13, Nr. 5, Febr. 1967, S. 17. Straschek, 1975, Teil 1: *Wer klug war ging raus*. — **34** Heinz Kühn, *Widerstand und Emigration. Die Jahre 1938–1945*, Hamburg 1980, S. 170 f. — **35** Dieterle, in: Decision, Vol. 1, Nr. 4, 1941, S. 85. — **36** Nach Rosten, 1941, S. 304 u. 326, sind 75 Prozent der Regisseure und über 80 Prozent der Scriptwriters ihrer Arbeit in Hollywood gegenüber kritisch eingestellt.

Willi Jasper

Entwürfe einer neuen Demokratie für Deutschland
Ideenpolitische Aspekte der Exildiskussion 1933–1945
Ein Überblick

I   Zur politischen Kultur des Exils

Wie relevant war (oder ist) das Exil für die Entstehung einer demokratischen Kultur im Nachkriegsdeutschland? In dieser Fragestellung gipfelt der alte Streit über die Bedeutung der Exilforschung, der nichts anderes ist als der Streit über die Bedeutung des Exils. Diejenigen, die die Position vertreten, daß man nicht von einer Kultur des Exils sprechen könne, gehen davon aus, daß in der Diaspora des Exils keine auf gemeinsame Werte gegründete Lebensform existiert habe, in der sich ein gemeinsamer Kulturbegriff habe entwickeln können. In zugespitzter Form hat z. B. Richard Löwenthal diese Position formuliert: »Es ist eine Erfindung, daß eine gemeinsame ›Exilkultur‹ erst durch den ›Kalten Krieg‹ zerstört worden sei: Im Exil gab es vor dem Krieg wenig und nach dem Kriegsausbruch, dem der Stalin-Hitler-Pakt vorausging, fast keine Gemeinsamkeiten zwischen Kommunisten und Demokraten; es gab auch keinen nennenswerten Wandel auf beiden Seiten.«[1] Auch Kurt Sontheimer vertritt die Auffassung, daß jede Kultur »zu ihrer als selbstverständlich erfahrenen Wirksamkeit eine normative Grundlage« brauche, von der aus sie »mehr oder weniger ungefragt hingenommen wird.«[2] In der Weimarer Republik habe sich das Bewußtsein der zerstörten Einheit am deutlichsten in dem »scharfen Gegensatz zwischen marxistischen und ›bürgerlichen‹ Intellektuellen« gezeigt.[3] Ein »geistiger Relativismus«, der aus der Spätform des Rationalismus im 19. Jahrhundert folgerichtig entstanden sei, habe sich in Weimar forciert entwickeln können: »Wir haben es in der Weimarer Zeit mit einer Epoche zu tun, in der gerade der absolutistische Anspruch der Weltanschauungen den nicht mehr abzuwehrenden Relativismus des kulturellen Lebens, der in den sozialen und ökonomischen Schichtungen der Gesellschaft seine Entsprechung hat, auf die Spitze trieb und so die Positionen unversöhnlich gegeneinander stellte.«[4]

Für Löwenthal liegt die Ursache einer solchen Entwicklung im historischen Prozeß der »Loslösung der deutschen Kultur vom Westen«[5], einem Prozeß, der bereits mit der Lutherischen Reformation begonnen habe und zur Tendenz einer »Zwischenkultur« (zwischen

West und Ost) geführt habe. Eine seit den Napoleonischen Kriegen bestehende »besondere deutsche Kulturmission« sei als eigentliche Wurzel des deutschen Nationalismus im 19. und 20. Jahrhundert zu betrachten. In der Weimarer Republik sei diese »nationalistische und antidemokratische Zwischenkultur« dominierend geblieben und habe nicht nur den politischen Erfolg der ersten deutschen Demokratie, sondern auch die Herausbildung einer modernen, zivilen Lebensform verhindert. Erst der »nationalsozialistische Paroxysmus« habe zum Untergang der nationalistischen Zwischenkultur geführt. Die Wiedergewinnung eines »selbstverständlichen Anteils an der Kultur des Westens«, den man nicht erneut aufs Spiel setzen solle, ist für Löwenthal die wichtigste demokratische Errungenschaft der Bundesrepublik.[6]

Eine solche apodiktisch formulierte Position beinhaltet im defensiven Sinn Legitimationscharakter. Man könnte sogar den Vorwurf erheben, daß bestimmte geistige Strömungen, die sich mit einer einseitigen und endgültigen Westorientierung nicht abfinden wollen, vom formulierten »demokratischen Grundkonsens« ausgegrenzt werden sollen. Wenn deutsche Intellektuelle (und nicht nur linke) heute Karl Jaspers Stichworte zur »geistigen Situation« wieder aufgreifen, dann wollen sie »wiedergewonnene« westliche Werte nicht mutwillig aufs Spiel setzen, sondern tun dies, weil sie, wie viele westeuropäische Intellektuelle, von tiefen Identitätszweifeln befallen sind. Die gesamteuropäische Dimension dieses Problems hat der wohl kaum einer einseitigen Ostorientierung verdächtige Manès Sperber in seiner Dankrede für den Friedenspreis der Buchmesse eindrucksvoll beschrieben. Die Krise der europäischen Nachkriegskultur ist mehr als virulent.

Als Adorno die Behauptung, daß Hitler die deutsche Kultur zerstört habe, als »Reklametrick« zurückwies, wollte er darauf aufmerksam machen, daß die eigentliche Zäsur, die die europäische Zivilisationskrise bedeutete, nicht das Ende, sondern der Anfang von Weimar war.[7] Die intellektuelle Ablehnung der Weimarer Republik als »haltloser und geistloser Staat« (Hermann Hesse) kam gleichermaßen von rechts und links. Weimar, das sich nach dem verlorenen Krieg abrupt den politischen und philosophischen Normen des Westens, der Idee der liberalen Demokratie und des westlichen Parlamentarismus geöffnet hatte, bedeutete einen Bruch mit der jahrhundertealten Grundkonstellation der europäischen Mittellage Deutschlands. Nicht der Nationalsozialismus hat, wie Löwenthal behauptet, jene konstatierte »Zwischenkultur« liquidiert, sondern schon das offizielle Weimar. Daß Oswald Spenglers »Untergang des Abendlandes« den intellektuellen Diskurs der zwanziger Jahre so nachhaltig prägen konnte, ist nur vor diesem Hintergrund verständlich. Die erste deutsche Republik war von den meisten Geistesgrößen ungeliebt, nicht, weil sie Republik, sondern weil sie langweilig war, »seelenlosen Amerikanismus« verkörperte, keine geistigen »Aufschwünge« zuließ. Erst der politische und kulturelle Freiraum des Exils ermöglichte in vielen Fällen die Überwindung des »geistigen Relativismus« von Weimar. Diesem Aspekt verdankt Exilforschung ihre Aktualität.

Das politische Kulturelement des Exils (es wäre unangemessen von einer einheitlichen Gesamtkultur zu sprechen) zeichnete sich durch eine besondere Lernfähigkeit aus, weil bestimmte historische Traditionen Deutschlands bis zu einem gewissen Grad relativiert werden konnten. Die von Ernst Bloch beklagten »Ungleichzeitigkeiten« traten in den Hintergrund, man konnte sich modernen Ideen und internationalen Einflüssen (ohne staatlichen Zwang) öffnen.

Dennoch war die Exilsituation keine Singularität, darf man sie »bewußt nicht als Ausnahmeerscheinung (ansehen), die von der allgemeinen deutschen Entwicklung losgelöst ist« (Hans-Albert Walter).[8] Zu Recht ist das »Auf-sich-selbst-gestellt-Sein und der Zerfall mit der ganzen Umwelt« des bürgerlichen Schriftstellers im Exil stellvertretend und »prototypisch« für die allgemeine Geschichte des »bürgerlichen Individuums« interpretiert worden.[9] Von diesem Standpunkt aus erscheint es logisch, die deutsche Exilpolitik »als Spiegel von Defiziten der politischen Kultur« zu betrachten und ihre Entwicklung »unter dem Blickwinkel ungenutzter Chancen« zu erforschen.[10] Joachim Radkau geht davon aus, daß das Exil »ein Punkt« war, »wo sich politische Geschichte und Wissenschaftsgeschichte« überschneiden: »Durch den Sieg des Faschismus wurden die Geistesströmungen, die zu ihm hinführten, ein Politikum, aber ebenfalls die Geistesströmungen, die er verfolgte und in die Emigration trieb.«[11] »Ideenpolitik« des Exils war nicht nur Kompensation eines Mangels. Abkoppelung von Utopien und moralischen Mahnungen von ihrer praktischen Verwirklichung bedeutete nicht nur reale Einflußlosigkeit der Exilierten, sondern auch Vorpreschen von Schriftstellern und einigen Publizisten über Parteien, Organisationen und ihre Möglichkeiten hinaus. Der Zustand der vom Nationalsozialismus überfahrenen und im Exil hilflosen oder in ihren früheren Praktiken und Polemiken erstarrten Parteien und Organisationen bewirkte es, daß die freieren, unabhängigen Geister, aber auch einzelne, nicht angepaßte oder über die Routine hinaussehende Parteifunktionäre, sich selbständig Gedanken über ihre Zukunft machten. So begriff sich »das antifaschistische Exil als ideelle Vorbereitung der zukünftigen Gesellschaft« (Wulf Köpke).[12] Eine solche unabhängige, intellektuelle »Ideenpolitik« äußerte sich in Vermittlungsversuchen zwischen den verschiedenen kulturellen und politischen Traditionen. Ernst Loewy konstatiert, daß das »äußere Schicksal« der meisten Emigranten eine gegenseitige Annäherung ihres Denkens gefördert hat: »So wenig von einer einheitlichen intellektuellen, politischen oder künstlerischen Haltung des Exils gesprochen werden kann, so verfehlt wäre es dennoch, die Tatsache zu ignorieren, daß – unbeschadet der Divergenzen zwischen Personen, Gruppen oder Parteien – das Exil den Einzelnen ein bis dahin unbekanntes Maß an Solidarität abverlangte. Es förderte eine Reihe von Gemeinsamkeiten, die das Disparate wenigstens streckenweise überschatteten und in den Hintergrund verbannten: einen emphatischen Antifaschismus als politischen Fixpunkt, verbunden mit einem Demokratiebegriff, der sich von dem der Weimarer Zeit deutlich unterschied, das Bewußtsein, jenes ›andere Deutschland‹ zu vertreten, das im eigenen Land zum Schweigen verurteilt oder eingekerkert war ...«[13]

Der Sozialdemokrat Friedrich Stampfer hat als das besondere der »dritten Emigration« (im Unterschied zur Vormärzemigration und der Emigration nach dem Sozialistengesetz Bismarcks) beschrieben, daß sie sich aus allen politischen Richtungen zusammensetzte, »von früheren Nationalsozialisten angefangen bis hinüber zu den Kommunisten«. Aus dieser Vielfältigkeit »ergibt sich eine ständige Bewegung der gegenseitigen Anziehung und Abstoßung, die schließlich auch die sozialdemokratische Emigration mit ihren verschiedenen Richtungen von innen her erfaßt«.[14] Drückte sich die negative Seite dieser »ständigen Bewegung« in Cliquenbildung, Rivalitäten und Intrigen aus, die Parteistreitigkeiten aus der Weimarer Zeit oft in den persönlichen Bereich übertrugen und potenzierten, so bestand der positive Aspekt der »gegenseitigen Anziehung und Abstoßung« im Annäherungsprozeß unterschiedlicher politischer Kulturen. Die produktive »Ideenpolitik« unabhängiger Intellektueller ließ sich nicht mehr in die traditionellen, engen Parteigrenzen einbinden. Gruppenbildung, Parteienwechsel und überparteiliche Diskussionsforen waren die Konsequenz. Die Diskussion über Demokratiekonzeptionen des »anderen Deutschland« sprengte das alte Kategoriensystem mit den starren Polen »rechts« und »links«. Ehemalige Zentrumspolitiker wie der frühere Reichskanzler Joseph Wirth oder Werner Thormann (katholischer Intellektueller) beteiligten sich an sozialistischen Strategiedebatten, und ehemalige Kommunisten wie Willi Münzenberg wurden Mitbegründer neuer konservativer Parteiformen (Deutsche Freiheitspartei). Während der Weg des Publizisten Leopold Schwarzschild von links nach rechts führte, schrieb z. B. der ehemalige Nationalsozialist Hermann Rauschning in Frankreich zusammen mit Heinrich Mann und Alfred Kerr für die linksliberale »Dépêche de Toulouse«[15]. »Nationalbolschewistische« Theoretiker wie Ernst Niekisch oder Karl O. Paetel wechselten mehrfach die politischen Lager.

In den Demokratiekonzeptionen der deutschen Exildiskussion wurde über Gegensätze und Berührungspunkte zwischen christlichem und marxistischem Humanismus gestritten, über die europäische und damit aktuelle Fragestellung, ob ein »neuer Humanismus« als das letzte Territorium angesehen werden könne, auf dem sich die verschiedenen Weltanschauungen östlicher und westlicher Traditionen zu klärender Aussprache begegnen könnten. Eine politische Kultur des »anderen Deutschlands« äußerte sich nicht nur in den Vermittlungsversuchen zwischen den verschiedenen kulturellen und politischen Strömungen des Exils, sondern bestand auch in ideenpolitischen Verbindungslinien zwischen dem Exil *und* dem innerdeutschen Widerstand.

II Beispiele unabhängiger Ideenpolitik

1. Heinrich Manns Volksfrontkonzeption[16]

Heinrich Mann, der die deutsche Volksfrontinitiative im französischen Exil als intellektuelle Führungspersönlichkeit repräsentierte, versuchte schon in der Weimarer Republik zwischen den politischen Parteien zu vermitteln. Längere Zeit unterstützte er aktiv die liberale Deutsche Demokratische Partei (DDP), und 1932 forderte er SPD und KPD auf, die Streitigkeiten untereinander einzustellen und eine Einheitsfront zu errichten. Im französischen Exil galt Heinrich Mann als »intellektueller Führer« (Kantorowicz) nicht nur wegen seiner moralischen Autorität, sondern auch, weil er, wie Bertolt Brecht feststellte, es verstand, anschaulich »die deutsche Misere« zu »formulieren«. Daß sich Heinrich Mann nicht nur als Repräsentationsfigur begriff, sondern versuchte, aktiv den Widerstand mitzuorganisieren, verdeutlichte er bereits 1933 in einem Aufruf »An die deutschen Schriftsteller«: »Lieber gleichgeschaltet, als ausgeschaltet, damit kann ein Bankier zur Not durchkommen, ein Schriftsteller nicht...«[17] Heinrich Manns zeitweilige Nähe zur bürgerlichen DDP war kein Zufall, sondern entsprach seinen Vorstellungen vom Mittelstand als Kulturträger, als Quelle des Intellektualismus. Sein späteres Engagement für die Volksfront läßt sich nicht aus tagespolitischen Erwägungen erklären, sondern ist die logische Konsequenz der Entwicklung und Veränderung seiner Humanismuskonzeption. Die Humanismustradition des 16. Jahrhunderts wurde bei Heinrich Mann durch die Revolutions- und Demokratie-Ideen des 18. Jahrhunderts bereichert zu einer Konzeption, die dann mit der Problematik des 20. Jahrhunderts konfrontiert wurde. Volksfrontpolitik war für Heinrich Mann eine neue Art von demokratischer Praxis, die mit seiner Definition des Intellektuellen eine Humanisierung des Menschen anstrebte. Volksfront bedeutete für ihn mehr als nur die Umschreibung eines strategischen oder gar taktischen Bündnisses verschiedener antifaschistischer Gruppen. So war es vor allem der Initiative unabhängiger Intellektueller zu verdanken, daß in der »Neuen Weltbühne« um die Jahreswende 1934/35 eine Kampagne für eine gemeinsame »humanistische Front« geführt wurde.[18] Angesichts der erbitterten Streitigkeiten über Programm- und Organisationsfragen im 1935 gegründeten Volksfrontkomitee, war es Heinrich Mann zu verdanken, daß sich KPD-Vertreter, die beteiligten Sozialdemokraten und SAP-Mitglieder im März 1936 wenigstens darauf einigen, ein gemeinsames Organ, die »Deutschen Informationen«, herauszugeben. Im Rückblick seiner autobiografischen Darstellung beschrieb Heinrich Mann sein Engagement: »Dem Comité der Volksfront schulde ich die Anerkennung, daß es mir meine vermittelnde Haltung zwischen den Parteien eher dankte als übelnahm. Ein Sozialdemokrat ging so weit, mir zu sagen, ich wüßte wohl nicht, daß ich das ganze zusammenhalte?«[19] Es war auch Heinrich Mann, der den Versuch unternahm, verschiedene Programmdokumente unabhängiger Intellektueller (Emil J. Gumbel, Georg Bernhard und Leopold Schwarzschild) in einem Vermittlungsvorschlag zusammenzufassen und zu ergänzen. In diesem Programmentwurf beschreibt er die Erziehungsfunktion des zukünftigen »Volksstaates«: »Morallehre wird Hauptfach aller Lehranstalten. Humanismus, Christentum, Sozialismus werden als dieselbe Disziplin vorgetragen und den Lernenden durch denselben Unterricht mitgegeben...«[20]

Dieser Programm- und Verfassungsvorschlag war, wenn man so will, eine Initiative verschiedener Intellektueller, sich mit ihrer unabhängigen »Ideenpolitik« gegen die »Parteipolitik« durchzusetzen. Die Vorschläge Heinrich Manns wurden nicht akzeptiert – die KPD setzte ihr gerade verabschiedetes Fünfpunkteprogramm für eine »demokratische Republik« dagegen. Zu einem Zeitpunkt, als sich schon das Ende der Pariser Einheitsbestrebungen abzeichnete, versuchte Heinrich Mann noch einmal unabhängig von Organisationsinteressen, Geist und Gedanken der Volksfront neu zu begründen. Aus dieser Zeit stammen seine Aufsätze »Geburt der Volksfront« und »Kampf der Volksfront«, sowie die bisher nur auszugsweise veröffentlichten »Notizen«. In den »Notizen« spricht Heinrich Mann noch einmal die Hoffnung aus, daß es gelingen könnte, die Mehrheit der SPD für das Volksfrontkonzept zu gewinnen. Gleichzeitig wandte er sich gegen den Absolutheitsanspruch der Kommunisten: »Deshalb Volksfrontpolitik nicht unter der Hegemonie einer Partei oder Klasse, sondern Herrschaft der Mehrheit des Volkes...«[21] Das Scheitern der Volksfrontbemühungen an den starren Fronten, insbesondere der kommunistischen Parteipolitik (Hitler-Stalin-Pakt), und die Isolation im amerikanischen Exil bedeuteten für Heinrich Mann ein »Versinken in Armut, Vergessenheit, Einsamkeit und Unbedanktheit.«[22] Eine der wenigen politischen Äußerungen aus Amerika ist die »Antwort auf verschiedene Fragen von Mitarbeitern der ehemaligen Volksfront« vom August 1941. Dieses Dokument stellte sowohl hinsichtlich der Neuordnung Europas als auch für die innenpolitische Entwicklung des neuen Deutschlands nach Hitler eine eigenständige ideenpolitische Konzeption dar, die in wesentlichen Punkten z. B. von der Programmatik des später von den Kommunisten initiierten »Nationalkomitees ›Freies Deutschland‹« abwich. In diesem Dokument hofft Heinrich Mann auf einen Interessenausgleich zwischen englischen Plänen einer »europäischen Föderation« und dem sowjetischen Anspruch der Protektion neuer »sozialistischer Volksstaaten«. Die französische und deutsche »Linke« müsse sich gemeinsam für neue Demokratieformen in Europa einsetzen. »Der Sozialismus und die Freiheit, zwei unabweisbare Forderungen, dürfen einander nicht ausschließen.«[23]

In der Tradition des Denkens der Aufklärung wollte Heinrich Mann den Menschen die Furcht nehmen, wollte sie als Herren über sich selbst setzen. Er stand zu den großen Ideen der Aufklärung, zu Freiheit, Gerechtigkeit und Humanität, begriff aber nicht die historische Dialektik der Aufklärung, wie sie Theodor W. Adorno und Max Horkheimer analysiert haben. Für Heinrich Mann bestand die Aufgabe der Intellektualität im absoluten Drang zur Wahrheit; so dokumentierte sich für ihn Wahrheitssuche als progressive Rationalität selbst noch in den Moskauer Schauprozessen. Das Beispiel der deutschen Volksfrontdiskussion machte deutlich, wie sehr Sehnsüchte, Utopien und realpolitische Faktoren auseinanderklafften. Auch wenn sich mit dem Hitler-Stalin-Pakt die Maximen sowjetischer Macht- und Staatsinteressen gegen intellektuelle Ideenpolitik durchsetzten, muß doch die Anfangsphase der Volksfrontdiskussion als Ausbruchsversuch intellektueller Demokraten aus den alten Denk- und Handlungskategorien von »links« und »rechts« gewertet werden, als Versuch, das Dilemma des Widerspruchs von Theorie und Praxis durch konkrete Politik zu lösen.

2. Leopold Schwarzschild: ». . . man muß tabula rasa beginnen!«

Der Publizist Leopold Schwarzschild gehörte zu den einflußreichsten und zugleich umstrittensten politischen Einzelpersönlichkeiten des Exils. Sein Weg führte vom liberalen Journalisten über einen aktiven Anhänger der Volksfrontpolitik bis hin zum fanatischen Antikommunisten, dem »McCarthy der deutschen Emigration«. Im folgenden sollen seine politischen Positionen und Entwicklungsstufen skizziert werden – ausgespart bleibt das dunkle Kapitel der berechtigten und unberechtigten Vorwürfe des Denunziantentums. Über Schwarzschilds Isolation in den Emigrantenkreisen nach 1939 gibt u. a. der von Siegfried Sudhoff veröffentlichte Briefwechsel zwischen Berthold Viertel und Oskar Maria Graf Auskunft.[24]

Eine authentische Quelle für Leopold Schwarzschilds Positionen ist das »Neue Tage-Buch«. Mit dem »Neuen Tage-Buch« (Juli 1933–Mai 1940) führte Schwarzschild das alte »Tagebuch« weiter, das bis 1933 zuerst unter Stefan Grossmanns und dann unter seiner Leitung in Berlin erschienen war. Als Exilwochenschrift übertraf das »Neue Tage-Buch« selbst die »Neue Weltbühne« an Bedeutung. Hans-Albert Walter hält sie für die »wichtigste Publikation der deutschen Exilanten überhaupt.«[25] Ab Juli 1933 war das Blatt im gesamten freien Europa erhältlich. Neben Schriftstellern und Wissenschaftlern wie Heinrich und Thomas Mann, Sigmund Freud, Ilja Ehrenburg u. a., waren es v. a. europäische Politiker wie Winston Churchill, die der Zeitschrift Profil verliehen. Das »Neue Tage-Buch« hatte deshalb Leser weit über den Kreis der deutschen Exilanten hinaus: »In der Wirtschaft, den Generalstäben, der Diplomatie und bei den Parlamentariern durchweg aller europäischer Länder. Es wurde in der gesamten Weltpresse zitiert . . .«[26] Eine Voraussetzung für den publizistischen Erfolg und Einfluß des NTB im Exil war der Umstand, daß neben kulturkritischen und politischen Kommentatoren angesehene Wirtschaftsjournalisten und Militärexperten zu Wort kamen. Nicht zuletzt war es Schwarzschild selbst, der als Politiker und Wirtschaftstheoretiker zugleich fungierte. »Scheinbar mühelos konnte er hinschreiben, was er vorzubringen hatte, dies, weil er ein Analytiker von hohen Graden war.«[27] Der Vorteil des NTB gegenüber anderen Exilblättern bestand darin, daß die Fortführung der Zeitschrift im Exil zunächst keine Veränderung der politischen Tendenz bedeutete. Schon das alte »Tage-buch« hatte in den Jahren 1932/33, also noch vor Hitlers Machtantritt, eine radikal neue Politik gefordert.

Nach der Reichstagswahl vom 6. November 1932 propagierte Schwarzschild eine neue »Mittelpartei«, die alle seit der Juli-Wahl von der Hitler-Partei abgefallenen Wähler auffangen sollte, »eine von allen bestehenden bürgerlichen Parteien und von allen bisherigen bürgerlichen Programmen markant unterschiedene Neu-Bildung«.[28] Im Prinzip ist hier bereits im Vorschlag einer antifaschistischen Sammlungsbewegung das Konzept der späteren Volksfrontidee angelegt. Auch die Forderung nach dem Zusammengehen von Kommunisten und Sozialisten wurde schon im alten »Tagebuch« konkret formuliert: »Die Einheitsfront der sozialdemokratischen und kommunistischen Parteien ist die Forderung des Tages...«[29] Im letzten noch in Deutschland erschienenen Heft vom 11. März 1933 nennt Schwarzschild die Gründe für die gescheiterte Einheitsfront. Bei den Kommunisten liegt die Ursache in dem »für die deutschen Verhältnisse kraß irrealpolitischen Moskauer Strategem«, und die Sozialdemokraten sind mitverantwortlich für das »anti-kommunistische Wohlverhalten in Deutschland«.[30] In den ersten Nummern des NTB im französischen Exil entwickelte Schwarzschild eine pragmatische Demokratiekonzeption, die sich zum einen die »New Deal« – Politik Roosevelts zum Vorbild nimmt, zum anderen Sympathie für die sowjetrussische Entwicklung hegt, die er mit der Humanität für vereinbar hält. In Paris unterstützte Leopold Schwarzschild von Anfang an die Volksfrontinitiativen, die von Heinrich Mann und anderen Intellektuellen ausgingen. Fast ein Jahr lang arbeitete er dann an einem eigenen Verfassungsentwurf für das »Lutetia-Komitee«. Die Tatsache, daß er in seinem Entwurf vom Februar 1936 »den freien Willen des Individuums« gegenüber dem Staat so stark akzentuierte, hat ihm den Vorwurf des »Konservativismus« gebracht.[31] Es liegt allerdings nahe, daß er sich zu organisatorischen Formen, wie der Parteienfrage, aus taktischer Rücksichtnahme nicht geäußert hat. Denn hinsichtlich der Fortführung alter Parteitraditionen hatte Schwarzschild grundlegende Einwände. Im Dezember 1936 erklärte er im NTB, »daß man tabula rasa beginnen muß, abseits von den fortexistierenden, auf weitere Fortexistenz bedachten Gruppen..., ohne irgendwelche Teilnahme irgendwelcher alter Parteien...«[32] Hier wurde individuelle Ideenpolitik in Reinkultur der organisierten Parteienpolitik gegenübergestellt. Konsensfähiger waren vermutlich seine außenpolitischen Vorstellungen: »Die Zerspaltenheit des kleinen Erdteils Europa in mehr als ein Dutzend Staaten ist beim heutigen Stand der Technik und Wirtschaft zu einer Absurdität geworden...«[33] Schwarzschilds Europakonzeptionen knüpften ähnlich wie die Heinrich Manns an die damals vieldiskutierten Vorstellungen Coudenhove-Kalergis an.[34]

Schon im alten »Tagebuch« wurde »auf den Trümmern des verfallenen Traumes vom Dritten Reich« ein »deutsch-französischer Gesamtstaat« gefordert.[35] Wie ernst man von deutscher Seite Schwarzschild als Exilpolitiker nahm, geht aus einem Bericht eines Gestapoagenten hervor, der seine vorgesetzten Stellen davon unterrichtet, »daß am

26. September d. J. [1935] im Hotel Lutetia unter den Auspizien Schwarzschilds, Heinrich Manns, Münzenbergs u. a. eine erste Sitzung stattgefunden hat, in der die Vorarbeiten zu der antihitlerischen Einheitsfront und zu dem von Schwarzschild lanzierten Schattenkabinett [!!] begonnen wurden ...«[36]

Zeichnete sich in den Volksfrontdiskussionen bereits Schwarzschilds Tendenz zum Einzelgängertum ab, so bedeuteten die Moskauer Prozesse für ihn eine so tiefe innere Erschütterung, daß sie einen abrupten Bruch und Umkehr zur Folge hatten.[37] In der nun einsetzenden Phase der Isolation entwickelte sich das NTB immer mehr zur Verquickung von Person und Institution. Schwarzschilds Gespür für zeitgemäße Themen sorgte weiter dafür, daß seine Artikel Anstoß gaben für Diskussionen, die bis in Kreise des Nationalsozialismus hineinreichten. Das Bündnis Hitlers mit Stalin, daß er lange zuvor prognostiziert hatte, interpretierte er im Rückblick: »Die Wirklichkeiten der Welt und die Rangordnung ihrer Werte waren in Vergessenheit geraten. Das bei weitem Wichtigste – ein gesicherter Minimal-Standard von Freiheit und Recht, von Menschenwürde und öffentlicher Moral – wurde so behandelt, als sei es Schwindel oder nebensächliche Selbstverständlichkeit.«[38] Wollte man einen Humanismusbegriff an den Positionen Schwarzschilds beschreiben, der von bestimmten charakterlichen Eigenschaften seiner Person abstrahierte, so wäre es ein militanter Humanismus ohne jede dogmatische Bindung, der zugleich eine totale Absage an den traditionell-naiven Fortschrittsglauben beinhaltete. Mit seiner Forderung nach der Zerstörung aller Autorität der bisherigen Strukturen in Deutschland, dem Postulat der »Stunde Null« und einer »langsamen und allmählichen Pädagogik« für die neue politische Kultur Deutschlands wußte Schwarzschild sich einig mit seinem bedeutendsten Mitarbeiter Churchill, der zum wichtigsten Gegenspieler Hitlers avancieren sollte. In einer der letzten Ausgaben des NTB, unmittelbar vor Kriegsausbruch, appellierte Leopold Schwarzschild an die »Mentoren- und Kuratorenrolle« der künftigen Sieger: »Den Siegern wäre es möglich, eine langsame und allmähliche Pädagogik des demokratischen Regierens und Regiertwerdens spielen zu lassen. Ihnen wäre es möglich, den Prozeß der stufenweise und systematischen Aberziehung dessen zu sichern, was den Deutschen an Abnormitäten, an zerstörenden und selbstzerstörenden Eigenschaften im Laufe der Jahrhunderte anerzogen ist.«[39]

3. Ernst Niekischs Widerstandsideologie

Im Niemandsland zwischen den extremen Fronten »links« und »rechts« bildeten sich zwischen 1918 und 1933, gewissermaßen in Reservestellung verharrend, verschiedene nationalrevolutionäre Ansätze. Es hat nie eine organisatorische Einheit unter den Gruppen gegeben, die man unter der Bezeichnung »nationalrevolutionär« oder polemisch »nationalbolschewistisch« ideologisch zusammenfaßte. Wie stark auch heute die gefühlsmäßige Ablehnung dieser ideenpolitischen Strömungen ist, dokumentierte sich in der Auseinandersetzung über die Verleihung des Goethe-Preises an Ernst Jünger, der ja so etwas wie eine fossile Repräsentationsfigur der »vaterländischen Bewegung« darstellt.[40]

Falsch und oberflächlich ist es, nationalrevolutionäre Tendenzen einfach als Variation des Nationalsozialismus zu behandeln. Der nationalrevolutionäre Versuch, zwischen West und Ost eine neue deutsche Kulturidentität zu gewinnen, ist nie geschichtsmächtig geworden. Die Machtergreifung Hitlers wurde von den Nationalrevolutionären nicht als Sieg, sondern als Niederlage begriffen. Exponenten dieser Strömung gehörten zur ersten Stunde des antifaschistischen Widerstandes und formierten sich im Exil nicht ohne Einfluß, wie z. B. die ideologische Entwicklung des »Nationalkomitee ›Freies Deutschland‹« in den vierziger Jahren zeigte. Die Hauptwirksamkeit nationalrevolutionärer Ideen und ihr Berührungspunkt zu realpolitischen Konstellationen hat jedoch vor 1933 gelegen. Karl O. Paetel hat aus seiner Sicht die »verpaßte Chance« beschrieben:

»Hätten die linken Organisationen – SPD, Gewerkschaften und KPD – ernsthaft daran gedacht, eine Machtergreifung der Nationalsozialisten gemeinsam zu verhindern, so wäre das Herausbrechen unruhig gewordener Aktivistenschichten aus dem Parteigefüge NSDAP – vor allem SA und HJ-Führungskader – durch Neuformierung einer antifaschistisch argumentierenden ›nationalbolschewistischen‹ Dissidentenpartei ›nationaler Sozialisten‹ wahrscheinlich noch auf dem Boden legaler Wahlen, vor allem aber in einer etwaigen Bürgerkriegssituation ein Zünglein an der Waage gewesen, das den Ausschlag für seine Verhinderung hätte sein können. Auch wenn man unterstellt, daß selbst bei einer längeren Anlaufzeit für die Formierung einer solchen einheitlichen nationalkommunistischen Bewegung ihr zahlenmäßiges Gewicht im Rahmen einer antifaschistischen Volksfront nicht ausschlaggebend hätte werden können, wäre ihr Einflußradius beträchtlich gewesen.«[41] Einer der originellsten Repräsentanten des deutschen »Nationalbolschewismus« und zugleich aktiver Widerstandskämpfer war Ernst Niekisch. Er begann seine politische Laufbahn als überzeugter marxistischer Sozialist in den Reihen der SPD und USPD. 1919 wurde er nach der Ermordung Eisners Vorsitzender des Zentralrats der Arbeiter- und Soldatenräte in Bayern. In seiner ersten Schrift »Licht aus dem Osten« (1918/19) und der Broschüre »Der Weg der deutschen Arbeiterschaft zum Staat« (1925) zog er aus der Entwicklung der russischen Revolution und den eigenen Erfahrungen der deutschen Rätebewegung seine Schlußfolgerungen für eine sehr aktuelle Kritik des dogmatischen Marxismus. Die sozialistische Bewegung in Deutschland sei in die Paradoxie zwischen unpolitischem Dogma, das den Staat verneint und politischer Praxis, die die täglich um die Erhaltung und Lenkung des Staates besorgt sein muß, geraten und habe sich so im Halben und Ungeklärten verfangen. Wenn die Bewegung noch eine Zukunft haben wolle, dann müsse sie unter Aufgabe des marxistischen Dogmas, welches die Arbeitermassen verführt habe, »stets das zu sehen, was nicht ist, und das nicht zu sehen, was ist«[42], ein neues Fundament schaffen, nämlich die Überzeugung, daß der Klassenkampf nur erfolgreich ist, wenn ihm zugleich nationaler Gehalt innewohnt.«[43] In der Zeitschrift »Widerstand. Blätter für sozialistische und nationalrevolutionäre Politik« (gegründet 1926) hat Niekisch seine Ideologie Schritt für Schritt in konsequenter Form weiterentwickelt: »Das Schicksal Deutschlands aber ist, daß sowohl sein Land als auch seine Seele Schlachtfeld der einander widerstreitenden geschichtlichen Prinzipien sind, daß es also geistig und tatsächlich vor der Alternative steht, entweder dem Westen zu erliegen und seine Freiheit endgültig zu verlieren, oder aber in Anlehnung an den Osten seine Freiheit und Eigentümlichkeit völlig zurückzuerobern (. . .) Der Sturz der bürgerlichen Gesellschaft bedeutet den Beginn der Auferstehung Deutschlands; deshalb muß das deutsche Volk erstens den weltpolitischen russisch-asiatischen Vorstoß gegen Europa begünstigen und in diese Stoßrichtung einlenken (da sich Deutschland nur gegen Europa wiedergewinnen läßt) und muß zweitens genau so radikal wie das russische Volk alles Westliche in seinen Grenzen vernichten und alles bejahen, was der Westen verabscheut: Antiliberalismus, Antiindividualismus, Autokratismus und offenes Bekenntnis zur Gewaltsamkeit. Es muß die weltpolitische Leistung der Bolschewisten nachahmen: den sozialen Umsturz als nationale Tat . . . .«[44]

Niekischs Thesen gipfeln darin, daß eine welthistorische Polarität von Preußentum und Romanismus existiere und er erklärte das Preußentum, trotz widersprüchlicher Definition, zum Leitprinzip seiner Widerstandsideologie. Bei aller Ablehnung der Mythenbeschwörung bestimmter Thesen Niekischs, muß man ihm zugestehen, daß er berechtigte Kritik an oberflächlichen politischen Parolen geübt und in komplexen Kategorien gedacht hat. So hat er z. B. im Gegensatz zu den dogmatischen Marxisten erkannt, wie fest der Kapitalismus in der Geschichte und politischen Ordnung Europas verwurzelt war und daß er nicht durch eine völlig andere Wirtschaftsordnung ersetzt werden konnte, ohne daß das gesamte politische und kulturelle System Europas mit verändert wurde. Seit seiner Schrift vom Frühjahr 1932, »Hitler – ein deutsches Verhängnis«, wurde Niekischs Denken und sein literarisches Schaffen von der Polemik gegen den Nationalsozialismus bestimmt. Aufgrund der Fürsprache aus Reichswehrkreisen konnte die Zeitschrift »Der Widerstand« noch bis Dezember 1934 erscheinen. Im März 1937 wurde Ernst Niekisch zusammen mit etwa einhundert Mitgliedern des »Widerstandskreises« verhaftet. 1939 wurde Anklage wegen Hochverrats erhoben, und erst im April 1945 wurde er von der Roten Armee aus dem Kerker befreit. Gegenstand der Hochverratsklage war das Manuskript des 1935/36 geschriebenen Buches »Das Reich der niederen Dämonen«, das erst nach dem Kriege, mit einem Schlußteil von 1948, veröffentlicht werden konnte.«[45] Auffallend an dieser »Abrechnung mit dem Nationalsozialismus« ist, daß außenpolitische Fragen und das ursprüngliche Leitmotiv »Preußentum versus Romanismus« in den Hintergrund treten. Im Zentrum des Buches steht eine gesellschaftspolitische und sozialpsychologische Analyse des nationalsozialistischen Systems mit eindeutiger Linksorientierung. Nach dem Krieg konnten politische Ideen Ernst Niekischs noch eine Zeitlang neutralistische Bestrebungen und Gruppierungen des »dritten Weges« beeinflussen. Aktuelle Aspekte dieser ideenpolitischen Wirkungsgeschichte formuliert Karl O. Paetel: »Der Ausgang des II. Weltkrieges hat den Großteil Restdeutschlands eindeutig dem Westen eingeordnet. Eine Ostwendung ist illusorisch geworden: man hätte keine Chance mehr, Partner zu sein, allenfalls Satellit! Das haben damals die Nationalrevolutionäre nicht gewollt, das können freiheitlich gesinnte Deutsche heute nicht wollen. Eins bleibt: dem Bekenntnis zur westlichen – europäischen – Gemeinsamkeit – immer wieder die Bereitschaft kompromißlos anzufügen: *Brücke* zum Osten zu sein! Deutschland liegt im Bereich beider Kulturen und im Schußbereich der Bomben beider Machtblöcke...«[46]

4. »Kritische Theorie« – radikale Hoffnung oder Chimäre?

Am eindeutigsten scheint eine ideenpolitische Wirkungsgeschichte vom Kreis jener intellektuellen Emigranten ausgegangen zu sein, die sich in den USA um Theodor W. Adornos und Max Horkheimers »Institut für Sozialforschung« gruppiert hatten. Die Einflüsse der »kritischen Theorie« auf die westdeutsche Studentenbewegung von 1968 und der Aufstieg Herbert Marcuses zum Philosophen der internationalen »neuen Linken« sind unbestreitbare Tatsachen. Impulse gingen von der »Frankfurter Schule« im Exil und nach 1945 aber nicht nur im unmittelbar politischen Sinn aus, sondern vor allem und zuerst machte sich ihr Einfluß in der Methodendiskussion der verschiedensten Wissenschaftsbereiche bemerkbar. Erich Fromm avancierte in den USA zu einem berühmten psychoanalytischen Autor, Franz Neumanns »Behemoth« gilt als eine der profundesten sozialgeschichtlichen Analysen des Nationalsozialismus, Karl A. Wittfogel wurde ein führender Asien- und China-Experte, Leo Lowenthal leitete die Forschungsabteilung der »Stimme Amerikas«, und der vom Institut unterstützte Walter Benjamin wurde fast dreißig Jahre nach seinem freiwilligen Tod die sensationelle Wiederentdeckung der deutschen Literaturwissenschaft.[47]

Für den hier abzuhandelnden Themenkomplex soll primär die Gruppe des Instituts berücksichtigt werden, die im Auftrag der amerikanischen Regierung politische Analysen über Deutschland angefertigt hat. Anfang 1943 traten einige deutsche Emigranten, die bislang an Max Horkheimers Institut gearbeitet hatten, in den amerikanischen Geheimdienst ein, genauer in die Research & Analysis Branch (R & A) des Office of Strategic Services (OSS). Es handelte sich um den Philosophen Herbert Marcuse, den Staatsrechtler Otto Kirchheimer und um den Politologen Franz L. Neumann. Alfons Söllner hat eine Auswahl dieser OSS-Studien übersetzt und dokumentiert: »Diese Arbeiten sind für ein deutsches Publikum unter mehreren Gesichtspunkten von besonderem Interesse. Erstens gehören sie in den Zusammenhang jenes ›anderen Deutschland‹, das auf die Perspektiven der deutschen Demokratie Einfluß zu nehmen versuchte, noch bevor der Nationalsozialismus militärisch besiegt war. Zweitens werfen sie Licht auf eine bislang apokryph gebliebene Entwicklungsphase der neueren Sozial- und Politikwissenschaften, speziell des Zweiges der Kritischen Theorie der ›Frankfurter Schule‹, der für die Demokratiewissenschaft der Nachkriegsära eine gewisse Bedeutung erlangte.«[48]

Die Tatsache, daß zur gleichen Zeit, als Adorno und Horkheimer an ihrer geschichtsphilosophischen Arbeit »Dialektik der Aufklärung« saßen, sich ihre ehemaligen Kollegen Neumann, Kirchheimer und Marcuse mit empirisch-pragmatischen Reflexionen über das Nachkriegsdeutschland beschäftigten, scheint der These Recht zu geben, daß sich das Institut der Frankfurter entlang eines Methodenstreits und einer wissenschaftlichen Frontenbildung »entzweit« habe. Doch die unterschiedlichen methodischen Ansätze der Faschismusanalyse von Franz Neumann und Friedrich Pollock beispielsweise, haben zwar zu einer wissenschaftlichen Frontenbildung geführt, nicht aber zu einem Streit über die Unterstützung staatlicher amerikanischer Stellen. Pollock, der eng mit Horkheimer zusammenarbeitete, hatte ebenfalls guten Kontakt zu Regierungsstellen, zur Antitrust-Abteilung des Justizministeriums (für die er Auftragsarbeiten erledigte) und zum Board of Economic Warfare. Der inhaltliche Kern der Kontroverse bestand in der Fragestellung, ob bei der Analyse des nationalsozialistischen Herrschaftssystems vom Primat der politischen oder der ökonomischen Vergesellschaftung auszugehen sei. Während die Neumann-Gruppe den Begriff des »totalitären Monopolkapitalismus« favorisierte, behauptete Friedrich Pollock, ausgehend von einer idealtypischen Begriffsbildung, daß der Nationalsozialismus eine »staatskapitalistische« Ordnung darstelle, in der zentrale Mechanismen der kapitalistischen Ökonomie außer Kraft gesetzt seien. Eine klare Schematisierung der Fronten innerhalb des Instituts fällt allerdings schwer. Man kann z. B. Herbert Marcuse nicht dem Lager der orthodoxen Marxisten um Otto Kirchheimer zurechnen, obwohl sie gemeinsam für den OSS arbeiteten, und Adorno hat sich nie öffentlich zur Kontroverse Neumann-Pollock geäußert. Alfons Söllner hat wohl recht in der Annahme, daß der Grund für das Ausscheiden Neumanns, Marcuses und Kirchheimers aus dem Institut hauptsächlich in der »verschlechterten finanziellen Ausstattung« zu suchen war, auch wenn wechselseitige Intrigen der Beteiligten nicht geleugnet werden dürfen. Die Gegenüberstellung zweier Lager der »Kritischen Theorie«, von denen das eine »esoterisch« und das andere »exoterisch« zu nennen wäre, ist nur bedingt zulässig. Vom zeitgenössischen Betrachtungsstand aus gesehen wirkte Adornos und Horkheimers »Dialektik der Aufklärung« als Absage an eine mögliche emanzipatorische Praxis, da Utopie nur noch als negative gedacht wurde. In radikalen Thesen konstatierten sie die Selbstzerstörung der Aufklärung: »Aber die Mythen, die der Aufklärung zum Opfer fallen, waren selbst schon deren eigenes Produkt.«[49] Adorno und Horkheimer sahen sich um so weniger in der Lage, eine Verbindung zur radikalen Praxis herzustellen, je radikaler ihre Theorie wurde. Die verzweifelten Hoffnungen in Horkheimers während des Krieges geschriebenem Aufsatz »Autoritärer Staat« wichen bald einer immer pessimistischer werdenden Stimmung, sinnvolle Veränderungen herbeizuführen.»Von der Sowjetunion enttäuscht, ohne jede Hoffnung auf die Arbeiterklassen der westlichen Welt und entsetzt über die integrative Macht der Massenkultur, legte die Frankfurter Schule den letzten Abschnitt des langen Marsches zurück, der sie immer weiter vom orthodoxen Marxismus wegführte.«[50] Demgegenüber schienen die Emigranten im OSS eine »Ideenpolitik« zu betreiben, die eine praktische Perspektive für das Nachkriegsdeutschland hätte eröffnen können. Doch auch in diesem Fall sollte sich Wissen nicht als Macht erweisen. In ihrem Glauben, die USA und die anderen Siegermächte würden einen demokratischen Neubeginn in Deutschland als »Prozeß von unten« billigen, wirkten sie wie Idealisten in amtlichen Hallen. Herbert Marcuse z. B., der mit der Analyse der Linksparteien (SPD, KPD) beauftragt war, ging noch im letzten Kriegsjahr davon aus, daß »der Untergrund beim Sturz Hitlers [!] oder bei der Beseitigung des Naziregimes während der militärischen Besetzung eine bedeutende Rolle spielen könnte.«[51] Realistischer war damals z. B. der sozialistische Exilpolitiker Paul Hagen, der für die »Neu Beginnen«-Gruppe bei den »American Friends of German Freedom« wirkte. Hagen, der über gute Informationskanäle zum »Office of War Information« verfügte, prognostizierte in seinem 1944 gehaltenen Vortrag »Deutschland nach Hitler – Um die Vollendung der demokratischen Revolution«, daß »eine längere Periode der Okkupation, der Abhängigkeit von militärischen und administrativen Maßnahmen der Siegermächte der Entfaltung und Vollendung der Anti-Nazi-Revolution bestimmte Schranken setzen wird.«[52] Die Diskussion über den Morgenthau-Plan und die Praxis der »Entnazifizierung« nach Kriegsende zerstörten die Illusion, daß die Besatzungsmächte ein demokratisches Programm in der Tradition des antifaschistischen Widerstandes und entsprechend den Vorstellungen der Exilpolitiker akzeptieren würden. Vom großen Entwurf der Roosevelt-Demokratie als Musterbeispiel liberal-westlicher Freiheit war in der Praxis der amerikanischen Militärbehörden wenig übriggeblieben. Man muß den Verfassern der OSS-Studien zum Vorwurf machen, daß ihre deutschlandpolitische Konzeption nicht die realpolitische Dimension des 1944 ja schon deutlich erkennbaren Ost-West-Konfliktes in Mitteleuropa berücksichtigte.

Beide Gruppen, die »esoterische« um Adorno und Horkheimer – und die »exoterische« im OSS, unterlagen Verhältnissen, die eine genuine Einheit von Denken und Handeln nicht zuließen. So verschieden die ideellen Ansätze im einzelnen auch formuliert waren, als abstrakte Utopie der Aussöhnung mit der Natur oder als konkrete Hoffnung auf ein sozialistisches Deutschland nach dem Faschismus, die Realisierung scheiterte an den gleichen schwierigen Bedingungen der Nachkriegsära.

Hinsichtlich einer positiven Wirkungsgeschichte der »Kritischen Theorie« für die 68er-Bewegung und darüber hinaus gibt es kontroverse Bewertungen. Martin Jay, der die Geschichte der Frankfurter Schule als »Dialektische Phantasie« beschrieben hat, geht davon aus, daß »inmitten der Verwirrung und der Desillusionierung im Gefolge des Verfalls der Neuen Linken (...) die kritische Theorie erneut zur Hauptstütze radikaler Hoffnungen geworden (ist), wie zur Zeit ihrer Flucht aus Europa vor mehr als vierzig Jahren.«[53] Karl Heinz Bohrer hingegen befürchtet, daß die von der Frankfurter Schule ausgegebene Losung »Die Phantasie an die Macht!« sich als Chimäre erwiesen habe, deren Folgen für die geistige Situation Westeuropas nur mit »dramatisch« umschrieben werden könnten: »Zwei Intellektuellen-Generationen von Westeuropäern hatten durch bloße Vorstellungskraft etwas antizipiert, das nie eintreten würde. So hinterließen diese bisher letzten radikalkulturkritischen Schulen einen Skandal, der sich vielleicht als noch größer herausstellen wird als jene brutale Ernüchterung, welche die Moskauer Prozesse der dreißiger Jahre für eine Reihe führender europäischer Marxisten bedeuteten.«[54] Da man die Wirkungsgeschichte der »Kritischen Theorie« weder im positiven noch im negativen Sinn für abgeschlossen betrachten kann, wäre es wohl zu früh, bereits ein endgültiges Urteil zu fällen.

III SPD: »Erbin der bürgerlichen Revolution«?

Die konzeptionellen Vorstellungen über das neue Deutschland, die in den dreißiger und vierziger Jahren in den verschiedenen sozialdemokratisch-sozialistischen Exilkreisen diskutiert wurden, zeigen, daß es kein einheitliches demokratisches Nachkriegsprogramm der deutschen Sozialdemokratie gab. Nach der kampflosen Niederlage der Partei hatte es der alte Parteivorstand, der dafür von linkssozialistischen Kreisen verantwortlich gemacht wurde, schwer, im Prager Exil seinen Führungsanspruch zu behaupten. Zwischen der sozialistischen Linksopposition und abgespaltenen Splittergruppen wie der Sozialistischen Arbeiterpartei Deutschlands (SAP), den »Revolutionären Sozialisten« (RSD), dem »Internationalen Sozialistischen Kampfbund« (ISK), der Gruppe »Neu Beginnen« einerseits und der SOPADE andererseits, brach bald der offene Konkurrenz- und Fraktionskampf aus.

Durch das »Prager Manifest« sollte 1934 der Versuch gemacht werden, die verschiedenen sozialistischen Strömungen auf einer neuen, revolutionär formulierten Programmlinie des Parteivorstandes zu vereinigen. Das Manifest war, wenn man so will, ein Aktionseinheits- und Volksfrontvorschlag für die zersplitterten eigenen Reihen. Die unerwartete Konsolidierung des nationalsozialistischen Regimes, die Zerschlagung der zentralen Organisationsstrukturen der illegalen Gruppen in Deutschland, dann die veränderte Situation nach Kriegsausbruch zerstörten die Hoffnung auf eine Beendigung der Emigrationsquerelen. In der über hundert Jahre alten Geschichte der deutschen Sozialdemokratie ist wohl noch nie so deutlich wie in der Exilzeit von 1933–1945 ihr Charakter als Arbeiter- *und* Volksbewegung deutlich geworden.

Im Pariser Exil setzte sich vor allem Rudolf Breitscheid, der im Gegensatz zu seinem Freund Hilferding vom Prager Parteivorstand finanziell unabhängig war, engagiert für eine Zusammenarbeit von Sozialdemokraten und Kommunisten im Volksfrontausschuß ein.

Einen offiziellen Auftrag der SOPADE für die Mitarbeit im Volksfrontkomitee erhielt er jedoch nie. Wie tief legalistisches Denken bei jenen alten Sozialdemokraten, deren Demokratiekonzeption ihre Wurzeln in der bürgerlich-liberalen Tradition hatte (ganz gleich, ob sie sich rechts oder links definierten), verankert war, zeigte sich auch in der Vorgeschichte der Auslieferung Breitscheids und Hilferdings an die Gestapo. In einer neuen Studie von Daniel Bénédite wird beschrieben, daß insbesondere Breitscheid der Gefahr eines deutschen Auslieferungsgesuches relativ unbekümmert entgegensah (»avec une telle inconscience«).[55]

Mußten sich in vielen Fällen engagierte Schriftsteller (herausragendes Beispiel Heinrich Mann) im Exil als Politiker bewähren, gab es auch den umgekehrten Fall, wie das Beispiel des sozialdemokratischen Politikers Erich Kuttner zeigt.[56] Nachdem er sich vergeblich für eine aktive Beteiligung der SOPADE im Spanischen Bürgerkrieg eingesetzt hatte, zog er sich im holländischen Exil von der Politik zurück und konzentrierte sich auf literarische Studien. Die vom Exil geprägte Entwicklung vom Berufspolitiker zum Schriftsteller (nicht Memoirenschreiber), für die das Beispiel Erich Kuttners steht, findet übrigens kaum Berücksichtigung in den wissenschaftlichen Strukturanalysen der Exilliteratur.[57]

Nach Ausbruch des Krieges, in der zweiten Phase des Exils, lösten sich auch die Reste des Parteivorstandes auf. Rudolf Breitscheid und Rudolf Hilferding wurden von der Vichy-Polizei an die Gestapo ausgeliefert und fanden ein tragisches Ende. Stampfer und Rinner gingen nach New York, Vogel, Ollenhauer und einige Mitarbeiter des SOPADE-Stabs, wie Fritz Heine, konnten mit Unterstützung der Labour Party in London Fuß fassen. Restgruppen der linkssozialistischen Organisationen wie SAP, RSD und »Neu Beginnen« führten eine Weiterexistenz in England, USA und Skandinavien.

In den USA gruppierten sich die sozialdemokratischen Emigranten des rechten Flügels um die »German Labor Delegation« und die Wochenzeitung »Neue Volkszeitung«. Während Erich Rinner sich vom Organisationsleben zurückzog, spielte Stampfer eine führende Rolle in der GLD, die einen ständigen Kampf gegen die »Friends of German Freedom«, die Reste der Gruppe »Neu Beginnen« unter Paul Hagen und Paul Hertz, führte.[58] In London entstand 1941 unter der Leitung Hans Vogels, des alleinigen überlebenden Vorsitzenden der alten SPD eine »Union der deutschen sozialistischen Organisationen in Großbritannien«, gebilligt von der britischen Regierung und gefördert durch die Labour Party. Sie war das Ergebnis einer gemeinsamen Entschließung des Vorstandes der SOPADE, der Leitung der SAP und der des ISK sowie der Gruppe »Neu Beginnen« und vereinigte die verstreuten Bestandteile der sozialistischen Bewegung mit Ausnahme der Kommunisten. Joseph Rovan hat in seiner Parteigeschichte diesen Einigungsprozeß der Sozialisten zusammenfassend bewertet: »Die französische Katastrophe, der Zusammenbruch Westeuropas, das Schauspiel eines demokratischen und liberalen Englands, das in einer fast hoffnungslosen Lage ganz allein dem Faschismus erbitterten Widerstand leistete, hatten die Überlebenden endlich von der Notwendigkeit überzeugt, ihre alten Streitigkeiten zu vergessen und sich zu vereinigen. Gemeinsam erkannten sie, daß in dem Kampf gegen Hitler die demokratischen und humanistischen Werte untrennbar waren von dem sozialistischen Ideal.«[59] Ähnlich neue Gruppierungen emigrierter Sozialisten bildeten sich in Schweden und auch in der Schweiz, deren Bedeutung und Autorität aber hinter der Führungsgruppe in England zurückblieb. Entsprechend berief sich Ollenhauer als Repräsentant der »Union« auf eine Art historische Legitimität, um im Oktober 1945 auf das erste gesamtdeutsche Treffen der neuen SPD Einfluß zu nehmen. In Abgrenzung von den an Moskau orientierten Kommunisten entwarfen die Sozialdemokraten im englischen Exil den Plan für eine neue »Partei des ganzen Volkes«, »die ohne Dogmatismus oder bürokratische Starrheit das Proletariat und die große Masse der bürgerlichen Schichten vereinigen und nach außen wie im Inneren demokratischen Lebensformen verschrieben sein sollte.«[60] Verteidigung einer unabhängigen sozialen Demokratie nicht nur gegenüber dem prosowjetischen Absolutheitsanspruch der KPD, sondern auch gegen das Unverständnis der westlichen Alliierten war die Grundidee der sozialdemokratischen Exilvorstellung, die sich mit der Konzeption Kurt Schumachers traf, der in Deutschland geblieben war und KZ und Zuchthaus überlebt hatte. Im folgenden soll die Entwicklung sozialdemokratischer Ideenpolitik im Exil an einigen Beispielen erläutert werden. Angesichts der Komplexität des historischen Gesamtvorgangs können sie nur den Stellenwert von Mosaiksteinen beanspruchen.

1. Hilferding und Stampfer – Intellektuelle im Parteiapparat

Bestand das »Elend unserer Intellektuellen« (Kurt Sontheimer) traditionell in der Kluft zwischen Denken und Handeln, Theorie und Praxis, so bot das Exil die Gelegenheit, Verantwortung für praktische Aufgaben zu übernehmen. Dies war ein Novum für alle Intellektuelle des »moralisierenden und ideologisierenden Typs« (Raymond Aron). Für die KPD der Weimarer Zeit war es paradoxerweise bezeichnend, daß im gleichen Maße, wie die Intellektuellen in der Partei (Ruth Fischer, Maslow, Karl Korsch etc.) durch die »Bolschewisierung« ausgeschaltet wurden, der Troß der sympathisierenden Intellektuellen außerhalb (die »fellow-travellers« aus der Kulturszene), größer wurde. Demgegenüber verfügte die SPD kaum über Mitstreiter außerhalb der Parteiorganisation, die den Kernbereichen intellektueller Tätigkeit wie Publizistik und kritisch inspirierter Literatur zuzurechnen waren (sieht man einmal vom Sonderfall Thomas Mann ab). Innerhalb des sozialdemokratischen Parteiapparates dominierte zu Beginn des Exils noch die »alte Garde« der Parteiführer, die in der Regel keine Intellektuellen waren. Vertreter einer »Intellektuellen-Politik im Parteivorstand waren vor allem Rudolf Hilferding, Friedrich Stampfer und Rudolf Breitscheid. 1936 hat Rudolf Hilferding sein Verständnis de Funktion des Intellektuellen in der Politik selbst definiert: »Das Erkennen und das Aussprechen des Erkannten habe ich immer in meinem Leben als Funktion und Pflicht des Intellektuellen gerade in der Politik angesehen, als seine raison d'être, und immer habe ich mich bemüht, sie zu erfüllen, auch auf die Gefahr hin, einmal von den Rechtssozialisten, später von der USP, ›gemaßregelt‹ zu werden.«[61] Rücksichten, die der Parteiintellektuelle zu »normalen Zeiten« auf Parteiinteressen zu nehmen hatte, ließ Hilferding für die Exilsituation nicht mehr gelten: »Jetzt, wo die Rücksicht auf bestimmte Aktionen und Situationen einer lebendigen Partei noch weggefallen ist, wo also Disziplin während der Aktion nicht in Frage kommt, fallen auch Beschränkungen fort, die sich jeder, der in einem organisatorischen Zusammenhang tätig ist, auferlegen muß, indem er während der Aktion seine Bedenken u. U. nicht äußert.«[62]

Hilferding als marxistischer Theoretiker und Friedrich Stampfer, seiner Herkunft nach eher ein liberal-demokratischer Bürgerlicher, verkörpern den Bündnischarakter der SPD in ihrer Tradition als fortschrittliche Volksbewegung seit 1870. Programmatisch schlug sich dieses »Bündnis« auch im ersten wichtigen Exildokument der SOPADE, dem »Prager Manifest« (1934), nieder. In der Interpretation des Manifestes hat man die als Selbstkritik und Zugeständnis an die Linken zu verstehende radikale Phraseologie des »revolutionären Sozialismus« meist überbewertet. Lewis J. Edinger z. B. geht davon aus, daß »die Erklärung der Exilführer der alten SPD der marxistisch-leninistischen Strategie näher gekommen (sei), als jemals zuvor irgendeine offizielle Erklärung in der Geschichte der deutschen sozialdemokratischen Bewegung.«[63] Obwohl Hilferding kein offizielles Mitglied des Prager Exilvorstandes war (er redigierte die theoretische Parteizeitschrift), hatte er mitentscheidenden Einfluß auf die Gestaltung der Endfassung des Manifestes. Einen realpolitischen Kompromiß zwischen ihm und Stampfer stellen vor allem jene Passagen dar, die das Verhältnis von sozialer und nationaler Frage im Sinne einer »antifaschistischen Front« bestimmen: »Die Einheit und Freiheit der deutschen Nation kann nur gerettet werden durch die Überwindung des deutschen Faschismus. Die Sozialdemokratie wird sich mit Entschiedenheit gegen jeden Versuch von außen wenden, einen kriegerischen Zusammenbruch der Despotie in Deutschland zu einer Zerstückelung Deutschlands auszunutzen. Sie wird keinen Frieden anerkennen, der zur Zerreißung Deutschlands führt und eine Hemmung seiner freiheitlichen und wirtschaftlichen Entwicklungsmöglichkeit bedeutet (...) In diesem Kampf wird die Sozialdemokratische Partei eine Front aller antifaschistischen Schichten anstreben. Sie wird die Bauern, die Kleingewerbetreibenden, die Kaufleute, die durch die Versprechungen der Nationalsozialisten betrogen sind, sie wird die Intellektuellen, die unter dem gegenwärtigen Regime ein bisher unvorstellbares Maß der Unterdrückung und Entwürdigung erleiden, zum gemeinsamen Kampf mit der Arbeiterklasse aufrufen.«[64] Trotz verschiedener »marxistischer Konzessionen« an den ökonomischen Determinismus, wie sie in anderen Teilen des Manifestes zu finden sind, spiegelt die Forderung nach der »Front aller antifaschistischen Schichten« die Tradition der liberalen und demokratischen Revolution von 1848 wider. Eine demokratische Befreiungsfront sollte, ähnlich wie in den späteren Volksfrontkonzepten, alle Klassen und Teile der Gesellschaft einschließen. Friedrich Stampfer hat dies in seinen Erinnerungen bestätigt: »Die deutsche Sozialdemokratie betrachtete stets sich selber als die ›Erbin der bürgerlichen Revolutionen‹ von 1789 und 1848. Sie bejahte die Menschenrechte, die geistige Freiheit, die staatsbürgerliche Gleichheit. In der sozialen Revolution sah sie die Fortsetzung und Vollendung der bürgerlichen.«[65] Seine grundsätzliche Befürwortung, daß sich Politiker und Intellektuelle in einer gemeinsamen »humanistischen Front« zusammenfinden sollten, hat Stampfer aber immer versucht, gegenüber der kommunistischen Strategie der Volksfront und des späteren »Nationalkomitees ›Freies Deutschland‹« abzugrenzen. Dabei bemühte er sich, wenn auch vergeblich, Thomas Mann für die sozialdemokratische Demokratiekonzeption zu gewinnen, die sich »wehrhaft« gegen Faschismus und »Bolschewismus« richtete. Thomas Manns Artikel aus dem Jahre 1938 (»Vom zukünftigen Sieg der Demokratie«) nahm Stampfer zum Anlaß, ihn als »Kämpfer für eine wahrhaft neue demokratische und sozialistische Staats- und Gesellschaftsordnung« zu begrüßen.[66] Innerhalb eines von der Sozialdemokratie geführten Deutschlands wolle man das Verhältnis von Literatur und Politik attraktiver gestalten. Der »ewige Froschmäusekrieg zwischen dem Literatencafé und der politischen Bierstube« sollte beendet werden.[67] Doch Thomas Mann ließ sich nicht auf einen eindeutig antikommunistischen Kurs festlegen und als er gegen Kriegsende Auffassungen vertrat, die in die Nähe der These von der »Kollektivschuld« des deutschen Volkes gerückt wurde, polemisierte Stampfer: »Das deutsche Volk hat zu allem anderen noch Pech mit seinen Dichtern. Gerhart Hauptmann enttäuschte seine Verehrer, als er nach Hitlers Aufstieg zur Macht daheimblieb und schwieg. Heute erscheint uns jedoch dieses Verhalten geradezu von königlicher Würde, verglichen mit der politischen Betriebsamkeit, die Thomas Mann als emigrierter und deutscher Dichter entwickelt.«[68]

Als Friedrich Stampfer 1948 nach Deutschland zurückkehrte und sich im Taunus niederließ, ging er noch von der Hoffnung aus, daß Frankfurt die Hauptstadt der Bundesrepublik werden würde. Als fast Achtzigjähriger gab er noch einmal eine Stampfer-Korrespondenz heraus, wieder als Einmann-Betrieb ohne Büro, spezialisiert auf unpopuläre Leitartikel, wie schon vor dem 1. Weltkrieg in Berlin. Der letzte Leitartikel, den Stampfer 1957 kurz vor seinem Tode verfaßte und an die Redaktionen verschickte, beschäftigte sich mit der Frage des Truppenabzuges aus Deutschland. Der »Vorwärts« würdigte diesen Artikel wie folgt: »Auch Stampfer hat sich seit längerem für eine Neutralisierung Deutschlands eingesetzt, ohne die es, wie er glaubt, keinen Frieden und keine Wiedervereinigung geben werde, sondern nur Verhärtung der Gegensätze und einen Fortgang des Rüstungswettlaufs, ›bis die Katastrophe da ist‹. Er, dem der Sozialismus stets eine Frage der Menschlichkeit gewesen ist und dem der totalitäre Kommunismus in tiefster Seele zuwider war, glaubte dennoch, um der Wiedervereinigung und der Erhaltung des Weltfriedens willen, eine Anerkennung des Ostzonenregimes empfehlen zu sollen. In einer Konföderation der beiden Teilstaaten sah er den einzigen Weg, der aus dem Teufelskreis herausführt.«[69]

Von Rudolf Hilferding, der nach der Auslieferung an die Gestapo in seiner Pariser Gefängniszelle im Februar 1941 Selbstmord beging, sind letzte, geschlossene Programmkonzeptionen aus dem Jahre 1939 überliefert. In einer Sitzung der Exekutive der »Sozialistischen Arbeiter-Internationale« hatte Hilferding eine Konzeption vorgetragen, die nicht nur eine außenpolitische Westorientierung verriet, sondern auch die alten klassenkämpferischen Ideale der Arbeiterbewegung ersetzte durch den »Kampf um die Ideen des Westens« im Sinne einer Annäherung an westliche Demokratietraditionen. Die Relativierung der staatspolitischen Bedeutung der Arbeiterbewegung wurde im wesentlichen durch ihr Versagen gegenüber dem Faschismus erklärt. Hilferding konstatierte eine völlig neue Situation, die sich seit dem »Untergang aller Freiheit östlich des Rheins« ergeben habe. Heute gelte es nicht mehr, nur den Kampf für den Sozialismus zu führen, sondern »um unsere ganze Kultur, es geht nicht mehr um den Klassengegensatz im alten Sinn, sondern für diesen Kampf muß alles gewonnen werden, was zugänglich ist in den Ideen der Freiheit und der Zivilisation. Damit ist der Sozialismus an den zweiten Platz gerückt (...) Der Bolschewismus hat den Gegensatz zwischen Sozialismus und Demokratie zu einem Prinzip gemacht. Deshalb genügt nach unserer Auffassung nicht ein allgemeines Bekenntnis zur Demokratie, sondern notwendig ist die schärfste Abgrenzung gegenüber der proletarischen Diktatur.«[70] Die Arbeiterbewegung als oppositionelle Strömung könne den Faschismus nicht stürzen: »Unsere Epoche ist gekennzeichnet durch das Primat der Außenpolitik; Außenpolitik ist aber Machtpolitik, kann daher mit Erfolg nur von Regierungen geführt werden.«[71]

2. Nation und Europa

Die Exildemokraten beanspruchten, Repräsentanten und Verteidiger des deutschen Volkes zu sein. Die Entwicklung der alliierten Position jedoch, die in der Forderung der Kapitulation ohne Bedingung gipfelte, zeigte, wie machtlos und isoliert sie im Grunde waren. Nicht nur die Richtung der »Vansittartisten«[72], sondern gerade auch die führenden Positionen in den sozialistischen Parteien der Alliierten neigten immer mehr dazu, alle Deutschen mit den Nazis zu identifizieren.

Auch die sozialdemokratischen Exilanten sahen sich von fast allen Beratungen der Alliierten über die Politik, die im Deutschland nach Hitler praktiziert werden sollte, ausgeschlossen. Vielleicht erklärt sich ein Teil der Verdächtigungen und des Mißtrauens der Alliierten gegenüber dem Anspruch der deutschen politischen Emigration, das »andere Deutschland« zu verkörpern, aus der Tatsache, daß insbesondere die Sozialdemokraten kein Hehl aus ihrem Nationalbewußtsein machten. Auf der Konferenz der »Sozialistischen Arbeiter-Internationale« im August 1933 erklärte z. B. Otto Wels: »So alt wie die Internationale in ihren Auseinandersetzungen über die Frage der Nation ist mindestens unser Bekenntnis zur Nation, und wir haben stets unsere Liebe zum eigenen Volke als den Ausfluß unseres glühenden Bekenntnisses zur Internationale, zur Weltverbundenheit gesehen.«[73]

Die Sozialdemokratie bekämpfte den Nationalsozialismus als den »Todfeind und die Lebensgefahr Deutschlands«, es ging ihr um die »Wiedererringung eines deutschen Vaterlandes, in dem Freiheit und Recht über Sklaverei, Barbarei und Tyrannei der jetzigen Gewaltherrscher triumphieren.«[74] Otto Braun, langjähriger preußischer Ministerpräsident, war »stolz ein Preuße und ein Deutscher zu sein, und (sehnte) den Tag herbei, wo jene, die heute Deutschland beherrschen, das sie zum Unruheherd Europas gemacht haben, von der politischen Bildfläche verschwunden sein werden.«[75] Gegenüber dem nationalsozialistischen »Ungeist« entwickelte sich das Gefühl, daß das Deutschtum des »echten Deutschen« darauf beruhe, daß die Repräsentanten der nationalen Kultur – man berief sich auf Goethe, Schiller, Kant und Fichte – im Bunde mit den Gegnern des Dritten Reiches stünden und daß nach dem »Rückfall in die Barbarei« das »humanitäre Erbe« nun »ausschließlicher Besitz der sozialistischen Zukunftshoffnungen geworden« sei.[76]

Dabei gingen fast alle Exilvorstellungen davon aus, daß die Lösung des Deutschland-Problems untrennbar mit der Europa-Idee verbunden war. 1943, als sich bereits eine klare Kriegswende abzeichnete, sprach sich die Londoner »Union« in ihren »Richtlinien zur internationalen Politik« eindeutig für eine unabhängige Entwicklung Deutschlands und Europas im Sinne einer Föderation aus: »Wir setzen uns ein für eine Föderation aller europäischen Völker, da die volle nationalstaatliche Souveränität nicht länger mit den wirtschaftlichen und politischen Existenzbedingungen in Europa vereinbar ist. Es ist ein Lebensinteresse der deutschen und europäischen Demokraten und Sozialisten, daß der Frieden Europas durch die Zusammenarbeit der britischen Völkergemeinschaft, der Sowjetunion und der Vereinigten Staaten von Amerika eine staatliche Grundlage erhält. Nur in der freundschaftlichen Zusammenarbeit mit allen diesen Mächten, nicht in Anlehnung nur an eine oder die andere Seite kann sich ein einiges und freiheitliches Europa entwickeln«.[77] Friedrich Stampfer schrieb im August 1943 in der »Neuen Volks-Zeitung«: »Europa soll nicht amerikanisch werden und nicht englisch – aber auch nicht russisch.«[78] Und 1948 erklärte er polemisch gegen die Siegermächte gewendet: »Die westliche Kultur ist weder mit einem bestimmten Wirtschaftssystem noch mit den Machtansprüchen einer herrschenden Gesellschaftsklasse identisch; sie hat bestanden, bevor der Kapitalismus weltbeherrschend wurde, und sie wird ihn überleben. Ihre sozialdemokratischen Verteidiger werden weder vor ›Wall Street‹ kapitulieren, noch vor dem Kreml!«[79] Das europäische Bewußtsein wirkte wie ein Integrationsfaktor für alle sozialdemokratischen Richtungen, »gerade für den rechten Flügel (der SPD) trat die Europa-Idee an den Platz des Internationalismus.«[80]

Die Europa-Idee verband nicht nur die verschiedenen sozialdemokratischen Fraktionen, sondern schien in dieser Frage vorübergehend das Gesamtspektrum der deutschen Emigration von links bis rechts zu einen, war ein Berührungspunkt von unabhängiger »Ideenpolitik« und offizieller Parteienpolitik. Einen nicht unbedeutenden Einfluß auf den Meinungsbildungsprozeß der sozialdemokratischen Bewegungen in dieser und anderen Fragen übte die Gruppe der SAP-Ehemaligen in Skandinavien, d. h. in Stockholm, aus. Seit 1942 bewegte sich die Gruppe um das Ehepaar Enderle, Stefan Szende und Willy Brandt, der von Oslo zu dieser Gruppe gestoßen war, wieder auf eine Eingliederung in die offizielle SPD zu. Im Herbst 1944 erschien in Stockholm eine programmatische Broschüre dieser Gruppe unter dem Titel »Zur Nachkriegspolitik der deutschen Sozialisten«. Verantwortlich für den außenpolitischen Teil dieser Schrift zeichnete Willy Brandt.[81] Das Programm sah ein Mehrparteiensystem im zukünftigen Deutschland vor, bei dem aber eine Parteienzersplitterung – wie in Weimar – verhindert werden sollte. Großes Gewicht legte das Programm auf eine »sozialistische Einheitspartei«. Das »gemeinsame Interesse, den Nazismus mit Stumpf und Stil auszurotten und einen neuen politisch und sozial demokratischen Staat aufzubauen«, sollte es ermöglichen, »weitschweifende ideologische Debatten ... einer späteren Periode« zu überlassen. Auch wenn es noch nicht abzuschätzen sei, wie die sozialdemokratische und die kommunistische Seite zu einer solchen Partei stehen würden, sei es doch der Wunsch und das beste Mittel zum Erfolg sozialistischer Politik, jeder Zersplitterung im Lager der Arbeiterparteien entgegenzuwirken. Das wiedererstandene Deutsche Reich sollte an einer internationalen Organisation der Vereinigten Nationen zur Sicherung des Friedens gleichberechtigt teilnehmen können. Außerdem strebte das Programm einen wirtschaftlichen Zusammenschluß Europas an, der weder gegen die Sowjetunion noch gegen Großbritannien gerichtet sein dürfe. Die gleichberechtigte Stellung Deutschlands erhoffte man sich durch eine »revolutionäre Entwicklung«, die »Schritt für Schritt« jene Faktoren zu beseitigen hätte, die »Hauptgrund des Mißtrauens der Nachbarvölker« seien.

Gab es in den verschiedenen sozialistisch-sozialdemokratischen Programmen weitgehende Übereinstimmung in der Frage der Neuordnung Europas, so gingen innenpolitisch, vor allem in der Frage der Zusammenarbeit mit den Kommunisten, die Meinungen nach wie vor auseinander. Nach der Gründung des »Nationalkomitees ›Freies Deutschland‹« bekam diese Debatte einen neuen Zündstoff. In einer Sitzung der Exekutive der »Union« am 4. August 1943 wurde die Auffassung vertreten, daß das Manifest des »Nationalkomitees« als reines Propagandainstrument sowjetischer Außenpolitik zu betrachten sei.[82]

IV KPD: Widersprüche zwischen Exilpartei in Moskau und
»Operativer Leitung« im Widerstand

1935, als man aus Moskau (VII. Weltkongreß der KOMINTERN) erstmals selbstkritische Töne hörte und es so schien, als ob in Frankreich und Spanien eine gemeinsame antifaschistische Bewegung von Arbeiterparteien und bürgerlichen Demokraten eine reale Perspektive hätte, da setzte man auch in deutschen Emigrationskreisen Hoffnungen auf die KPD-Beteiligung am Volksfrontexperiment. Doch wenig später zerstörten der Hitler-Stalin-Pakt und die damit verbundene abrupte Abkehr von der Volksfrontpolitik alle Illusionen, daß mit der Führung der Exil-KPD als eigenständiger politischer Kraft zu rechnen sei. So sind die Entwicklungen demokratischer Programme durch die KPD-Führung, ob sie sich nun »demokratische Republik«, »demokratische Volksrepublik«, »Volksdemokratie« oder »Block der kämpferischen Demokratie« nannten, letztendlich immer abhängig von außenpolitischen Motiven der Sowjetunion gewesen. Hinsichtlich der Formen und agitatorischen Wendungen, mit denen die KPD-Führung versucht hat, diese Antagonismen zu überwinden, liegen grundlegende Untersuchungen vor.[83]

Der folgende Abschnitt will sich darauf beschränken, Widersprüche herauszuarbeiten, die sich 1943/44 in der Demokratiekonzeption zwischen der Moskauer Exilführung (Ulbricht/Pieck) und der »Operativen Leitung« in Deutschland (Saefkow-Jacob-Bästlein/Berlin, Neubauer-Poser/Thüringen, Schumann-Engert-Kresse/Leipzig) ergaben. Unterschiedliche Auffassungen zur Moskauer Linie der Exilpartei und auch ideologische Differenzen zwischen den drei KPD-Gruppen zeigten sich insbesondere in der Haltung zum »Nationalkomitee ›Freies Deutschland‹«. Bis zur Verabschiedung einer gemeinsamen Plattform im Frühjahr 1944 »Wir Kommunisten und das ›Nationalkomitee Freies Deutschland‹« gab es heftige Auseinandersetzungen über den Hitler-Stalin-Pakt, die sowjetische Außenpolitik und den Charakter des Krieges. Der Verlauf der politischen und ideologischen Kontroversen ist nur ungenau nachzuvollziehen, da das »Institut für Marxismus-Leninismus beim ZK der SED« wichtige Dokumente der »Operativen Leitung« wie wesentliche Bestandteile der illegalen Anleitungen (»Kadermaterialien«), in den Archiven zurückhält und bisher nur auszugsweise und verstreut Veröffentlichungen vorliegen.[84] Allein der Umstand, daß die Mitglieder der »Operativen Leitung« seit 1933 fast ununterbrochen in Konzentrationslagern und Zuchthäusern gesessen hatten, mußte mit sich bringen, daß sie selbst bei bestem subjektivem Willen nicht mit den verschiedenen Schwankungen der Moskauer Linie vertraut sein konnten.

Die Ansichten der Thüringer und Leipziger Gruppierungen waren zunächst von ziemlich »linksradikalen« Vorstellungen über die Zukunft Deutschlands geprägt, die Ähnlichkeiten mit linkssozialistischen Vorstellungen von SAP oder »Neu Beginnen« aufwiesen, mit dem Unterschied, daß noch große Illusionen über die Politik der Sowjetunion vorherrschten. Bei dem führenden Kopf der Leipziger

Organisation, Georg Schumann, sind die linksradikalen Tendenzen nicht nur auf bloße »Unkenntnis« der Moskauer Linie, sondern auch auf seine persönliche politische Entwicklung, die ihre Wurzeln in der alten Vorkriegssozialdemokratie hatte, zurückzuführen. Seit 1905 war er in der sozialistischen Arbeiterjugend aktiv und schon vor dem Ersten Weltkrieg wurde er von Rosa Luxemburg protegiert. Seine Ablehnung der terminologischen Neudefinition des Zweiten Weltkrieges gegenüber dem Ersten (vom »imperialistischen« zum »gerechten«) durch Stalin erklärte sich aus seinem traditionellen Liebknechtschen Denkschema des »Anti-Imperialismus- und Anti-Militarismus«.

Der wesentliche Unterschied der programmatischen Aussagen der »Operativen Leitung« zur Moskauer Linie bestand in der Definition der »revolutionären Demokratie« für das neue Deutschland. Während sich in den offiziellen Dokumenten der Exil-KPD seit den Beschlüssen der »Berner Konferenz« (1939) kaum mehr konkrete Angaben über inhaltliche Gestaltung und Entwicklung der »neuen demokratischen Republik« finden, bemühten sich die Widerstandskämpfer um Franz Jacob und Anton Saefkow um eine präzise Etappenbestimmung. Die Ulbricht-Gruppe in Moskau ging nach Hitlers Angriff auf die Sowjetunion – zugegebenerweise realistisch – nicht mehr von einer erfolgreichen »Volksrevolution« in Deutschland aus, sondern setzte nüchtern auf den Sieg der Roten Armee und entsprechende Umwälzungen in Deutschland unter dem Schutz ihrer Bajonette. Entsprechend dieser Interpretation vom »Zuendeführen der bürgerlich-demokratischen Revolution« rückte Lenins Schrift »Zwei Taktiken der Sozialdemokratie in der demokratischen Revolution« an die Spitze des Lektürekanons der »Antifa-Schulung« der KPD-Kader im Exil. Demgegenüber betonte die »Operative Leitung« den Unterschied ihrer Konzeption zu Lenins Demokratiebegriff: »In den kommenden revolutionären Kämpfen des deutschen Volkes wird man wohl kaum von dem Ende und dem Anfang der einen und der anderen Revolution sprechen können, sondern das wird ein Ineinandergreifen der beiden Etappen sein, bis zur Erringung der politischen Macht durch die revolutionäre Arbeiterklasse. Natürlich ist ein Unterschied vorhanden, ein ganz gewaltiger Unterschied ist sogar vorhanden zwischen den damaligen demokratischen Revolutionen, über die Lenin schrieb, und der sich in der Jetztzeit entwickelnden demokratischen Volksrevolution...«[85] In der gleichen Stellungnahme wurde betont, »daß es kein Zurück zur kapitalistischen Demokratie geben kann, sondern nur ein Vorwärts (...) Die Arbeiterklasse ist der ausschlaggebende Faktor im kommenden demokratischen Deutschland. Revolutionäre Demokratie, das heißt Betriebsräte, Räte in Stadt und Land, Soldaten und Bauernkomitees, Organisierung und Einberufung der Arbeiter – und Bauernkongresse. Revolutionäre Demokratie, das heißt bewaffnete Arbeiter- und Bauernwehren.«[86] An anderer Stelle wird »die Verlagerung der Macht nach unten in Betriebe, auf Volksausschüsse in Dörfern und Städten« betont. Das sei der »Angelpunkt der Demokratie neuen Typus.«[87] Ähnlich wie in verschiedenen Dokumenten linker Sozialisten, aber auch im Gewerkschaftsprogramm des »Kreisauer Kreises«, wird als zentrale gesellschaftliche Aufgabe der »Wiederaufbau einer einheitlichen Gewerkschaftsbewegung« gefordert. Die Spaltung der Arbeiterbewegung sollte überwunden und damit die »Voraussetzungen« geschaffen werden »für eine einheitliche, revolutionäre Partei der Arbeiterklasse«. Außenpolitisch hielten diese kommunistischen Widerstandskämpfer aus Berlin, Leipzig und Thüringen ein patriotisches Plädoyer für die Neuordnung Europas mit einem unabhängigen, sozialistischen Deutschland als Kern: »Nicht ein zerschlagenes, territorial aufgesplittertes Deutschland, das ein willenloses Werkzeug in den Händen großer imperialistischer Räuber ist, ist Garant für die nächste Zukunft nach diesem Kriege, sondern ein sozialistisches Zentrum in Europa, das gestützt auf eine siegreiche Arbeiterklasse, eine gut ausgebaute Industrie, eine entwicklungsfähige Technik nicht nur Deutschland selbst ein neues Gesicht zu geben vermag, sondern auch als wirkliche Kraftquelle, die die übrigen europäischen Völker nicht durch Terror und Gewalt, sondern kraft des siegreichen Beispiels in seinen Bann zwingt.«[88]

Erscheinen diese programmatischen Verlautbarungen im nachhinein auch illusionär und »linksradikal«, so heben sich die illegal in Deutschland wirkenden Kommunisten doch im ehrlichen Bemühen um einen selbständigen Weg für Demokratie und Sozialismus positiv von der allein durch die sowjetische Außenpolitik diktierten Linie der Ulbricht-Gruppe ab, auch weil sie alle ihr Leben für ihre Überzeugung geopfert haben.

1 Richard Löwenthal, *Die begrenzte Relevanz des Exils für die Entstehung einer demokratischen Kultur im Nachkriegsdeutschland – Und deren wirkliche Wurzeln*. Hektografierte Thesen, Berlin, 11. 5. 1983, S. 2. Löwenthal stellte diese Thesen anläßlich eines Podiumsdiskussion des Exilkongresses »Woche der verbrannten Bücher« in Osnabrück (10.–15. Mai) zur Diskussion. Einen ausführlichen Bericht der Diskussion und des Kongresses gab Ursula Langkau-Alex in: *IWK. Internationale wissenschaftliche Korrespondenz zur Geschichte der deutschen Arbeiterbewegung*, 19 (1983), H. 3, S. 410–418. — 2 Kurt Sontheimer, *Antidemokratisches Denken in der Weimarer Republik. Die politischen Ideen des deutschen Nationalismus zwischen 1918 und 1933*. München 1962, S. 52. — 3 A.a.O. — 4 A.a.O. — 5 Richard Löwenthal, a.a.O., S. 1. — 6 Nach Joachim Radkau soll sich Löwenthal im Exil als Vertreter der »Neu-Beginnen-Gruppe« (Paul Sering) noch anders artikuliert haben. Er soll sich gegen jenen »Europa-Nationalismus« gewandt haben, der sich u. a. »in der ständigen Hervorhebung der Fremdartigkeit der sowjetrussischen Entwicklung« äußere und den sozialistischen Gesichtspunkt ganz außer acht lasse. Vgl.: Joachim Radkau, *Die deutsche Emigration in den USA*. Düsseldorf 1971, S. 301. — 7 Theodor W. Adorno, *Minima Moralia*. Frankfurt/M. 1951, S. 67 f. — 8 Hans-Albert Walter, »Bemerkungen zu einigen Problemen bei der Erforschung der deutschen Exilliteratur«. In: *Jahrbuch für internationale Germanistik*. 6 (1974). H. 1, S. 88 f. — 9 Vgl. »Protokoll des II. Internationalen Symposiums zur Erforschung des deutschsprachigen Exils nach 1933« in Kopenhagen 1972, S. 435 f. — 10 Joachim Radkau, »Das Elend deutscher Exilpolitik 1933–1945 als Spiegel von Defiziten der politischen Kultur.« In: Horst Schallenberger und Helmut Schrey, Hg., *Im Gegenstrom*. Wuppertal 1977, S. 113 f. — 11 A.a.O. — 12 Wulf Köpke, »Rückblick als Erkenntnis. Zu Heinrich Manns Auffassung des Schriftstellers im ›Zeitalter‹ und der Exilpublizistik«. In: Helmut Koopmann und Peter-Paul Schneider, *Heinrich Mann. Sein Werk in der Weimarer Republik*. Zweites Internationales Symposium Lübeck 1981. Frankfurt/M. 1983, S. 267. — 13 Ernst Loewy, Hg., *Exil. Literarische und politische Texte aus dem deutschen Exil 1933–1945*. Stuttgart 1979, S. 16. — 14 Friedrich Stampfer,

»Die dritte Emigration. Ein Beitrag zu ihrer Vorgeschichte«. In: Erich Matthias, Hg., *Mit dem Gesicht nach Deutschland. Eine Dokumentation über die sozialdemokratische Emigration. Aus dem Nachlaß von Friedrich Stampfer ergänzt durch andere Überlieferungen.* Düsseldorf 1968, S. 65. — **15** Vgl. Katalog der Ausstellung: Heinrich Mann, Georg Bernhard, Theodor Lessing, Alfred Kerr, Thomas Mann, Theodor Wolff, Hermann Rauschning, *Propos d'exil. Articles pubiés dans »La Dépêche« par les émigrés du III e Reich.* Toulouse 1983. — **16** Vgl. Willi Jasper, »Heinrich Mann und die ›Deutsche Volksfront‹. Mythos und Realität intellektueller Ideenpolitik«. In: *Exilforschung. Ein internationales Jahrbuch.* Band 1 (1983) München 1983, S. 45–61. Ders., *Heinrich Mann und die Volksfrontdiskussion.* Bern, Frankfurt/M. 1982. — **17** Zitiert bei R. Drews und A. Kantorowicz, *Verboten und verbrannt.* Berlin, München 1947, S. 7. — **18** Vgl. Liselotte Maas, Die »Neue Weltbühne« und der »Aufbau«. In: *Exilforschung. Ein internationales Jahrbuch* . . . a.a.O., S. 245 ff. — **19** Heinrich Mann, *Ein Zeitalter wird besichtigt.* Reinbek 1976, S. 270. — **20** Zitiert nach Ursula Langkau-Alex, *Volksfront für Deutschland?* Band 1. Vorgeschichte und Gründung des »Ausschusses zur Vorbereitung einer deutschen Volksfront« 1933–1936. Frankfurt/M. 1977, S. 182. — **21** Heinrich Mann, *Kurze Notizen.* (Vermutlich nach 1936) o. O. Heinrich-Mann-Archiv (HMA) TN IV 480 225/8. — **22** Klaus Schröter, *Heinrich Mann in Selbstzeugnissen und Bilddokumenten.* Reinbek 1967, S. 138. — **23** Heinrich Mann, *Antwort auf verschiedene Anfragen von Mitarbeitern der ehemaligen Volksfront.* o. O. August 1941. (HMA) TN IV 283, 183/11–13. — **24** Siegfried Sudhoff, »Leopold Schwarzschilds ›Neues Tage-Buch‹ im Winter 1939. Eine Korrespondenz Berthold Viertels mit Oskar Maria Graf«. In: *Jahrbuch der Deutschen Schillergesellschaft* 17 (1973), S. 117–135. — **25** Hans-Albert Walter, »Leopold Schwarzschild und das ›Neue Tage-Buch‹«. In: *Frankfurter Hefte* 8 (1966), S. 549. — **26** A.a.O., S. 551. — **27** A.a.O., S. 554. — **28** Leopold Schwarzschild, »Wohin mit dem Hitler-Abfall?« In: *Tagebuch (TB)* vom 7. Januar 1933, S. 7–10. — **29** Leo Lania, »Wie lange?« In: *TB* vom 28. Februar 1933, S. 297. — **30** *TB* vom 11. März 1933, S. 370. — **31** Leopold Schwarzschild, »Entwurf eines Einigungsabkommens und Konzept einer Grundgesetzgebung für das Deutschland nach Hitler vom Februar 1936«. Abgedruckt in: Ursula Langkau-Alex, *Volksfront für Deutschland?* . . . a.a.O., S. 192–200. — **32** *Neues Tage-Buch (NTB)* vom 26. Dezember 1936, S. 1231. — **33** Leopold Schwarzschild, *Entwurf eines Einigungsabkommens* . . . a.a.O., S. 197. — **34** Coudenhove-Kalergi, Richard Nikolaus Graf (1894–1972) hatte 1924 die Zeitschrift *Paneuropa* gegründet und strebte eine »Paneuropäische Union« an. Ihre besonderen Merkmale waren der Ausschluß Englands und eine spezifische Feindschaft sowohl gegen die Sowjetunion als auch gegen die USA. — **35** *TB* vom 7. Januar 1933, S. 9. — **36** Zitiert nach Siegfried Sudhoff, Leopold Schwarzschilds *Neues Tage-Buch* im Winter 1939 . . . a.a.O., S. 126. Vgl. auch Karl O. Paetel, »Zum Problem einer deutschen Exilregierung«. In: *Vierteljahreshefte für Zeitgeschichte* 3 (1956), S. 287–301. Paetel beschreibt u. a. die ablehnende Haltung der Alliierten: » . . . niemand in Europa hatte ein Interesse an einer deutschen Exilregierung.« — **37** Vgl. Hans-Albert Walter, *Leopold Schwarzschild und das ›Neue Tage-Buch‹«*, a.a.O., S. 557. — **38** Leopold Schwarzschild, *Von Krieg zu Krieg.* Amsterdam 1947, S. 481. — **39** *NTB* vom 15. Juli 1939, S. 685. — **40** Vgl. Thomas Koebner, »Die Erwartung der Katastrophe. Zur Geschichtsprophetie des ›neuen Konservativismus‹ (O. Spengler, E. Jünger)« In: Ders., (Hg.), *Weimars Ende. Prognosen und Diagnosen in der deutschen Literatur und politischen Publizistik 1930–1933.* Frankfurt/M. 1982, S. 348–360. — **41** Karl O. Paetel, *Versuchung oder Chance? Zur Geschichte des deutschen Nationalbolschewismus.* Göttingen, Berlin, Frankfurt, Zürich 1965, S. 266. — **42** Ernst Niekisch, *Der Weg der deutschen Arbeiterschaft zum Staat.* Berlin 1925, S. 12. — **43** A.a.O., S. 22. — **44** Eine Zusammenfassung in Hans Buchheim, »Ernst Niekischs Ideologie des Widerstands«. In: *Vierteljahreshefte für Zeitgeschichte.* (1957) H. 4, S. 346. — **45** Die Erstausgabe des *Reichs der niederen Dämonen* erschien 1953. — **46** Karl O. Paetel . . . a.a.O., S. 264. — **47** Vgl. die Darstellung bei Joachim Radkau, *Die deutsche Emigration in den USA.* . . . a.a.O., S. 39–43. — **48** Alfons Söllner, Hg., *Zur Archäologie der Demokratie in Deutschland. Analysen politischer Emigranten im amerikanischen Geheimdienst.* Bd. 1, 1943–1945. Frankfurt/M. 1982, S. 7. Vgl. dazu die Besprechung: Willi Jasper, »Ein wenig bekanntes Kapitel intellektueller Ideenpolitik deutscher Emigranten im amerikanischen Geheimdienst«. In: *Exil. Forschung, Erkenntnisse, Ergebnisse.* 1 (1984), S. 75 ff. — **49** Max Horkheimer/Theodor W. Adorno, *Dialektik der Aufklärung.* Frankfurt/M. 1981, S. 11. — **50** Martin Jay, *Dialektische Phantasie. Die Geschichte der Frankfurter Schule und des Instituts für Sozialforschung 1923–1950.* Frankfurt/M. 1981, S. 300. — **51** Herbert Marcuses Analyse »Die Kommunistische Partei«. In: Alfons Söllner (Hg.), *Zur Archäologie . . .* a.a.O., S. 258. — **52** Paul Hagen, *Deutschland nach Hitler. Um die Vollendung der demokratischen Revolution.* Hektografiert. USA 1944. — **53** Martin Jay, *Dialektische Phantasie. . . .* a.a.O., S. 2. — **54** Karl Heinz Bohrer, »Die drei Kulturen«. In: Jürgen Habermas (Hg.), *Stichworte zur Geistigen Situation der Zeit.* Bd. 2. Frankfurt/M. 1979, S. 636. — **55** Daniel Bénédite, *La filière Marseillaise. Un chemin vers la liberté sous l'occupation*, Paris 1984. S. 175. — **56** Erich Kuttner (1887–1942). Nach Abschluß seines Jurastudiums trat Kuttner

1909 der SPD bei und erarbeitete noch vor dem Ersten Weltkrieg Thesen zur »Klassenjustiz«. Seit 1913 gehörte er der Redaktion der Chemnitzer Parteizeitung *Volksstimme* an. Nach dem Kriege (1916 wurde er bei einem freiwilligen Fronteinsatz schwer verletzt) arbeitete er in der Zentralredaktion des *»Vorwärts«*. Als Mitglied des Preußischen Landtages, dem er bis 1933 angehörte, unterbreitete Kuttner umfangreiche Reformvorschläge für die Demokratisierung des Justizapparates. 1924-1927 war er Chefredakteur des sozialdemokratischen satirischen Wochenblattes *Lachen links*. Vom Amsterdamer Exil aus und dann als Korrespondent im Spanischen Bürgerkrieg unterstützte er verschiedene Volksfrontinitiativen. In der Spanischen Republik sah er sozialdemokratische Urvorstellungen verwirklicht und kritisierte die Zurückhaltung der SOPADE. Enttäuscht über die politische Entwicklung vertiefte sich Kuttner dann im holländischen Exil in historische und literarische Studien. Thema seines im Exil herausgegebenen Romans war das künstlerische Ringen des Malers Hans von Marées (1837-1887) um zeitloses Menschentum. Eine vom Existenzialismus geprägte Sehweise rückte das Individuum in seiner Vereinsamung in den Mittelpunkt. Nicht vollenden konnte er sein Werk *Das Hungerjahr 1556*. 1942 wurde Kuttner von der GESTAPO gefaßt und ins KZ Mauthausen übergeführt, wo er wenige Monate später ermordet wurde. — **57** Auch in neueren Gesamtdarstellungen findet das Beispiel Erich Kuttners keine Berücksichtigung. Vgl. z. B. Joseph P. Strelka, *Exilliteratur. Grundprobleme der Theorie. Aspekte der Geschichte und Kritik*. Bern, Frankfurt/M., New York 1983. Frithjof Trapp, *Deutsche Literatur zwischen den Weltkriegen II. Literatur im Exil*. Bern, Frankfurt/M., New York (P. Lang) 1983. — **58** Vgl. Joachim Radkau, *Die deutsche Emigration* . . . A.a.O., S. 144 ff. — **59** Joseph Rovan, *Geschichte der deutschen Sozialdemokratie*. Frankfurt/M. 1980, S. 171. — **60** A.a.O., S. 172. — **61** Brief Hilferdings an Stampfer vom 28. 8. 1936. In: Erich Matthias (Hg.), *Mit dem Gesicht nach Deutschland* . . . A.a.O., S. 282. — **62** A.a.O. — **63** Lewis J. Edinger, Sozialdemokratie und Nationalsozialismus. Hannover, Frankfurt/M. 1960, S. 98. — **64** Prager Manifest der SPD. In: Erich Matthias, *Mit dem Gesicht nach Deutschland* . . . S. 223 f. — **65** Friedrich Stampfer, *Die dritte Emigration* . . . A.a.O., S. 83. — **66** Friedrich Stampfer, »Ein Manifest des Geistes«. *(Neuer Vorwärts* vom 11. 9. 1938). In: Erich Matthias. A.a.O., S. 364. — **67** A.a.O., S. 362. — **68** Zitiert nach Joachim Radkau, *Die deutsche Emigration* . . . A.a.O., S. 121. — **69** Paul Mayer im *Vorwärts* vom 6. 12. 1957. — **70** Zitiert nach Heinz Niemann, »Zum Faschismusbild in der deutschen Sozialdemokratie 1922-1945«. In: *Faschismusforschung. Positionen, Probleme, Polemik*. Hg. von Dietrich Eichholtz u. Kurt Gossweiler. Köln 1980, S. 408. — **71** A.a.O. — **72** Lord Vansittart, ständiger Unterstaatssekretär im britischen Foreign Office, veröffentlichte Anfang 1941 unter dem Titel *Black Record* eigene Rundfunkreden über die Deutschen, in denen er die eigentliche Ursache des Weltkrieges im grundsätzlich kriegerischen Charakter der Deutschen sah, der sich bis auf Karl den Großen zurückverfolgen ließe. — **73** Zitiert nach Erich Matthias, *Sozialdemokratie und Nation. Ein Beitrag zur Ideengeschichte der sozialdemokratischen Emigration in der Prager Zeit des Parteivorstandes 1933-1938*. Stuttgart 1952, S. 165. — **74** A.a.O., S. 168. — **75** A.a.O., S. 170. — **76** A.a.O., S. 173. — **77** *Sozialistische Mitteilungen. News for German Socialists in England*. London 1943. Nr. 55-56, S. 1-2. — **78** Friedrich Stampfer, »Amerika muß bereit sein«. (NVZ vom 14. 8. 1943). In: Erich Matthias (Hg.), *Mit dem Gesicht nach Deutschland* . . . A.a.O., S. 622. — **79** Friedrich Stampfer, »Nach drei Jahren: Wir kapitulieren nicht«. (NVZ vom 8. 5. 1948). In: Erich Matthias . . . A.a.O., S. 729. — **80** Werner Röder, *Die deutschen sozialistischen Exilgruppen in Großbritannien 1940-1945. Ein Beitrag zur Geschichte des Widerstandes gegen den Nationalsozialismus*. München 1967, S. 295. — **81** Zitiert und referiert nach Jörg Bremer. *Die Sozialistische Arbeiterpartei Deutschlands (SAP) Untergrund und Exil 1933-1945*. Frankfurt/M., New York 1978. Vgl. auch Helmut Müssener, *Exil in Schweden. Politische und kulturelle Emigration nach 1933*. München 1974. Willy Brandt, *Links und frei. Mein Weg 1930-1950*. Hamburg 1982, S. 300 ff. — **82** *Protokoll der Sitzung der Exekutive der »Union« vom 4. August*. Emigration Sopade, Mappe 5, Protokolle 1943-1946 (Archiv der Sozialen Demokratie). — **83** Vgl. Horst Duhnke, *Die KPD von 1933 bis 1945*. Köln 1972. Arnold Sywottek, *Deutsche Volksdemokratie. Studien zum politischen Konzept der KPD 1935-1946*. Düsseldorf 1971. Zur Beziehung Sowjetunion und Hitlerdeutschland: Dean Cott McMurray, *Deutschland und die Sowjetunion 1933-1936. Ideologie, Machtpolitik und Wirtschaftsbeziehungen*. Köln 1979. — **84** Wichtige Informationen und Materialien der »operativen Leitung« finden sich in folgenden Publikationen: »Material Nr. 1 und Nr. 2 (Nur für den Gebrauch der Kader)« vom Oktober 1943, Material Nr. 1. In: Gerhard Nitzsche, *Die Saefkow-Jacob-Bästlein-Gruppe*. Berlin 1957. Material Nr. 2 (IV und V). In: Hermann Weber, »Aus dem Kadermaterial der illegalen KPD 1943«. *Vierteljahreshefte für Zeitgeschichte* 4 (1972). »Zu den Ergebnissen der Moskauer Konferenzen« (von November 1943). In: Hermann Weber, a.a.O. 3. »Zu den Fragen der Taktik« (Ende 1943). Ebd. 4. »Bericht zur Lage« nicht veröffentlicht, erwähnt in: Gerhard Rossmann, *Der Kampf um die Einheit aller Hitlergegner*, Berlin 1963. S. 89. 5. »Leitsätze über die Liquidierung des imperialistischen Krieges« vom Februar 1944. In: Ilse Krause, *Die Schumann-Engert-*

Kresse-Gruppe, Berlin 1960, S. 129 f. 6. »Wir Kommunisten und das ›Nationalkomitee Freies Deutschland‹«, vom 1. Mai 1944 (gekürzt) bei: Gertrud Glondajewski/Gerhard Rossmann: Ein bedeutendes politisches Dokument des illegalen antifaschistischen Kampfes der KPD. In: *Beiträge zur Geschichte der Arbeiterbewegung (BZG)* 8/1966. S. 644 f. 7. »Rundbrief an die illegalen Parteikader«. In: Gerhard Nitzsche, a.a.O., 8. »Merkblatt für die zur Wehrmacht eingezogenen Genossen«. Ebd. 9. »Die letzte Runde«. In: Kurt Kühn: *Die letzte Runde. Widerstandsgruppe NKFD.* Berlin/Potsdam 1949. 10. »Am Beginn der letzten Phase des Krieges« (1944). In: BZG 3/79, S. 402. Obwohl sich im Dokument »Wir Kommunisten und das ›Nationalkomitee Freies Deutschland‹« die Berliner Gruppe gegen den Widerstand vor allem der Leipziger Gruppe mit der Annäherung an die NKFD-Linie durchsetzt hatte und dieses Dokument einen gewissen Abschluß der internen Diskussion bildete, haben die DDR-Historiker auch hier Kürzungen und Veränderungen des veröffentlichten Textes vorgenommen. So heißt es in der Einleitung der Dokumentation von Glondajewski/Rossmann: »Die Plattform wird geringfügig gekürzt veröffentlicht. Ausgelassen wurden vor allem lange Zitate aus Schriften von Karl Marx, Friedrich Engels und W. I. Lenin, aus Dokumenten der Kommunistischen Internationale und erklärende Kommentare (!) dazu, die den Verfassern zur Selbstverständigung dienten. . . . die Zitate sind auf den letzten Stand der Veröffentlichung gebracht.« Nun wären sicherlich gerade Kommentare zur »Selbstverständigung« einer Gruppe von Kommunisten interessant gewesen, die, weitgehend abgeschnitten von den Moskauer Direktiven, den Versuch unternommen haben, die Verhältnisse in Deutschland zu ändern, bevor die russischen Panzer in Berlin standen. Im Heft 1/79 der BZG berichten Heinz Kühnrich und Karlheinz Pech, daß »bisher unbekannte Niederschriften von Franz Jacob, die jetzt entziffert und näher untersucht wurden«, Aufzeichnungen »aus dem ersten Halbjahr 1944« enthalten und über »den Entwurf eines umfangreichen, auf Ende Juni 1944 datierten und mit Kommunistische Partei unterzeichneten Materials, das ebenfalls fast ausschließlich handschriftlich vorliegt.« Bedauerlicherweise werden diese Niederschriften aber nicht dokumentiert, sondern nur indirekt referiert und interpretiert. Dies ist um so unverständlicher angesichts der Tatsache, daß diese Interpretationen der Aufzeichnungen Franz Jacobs für eine Polemik gegen »bürgerliche« Historiker eingesetzt werden: »Wie in anderen Dokumenten haben sich die Funktionäre der illegalen Partei im Lande auch in dieser Ausarbeitung nachdrücklich zur Politik der Führung der KPD und zu ihrem Vorsitzenden Wilhelm Pieck bekannt. Wie lächerlich muten angesichts dieses Bekenntnisses und der in den Materialien enthaltenen völligen Übereinstimmung der Auffassungen (!) der operativen Leitung mit der politischen Linie der Parteiführung in Moskau die fortwährenden Behauptungen bürgerlicher Geschichtsschreiber an, daß es keine Übereinstimmung gegeben habe, ja, daß die Auffassungen der Genossen im Lande konträr zu denen der Parteiführung gewesen seien.« — 85 »Wir Kommunisten und das ›Nationalkomitee Freies Deutschland‹«. In: Glondajewski/Rossmann . . . A.a.O., S. 663. — 86 A.a.O. — 87 A.a.O. — 88 »Die Außenpolitik der Sowjetunion und ihre klassenmäßige Ausrichtung«. In: H. Weber, »Aus den Kadermaterialien der illegalen KPD 1943«. *Vierteljahreshefte für Zeitgeschichte* 4 (1972).

Paul Michael Lützeler
The City of Man (1940)
Ein Demokratiebuch amerikanischer und emigrierter europäischer Intellektueller

»Zum Thee Meisel, Borgese, Marck und Broch. Diskussion über den Plan eines Sammelwerkes zur Vorbereitung eines restaurierten Abendlandes«[1], so lautet die auf den ersten Blick romantisch-konservativ klingende Tagebuch-Eintragung Thomas Manns vom 17. November 1939. Aber was an diesem Abend zwischen den europäischen Emigranten Thomas Mann, Giuseppe Antonio Borgese, Hermann Broch, Siegfried Marck und Hans Meisel im Hause Mann diskutiert wurde, war von Restauration und Romantik weit entfernt, sollte sich vielmehr im Gegenteil zu einem zukunftsorientierten Buchprojekt entwickeln, in dem es um nichts weniger als um die neue Grundlegung der Utopie einer Weltdemokratie ging. Thomas Mann und Hermann Broch wohnten in Princeton, und Borgese und Marck waren aus dem Mittleren Westen angereist; beide lehrten an der University of Chicago. Wie kam es zu diesem Treffen? Thomas Mann ging es darum, Borgese und Broch zusammenzuführen. Ohne daß der eine von den Aktivitäten des anderen wußte, verfolgten beide Emigranten aus den gleichen Gründen ähnliche politische Ziele. Borgese und Broch waren etwa gleich alt, der eine italienischer Historiker und Politologe mit schriftstellerischen Neigungen und ausgeprägten literarischen Interessen, der andere ein österreichischer Dichter mit einer Begabung für historisch-politologische Analysen. Borgese hatte dem Italien Mussolinis bereits 1931 den Rücken gekehrt und erregte Aufsehen mit seinem antifaschistischen Buch *Goliath. The March of Fascism*, das 1937 in New York erschien. Broch hatte im gleichen Jahr 1937 seine antifaschistische »Völkerbund-Resolution«[2] verfaßt. Für beide Männer bedeutete das Münchner Abkommen vom September 1938 eine Wende in ihrem Denken und Handeln. Denn von nun an ging es ihnen nicht mehr nur um einen publizistischen Kampf gegen die Diktaturen, sondern – angesichts der moralischen und politischen Schwäche der westlichen Staaten – auch um ein Überdenken demokratischer Prinzipien, um den Versuch einer theoretischen Neufundierung des demokratischen Staatsgedankens. Sowohl Borgese wie Broch – ersterer in Chicago, letzterer in New York – sammelten Ende 1938/Anfang 1939 einen kleinen Kreis von Gleichgesinnten um sich, mit deren Hilfe sie ihre Vorhaben ins Werk setzen wollten. Borgese gewann dafür den Präsidenten des Smith Colleges, William A. Neilson (am Smith College hatte Borgese einige Jahre zuvor gelehrt), den Präsidenten der University of Chicago, Robert M. Hutchins, den amerikanischen Theologen

Reinhold Niebuhr sowie den Schriftsteller und Kulturkritiker Lewis Mumford. Broch suchte für sein Projekt Emigranten wie Albert Einstein, Stefan Zweig, Jacques Maritain und Hubertus Prinz zu Löwenstein zu gewinnen. Broch und Borgese wandten sich im Frühjahr 1939 an Thomas Mann mit der Bitte um Unterstützung ihrer Pläne. Unabhängig voneinander hatten Borgese und Broch die Idee, einen größeren Sammelband zum Thema Demokratie und Antifaschismus zu veröffentlichen. Diesen Plan gab Broch in der Folge auf. Aus welchen Gründen? Erstens wollte Thomas Mann in der Borgese-Gruppe mitarbeiten; zweitens würde Borgese auch bekannte amerikanische Intellektuelle miteinbeziehen, was dem Band einen größeren Erfolg versprach; und drittens ging es Borgese nicht um einen Sammelband zur Publikation disparater Demokratievorstellungen, sondern um ein kollektiv geschriebenes Buch, das als das gemeinsame Werk eines Teams gedacht war. Broch erschien dieses Projekt vielversprechender als sein eigenes, und er schloß sich den Borgese-Leuten an. Die Borgese-Gruppe hatte im Mai 1939 – als Broch ihr noch nicht angehörte – ein erstes Memorandum an einen Kreis von Freunden verschickt. »Whatever concerns the European nations concerns ourselves« (S. 97)[3], hieß es dort, womit in aller Klarheit deutlich wurde, daß man gezielt gegen den amerikanischen Isolationismus zu Felde ziehen wollte. Das Memorandum zeugt von der Weitsicht seiner Verfasser. Denn der kommende europäische Krieg und die Unausweichlichkeit einer amerikanischen Verwicklung in ihn wird vorausgesehen: »It is not Utopian to suppose that a deep, systematic, and unbiased study of the problems harassing the Europe of today, [...] would mean a substantial help to the statesmen who will be called sooner or later to build a new world from these [...] ruins« (101, 102). Die Gruppe schlug entsprechend die Gründung eines ›Committee on Europe‹ vor, von dem es heißt: »It should consist of a small number of the most prominent intellectual and political exiles from Europe and of a majority of American thinkers and scientists« (103). Schon aus diesem ersten Memorandum vom Mai 1939 geht hervor, daß es nicht nur um eine Analyse der europäischen Vorgänge geht, sondern um Grundsätzliches und Globales, um nichts weniger als »a redefinition of democracy and a plan for world-order« (106). Das ›Committee on Europe‹ verschickte am 28. März 1940 einen Einladungsbrief (»Letter of invitation«) an eine Reihe von Amerikanern und Europäern. Zu den neuen Mitgliedern, die daraufhin aufgenommen wurden, gehörte auch Hermann Broch, der von nun an die äußere und innere Gestaltung des Projekts stark beeinflußte. Schon zwei Monate später traf sich das erweiterte ›Committee on Europe‹ zu einer dreitägigen Konferenz, die vom 24. bis zum 26. Mai 1940 im Hotel Haddon Hall in Atlantic City/New York stattfand. Das ›Committee on Europe‹ nannte sich damals um in ›Committee of Fifteen‹ (es hatte fünfzehn Mitglieder). Die Umbenennung zeigt, daß es der Borgese-Gruppe nicht mehr nur um die europäische Frage ging. Anfang 1940 war Hermann Rauschnings Buch *Gespräche mit Hitler* erschienen, und ihm konnte man entnehmen, daß Hitler nicht nur Europa unterwerfen wollte, sondern Welteroberungspläne hegte.

Am 3. März 1940 schreibt Broch an Borgese: »Die ›Gespräche mit Hitler‹ geben ein recht komplettes und m. E. auch recht authentisches Bild von dem politischen Welt-Konzept, das Hitler in seinem Hirn, in seiner Seele, in seinem Herzen hegt und dem er dient: es ist das Konzept einer neuen Welt-Sklavenwirtschaft«[4]. Dem globalen terroristischen Konzept Hitlers hieß es nun, ein internationales Demokratieprogramm entgegenzusetzen. Zudem fand während der Tagung der Gruppe die Schlacht um Frankreich statt, die mit Hitlers Sieg endete. Damit hatte die europäische Demokratie eine entscheidende Niederlage erlitten, und der kontinentale Faschismus wurde zur im Wortsinne erdrückenden Macht in Europa. Die Depression, die sich während der Konferenz bei den Komitee-Mitgliedern breitmachte, ist Thomas Manns Tagebuch zu entnehmen. Dort liest man unter der Eintragung »Atlantic City, Sonnabend den 25. V. 40«: »Gestern sehr schwerer Tag, tiefer Gram über die schauerliche Hoffnungslosigkeit der Kriegslage, trostlos dunkles und nasses Wetter, Erschöpfung durch die Teilnahme an den Sitzungen, den ganzen Vormittag und nachmittags von ½4, – die ich nicht uninteressant, auch nicht nutzlos nennen will«[5]. Thomas Mann war der prominenteste Teilnehmer an der Atlantic-City-Konferenz. Bei ihm mischten sich Skepsis und Engagement auf eigenartige Weise, wie seinen weiteren Notizen über die Tagung zu entnehmen ist: »Hatte bei der Vormittagssitzung im Backwell-Room den Vorsitz und hielt, mit ganzem Einsatz, meine Ansprache, die Eindruck machte [...] und ausnahmsweise Beifall auslöste. Die Sitzung, diffus, nach vielen Seiten gehend, endete erst nach ½1 [...] Der Verlauf und Ausgang einigermaßen zerfasert und unhandlich. Nachher mit dem deprimierten Borgese und Broch Thee«[6]. Den ausführlichsten Bericht über die Tagung in Atlantic City verdanken wir der Autobiographie *My Works and Days* von Lewis Mumford[7]. Über den Leiter des Unternehmens heißt es dort: »Antonio Borgese, with his swarthy Sicilian skin, his beetling brows, his protrusive underlip, quietly dominated. He has a voice that is usually strong and sonorous, but sometimes caressing: always speaking with eloquence, in the ironic vein of Settembrini in ›The Magic Mointain‹, but no windbag«. Robert M. Hutchins, der die Gruppe nach der Atlantic-City-Konferenz verließ, wird als »an unawakened isolationist« charakterisiert. Hermann Broch ist der »stoopshouldered, pipe-smoking intellectual [...], a brilliant mind« und »outwardly an Austrian Sherlock Holmes«. Hans Kohn vom Smith College wird porträtiert als »another Central European«, als »a heavy-set man, with a kindly pasty face, an earnest pessimistic air. He talked volubly, but with great dialectic skill, real insight, will-supported arguments, and unshakable moral conviction«. Über die übrigen Teilnehmer liest man: »At the opposite pole was Gaetano Salvemini, with his snub-nosed, Socratic head. He has a squeaky voice, sometimes almost grotesque. Herbert Agar, a lean, self-contained man, with a low voice, had none of this European vehemence: he shares this trait with [...] Yandell Elliott from Harvard; but in his quiet reserved way Agar was one of the most forceful personalities there. Then there was President William Allan Neilson of Smith College, [...] not perhaps an original mind, but a highly intelligent one, his judgements salted by a quiet humor. I have still to describe the blue-eyed Reinhold Niebuhr, with his bald head, the most Dürerlike of our whole group [...] He spoke with an excessive inner pressure, too rapidly for the fullest effect, but still impressive«. Über Thomas Mann heißt es: »Thomas Mann, grave, genial, aloof, a little shy still because of his English, was silent most of the time: but his feeling in the reading of his paper on democracy impressed everyone: at one point he could hardly keep back his tears«. Über die Stimmung während der Diskussion am ersten Konferenztag heißt es bei Mumford: »At the beginning our minds met in a series of personal affirmations and discussions, superior in moral texture to those of any other group I had ever worked with. The tragic decisions we were all facing, as gravely as if we were the responsible political leaders, lifted our spirits to the highest plane: a plane well above our private egoism, vanities, or ambitions«. Der Stimmungsumschwung erfolgte aber rasch. Ein gewisser William Benton aus Chicago, der schwerreiche Direktor einer Reklamefirma, war als möglicher Finanzier des Unternehmens aufgetrieben worden. Benton erklärte plötzlich während der Tagung, daß mit dieser Intellektuellengruppe kein Staat zu machen sei, daß sie alle – und das in Anwesenheit von Thomas Mann – einfach zu unbekannt seien, um mit ihrem Buch einen Erfolg haben zu können. Man entschied, trotz der nun fehlenden finanziellen Absicherung das Projekt vorwärtszutreiben. Das war nicht zuletzt dem Zuspruch Lewis Mumfords zu verdanken. Borgese, Agar, Broch, Elliott und Neilson bildeten jetzt ein Unter-Komitee[8], das die zweite Konferenz vorbereitete, die in Sharon/Connecticut (in der Nähe von Mumfords Landhaus) am 24. und 25. August 1940 stattfand.

In Sharon wurde die Erklärung (»Declaration«) formuliert und ein Vorschlag (»Proposal«) ausgearbeitet. Beides – die theoretische Declaration und der pragmatisch ausgerichtete Proposal – sollten gemeinsam in einem Band herauskommen, was dann auch nach weiteren drei Monaten im November 1940 geschah, als das Buch unter dem Titel *The City of Man. A Declaration on World Democracy* bei der Viking Press in New York erschien. An der Schlußredaktion des Bandes, die Borgese übernommen hatte, war Broch maßgeblich beteiligt. So wurde zum Beispiel am Proposal auch nach der Konferenz von Sharon noch gearbeitet. Broch hatte die Behandlung der ökonomischen Aspekte übernommen, und seine Korrespondenz mit Borgese zeigt, daß ihm erstens die Kombination von freier und geplanter Wirtschaft und zweitens eine ›Economic Bill of Rights‹ wichtig waren.[9] Thomas Mann, dem Broch einen Durchschlag seines Beitrags gegeben hatte, kommentiert am 17. Oktober 1940 in seinem Tagebuch: »Gelesen gute ökonomische Bemerkungen von Broch«[10].

Insgesamt waren es siebzehn Persönlichkeiten, die verantwortlich zeichneten für das *City of Man*-Buch. Wer waren sie, und was hatten sie vorher veröffentlicht? Außer den bereits genannten Ko-Autoren gehörten der Gruppe noch an: Herbert Agar (Verfasser politisch-historischer Bücher über die USA), Frank Aydelotte (vormals Präsident des

Swarthmore Colleges und damals Direktor des Institute of Advanced Study in Princeton), der Schriftsteller und Kritiker Van Wyck Brooks, Ada L. Comstock (Präsidentin des Radcliffe Colleges), William Yandell Elliott (Volkswirt an der Harvard University), die Schriftstellerin Dorothy Canfield Fisher, Christian Gauss (Dekan an der Princeton University), Oscar Jászi (ein Politologe am Oberlin College), Alvin Johnson (Direktor der New School for Social Research in New York) und Gaetano Salvemini (wie Borgese ein italienischer Emigrant, der damals als Historiker an der Harvard University lehrte). Auffallend ist, daß fast alle diese Intellektuellen und Schriftsteller Liebe zu Kunst und Literatur verbanden mit einem passionierten Engagement für die Demokratie. Das zeigen auch ihre Veröffentlichungen. Herbert Agar, der 1928 in Princeton mit einer Arbeit über Milton und Plato promoviert hatte, publizierte in den dreißiger Jahren mehrere Bücher über die amerikanische Demokratie. Frank Aydelotte schrieb Studien über die englische Literatur und brachte ebenfalls eine Reihe von Arbeiten zum Thema Demokratie heraus. Borgese verfaßte Romane und Dramen sowie Bücher über die italienische Romantik bzw. über die Literatur Italiens im allgemeinen, und er ist uns gleichzeitig als Autor scharfsinniger Analysen von Faschismus und Demokratie bekannt. Hermann Broch zählt zu den großen Vertretern des avantgardistischen europäischen Romans unserer ersten Jahrhunderthälfte und profilierte sich gleichzeitig als politischer Zeitkritiker und Massenpsychologe. Van Wyck Brooks ist der Verfasser zahlreicher literarischer Monographien von Dante über Emerson und Mark Twain bis zu Henry James, und schrieb zudem hellsichtige Studien über das Amerika unserer Zeit. Dorothy Canfield Fisher war Romanschriftstellerin, kannte sich mit der Rezeption von Corneille und Racine in England aus und veröffentlichte Schriften zu den Menschenrechten und zur demokratischen Verfassung. Christian Gauss war Literatur- und Erziehungswissenschaftler und schrieb ein Buch über die amerikanische Demokratie. Alvin Johnson, Volkswirt und Politologe, gab eine Studie über öffentliche Bibliotheken heraus. Der Historiker Hans Kohn, Autor mehrerer Bände über europäisch-orientalische Kulturbeziehungen und über das Nationalismusproblem, machte sich gleichzeitig einen Namen als Verfasser einer neuhebräischen Literaturgeschichte. Thomas Manns dichterisches und politisch-essayistisches Werk ist bekannt; als Borgese und Broch mit ihm konferierten, hatte er im Vorjahr (1938) eine größere Vortragsreise zum Thema »Vom kommenden Sieg der Demokratie« absolviert[11] und den Aufsatz »Freedom and Equality« für den 1939 erschienenen Sammelband *Freedom. Its Meaning* geschrieben, der von Ruth Nanda Anshen herausgegeben wurde, und bei dem es sich ebenfalls um ein antifaschistisches Buch handelte. Neben seinen wegweisenden Werken über Architektur und Städteplanung schrieb Lewis Mumford vielgelesene Bücher über Ästhetik, Utopien, über Herman Melville, aber auch zu Themen der amerikanischen Politik. William Allan Neilson, als Anglist ein Chaucer-, Marlowe- und Shakespearespezialist und Ko-Autor einer englischen Literaturgeschichte, nahm sich die Zeit, Bücher über die US-Außenpolitik und die Vereinten Nationen zu schreiben. Reinhold Niebuhrs Lebenswerk galt einer theoretischen Durchdringung der Gebiete von Politik, Soziologie und Theologie. Er war der Verfechter eines gegenwarts- und politikbezogenen Christentums und machte mit seinem Hauptwerk *Moral Man and Immoral Society. A Study in Ethics and Politics* (1935) Schule. Gaetano Salvemini begann seine Laufbahn als Historiker und Politologe mit einer Monographie über den italienischen Dichter-Politiker Mazzini. Alle Mitglieder der *City of Man*-Gruppe waren in einem umfassenden Sinne gebildet. Alle Scheuklappen-Spezialisierung und Elfenbeinturm-Mentalität waren ihnen fremd, und wenn sie von der Bewahrung und der Verteidigung der westlichen Kultur sprachen, wußten sie, daß Kunst und Politik nicht voneinander zu trennen sind, daß sie eine gemeinsame Wurzel haben, und daß eine Rettung der Zivilisation notwendigerweise eine Frontstellung gegen die totalitäre Politik Hitlers und Stalins nach sich ziehen mußte.

Was sind die Aussagen und Forderungen der *City of Man*? Die »Declaration« beginnt mit einer Beschreibung der katastrophalen Weltlage: Die Appeasement-Politik Englands und Frankreichs habe Europa an den Rand des Verderbens gebracht, und einzig auf Amerika richte sich die Hoffnung der noch nicht unterworfenen Staaten. Diese Hoffnung dürfe nicht enttäuscht werden: Amerika müsse mit seiner demokratischen Staatsform eine humane Alternative zu dem Terror der Faschisten bieten. Wie jene Europas befinde sich aber auch die Demokratie Amerikas in einer tiefgehenden Krise, und nur eine erneuerte Demokratie sei in der Lage, dem Faschismus entgegengesetzt zu werden. Die USA als der mächtigste Staat mit demokratischer Tradition müsse sich um die internationale Wertschätzung der Demokratie bemühen und sich für die Verwirklichung folgender politischer Ziele einsetzen: Im Gegensatz zur Kriegsverherrlichung der Faschisten sei das Postulat des universalen Friedens aufzustellen. Dieser Friede könne nur garantiert werden, wenn er durch einen universalen Staat – »the State of States« (24) – geschützt werde. Daher müsse ein demokratischer Weltstaat konzipiert werden. Die Zeit der Nationalstaaten sei vorbei: So, wie die Nationen nach dem Zerfall des Römischen Weltreiches entstanden, müßten sie in einem neuen Weltstaat wieder aufgehen, wo sie dann eine untergeordnete Funktion beibehalten könnten. Als Mikro-Modell eines föderal gegliederten Viel-Nationen-Weltstaates sei die Schweiz anzusehen, die auf demokratischer Grundlage eine Reihe verschiedener Kantone mit unterschiedlichen Nationalitäten zu einem funktionierenden Staatswesen vereint habe. Wie die Schweiz sei auch der Weltstaat auf dezentralisierende Weise zu organisieren; es müsse das Subsidiaritätsprinzip gelten, das heißt Selbstverantwortung und Selbstverwaltung müsse für alle, auch die kleinsten Gemeinschaftseinheiten verpflichtend sein. Die übergreifende Weltstaatsregierung habe nur Kontrollfunktion, habe auf die Durchsetzung der demokratischen Prinzipien zu achten. So würden sich Zentralismus und Föderalismus gegenseitig bedingen und ergänzen: »The first without the second would be tyranny, as the second without the first would be chaos« (26). Der Weltstaat werde von einem Universal-Parlament regiert werden, das nicht eine Vertretungs-Versammlung der verschiedenen Nationen sein solle, sondern direkt von der gesamten Menschheit gewählt werden müsse. Für die Weltdemokratie würden die Grundsätze der freien Wahl, der Gleichheit und der Gerechtigkeit gelten.

Bei der Neudefinierung der Demokratie übernehmen die Ko-Autoren Gedankengänge Brochs, wie er sie Anfang 1939 in der Studie »Zur Diktatur der Humanität innerhalb einer totalen Demokratie«[12] dargelegt hatte. Ähnlich wie bei Broch heißt es in der *City of Man:* »Democracy teaches that everything must be within humanity, nothing against humanity, nothing outside humanity. The dictatorship of humanity, on the basis of a law for the protection of human dignity, is the only rule from which we may hope for life for ourselves and resurrection for the nations that have fallen« (34). Mehr als ein Jahrzehnt vor Hannah Arendts Totalitarismusbuch von 1951 werden in der *City of Man* Hitlerismus und Stalinismus unter dem Begriff des Totalitarismus subsummiert, zu dem sich die Demokratie als Alternative verstehe.

Nach den grundsätzlichen Ausführungen zum Thema Weltdemokratie widmet sich die »Declaration« der Rolle, die Amerika bei der Etablierung der Weltdemokratie zu übernehmen habe. Was Rom im Zeitalter imperialer Herrschaft gewesen sei, das müsse Amerika in der Epoche der Demokratie sein, nämlich Vorkämpfer eines Weltstaates. Die Aufgabe Amerikas bestehe darin, die Welt vom Faschismus zu befreien und sie für eine neue Ordnung zu gewinnen. Die von den USA zu begründende *Pax Americana* werde die Präambel zur *Pax Humana* werden (66). Freilich könne das jetzige Amerika diese Führungsrolle noch nicht übernehmen. Die Kritik an den amerikanischen Zuständen ist durchaus prononciert. Zu den »blemishes that endanger the fulfillment of her tasks« werden zum Beispiel gezählt: »the degraded education, the corrupted political machines, the efficiency of the dollar-hunter« (68). Und zum Thema der Gleichberechtigung aller Bürger heißt es: »The Negro himself, with whom our failure was most inglorious, helps us by reminding us that our slow progress is a mere token of the justice we pledged« (69). Amerika müsse sich auf seine weltgeschichtlich einzigartige Verfassung zurückbesinnen. In bezug auf die Constitution heißt es: »The American creed must be the American deed« (70). In seiner Verfassung – »more precious than all the gold in Kentucky« (71) –, besitze Amerika das beste Erbe Europas: »Here, and almost nowhere else, is Europe« (71). Im Hinblick auf den demokratischen Weltstaat müßten die USA sich von den »United States« zu den »Uniting States« (72) entwickeln.

Werfen wir noch einen Blick auf das die »Declaration« ergänzende »Proposal«. Über die Arbeitsaufteilung bei der Erstellung des Proposals sind wir durch einen Brief Brochs vom 18. September 1940 an seinen Freund Erich von Kahler informiert. Für Theologie war Niebuhr, für internationale Beziehungen waren Borgese und Kohn, für Regierung und Rechtsfragen war Elliott, für Wirtschafts- und Sozialprobleme war Broch zuständig. Der Vorschlag, die »Declaration«

durch den »Proposal« zu substantiieren, ging von Broch aus[13]. In vier Punkten wird im »Proposal« Konkretisierendes gesagt, und zwar erstens zum Thema der Freiheit des einzelnen, zweitens zur Rolle der Religion in der Demokratie, drittens zur Wirtschaftsform und viertens zur Legislative. *Erstens* habe die »Bill of Rights« durch eine »Bill of Duties« ergänzt zu werden, d. h. in einer Verfassungsreform seien die Rechte und Pflichten des einzelnen dem Staate und des Staates dem einzelnen gegenüber genauer zu formulieren. (Die Forderung nach einer »Bill of Duties« taucht in der Folge in fast allen politischen Aufsätzen Brochs auf.) *Zweitens* habe auch für den demokratischen Weltstaat der amerikanische Grundsatz der Trennung von Kirche und Staat zu gelten. *Drittens* – auch dies Brochs Beitrag – seien Wirtschaftsreformen anzustreben, welche die Ansätze des ›New Deals‹ aufnehmen und weiterführen. Und *viertens* sei ein neues, internationales bzw. supranationales universelles Gesetzbuch auszuarbeiten. In den vier Punkten des »Proposals« werden also die zukünftigen Aufgaben skizziert, die in Angriff zu nehmen seien, sollte es mit den demokratischen Weltstaatsplänen ernst werden.

Es ist leicht, vom Standpunkt der Realpolitik an globalen und utopischen Staatsentwürfen Kritik zu üben. Man muß die Utopie der *City of Man* von ihrer Entstehungszeit her begreifen. 1940 wurde klar, daß Hitlers aggressive Politik auf die Begründung der Weltherrschaft hinauslief. Europa wurde unterworfen, und mit einer Ausdehnung von Hitlers Macht auf andere Kontinente mußte gerechnet werden. In dieser Situation fanden sich in den USA europäische und amerikanische Intellektuelle zusammen, um dem Brutalitätskonzept von Macht und Krieg, um dem Hitlerschen Traum von der Weltunterwerfung die humane Utopie einer Weltdemokratie entgegenzusetzen. Zwar kam es in der Folge des Zweiten Weltkriegs bekanntlich keineswegs zur Etablierung einer Weltdemokratie, aber immerhin trugen die *City of Man*-Autoren in bescheidenem Umfang (von dem Buch wurden nur knapp zehntausend Exemplare verkauft) mit dazu bei, dem Schutz der Menschenrechte Nachdruck zu verleihen und den Boden vorzubereiten für die Etablierung einer Organisation wie jener der Vereinten Nationen. Die UNO, so schwach sie auch immer sein mag, ist nicht zuletzt ein politisches Symbol, das an die Utopie eines befriedeten Weltstaats erinnert. Fast alle Mitarbeiter am *City of Man*-Projekt setzten sich in der Folge für die Etablierung und Kompetenzerweiterung der Vereinten Nationen ein, besonders Borgese und Broch. Borgese gab auch nach dem Krieg den Gedanken einer universalen demokratischen Verfassung nicht auf. Er gründete die politische Monatsschrift *Common Cause*, die sich diesem Ziel verschrieb, und 1953 erschien sein Buch *Foundations of the World Republic*, welches eine »Preliminary Draft of a World Constitution« enthält. Nach dem Erscheinen ihres Buches trafen sich die *City of Man*-Autoren ein letztes Mal im Februar 1941 in Princeton. Als Team hörte die Borgese-Gruppe dann zu existieren auf, wenn auch die Verbindungen einzelner Mitglieder untereinander nicht abrissen.

Heute ist die *City of Man* vor allem ein historisches Dokument, eines der nicht gerade zahlreichen Zeugnisse geistiger amerikanisch-europäischer Zusammenarbeit. In den bisher größten Krisenjahren unseres Jahrhunderts kamen Intellektuelle zusammen, um in Anspielung auf Augustinus' Vision der ›Civitas Dei‹ die Utopie der ›Civitas Hominum‹, der ›City of Man‹, zu entwerfen. Es ging um die Formulierung großer Zukunftspläne, und, wie bei Utopien üblich, erleben sie Niederlagen im Wettstreit mit der komplexen Realität, die sich einsinnigen Zielen nicht beugt. Das hatte Broch vorausgesehen. Als er im April 1939 erstmals von Borgeses Ideen hört, bemerkt er skeptisch: »Eine Weltdemokratie. Damit wird man kein Glück haben«[14].

Mehr als die weltdemokratischen Überlegungen beeinflußten die menschenrechtlichen Erörterungen in der City-of-Man-Gruppe Broch. Zweieinhalb Jahre nach Erscheinen des Buches führt Broch die für jenes Projekt skizzierte Menschenrechtstheorie weiter. Den äußeren Anlaß bilden die Rassenunruhen in Detroit vom Juni 1943. Es handelte sich dabei um die größten Zusammenstöße zwischen Schwarzen und Weißen während der Kriegszeit. Präsident Roosevelt sah sich gezwungen, sechstausend Soldaten zur Kontrolle der City von Detroit einzusetzen. Das Resultat der bürgerkriegsähnlichen Konflikte waren vierunddreißig Tote.[15] Wie Broch sieht sich der gleichfalls im amerikanischen Exil lebende Bertolt Brecht von den Vorgängen zur Stellungnahme herausgefordert. In der New Yorker Emigrantenzeitschrift *Austro-American Tribune* erschienen in regelmäßigen Abständen Brechtsche Epigramme unter der so von ihm genannten Rubrik »Und siehe, es war sehr schlecht« – Titelunterschriften in Reimen zu aktuellen Bildern aus der amerikanischen Presse. Auf jener von Brecht ausgewählten Aufnahme der Detroiter Rassenunruhen ist ein weißer Soldat zu sehen, der einen Schwarzen vor Weißen schützt. Brechts Zeilen dazu: »Als sie mich blutig vor das Stadthaus brachten,/ Half ein Soldat mir weg, der freundlich war/ Und mußte tapferer sein als in den Schlachten/ Von Kiska und Bataan und El Guettar«.[16] Es ist aufschlußreich wie verschieden Brecht und Broch auf das gleiche Ereignis reagieren. Brecht nimmt die Rassenunruhen zum Anlaß für ein gesellschaftskritisches Gedicht, und Broch geben sie den Anstoß zur Ausarbeitung menschenrechtstheoretischer Studien. Unter direktem Bezug auf die Vorgänge in Detroit schreibt Broch im Juni 1943 den Essay »The Twentythird and Thirtythird Amendment«[17]. Hierin bemängelt er an der Gesetzgebung der Demokratien, daß die allgemein anerkannten »regulativen Prinzipien« der Freiheit und Menschenwürde zu wenig praktische Bedeutung erlangten. Broch arbeitet hier das »Gesetz zum Schutz der Menschenwürde« aus. Nur durch die Anwendung eines solchen Gesetzes, meinte Broch, könnte gegen Rassendiskriminierungen vorgegangen werden. 1945/46, zur Zeit der Gründung der Vereinten Nationen, weitet Broch diese Entwürfe aus zu der Studie »Bemerkungen zur Utopie einer ›International Bill of Rights and of Responsibilities‹«[18]. Seit Anfang 1946 war die UN-Kommission für Menschenrechte unter dem Vorsitz von Anne Eleanor Roosevelt und in Zusammenarbeit mit dem späteren Nobelpreisträger René Cassin mit der Formulierung der International Bill of Human Rights beschäftigt.[19] Um die Bemühungen dieser Kommission zu unterstützen, hatte der amerikanische Bischof G. Bromley Oxnam Ende 1945 ein besonderes Komitee mit Sitz in New York gegründet. Dem Vorsitz des Oxnam-Komitees gehörten auch Brochs Freunde Christian Gauss und Alvin Johnson an (beide waren am City-of-Man-Projekt beteiligt gewesen). Oxnam bat Broch um Unterstützung seiner Aktion. Seine »Bemerkungen« schickte Broch im Frühjahr 1946 an Oxnam und an Mrs. Roosevelt. Einfluß auf die Fassung der dann am 10. 12. 1948 von den Vereinten Nationen in Paris verabschiedeten Universal Declaration of Human Rights haben Brochs »Bemerkungen« sicher nicht gehabt; dazu gingen sie mit ihren Forderungen nach einem gezielten Souveränitätsabbau der Einzelstaaten in Sachen Menschenrechtsschutz über das seinerzeit – und heute noch – mögliche hinaus. Worum geht es Broch in seinen »Bemerkungen«? An der Charta der UNO vom 26. 6. 1945 (vgl. dort II. 1. 7.) bemängelt er, daß man vom Nichteinmischungsprinzip in die Angelegenheiten der Einzelstaaten auch bei solchen besonderen Fällen wie der Verletzung der Menschenrechte nicht abgegangen sei. Zwar ist auch Broch der Meinung, daß die UNO im allgemeinen auf die legitimen Souveränitätsbedenken der Mitgliedstaaten Rücksicht nehmen müsse. Doch sieht er gerade auf dem Gebiet der Menschenrechte die Legitimität des Souveränitätsanspruchs der Einzelstaaten nicht gegeben, weil die Human Rights ihrer Natur nach Anspruch auf universelle Anerkennung hätten und sie nicht von einzelnen Nationen jeweils anders interpretiert werden dürften. Noch vor ihrer Verabschiedung legt Broch hier den Finger auf den wunden Punkt der Universal Declaration of Human Rights. Die heutige Forschung über das Menschenrecht bestätigt dies. »Das Verbot der Einmischung in die ›inneren Angelegenheiten‹ der Mitgliedsstaaten«, so heißt es in einer neueren Studie zu dem Thema, habe zur Folge, daß »die Nichtachtung der Menschenrechte hinter dem Vorhang der staatlichen Souveränität verschwinde«.[20] Aber auch wenn das schwierige Souveränitätsproblem gelöst sei, fährt Broch mit seiner Kritik fort, habe man keine Ahndungsmöglichkeit, kein Mittel des *Enforcements* bei Übertretungen zur Hand. Denn eine Deklaration sei kein rechtsverbindlicher Akt, und entsprechend ließe sich mit ihr kein Straffall verfolgen. Um eine Ahndung zu sichern, empfiehlt er, die International Bill of Rights durch das »Gesetz zum Schutz der Menschenwürde« zu ergänzen. Denn anders als bei der Deklaration handle es sich hier um ein reguläres Strafgesetz, das konkrete Delikte behandeln und Übeltäter zur Verantwortung ziehen könne.

In allen seinen späteren politischen Studien und Essays kommt Broch auf diese Forderungen zu sprechen.[21] An Aktualität haben die von ihm aufgeworfenen Fragen und vorgetragenen Thesen auch heute kaum eingebüßt. Brochs Kerngedanke, daß die Demokratien – unabhängig von ihren je verschiedenen Wirtschaftsformen – die Menschenrechte zu gesetzlich geschützten regulativen Prinzipien ihrer Politik machen müßten, um als Demokratien gelten zu können, dieser Kerngedanke hat weder an Gültigkeit noch an Brisanz verloren.

1 Thomas Mann, *Tagebücher 1937–1939*. Hg. v. Peter de Mendelssohn. Frankfurt/M. 1981, S. 501. — **2** Hermann Broch, »Völkerbund-Resolution«. In: *Kommentierte Werkausgabe* (KW). Hg. v. Paul Michael Lützeler. Band 11: Politische Schriften. Frankfurt/M. 1978, S. 195–231. — **3** *The City of Man. A Declaration on World Democracy*. Issued by Herbert Agar, Frank Aydelotte, G. A. Borgese (Hg.). New York 1941. Seitenangaben im Text. — **4** Hermann Broch, *KW*. 13/2: Briefe 1938–1945. Frankfurt/M. 1981, S. 172. — **5** Thomas Mann, *Tagebücher 1940–1943*. Hg. v. Peter de Mendelssohn. Frankfurt/M. 1982, S. 81. — **6** Ebd., S. 82. — **7** Lewis Mumford, *My Works and Days: A Personal Chronicle*. New York, London 1979. Alle Zitate Seiten 391–392. — **8** Vgl. Margaret F. Thorp, *Neilson of Smith*. New York 1956, S. 347. — **9** Hermann Broch, *KW*. 13/2. A.a.O., S. 237 u. 241. — **10** Thomas Mann, *Tagebücher 1940–1943*. A.a.O., S. 167. — **11** Vgl. Klaus Schröter, *Thomas Mann in Selbstzeugnissen und Bilddokumenten*. Reinbek 1964, S. 113. — **12** Hermann Broch, *KW*. 11. A.a.O., S. 24–68. — **13** Hermann Broch, *KW*. 13/2. A.a.O., S. 230. — **14** Hermann Broch, *KW*. 13/2. A.a.O., S. 67. — **15** Vgl. John P. Paris (Hg.), *The American Negro Reference Book* (Englewood Cliffs, N. J., 1966), S. 79 f. — **16** *Austro-American Tribune*, (1944) Nr. 11, S. 7. — **17** Broch-Archiv der Yale University Library, New Haven/Connecticut. — **18** Hermann Broch, *KW*. 11. A.a.O., S. 243–276. — **19** Vgl. F. Ermacora (Hg.), *Internationale Dokumente zum Menschenrechtsschutz*. Stuttgart 1971, S. 8. — **20** Vgl. W. Heidelmeyer (Hg.), *Die Menschenrechte. Erklärungen, Verfassungsartikel, Internationale Abkommen*. Paderborn 1972, S. 31. Ähnlich auch Ermacora. A.a.O., S. 3 f. — **21** Vgl. Hermann Broch, *KW*. 11.

Guntram Vogt

Robert Musils ambivalentes Verhältnis zur Demokratie

1. Aus den Essays 1912 bis 1922

»(...) die Zukunft ist nur durch eine gesteigerte und reinere Demokratie erreichbar.« (Politisches Bekenntnis eines jungen Mannes, November 1913, ebd. 1011)
»Vielmehr ist das Entscheidende, daß durch die Demokratisierung der Gesellschaft (...) eine größere Zahl Menschen als je zur Mitarbeit gelangt ist und daß unter dieser größeren Zahl – entgegen dem aristokratischen Vorurteil – die Auslese an Begabung größer ausfiel.« (ebd.)
»Allein gewiß geht auch das, was wir durch ihn (= den naturwissenschaftlichen Verstand, G. V.) erlitten haben, auf seine demokratische Herkunft zurück. Es ist die Verarmung des inneren Ganzen zum Vorteil einzelner Teile. Die Existenz gewaltiger Spezialgehirne in Kinderseelen.« (ebd. 1012)
»Ich suche ein wirtschaftliches Programm, das die Durchführung einer reinen, beschwingenden Demokratie gewährleisten soll, das noch größere Massen heraufzieht. Gewiß, ich werde bis dahin sozialdemokratisch oder liberal, je nachdem es die Umstände fordern, wählen, aber es ist klar, daß wir etwas brauchen, das uns aus der Flachheit der heutigen Parteien hinausführt, und zu jeder solchen Idee gehört ein wirtschaftliches Programm als Durchführungsvorschrift.« (ebd. 1013)
»Einstweilen treiben wir Politik, weil wir nichts wissen. Es zeigt sich deutlich darin, wie wir es tun. Unsere Parteien existieren durch die Angst vor der Theorie.« (ebd.)
»Sie werden weggeblasen, sobald der Wind sich erhebt, wie allerhand Mist, der sich auf stillem Boden angehäuft hat, sie werden falsch gestellte Fragen sein, auf die es kein Ja und Nein mehr geben soll, sobald eine Sehnsucht durch die Welt fährt. Ich habe keinen Beweis dafür, aber ich weiß, so wie ich warten viele.« (ebd. 1014)
»Selbst eine Urabstimmung drückt nicht allein die Stimme der Befragten aus, sondern auch die des dazu aufgebotenen Apparats, und so sind alle Äußerungen eines Volks nicht nur es selbst, sondern sind mitbestimmt von seinen Apparaten der Bureaukratie, der Gesetze, der Zeitungen, der wirtschaft-

lichen und ungezählter anderer Einrichtungen bis in die scheinbar individuellsten und doch teilweise abhängigen Leistungen der Literatur hinein.« (Die Nation als Ideal und Wirklichkeit, Dezember 1921, ebd. 1062 f.)

»Demokratie ist nicht Herrschaft des Demos, sondern seiner Teilorganisationen.« (ebd. 1067)

»Über diese Zwecke, welche sich mit der Zeit ändern, kann aber kein Einzelner Bindendes sagen, außer: man überlasse es der Zivilisation, sich aus sich selbst zu entwickeln. Das heißt aber, wenn man in menschlichen Angelegenheiten den richtigen optimistischen Pessimismus hat – und weder glaubt, daß mit Mythos, Intuition und Klassizität einem Geschlecht von Maschinenbauern und -händlern zu helfen ist, noch die Kräfte übersieht, welche sogar in den Mißbräuchen dieser Zivilisation toben –, es den Menschen selbst zu überlassen, soweit es nur irgendwie mit dem Zusammenleben verträglich ist, sich ihren Weg für sich zu suchen und ihren eigenen Interessen zu folgen. Es ist das ein Prinzip, das wir doch schon in der Kinderschule anwenden, weil es sich gezeigt hat, daß man dadurch bessere Schüler erzieht, und das wir nur endlich einmal auf die Mündigen zu übertragen brauchten.« (ebd. 1073)

2. Aus den Tagebüchern 1933 ff.

»März 33. Vor drei Tagen hat der Reichstag gebrannt. Gestern sind die Notverordnungen zur Ausrottung der KPD und SPD erschienen (...) Freiheit der Presse, der Äußerung überhaupt, Gewissensfreiheit, persönliche Würde, Geistesfreiheit usw., alle die liberalen Grundrechte sind jetzt beseitigt, ohne daß es auch nur einen einzigen zum äußersten empörte, ja im ganzen, ohne daß es die Leute überhaupt stark berührt. Man nimmt es wie ein grobes Wetter hin. Der Durchschnitts-Einzelne fühlt sich noch nicht getroffen. Man könnte darüber aufs tiefste enttäuscht sein, aber richtiger ist der Schluß, daß alle die hier abgeschafften Dinge die Menschen nicht mehr viel angingen. Und so war es auch. Hat der Mensch z. B. von seiner Gewissensfreiheit Gebrauch gemacht? Er hatte gar keine Gelegenheit dazu! (...) Die Zeitung tat es für ihn, u. alles, was die Zeitung tat, ertrug er mit einem gewissen Unbehagen, obwohl es ihm scheinbar unentbehrlich war.« (TB I, 722 f.)

»Den Faschismus schlecht finden a priori? Dazu müßte ich die Demokratie mehr lieben.« (TB I, 748)

»Die Demokratie verzehrt sich in der Sorge um sich selbst, indem sie die Energischen u. Machtfähigen nach Möglichkeit paralysiert.« (ebd. 751)

»Zugeständnis u. Erwägung: Das Sektenwesen des kapital. Liberalismus. Dieser bockige, gewöhnlich engstirnige Eigensinn (...) muß entweder aufgelöst werden, dazu tut die Demokratie nichts, oder gebrochen werden. Das ist die Art des Ns.

(= Nationalsozialismus, G.V.). Er hat ganz recht, wenn er da aufs gröbste zugreift; oder wenigstens teilweise recht. Will man ihn deshalb tadeln, muß man eine andere Lösung kennen!« (ebd.)

»Im Großen läßt sich sagen: Wenn die Affekte zensurlos sind, wie im Traum, so schaffen sie radikale Bilder. Der Mensch, über den man sich geärgert hat, hat zu sterben u. ä. Nichts anderes geschieht heute politisch (...) Die Demokratie ist bis an die Knochen bloßgestellt.« (ebd. 724)

»In dem herrlichen *Kaiserwetter* sind die Straßen voll Menschen. *Das Leben geht weiter.* Obwohl täglich Hunderte getötet, eingesperrt, verprügelt usw. werden. Das ist nicht Leichtsinn, sondern eher der Hilflosigkeit einer Herde zu vergleichen, die langsam nachgeschoben wird, während die Vordersten dem Tod anheimfallen. Sie wittert, ahnt, wird unruhig, aber ihre Psychologie kennt keine Reaktion, sie kann sich schlechterdings gegen diese Lage nicht wehren. So sieht man auch hier die Maßgeblichkeit der sozial ausgebildeten Verhaltensweisen, die Art der *Steuerung*. Der Ns. hat recht, wenn er die ungeführte Masse verachtet.« (ebd. 726)

»Wahrscheinlich muß man statt ablaufende Zeit der Demokratie sagen: ablauf. Zeit des Kaufmanns (...) Der Gedanke, Kaufmannsgeist statt Demokratie (...) zu setzen, ist vielleicht ganz brauchbar?« (ebd. 896)

»Ich kämpfe nicht gegen den Faschismus, sondern in der Demokratie für ihre Zukunft, also auch gegen die Demokratie.« (ebd. 970)

»Ist die Feigheit der Pluto-Demokratie inhärent?« (ebd.)

»Es ist ein Irrtum Demokratie in Gegensatz zu Führung zu stellen. Aber sie ist eine sehr verbesserungsbedürftige u. überholte.« (ebd. 977)

»Demokratie: Daß mittels der wählenden Demokratie der Wille eines Volkes ermittelt werden könnte, ist natürlich eine Täuschung. Aber sieht man den Versuch vor sich, die Fragen divergierender Interessen nicht mit Messer u. Pistole, sondern mittels einer Abstimmung zu entscheiden, so ist das natürlich doch ein humaneres u. gesitteteres Verfahren.« (ebd. 982 f.)

»Von den Demokratien ließe sich in hohem Maße sagen: recht geschieht ihnen!« (ebd. 984)

»Ist die (parlamentarische) Demokratie denn so gut? Siehe Weimar vor Hitler.« (ebd. 986)

»Das Unerläßliche ist die ›schöpferische Freiheit‹ des einzelnen, wie ich sie zu beschreiben versucht habe (Paris).« (ebd. 986 f.)

»Der Geist ist insofern demokratisch, als jeder neue Gedanke u. neue Erfahrung ihn umstürzen kann. Aber zwischen den Gedanken gibt es ein z. T. konservatives System u. nicht gleiches Recht für alle.« (ebd. 987)

3. Aus dem *Mann ohne Eigenschaften* (Entwürfe)

> »(...) denn mit der Demokratie richten Sie alles zugrunde! Die Demokratie erzieht weder Denker, noch Tatmenschen, sondern Schwätzer. Fragen Sie sich doch, was die kennzeichnenden Schöpfungen der Demokratie sind? Das Parlament u. die Zeitung! Welch ein Einfall – rief Ld. aus – aus der ganzen verachteten bürgerlichen Ideenwelt gerade die lächerlichste Idee, die der Demokratie zu übernehmen!« (MoE 1522)

4. Aus den nachgelassenen Notizen zum *Mann ohne Eigenschaften*

> »Idee des induktiven Zeitalters. Induktion braucht Vor-Annahmen; aber diese dürfen nicht ›geglaubt‹ werden. Demokratie fehlt das deduktive Element.« (GW I, 1930)
>
> »Deine Kritik, dein Problem wendet sich aber fast nur an die Demokratie. Wie verteidigst du das? Du vertrittst möglichst rein die Interessen des Geistes u. kannst nichts dafür, daß die Demokratie sie z. T. auch im Programm hat u. Phrasen daraus macht.« (ebd. 1938)

5. Ein Briefzitat von 1939

> »Was mich etwas hindert, ist, daß ich die Welt der Gerechten nicht viel besser finde als die des apokalyptischen Tieres.« (Brief vom 14. 6. 1939 an Annina Rosenthal)

6. Methodische Vorbemerkung

Die sich explizit auf Musils Verhältnis zur Demokratie beziehenden Zitate verbergen nicht nur in ihrer mehr oder weniger zufälligen Auswahl eine Schwierigkeit: im herausgelösten Zitat kommt gewiß ein deutlicher Eindruck dieser Beziehung zum Vorschein, doch darf daraus nicht auf ein vollständiges, abgerundetes Bild geschlossen werden. Nicht nur, daß sich hier Sätze, die zur Veröffentlichung bestimmt waren, mit solchen mischen, die der Experimentiersituation der schriftstellerischen Werkstatt zugehören, also nicht als endgültig anzusehen sind, sondern vor allem der Umstand, daß sie alle aus einem unmittelbaren und darüber hinaus aus dem Kontext des Gesamt-Denkens herausgebrochen sind, sollte vor einer allzu raschen und unvermittelten Rezeption warnen.

Dennoch spricht jeder einzelne dieser Sätze eine deutliche Sprache, worauf wir uns beziehen können; alle zusammen und gegeneinander gehalten, vermitteln sie als einen vorherrschenden Eindruck den der Ambivalenz.[1] Unter diesem Begriff wird in der Forschungsliteratur immer wieder Musils explizit politisches Denken, sein Verhältnis zur Politik insgesamt, aber ebenso zum Nationalsozialismus/Faschismus wie zur Demokratie zusammengefaßt. Es ist daher angebracht, die Bedeutung dieses Begriffs und seine Berechtigung näher zu bestimmen, vor allem ihn abzusetzen gegen den im Sprachgebrauch ihm latent nahegelegten Begriff des Zweideutigen, Dubiosen, intellektuell Schwankenden usw., wie es sich in der populären Redewendung ausdrückt, Musils Verhältnis zur Demokratie (Politik, Diktatur) sei ›merkwürdig ambivalent‹. Demgegenüber wird hier behauptet, daß Ambivalenz geradezu der Ausweis differenzierenden, dialektischen Denkens sei, eines Denkens, dem jede Einheit in einen Gegensatz zerfällt, in unterschiedliche Teil-Gegensätze sogar, so daß ein nicht-ambivalentes Verhältnis zur Demokratie eher die Stillsetzung des Denkens als dessen Produktivität andeute.

Der Nachweis für diese Behauptung sieht sich mit verschiedenen Schwierigkeiten konfrontiert, die grob gesagt aus zwei, miteinander verbundenen, Umständen entspringen: Zum ersten ist die Fülle des Materials nahezu unübersehbar, wenn man erkannt hat, daß es für die Bestimmung des ›Politischen‹ und darin der ›Demokratie‹ keine festen, sondern nur fließende Grenzen, also Übergänge gibt, die von einem Themenbereich in den andern führen. Aus diesem Grund kann es irreführend sein, aus einer bestimmten Äußerung, die Musil aus der Situation des Exils etwa über sein Verhältnis zur Demokratie niedergeschrieben hat, auf das Ganze zu schließen, da dieses Ganze tatsächlich meint, was der Begriff besagt, nämlich die Interdependenz aller Teile, Fragmente, Notizen usw., die erst in ihrer wechselseitigen Erhellung so etwas wie ein ›Bild‹ ergeben können. Dementsprechend zeigt der Durchgang durch die einschlägige Forschungsliteratur im Detail ein z. T. scharf konturiertes Bild dieses Denkens, gelegentlich aber doch auch etwas Verschwimmendes, dadurch daß die Fülle der Belege und der ihnen folgenden Kommentare etc. selbst wieder zu relativ eigenständigen, sich abschließenden ›Positionen‹ werden, denen gegenüber schließlich die Lektüre etwa der Essays zur Politik oder der Tagebuch-Notizen immer wieder wie ein ganz ursprüngliches Verstehen anmutet.

Angesichts dieser Fülle und auch Heterogenität des Gedankenmaterials haben die verschiedenen und zum Teil sehr beachtlichen Versuche der Klärung immer dann etwas Verwirrendes, wenn es nicht gelingt, zu fundamentalen Strukturmomenten vorzudringen, mit deren Hilfe das Komplizierte und Komplexe von Musils ›politischem‹ Denken tatsächlich auch wieder ›einfach‹ wird. Ich rede damit nicht der Simplifizierung, sondern der gedanklichen Ordnung das Wort, wobei ich nicht beanspruche, sie hier im erwünschten Maß bieten zu können.

Indem ich jedoch versuche, so etwas wie ›Axiome‹, vorsichtiger gesagt ›Grundprobleme‹, in Musils Denken hinsichtlich des dezidiert ›Politischen‹ herauszustellen, möchte ich in der Richtung dieses ›einfachen‹ Verstehens arbeiten. ›Ambivalenz‹ ist dabei, wie gesagt, ein konstituierender Begriff, um den sich die Fülle des Materials ordnen läßt. Beispielsweise betrifft das jenes oft leichthin angewandte Gegensatzpaar von ›politisch‹-›unpolitisch‹. Musil beansprucht für das Denken und seinen Ausdruck im Schreiben die Unabhängigkeit von jeder Politik. Wenn er mit Begriffen wie Geist oder Kultur einen autonomen

Raum behauptet, so nennt er das ›unpolitisch‹, meint aber damit den intensiven, weil eigenständigen Beitrag zur Politik. Darin liegen Ansatzpunkte für Mißverständnisse.

Ein weiteres, aufs ›Einfache‹ zurückgeführtes Moment des Ambivalenten ergibt sich aus der von Musil für das Versagen der Demokratie verantwortlich gemachten Trennung des rationalen und des affektiven Verhaltens. Im Alltagsleben der Demokratie, aber ebenso schon zuvor der Monarchie, drückt sich das aus als Desorientierung der Kräfte des Denkens und Fühlens. Hier liegt die Ambivalenz vielleicht am deutlichsten in der Sache selbst.[2]

Die zweite Schwierigkeit, die sich einer positiven Anerkennung der ambivalenten Denkweise entgegenstellt, entsteht daraus, daß wir Musils Ja *und* Nein zur Demokratie in erster Linie als *Positionen* und weniger oder gar nicht als *Methoden* des Denkens auffassen. Tatsächlich aber läßt sich zeigen, daß alles das, was in der soeben erwähnten Fülle des Materials (Quantität) als Verstehensgrundlage zu erkennen ist, zugleich und vor allem als Verfahren/Methoden/Modalitäten (Qualitäten) zu begreifen wäre. Zugespitzt könnte man sagen, Musils Denken über Demokratie äußere sich weniger in den einzeln zitierbaren Sätzen (›Statements‹), als vielmehr im Finden und Erproben von Methoden des Denkens und Darstellens. Es ist ja keineswegs unbekannt, daß die Form seines Schreibens (in Essays, Aphorismen, Notizen, Reflexionen über Notizen usw., usf., insbesondere im Fragmentcharakter des MoE) aufs engste mit einer Art und Weise des Denkens und Darstellens verbunden ist.[3]

Indem Musil für sein Schreiben über ein ausgeprägtes Methodenbewußtsein verfügt, untersucht er die ihn betreffenden Gegenstände, Vorgänge usw. auch und besonders hinsichtlich ihrer immanenten Verfahrensweisen. Speziell für die vielseitige Analyse der parlamentarischen Demokratie, und das heißt ja, des Gesellschaftszustandes, den er selbst von seinen Anfängen bis zu seinem vorläufigen Ende miterlebt hat, wird ihm die grundlegende und notwendigerweise wiederum ambivalente Differenz zwischen induktivem und deduktivem Verfahren zu einer entscheidenden begrifflichen Klärung.

Hat man einmal die fundamentale Bedeutung der Methode in Musils Werk erkannt, so wird in der Tat auch dadurch das Verwirrend-Vielgestaltige wieder ›einfacher‹. Zahlreiche Begriffe und Bezeichnungen, wie sie uns aus diesem Werk so bekannt sind, enthüllen sich plötzlich als Umschreibungen für Verfahren, Methoden und Modalitäten. Dadurch aber erhält das damit sich ausdrückende Denken zwangsläufig den Anschein des Ambivalenten, der sich nunmehr bei genauerem Zusehen als Ausweis des Prozeßhaften, der dynamischen Struktur eines Denkens fassen läßt, vor dem für die Herstellung dessen, was wir Demokratie nennen, genug zu lernen ist.

7. Zum Stand der Forschung

Wenn auch in der Breite der Musil-Forschung das Thema ›Musil und die Politik‹ – und hier speziell sein Verhältnis zur Demokratie – einen vergleichsweise schmalen Raum einnimmt, so fällt doch auf, daß gerade in den letzten Jahren mehrere Schriften erschienen sind, die dieses Thema gründlich und umfassend erörtern. Zunächst rückte, nach dem ersten Versuch von Irma Hanke-Tjaden (1961) über das Verhältnis von Geist und Politik, Adolf Frisé in seiner Rundfunkrede von 1973 über »Musil und der Friede« das Nachlaßmaterial in den Blick. Frisé setzte mit der ihm eigenen souveränen Denk- und Darstellungsweise wichtige Markierungspunkte für die Suche nach Musils Politikverständnis, indem er gegen bereits eingenistete Klischees (»Wirklichkeitsflucht«; »Eskapismus« u. a.) auf die Bedeutung dessen hinwies, was, im Werk Musils als Widerspruch angelegt, zur Herausforderung an den Leser wird, der darin Musils Methode zu erkennen habe, Ansichten niemals in der Form einer »Grundsatzerklärung« zu formulieren, oder mit dem Anspruch, »Instanz zu sein«, dem »Diktum, so und nicht anders«.[4]

Solchermaßen die Produktivität bewußt herausgetriebener Widersprüchlichkeit zu erkennen, war dem Verfasser eines im Jahr zuvor (1972) erschienenen Aufsatzes nicht gegeben; Hans Sanders hatte eine scharfe Attacke auf Musils »politische Implikationen« in dessen Erzählung »Die Amsel« veröffentlicht, indem er vom »bürgerlich-elitären Individualismus« sprach, der in dieser Erzählung ebenso zum Ausdruck komme wie ein »Ausbruch in die bloße, begriffslose Innerlichkeit des mythischen Erlebnisses«[5]. Sanders folgert aus der von ihm behaupteten »Ästhetisierung und Mystifizierung des Krieges« schließlich sogar auf »das präfaschistische Moment der Erzählung«.[6] Sein Fazit: »Der Agnostizismus der Lebensphilosophie bestimmt die inhaltliche und formale Struktur der Erzählung insofern, als die Art und Weise, wie hier Biographie gegeben wird, in Fragmenten nämlich, deren Zusammenhang für den Erzählenden unklar bleibt, eine Absage an alle Versuche darstellt, individuelles Dasein im Kontext gesellschaftlicher Totalität zu begreifen. Die historische und künstlerische Bedeutung, beide schließen sich keineswegs aus, der objektive Gehalt der Erzählung kann darin gesehen werden, daß, entgegen den mythisierenden Tendenzen ihrer lebensphilosophischen Grundlage, dennoch ansatzweise die Problematik der sensibelsten Teile der bürgerlichen Intelligenz dieser Zeit zum Ausdruck kommt: Abgestoßen von der bürgerlichen Gesellschaft, aber aufgrund ihrer sozialen Lage unfähig, für demokratischen Fortschritt Partei zu ergreifen, flüchtet sie in den Mythos der Innerlichkeit und bezieht damit eine Position, von der aus dem Faschismus nichts mehr entgegenzusetzen ist außer ›innerer Emigration‹.«[7]

Fraglich, ob die Möglichkeit, in Musils umfangreiche Nachlaßmaterialien Einsicht zu nehmen, Sanders zu einer anderen Einschätzung geführt hätte; gerade die Musil unterstellte »Unfähigkeit«, »für demokratischen Fortschritt Partei zu ergreifen«, hätte jedoch allein schon aus einer gründlicheren Lektüre des *Mann ohne Eigenschaften* sich korrigieren können, worin ja der Erzähler jede derart plakative Forderung als Phrase sozusagen Wort für Wort enthüllt. Demokratie, Fortschritt, Partei sind in Musils analysierendem Gesamtwerk wichtige

Kristallisationspunkte der Darstellung, für deren Charakterisierung sich in der Folge mehr und mehr der Begriff der ›Ambivalenz‹ als geeignet erwiesen hat.

Zunächst aber ist der beachtliche Schritt auf diesem Gebiet zu nennen, der mit der Untersuchung von Josef Strutz (1981) über den *Mann ohne Eigenschaften* im Bedingungsgefüge von Politik getan wurde.

1980 hatte Strutz bereits in einem Aufsatz über die »Gesellschaftspolitischen Implikationen bei Musil« auf die Bedeutung des Eigentums-Begriffs für das Werk Musils aufmerksam gemacht und damit zugleich dessen fundamentale Erkenntnis des ›Politischen‹ erneut unterstrichen. Nunmehr sucht Strutz am Beispiel insbesondere der Figur des ›Dichters‹ Feuermaul Musils prinzipielles politisches Denken und Darstellen aufzuzeigen. Entschieden wird hier der Nachweis geführt, wie im Prinzip von Musils Kunst(auffassung) »die Totalität der Welt«[8] zum Vorschein kommt, wie also sich in dieser Dichtung die konventionellen Trennungen (Politik – Kunst) aufheben, indem gerade das Politische in der Kunst und das Ästhetische im Politischen vorgeführt wird. In diesem Zusammenhang erläutert Strutz auch, wie im *Mann ohne Eigenschaften* die zeitgenössischen Prozesse reflektiert werden, insbesondere im 2. Band die Darstellung der politischen Ereignisse der Jahre 1930/32: »Die in den Krieg hineintaumelnde Gesellschaft ›Kakaniens‹ zeigt mehr und mehr das Gesicht des sich ankündigenden Hitlerdeutschlands.«[9]

War auch die »Zeit- und Gesellschaftskritik« Musils – so ein Beitrag von Uwe Baur von 1972 – längst als zentral für ihn anerkannt, so sind mit den Veröffentlichungen von Strutz, die sich zudem auf den gesamten Nachlaß stützen können, inzwischen ganz eindeutige Belege formuliert für die extensive und intensive Verarbeitung grundlegender politischer Kategorien im Werk Musils.

50 Jahre nach Hitlers Machtergreifung erscheinen 1983 mit einem weiteren Aufsatz von Josef Strutz zu »Robert Musil und die Politik« und einem Vortrag von Beda Allemann zu »Robert Musil und die Zeitgeschichte« erneut zwei wichtige Darstellungen dieser Problematik. Allemann geht, wie er selbst sagt, »zwei sehr unterschiedlichen Spuren nach«, von denen die eine anhand äußerer Ereignisse die »Chronik der Exiljahre« abzeichnet und die andere die »Geschichte eines Romans«, wobei Allemann insbesondere auf der zweiten Spur verfolgt, wie Musil »die Widersprüche des Zeitalters konstruktiv-ironisch zur Darstellung bringt«.[10] In meinem eigenen Beitrag beziehe ich mich dabei vor allem auf die von Allemann vorgetragenen Gedanken zur Konstruktion (des Roman-Gebäudes), die Betonung des »im Sinn der naturwissenschaftlichen Methodenlehre« verstandenen induktiven Verfahrens, dessen Bedeutung Allemann u. a. dadurch unterstreicht, daß er Musil mit dem Satz von Kafka »Es gibt ein Ziel, aber keinen Weg« konfrontiert und dazu bemerkt: »Nur daß bei Musil die Dinge gerade umgekehrt liegen: Es gibt einen Weg, mit großer erzählerischer Meisterschaft begangen, den der induktiven Gesinnung, aber es gibt kein thematisierbares Ziel.«[11] Strutz hatte schon in seiner Arbeit von 1981 gezeigt, daß dieser ›Weg‹ Musils »mit dem alle Lebensbereiche

erschließenden epischen Darstellungsvermögen« einen »engen« und »weiten« Begriff von Politik einschließt, eng im Sinn von Parteipolitik, weit im Sinn der »anthropologischen und historisch je verschieden ausgebildeten Grundlagen des Handelns in der Kultur«.[12] Im Aufsatz von 1983, der überdies mit einem kurzen Rekurs auf Machiavelli sich auf die von ihm 1980 publizierte Untersuchung zu »Musil und die italienische Philosophie« stützen kann, bezieht sich Strutz insbesondere auf den für Musils weitgesteckten Rahmen ›politischer‹ Vorgänge wichtigen Begriff des »Morallaboratoriums«, das sowohl »die *Sphäre des realen Überlebenskampfes* (›Geist der Notdurft‹) (...) wie auch zweitens die *Sphäre des gesicherten Lebens* jenseits sozialer und wirtschaftlicher Probleme«, drittens aber auch die »*Sphäre neurotischer Aggression*« umfasse, lauter »Lebensformen«, die »zurück zur Gesellschaft leiten bzw. zum Individuum als einem Einzel- und Kollektivwesen«.[13]

Die zuletzt von Rolf Kieser (1984) vorgelegte umfangreiche Studie zu Robert Musils Schweizer Exil beschreibt sehr eingehend Biographie und Werkgeschichte dieser letzten Jahre, eng an den politischen Vorgängen und deren Reflex in Musils Niederschriften orientiert, wobei er im Teilabschnitt »Der ›Großschriftsteller‹ und die Demokratie«[14] in einzelnen Äußerungen Musils eine »gefährliche Nähe« zu den demokratiefeindlichen Positionen des Faschismus sieht[15]. Ambivalenz also nicht nur zur Demokratie, sondern auch zur Diktatur Hitlers, was von Kieser dann etwas pointiert damit ›beseitigt‹ wird, daß er Musil »derart hoch über dem Zeitgeschehen« ansiedelt, so daß »weder Sympathie noch Antipathie für eine so sekundäre Sache wie eine Partei und ihre Ziele und Methoden überhaupt erwähnt zu werden brauchten«[16]. Allemann, der diesen Punkt gleichfalls berührt, dürfte ihn genauer erfassen, indem er nicht mit der Geste des ›Beschützers‹ sich vor Musil stellt, sondern dessen Radikalität des Beobachtens, Analysierens hervorhebt: »(...) und es erstaunt nicht, daß er dabei schließlich in eine Zone vorstieß, die auch heute noch gern tabuisiert wird, wenn er in seinen Aufzeichnungen – und die Situation gerade der dreißiger Jahre legte das nahe – die Frage eines möglichen inneren Zusammenhangs und einer Verwandtschaft von Demokratie und Totalitarismus erörterte. Man kann dergleichen leicht als Unentschlossenheit oder mangelndes Standvermögen mißverstehen, in Wirklichkeit steckt der unbeugsame Wille dahinter, sich keine Illusionen zu machen«.[17]

Insgesamt behandelt Kieser Musils »ontologisches Kunststück« des Lebens und Schreibens im Exil sehr erhellend gerade auch im Hinblick auf wichtige Zusammenhänge zwischen Musils Demokratieverständnis und seinem Grundlagendenken. Dies und die immer wieder betonte Ambivalenz sollen im folgenden, aufbauend auf der hier skizzierten Forschungsliteratur, zum Zentrum der Themenfrage gemacht werden.

Indem ich zunächst einige Grundlinien zusammenfasse, auf ein nicht unbedeutendes Mißverständnis, ja Verdikt, eingehe, versuche ich im Anschluß daran in einer Erörterung dessen, was ich das Grundproblem und die Bedeutung des Methodischen nenne, jenes lebendige, dynamische System von Musils dichterischer Erkenntnis zu begreifen, wie es sich in den letzten Jahren ausgeformt und dabei die Bereiche ›Politik/Demokratie‹ in sich verarbeitet hat.[18]

8. Das ambivalente Verhältnis zur Demokratie aufgrund der Distanz zwischen Wirklichkeit und Möglichkeit

Musil gehört zu jenen Künstlern, die schon lange vor dem Weg ins Exil aufgrund ihrer geistigen Exterritorialität[19], um nicht zu sagen geistigen Ausbürgerung, sich als Fremde im eigenen Land fühlen. Kieser hat eindringlich dargestellt, wie Musils Nähe und Ferne zur Demokratie sich ganz entscheidend mit dem »Prinzip ›Erfolg‹«[20] verbinden. Bereits um 1933 schreibt Musil ins Tagebuch, er gehe geistig in die Verbannung[21], und in den Aphorismen heißt es, gleichfalls noch vor der Ausreise in die Schweiz, »Der Dichter eilt der polit. Entwicklung voraus. (Was Dichtung ist, ist etwas später Politik.)«, womit auf sehr indirekte Weise der ihn unterdrückende, hinausdrängende Zustand des Literaturbetriebs dieser Zeit gemeint ist. Ganz deutlich lautet das im Tagebuch so: »Ich habe 1931 Wien verlassen, weil Rot und Schwarz darin einig gewesen sind, in Wildgans einen großen österr. Dichter verloren zu haben.«[22] »Exil als Lebensform«, so ließe sich mit einem Wort[23] Musils Existenz umschreiben, für die er selbst in mehr als einer Äußerung noch jene Zuspitzung fand, die dem Exil das Vergessensein voraussetzt: *Nachlaß zu Lebzeiten*, so der Titel der letzten von ihm veröffentlichten Literatur.

Nun könnte man, ausgehend von den allerersten Eintragungen ins Tagebuch, in dieser Distanz zum Leben eine Grundbefindlichkeit Musils sehen, weitgehend unabhängig vom jeweiligen Zustand der politischen Verhältnisse, Herrschaftsformen, staatlichen Verfassungen. In der Tat führt die Suche nach Axiomen seiner Existenz, von denen aus die Grundfigur des ambivalenten Denkens faßbarer wird, immer wieder zu einem sein Leben schon sehr früh organisierenden Motiv; es ist jene *distanzierte Aufmerksamkeit*, die sich der in Nietzsches Spuren Bewegende auferlegt, von der ausgehend keine Identifikation mit irgendeiner etablierten Staatsform denkbar ist. Aufs engste verbunden mit dieser distanzierten Aufmerksamkeit ist jener andere Pol *angestrengtester Selbstdisziplin*[24], der sich so leicht keine der gängigen Verwechslungen und Vertauschungen von Wirklichkeit (der Demokratie) und Möglichkeit (der Demokratie) durchgehen läßt. Gerade weil er die Demokratie an ihren Möglichkeiten mißt, findet er sich mit ihrer Wirklichkeit nicht ab.

Eine der notwendig als Paradox formulierten Begriffs-Metaphern dafür lautet (neben dem bereits zitierten »richtigen optimistischen Pessimismus«) »aktiver Passivismus«, jene personifizierte Haltung der Ambivalenz, von der es im *Mann ohne Eigenschaften* heißt, sie sei »das Warten eines Gefangenen auf die Gelegenheit des Ausbruchs.« (MoE, S. 356) So gewiß dies einen Grundzug von Musils Identität darstellt, so viel damit also auch hinsichtlich seines Verhältnisses – distanziert, ambivalent – zur Demokratie ausgesagt ist, so dringend bedarf dieser paradox sich ausdrückende Grundzug noch des Hinweises auf die Zeit, in der Musil leben mußte, die konkreten Umstände seiner materiellen und geistigen Existenz. Denn so einleuchtend dargestellt werden kann, wie der Grundzug der Ambivalenz und Distanz zum Signum seiner Person gehört, ebenso nachdrücklich muß darauf hingewiesen werden, wie Distanz und Ambivalenz das Signum der ihm lebenslänglich entgegentretenden Zeitumstände waren. Gerade die zuletzt erschienenen Beiträge von Beda Allemann und Rolf Kieser vermitteln die bedrückenden Bedingungen dieses Lebens, deren Fatalität sich in den relativ kurzen Jahren des Exils noch einmal potenziert.

Diese Jahre – vom August/September 1938 in Zürich bis zu seinem plötzlichen Tod im April 1942 in Genf – erscheinen uns in ihren Hauptlinien deutlich sichtbar: permanente Geldnot, d. h. Existenzsorgen, Zurückgezogenheit, kaum Kontakte oder Austausch mit dem geistig-kulturellen Leben der ins Exil Vertriebenen, angestrengte Konzentration auf die Fortsetzung und dringend erwünschte Beendigung des *Mann ohne Eigenschaften,* damit verbunden, aber auch ganz prinzipiell, die weitere Klärung dessen, was er in einem seiner letzten Briefe[25] den »höheren Begriff der Aktualität« nennt.

Selbstsichere Beurteiler finden hierzu leicht griffige Formeln: »Für Musil gab es jedoch nichts, wofür er war, er war nur dagegen. Seine hochgradige Verbitterung ließ ihn keine positive Position einnehmen (...) Nichts schien ihm wert, daß man sich dafür einsetzte.«[26] So entsteht aus halben Wahrheiten ein ganzes Bild, aus dem alles Produktiv-Ambivalente herausretuschiert ist. Frisés Bemerkung, Musils Bild sei, »noch ehe es sich definitiv oder besser gesichert hat ausformen können, von Klischees umstellt«[27], bleibt aktuell, solange sich im Hinblick auf Musil eine Traditionslinie fortsetzt, der immer mehr an der plakativen Formulierung als an der differenzierenden Analyse gelegen ist.

Es ist diese Traditionslinie, die schon 1935, drei Jahre vor dem Exil, als Musil unter nahezu 100 Rednern auf dem Internationalen Schriftstellerkongreß zur Verteidigung der Kultur in Paris sprach, in jener simplifizierenden, ja diffamierenden Ablehnung zum Ausdruck kam, mit der Egon Erwin Kisch und Bodo Uhse ihn einen »assozialen Problematiker« nannten[28] und ihm in diesem Zusammenhang durch den Hinweis auf die »Hiebe, mit denen man in deutschen Konzentrationslagern die Haut des Denkers und seine Nieren zerschlägt«[29], Taubheit und Blindheit gegenüber derartigen Wirklichkeitserfahrungen unterstellen wollten.

Nicht zuletzt aufgrund dieser Reaktion, die seine Rede in Paris hervorgerufen hatte, wird dieser Vorgang von der einschlägigen Musil-Forschung immer wieder erörtert, zumal er Musil selbst anhaltend beschäftigte. Briefentwürfe und Skizzen zu einer öffentlichen Erwiderung auf den Artikel von Kisch und Uhse zeigen die direkte Betroffenheit, die jene scharfe Replik, vor allem aber das offenbare Mißverständnis und Unverständnis in ihm ausgelöst hatte. Ein knapp vier Jahre später, bereits im Exil, begonnenes Tagebuch-Heft (Nr. 32) erwägt das Problem in weiteren Begründungszusammenhängen, allerdings, wie es dem Stil des Tagebuchs meist entspricht, fragmentarisch, andeutend, skizzenhaft-unausgeführt.[30]

Der Kernpunkt der Auseinandersetzung liegt in Musils eindeutigem ›Bekenntnis‹ zur (funktionalen) Trennung von Politik und Kultur, was, wie bereits erwähnt, Ansatzpunkt für schier endlose Mißverständnisse bietet. Ein knappes Jahr vor der Kongreßrede in Paris hatte Musil in Wien einen ähnlich pointierten Vortrag gehalten, in dessen Kern es gleichfalls um die Differenzierung des Verhältnisses von Politik und Kultur/Geist geht. Musil formulierte dabei die historische Entwicklung vom 18. bis zum 20. Jahrhundert nicht unter den Begriffen wechselnder Staatsformen (Monarchie, Demokratie), sondern unter dem scheinbar weitgehend überzeitlichen Begriff des Kollektivismus.

Tatsächlich aber handelt es sich mit der begrifflichen Erklärung einer gesellschaftlichen Entwicklung um die heute eher noch dringlicher gewordene Umschreibung einer Tendenz, die jener der Demokratisierung entgegensteht, obgleich sie zur Demokratie zu gehören scheint. Die entscheidende Passage der Wiener Rede hat bis in unsere jüngste Gegenwart nichts von ihrer Bedeutung verloren: »Wir müssen den harmlosen Satz, daß im Kollektivismus die menschenbildende Einwirkung von außen überwiege, darum in der Weise ergänzen, daß der Mensch als Staatsbürger mancherorts heute so organisiert wird, daß von ihm beinahe nichts übrigbleibt als der unendlich kleine Schnittpunkt der verschiedenen öffentlichen Ansprüche. Der individuellen Sphäre wird die Mehrzahl der Rechte entzogen und der öffentlichen überantwortet, und daraus ist ein äußerst fragwürdiges Verhältnis der Politik zu den schöpferischen Kräften außerhalb der Politik entstanden, das wohl allen Formen des Kollektivismus gemeinsam ist.« (GW II, 1249 f.)

Die *Wirklichkeit* – politisch, ökonomisch, aber auch kulturell – bemächtigt sich in einem Ausmaß des einzelnen Staatsbürgers, organisiert ihn, daß für dessen *Möglichkeit* einer je eigenen Identität »beinahe nichts übrig bleibt«. Im historischen Augenblick – Wien 1934, Paris 1935 – denkt Musil dabei verständlicherweise an die Übergriffe einer zunehmenden Gewalt-Politik (von ihr spricht er in der Fortsetzung der zitierten Passage), doch läßt sich aus seinem, auf diese Tendenz des Kollektivismus lebenslänglich achtenden Denken sehr leicht ermitteln, daß er diesen Prozeß der zunehmenden Organisierung des Individuums durch sogenannte ›öffentliche‹ Interessen gerade auch in der Demokratie als eine spezifische Weise beobachtet. Seine Skepsis, ja Ablehnung gegenüber der Kultur als organisiertem Betrieb[31], der dabei als Motor tätigen ökonomischen Strategien[32] und der solchermaßen betriebenen Vergesellschaftung des einzelnen zu einem Bündel fremdbestimmter Interessen, diese skeptische Ablehnung bezieht ja entscheidende Anstöße aus seinen Erfahrungen in der Demokratie, wie auch zuvor schon in der K.u.K.-Monarchie, so daß man ohne Schwierigkeiten den Mann *ohne Eigenschaften* als das gedanklich-anschauliche Zentrum auch dieser zeitgeschichtlichen Vorgänge erkennt.

Die ›Enteignung‹ des einzelnen und seine Vereinnahmung durch ›öffentliche‹[33] Organisationen, die Musil unter dem Oberbegriff ›Politik‹ zusammenfaßt, konstituiert als Wirklichkeit die Distanz zu jener, die Lebensarbeit Musils ausmachenden Möglichkeit des sich gegen darartige Übergriffe wehrenden Menschen. Wenn Musil diesen erdachten Menschen und die Zustände seines Lebens mit sich und den andern so entschieden auch und gerade als Utopie-Reihe entwirft, so heißt das nicht, daß er damit den gegebenen Zustand – politisch gesehen, die Demokratie – mißachtet oder ignoriert, es heißt allerdings, daß er für die Krise dieses gegebenen Zustands – und darum handelt es sich, wenn von der Republik Österreichs und der Demokratie Weimars gesprochen wird – den Ausweg mit seinen Mitteln sucht und nicht mit denen der institutionalisierten Politik.

Bedenkt man, mit welcher radikalen Infragestellung des bürgerlichen Individuums Musils erste Essays (um 1912) begonnen hatten – Verzicht auf das Individuum als dem ›Festen‹, ›Bleibenden‹ zugunsten der ›Ermöglichung des Menschen‹, der ›Erfindung des inneren Menschen‹[34] –, so kann man ermessen, was es für ihn bedeutet, unter dem nun einsetzenden Vormarsch des Faschismus, aber auch des Stalinismus, die selbst das festgewordene Individuum nicht mehr ertragen, geschweige den von Musil erdachten, utopisch entworfenen ›inneren‹ Menschen, nunmehr dieses geschmähte Individuum gegenüber dem Kollektivismus zu verteidigen.[35] Um es festzuhalten: das schöpferische Individuum entspricht sozusagen den optimalen Möglichkeiten der gegenwärtigen Form der Demokratie, ist aber selbst noch nicht der ›Entwurf des künftigen Menschen‹. Insofern die Demokratie einen relativen Freiheitsraum für dieses Individuum sichert, und das heißt, ihm überhaupt noch Eigenschaften läßt, ist ihr Bestand für Musil der notwendige Ausgangspunkt für den Kampf um ihre Verbesserung und damit um »das Noch-nicht-zu-Ende-Gekommene des Menschen« (GW II, S. 1255). Dem möglichen Einwand, er kümmere sich – elitär – nur um das herausragende Individuum, begegnet er an so vielen Stellen und in so mannigfachen Situationen seines Werkes[36], daß man dies vermutlich nur als Verschiebung und Projektion begreifen kann, die bereits von Zeugen seines Lebens vorgenommen wurden, indem sie seine sog. »aristokratische Geistes- und Lebenshaltung«[37] umstandslos in seine Schriften übertrugen. Gerade die solchermaßen mißverstandene Pariser Rede enthält einen Absatz, der deutlich von der Unteilbarkeit der Freiheitsrechte spricht: »Wissen, Freiheit – nicht als politischer, sondern als psychologischer Begriff, Kühnheit, Unruhe des Geistes, Forschungslust, Offenheit, Verantwortung – ohne daß solche Eigenschaften in allen unterstützt werden, kommen sie auch in den besonderen Begabungen nicht zum Vorschein.« (GW II, 1265)

Das vor allem seit dem Pariser Schriftstellerkongreß gegen ihn und seine ›Zuverlässigkeit als Demokrat‹ genährte Mißtrauen ist in gewisser Hinsicht der Preis, der bezahlt werden muß dafür, daß er nicht, wie etliche seiner in dieser Hinsicht begabteren Schriftsteller-Kollegen, einer (partei)ideologischen Disziplin folgt. Welcher Aussagen und

Positionen es bedurfte, um sich in den fünf Tagen des Pariser Kongresses den Beifall zu sichern, zeigen die Dokumente deutlich genug.[38]

Erstaunlich, daß Musils Vortrag, der ja, am zweiten Tag des Kongresses, unter dem Teilthema »Das Individuum« stattfand, in seinem entschiedenen Eintreten für das Individuum gegenüber den Ein- und Unterordnungsforderungen der Politik, so verfehlte Reaktionen auslösen konnte; und um so erstaunlicher, als er sich hierin – Freiheit der Kunst gegenüber den Ansprüchen und Direktiven der Politik – mit einem dezidiert linken Künstler trifft, André Breton, der ganz ähnliche Gedanken in einer Rede 1938[39] nach einem Treffen mit Leo Trotzki in dessen Exil in Mexiko entwickelt, die hier der Deutlichkeit halber in ihrem zentralen Punkt zitiert werden sollen, da sie sich darin von Musils Position in nichts unterscheiden, wenngleich sie in völlig anderen weltanschaulichen Positionen sich begründen: »Ich habe all die Jahre hindurch das Recht des Schriftstellers und des Künstlers verteidigt, über sich selbst zu verfügen, nicht im Schatten politischer Parolen, sondern aus seinen sehr besonderen geschichtlichen Bedingungen heraus zu handeln. Über diese Bedingungen bestimmt allein der Künstler selbst. In diesem Punkt bin ich stets unnachgiebig gewesen. (...) Wenn ich mich einer Aufgabe ohne Unterbrechung unterzogen habe, dann der, ungeachtet aller anderen Ereignisse, die Integrität der künstlerischen Tätigkeit zu schützen und dafür zu sorgen, daß die Kunst weiterhin ein *Zweck* bleibt und unter keinerlei Vorwand zu einem *Mittel* entstellt wird.«[40]

In der gleichen Rede berichtet Breton vom gemeinsam mit Trotzki verfaßten Manifest »Für eine unabhängige revolutionäre Kunst«, jenem gegen den Faschismus, insbesondere aber gegen den Stalinismus gerichteten Aufruf, in dem – so Breton – Trotzki es war, der den folgenden Satz, mit der Warnung vor dem Mißbrauch, der mit dem letzten Teil des Satzes getrieben werden könnte, wieder gestrichen hatte: »Alle Freiheit in der Kunst, außer gegen die proletarische Revolution.«[41] Wenn Breton in diesem Zusammenhang seiner Diskussion mit Trotzki von dem einen Aspekt spricht, »den der Revolutionär und der Künstler miteinander teilen: dem der *Befreiung der Menschen*«[42], so wäre zu fragen, worin die Unterschiede bestehen zu jener befreienden Kategorie der *Möglichkeit*, die Musil in seinem Werk zugrundelegt, wenn er den zukünftigen Menschen bedenkt.

Wie sehr jede Form des Bestehenden, die zur Verfestigung drängt, genau diesem ›Programm‹ des zu entwerfenden Menschen entgegensteht, enthüllt sich also gleichermaßen in Musils ambivalentem Verhältnis zur Bestimmung des Individuums wie der Demokratie, an denen er als sozusagen historischen ›Größen‹ festhält, um, durchaus im Sinn der Dynamik eines ›lebendigen Systems‹[43], dessen Fähigkeit, sich selbst zu transzendieren, unentwegt zu bedenken.[44]

Die aus der Differenz zwischen Wirklichkeit und Möglichkeit entstehende Ambivalenz ist keineswegs allein Musils Haltung, wenngleich ihr Begründungszusammenhang bei keinem der sich so oder so als ›Geistesaristokraten‹ verstehenden Schriftsteller-Kollegen in gleicher Weise zu finden ist. Es gibt in einem seiner frühen Essays das Wort vom »konservativen Anarchisten« (GW II, 1011), zu dem Strutz anmerkt, es sei »damals auch bei Thomas Mann und bei Hugo von Hofmannsthal – aber bei beiden noch viel unkritischer – anzutreffen«[45]; und Strutz macht an dieser Stelle und im Ganzen sehr deutlich, daß Musil diese selbstkritische Bezeichnung anwendet, um den in ihr enthaltenen Charakter des status quo zu überwinden. So richtig das ist, so falsch wäre daraus der Schluß, Musil habe damit auch die Ambivalenz, ja das Paradox aufgegeben. Ohne hier wirklich darauf eingehen zu können, muß dennoch an dieser Stelle auf Musils intensive Dostojewski-Lektüre hingewiesen werden, von der er besonders in der letzten Zeit des Exils wieder berichtet. Im Brief vom 13. 11. 1942 an Lejeune schreibt er diesem, er habe »nicht ohne Zusammenhang mit den Zeitereignissen (...) viel Dostojewski gelesen«, und zwar »mit ganz besonderem Interesse seine Politischen Schriften« (Br I, 1398), und er schließt den Brief vergleichsweise enthusiastisch: »Ich bin ordentlich aufgewickelt davon wie ein Kreisel!«

Bezeichnenderweise enthält der Band *Politische Schriften*, der 1917 bei Piper in München in deutscher Auswahl und Übersetzung zum erstenmal erschienen ist, ein Kapitel mit der Überschrift »Mein Paradox«, worin nach der Erörterung dieses Paradoxons im folgenden Unterabschnitt Dostojewski seine »Utopische Geschichtsauffassung« skizziert.[46] Beide Begriffe sind für Musil zentral, und wenn sie sich auch in ihrem Inhalt aufgrund der völlig verschiedenen historischen und nationalen Probleme von Dostojewskis panslawistisch-christlicher Ideologie unterscheiden, so bleibt doch die Frage, ob nicht dennoch darin eine partielle strukturelle Ähnlichkeit des Denkens zum Ausdruck kommt, von der sich Musil so fasziniert zeigt. Es mag ja nicht allein Dostojewskis paradoxes Fazit vom »Revolutionär aus Konservativismus«[47] gewesen sein, worin Musil sich wiedererkennen konnte, viel mehr noch in diesem Zusammenhang jene utopistische Energie, mit der Dostojewski gerade nicht einer ›politischen‹, sondern einer ›brüderlichen‹ Zukunft entgegensieht. Die ausdrückliche Unterscheidung, ja auch Distanzierung des ›nur‹ Politischen von dem, was bei Dostojewski mit dem christlich ausgefüllten Begriff der »Allversöhnung« und Brüderlichkeit gemeint ist, finden wir bei Musil in Varianten und Modifikationen allenthalben, nicht allein unter dem Motto des »Tausendjährigen Reiches« und der »Utopie des anderen Zustands«, sondern generell unter der Chiffre des ›Geistes‹, die schließlich ja auch immer wieder die Basis bildet für sein ablehnend-zustimmendes Verhältnis zur Demokratie:[48] »Deine Kritik, dein Problem wendet sich aber fast nur an die Demokratie. Wie verteidigst du das? Du vertrittst möglichst rein die Interessen des Geistes u. kannst nichts dafür, daß die Demokratie sie z. T. auch im Programm hat u. Phrasen daraus macht. Was du sagst, sind Prolegomena zu jeder Partei, außer natürlich einer nach durchgreifender Veränderung des jahrtausendelang unveränderten Geistes. Du bewegst dich unaufhörlich unter u. hinter den Parteien od. wie man früher gesagt hat, über ihnen. Du bemühst dich ja gerade, das Unabhängige zu finden.« (GW I, 1938)

Aus dem Gesamtkontext dieser Nachlaß-Notiz geht eindeutig hervor, daß Musils Suche nach dem »Unabhängigen« ihn methodisch – und das bildet, wovon noch ausführlicher die Rede sein soll, in gewisser Weise *das* Zentrum seines Werkes – auf eine Art Grundlagenforschung geführt hat, in der das Problem ›Demokratie‹ einen, wenn auch nicht systematischen, so doch ›organisatorischen‹ Ort einnimmt. Der zuletzt von Strutz erinnerte Begriff des »Morallaboratoriums«[49] korrespondiert ja als Hinweis auf Literatur im Sinn einer ›Einrichtung‹ des Denkens und Erkennens mit der in ihm nicht weniger enthaltenen Bedeutung dessen, was hier als ›Grundlagenforschung‹ bezeichnet wird. Und wenn bisher im Sinn solcher Grundlagenforschung die Frage nach der Demokratie auf deren ambivalenten Status zwischen Wirklichkeit und Möglichkeit hingeführt hat, wobei Musil einen funktionalen Zusammenhang zwischen Wirklichkeit und Politik einerseits und Möglichkeit und Geist/Kultur andererseits annimmt, dann muß sie jetzt ergänzt werden durch den Blick auf den ebenso grundlegenden Zusammenhang von Geist und Gefühl.

Als sich Musil, anknüpfend an das Debakel der Pariser Rede, in seinem Tagebuch-Heft 32 aus dem Exil an eine erneute Durchdringung des ihn so fundamental beschäftigenden Themas »Die öffentliche Aufgabe des Dichters« oder »Der Dichter in dieser Zeit« oder »Der freie Geist und die Politik« – lauter Variationen seiner, das Heft eröffnenden »Suche nach dem Titel«[50] – begab, leitete er seine durchnumerierten Notizen wie so oft mit der Überschrift »Grundidee« ein. Und er formulierte diese ›Grundidee‹ in 4 Punkten, die aufs kürzeste das Problem zu fassen suchen, wie er es sah, auch hinsichtlich des spezielleren Problems der Demokratie: »*Grundidee:*

1) Geist: Politik = Theorie: Praxis. Wohin führt es, wenn ein Handwerker oder der Vertreter einer angewandten Wissenschaft vorschriebe, welche theoret. Entwicklungen erlaubt sind! (...)
2) Die Bedeutung des Individuellen; nach dem Pariser Vortrag und seinen Zusätzen.
3) Die Rolle der Voraussetzungen in der Induktion. Unmöglichkeit einer nicht deduktiven Lebensführung. Diese Forderungen sind auszugleichen.
4) Die Gleichung 1) ist nur teilweise richtig. Es fehlt: der affektive Vorspann. In lockerer Verbindung entwickeln sich aus dem faktischen Zustand die gründenden Ideen des nächsten.« (TB I, 967)

Die nun folgenden 119 numerierten Eintragungen erwecken nur äußerlich den Anschein von Folgerichtigkeit, Systematik, klarem Gedankenaufbau usw.; in sich erscheinen sie willkürlich, sprunghaft, heterogen hinsichtlich des Heft-Themas, also alles andere als der Vorstellung entsprechend, die wir vielleicht von ›Grundlagenforschung‹ haben könnten. Durchgängig ist allerdings ›Politik‹, allgemein und konkret-zeitgeschichtlich, das Thema, Gedanken zur Demokratie tauchen häufig auf, in wechselnden Zusammenhängen. Dies alles kann hier nicht erörtert werden, da es, den Zusammenhang von Geist und

Gefühl betreffend, insbesondere auf jenen Zusatz ankommen soll, den Musil in der Skizze der »Grundidee« (Pkt. 4) nachträgt: »der affektive Vorspann«. Hinter dieser beinahe wie beiläufig auftauchenden Formulierung steckt ja, wie wir aus dem Gesamtwerk wissen, eine der Hauptfragen seines ganzen Lebens, angefangen bei den allerersten Tagebucheintragungen bis zu den ›Gefühls‹-Kapiteln des *Mann ohne Eigenschaften* der letzten Lebenszeit.

Eine der dabei im Mittelpunkt stehenden Einsichten ist die der Unterscheidung von »toten und lebendigen Gedanken«[51], eine Unterscheidung, die schon in den *Verwirrungen des Zöglings Törleß* eine so gewichtige Rolle spielt. Dort heißt es: »Ja, es gibt tote und lebendige Gedanken. Das Denken, das sich an der beschienenen Oberfläche bewegt, das jederzeit an dem Faden der Kausalität nachgezählt werden kann, braucht noch nicht das lebendige zu sein. Ein Gedanke, den man auf diesem Wege trifft, bleibt gleichgültig wie ein beliebiger Mann in der Kolonne marschierender Soldaten. Ein Gedanke, – er mag schon lange vorher durch unser Hirn gezogen sein, wird erst in dem Moment lebendig, da etwas, das nicht mehr denken, nicht mehr logisch ist, zu ihm hinzutritt, so daß wir seine Wahrheit fühlen, jenseits von aller Rechtfertigung, wie einen Anker, der von ihm aus ins durchblutete, lebendige Fleisch riß . . . Eine große Erkenntnis vollzieht sich nur zur Hälfte im Lichtkreis des Gehirns, zur andern Hälfte in dem dunklen Boden des Innersten, und sie ist vor allem ein Seelenzustand, auf dessen äußerster Spitze der Gedanke nur wie eine Blüte sitzt.« (GW II, 136 f.)

Wenn es richtig ist, daß eine große Erkenntnis zur Hälfte sich »im dunklen Boden des Innersten« vollzieht, dann ist dem gleichfalls schon aus dem *Törleß* hinzuzufügen, daß auf diesem dunklen Boden auch die Verwirrungen – und sie betreffen den *ganzen* Menschen im Denken und Fühlen – sich bilden. Diese, von Musil so entschieden in seine ›Grundlagenforschung‹ mit einbezogene Erfahrung bestimmt alles, was er zum Thema ›Politik‹, speziell ›Demokratie‹, erkannt hat. »Politik packt die Affekte. Kunst erzieht sie«, heißt es an einer Stelle der Aphorismen (GW I, 851). Betrachtet man die verschiedenen Äußerungen, die im Tagebuch-Heft 32 zur (Politik und) Demokratie notiert sind, so ist die Skepsis gegenüber dem Zustand der Affekte nicht zu übersehen; die Frage: was ist während und durch die Demokratie zugunsten einer ›Klärung‹ der Gefühle (Affekte, Emotionen etc.) im Hinblick auf Harmonie von Denken und Fühlen und Handeln (in dieser Harmonie würde sich Moral aufheben) geschehen? – diese Frage findet fast ausschließlich negative Antworten. Die Gewalttätigkeit des Faschismus – Stichwort ›Reichstagsbrand‹ – »berührt« viele Menschen kaum (TB I, 722 f., 724), und die Beobachtung, »daß alle die hier abgeschafften Dinge die Menschen nicht mehr viel angingen«, gilt Musil ebenso als Verwirrung des Denkens wie des Fühlens. In diesem Zusammenhang – Reaktion der Menschen auf die gewaltsame Durchsetzung des faschistischen Staates – notiert er mehrfach die von ihm wahrgenommene allgemeine Gefühlslage nach der sog. Machtübernahme:

»(...) das heutige bündische Wesen: der einzelne beginnt sich selbst zu erkennen u. will geführt, angelehnt, zusammengefaßt, in=eingezogen werden.« (TB I, 723)
»Am Wahltag in den bürgerlichen Straßen: ein Mobilisierungsbild. Es war Kriegsstimmung mit garantiertem Sieg, Patenterledigung eines tiefen Bedürfnisses, sozusagen eine kleine, erfolgreichere Repetition von 1914.« (ebd. 725)
»Das allgemeine Gefühl ist: es ist nicht so ernst, wie es sich anhört – (...)«
»Hitler: ein Person gewordener Affekt, ein sprechender Affekt. Erregt den Willen ohne Ziel.« (ebd.)
»›Das Leben geht weiter‹. Obwohl täglich Hunderte getötet, eingesperrt, verprügelt usw. werden. Das ist nicht Leichtsinn, sondern eher der Hilflosigkeit einer Herde zu vergleichen, die langsam nachgeschoben wird, während die Vordersten dem Tod anheimfallen. Sie wittert, ahnt, wird unruhig, aber ihre Psychologie kennt keine Reaktion, sie kann sich schlechterdings gegen diese Lage nicht wehren. So sieht man auch hier die Maßgeblichkeit der sozial ausgebildeten Verhaltensweisen, die Art der ›Steuerung‹.« (ebd. 726)
»Der individuelle Mensch war auf die öffentliche Ordnung aufgebaut; darum ist er hilflos, da er sie nicht wiedererkennt.« (ebd. 727)

Während Musil im *Mann ohne Eigenschaften* in den Gesprächen und Reflexionen zwischen Agathe und Ulrich seine ›Grundlagenforschung‹ im Sinn einer dichterischen Erkenntnis (siehe dazu die »Skizze der Erkenntnis des Dichters« von 1918!) der Gefühle betreibt, vermerkt er im Tagebuch, teilweise in den Aphorismen, sozusagen die Momentaufnahmen aus der unmittelbaren Gegenwartsgeschichte. Hier wie dort gilt wie ein Axiom, »daß jeder starke Affekt das Bild der Welt auf seine Weise verzerrt« (MoE 1194), und Ulrich, der keineswegs gesonnen ist, »die Erkenntnis für einen Irrtum oder die Welt für eine Täuschung zu halten«, hält es doch für zulässig, »daß man nicht nur von einem veränderten Weltbild, sondern auch von einer anderen Welt spreche, wenn statt des Fühlens, das der Anpassung an die Wirklichkeit dient, ein anderes vorherrscht«. (MoE 1195) Es geht also um die *vorherrschenden Gefühlszustände*, die ja nicht einfach naturwüchsig entstehen, sondern über weite geschichtliche Zeiträume und in besonderen gesellschaftlichen Verhältnissen erzeugt werden und ihren Einfluß auf das Denken und Handeln geltend machen.

Im konkreten historischen Augenblick des Versagens der Demokratie vor dem Faschismus konstatiert Musil »das allgemeine Gefühl«, »die sozial ausgebildeten Verhaltensweisen«, kurz die Psychologie der Menschen als unfähig, den Widerstand zu erzeugen, ja, als hilflos gegenüber den »Steuerungen« des Faschismus.

»So kommen diese Tage der Depression«, heißt es in einem Essay (GW II, 1014) ein knappes Jahr vor dem Beginn des Ersten Weltkriegs. Es ist der gleiche Essay, worin auch der Satz steht: »Die Zukunft ist nur durch eine reinere und gesteigerte Demokratie erreichbar.«

(ebd. 1011). Aus dieser Zeit eines im höchsten Maße ambivalenten individuellen und kollektiven Zustands wächst der in Törleß gestalteten Gefühls- und Gedankenverwirrung eine neue Dimension zu: während sich in Törleß, still und nachdenklich, »Zuversicht und Müdigkeit mischten« (GW II, 140), bescheinigt sich sein Autor am Vorabend des ersten Krieges den Willen, trotz der »alten Lust« – »alles vergeblich zu finden«: »Ich bin zurückgeschlagen. Aber ich habe den Willen!« (GW II, 1015)

Wie aus den verschiedenen Äußerungen zu diesem Begriffskomplex hervorgeht, meint ›den Willen haben‹ jene Fähigkeit des Menschen, die verschiedenen, latent chaotisch agierenden Kräfte – der Erkenntnis und des Gefühls – je für sich und im kollektiven Austausch zu ordnen, oder, wie Musil es in der Zeit seiner Essays mehrfach nennt: sie zu organisieren.[52] Da diese Vorstellung sich vielleicht eher mit der verbindet, die von Politikern verbreitet ist, mögen hier einige Zitate veranschaulichen, wie sich der 30-40jährige Musil dazu geäußert hat:

> »Es gibt keine zielbestimmten (oder wie ein Physiker sagen würde: gerichteten) Kräfte geistiger Natur; selbst das Genie ist mehr Motor als Steuer.« (GW II, 985)
>
> »Wahrscheinlich ist das Ganze wirklich nur Bewegung zufolge mangels einer treibenden Idee, wie das Torkeln eines Radfahrers, der nicht vorwärtstritt.« (ebd. 993)
>
> »Wir Deutschen haben – außer dem einen großen Versuch Nietzsches – keine Bücher über den Menschen; keine Systematiker und Organisatoren des Lebens.« (ebd. 1019)
>
> »Ob die Menschheit diesmal noch den Augenblick versäumen wird oder nicht, die Aufgabe ist ihr jedenfalls bereits so deutlich gestellt, daß sie nicht mißverstanden werden kann; es ist die Notwendigkeit, sich endlich eine Organisationsform zu geben, die nicht wie eine schlechte Maschine den größten Teil der Kraft in inneren Widerständen aufbraucht und nur einen Rest als Glück, Geist, Persönlichkeit und Menschheitswerk zur Entfaltung entläßt.« (ebd. 1033)
>
> »Diese geistesorganisatorische Bedeutung der Nation bleibt auch für den weitest gesteckten Humanismus und Kommunismus bestehn (...)« (ebd. 1035)
>
> »(Gesellschaft) wird zum Haufen, wenn keine richtenden Kräfte mehr auf sie wirken.« (ebd. 1055)
>
> »Die Frage auf Leben und Tod ist: geistige Organisationspolitik. Das ist die erste Aufgabe für Aktivist wie Sozialist; wird sie nicht gelöst, so sind alle andren Anstrengungen umsonst, denn sie ist die Voraussetzung dafür, daß die überhaupt wirken können.« (ebd. 1058)
>
> »Sucht man diesen Widerspruch, daß die gleichen Menschen, in gleicher Weise organisiert, einen dauernden Gegensatz bilden, aufzulösen, so kann seine Ursache nur in der Art der Organisation zu suchen sein.« (ebd. 1066 f.)
>
> »Das Leben, das uns umfängt, ist ohne Ordnungsbegriffe.« (ebd. 1087)

Die Idee einer »geistigen Organisationspolitik« hat ihren Optimismus (oder war es von Anfang an die Ambivalenz des »optimistischen Pessimismus«?) mit dem Sieg des Nationalsozialismus, d. h. der faschistischen Ausrichtung der Kräfte, verloren; die Idee – und nicht nur, wie Musil es einmal notiert: die Demokratie – hat sich bis auf die Knochen blamiert vor einer Wirklichkeit, die nach den Gesetzen der Macht organisiert ist und diesmal auf bis dahin nicht bekannte Weise.

Um so schlimmer für die Wirklichkeit? Um so entschiedener das Durchdenken der Idee?

Ich möchte, um diese Frage, ehe sie möglichst vielseitig erkannt ist, nicht mit den rasch verfügbaren Vorurteilen zu verstellen, das ganze Problem, wie eingangs angedeutet, aus einer veränderten Perspektive betrachten, die mit den zuletzt herangezogenen Zitaten schon nahegelegt wurde; denn alles, was bisher anhand von Begriffen wie Ambivalenz, Wirklichkeit und Möglichkeit der Demokratie, Erforschung der Grundlagen durch Analyse von Geist und Gefühl usw. dargestellt wurde – all dies betrifft ja nicht feste Größen außerhalb unserer Zugriffe, sondern soundso viele Prozesse von Praxis, Modalitäten des Seins, Arten und Weisen des Tuns, kurz gesagt: das ›Wie‹ unseres Denkens und Handelns in der ›Welt‹.[53]

9. Musils Methodenbewußtsein innerhalb seiner dichterischen Erkenntnis bestimmt sein ambivalentes Verhältnis zur Demokratie

Die These lautet also, daß alles, was bisher im Sinne von Positionen oder Prämissen oder Axiomen im Verhältnis (Denken) Musils zur Demokratie gesagt wurde, seinen wesentlichen Sinn erst dann erhält, wenn wir erkennen, daß all diese Positionen, Prämissen oder Axiome von Musil als funktionale Größen aufgefaßt werden. Anders gesagt: alles nominal Ausgedrückte, in der traditionellen Philosophie die Substanzbegriffe, konstituiert sich nicht in dieser Form, auch wenn Musils so häufige Verwendung vor allem des Begriffs ›Geist‹ ein solches Mißverständnis nahelegt, sondern in der Form wechselseitiger *Prozesse*. Nimmt man beispielsweise jene aus dem Tagebuch-Heft 32 bereits zitierte ›Gleichung‹: »Geist: Politik = Theorie: Praxis« (TB I, 967), so sind die darin enthaltenen Relationen (›verhält sich – wie‹), auch wenn sie dem literarisch Gebildeten nicht ins Auge springen, doch von entscheidender Bedeutung für das Verständnis des hier Gesagten.

Musil hatte sich in seiner Dissertation zur Beurteilung der Lehren Ernst Machs gründlich mit der Logik der Substanzbegriffe auseinandergesetzt und über der Kritik an Mach den Funktionsbegriff als »das eigentliche Vehikel der modernen Physik« erkannt.[54] Auch wenn er dabei Begriffe wie »Kraft, Ding, Kausalität in der wissenschaftlichen Diskussion stark in den Hintergrund« getreten sieht, will er sie dennoch nicht, wie Mach, einfach wegfallen lassen, da sie ja »sehr wandlungsfähig sind und ihre Ausbildung noch nicht abgeschlossen ist«.[55] Unbestreitbar hat er jedoch mit dem Funktionsbegriff so etwas wie einen Generalschlüssel zum Verständnis dessen bekommen, was ihm vielleicht mehr als seinen schreibenden Zeitgenossen zum Problem geworden war: die Orientierung in der Fülle der Erscheinungen und des ›Ungeheueren des Einzelfalls‹ darin.⁵⁶

Denn so wie er sich seit den frühen Essays mit der Frage der ›Organisation‹ in der Gesellschaft befaßt hat, so hat er sich in intensiver Weise auf das sozusagen Chaotische der Eindrücke und Vorgänge eingelassen; das eine dürfte das andere in Gang gebracht haben. 1911, im ersten Essay (über »Das Unanständige und Kranke in der Kunst«) schreibt er: »Der Eindruck, den ein Künstler erhält, irgend etwas Gemiedenes, eine unbestimmte Empfindung, ein Gefühl, eine Willensregung, zerlegt sich in ihm und die Bestandteile, losgelöst aus ihrem gewohnheitsstarren Zusammenhange, gewinnen plötzlich unerwartete Beziehungen zu oft ganz anderen Gegenständen, deren Zerlegung dabei unwillkürlich mit anklingt. Bahnungen werden so geschaffen und Zusammenhänge gesprengt, das Bewußtsein bohrt sich seine Zugänge. Das Ergebnis ist: eine meist nur ungenaue Vorstellung des zu schildernden Vorganges, aber ringsherum ein dunkles Klingen seelischer Verwandtschaften, ein langsames Bewegen weiter Gefühls-, Willens- und Gedankenzusammenhänge.« (GW II, 980)

Während viele Zeitgenossen Musils verwirrt und bestürzt den rapiden Veränderungen ihrer Lebenswelt durch Industrie und Technik und Großstadt und Massen und schließlich durch den Ersten Weltkrieg gegenüberstanden, machte sich Musil daran, sich produktiv-konstruktiv auf die ›Verwirrung‹ einzulassen, ohne sich dabei in einen gegebenen staatlich-verfaßten Rahmen einzuordnen. Er läßt es zu, ja provoziert es sogar, daß prinzipiell nichts ausgegrenzt werden soll. Das literarische Verfahren in den frühen Novellen mit dem bezeichnenden Titel *Vereinigungen* charakterisiert er in dem bekannten Satz vom »maximal belasteten Weg«: »den Weg der kleinsten Schritte / den Weg des allmählichsten, unmerklichsten Übergangs«⁵⁷. Er selbst tritt also entsprechend der seinen Mann ohne Eigenschaften nahezu paralysierenden Handlungsunfähigkeit (»Man kann tun was man will; (...) es kommt in diesem Gefilz von Kräften nicht im geringsten darauf an!« MoE 13) die Flucht nach vorne an, indem er so etwas wie ein geistiges Ordnungsprinzip und -verfahren sucht, das nichts ausschließt und nichts hierarchisiert.⁵⁸

Er gerät damit in jeder Hinsicht in Schwierigkeiten, was ja nicht die Widerlegung dieses Unternehmens bedeuten muß, im Gegenteil. Literarisch macht er die Erfahrung, daß die Art und Weise seines Denkens und Darstellens mit der vorherrschenden Formen-Konvention (bei den Novellen nicht anders als beim Roman) kollidiert, politisch sieht er sich hin- und hergeworfen zwischen Zuversicht und Skepsis hinsichtlich der ordnenden, organisierenden Fähigkeit der parlamentarischen Demokratie, im Alltag macht er die Erfahrung, daß gerade er, der mit Überlegung handeln will, mit dem eingespielten Prinzip eines weitgehend begriffs- und bewußtseinslosen Pragmatismus nicht zurechtkommt; so notiert er im Tagebuch 1934 eine Erinnerung an seine Militärzeit während des Ersten Weltkriegs: »*Kompromiß:* Ein Mensch, der alles richtig, nach Grundsätzen u. moralisch in Ordnung bringen will, verwirrt alles. Konsternierende Wirkung, die ich auf meine Kompanie hatte! Ich selbst, nicht irgend ein Pedant. Die praktisch ordnenden Menschen sind immer Improvisatoren. Die Menschenwelt eine dauernde Improvisation.« (TB I, 857) Angesichts dieser hier ja nur aufs knappste angedeuteten Probleme wird die Übertragung des physikalischen Funktionsbegriffs ins Gebiet des Psychologischen und des Philosophisch-Dichterischen (von Musil als Einheit aufgefaßt) zur Grundlage seines Methodenbewußtseins.

In den Jahren vor der Einführung der Demokratie und noch in den ersten Jahren ihres Bestehens finden wir bei Musil prinzipielle Zustimmung, gelegentlich einen für ihn eher ungewöhnlichen Optimismus hinsichtlich des damit für den geistig-moralischen Zustand der Gesellschaft möglichen Auftriebs. In den Jahren des ›Alltags‹ der Demokratie wendet sich seine Aufmerksamkeit bekanntlich von den zeitgleichen (tagespolitisch-aktuellen) Ereignissen hin zu den zeittypischen (fundamentalen) Vorgängen. Erst mit der Krise der Demokratie und dem sich durchsetzenden Faschismus nehmen die explizit sich darauf beziehenden Niederschriften wieder zu, allerdings dem Umfang nach deutlich geringer als das, was insgesamt in den *Mann ohne Eigenschaften* Eingang findet.

Die Erklärung für das Zurücktreten der unmittelbar auf das ›Funktionieren‹ der Demokratie bezogenen Äußerungen ist darin zu sehen, daß er dieses Thema als ein Teilproblem innerhalb umfassenderer Fragestellungen ansah, denen er mit seinen Mitteln, d. h. denen seiner dichterischen Gestaltung nachging. (Daher, wie schon ausgeführt, auch sein Insistieren auf der funktionalen Trennung von Kunst und Politik.) Und *das* Charakteristikum seiner dichterischen Mittel und Gestaltungsweisen liegt in dem, was ich hier nur abgekürzt sein Methodenbewußtsein nenne und was im Kern ebensosehr mit dem Begriff des »Morallaboratoriums« zusammenhängt wie mit dem des »Versuchs« und der »Variation«.

Im Verlauf dieser dezidiert an den Aufgaben der Kunst und nicht der Politik orientierten Arbeit trennen sich nun immer mehr zwei Typen des Welt- oder Wirklichkeitsverhältnisses voneinander. Dem Typ, der ›Ordnung schafft‹, ›Tatsachen organisiert‹, kurz: immer genau weiß, was er will und welchen Interessen er folgt, also zielbewußt handelt, tritt jener Typ gegenüber, den sich Musil schon in frühen Tagebucheintragungen vorstellt, wenn er zwischen dem ›festen‹ Ich bei Descartes und dem Ich der Mystiker unterscheidet, das er als »das komplexe Ich« bezeichnet. »Das Erstere ist das Gewisseste, das letztere das Ungewisseste.« (TB I, 138) Zu dieser lapidaren Feststellung bedarf es wohl keiner ausführlichen Begründungen aus den Texten, daß mit dem Typ 1 sich alles verbindet, was im ›öffentlichen‹ (politischen) Leben den Ton angibt (z. B. Arnheim und dessen Fähigkeit zur »Regie«) und mit dem Typ 2 alles das, was Musil am entschiedensten (nach den entsprechenden Figuren aus den »Schwärmern«) in Ulrich und Agathe ausgestaltet, die sich ja bekanntlich nahezu vollkommen auf sich zurückgezogen haben, fern aller Öffentlichkeit und Politik.

Dieser zweite Typus, in sich vielfach gebrochen und variiert, lebt und erlebt nun alles das, was Musil wie ein ›Programm‹ des dichterischen, also seines Arbeitens, aufgeschrieben hat, indem er das Gebiet der dichterischen Erkenntnis lokalisiert: »Die Tatsachen dieses Gebiets und darum ihre Beziehungen sind unendlich und unberechenbar. Dies ist das Heimatgebiet des Dichters, das Herrschaftsgebiet seiner Vernunft. Während sein Widerpart das Feste sucht und zufrieden ist, wenn er zu seiner Berechnung so viel Gleichungen aufstellen kann, als er Unbekannte vorfindet, ist hier von vornherein der Unbekannten, der Gleichungen und der Lösungsmöglichkeiten kein Ende. Die Aufgabe ist: immer neue Lösungen, Zusammenhänge, Konstellationen, Variable zu entdecken, Prototypen von Geschehensläufen hinzustellen, lockende Vorbilder, wie man Mensch sein kann, den inneren Menschen *erfinden*.« (GW II, 1029)

Alexander Kluge schreibt einmal im Zusammenhang mit seiner »realistischen Methode«: »Das Finden von Situationen ist eine außerordentlich umfassende und radikale Konstruktionsarbeit. Man bekommt einen Begriff davon, wenn man verfolgt, wie James Joyce in seinem Roman ULYSSES mehr als tausend Seiten schreibt, um 24 Stunden des Durchschnittsmenschen Leopold Bloom zu konkretisieren. Proust: Erinnerungsvermögen, siebenbändig. Gegenständlichkeit der Situation setzt radikale Komplexität der Erzählweise voraus.«[59]

Er verweist anschließend darauf, wie alle Ausdrucksformen der bürgerlichen Öffentlichkeit – und sie hängt in der bürgerlichen Demokratie wie die Tür in der Angel – gerade dieser Komplexität der Wahrnehmung entgegenarbeiten. So etabliert sich ein Realitätsprinzip mit der Tendenz der Zerstörung demokratischer Grundprinzipien. Und genau diesem Realitätsprinzip antwortet Musils »radikale Konstruktionsarbeit«, die »radikale Komplexität« seiner dichterischen Erkenntnis als Methodenbewußtsein.

Ulrich Karthaus hat schon früh auf die Bedeutung der Methode im *Mann ohne Eigenschaften* hingewiesen[60]; am Beispiel der Wiener Rede von 1934 über das Verhältnis von Geist und Politik hat kürzlich Josef Strutz die dort hervorgehobene »Verschiedenheit der *Funktion*« beider Bereiche näher erläutert.[61] Es bedarf also hier nur noch einer gewissen Pointierung, um die wichtigsten Implikationen dieses Musilschen Methodenbewußtseins in den Blick zu rücken.

Im schon mehrfach erwähnten Tagebuch-Eintrag zum Verhältnis von Geist bzw. Theorie zur Politik bzw. Praxis lautete der Punkt 3: »Die Rolle der Voraussetzungen in der Induktion. Unmöglichkeit einer nicht deduktiven Lebensführung. Diese Forderungen sind auszugleichen.« (TB I, 967) Das hier nur kürzelhaft Festgehaltene steht im Kontext mit einem relativ umfangreichen Nachlaßteil, in dem Musil unter formalen und inhaltlichen Stichworten (»Problemaufbau«; »Studienblatt Soziale Fragestellung«; »Moral und Krieg«; »Zeit und Krieg«) Überlegungen zur induktiven und deduktiven Methode notiert, wobei er ja die Idee der »induktiven Gesinnung« in die Reihe der Utopien mit einbeziehen wollte, um sie als Methode des »rechten Lebens« gleichfalls, wie alle anderen Utopien (des Essayismus, des exakten Lebens, des motivierten Lebens, des anderen Zustands) im

»Laboratorium« des Romankonstrukts zu erproben. In gewisser Weise am nächsten zum »wirklichen Leben« (MoE 1887) steht die Utopie der induktiven Gesinnung, aber auch sie bedarf, da es eine voraussetzungslose Induktion nicht gibt, der Ergänzung durch die deduktive – »Diese Forderungen sind auszugleichen« –. Gerade im Hinblick auf die Demokratie sieht Musil das Fehlen des »deduktiven Elements« (ebd. 1930) als wert an, ausdrücklich notiert zu werden.

Mit den beiden sich auszugleichenden Methoden der Lebensführung verbinden sich in kaum erkennbar strukturierter Weise verschiedene weitere Überlegungen, die hier nur deshalb erwähnt werden sollen, weil in ihnen das Vorherrschen des Methodischen auffällt. Insgesamt bewegen sie sich alle um das ›allgemeine‹ Problem der Lebensführung (des »rechten Lebens«) und berühren politische Zeitprobleme selten und eher beiläufig, jedoch gilt auch hier, was in anderem Zusammenhang schon kurz begründet worden ist, daß Musils Überlegungen zur »Utopie der induktiven Gesinnung«, auch wenn er das nicht explizit ausführt, sich auf die demokratische Staatsform beziehen als der, bei aller Skepsis und Ambivalenz, naheliegenden Realität seines politischen Lebens; die wenigen Hinweise auf Sozialismus bzw. Bolschewismus bzw. Räte unterstreichen das. Und dennoch ist dieser Bezug nicht als Affirmation zu interpretieren. Gerade die permanente Methodenreflexion zum richtigen Leben schließt die Festlegung auf eine *bestimmte*, historische Form aus zugunsten der Herstellung dessen, was er noch vor dem Ersten Weltkrieg »eine gesteigerte und reinere Demokratie« genannt hatte. (GW II, 1011)

Es scheint, als habe Musil mit den Gedanken zur induktiven Gesinnung einen Weg beschreiten wollen, der sozusagen die ›Innenseite‹ des demokratischen Lebens bei uns radikal neu bestimmen würde.

Von seinen eigenen Zweifeln angesichts der faktischen Dominanz des ›Politischen‹ getrieben, versichert sich Musil gelegentlich ausdrücklich der Bedeutung der sozialen Frage, klagt er sich an, das ›Faktische‹ zu vernachlässigen, macht Ansätze, dies zu korrigieren, indem er am Konkret-Materiellen des Lebens anknüpft, dessen Wichtigkeit »für die vielen« hervorhebt und beim Bedenken des so gewendeten Problems doch sehr rasch wieder auf die Wechselwirkung von ›Materie‹ und ›Geist‹ kommt, um schließlich an dem festzuhalten, was er sein Leben lang als grundlegend angesehen hat: die Voraussetzung für das richtige Leben ist das richtige Denken. Derartige Notizen sehen etwa so aus:

> »(...) in der Zeitschilderung die zw. Geist u Wirkl. bestehenden Schwierigkeiten; sie wären zusammenzufassen u. dann zu erproben, wie weit sie sich durch die induktive Gesinnung beheben lassen.« (MoE 1885)
> »Es ist nicht das Wichtigste, Geist zu produzieren, sondern Nahrung, Kleidung, Schutz, Ordnung: das gilt heute noch immer von der Lage der Menschheit (...) Ebenso wichtig ist es, die für Nahrung, Kleidung usw. nötigen Grundsätze zu produzieren. Nennen wir es (...) den Geist der Notdurft (...)« (ebd.)

»Es hat sich ein merkwürdiger Zustand ergeben. Über das von Notdurft u Wille Geforderte hinaus erhebt der Geist eigene Ansprüche, u niemand kann sagen, wo sie anfangen u aufhören berechtigt zu sein.
Außerdem sind die der Notdurft dienenden Grundsätze schwankend geworden. Entgegengesetzte materielle Interessen haben entgegengesetzte Ideologien produziert, (...)« (ebd. 1886)
»Auf diese Welt hat eine Schwankung des Baumwollpreises, eine Senkung des Mehlpreises mehr Einfluß als eine Idee. U. (= Ulrich) widerstritt dem nicht. Er ist nur gg. die Vermengung.« (ebd.)
»Man könnte trennen zw. den Gedanken (u Problemen) der Not (...) u denen des maximalen Anspruchs, des Laboratoriums, der ›fortgesetzten Schöpfung‹ (...)« (ebd.)

Solchermaßen um das richtige Denken sich bemühend, berühren seine Notizen auch Denk-*Formen*, wie sie für das politisch-gesellschaftliche Leben gerade der zwischen Monarchie und Diktatur sich etablierenden Demokratie von ausschlaggebender Bedeutung hätten sein können. Es ist ja aus dem *Mann ohne Eigenschaften* bekannt, wie Ulrich die von den »höchsten Kreisen« organisierte Suche nach einer »großen Idee« zur Feier des Regierungsjubiläums mit seinem ironisch-zweideutigen Vorschlag kontert, ein »Erdensekretariat der Genauigkeit und Seele« einzurichten, da alle anderen Aufgaben, ehe nicht eine »geistige Generalinventur« gemacht sei, sich als Scheinaufgaben und damit als unlösbar herausstellen würden. (MoE 596 f.) Zu dieser, in gewisser Weise zentralen Idee gibt es wiederum ein Netz von Beziehungen, auf die hier nicht näher eingegangen werden kann; nur einige Fäden, die für die Betonung des bewußt methodischen Vorgehens wichtig sind, sollen jedoch herausgezogen werden. Es ist dies zunächst jene Stelle, an der zum erstenmal diese Idee erwähnt wird, »jene recht fragwürdige Vorstellung«, wie es da heißt, die Ulrich »lange Zeit geglaubt und selbst heute noch nicht ganz in sich ausgemerzt hatte, daß die Welt am besten von einem Senat der Wissenden und Vorgeschrittenen gelenkt würde.« (MoE 154) In diesem Zusammenhang taucht dann, wie eine notwendige Korrektur dieser hochfahrenden Idee, eine recht nüchterne Betrachtung des Geistes auf, der schließlich in paradox erscheinender Weise auf seine immanente Beschränkung hingeführt wird: »Aber auch damals lernte man, wenn man älter wurde und bei längerer Bekanntschaft mit der Räucherkammer des Geistes, in der die Welt ihren geschäftlichen Speck selcht, sich der Wirklichkeit anzupassen, (...) Und mit einemmal stellte sich Ulrich das Ganze komischerweise in der Frage dar, ob es nicht am Ende, da es doch sicher genug Geist gebe, bloß daran fehle, daß der Geist selbst keinen Geist habe?« (MoE 154 f.)
Daß ein Autor, der dem ›Geist‹ eine so hohe, ja die höchste Stelle einräumt in den einander bedingenden Funktionen des menschlichen Lebens, seine methodologischen Experimente am schärfsten an die-

sem Axiom durchführt, liegt nahe. Man muß dementsprechend diese zentralistische Idee einer geistigen Weltregierung als die *ironische Gegenposition zur Idee der induktiven Gesinnung* erkennen; außerdem Musils eigene Wendung gegen das »Weltsekretariat« heranziehen: »Statt Weltsekretariat springt auch ein: Methodenlehre dessen, was man nicht weiß.« (MoE 1856) Gedanklich knüpft diese Bemerkung unmittelbar an jene an, »daß der Geist selbst keinen Geist habe«, ebenso, mit einer anderen Variante an Musils letzte Rede »Über die Dummheit« (1937), insbesondere aber an die an mehreren Stellen des Nachlasses erwähnte Reihe, in der Musil die »Methodenlehre« vom Wissen und Nichtwissen anreißt, wenn er die Trias »Ahnen – Glauben – Wissen« aufstellt (MoE 1855 f.), wobei »Ahnen« als Form des aktiven Nicht-Wissens dem »Glauben« als Form des passiven Nicht-Wissens gegenübersteht.

Die wenigen Notizen zu diesem komplexen Zusammenhang lassen kaum eine fundierte Ausdeutung zu; soviel jedoch kann festgehalten werden, daß auch diese Denk- und Gefühls-Formen vor allem auf die Art und Weise aufmerksam machen, in der etwas gedacht und getan wird, und erst in zweiter Hinsicht auf das ›Was‹ dieses Tuns, Denkens, Geschehens. Immer wieder und aus soundso vielen wechselnden Perspektiven zeigt sich das Gesamtwerk Musils als entschiedener Einwand gegen das gewöhnlich so bewußtlos-unbewußte Geschehen – »Seinesgleichen geschieht«. Daß alles aus Methoden geschieht und dabei in funktionaler Wechselbeziehung zueinander steht, eine den Einzelwissenschaften und auf die entschiedenste Weise vielleicht der modernen Physik sehr vertraute Wahrheit, hat sich im Alltagsleben und im daraus und darüber sich etablierenden politischen Leben der Demokratie noch nicht als Erkenntnis ›eingebürgert‹, geschweige durchgesetzt. Musil hat die Demokratie an keiner Stelle als die bloße ›Form‹, den Verfassungs- und Gesetzesrahmen, aufgefaßt, innerhalb dessen wie in einem ›Spielraum‹ sich das Leben ereignet; indem er solche Trennungen wie Form und Inhalt zugunsten eines funktionalen dynamischen Systems aufgab, und sich auf seinem Gebiet, der Erkenntnis des Dichters, um Grundlagenforschung bemühte, hat er einer Vorstellung und Wirklichkeit von Demokratie zugearbeitet, in der die Macht nicht nur vom Volk ausginge, sondern auch bei ihm bliebe. »Das heißt aber (...) es den Menschen selbst zu überlassen, soweit es nur irgendwie mit dem Zusammenleben verträglich ist, sich ihren Weg für sich zu suchen und ihren eigenen Interessen zu folgen.« (GW II, 1073)

Es entspricht Musils Denken, keine Aussage zu isolieren und für sich zu verabsolutieren. Daher soll hierzu abschließend, und eine neue Variante des Denkend-mit-sich-und-andern-Umgehens einführend, die vielleicht merkwürdigste Utopie-Idee aus dem Nachlaß erwähnt werden, merkwürdig nicht zuletzt deshalb, weil sie sich mit einem Begriff verbindet, der auf den ersten Blick nicht der Demokratie, sondern einer so überholten Epoche wie der des Feudalismus entsprungen scheint: die »Utopie der Höflichkeit«. (MoE 1918–1920)

Den nicht sehr ausgeführten Gedankengang abkürzend, dreht sich diese Utopie um folgenden Kern: »Es mag nun wohl sein, daß diese Herzenshöflichkeit eine Abstämmelung und eine Läuterung der erzwungenen Höflichkeit sei; ich lasse es aber beiseite, weil ich einen anderen Ursprung zu verfolgen habe, und diesen will ich die notwendige Höflichkeit des Denkens nennen. Es liegt in der Welt etwas, das uns zur äußersten Höflichkeit und Zurückhaltung (= induktive Demut) ihr gegenüber zwingen sollte, sei es wenn wir handeln, sei es wenn sich unsere Gedanken mit ihr beschäftigen, und diese Höflichkeit sollte hinreichen, alle anderen Höflichkeiten aus ihr abzuleiten. Gewöhnlich wird das aber nicht im mindesten berücksichtigt.« (MoE 1919)[62]

Diese »Utopie der Höflichkeit« oder der »induktiven Demut« könnte angesichts einer forcierten Unterwerfung der Welt und der meisten in ihr lebenden Menschen wie sie auch in den bisher erreichten Demokratien nicht anders betrieben wird, zum Ausdruck einer Gesinnung werden, die nicht auf die Eroberung der Macht gerichtet ist, sondern auf deren Überwindung. Das bedachte Musil, indem er als Schriftsteller praktizierte, wovon er schrieb: erkennen.
»Wenn man das Erkannte durchsetzen wollte, gelänge es doch nicht.« (MoE 2015)
Höchst ambivalent.

1 Zum Begriff ›Ambivalenz‹ siehe die bei Freud zentrale Beobachtung, daß jeder Trieb seinen Gegensatz in sich schließt. (Nachweise bei J. Laplanche, J.-B. Pontalis, Das Vokabular der Psychoanalyse. Frankfurt/M. 1972). – Anstelle einer hier nicht möglichen Umgrenzung des Begriffs ›Demokratie‹ ein Zitat, mit dem auf die spezifischen Möglichkeiten der dichterischen Erkenntnis hingewiesen wird: »Die Demokratie gehört zu den Phänomenen, die von den Sozialwissenschaften nie adäquat erklärt worden sind. Die Verwandtschaft der demokratischen Prozeduren mit dem Drama, ihre paradoxen Scheinkonflikte oder die Übereinstimmung in der Nichtübereinstimmung, die von nur vage definierten, doch einflußreichen Normen und die a priori-Verpflichtung, die von allen Teilnehmern verlangt wird, machen die Demokratie ›unwissenschaftlich‹.« (Charles Hampden-Turner, Modelle des Menschen. [dt.] Weinheim, Basel 1982, S. 200.) – Vgl. dazu auch Habermas: »Aus wissenschaftlichen Theorien folgt technisch verwertbares, aber kein normatives, kein handlungsorientierendes Wissen.« (Ders., »Zu Nietzsches Erkenntnistheorie«. In: Ders., Kultur und Kritik. Frankfurt/M. 1973, S. 245). – Der Begriff ›Erkenntnis des Dichters« wird von Musil in seiner gleichnamigen »Skizze« grundlegend erläutert (GW II, S. 1025–1030). — 2 Allemann (1983), S. 97: »aber der Zwiespalt liegt weniger in der Haltung dessen, der offen auszusprechen wagt, was andere vielleicht nur denken, als vielmehr in der Sache selbst«. — 3 Vgl. dazu v. a. Musils Selbstaussagen zum Mann ohne Eigenschaften, worin er vielfach auf die Bedeutung der Methode hinweist: »Schwierigkeiten des Charakters als Methode der Erzählung«; »Ich nehme das Ding weder allseitig (was unmöglich ist in einem Roman), noch einseitig; sondern von verschiedenen zusammengehörigen Seiten«; »es kommt auf die Struktur einer Dichtung heute mehr an als auf ihren Gang«; »Hier spricht kein Skeptiker, wohl aber einer, der das Problem für schwer hält u den Eindruck hat, daß ohne Methode daran gearbeitet wird.« (MoE, S. 1936 f.). – 4 Frisé (1980), S. 106. – 5 Sanders (1972), S. 89 f. — 6 Ebd., S. 92. -- 7 Ebd., S. 95. — 8 Strutz (1981), S. 12. — 9 Ebd., S. 10. — 10 Allemann, S. 110. -- 11 Ebd., S. 112. — 12 Strutz (1981), S. 109. — 13 Strutz (1983), S. 168 f. — 14 Kieser, S. 141–165. — 15 Ebd., S. 149. Siehe dazu auch Aspetsberger (1980), bes. S. 53 u. 59. — 16 Kieser, S. 150. — 17 Allemann, S. 98. — 18 Zum Begriff des »lebenden Systems« siehe Capra (1983), bes. Kap. 9: »Das Systembild des Lebens«, S. 293 ff.; an dem hier skizzierten Zusammenhang eines Systemdenkens, wie es von Bateson (1980) u. a. entwickelt wurde, zum Denken Musils arbeitet Ludger Sänger in einer Marburger Dissertation. – In meinem Kontext geht es v. a. darum, Musils Denken über Demokratie als interdependent im Sinn eines dynamischen Systems zu begreifen. Diese Anschauung ist noch wenig entwickelt und verbreitet. — 19 Diese und ähnliche Formulierungen in TB I, S. 905; 973. — 20 Kieser, S. 154. — 21 TB I, S. 852. — 22 Ebd., S. 924. — 23 So der Titel eines Beitrags von Egbert Krispyus in: Hohendahl/Schwarz (1973). — 24 Siehe dazu besonders Kieser, S. 149 zu Musils Skepsis gegenüber der Demokratie, der er im Tagebuch

»Verfall der Disziplin« vorhält. — **25** Vom 13. 2. 1942 in: *Br I*, S. 1398. Vgl. auch aus den nicht veröffentlichten Vorreden zum MoE: »Hinter den Problemen des Tages die konstituierenden, (...).« *GW I*, S. 1937. — **26** Mittenzwei (1981), S. 287. — **27** Frisé (1980), S. 104. — **28** In: *Zur Tradition der deutschen sozialistischen Literatur* (1979), Bd. 1, S. 896. — **29** Ebd. — **30** *TB I*, S. 967 ff. Siehe auch Brief vom 13. 7. 1939 an Robert Lejeune mit dem Hinweis auf eine geplante Broschüre, »die eine Reihe von Arbeiten einleiten soll, die das Verhältnis des Dichterischen zu den Zeitumständen behandeln und als Quelle einer gegenseitigen Kritik ausnützen möchten.« *Br I*, S. 1029. — **31** Siehe dazu Strutz (1981), S. 101–104. — **32** Im *MoE* dargestellt als das Beziehungsgefüge von »Besitz und Bildung«, wie es etwa in Arnheims hinter geistreichen Phrasen versteckter Bemühung um die Ausbeutung der galizischen Ölfelder zum Ausdruck kommt. Grundlegend für diesen Zusammenhang ist Strutz (1981). — **33** Der Begriff ›Öffentlichkeit‹ wird hier verwendet im Sinn von Habermas (1969) und Negt, Kluge (1972). Siehe auch Strutz (1981), S. 99. — **34** Siehe dazu insbesondere *GW II*, S. 987 ff. und 1029. — **35** Siehe dazu Strutz (1981), S. 74. — **36** Siehe dazu zuletzt Strutz (1983). — **37** Kieser, S. 149. — **38** Siehe dazu z. B. den ›Fall Serge‹, in: *Zur Tradition der sozialistischen Literatur in Deutschland* (1967), S. 823 f. — **39** Breton (1981), S. 35–49. — **40** Ebd., S. 45 f. — **41** Ebd., S. 47. — **42** Ebd., S. 46. — **43** Vgl. dazu neben Crapa (1983) auch den Systemgedanken bei Bateson (1982). — **44** Siehe dazu Strutz (1983), S. 169. — **45** Ebd., S. 162. — **46** Dostojewski (1920), S. 178–200; auch in der von Musil hervorgehobenen Puschkin-Rede betont Dostojewski seine Distanz zur Politik, an deren Stelle, durchaus ideologisch erkennbar, Begriffe wie »Volk«, »echter Russe«, »alleuropäisch« usw. treten. Dennoch enthält Dostojewskis panslawistisches ›Programm‹ mehr als diesen Ideologie-Kern, in dem Begriffe wie »Demut«, »Versöhnung« oder »Brüderlichkeit« nicht aufgehen; dies mag Musil erkannt haben. — **47** Ebd., S. 190. — **48** Hier wäre auf Übereinstimmungen und Ambivalenzen einzugehen, wie sie Musil durch die gleichermaßen intensive Rezeption Nietzsches und Dostojewskis in sich aufgenommen hat; etwa Nietzsches Äußerungen zur Demokratie, wozu sich Musil noch im späten Tagebuch das Stichwort »Herdenmensch« notiert (*TB I*, S. 993) gegenüber Dostojewskis »Brüderlichkeit«. — **49** Strutz (1983) verwendet diesen Musilschen Begriff als Untertitel seines Aufsatzes — **50** *TB I*, S. 967. Siehe dazu auch Allemann, S. 96. — **51** *TB I*, S. 117 f. und die Anm. dazu; zuletzt Hickman (1980) zur Genese dieses Denkbildes. — **52** Strutz (1981), bes. S. 72 ff. Siehe auch *GW II*, S. 1379. — **53** Wie Musils Axiom des ›Geistes‹ sich fundamental unterscheidet von einer entsprechenden ideologischen Begrifflichkeit (siehe dazu Sautermeister (1983), S. 310 f.) wird an der spezifischen Verbindung dieses Axioms zur Art und Weise, Methode, seiner Anwendungen erkennbar. Eine darauf nicht achtende Rezeption sähe nur auf den verdächtigten Begriff ›Geist‹ und nicht auf dessen Bewegungen. Wenn Brecht in seiner Lehre vom »eingreifenden Denken« diesem den »reinen Geist« gegenüberstellt, der sich »außerhalb der Politik seinen Wohnsitz aufgeschlagen« hat (*Gesammelte Werke* 20, Schriften zur Politik, S. 172–175), so läßt sich zeigen, daß Musils Denken und Schreiben in besonderer Weise als »eingreifendes« zu verstehen ist, insofern es nicht nur an der Veränderbarkeit der Wirklichkeit, sondern zugleich an deren Voraussetzungen arbeitet, sozusagen an der Veränderung der Veränderbarkeit. — **54** Beitrag, S. 83. — **55** Ebd., S. 86. — **56** Vgl. etwa *MoE*, S. 1090: »Was er ausheben wollte, war das Unfaßbare der Einzelerlebnisse«. — **57** Siehe dazu Strutz (1980a), S. 117. — **58** Vgl. etwa *GW II*, S. 1012 f., wo Musil zunächst vom »künstlerischen Partikularismus«, der »ohnmächtigen Vielheit kleiner Gemeinden«, der »Hemmungslosigkeit im Umsturz und Erfinden von Neuem« und dem dabei verbreiteten Wunsch »nach einer homerischen Einfalt« spricht und dann fortfährt: »Trotzdem ist es für mich ohne Frage, (...) daß wir gewinnen werden, wenn wir die Entwicklung, die bisher (sic)geführt hat, noch übertreiben.« — **59** Kluge (1975), S. 221 f. — **60** Karthaus (1965), S. 476. — **61** Strutz (1983), S. 161 f. Siehe auch Allemann, S. 108 f. — **62** Vgl. zu diesen, für politisches/demokratisches Denken gewiß nicht allzu populären Erwägungen die ersten Abschnitte in Negt, Kluge (1981) unter den Überschriften: »Gewaltsamkeit als Arbeitseigenschaft«, »Behutsamkeit, Sich-Mühe-geben, Kraft- und Feingriffe«, »Hebammenkunst«!

Benützte oder erwähnte Literatur:

Robert Musil, *Gesammelte Werke*. Hg. von Adolf Frisé, Bd. I: Der Mann ohne Eigenschaften. (=MoE). Bd. II: Prosa und Stükke; Kleine Prosa, Aphorismen, Autobiographisches; Essays und Reden; Kritik. (= GW II) Reinbek 1978 (text- u. seitenidentisch mit der 9-bdg. Taschenbuchausgabe).

Robert Musil, *Tagebücher*. Hg. von Adolf Frisé, Bd. I: Text (= TB I). Bd. II: Anmerkungen, Anhang, Register (= TB II). Reinbek 1976.

Robert Musil, *Briefe 1901–1942*. Hg. von Adolf Frisé, Bd. I: Text (= B I). Bd. II: Kommentar, Register (B II). Reinbek 1981.

Robert Musil, *Beitrag zur Beurteilung der Lehren Machs*. Neu hg. von Adolf Frisé. Reinbek 1980 (= Beitrag).

Allemann, Beda, »Robert Musil und die Zeitgeschichte«. In: Ders., (Hg.): *Literatur und Germanistik nach der ›Machtübernahme‹. Colloquium zur 50. Wiederkehr des 30. Januar 1933.* Bonn 1983, S. 90–117.
Aspetsberger, Friedbert, »Anderer Zustand, Für – In. Musil und einige Zeitgenossen«. In: Uwe Baur/Elisabeth Castex (Hg.): *Robert Musil. Untersuchungen.* Königstein/Ts. 1980, S. 46–66.
Bateson, Gregory, *Ökologie des Geistes.* Frankfurt/M. 1981.
Bateson, Gregory, *Geist und Natur. Eine notwendige Einheit.* Frankfurt/M. 1982.
Breton, André, *Das Weite suchen. Reden und Essays.* Frankfurt/M. 1981.
Capra, Fritjof, *Wendepunkt. Bausteine für ein neues Weltbild.* Bern, München, Wien 1983.
Dostojewski, Fedor M., *Politische Schriften.* München 1920.
Frisé, Adolf, *Plädoyer für Robert Musil.* Reinbek 1980.
Habermas, Jürgen, *Strukturwandel der Öffentlichkeit.* Neuwied, Berlin 1969.
Hanke-Tjaden, Irma: »*Der freie Geist und die Politik*«. *Zum Problem des Politischen bei Robert Musil.* (Diss. Masch) Freiburg/Br. 1961.
Hickman, Hannah »›Lebende Gedanken‹ und Emersons ›Kreise‹«. In: Baur, Castex (Hg.): *Robert Musil. Untersuchungen.* Königstein/Ts. 1980, S. 139–151.
Kantorowicz, Alfred, *Politik und Literatur im Exil. Deutschsprachige Schriftsteller im Kampf gegen den Nationalsozialismus.* Hamburg 1978.
Karthaus, Ulrich, »Musil-Forschung und Musil-Deutung. Ein Literaturbericht«. In: *Deutsche Vierteljahresschrift für Literaturwissenschaft und Geistesgeschichte* 39 (1965), S. 441–483.
Kieser, Rolf: *Erzwungene Symbiose. Thomas Mann, Robert Musil, Georg Kaiser und Bertolt Brecht im Schweizer Exil.* Bern, Stuttgart 1984.
Kluge, Alexander, *Gelegenheitsarbeit einer Sklavin. Zur realistischen Methode.* Frankfurt/M. 1975.
Krispyus, Egbert, »Exil als Lebensform«. In: Peter Uwe Hohendahl/Egon Schwarz (Hg.): *Exil und innere Emigration. II. Internationale Tagung in St. Louis.* Frankfurt/M. 1973.
Mittenzwei, Werner, *Exil in der Schweiz.* Frankfurt/M. 1981 (= Kunst u. Literatur im antifaschistischen Exil 1933–1945 in sieben Bänden. Bd. 2).

Negt, Oskar/Kluge, Alexander, *Öffentlichkeit und Erfahrung. Zur Organisationsanalyse von bürgerlicher und proletarischer Öffentlichkeit.* Frankfurt/M. 1972.
Negt, Oskar/Kluge, Alexander, *Geschichte und Eigensinn.* Frankfurt/M. 1981.
PARIS 1935. Erster Internationaler Schriftstellerkongreß zur Verteidigung der Kultur. Reden und Dokumente. Mit Materialien der Londoner Schriftstellerkonferenz 1936. Einleitung und Anhang von Wolfgang Klein. Hg. von der Akademie der Wissenschaften der DDR. Zentralinstitut für Literaturgeschichte, Berlin (DDR) 1982.
Sanders, Hans, »Die Widerlegung der Vernunft aus dem Erlebnis oder Die Kapitulation der bürgerlichen Intelligenz vor dem Faschismus«. In: *Diskussion Deutsch.* Sonderband: Ideologiekritik im Deutschunterricht. Frankfurt/M. 1972, S. 86–95.
Sautermeister, Gert, »Thomas Mann: Volksverführer, Künstler-Politiker, Weltbürger. Führerfiguren zwischen Ästhetik, Dämonie, Politik«. In: *Exilforschung. Ein Internationales Jahrbuch* 1 (1983). Hg. im Auftrag der Gesellschaft für Exilforschung/Society for Exile Studies von Thomas Koebner, Wulf Köpke u. Joachim Radkau. München, S. 302–321.
Strutz, Josef, »Gesellschaftspolitische Implikationen bei Musil: zum Begriff des Eigentums im MANN OHNE EIGENSCHAFTEN und im Nachlaß«. In: Baur, Castex (Hg.): *Robert Musil. Untersuchungen.* Königstein/Ts. 1980, S. 67–84.
Strutz, Josef, *Politik und Literatur in Musils MANN OHNE EIGENSCHAFTEN. Am Beispiel des Dichters Feuermaul.* Königstein/Ts. 1981.
Strutz, Josef, »Musil und die italienische Philosophie«. In: *Robert Musil. Incontri Italo-Austriaci nel primo centenario della nascita.* Innsbruck, Vienna 1980 (a), S. 113–119.
Strutz, Josef, »Robert Musil und die Politik. Der Mann ohne Eigenschaften als ›Morallaboratorium‹«. In: Ders., (Hg.): *Robert Musil und die kulturellen Tendenzen seiner Zeit.* München 1983, S. 160–171.
Zur Tradition der sozialistischen Literatur in Deutschland. Eine Auswahl von Dokumenten. Berlin (DDR), Weimar 2. Aufl. 1967.
Zur Tradition der deutschen sozialistischen Literatur. Eine Auswahl von Dokumenten. Bd. 1: 1926–1935. Berlin (DDR), Weimar 1979.

Michael Neumann

Lektionen ohne Widerhall

Bemerkungen zum Einfluß von Remigranten auf die Entwicklung der westdeutschen Nachkriegssoziologie

Die Anerkennung der Existenz einer eigenständigen Sozialwissenschaft im Exil ist in der Fachgeschichte relativ neu. Sie ernstzunehmen führt notwendig zu Fragen, deren Beantwortung das bisher dominierende historische Selbstverständnis des Faches in wichtigen Hinsichten fraglich werden läßt: Spricht man über Wissenschaft im Exil, dann kann man über Wissenschaft im Faschismus nicht schweigen, auch nicht darüber, wie beide nach 1945 sich kompliziert ineinander verwoben haben, als einige Remigranten ihre Arbeit in Deutschland fortsetzten.

Es wurde eine Minderheit der wissenschaftlichen Intelligenz ins Exil getrieben, von dieser kehrte nurmehr eine Minderheit in die Bundesrepublik zurück, mit eindeutiger Option für diesen Staat. Einige aus dieser Minderheit bringen Lektionen darüber mit, was zu geschehen hat oder doch geschehen müßte, damit Faschismus und Krieg künftig verhindert werden. Sie geraten in das wissenschaftliche Milieu einer Mehrheit, die sich mit der gleichen Problematik beschäftigt, aber in anderer Weise als die Exilanten: nämlich mit dem Ziel der Verdrängung und Rationalisierung. Demgegenüber haben es Analysen schwer, die diese Form der Verarbeitung stören. Welchen Einfluß hatten Sozialwissenschaftler, die aus dem Exil zurückkamen, auf die Entwicklung ihres Faches nach 1945 in den Westzonen und in der Bundesrepublik? René König, der Ende der vierziger Jahre aus dem Schweizer Exil nach Deutschland übersiedelt, schreibt: »(...) viele Emigranten sozialwissenschaftlicher und soziologischer Ausrichtung (sind) nach Deutschland zurückgekehrt, wo sie teilweise sehr erfolgreich und einflußreich waren.«[1] Unverständlich ist ihm die Einschätzung, wonach »ein Großteil der Soziologen, die sich im Nationalsozialismus in den Dienst der Sache gestellt hatten, (...) in der Bundesrepublik Karriere machten, während es den Emigranten nur selten gelang, wieder Fuß zu fassen«.[2] S. Papcke, auf dessen Einschätzung König sich hier bezieht, hält an seinem Urteil fest: »Einsichten der Exilsoziologie waren (nach 1945) vergessen und hätten doch eine Forschungskontinuität geboten, mit deren Fundus inhaltliche Problemstellungen der Gesellschaft statt formaler zu klären gewesen wären.«[3]

In seiner ersten umfangreichen Darstellung der westdeutschen Nachkriegssoziologie (1979) reiht Rainer M. Lepsius die Remigranten und ihre Leistungen noch umstandslos ein in den Haushalt der von ihm so bezeichneten ›Neugründung‹ der Sozialwissenschaften.[4] Wohl unter dem Einfluß der bisherigen Resultate der Exilforschung kommt

Lepsius zwei Jahre später[5] zu einer veränderten Einschätzung. Gegenüber einer noch verbreiteten Fixierung der sozialwissenschaftlichen Anfänge auf die sogenannte Stunde Null sieht er nun die Exilsoziologie in der Linie »gerade jener Tradition der deutschen Soziologie (...), die sich um die Entwicklung eines im engeren Sinne soziologischen Erklärungsprogrammes bemühte«.[6] Offensichtlich wird hiermit auch eine entlastende Alternative zu der Traditionslinie hervorgehoben, die sich von der Weimarer Republik in die Zeit des Faschismus und dann im wesentlichen ungebrochen bis weit in die Nachkriegszeit hineinzieht.[7] »Im engeren Sinne des wissenschaftlichen Einflusses« sei die Remigration sogar von »größter Bedeutung«. »Die Neubegründung der Soziologie und der politischen Wissenschaft wird zu einem erheblichen Teil von Personen getragen, die aus der Emigration zurückkehrten.«[8] Das kontrastiert nun eigenartig mit dem Hinweis – er stammt ebenfalls von Lepsius –, daß die Exilsozialwissenschaft in der Reorganisation der Soziologie nach dem Kriege keinen ihr angemessenen Platz gefunden habe.[9]

Natürlich ist die Frage nach dem Einfluß der Remigranten nach 1945 nur mit Rücksicht auf die kulturellen, politischen und gesellschaftlichen Konstellationen der Nachkriegszeit zu erörtern. Sie können hier nicht ausführlich entwickelt werden.[10] Aber ein bloßer Verweis auf den ›kalten Krieg‹ reicht nicht aus; diese Kategorie – sie ist nicht falsch – verhüllt in diesem speziellen Fall mehr als sie sichtbar macht: so ist gerade die Emigrantenfeindlichkeit in Westdeutschland – sie dauerte bis in die sechziger Jahre an[11] – aus postfaschistischen Syndromen eher zu erklären als aus den Bedingungen des ›kalten Krieges‹.

Denen, die zuvor von außen die Entwicklung verfolgten, wurde dies spätestens klar, als Frank Thiess die Weigerung Thomas Manns, nach Deutschland zurückzukehren, zum Anlaß »einer kaum verhüllten Schmährede auf die Emigranten«[12] nahm und die ›innere Emigration‹ zum eigentlichen intellektuellen Widerstand gegen den Faschismus stilisierte.[13] Da war es wahrscheinlich ein geringer Trost, von einem damals relativ unbekannten Schriftsteller aufgefordert zu sein, nach Deutschland zurückzukehren. Alfred Andersch schrieb 1947: Sie sollten doch zurückkommen, die Gelehrten des Exils. »Es ist höchste Zeit, daß der Typus des bürgerlichen Studenten, der das anachronistische Bild der deutschen Universität so penetrant enthüllt, eine Konkurrenz erhält durch den Zuzug junger Menschen aus neuen gesellschaftlichen Schichten (...) es wäre denkbar, daß ein Teil der deutschen Gelehrten im Ausland seine Rückkehr geradezu von einer Reform des Bildungssystems in Deutschland abhängig macht.«[14]

Während, aus dem Exil gekommen, der Soziologe Hans Mayer und der Dichter Bertolt Brecht in einem Seminarraum der Leipziger Universität mit Arbeiterstudenten Probleme des Realismus diskutieren[15] und nebenan der Philosoph Ernst Bloch seine Antrittsvorlesung über ›Universität, Marxismus, Philosophie‹[16] hält, kehrten andere erst in die Bundesrepublik zurück, nach Frankfurt, Köln, Berlin, Göttingen. Daß sie vergleichsweise spät eintreffen, liegt auch an den rigiden Einreisebeschränkungen der westlichen Alliierten. In den Besatzungsverordnungen war ihre Rückkehr nicht vorgesehen.[17] Zudem galten sie den Amerikanern – spätestens ab 1947 – als nicht geheuer; könnte es doch sein, daß mit dieser Remigration linke oder gar sozialistische Positionen im Wissenschafts- und Kulturbetrieb Einfluß nehmen würden. Mit Ressentiments, Vorurteilen und Ablehnungen war zu rechnen; sie reichten vom völligen Unverständnis dafür, weshalb man eigentlich ins Exil geflohen war,[18] bis hin zu massiven Diskriminierungen.[19] Offener und weniger vorurteilsbesetzt reagierten mancherorts die Studenten.[20]

Wichtig auch für die Beschreibung der Konstellation ist etwas anderes, weniger Sichtbares; zur Situation der Intellektuellen im Exil (dies gilt natürlich auch für andere Exilanten) bemerkt H. A. Strauss: »For all them, emigration ended all links with their networks of finely shaded political and cultural support. That such networks could not be established abroad was, in fact, one of the tragedies by exile writers of the Nazi period.«[21] Dies gilt aber auch für die Nachkriegssituation, in der sich die Remigranten bewegen mußten. Es war ja nicht so, daß nach dem Faschismus die von ihm unterdrückten und liquidierten Zusammenhänge und kulturellen Milieus wiederbelebt wurden, gewissermaßen aus der Versenkung auftauchten. Die politischen, wissenschaftlichen und sozialen Gruppenkulturen, die die Exilierten verlassen mußten und deren Träger sie zugleich waren, bestanden nach 1945 nicht mehr. Die relative Vielfalt linksbürgerlicher Kristallisationspunkte, die es in der Weimarer Republik gegeben hatte, war ebenso zerstört wie die kommunikativen Infrastrukturen der sozialistischen und kommunistischen Intelligenz und der Arbeiterbewegung. Der Faschismus hatte nicht nur die Organisationen der Arbeiterbewegung – seinen zentralen Gegner – zerschlagen, ihre politischen Kader und die ihr nahestehenden Intellektuellen umgebracht oder vertrieben. Der Faschismus hatte auch »seine bürgerlichen Gegner heimatlos gemacht: seine Immanenz in der bürgerlichen Gesellschaft nach der Abdankung der Staatsform stieß sie (die bürgerlichen Gegner – mn.) weiterhin zurück«.[22]

Die Remigranten, die in die Westzonen zurückkehrten, gehörten überwiegend eben dieser bürgerlichen Intelligenz an. Sie kamen aus verschiedenen Exilländern. Auch wenn sie untereinander Kontakte und Beziehungen hatten, entwickelten sich daraus doch keine homogenen Wissenschaftsprogramme oder ein politisch weitreichender Konsens.[23] Für die nicht-emigrierten Sozialwissenschaftler, die ehemaligen ›Reichssoziologen‹ (nach einem Ausdruck C. Klingemanns), hatte sich nach 1945 zwar die wissenschaftliche Infrastruktur verändert, doch vorhanden und weiterhin wirksam blieb eine Art »Beziehungsstruktur«, d. h. vielfältiger Informationsaustausch, Kenntnisse persönlicher und wissenschaftlicher Art und Überlegungen – bereits vor Kriegsende begonnen –, wie es danach weitergehen solle.[24] Zudem hatten sie Kontakte zu Vertretern anderer Disziplinen und auch zu außeruniversitären Institutionen, die bekanntlich nach 1945 sehr schnell personell und organisatorisch restauriert worden sind. Die meisten so bezeichneten »Reichssoziologen« arbeiteten gleich nach 1945 oder nach kurzen Pausen weiter, an Universitäten, pädagogischen Hochschulen und freien Forschungsinstituten. Die Anfangsbedingungen soziologischen Arbeitens waren also ungleich verteilt. Die Emigranten hatten bestimmte Konzeptionen und Fragestellungen, Kenntnisse und auch Erfahrungen, mit den entwickeltsten Methoden der Sozialforschung beispielsweise, sie kannten sich in der internationalen Entwicklung ihrer Fachgebiete aus, die entsprechenden Arbeiten in Deutschland hatten sie meistens zur Kenntnis genommen – die anderen dagegen hatten nicht nur Vorstellungen von der weiteren Arbeit, ihnen standen vor allem Zusammenhänge zur Verfügung, die die Remigranten sich erst aufbauen mußten.

In Stichworten sei hier nur erinnert an andere Bedingungen, die diese Konstellation prägten: Zum Zeitpunkt der Rückkehr war bereits ersichtlich, daß eine grundlegende Veränderung der gesellschaftlichen Verhältnisse in der Bundesrepublik nicht stattgefunden hatte. Hieran waren aber zahlreiche Erwartungen des Exils geknüpft. Eine Universitätsreform ist bekanntlich ausgeblieben. Nach den verschiedenen Phasen der Entnazifizierung – sie wurde von der Mehrheit der westdeutschen Bevölkerung mißbilligt, gleichwohl tat man dann so, als hätte sie stattgefunden – nahmen die Universitäten den normalen Gang ihrer Amtsgeschäfte wieder auf. Für jene Remigranten, die nicht bereit waren, diese Entwicklung hinzunehmen, war eine Integration in den wissenschaftlichen Betrieb natürlich nicht problemlos. Anders jedoch als nach dem Ersten Weltkrieg ergaben sich für die soziologische Forschung – trotz verschiedener Restriktionen – im ganzen bessere Ausgangsbedingungen.[25] Dabei boten die von den US-Alliierten im Zuge der Umerziehungs-Programme geförderten Sozialwissenschaften ›amerikanischer Art‹ für die Remigranten einen wichtigen Zugang in die sich restabilisierende Wissenschaftsgemeinschaft, die diese Programme – durchaus auch opportunistischen Überlegungen folgend – weitgehend übernahm.[26]

Wie nun war es? Kehrten viele Sozialwissenschaftler aus dem Exil zurück? Hatten sie wissenschaftlichen Einfluß? Waren sie erfolgreich? Wurden sie übergangen? Personenkreis und Zeitraum, auf die die Fragen in sinnvoller Weise zu beziehen sind, lassen sich gemäß dem gegenwärtigen Forschungsstand einigermaßen abgrenzen. Mitte der fünfziger Jahre ist die Hauptphase der Rekonstituierung der Sozialwissenschaften in der Bundesrepublik abgeschlossen. Exilanten, die später zurückkehren, haben auf die weitere Entwicklung von Soziologie und Politikwissenschaft in den fünfziger Jahren keinen entscheidenden Einfluß mehr.[27] Hatten ihn diejenigen, die vorher kamen, also zwischen 1948/49 und etwa 1955? Zu unterscheiden ist dabei zwischen Wissenschaftlern, die dauerhaft in der Bundesrepublik blieben, hier Lehrstühle erhielten oder in anderen Positionen arbeiteten, und denen, die als Gastdozenten die Bundesrepublik bereisten und durch Vorträge oder Teilnahme und Förderung von Untersuchungen zur »Ausbildung der ersten Nachkriegsgeneration beigetragen (haben)«.[28] Die wissenschaftlichen Wirkungen, die tatsächlich von dieser letzten

Gruppe ausgingen (zu denken ist etwa an T. Geiger, J. Kraft, H. Gerth, E. Heimann, E. Rosenstock-Huessy, P. Neurath, A. Salomon), war unterschiedlich und ist im einzelnen schwer nachzuweisen. Konzeptionell haben sie ersichtlich keinen Einfluß innerhalb des Faches gehabt. Selbst die beiden bekannten Nachkriegsstudien Theodor Geigers, *Die Klassengesellschaft im Schmelztiegel* (deutsch 1949) und *Aufgaben und Stellung der Intelligenz in der Gesellschaft* (deutsch 1949), wurden eher im Dienst ideologischer Absicherungen und als empirische Belege für eine ganz andere gesellschaftliche Wirklichkeit (die westdeutsche) benutzt, weniger als aufzugreifende und zu diskutierende Innovationen.

Nach einer von Lepsius zusammengestellten Übersicht[29] kamen in dem genannten Zeitraum in die Bundesrepublik: Adorno (aus den USA, 1949), E. E. Hirsch (Türkei, 1952), M. Horkheimer (USA, 1949), L. Kofler (aus der DDR, 1952), R. König (Schweiz, 1949), Ch. Lütkens (Großbritannien, 1949), H. Plessner (Niederlande, 1950), F. Pollock (USA, 1949), A. Rüstow (Türkei, 1949), H. Sultan (Großbritannien, 1946), W. Strzelewicz (Schweden, 1955), A. Bergstraesser (USA, 1952), F. Borkenau (Großbritannien, 1946), O. Flechtheim (USA, 1946), E. Fraenkel (USA, 1951), A. Grabowski (Schweiz, 1950), A. Gurland (USA, 1950), S. Landshut (Palästina, 1951) und der von Lepsius nicht erwähnte G. Kessler (Türkei, 1951).

Im Zusammenhang dieses Aufsatzes ist es nicht möglich, der Wirkungsgeschichte der genannten Wissenschaftler im einzelnen nachzugehen. Zu den »wichtigsten Trägern der sich wiederentwickelnden Soziologie« rechnet Lepsius Plessner, Horkheimer/Adorno und König.[30] Um sie und um F. Neumann bzw. Gurland (sie waren wesentlich an der Initiation einer sozialwissenschaftlich orientierten Politikwissenschaft beteiligt) soll es im folgenden gehen, d. h. genauer: um Bemerkungen zu Themen, die sich in der Arbeit der Genannten als zentral erweisen, aber zugleich, das ist vorwegzunehmen, während dieser Phase (mit einer Ausnahme) nicht durchsetzen lassen. Außer Neumann wurden die anderen prominente Fachvertreter; sie übernahmen Lehrstühle und akademische Ämter der Selbstverwaltung. Trotzdem blieben die Fragen, die sie – aus dem Exil kommend – mitbrachten und in Projekte umsetzten, in den fünfziger Jahren kaum beachtet. Das änderte sich später. Einige der verdrängten Themen wurden von jüngeren Sozialwissenschaftlern (wenngleich in anderen Zusammenhängen), oft Schülern, aufgegriffen; es gibt so etwas wie wissenschaftliche Rehabilitationen in den sechziger Jahren. Als die Remigranten ihre Tätigkeit aufnahmen, beriefen sie sich auch auf Problemtraditionen, die bis in die Zeit der Weimarer Republik zurückreichen. Sie sahen sich selbst in einer bestimmten wissenschaftlichen Kontinuität, die nun vor allem dazu dienen sollte, zu einer substantiellen Demokratisierung der westdeutschen Nachkriegsgesellschaft beizutragen. Sie repräsentierten nicht *die* Sozialwissenschaft des Exils, eher verschiedene Reaktions- und Verarbeitungsweisen des Exils, des Krieges und Faschismus. Ihre Arbeiten sind auch nicht repräsentativ, sie sind keine Beispiele, die aus einer Vielzahl gleichartiger herauszugreifen wären, das vor allem unterscheidet sie von jenen Remigranten, die sich nach 45 in den breiten Strom der ideologischen wissenschaftlichen Entproblematisierung damaliger Gegenwart nahtlos einfügten.

Erste Lektion: Über Intelligenz und Hochschule

Als Helmut Plessner 1950 seine Arbeit als Ordinarius für Philosophie und Soziologie an der Universität Göttingen aufnahm, war er eher durch anthropologische als durch soziologische Arbeiten bekannt. Wenn H. P. Bahrdt in einer noblen Würdigung seines Lehrers, dessen Neigung der Philosophie galt, notiert: »Pflichtgetreu unterrichtete er auch über empirische Soziologie, wie sie in Amerika betrieben wurde«[31], ist zu ergänzen, daß er im Rahmen dieser Pflicht ein umfangreiches Programm für empirische Untersuchungen entwirft, die in der Göttinger Seminararbeit durchgeführt werden sollen.[32]

Arnold Gehlen und Plessner standen in Arbeitszusammenhängen mit Max Scheler. Während Gehlen Zeit und Gelegenheit fand, als »Reichsprofessor« sein Hauptwerk *Der Mensch* zu schreiben, dabei in der ersten Auflage verschwieg, was er von Plessner gelernt hatte, gelang es Plessner nicht, seine anthropologischen Arbeiten im Exil weiterzuentwickeln. Gleichwohl entsteht in Groningen eines der »großen Bücher des Exils« (Lepsius), dessen geänderter Titel der zweiten Auflage zu einem Schlagwort der Zeit wird: *Die verspätete Nation* (1959). Zuerst erscheint es in Zürich (1935) unter dem Titel: *Das Schicksal deutschen Geistes im Ausgang seiner bürgerlichen Epoche*. In der Abteilung »Soziologie« der Zeitschrift für Sozialforschung des exilierten Frankfurter Instituts gibt es eine Rezension von Herbert Marcuse. In ihr heißt es: »Die Standpunktlosigkeit der geistesgeschichtlichen Phrase schwankt zwischen Verteidigung und Anklage des autoritären Staates.«[33] Plessner hat seine Klasse ideologisch nie gewechselt, er hat auch nie so getan als ob. Über die Nazis schrieb er: »Jetzt bilden Vererbungslehre und Rassenbiologie, Prähistorie und Anthropologie einen Mittelpunkt, zumal das pessimistische Lebensgefühl einer sterbenden Intelligenzschicht den dekadenzbiologischen Gedankengängen Gobineaus und seiner Nachfolger den günstigsten Boden bereitet.«[34] Von seiner Anthropologie ist die Soziologie und sind seine Überzeugungen nicht zu trennen. Anders als jene, die darüber nachdachten, wie die Volksgemeinschaft in Schach zu halten sei, erinnert Plessner an die »verlorenen Möglichkeiten einer ungebrochenen menschlichen Existenz im Ganzen«.[35] In der Krise des deutschen Bürgertums, vor allem in seiner intellektuellen Korruptheit und Korrumpierbarkeit, erkennt er das Resultat einer defizitären Entwicklung, die einen selbstbewußten Liberalismus, eine aufgeklärte politische und kritische Souveränität des Bürgers nicht hat entstehen lassen. Dennoch hält er, ungeachtet der verspäteten Nationenbildung, an einer perspektivischen Entwicklungsmöglichkeit fest – »abseits der gegenwärtigen Gesellschaft oder in einer neuen«.[36] Plessner, der mit Ernst Bloch, aber auch mit Percy Ernst Schramm befreundet war, verteidigte nicht den autoritären Staat, der ihn ins Exil getrieben hatte; er dachte an Institutionen eines liberalen, bürgerlichen Rechtsstaates, getragen von einer selbstbewußten Bourgeoisie und nicht von der unverhüllten Interessengemeinschaft des Großkapitals.[37] Plessner diskutierte nicht die Klassengrundlage der Bourgeoisie, sondern ihr Defizit an humanitären und aufklärerischen Traditionen; diese durch »Selbsterkenntnis« zu aktivieren, hielt er für möglich.

Wichtig ist, an eine andere Überlegung Plessners zu erinnern – nicht an seinen Antimarxismus, den teilt er mit seiner Klasse, ohne sich auf die antimarxistische Hysterie zahlreicher Kollegen einzulassen –: sein Festhalten an der Überzeugung, daß sich das Bürgertum nicht aus der Geschichte und seiner Verantwortung davonstehlen darf. Gegen die »Kultivierung des nationalen Gedächtnisverlustes« (des Bürgertums)[38], die dazu führt, vom Ende der Geschichte zu faseln (wobei doch Vergessen gemeint ist), insistiert der bürgerliche Gelehrte Plessner auf dem uneingelösten Versprechen bürgerlicher Kultur. »Hat man bisher bei uns sich ernsthaft um eine Kritik der Grundlagen bemüht, die den geistigen Nährboden für die Ideen des Nationalsozialismus abgaben und – bei nicht wesentlich geänderter wirtschaftlicher Struktur – auch weiter abgeben wird?«[39] Im Zusammenhang mit dieser Kritik und diesen Fragen ist eine der brisantesten empirischen soziologischen Untersuchungen der Nachkriegszeit zu sehen, die sogenannte »Hochschullehrerstudie«.[40] Mit Plessner, der sie verantwortet, arbeiten unter anderem von Krockow, von Ferber und Busch. Mitinitiator und wesentlicher Motor des ganzen Projekts ist Plessners damaliger Assistent Dietrich Goldschmidt. Als die Studie erscheint, wird sie von denen, die es angeht, so wenig zu Kenntnis genommen, wie die nach 1945 zugängliche *Verspätete Nation*.[41]

Die Brisanz der Arbeit bestand darin, daß hier nicht nur – was ja noch harmlos klingt – »die erste wirklich umfassende empirische Erhebung über Hochschulfragen« durchgeführt wurde,[42] sondern auch darin, daß die Universität selbst zum Gegenstand der Forschung gemacht worden war. Empirische Wissenschaftsforschung hatte Plessner bereits im Exil interessiert. »Nur wenige wissen«, schreibt er im Vorwort der Studie, »daß eine solche Untersuchung mich schon in meinen holländischen Jahren beschäftigt hat, als mir in Groningen die Soziologie anvertraut war. Der Krieg machte die Durchführung unmöglich (...) der Plan der Untersuchungen geht auf eine alte Arbeit von mir aus dem Jahre 1924 zurück (...)«[43] Die Studie stellte nicht die Institution Universität in Frage, wohl aber wichtige Fragen an die Universität, die die Überfälligkeit von Reformen signalisierten. Zwar führten in der schließlich veröffentlichten Version »Zensur und Selbstzensur«[44] dazu, daß wertvolles und wichtiges Material nicht berücksichtigt wurde und die publizierten Ergebnisse – teils unter dem Druck empörter Hochschullehrer, teils unter der diesem Druck nachgebenden Haltung Plessners – weit hinter die tatsächlich gewonnenen Erkenntnisse zurückfielen. Doch auch so rührte die Untersuchung an die »Empfindlichkeit vieler Kollegen«.[45] Der Vorwurf der »Nestbeschmutzung« validierte gewissermaßen die These, daß das Gros der universitären Intelligenz nicht bereit war, über ihre Tätigkeit nachzudenken. Die Studie mischte sich fragend ein in eines der institutionellen Zentren des bürgerlichen Herrschaftsapparats und bot Anlaß, einen Prozeß der Selbstreflexion zu fördern. Vor solchen Zumutungen schützte sich »die letzte Zitadelle korporativer Geschlossenheit«[46] durch Ignoranz, das Fazit der Studie bestätigend: Die »Ansprechbarkeit der einzelnen Fächer für Fragen ihres Zusammenhangs im korporativen Rahmen Universität im ganzen und ihrer gesellschaftlich-politischen Verantwortung« sei äußerst gering geworden.[47] Im wichtigsten Soziologielexikon der Nachkriegszeit[48] wird die Studie nicht erwähnt. Im speziellen Bereich der Soziologie war die Resonanz nicht wesentlich anders.[49] Die Studie kam offenbar zur falschen Zeit, als nämlich sich in der »Intelligenz-Diskussion« eine Umorientierung auf die »Bedürfnisse« des kalten Krieges durchgesetzt hatte. »Der Ost-West-Gegensatz«, schrieb Plessner, »überschattet alles auch hier, weil er die Diskussion dem Abwehrinteresse unterordnet und sie, wie auch immer, in die Richtung auf eine Gegenideologie zum Marxismus drängt, als welche schon der Hitlerismus sich empfahl und in der er seine Stoßkraft entfaltet.«[50]

Das war nicht gleich so nach 1945: neben der unsäglichen Flut von Broschüren, die augenfällig ihr Thema von der »Krise des Geistes« belegen, gab es verschiedene Versuche, nicht den Geist, sondern die Tätigkeit der Intelligenz, ihre Verantwortung und auch Verantwortungslosigkeit vor und während des Faschismus zu diskutieren. An dieser Diskussion beteiligten sich Soziologen, einer, Michael Kohlhaas, schreibt über »die deutsche Intelligenz, eine historische Betrachtung über ihr Versagen«,[51] namentlich über die faschistischen Handlanger-Dienste der Schmitt, Huber, Forsthoff und Höhn. In ungewöhnlich scharfer Form antwortete ihm Helmut Schelsky; er verglich diese Kritik mit der Intellektuellen-Hetze eines Goebbels und verwahrte sich gegen die isolierte Betrachtung der Intelligenz des Dritten Reiches, eine solche könne der »Schicksalsgemeinschaft zwischen deutschem Arbeitertum und deutscher Intelligenz« abträglich sein.[52] In seiner Antwort kann Kohlhaas die gröbsten Verdrehungen richtig stellen[53] und Wolfgang Abendroth weist darauf hin (es ging in der Polemik auch um statistische Belege): »Es bedarf wohl kaum eines statistischen Nachweises, daß die deutsche Intelligenz und insbesondere die deutsche Akademikerschaft der Attacke des Nationalsozialismus auf die Kultur und die geistige Freiheit zumindest in den ersten Jahren des Dritten Reiches in mindestens dem gleichen Maße erlegen ist, wie die übrigen Schichten der Nation«[54] – doch die kaum begonnene Diskussion wird auch in der Soziologie nicht weitergeführt. Sie beginnt erst wieder Ende der fünfziger Jahre.

Zweite Lektion: Über Vorurteile und ruhiges Gewissen

Bei der Wiedereröffnung des Instituts für Sozialforschung in Frankfurt/M. 1951 verband Horkheimer mit der Vorstellung der zukünftigen Arbeit des Instituts den Hinweis, daß dieses noch immer das gleiche sei wie 1931, als er die Leitung übernahm: nach wie vor ginge es um

»die Pflege jenes aktiven Humanismus, mit dessen Erhaltung die Frage nach der Zukunft der Menschheit heute verbunden ist«.[55] Mit dieser Kontinuitätsthese berief sich Horkheimer auf den thematischen Zusammenhang zwischen den noch zu Beginn der dreißiger Jahre begonnenen Familienforschungen und den in den Vereinigten Staaten durchgeführten Untersuchungen zum Vorurteil.[56] Der wohl einzige Teilnehmer der Eröffnungsfeier, der die im Exil entstandenen Arbeiten kannte, René König, schrieb in einem Bericht, diese Kontinuität sei eigentlich nicht mehr vorhanden. Er sah in der Wiedererrichtung des Instituts eher einen Neuanfang, ins Werk gesetzt durch die angekündigte »vollkommen sachgetreue Vermittlung der amerikanischen Sozialforschungsmethoden«.[57] Tatsächlich galten die Vertreter der »kritischen Theorie« zunächst als Experten in den Sozialforschungsmethoden.[58] Daß sich die Anwendung dieser Methoden mit dem kritischen Interesse gesellschaftsbezogener Sozialanalysen verbinden würde, kündigte Adorno als Hauptreferent auf einer wissenschaftlichen Tagung über solche Forschungen an: »Es ist dieser Zustand der Überreste der deutschen geisteswissenschaftlichen Soziologie, der als seines Korrektivs dringend der empirischen Methoden bedarf. Deren echter Sinn ist der kritische Impuls. Ihn darf die empirische Sozialforschung sich nicht verkümmern und in der Erkenntnis der gesellschaftlichen Zusammenhänge sich nichts vormachen lassen. Anstatt sich erst mit Hilfe ideologischer Begriffe ein versöhnliches Bild der sozialen Wirklichkeit zurecht zu stilisieren und sich dann mit Verhältnissen, wie sie sind, getröstet abzufinden, muß Wissenschaft die Härte dessen, was ist, zum Bewußtsein heben. So, nur so vermag ich wenigstens das zu verstehen, was man neuerdings so gern mit dem Namen Realsoziologie bedenkt.«[59] Das richtete sich deutlich an eine bestimmte Adresse: Es betraf die damalige wissenschaftliche Konzeption der Sozialforschungsstelle in Dortmund, dem wichtigsten Forschungsinstitut dieser Zeit überhaupt. Im Namen eben dieser »Realsoziologie« ging es vor allem darum, sozialreformerische Programme zur Lösung industriebetrieblicher Probleme zu entwickeln und nicht um gesellschaftskritische Analysen.[59a] Auf der Versammlung, auf der Adorno dies entwickelte, blieb jeder Kommentar aus. Beim Übergang zur Tagesordnung ging es eher um Finessen der Markt- und Meinungsforschung als um die kritische Funktionsbestimmung empirischer Verfahren.

Mit der ersten großen 1950 begonnenen Studie, dem 1954 veröffentlichten *Gruppenexperiment* – unklar ist, ob die Titelwahl zu der Art »Verschlüsselung der kritischen Theorie« gehört, wie sie »unter den politischen Bedingungen der fünfziger Jahre«[60] den Mitgliedern des Instituts opportun erschienen –, wird in der Nachfolge der Vorurteilsstudien ein zentrales Thema der Frankfurter Gruppe in dieser Zeit angeschlagen. Während E. K. Scheuch die Arbeit im »Soziologielexikon« mit einem Satz unter der Rubrik »Methoden« abtut[61], geht es tatsächlich nicht nur um neue Methoden, sondern auch um die Frage, welche Spuren der Faschismus in den Köpfen hinterlassen hat und welche Gefahren davon in einer Gesellschaft ausgehen können, deren sozialökonomische Voraussetzungen dafür im wesentlichen erhalten geblieben sind. Hatte Horkheimer bereits mit den amerikanischen Vorurteilsstudien auch die Absicht verfolgt, Rassismus und Antisemitismus in den USA durch praktische Aufklärungsarbeit beizukommen[62], sollte für das gleiche in der Bundesrepublik das »Gruppenexperiment« taugen: »Wird der gesicherte und zwingende Nachweis allgemein bekannt, daß das Rassenvorurteil wenig oder nichts mit dem zu tun hat, gegen die es sich richtet, aber um so mehr mit den Defekten und auch der objektiv begründeten Unzufriedenheit derer, die einen solchen Haß nähren, dann wird am Klima etwas Entscheidendes sich ändern.«[63]

Das war, wie die Resultate der Studie zeigten, die Rechnung ohne den Wirt gemacht. Was bei dem Versuch herauskam, »die Oberfläche der öffentlichen Meinung, so, wie sie sich offiziell bekundet, zu durchdringen und ein wissenschaftlich fundiertes Urteil zu ermöglichen, wie charakteristische *Gruppen* der Bevölkerung in der Bundesrepublik zu weltanschaulichen und politischen Fragen tatsächlich stehen,«[64] gab Anlaß zur Beunruhigung; die Studie zeigte, daß der Antisemitismus noch stark verbreitet war, besonders unter Akademikern, weniger unter Arbeitern, vor allem auch, daß »zur Demokratie und dem, was sie impliziert«,[65] positiv nur wenige standen: »Das vorgelegte Material ermächtigt (!) wohl zu dem Schluß, daß zwar die nationalsozialistische Ideologie als in sich einheitlicher organisierter Denkzusammenhang nicht mehr existiert, da ihr insbesondere durch den Mißerfolg ihre stärkste integrierende Kraft entzogen wird, daß aber zahlreiche Einzelelemente des faschistischen Denkens, herausgebrochen aus ihrem Zusammenhang und darum oft doppelt irrational, noch gegenwärtig sind und in einer veränderten politischen Situation wieder manipuliert werden könnten.«[66] Ähnlich wie die Studie der Plessner-Gruppe gehörte auch diese zu den seltenen Fällen empirischer Forschung, in der die ermittelten Fakten klarmachten, weshalb die praktisch intendierten Absichten zunächst nicht zu verwirklichen waren. Zu erwähnen ist, daß zu gleicher Zeit das Allensbacher Institut Umfrage-Ergebnisse veröffentlichte – mit wesentlich geringerem methodischen Aufwand ermittelt –, die weitgehend mit den Frankfurter Resultaten übereinstimmten.[67] Nur hatte sich das Allensbacher Institut vertraglich zur Beratung und Berichterstattung der Bundesregierung verpflichtet.[68] Angesichts der Bewußtseinslage der westdeutschen Bevölkerung (die in beiden Untersuchungen durchleuchtet wird), war es offensichtlich politisch risikolos, zumal in Zeiten des kalten Krieges auch nicht unerwünscht, ehemalige Nazis, unter ihnen nicht nur Mitläufer, in Ämtern zu behalten und latenten wie manifesten Antisemitismus zu tolerieren.[69]

Die »Gruppenstudie« wie auch die Vorurteilsuntersuchungen, vor allem die Arbeiten zur autoritären Persönlichkeit, fanden in den fünfziger Jahren wesentlich negative Beachtung. Der versuchte Nachweis eines Zusammenhangs zwischen antidemokratischen Dispositionen und autoritären Familienstrukturen stieß auf Ablehnung bei jenen Familiensoziologen, die gerade dabei waren, die Familie als Stabilitätsrest einer ansonsten aus den Fugen geratenen Gesellschaft zu konstruieren. Untersuchungen, deren Resultate hierzu quer lagen, galten selbst als »Vorurteil« (Schelsky) und – noch Jahre später – als »ausländische Legende«.[70] Ein zweites kam hinzu, um das Gespräch über diese Themen zu verhindern. Die Befunde paßten nicht in das verbreitete Ordnungs- und Stabilitätsdenken, vor allem nicht zur Vorstellung – wie sie gerade in der Soziologie verbreitet war –, ab 1945 sei nunmehr alles neu und anders und habe mit Vergangenem nichts mehr zu tun. Dies reicht tief hinein in wissenschaftlich gemeinte Begründungen für eine »Stunde Null«, etwa – hier tatsächlich beispielhaft – bei A. Müller-Armack: »In dieser neuen anthropologischen Position formulieren sich für unsere Gegenwart die Einsichten und Überzeugungen, durch die sie im letzten frei zu werden vermag von den bedrückenden Mächten der jüngsten Vergangenheit.«[71] Gegen solche Freisprüche opponierte die Horkheimer-Gruppe vergeblich. Die Macht der Vorurteile blieb zunächst stärker als die Destruktionskraft der Analyse.[72]

Daß es sich beim »Gruppenexperiment« um substantielle gesellschaftliche Fragen handelte – was die später laut gewordene modische Rede von der ›bloßen‹ Kultur- und Ideologiekritik dieser Arbeiten des Instituts verdecken will –, erwies sich in einer 1957 geführten massiven Auseinandersetzung zwischen Adorno und Peter R. Hofstätter. Hofstätter kritisierte nicht nur die Methoden der Arbeit; vor allem hielt er die Resultate für übertrieben. Was sich für Hofstätter als »eine Aufforderung zur echten Seelenzerknirschung« las[73], war für Adorno das existentielle Problem: daß »die Vergangenheit, der man entrinnen möchte, noch höchst lebendig ist«.[74] Der Gegensatz konnte nicht schärfer formuliert werden, als in Hofstätters rhetorischer Phrase: »Ich sehe kaum eine Möglichkeit, wie ein einziges Individuum das Grauen von Auschwitz auf sich zu nehmen imstande wäre«,[75] und in Adornos Belehrung: »Das Grauen von Auschwitz haben die Opfer auf sich nehmen müssen, nicht die, welche zum eigenen Schaden und dem ihres Landes, es nicht wahrhaben wollten.«[76] Adorno – so scheint es – ging in seiner Replik davon aus, daß der Nachweis verbreiteter faschistischer und antidemokratischer Überzeugungen für Hofstätter und andere ein Problem sein könnte.

Dritte Lektion: Über Herrschaft und Elite

In der Literatur ist mehrfach darauf hingewiesen worden, daß eine der wichtigsten Arbeiten, die im Exil entstanden sind – Franz L. Neumanns Faschismusanalyse *(Behemoth)* – lange Zeit in der Bundesrepublik aus schlechten Gründen nicht zur Kenntnis genommen worden ist.[77] Das hat sicher nicht nur an Neumanns Begriffen gelegen: »Neumann redet ungeniert von Klassenherrschaft und Klassenkämpfen, wo andere kurz nach der Feier faschistischer Volksgemeinschaft vom Ende der Klassen, von nivellierter Mittelstandsgesellschaft, moderner Leistungsgemeinschaft usw. oder von der *Posthistoire* teils entzückt, teils klagend schwärmen.«[78] Neumann gehört zu den wenigen linken Intellektuellen der Arbeiterbewegung, die nach 1945 in der Bundesrepublik versuchten, Wissenschaft und Politik, ausgehend von marxistischen Positionen, in Forschung und praktischer Teilhabe an den politischen Auseinandersetzungen umzusetzen.[79] Im Exil teilte Neumann die Vorstellung vieler, auch derer, die im Widerstand kämpften, daß es nach dem Sieg über das faschistische Deutschland nunmehr um den Aufbau und die Entwicklung einer sozialistischen Demokratie gehen müsse, im Gegensatz zum herrschenden Kapitalismus hier und anders als der Kommunismus in der Sowjetunion – um einen ›dritten Weg‹ also, was im einzelnen dies auch heißen mag.

In den USA erstellte Neumann für die Regierung Analysen der deutschen Situation unter der NS-Herrschaft, zusammen u. a. mit Otto Kirchheimer, Herbert Marcuse, Arkadi Gurland, und entwickelte Pläne, wie nach dem Sieg der Alliierten demokratische Verhältnisse in Deutschland durchzusetzen seien. Im Zuge des kalten Krieges fielen diese Pläne den veränderten Interessen der US-Alliierten zum Opfer.[80] Als Neumann, Professor an der Columbia University, im Status eines Beraters der US-State-Departments nach Deutschland kam, um sich hier vor allem um die Demokratisierung der Hochschulen zu kümmern, gehörte er jedenfalls zu denen, die über die Verhältnisse sehr gut informiert waren. Unter starker Beteiligung Neumanns wurde 1950 in Westberlin das Institut für politische Wissenschaft gegründet.[81] Es ging um die Institutionalisierung einer wissenschaftlich betriebenen Politikanalyse und um die Einführung der empirischen Sozialforschung als deren Grundlage. Die schließlich verworfenen Namensgebungen des zu gründenden Instituts machen dies noch kenntlich: »Institut für Sozialforschung« und »Institut für politische Sozialforschung«. Hier ebenfalls sollte die kritisch verstandene empirische Sozialforschung als Mittel gegen die spezifisch deutsche Tradition geisteswissenschaftlicher Gesellschaftsbetrachtung dienen.[82]

Auch für Neumann waren die sozialstrukturellen Grundlagen des »Behemoth« nach 1945 nicht verschwunden. Aus der sichtbaren Kontinuität gesellschaftlicher und ideologischer Strukturen des Faschismus, nach der Vernichtung von dessen politischen Formen, ergab sich vor allem die Frage nach der politischen Durchsetzung der Demokratie. Eine Voraussetzung dafür sah er in der Verstaatlichung der gesellschaftlichen Produktionsmittel, der großen Banken, die wesentliche in der Entwicklung und Stärkung der Arbeiterbewegung. Wie den Aufsätzen über die westdeutsche Nachkriegsentwicklung zu entnehmen ist, macht er sich über die Realisierungschancen wenig Illusionen.[83] Die Wissenschaft der Politik könne nicht die Probleme lösen, wohl aber dazu beitragen, »den Kampf (um die Demokratie) rationaler zu gestalten«.[84]

In seinem programmatischen Vortrag über die »Wissenschaft der Politik in der Demokratie« von 1950[85] nennt Neumann zwei große Aufgabengebiete: die Erforschung der Herrschaftsmethoden, die Untersuchung politischer Macht und die Einstellung der Bevölkerung zur Politik. Die erste Studie des Instituts, eine Analyse der Berliner Wahlen von 1950 von Stephanie Münke unter der Redaktion von A. R. L.

Gurland, ist diesen Überlegungen verpflichtet. »Die politische Wissenschaft richtet ihr Augenmerk erst und vor allem anderen auf die Prozesse der Entstehung, Erhaltung und Verlagerung von Macht. Sie ist deshalb ihrer ganzen Anlage nach kritisch gegenüber Machthabern, gegenüber institutionellen und gruppenmäßigen Vorrichtungen, die dazu dienen, Macht zu schaffen und zu behaupten, gegenüber Machtmitteln, die dazu da sind, Menschen zu beeinflussen. Ihre kritische Betrachtungsweise schont weder Regierung, Verwaltungen und staatliche Zwangsapparate noch gesellschaftliche und politische Machtfraktionen von der Art etwa politischer Parteien.«[86]

Ein für diese Zeit bemerkenswertes Programm, das mit bemerkenswerten Methoden in der Wahlanalyse umgesetzt wird: eine soziologisch-historisch ausgerichtete Politikwissenschaft, die über Macht und ihre Methoden nachdenkt, kommt nicht umhin, die Strukturen aufzudecken, die gerade so organisiert sind, daß Erkenntnis über sie verhindert oder erschwert wird. Mit Mitteln der Umfrage und des Interviews allein ist solchen Mechanismen nicht beizukommen. Darum lag Gurland daran, empirische Methoden zu erproben, die den Machtverhältnissen und -verschiebungen tatsächlich auf die Spur kamen: »Es wird (...) ein Experiment gewagt, und neue Untersuchungswege und -umwege werden eingeschlagen; Probleme werden an allen Ecken und Enden angeschnitten, die ohne umfangreiche Detailforschungen nicht gelöst werden können (...).«[87] Im ganzen handelte es sich um ein überaus anspruchsvolles Forschungsprogramm, um »Realsoziologie«, wie sie ähnlich Adorno entworfen hatte; die Initiierung einer derart begründeten political science stieß auch auf starken Widerstand von soziologischer Seite.

Die Erforschung der »Haltung der Menschen zur politischen Macht« (Neumann) – als wichtiges Thema der Sozialwissenschaft – geriet, anders als Neumann es gemeint hatte, bald zur demoskopischen Verbraucherüberprüfung im Auftrag der Regierung; die anderen Aufgaben und unbequemen Fragen (z. B. nach der sozialstrukturellen Kontinuität der herrschenden Klasse[88]) verschwanden sehr schnell aus der Diskussion; reaktiviert wurde die eingeschliffene Frage nach den besten Führern, sei's in moderaten Konzeptionen der ›demokratischen Eliteherrschaft‹ (O. Stammer), sei's in Gestalt der unheilvollen Drohung: »Das Heil einer wahren Demokratie der Freiheit hängt von der Bildung einer echten demokratischen Elite ab.«[89] Dieses »Verengen der Probleme der Demokratie auf die Führerfrage« hatte Lukács in seiner Kritik bereits Intellektuellen in der Weimarer Republik vorgeworfen und gemeint, das Problem der besten Führer würde von Soziologen gerade in den Ländern aufgeworfen, in denen es keine entwickelte bürgerliche Demokratie gäbe.[90] Die Frage nach der herrschenden Klasse und danach, wie sie herrscht, geriet bis Ende der fünfziger Jahre völlig aus dem Blickwinkel der tatsächlich dominierenden Realsoziologie und auch der Politikwissenschaft.

Neumann kam 1956 bei einem Autounfall in der Schweiz ums Leben – »nach einem tief entmutigendem Aufenthalt in Deutschland« (G. Schäfer).

Vierte Lektion: Empirismus als Politik?

Maßgeblich an der Entwicklung der Nachkriegssoziologie war René König beteiligt. Als er seine Arbeit in Köln als Nachfolger Leopold von Wieses aufnahm, erlebte er – wie es in anderen Fällen auch war – zahlreiche Diskriminierungen, einen unerträglichen »Mangel an Verantwortungsbewußtsein für das Geschehene und eine aufdringliche Gleichgültigkeit«.[91] König überlegte, die Bundesrepublik wieder zu verlassen. In seiner Soziologie, nach einem Ausdruck Leo Löwenthals, »amerikanischer als mancher Amerikaner«[92], wurde König »der entscheidende Übermittler der amerikanischen Soziologie und der zentrale Promotor empirischer Sozialforschung in der Nachkriegszeit«.[93] Diese Kennzeichnung ist insofern richtig, als König sich mehr für einen bestimmten Typ von Soziologie interessierte, den es durchzusetzen galt, als für inhaltliche Fragen, die die Nachkriegsgesellschaft betrafen. Es ging ihm um die Soziologie als »empirische Einzelwissenschaft«, um eine Soziologie, die nichts als Soziologie sein soll. Zu diesem Programm gehört die schlimme Bemerkung, daß – um zu einer so verstandenen Wissenschaft zu gelangen – alle geschichts- und sozialphilosophischen Überlegungen aus der Soziologie »ausgemerzt« werden müßten,[94] das also, was Adorno und Horkheimer vertraten, die gerade der ›Ausmerzung‹ entkommen waren. Persönlich sympathisierte König in bestimmter Hinsicht mit ihnen: »Wir schätzen diese Denkweise, weil sie anstelle der Durchsetzung ›germanischer Charakterwerte‹, in ihrem Herzen noch immer die Ideen der Aufklärung und der Menschenrechte trägt.«[95] Ihre Arbeiten galten ihm als nichtsoziologisch. Arnold Gehlen warf er Charakterlosigkeit vor, verwies aber zugleich auf die »sachliche Bedeutung« seines Werkes.[96]

Soziologie als empirische Einzelwissenschaft sollte dazu beitragen, Ideologisierungen des Fachs zu begegnen, vor allen den – nach Königs Meinung gleichermaßen verhängnisvollen – Traditionen der Rechts- und Linkshegelianer; auch gegen Extremismus von rechter wie von linker Seite sollte die von König favorisierte Variante des amerikanischen Empirismus immun machen. Die wissenschaftlichen Konsequenzen dieser Restriktion sind hier nicht weiter zu diskutieren. Mit seinen Fragen, die in dieser Phase hauptsächlich um Probleme der Integration und der Konsolidierung der Familie als gesellschaftlichem Kernbestand kreisen, reicht er an die kritischen Dimensionen, wie sie bei den anderen hier genannten Sozialanalysen sichtbar werden, nicht heran. König, ausgehend von liberalen, antifaschistischen und antikommunistischen Orientierungen, vertrat – so ließe sich sagen – eine Soziologie der Ordnung und geriet mit seiner Konzeption in überraschende Nähe zu jener, die in Schelsky ihren wohl einflußreichsten Vertreter hatte. Wie Schelsky übernimmt auch König die von vielen zeitgenössischen Autoren geteilte und bereits in der Weimarer Republik entwickelte Vorstellung, nach der die moderne Gesellschaft nicht mehr durch Klassen, sondern durch mittelständische Gruppierungen und Gewohnheiten geprägt sei. Wie Schelsky und andere interessieren ihn Fragen nach der Stabilität und den integrativen Potenzen der

»modernen Industriegesellschaft«.[97] Es ist darum auch kaum überraschend, daß König Mitautor eines der wichtigsten sozialwissenschaftlichen Lehrbücher der Nachkriegszeit war, des von Gehlen und Schelsky herausgegebenen Buches *Soziologie* (1955). Vielleicht lag es an diesen Konnotationen, daß H. Maus, einer, der sich im Fach auskannte, in einer historischen Darstellung, die auch die neuere Soziologie berücksichtigte, König nicht unter die Emigranten zählte.[98] König hatte aus dem Exil keine kritischen Themen und keine riskanten Fragestellungen, die soziologisch zu bearbeiten wären, mitgebracht. Ohne selbst eine größere empirische Studie in dieser Zeit durchzuführen, hat er jedoch als Vertreter des »orthodoxen social-research« (Adorno), nach 1945 vor allem auch aus politischen Gründen aus den USA nach Westeuropa exportiert,[99] dazu beigetragen, daß für längere Zeit bestimmte kritische Traditionen der Soziologie, deren Themen sich durchaus mit empirischer Arbeit verbinden ließen, zurückgedrängt wurden. Wenngleich die maßgeblichen Studien der Nachkriegszeit zu ihren Resultaten gerade darum kamen, weil sie sich an diesen rigiden Empirismus nicht hielten, setzte Königs Konzeption, vermittelt durch Lexika, Handbücher und Sammelwerke, doch erhebliche und einflußreiche Orientierungsmarken. Daß der von ihm favorisierte Empirismus, der in dieser Gestalt von Lazarsfeld stammte, durch den Faschismus um seine kritische Dimension gebracht worden war, wäre hier noch nachzutragen: Sehr zu unrecht wird diese Form des Empirismus in eine Linie mit dem logischen Positivismus des Wiener Kreises gebracht. Eines der bedeutendsten Mitglieder dieses Kreises, Otto Neurath, u. a. »zuständig« für Sozialwissenschaften, seinen politischen Optionen und seiner Praxis nach Sozialist, war immer davon ausgegangen, daß der Marxismus »im großen und ganzen den Anforderungen entspricht, welche wissenschaftliche Weltauffassung an eine Theorie stellen kann«: Die »lebendige Gegenwartsform« von Soziologie sei der Marxismus.[100] Otto Neurath mußte Wien 1934 verlassen. Er starb 1945. Sein wissenschaftliches Programm wurde darüber vergessen. Königs Lektionen fanden jedenfalls breite Resonanz.

Im Gegensatz zu König fanden Plessner, Adorno, Horkheimer und Neumann mit ihren hier genannten Themen zwar Leser, aber kein wissenschaftliches Publikum. Nicht nur lag das in der Situation des kalten Krieges begründet, die aber zweifellos diesen Rezeptionsverlauf bestimmt hatte. Plessner wie Adorno und Horkheimer wandten sich mit ihren Analysen an eine kritische bürgerliche Intelligenz. Die war aber an Umfang und Einfluß zu gering, um den Problemen, die in den Studien formuliert waren, Resonanz zu verschaffen. Resonanz und Zustimmung fanden demgegenüber jene mittelständischen Ordnungs- und Orientierungskonzepte, die der kleinbürgerlichen Utopie von Sicherheit, Eigentum und Wohlstand zur Artikulation verhalfen. Proudhon ist der Theoretiker, auf den König als antimarxistisches »Gegengift« zurückgreift,[101] der Theoretiker, »der dem derzeitigen Gesellschafts- und Staatsbewußtsein Westdeutschlands wohl am meisten entspricht«.[102] Der Vorschlag Neumanns, Machtverhältnisse durch Untersuchungen kenntlich zu machen, und zwar im eigenen

Lande, fiel schließlich den ›Sachgesetzlichkeiten‹ der ›Managerherrschaft‹ zum Opfer, unter deren sozialpartnerschaftlicher Obhut der Prolet nun als »Arbeiterbürger« (L. von Wiese) sich einrichten sollte.

Als die Soziologie nach 1945 wieder anfing, ging es auch darum, Begriffe zu formulieren und durchzusetzen, mit denen die Arbeit empirisch und analytisch zu organisieren war. Wenn es eine Definitionsmacht gab, so lag sie jedenfalls nicht bei den genannten Remigranten (König ist hier auszunehmen). Zentrale Kategorien ihrer theoretischen Überlegungen wie Klasse und Kapitalismus, bürgerlicher Staat und bürgerliche Gesellschaft, selbstverständlich auch noch für Max Weber, verschwinden aus dem wissenschaftlichen Vokabular, damit auch deren gemeinter Sinn und die damit verbundenen analytischen Perspektiven.[103] Die soziologische »Anonymisierung« der bürgerlichen Gesellschaft (Roland Barthes) setzt dagegen so bizarre Schöpfungen wie die der »bürokratischen Industriegesellschaft« frei, in der sich auszukennen schwer fällt. Ganz anders als Horkheimer meinte, machte in der Nachkriegszeit seine bekannte Sentenz Karriere: Wer nicht über den Kapitalismus redet, soll auch über den Faschismus schweigen. Von beidem war tatsächlich nur selten die Rede. In zahlreichen sozialwissenschaftlichen Publikationen wurde dafür das Bild einer Gesellschaft entworfen, in der die Probleme in dem Maße verschwinden, in dem das Sozialprodukt steigt. Mitte der 50er Jahre wird die gesellschaftliche Realität allmählich doch stärker als diese Soziologie, die sie bändigen will. Dies ist eine andere Lektion.

---

1 René König, »Die Situation der emigrierten deutschen Soziologen in Europa«. Nach dem ergänzten Wiederabdruck in: W. Lepenies (Hg.). *Geschichte der Soziologie*. Bd. 4. Frankfurt/M. 1981, S. 146. — **2** Ebd., S. 146. — **3** »Entlastet von Gemeinschaftsmythen. Anmerkungen zur deutschen Soziologie im Exil«. In: ders., (Hg.): *Ordnung und Theorie. Beiträge zur Geschichte der Soziologie in Deutschland*. Darmstadt 1984, nach dem MS zitiert, S. 16. — **4** »Die Entwicklung der Soziologie nach dem 2. Weltkrieg, 1945–1967«. In: G. Lüschen (Hg.): *Deutsche Soziologie seit 1945. Sonderheft 21/1979 der Kölner Zeitschrift für Soziologie und Sozialpsychologie (KZS)*. S. 25 ff. — **5** »Die sozialwissenschaftliche Emigration und ihre Folgen«. In: ders., (Hg.): *Soziologie in Deutschland und Österreich 1918–1945*. Sonderheft 23/1981 der KZS. — **6** Ebd., S. 476. — **7** Diese These ist umstritten. Vgl. Lepsius: »Die Soziologie der Zwischenkriegszeit«. In: wie Anm. 5 mit wichtigen Literaturverweisen. Zahlreiche materielle Belege für diese These gibt Johannes Weyer: *Die Entwicklung der westdeutschen Soziologie von 1945–1960 in ihrem institutionellen und gesellschaftlichen Kontext*. Diss. phil. Marburg/Lahn 1983, bes. S. 368 ff. — **8** Wie Anm. 6. — **9** Ebd. — **10** Dies nicht aus Platzgründen; es fehlt hier an zusammenfassenden Untersuchungen, in denen vor allem die Kulturentwicklung berücksichtigt wird. — **11** Vgl. Martin Matzke: »Emigration und Emigranten als Politikum in der Bundesrepublik der 60er Jahre. In: *Exil*. (1983) Nr. 1, S. 24 ff. — **12** Ebd., S. 24. — **13** Ebd. 1946 schreibt der Dichter Paul Zech aus Lateinamerika an David Luschnat: »Auch meine Bemühungen nach Deutschland sind bis heute erfolglos geblieben. Es ist wohl so, daß man uns nicht wünscht. Dafür sorgt wahrscheinlich auch die sog. innere Emigration. Ein Wort übrigens, daß ich bereits 1935 im Pariser Tageblatt prägte.« In: W. Kießling, *Exil in Lateinamerika*. Frankfurt/M. 1981, S. 351. — **14** In: Bernt Engelmann, *Wie wir wurden, was wir sind*. München 1980, S. 229 f.

— **15** Vgl. Bertolt Brecht, *Arbeitsjournal.* 2. Bd. Frankfurt/M. 1972, S. 894. — **16** Vgl. Silvia Markun, *Ernst Bloch.* Reinbek 1977, S. 82 ff. — **17** Vgl. Horst Möller, »From Weimar to Bonn: The Arts the Humanities in Exile and Return, 1933–1980«. In: *International Biographical Dictionary of Central European Emigrés 1933–1945.* (Hg.): Herbert A. Strauss und Werner Röder, Volume II, Part 1, A–K, München, New York, London, Paris 1983, S. LXIV. Gerhard Roloff, *Exil und Exilliteratur in der deutschen Presse 1945–1949, ein Beitrag zur Rezeptionsgeschichte.* Worms 1976, S. 25. — **18** Vgl. König, *Leben im Widerspruch.* München 1980, S. 167 ff. — **19** So bei der Berufung Plessners. — **20** Vgl. H. P. Bahrdt, »Belehrungen durch Helmuth Plessner«. In: *KZS* 34 (1982), S. 533. — **21** Herbert A. Strauss, »The Migration of the Academic Intellectuals«. In: *International Biographical Dictionary.* A.a.O., S. LXX. — **22** Klaus Briegleb, Walter Uka, »Zwanzig Jahre nach unserer Abreise«. In: *Exilforschung. Ein Internationales Jahrbuch.* Bd. 1, hg. von T. Koebner, W. Köpke und J. Radkau, München 1983. — **23** Vgl. Dietrich Goldschmidt, »Transatlantic Influences: History of Mutual Interactions between American and German Education«. In: *Between Elite an Mass Education. Education in the Federal Republic of Germany.* Albany 1983, S. 39 ff. — **24** Vgl. die wissenschaftsbiographischen Aufzeichnungen Helmut Schelskys in: *Rückblicke eines ›Anti-Soziologen‹.* Opladen 1981. — **25** Vgl. Horst Kern, *Empirische Sozialforschung. Ursprünge, Ansätze und Entwicklungslinien.* München 1982, S. 217. — **26** Zur Förderung der Sozialwissenschaften durch die amerikanischen Alliierten vgl. die ausführlichen Darstellungen bei J. Weyer, a.a.O. — **27** So Lepsius: *Die sozialwissenschaftliche Emigration* ... a.a.O., S. 478. — **28** Ebd. — **29** Zu Recht bemerkt Papcke: »Diese Liste ist verdienstvoll, aber (...) nicht vollständig; überdies sind die ihr zugrundeliegenden Auswahl- und Zuordnungskriterien sehr problematisch.« (a.a.O., S. 18.) Zumindest seien zwei Korrekturen angefügt: Natürlich wurde Emil J. Gumbel - anders als Lepsius meint - ins Exil gezwungen. 1933 wurde er als einer der ersten Wissenschaftler ausgebürgert; seine Bücher, die genauesten Darstellungen des rechtsradikalen Terrors der Weimarer Republik, wurden verbrannt. Zu den Professoren, die an der ›Entfernung‹ Gumbels von der Universität Tübingen sich beteiligten, gehörte auch Arnold Bergstraesser, der 1935 von den Nazis entlassen wurde. Als es um die längst überfällige Ernennung Gumbels zum a. o. Professor ging, hielt Alfred Weber in einem Sondergutachten diese »für verfrüht«. Vgl. Wolfgang Benz, »Emil J. Gumbel. Die Karriere eines deutschen Pazifisten«. In: U. Walberger (Hg.): *10. Mai 1933. Bücherverbrennungen und die Folgen.* Frankfurt/M. 1983, S. 160 ff. Dagegen war J. Schumpeter kein Emigrant: »Es waren nicht Ahnungen der bevorstehenden Katastrophe, sondern rein professionelle Gründe, die Schumpeter 1932 veranlaßten, einen Ruf an die Harvard-Universität anzunehmen«, so G. Hardach, »Joseph Alois Schumpeter«. In: *Deutsche Historiker.* Bd. 6, hg. von H.-U. Wehler, Göttingen 1980, S. 63. Solche Korrekturen haben dann eine Bedeutung, wenn man davon ausgeht, daß die Erfahrung des Exils, vor allem die des Anlasses, die Betroffenen in gravierender Weise geprägt haben, auch in ihren wissenschaftlichen Arbeiten. — **30** Lepsius, ebd., S. 478. — **31** Bahrdt, ebd. — **32** Nach der Geschäftskorrespondenz des Soziologischen Seminars der Universität Göttingen. — **33** Jg. VI (1937), S. 185. — **34** *Die verspätete Nation,* zit. nach der Ausgabe von 1974, Frankfurt/M., S. 145. — **35** Ebd., S. 176. — **36** Ebd. — **37** Aus der »Einführung 1959«, ebd., S. 13. — **38** Ebd., S. 18. — **39** Ebd., S. 22. — **40** H. Plessner (Hg.): *Untersuchungen zur Lage der deutschen Hochschullehrer.* 3. Bde., Göttingen 1955. — **41** Die Neuausgabe fand 1959 – in einem sich verändernden Klima - Resonanz; vgl.: C. Graf von Krockow, »Die Diagnose des deutschen Schicksals«. In: G. Rühle (Hg.): *Bücher, die das Jahrhundert bewegten.* Frankfurt/M. 1980, S. 127 ff. — **42** H. Anger, »Rezension der Studie«. In: *KZS,* S. 503. — **43** Band I, S. 14. Die erwähnte Arbeit: »Zur Soziologie der modernen Forschung und ihre Organisation in der deutschen Universität«; unter dem Zusatz »Tradition und Ideologie« wurde sie in die Studie wieder abgedruckt. — **44** So Jürgen Wilhelm in einer sehr ausführlichen Diskussion dieser Untersuchung. Das MS – »Hochschulforschung nach 1945 in der Bundesrepublik Deutschland« - durfte ich dankenswerterweise einsehen, hier S. 11. — **45** Bd. I, S. 11. — **46** Ebd. — **47** Ebd., S. 16. — **48** René König (Hg.), *Soziologie.* Frankfurt/M. 1958. Eine solche Behandlung hätte sich in den Artikeln »Intelligenz« (König) oder »Wissen« (Rüschemeyer) angeboten. — **49** Auf einer 1956 von Schelsky organisierten Tagung von Nachwuchswissenschaftlern wurde die Studie vorgestellt. — **50** Plessner: *Einführung* ... a.a.O., S. 18. — **51** In: *Volk und Zeit* 2 (1947), S. 22 f. Heinz Maus, »Die Intellektuellen. Eine deutsche Elegie«. Ebd., S. 131 ff. Herbert Zachäus, »Mann gegen Mann. Ein Versuch über Wandlung und Opportunismus (über Thomas Mann)«. Ebd., S. 137 f. — **52** »Die deutsche Intelligenz«. Ebd., S. 152 ff., hier S. 154. — **53** »Die deutsche Intelligenz. Michael Kohlhaas nimmt nochmals Stellung«. Ebd., S. 230 f. — **54** »Politische Wissenschaft und Wissenschaft der Politik«. In: *Deutsche Universitätszeitung.* 5 (1950), S. 13. — **55** Nach dem Bericht der *Frankfurter Rundschau* vom 15. 11. 1951. — **56** *Studies in Prejudice.* New York 1950. *Studien über Autorität und Familie.* Paris 1936. — **57** *Neue Zeitung,* Berliner Ausgabe vom 21. 11. 1951. Einen ersten Hinweis auf die Tätigkeit des Instituts im Exil gab Harriet Hoffmann in der *KZS* 1 (1948/49), S. 88 f., deren Herausgeber

Leopold von Wiese war. Offensichtlich ahnungslos ist von Wieses Charakterisierung der Institutstätigkeit in der 4. Auflage der *Soziologie* 1950, Berlin, S. 129; im 3. Jg. der *Kölner Zeitschrift* findet sich von Wiese eine ausführliche, wenngleich weitgehend verständnislose Darstellung der Vorurteilsstudien (S. 214–221); im gleichen Jahrgang erscheint – unkritisiert – die Behauptung, daß die »Intelligenz anlagebedingt« (s. 122) sei u. ä. Es ist lohnend, auf diesen Jahrgang der *Kölner Zeitschrift* näher einzugehen, weil sich hier – teils subtil, teils offen über Artikel und Rezensionen verteilt – die für die Soziologie dieser Zeit sehr zentrale Auseinandersetzung zwischen einer (anthropologisch fundierten) ›Ordnungssoziologie‹ mit einer diese Ordnungen kritisierenden Soziologie widerspiegelt, z. B. in einer sehr ausführlichen und positiven Rezension von Gehlens »Der Mensch«, in der gereinigten Fassung von 1950; daß es hier auch um die Erhaltung von bestimmten Traditionslinien geht, zeigt die Annonce K. G. Spechts des Schelsky-Aufsatzes »Lage und Aufgabe der angewandten Soziologie in Deutschland« (Soziale Welt, Jg. 2, Heft 1): »Die Charakterisierung der soziologischen Arbeiten nach 1933 ist insofern von großem Wert, als wieder einmal hervorgehoben wird, daß die deutsche Soziologie nicht mit diesem Zeitpunkt einer völligen Agonie verfiel.« (S. 380). — **58** Hierzu sind im Institut eine Reihe Beiträge entstanden. Vgl.: *Institut für Sozialforschung.* Frankfurt/M. 1958, S. 5. Ebenso die Selbstdarstellung in: *International Social Science Bulletin* (1953) vol. V., S. 609 f. — **59** Zur gegenwärtigen Stellung der empirischen Sozialforschung in: *Empirische Sozialforschung.* Frankfurt/M. 1952, S. 30 (es handelt sich um den Bericht einer Arbeitstagung vom Dezember 1951; Adornos Referat erschien gleichzeitig unter dem prägnanten Titel ›Die Soziologen und die Wirklichkeit‹ in den *Frankfurter Heften* 7 (1952), S. 585 ff. — **59a** Zur ›Realsoziologie‹ des Dortmunder Instituts vgl. J. Weyer. A.a.O., S. 264 u. 297 ff. — **60** Lieselotte Mohl: *Vorwort zur japanischen Ausgabe der* ›Soziologischen Exkurse‹. 1979, S. 1. — **61** Hg. von René König, a.a.O. — **62** So Leo Löwenthal, *Mitmachen wollte ich nie. Ein autobiographisches Gespräch mit Helmut Dubiel.* Frankfurt/M. 1980, S. 193. — **63** Max Horkheimer, *Soziologie,* eine Vortragsreihe; Hessischer Rundfunk 6. 2.–24. 7. 1954 (in: Deutsches Rundfunkarchiv). — **64** Gruppenexperiment, S. V/VI. — **65** Ebd., S. 482. — **66** Ebd., S. 397. — **67** Erich Peter Neumann, Elisabeth Noelle, *Antworten. Politik im Kraftfeld der öffentlichen Meinung.* Allensbach 1954. — **68** Vgl. *Politische Vierteljahresschrift* (1963) H. 2, S. 168. — **69** Ein Beispiel unter anderen: Als der Herausgeber der *Allgemeinen Wochenzeitschrift der Juden Deutschlands,* Marx, 1955 das Bundesministerium für gesamtdeutsche Fragen darüber unterrichten wollte, daß es einen ehemals hohen Nazifunktionär beschäftigte – Marx nahm an, das sei nur aus Unkenntnis zu erklären – mußte er sich von einem Ministerialrat darüber belehren lassen, daß »bei den Bundesministerien viel größere Nazis« in Lohn stünden. Außerdem wurde er davor gewarnt, die Angelegenheit in seiner Zeitung publik zu machen. (K. Hirsch, *Die Blutspur.* 1960, S. 256 f.) — **70** Schelsky: *Rückblicke.* A.a.O., S. 84. — **71** *Diagnose unserer Gegenwart.* Gütersloh 1949, S. 187. — **72** Vgl. aber die im ganzen positive Würdigung von Peter Heintz, »Zur Problematik der ›Autoritären Persönlichkeit‹«. In: KZS 9 (1957), S. 29 ff. — **73** »Zum Gruppenexperiment«, von F. Pollock. In: KZS 9 (1957), S. 103. — **74** »Was bedeutet: Aufarbeitung der Vergangenheit« (1959). In: ders.: *Eingriffe. Neun kritische Modelle.* Frankfurt/M. 1963, S. 125. — **75** Hofstätter, ebd., S. 103. — **76** *Replik.* In: KZS 9 (1957), S. 115. — **77** Hierüber informiert ausführlich: Gert Schäfer, »Franz Neumanns Behemoth und die heutige Faschismusdiskussion«. In: F. Neumann: *Behemoth,* Frankfurt/M. 1977 und 1984. — **78** Ebd., S. 667. — **79** Hier ist vor allem an Wolfgang Abendroth zu denken, ebenso an Viktor Agartz; über die Probleme der sozialistischen Intelligenz, die aus dem antifaschistischen Widerstand kam und nach 1945 gegen die Reaktion und Restauration kämpfte, ist viel zu erfahren und zu lernen aus Abendroths: *Ein Leben in der Arbeiterbewegung. Gespräche.* Aufgezeichnet und hg. von B. Dietrich und J. Perels. Frankfurt/M. 1976. Über Neumann informiert: Alfons Söllner, »Franz L. Neumann – Skizzen zu einer intellektuellen und politischen Biographie«. In: Franz L. Neumann: *Wirtschaft, Staat, Demokratie. Aufsätze 1930–1954.* Hg. von A. Söllner. Frankfurt/M. 1978. — **80** Vgl.: *Zur Archäologie der Demokratie in Deutschland. Analysen politischer Emigranten im amerikanischen Geheimdienst.* Hg. von A. Söllner. Band 1: 1943–1945. Frankfurt/M. 1982. — **81** Vgl. die sehr informative Untersuchung von Tilman Fichter und Siegward Lönnendonker, *Historisch-empirische Politikforschung in Berlin. Ein dokumentarischer Beitrag zur Frühgeschichte des IfpW unter besonderer Berücksichtigung der Einflüsse der in die USA emigrierten deutschen Sozialwissenschaftler auf die Entstehung der politischen Wissenschaft im Nachkriegsdeutschland.* Berichte und Materialien des Zentralinstituts für sozialwissenschaftliche Forschung (ZI 6) der Freien Universität Berlin. Bd. 3. München 1975. — **82** Vgl. A. R. L. Gurland, *Political Science in Western Germany, Thoughts and Writings, 1950–1952.* Washington 1952, S. 1. — **83** Vgl. Franz L. Neumann: *Wirtschaft...* Hg. von A. Söllner. A.a.O., S. 320. — **84** Ebd., S. 392. — **85** Abgedruckt ebd., S. 373 ff. — **86** Stephanie Münke: *Wahlkampf und Machtverschiebung.* Mitarbeit, Redaktion und Einleitung A. R. L. Gurland. Schriften des Instituts für politische Wissenschaft. Band 1. Berlin 1952, S. XIV. — **87** Ebd., S. IX. — **88** Vgl. Neumann: *Wirtschaft...* A.a.O., S. 324, 332 u. a.

— **89** Heinrich Weinstock: Demokratie und Elite. Rede aus Anlaß der Verfassungsfeier der Hessischen Landesregierung im Staatstheater Wiesbaden. In: *Die Sammlung*, 5 (1950), S. 44, hier S. 453; im Anschluß an den zitierten Satz heißt es weiter: »Vielleicht sträuben sich dabei trotz (sic!) den deutlichen Lehren der Geschichte doch noch (sic!) manchem von Ihnen alle Haare.« — **90** *Die Zerstörung der Vernunft.* Band III. Neuwied 1974, S. 78. — **91** R. König: *Leben im Widerspruch.* A.a.O., S. 172. — **92** *Mitmachen wollte ich nie...* A.a.O., S. 212. — **93** »›René König – ein kosmopolitischer Soziologe‹. Zum 70. Geburtstag«. In: *Frankfurter Allgemeine Zeitung* vom 5. 7. 1976. — **94** *Soziologie-Lexikon.* A.a.O., S. 7. — **95** »Soziologie der zwanziger Jahre«, nach der aktualisierten Fassung von 1971. In: ders.; *Studien zur Soziologie.* Frankfurt/M. 1971, S. 33. — **96** Ebd. — **97** Vgl. König, *Soziologie heute.* Zürich 1949. Eine wichtige, hier nicht zu diskutierende Differenz zwischen Königs und Schelskys Auffassung ist im Gruppen- bzw. Institutionenbegriff zu sehen. — **98** »Soziologie«. In: Werner Schuder (Hg.): *Universitas Litterarum.* Berlin 1955, S. 304 ff., hier S. 327. — **99** Vgl. Michael Pollak: »Paul F. Lazarsfeld – Gründer eines multinationalen Wissenschaftskonzerns«. In: *Geschichte der Soziologie.* A.a.O., Band 3, S. 157 ff.: zur Charakterisierung dieses Typs von Sozialforschung vgl.: James S. Coleman, The Structure of Society and the Nature of Social Research. In: *Knowledge: Creation, Diffusion, Utilization,* (1980) Vol. 1, No. 3, S. 333 ff. — **100** Otto Neurath, *Wissenschaftliche Weltauffassung, Sozialismus und Logischer Empirismus.* Hg. von Rainer Hegselmann, Frankfurt/M. 1979, S. 155; vgl. über Neurath vor allem: Friedrich Stadler (Hg.): *Arbeiterbildung in der Zwischenkriegszeit. Otto Neurath – Gerd Arntz. Österreichisches Gesellschafts- und Wirtschaftsmuseum.* Wien, München 1982; Rainer Hegselmann: »Empiristischer Antifaschismus – Das Beispiel Otto Neurath«. In: *Dialektik. Beiträge zu Philosophie und Wissenschaften.* Bd. 7. Frankfurt/M. 1983, S. 67 ff. — **101** Vgl. *Leben im Widerspruch.* A.a.O., S. 140. — **102** Thilo Ramm in seinem Vorwort zu: *P. J. Proudhon. Ausgewählte Texte.* Stuttgart 1963, S. V. — **103** Vgl. Rainer Rilling: »Das vergessene Bürgertum«. In: *Das Argument,* 24 (1982) H. 131, S. 34 ff.

René Geoffroy

Ernst Glaeser und der »Schweizer Schutzengel«

»Wenn Du nach Basel fährst, solltest Du Kleiber sehn. Er ist reizend: still, bescheiden«, schrieb René Schickele im Februar 1935 an Annette Kolb[1]. Diesen Rat wird so mancher vertriebene deutschsprachige Schriftsteller in den Jahren zwischen 1933 und 1945 von dem einen oder anderen seiner Schicksalsgefährten bekommen haben. Er wird ihn auch, gleich Annette Kolb, befolgt haben, zumal er sich in einer Notsituation befand und Dr. Otto Kleiber, literarischer Redakteur der »National-Zeitung« in Basel, so etwas wie ein Anlaufhafen der deutschsprachigen Exilliteratur war. Ernst Glaeser wandte sich an ihn auf Anraten von Hermann Kesser[2]. Seiner mit Otto Kleiber geführten Korrespondenz wird der erste Abschnitt dieses Beitrages gewidmet sein. Annette Kolb, René Schickele und Ernst Glaeser waren jedoch nicht die einzigen im Exil lebenden deutschsprachigen Schriftsteller, die in Verbindung mit dem Redakteur der »National-Zeitung« standen. Dies verdeutlichen schon allein die Namen von weiteren 47 Exilierten, die Otto Kleiber in den Jahren von 1933 bis 1945 nachweislich kontaktierten und die Beiträge von über 100 in der Fremde lebenden deutschsprachigen Autoren, die während dieses Zeitraums in der »National-Zeitung« erschienen. Angesichts dieser Zahlen ist es nicht vermessen, von einem außergewöhnlichen Engagement der »National-Zeitung« und ihres literarischen Redakteurs zu sprechen. Dieses in einem ersten Versuch vorzustellen und zu würdigen, wird dem zweiten Abschnitt dieser Arbeit vorbehalten sein.

I   Über die »Barbaren«.
    Die Korrespondenz Ernst Glaeser–Otto Kleiber

Aus der Korrespondenz, die Ernst Glaeser und Otto Kleiber miteinander führten, sind 24 Briefe und 2 Briefkarten Ernst Glaesers sowie ein Brief Otto Kleibers erhalten geblieben. Geschrieben wurden sie zwischen dem 25. April 1934 und dem 4. Dezember 1938. Ton, Inhalt und Umfang dieser Briefe gehen weit über Schreiben hinaus, mit denen Autoren ihre zum Ausdruck angebotenen Beiträge zu begleiten pflegen. Der Übergang von der Anrede »Sehr verehrter Herr Dr. Kleiber« zum vertrauteren »Lieber Herr Dr. Kleiber« im April 1935 mag als Indiz für die Verbundenheit stehen, die Ernst Glaeser dem Chef des Feuilletons der »National-Zeitung« entgegenbrachte. Gründe, Otto Kleiber dankbar zu sein, hatte er dann auch zur Genüge. So z. B. als die eidgenössische Fremdenpolizei ihm am 12. Januar 1935 mitteilte, daß er bis zum 1. Februar die Schweiz zu verlassen habe, und es Otto Kleiber war, der diese Ausweisung zu vereiteln wußte. Genauso bemerkenswert wie der Umstand selber ist auch die Schnelligkeit, mit der sich der Feuilletonchef bereit erklärte zu intervenieren. Glaeser hatte Otto Kleiber am 13. Januar über die Verfügung der Fremdenpolizei unterrichtet, zwei Tage später konnte er ihm schon für die Zusage, ihm behilflich zu sein, danken. Am 31. März 1935 heißt es schließlich:

>»Jetzt kann ich Ihnen herzlichen Dank sagen für Ihre Unterstützung in meiner Rekurssache beim Polizeidepartement. Dem Rekurs wurde stattgegeben. Ich kann bis zum 30. August hier bleiben (...) Ohne Ihre Vermittlung flöge ich heute mit Frau und Kind in der Welt herum. Ich werde Ihnen das nie vergessen.«

Ein Exilierter, der in diesen finsteren Zeiten nicht in der Welt »herumzufliegen« brauchte und dem sogar gestattet war, weiterhin in der Schweiz bleiben zu dürfen, konnte sich glücklich schätzen. Gelang es ihm dann noch in seinem »Gastland« ohne Erniedrigung zu überleben, so gehörte er schon zu den privilegierten unter seinesgleichen. Daß Ernst Glaeser sich zu ihnen rechnen durfte, verdankt er nicht zuletzt Otto Kleiber, der ihn im Rahmen seiner Möglichkeiten finanziell unterstützte. Bis Ende 1935 stellte die »National-Zeitung« eine der wichtigsten Einnahmequellen Glaesers dar[3]. Hier erschienen eine Reihe seiner Rezensionen und seiner Novellen sowie der Vorabdruck seines Romans *Der letzte Zivilist*.[4] Gegenüber so manchen seiner Kollegen genoß er Vorzugshonorare[5] und bekam mehr als einmal Vorschüsse auf noch zu schreibende Artikel gewährt. Selbst als sich im Verlauf des Jahres 1938 das Verhältnis der beiden Männer zueinander trübte und Glaeser von Otto Kleiber gebeten wurde, Abstand von einer weiteren Mitarbeit an der »National-Zeitung« zu nehmen, fand der Feuilletonchef noch einen Weg, dem in Geldnot Geratenen zu helfen. Er sandte ihm die eingereichten Manuskripte zurück und behielt ein Gedicht für sich ein. Ein schönes Beispiel für die Noblesse einer Gesinnung, der politische Differenzen nicht den Blick für die Not eines Mitmenschen zu verbauen vermögen. Eine elegante Lösung, um eine Zuwendung aus eigener Tasche zu kaschieren, damit der Stolz des »Begünstigten« nicht verletzt werde.

Welche Bedeutung den Einnahmen aus der Mitarbeit an der »National-Zeitung« zukam, wird erst deutlich, wenn man sich die finanziellen Nöte Ernst Glaesers im Exil vergegenwärtigt. Mit Handgepäck hatte er am 1. Dezember 1933 in Begleitung seiner Gattin und seines noch nicht 5jährigen Sohnes Deutschland verlassen. In der Tschechoslowakei, wo er nicht Fuß fassen wollte oder konnte, war es ihm kaum gelungen, Beiträge in der Presse zu veröffentlichen.[6] Seinen Lebensunterhalt bestritt er fast ausschließlich von den Vorschüssen seines Verlegers sowie kleineren Geldzuwendungen, die ihm sein Vater aus Deutschland zukommen ließ. Aufenthalte in Pensionen und kleineren Hotels, Reisen von Land zu Land und Stadt zu Stadt[7] nagten an diesen Einkünften schon mehr als ihm lieb sein konnte. Im Juli 1934 kam es zur »Einstellung der Postanweisungen (seines Vaters) aus Deutschland«.[8] Im Herbst 1935 war der Verlag des Europäischen Merkur schon »finanziell derart herunter«, daß er Ernst Glaeser »aus eigenen Mitteln« nicht mehr helfen konnte.[9] Diese Ausfälle konnten 1934/35 nur teilweise durch die Veröffentlichung von Zweitdrucken in der »Neuen Zürcher Zeitung«[10] sowie vereinzelter Beiträge in der »Deutschen Zeitung Bohemia«[11] und der »Deutschen Freiheit«[12] kompensiert werden. Wie sehr da die allmonatlichen 15 bis 30 Schweizer Franken der »National-Zeitung« und nicht zuletzt das Honorar für den Vorabdruck des *Letzten Zivilisten* willkommen gewesen sein müssen, veranschaulichen zahlreiche Passagen aus den Briefen an Otto Kleiber. Die prägnantesten seien hier zitiert.

Als die eidgenössische Fremdenpolizei Ernst Glaeser im Januar 1935 ausweisen wollte, erwog er, sich in Österreich niederzulassen, doch »die nackte Fahrt kostet allein über 150 Franken! Und das (die) habe ich nicht.«[13] Am 31. Januar liest man: »(...) es ist ein Elend mit dem Geld für Essen und Wohnen, das ich für 3 Menschen monatlich zusammenkratzen muß.« Knapp 14 Tage später: »Über meine Situation brauche ich Ihnen ja nichts zu sagen. – Sie wissen selber welche Wohltat Sie mir erwiesen, wenn Sie mir etwas Honorar schicken lassen würden, und wenn dies bis zum 15. möglich wäre, da ich dann Miete zahlen muß.«[14] Ende März 1935: »(...) können Sie mir nicht 50 Franken schicken lassen. Ich bin stark in Druck. Mein Junge muß operiert werden [...] Es ist nicht gefährlich, aber es kostet Geld und ich konnte die letzten 6 Wochen nichts verdienen, weil mich der Roman völlig absorbierte [...] Nicht wahr, Sie helfen mir auch jetzt noch einmal aus der Klemme (...)«[15] Am 22. August 1935 nach Abschluß seines *Letzten Zivilisten*: »(...) ich bin gesundheitlich durch die Arbeit und durch die Entbehrungen ziemlich herunter – mußte mich wenigstens 14 Tage ausruhen – aber wir besitzen momentan noch ganze 52 Frs (...)«

Hatte sich dann die materielle Lage etwas entspannt, wie in den ersten Monaten des Jahres 1936, so bedurfte es nur eines unvorhergesehenen Ereignisses, um alles wie ein Kartenhaus in sich zusammenbrechen zu lassen. So z. B., wenn das Kind plötzlich erkrankte und Arzthonorare fällig wurden. Man konnte dann, wie Ernst Glaeser im Mai 1936, auf einmal nicht mehr die Raten für ein zuvor aufgenommenes Darlehen[16] tilgen, geriet in Verzug, versuchte ein zweites Darlehen aufzunehmen, um das erste abzahlen zu können, zedierte als Sicherheit künftige Einnahmen aus seiner Pressemitarbeit... In solch einer Situation wandte man sich aber auch wieder an Otto Kleiber:

> »(...) Die andere Bitte ist ökonomischer Natur. Es wäre sehr lieb von Ihnen, wenn Sie mir für meine Erzählung ein gutes Honorar aussetzten [...] Mein Junge hatte 2 Monate Scharlach und jetzt wird mir die Rechnung präsentiert.«[17]

Bitten um Vorschüsse, weil er den »letzten 20 Frankenschein angebrochen« oder die »Miete noch nicht zusammen« habe, vernimmt man in den Briefen Glaesers bis Mitte 1937. Zugleich auch jeweils den Dank für das »eingetroffene Honorar«, wobei es den Anschein hat, daß die

Vorschüsse nur teilweise durch veröffentlichte Arbeiten »abgetragen« wurden, Otto Kleiber also seine Hilfe keineswegs »buchhalterisch« gewährte.

Noch im Mai 1937 erwähnt Ernst Glaeser die durch den Verkaufserlös noch nicht abgedeckten Beträge, die er zwei Jahre lang von seinem Verleger für die Niederschrift des *Letzten Zivilisten* erhalten hatte.[18] Erst im Verlauf des Jahres 1937 scheinen sich diese Vorschüsse – wahrscheinlich durch die anfallenden Tantiemen für die Übersetzungsrechte – amortisiert zu haben, so daß er in bescheidenem Maße vom Erfolg seines Romanes profitieren konnte. Dieser Umstand, wie auch die vermehrte Mitarbeit Glaesers an der schweizerischen Presse, trugen dazu bei, daß sich seine finanziellen Existenzbedingungen im zweiten Halbjahr 1937 verbesserten und bis Ende 1938 stabilisierten. Seine Teilnahme an einem literarischen Preisausschreiben im Herbst 1937 mag jedoch als Anzeichen für die Zerbrechlichkeit dieses »Exilwohlstandes« stehen, zeigt, wie auch weiterhin jeder Rappen benötigt wurde. Eine mit Todesängsten verbundene schwere Blutvergiftung, die Glaeser 1938 für fast zwei Monate an das Bett fesselte, gehört dann wieder zu den alles in Gefahr bringenden Ereignissen. Gegen Ende 1938 erfährt man denn auch wieder, daß er »verschuldet« sei, »sich und seine Familie kaum ernähren« könne, »Zwangsvollstreckungen über sich ergehen lassen« mußte und von der Zürcher »Fremdenpolizei wegen Nichtbezahlens der Miete verwarnt worden« sei. Dies geht jedoch schon nicht mehr aus den Briefen von Otto Kleiber hervor...[19]

Was aus ihnen aber noch hervorgeht, sind nicht minder interessante, neue und unvermutete Aspekte, die es uns gestatten, Lücken im politischen Werdegang Ernst Glaesers während der Jahre 1934 und 1937 zu verkleinern und die dazu beitragen, seine Persönlichkeitsstruktur zu erhellen. So enthüllen diese Briefe, daß Ernst Glaeser für die »National-Zeitung« nicht nur unter seinem Namen, sondern auch unter Pseudonym schrieb. Schon dieser Umstand läßt aufhorchen, denn – so fragt man sich – was hat den öffentlich sich so unpolitisch gebenden Exilierten, den Verfasser zarter Liebes- und Naturnovellen, den Rezensenten vorwiegend in Deutschland publizierter Bücher, den Familienvater, der so peinlich bemüht war, nach außen hin alles zu vermeiden, was ihm seitens der Behörden im Dritten Reich die Ausbürgerung wegen »Greuelhetze« oder seitens der schweizerischen Behörden die »Ausschaffung« wegen politischer Betätigung eingebracht hätte und dessen literarische Aktivitäten nicht zuletzt deshalb oft facettenreich schillerten, was hat also Ernst Glaeser dazu veranlaßt, sich in der Schweiz hinter einer Autorenchiffre zu verbergen? Als er Otto Kleiber seinen ersten unter der Chiffre »-s-« veröffentlichten »Essay« übersandte, begründete er seinen Wunsch, nicht mit seinem Namen zu zeichnen, mit der Befürchtung, der Beitrag könne Menschen, die ihm in Deutschland nahestehen, »schaden«.[20] Glaeser wird jedoch auch an sich selbst gedacht haben, als er es vorzog, diesen Weg einzuschlagen, denn wäre seine Autorenschaft bekannt geworden, so hätten ihn diese Beiträge ohne weiteres die Ausweisung aus der Schweiz (wegen politischer Betätigung) und/oder die Ausbürgerung seitens des Dritten Reichs kosten können, zeichneten sie sich doch durch alles andere als Zurückhaltung und Zweideutigkeit aus. Drei der insgesamt vier Artikel enthielten vehemente Angriffe gegen den Nationalsozialismus, den Antisemitismus, die Literaturentwicklung im Dritten Reich sowie gegen die Kriegsgelüste der dortigen »Barbaren«.[21]

Da wird unter der Überschrift »Über den Zwiespalt der Deutschen«[22] gegen den »infamen Messianismus der Rassen und Blutsvergottung« gewettert, gegen die »Wittukinde«, die Nationen »als minderwertig verschreien« und anderen »als mittelwertig auf die Schulter« klopfen. Da wird der »nordische Edelmensch« als »Traumdeutung deutscher Minderwertigkeit« bezeichnet und vor der Zerstörung Europas durch die »Rassentheorie« und dem »nordischen Blutghetto« gewarnt. In seiner Rezension zu Günther Weisenborns *Das Mädchen von Fanö*[23] nimmt sich Glaeser der »reichsdeutschen Literatur« an, bescheinigt ihr eine »Wandlung vom Zackigen zum Knorrigen«, vergleicht sie mit einer »Totenallee«, apostrophiert sie als »Kulturradau« und nennt als ihre Ingredienzen: »Forschheit«, »Rassenmystik«, »Virtuosität« und »Rabulistik«. Nebenbei streift er auch ihre Hauptrepräsentanten. Namentlich die »Fanfareneitelkeit der Vesper und ähnlichen Jungvolks«, die »greisenhafte Hysterie eines Bindings« und die »Exaltationen eines Benn, der auf dem Wurmfortsatz seiner Gesinnungslosigkeit nationalistisch Schlitten fährt«. Der »Vergötzung des Soldatentums« durch die »deutsche Revolution nach Rückwärts«, welche den »Krieg als eine menschliche Haltung hat exochen« betrachtet und für die »das wahre, das wertvolle Bild des Menschen erst eines blutigen Hintergrunds bedarf«, gelten Glaesers Angriffe in seinem am 5. Mai 1935 in der »National-Zeitung« veröffentlichten Beitrag.[24] »Eine Nation«, schreibt er, in der sich »die großen Stationen eines Volkes immer nur auf den Schlachtfeldern ablesen lassen«, in der der Krieg als »Lebensspender« vertieft wird und das Militärische zum Heroischen »auswächst«, eine solche Nation wird man »wohl keine friedliche nennen« können, denn für den »soldatischen Menschen« sind »alle Stunden des Friedens (...) nur stille Vorfeiern auf den einen großen Feiertag«. Und dann heißt es weiter:

> »Man kann aus dem Krieg keine Weltanschauung machen. Man kann nicht ständig in der düsteren Atmosphäre der Vorgefechte leben. Europa ist zu klein für geistige Nomaden. Herrlich und von großer Erhabenheit könnte sein Frieden sein, säße nicht in ihm ein Geist, der immer und immer wieder zu dunklen Sturmangriffen des Bluts gegen den festgefügten Tag aufruft. Nicht das Opfer ist groß, sondern sein Sinn. Nicht York von Wartenburg, nicht der Menschenhasser von Sans-Souci, nicht das Schlachtfeld von Leuthen, auch nicht der erschütternde Blutmarsch von Langemark hat Deutschland geschaffen, nicht der schwelende Glaube einer Jugend an eine Sendung, die hinter dem Tod liegt, nicht das Wir-Gefühl, die in den Frieden übertragene Kriegskameradschaft, nicht der Männerbund zur Eroberung der Macht über Geister und

Hirne – das alles geht von der unheiligen Voraussetzung aus, daß der Soldat die letzte menschliche Haltung ist – nein, was Deutschland groß machte, und vor allem lebendig, war die ständige Überwindung dieses unruhigen soldatischen Typus durch die Arbeit seiner lautlosen Menschen«.

Vom »soldatischen Menschen« zum *Letzten Zivilisten* ist es antithetisch/kontrapunktisch nur ein Schritt. Kein Zufall, wenn man bedenkt, daß diese unter Pseudonym veröffentlichten Beiträge zu einem Zeitpunkt entstanden, als Ernst Glaeser noch an seinem neuen Roman schrieb. So beleuchten sie denn auch den politischen Hintergrund, vor dem dieses Werk entstand. Zu dieser Atmosphäre gehört nicht nur die in diesen Artikeln unmißverständlich zu Tage tretende Feindschaft gegenüber dem Nationalsozialismus, sondern auch der in ihnen lodernde Glauben an die Existenz einer in Deutschland wirksam operierenden Opposition, bzw. an die Existenz von Menschen, die sich ihre geistige Integrität zu bewahren wissen. In »Über den Zwiespalt der Deutschen« spielt Glaeser den konservativen Kulturphilosophen Eugen Diesel[25] und dessen soeben erschienenes Buch *Vom Verhängnis der Völker*[26] gegen den Rassenideologen Alfred Rosenberg aus. Diesel, das ist für Glaeser ein »Anti-Rosenberg«, »ein Verneiner der Rassenlehre, der nordischen Überwertigkeit, des preußischen Ghettos«. Neben den »Fronden der Kirche, des Bürgertums« und »der illegalen Stoßtrupps des Proletariats« reiht er ihn als »Einzelnen«, als einen jener, die sich »ohne Anhang und Apparat« in »Auflehnung« befinden, in die in Deutschland »immer stärker werdende Gegenwehr« ein, die »auf jenen Tag zielt, da der Mythos der Rasse, der Blutnebel über den Hirnen verweht«. Diese innere Opposition ist es denn auch, der allein die Rolle zusteht, die »Entwicklung herumzureißen«, denn die »das Verhängnis züchtenden Gewalten... müssen *in Deutschland selbst*[27] überwunden werden«.

Von dieser innerdeutschen Opposition ist auch in »Die Flucht zu den Fischern« die Rede. Hier werden Schriftsteller wie Günther Weisenborn[28] und die beiläufig erwähnten Hans Georg Brenner[29] und August Scholtis der »offiziellen Literatur in Deutschland« entgegengestellt. Autoren also, die wie Eugen Diesel, in Deutschland blieben und somit zu jenen gehören, denen Ernst Glaeser den überwiegenden Teil seiner im Exil entstandenen Kritiken widmete. So ist denn auch dieser Beitrag ein entschiedenes Plädoyer zugunsten derer, die »die äußere Emigration aus Gründen, die den Kritiker nichts angehen, verschmähte(n)« und »in die *innere Emigration*[30] des Volkes« gingen, wobei der Begriff der innerdeutschen Opposition eine Erweiterung erfährt. Nicht mehr »Auflehnung« (Diesel) sondern »Flucht ins landschaftliche, ins einfache Leben« (Weisenborn, Brenner, Scholtis) charakterisiert nun die Haltung der Oppositionellen. Obwohl ihre Bücher »im Kampf um das Kommende« nicht »als Sturmbock zu gebrauchen« sind, deutet Glaeser die in ihnen zum Ausdruck kommende Flucht keineswegs als Kapitulation, sondern als »Versuch, sich vor der geistigen Uniformierung zu retten«. In ihrem »Schweigen über das Bestehende« liegt für ihn eine »klare Tendenz«, in ihrer »Absentierung von dem herrschenden Kulturradau« ein »Bekenntnis«. Gekoppelt mit einem Ausfall gegen Teile der »äußeren« Emigration, erfährt der Terminus zum Schluß des Beitrages noch eine weitere Ausdehnung bis hin zu jenen Schriftstellern, die sich nach außen hin gleichschalten ließen:

»Nur die Einäugigkeit gewisser deutscher Emigranten legt diesen Prozeß als Verrat aus. Es ist nicht jedermanns Sache, seine Heimat zu verlassen. Und es ist kein Verrat, wenn einer, trotz aller Loyalitätserklärungen für den neuen Staat sich vor dessen Hybris bewahrt.«

Dieser Seitenhieb auf die »äußere« Emigration ist Ausdruck der Abneigung Glaesers gegenüber jenen Emigranten, die glauben, von »außen« her die »Verhängnis züchtenden Gewalten« in Deutschland bekämpfen zu können, jene also, die – seiner Meinung nach – ohne etwas dazugelernt zu haben, einen Kampf fortführen, der schon längst zu ihren Ungunsten entschieden ist. Bereits im Mai 1933, als sich Ernst Glaeser noch in Deutschland aufhielt, setzte er Emigration mit »Geschwätz und Stunk« gleich und zog es vor, im Dritten Reich in »stummer Armut« zu leben[31]. Auch nach seiner nicht ganz freiwilligen Emigration[32] ändert sich kaum etwas an dieser Einschätzung. Respekt flößen ihm nur jene Schicksalsgenossen ein, die ihren politischen Standort radikal revidierten (Bernard von Brentano), unpolitisch sind (Else Lasker-Schüler), sich in Schweigen hüllen (Hermann Kesser), in Trauer verharren (Max Herrmann-Neiße) oder die, wie der »unnervöse« Max Horkheimer, weder »keifen« noch »entlarven«, die »billige und unnütze Art geschriebenen Gezeters erkennen« und mit dem »großen Leid eines Erkennenden, der sich nicht in fix und fertige Systeme rettet«[33] sprechen.

Das Bild der Emigration als »verlorene Sache«[34] gehört zu den Grundüberzeugungen Ernst Glaesers, erklärt sein Ausharren in Deutschland bis Dezember 1933 und greift auch schon auf seine Rückkehr von 1939 vor. Bis 1936 äußert sich diese Überzeugung in nicht viel mehr als einer bewußten Abgrenzung vom »üblichen« antifaschistischen Kampf der Emigration. Ab 1936 erhält sie eine aggressivere Note. Über diesen Vorgang und seine Ursachen geben wiederum die Briefe an Otto Kleiber Aufschluß. Als es galt, den Vorabdruck des *Letzten Zivilisten* in der »National-Zeitung« anzukündigen, bat Ernst Glaeser Otto Kleiber, ihn in der Einleitung zu seinem Roman »*etwas von den üblichen Emigranten à la Pariser Tageblatt distanzieren*« zu wollen. Mit deren »Mentalität« habe er »nichts zu tun« und er erachte es als wichtig, »aus den Wenigen, die sich Herz und Hirn frei hielten, die stille Fronde der Unnervösen zu schaffen«.[35]

Am 17. Januar 1936 liest man dann plötzlich von »den großen Maulrevolutionären Deutschlands«, die »an jenen Februartagen 1933 ... mit dem nächsten Schnellzug das Land verließen, um den Mut, den sie von andern fordern, erst jenseits der Grenze wiederzufinden«. Und dann im selben Brief: »Nichts haben diese Burschen gelernt. Und wenn morgen Deutschland sich ändert, dann sitzen sie immer noch auf ihren Prager Kaffeehausstühlen und stänkern«.

Noch immer glaubt Ernst Glaeser an die Möglichkeit, daß sich die Lage in Deutschland ändern könnte, doch dieser Aspekt ist zweitrangig gegenüber der Frage, wie es zu einem solchen Zornausbruch kommen konnte. Ausgelöst wurde er durch zwei Renzensionen zum *Letzten Zivilisten*, die Balder Olden und Werner Türk im »Neuen Tage-Buch«[36] bzw. in der »Neuen Weltbühne«[37] veröffentlicht hatten. Beide sprachen dem Verfasser des Romans die antifaschistische Gesinnung ab und bezichtigten ihn unverhohlen der Sympathie für den Nationalsozialismus. Die Ansicht vertretend, der Vorwurf, den man gegen ihn erhebe, richte sich auch gegen denjenigen, der sich für den Abdruck des Romans – und somit für ein »Nazibuch« – eingesetzt habe, fordert Glaeser von Otto Kleiber, er solle diesen »windigen und unproduktiven Literaten«, die den »Jargon von vorgestern weiterpflegen« in der National-Zeitung die »gebührende Antwort zuteil werden« lassen. Sein drei Seiten umfassender Brief, der unmittelbar nach Erscheinen der beiden Exilperiodika geschrieben wurde, verrät das Ausmaß der mit Wut gepaarten Bestürzung mit der er auf »die *absichtlich falsche Auslegung* (s)eines Buches«[38] reagierte. Dies kann nicht verwundern, hatte Glaeser doch seinen Roman sehr wohl als gegen den »Barbaren« gerichtet verstanden und bisher »in Zürich nur Gutes« über ihn zu hören bekommen.[39] Mit Befriedigung hatte er noch in seinem Weihnachts- und Dankesschreiben an Otto Kleiber vom 23. Dezember 1935 ausdrücklich darauf hingewiesen, daß sein Buch »selbst jene Geister erregt, *die bisher an der Barbarei einen gewissen ästhetischen Gefallen fanden* – aus der Distanz versteht sich!«[40] Nun, knapp drei Wochen später, sieht er sich plötzlich mehr oder weniger als Nazi-Sympathisanten hingestellt. Ein Umstand, über den – so ein Brief an Otto Kleiber vom 17. Januar 1936[41] – sich selbst Hermann Kesser, Bernard von Brentano, Eduard Korrodi, Karl Barth[42] und Simon Menzel[43] empörten, und der Emil Oprecht dazu veranlaßte, den Redaktionen der beiden Exilperiodika einen Brief zu schreiben.[44] Für Glaeser waren diese Angriffe nicht nur »Hitlerei mit umgekehrten Vorzeichen«, sondern natürlich auch eine Bestätigung seiner Vorurteile gegenüber jenen Emigranten, denen er vorwarf, nur »Haß« zu kennen, und die »ohne Liebe, ohne Trauer, ohne innere Erschütterung vor dem deutschen Schicksal« standen.

Sieht man sich das Verhalten Ernst Glaesers unmittelbar nach den Anschuldigungen von Werner Turk und Balder Olden an, so drängt sich einem die Frage auf, ob sie nicht weitreichendere Folgen als bloß den Zornausbruch im Brief an Otto Kleiber hatten. Wie aus der Bahn geworfen erscheint auf einmal der Autor des *Letzten Zivilisten*. Bezeichnete er im Juli 1935 eine Rückkehr nach Deutschland noch als »schäbige Unterwerfung unter einen Geist, den er niemals als Gesetz über sein Leben anerkennen« könne[45], so taucht plötzlich im Februar 1936 das Motiv der Rückkehr eines Emigranten in einem seiner Beiträge für die »Neue Zürcher Zeitung«[45a] auf. Ist es ein Zufall oder schon ein versteckter biographischer Bezug, wenn Glaeser diesen – vor dem »dummen Geschwätz«, dem »Haß« und der »Ohnmacht« der Emigration – Resignierenden ganz beiläufig in »einem kleinen Hotel in der Rue Bellechasse« unterbringt, dort nämlich, wo er selber einmal im Jahr 1929 gewohnt hatte? Die Herabsetzung der politischen Emigration in diesem Beitrag zeigt aber auch, daß Glaeser nun nicht mehr davor zurückschreckt, seine Differenzen öffentlich auszutragen und das wahr macht, womit er für den Fall gedroht hatte, daß Otto Kleiber es unterlassen würde, sich in der National-Zeitung mit den »Herren Türk und Balder Olden zu beschäftigen«.[46] Selbst eine Reihe von Dichterlesungen nutzt er nun im Februar 1936, um zu betonen, »daß er die Hetze gewisser Emigranten« gegen Deutschland nicht mitmache«. Als fast wirr möchte man sein Verhalten bezeichnen, wenn man da in den »Zürcher Neuesten Nachrichten« vom 20. Februar 1936 liest, in einem von ihm zur Vorlesung gebrachten Kapitel aus einem unveröffentlichten Roman, trete das »religiöse Moment in den Vordergrund«, oder wenn man auf seine freundliche Besprechung der Preußischen Novelle von Werner Beumelburg trifft, eines Autors, der als Mitinitiator des Treuegelöbnisses für Adolf Hitler nun wirklich nicht mehr zur »inneren Emigration« gerechnet werden konnte.[47] Im Juni 1936 – noch bevor Ernst Glaeser den Weg zum deutschen Generalkonsulat in Zürich fand[48] – hatten seine Eskapaden bereits eine Publizität erlangt, die es dem dortigen Konsul gestattete, der deutschen Gesandtschaft in Bern mitzuteilen: »Aus mir inzwischen bekannt gewordenen persönlichen Äußerungen des Herrn Glaesers ist zu entnehmen, daß (...) er sich selber nicht eigentlich als Emigrant betrachtet. Er dürfte das Bestreben haben wieder den Anschluß an seine Heimat zu finden«.[49]

Zur Verstimmung zwischen Ernst Glaeser und Otto Kleiber kam es auch nach dem 17. Januar 1936 nicht. Der Feuilletonchef der »National-Zeitung« ließ sich weder durch die Rezensionen von Werner Türk und Balder Olden noch durch die Impulsivität Ernst Glaesers beirren. Er nahm auch weiterhin Beiträge von ihm an und fand im Juli 1936 sogar sehr einfühlsame Worte für seinen Novellenband Das Unvergängliche.[50] Erst Ende Mai riß der Briefkontakt zu Otto Kleiber für mehr als ein Jahr[50a]. Das Schweigen Ernst Glaesers umfaßte ziemlich genau den Zeitraum, in dem sich die Modalitäten für seine Rückkehr nach Deutschland herauszukristallisieren begannen... Am 14. Juli 1938 meldete sich Glaeser wieder, um Otto Kleiber – in einem »nur an (ihn) persönlich gerichtet(en)« Brief – darzulegen, warum er für den »Anschluß Österreichs« gestimmt habe. Wohlgemerkt! Von »Anschluß« ist hier die Rede und nicht etwa von Annektierung, und so steht denn auch dieser Brief für den erschreckenden Verfall des politischen Bewußtseins seines Verfassers. Er, der am 10. April 1938 nach Waldshut[51] gefahren war, um im dortigen Wahllokal seine »Stimme abzugeben«, versucht nun, diesen eminent politischen Schritt als »privaten Akt« herunterzuspielen. Und wieder sind nur die Emigranten, die aus seiner Reise eine »politische Affäre« machen und ihn verleumden, an allem schuld. Um sich zu rechtfertigen, verweist Glaeser auf den »großdeutsche(n) Gedanke(n)«, der seit »Jahrzehnten – seit 1848 in seiner Familie lebt«, auf den Geist von Hambach und seinen Großvater, der »auf den Barrikaden« gegen die »kleindeutsche Lösung« gekämpft habe. In »diesem Gedanken« sei er aufgewachsen und habe zu seiner Verwirklichung »Ja sagen« müssen, »ganz gleich, wer sie vollzieht«. Bis hierher unterscheiden sich Glaesers Ausführungen kaum von seiner bisher bekannt gewordenen Argumentation. Gegen Ende seines zwei Seiten umfassenden Briefes kommt er jedoch noch einmal auf seine Reise nach Waldshut zurück und schreibt:

> »Ich habe diese für mich sehr schwere Reise auch im Interesse meines Kindes getan, das ich nicht staatenlos werden lassen will. Unsere Pässe und Heimatscheine waren kurz darnach abgelaufen, und die Zürcher Kantonspolizei verlangte von mir ordentliche Papiere, andernfalls hätte ich den Kanton, und die Schweiz womöglich, am 1. Mai verlassen müssen. Ich will nicht sagen, daß dies der Hauptgrund für mich war, aber er spielte in den Überlegungen eine Rolle.«

Der hier eingebrachte Aspekt ist zumindest überraschend, kontrastiert er doch auffallend mit der zuvor in den Vordergrund gerückten großdeutschen Begeisterung. Warum sollte eine Reise nach Waldshut »sehr schwer« für jemanden gewesen sein, der aus innerer Überzeugung »ja« zum »Anschluß« sagen mußte, dem es gleich war, wer ihn vollzog und ganze Ahnenträume in ihm verwirklicht sah? Und was hatte der Gang nach Waldshut auf einmal mit Heimatscheinen und Pässen zu tun? Gab es hier eine Verbindung? War Glaesers »Stimmabgabe« etwa eine Vorbedingung oder eine mehr oder weniger freiwillige Vorleistung zur Erlangung der benötigten Heimatscheine und zur Sicherstellung der Reisepaßverlängerung durch die reichsdeutschen Behörden gewesen[52]?

Doch was auch immer die wahren Beweggründe Glaesers gewesen sein mögen, ob er nun aus Opportunitätsgründen oder aus innerer Überzeugung an dieser »Volksabstimmung« teilnahm, seine Bereitschaft, sich durch einen öffentlichen Akt, durch eine demonstrative Geste zu unterwerfen, tritt klar zutage. Wie wenig sich Ernst Glaeser der Tragweite seines Schrittes scheinbar bewußt gewesen ist, veranschaulicht die reichlich naive Frage, mit der er seinen Brief an Otto Kleiber abschloß, nämlich, ob er »unter den herrschenden Umständen« noch an der »National-Zeitung« mitarbeiten »dürfe«. Dies war nun doch wohl etwas zu viel verlangt, und so ließ Otto Kleibers Antwort[53] denn auch an Eindeutigkeit nichts zu wünschen übrig. Er klärte Ernst Glaeser darüber auf, daß es keineswegs gleich sei, »wer« den Anschluß vollziehe, denn »von einem Anschluß im wirklichen, nämlich demokratischen, Sinne« könne in diesem Fall doch wohl »nicht die Rede sein«. Auch könne man »das Eintreten für diesen Gewaltanschluß kaum von der Anerkennung der Methode, also des Regimes trennen« und so wundere man sich, »daß der Verfasser des *Letzten Zivilisten* mit diesem Regime« stimme. Er wisse, was »Schriftenlosigkeit in diesen Tagen« bedeute, doch hielte er es für »opportun«, wenn Glaeser von der Mitarbeit an der »National-Zeitung« absehe, denn »unsere Stellung ist ja wohl die ausgeprägteste von allen (bürgerlichen) Schweizer Zeitungen«. Mit diesem »Abschiedsbrief«[54] endete das freundschaftliche Verhältnis der beiden Männer zueinander, auch wenn Glaeser in den folgenden Monaten Otto Kleiber noch dreimal anschrieb . . .

II Am Puls der deutschsprachigen Emigration: Otto Kleiber und die »National-Zeitung«

Die 1842 in Basel gegründete »National-Zeitung«[55] existiert nicht mehr. Fast 134 Jahre lang erschien diese durch ein Redaktionskollektiv geführte Tageszeitung[56] 14mal wöchentlich, bis sie schließlich den Gesetzen der Marktwirtschaft erlag. Im Zuge der auch in der Schweiz fortschreitenden Pressekonzentration fusionierte sie, die man gerne als »radikal-demokratisch« oder auch als »links-liberal« bezeichnete, 1976/77 mit den als konservativer geltenden »Basler Nachrichten«. Der »Zwangehe«[57] entsprang die »Basler-Zeitung«, die seitdem eine dominierende Stellung in der Basler Presselandschaft einnimmt.

Weder die älteste noch die auflagenstärkste[58] deutschsprachige Tageszeitung der Schweiz war die »National-Zeitung« gewesen, und doch genoß sie ein internationales Ansehen, das dem der »Neuen Zürcher Zeitung« kaum nachstand. Suchte man ein Pendant für sie, so wäre es wohl am ehesten im »Berliner Tageblatt« der Weimarer Republik zu finden. Vielleicht ist es daher auch kein Zufall, wenn es gerade der emigrierte Alfred Kerr war, der 1933 der »National-Zeitung« zwei monatliche Beiträge anbot. »Unpolitisches . . . schlimmstenfalls Literatur«, wie er vermerkte.[59]

Die Eindeutigkeit und die Konsequenz, mit der die »National-Zeitung« von Anfang an den Hitlerfaschismus ablehnte, war der Aspekt, der sie von anderen schweizerischen bürgerlichen Blättern abhob. Nicht, daß man diese etwa der offenen Sympathie für den Nationalsozialismus bezichtigen könnte, aber es gab da mancherorts ein Hin- und Herlavieren, ein Spiel von Ablehnung und Verständnisbereitschaft, die sich gegenseitig neutralisierten, die kritiklose Übernahme offizieller deutscher Darstellungen wie z. B. im Fall des Reichstagsbrandes. Von alledem wird man in der »National-Zeitung« nichts finden. Sie war, wie der schweizer Historiker Herbert Lüthy schreibt: »(. . .) das einzige große Organ der bürgerlichen, wenn nicht der schweizerischen Presse, das bis in den Sommer 1940 hinein noch den Stil der antifaschistischen Weltsolidarität und der Intellektuellenmanifeste von Amsterdam-Pleyel gepflegt hatte (. . .)«[60]

Diese »ausgeprägte Stellung« trug ihr denn wohl auch die Wertschätzung so vieler Antifaschisten ein. Hermann Hesse las sie täglich u. a. wegen ihrer »sozialen und menschlichen Haltung«.[61] Für Erika Mann war sie »die Oase in der Wüste des deutschsprachigen Zeitungs-Unwesens«.[61a] Thomas Mann gehörte zu ihren regelmäßigen Lesern[62], Manfred George zu ihren Abonnenten. Annette Kolb war die »National-Zeitung« so wichtig, daß sie 1937 ihr Abonnement mit Beiträgen «abtrug«.[63] Kurt Tucholsky sprach noch in seinen letzten Lebensjahren mit Hochachtung von ihr, was nicht wenig besagt, kennt man seine Verbitterung und seine nicht gerade respektvolle Einschätzung der Schweiz. Und als es im Dezember 1935 darum ging, Carl von Ossietzky gegen die Verleumdungen Knut Hamsuns zu verteidigen, war es bezeichnenderweise nicht irgendeine Schweizer Zeitung, sondern eben die »National-Zeitung«, die Kurt Tucholsky bat, seinen Artikel zu veröffentlichen.[64]

Wiederholte Maßregelung durch die schweizerische Presseüberwachung und nicht zuletzt die Bedrohung der Schweiz durch die Kontinentalhegemonie der Achsenmächte, ließen die »National-Zeitung« im Sommer 1940 »ins Glied«[65] treten. Man wurde zahmer, und deutliches Unbehagen breitete sich in den Redaktionsstuben aus. Man spürt es förmlich in den Zeilen, die der Auslandsredakteur der »National-Zeitung« schon Ende Mai 1940 an den in New York weilenden Manfred George richtete: »Ganz gleichgeschaltet« sei man noch nicht, schrieb er[66] und er »hoffe noch recht lange an der National-Zeitung arbeiten und auch gelegentlich wieder einmal« einen Beitrag seines Kollegen »redigieren« zu können. Nur dürfe dieser »nicht gegen eine der vielen Vorschriften unserer Zensur« verstoßen...

Um die hier erwähnte »Gleichschaltung«, sprich Anpassung an die geltenden Pressevorschriften und die übrige liberale Presse der Schweiz richtig verstehen zu können, ist es vonnöten, sich in die Atmosphäre der damaligen Zeit zurückzuversetzen. Otto Kleiber tat dies im wahrsten Sinne des Wortes mit Galgenhumor, als er 1954 von »jenen Zeiten« schrieb: »(...) da ich etwa mit meinem Kollegen Graetzer vom Auslandsteil aus unseren Fenstern auf dem Marktplatz mit seinen hohen Kandelabern heruntersah und wir uns gegenseitig anstießen: »an welchem willst Du hängen, wenn »sie« kommen?«[67] Auffallendstes Merkmal dieser Zügelung war der Wegfall von Überschriften, die die Ereignisse kommentierten. Eine Entschärfung der Anmerkungen und Glossen zu den eingehenden Meldungen sowie eine Entpolemisierung der Leitartikel ist ebenfalls feststellbar. Letztere blieben jedoch auch weiterhin so entschieden gegen die Achsenmächte gerichtet, daß sie wiederholt von der Presseüberwachung beanstandet wurden.[68] Ihr Verfasser gab denn auch in der Jubiläumsnummer von 1943 unumwunden zu, daß seine Tätigkeit »unter den heute herrschenden Umständen nicht immer ein reines Vergnügen« sei.[69] In Otto Kleibers Ressort fiel ab 1940/41 die Zunahme von Beiträgen auf, die unter Pseudonym oder einer Chiffre veröffentlicht wurden. Doch wir greifen vor, und gerade sein Wirken verdient es, chronologisch vorgestellt zu werden.

Als die Nationalsozialisten in Deutschland die Macht übernahmen, betreute Otto Kleiber[70] das Feuilleton der Morgen- und Abendausgabe, die wöchentliche »Bücherseite« sowie die »Sonntags-Beilage« der »National-Zeitung« bereits seit 14 Jahren. Er bewältigte diese Aufgabe allein und pflegte als passionierter Autographensammler seine Verlagskorrespondenz ausschließlich mit der Hand zu führen. Mit einer ganzen Reihe deutscher und österreichischer Schriftsteller, die 1933 bzw. 1938 durch den Hitlerfaschismus vertrieben wurden, stand Otto Kleiber schon in den frühen 20er Jahren in Verbindung. Einige hatten bereits zu dieser Zeit für die »National-Zeitung« geschrieben, so z. B. im Feuilleton. »...jener literarischen »kleinen Form«, wie sie vor allem von den Wienern zur besonderen Kunst ausgebaut worden ist.«[71]

Zu den frühen Mitarbeitern und späteren Emigranten zählten Raoul Auerheimer, seit 1921 Wiener Korrespondent des Feuilletons und Alice Berend, deren Beiträge auf das Jahr 1924 zurückgehen. Eine Mitarbeit von Alexander Moritz Frey, Wilhelm Herzog und Theodor Plivier[72] läßt sich ab 1930 nachweisen. Wenn man jene Namen auch noch nach 1933 bzw. nach 1938 in der »National-Zeitung« antrifft, so wird man diesen Umstand der Treue Otto Kleibers zu altbewährten Mitarbeitern zuschreiben dürfen. Anders verhält es sich jedoch mit jenen weitaus zahlreicheren Vertriebenen, deren Namen erst ab 1933/34 Einzug in die »National-Zeitung« hielten. Ihr massives Auftauchen zeugt in erster Linie von der außergewöhnlichen Anteilnahme, die Otto Kleiber dem Schicksal der deutschsprachigen Emigration entgegenbrachte. Seine Bereitschaft, den Exilierten durch die Annahme von Beiträgen zu helfen, ist um so höher einzuschätzen, als sich Otto Kleiber verständlicherweise in erster Linie den schweizerischen und insbesondere den baslerischen Schriftstellern verpflichtet fühlte[73] und der »Einbruch« der Vertriebenen unweigerlich auf ihre Kosten ging.

Welche Vertriebenen haben nun Beiträge in der »National-Zeitung« veröffentlicht? H. A. Walter wies bereits 1972[74] auf die Angaben von Sternfeld/Tiedemann[75] hin, nach denen sich 53 Exilierte erinnern konnten, an der »National-Zeitung« mitgewirkt zu haben. Schon diese Zahl ließ das Basler Blatt an der Spitze aller genannten ausländischen Zeitungen rangieren. Eine Auswertung der Jahrgänge 1934 bis 1940 bestätigt nicht nur das bei Sternfeld/Tiedemann zugrunde liegende Erinnerungsvermögen vieler Emigranten, sondern erlaubt es auch, den Kreis der mitarbeitenden Exilierten beträchtlich zu erweitern. Ergänzt man die Angaben von Sternfeld/Tiedemann durch unsere Erhebung[76], so kommt man auf eine Zahl von 105 Vertriebenen, deren Beiträge von der »National-Zeitung« veröffentlicht wurden. Ordnet man sie alphabetisch ein, so erhält man folgende Namensliste:

> Werner ACKERMANN (*), Raoul AUERHEIMER, Max BARTH, Ulrich BECHER (*), Alice BEREND (**), W. A. BERENDSOHN (**), Otto BIHA (LJI-NERIN) (*), Ernst BLOCH (**), Bertolt BRECHT (**), Bernard von BRENTANO, Wolfgang BRETHOLZ, Robert BREUER (**), Friedrich BURSCHELL, Elisabeth CASTONIER (**), Franz Theodor CSOKOR (**), Dieter CUNZ (*), Otto Erich DEUTSCH (*), Bernhard DIEBOLD (**), Lucy H. DOMKE (*), Albert EHRENSTEIN (**), Alfred EINSTEIN (**), Julius EPSTEIN (*), Walter FABIAN (*), Ernst FEDER (**), Lion FEUCHTWANGER (**), Rudolf FRANK (*), Alexander Moritz FREY, Albert FRIEDLÄNDER, Efraim FRISCH (*), Manfred GEORGE, Karl GEROLD (*), Ernst GLAESER (**), Adolf GRABOWSKI, Oskar Maria GRAF (**), Eugen GÜRSTER, Willy HAAS (**), Konrad HEIDEN (**), Iwan HEILBUT, Max HERRMANN-NEIBE (**), Wilhelm HERZOG, Arnold HÖLLRIEGEL (**), Arthur HOLITSCHER (**), Richard HUELSENBECK (**), Gertrud ISOLANI (*), Hans JACOB (*), Ernst JAECKH (*), Mascha KALEKO, Ossip KALENTER, Kunz von KAUFFUNGEN (*), Kurt KERSTEN, Hermann KESSER (**), Hermann KESTEN (**), Irmgard KEUN (**), Kurt KLÄBER (**), Stefan B. KLEIN (*), Arthur KOESTLER (**), Annette KOLB (**), Siegfried KRACAUER (**), Max KRELL, Alfred

KRÜGER (*), Stefan LACKNER, Felix LANGER, Joe LEDERER (**), Ernst LISSAUER (**), Hubertus Friedrich Prinz zu LÖWENSTEIN (*), Emil LUDWIG, Erika MANN (**), Klaus MANN, Thomas MANN (**), Ludwig MARCUSE (**), Walther MEHRING (**), Robert MUSIL (**), Hans NATONEK, Walter NISSEN (*), Balder OLDEN (**), Max OSBORN (*), Jan PETERSEN (**), Alfred POLGAR (**), Ernst PRECZANG (**), Werner RICHTER (**), Heinrich Georg RITZEL (*), Alexander RODA-RODA, Joseph ROTH (**), Oskar SEIDLIN, Will SCHABER, René SCHICKELE, Kurt SCHMELTZER (*), Hans Wolfgang SCHWERIN (*), Paul STEFAN (*), Willy STERNFELD (*), Helene STÖCKER (**), Manfred STURMANN, Hans TAUB (*), Lisa TETZNER (**), Siegfried TREBITSCH, Walter VICTOR (**), Fritz WAHL (*), Frank WARSCHAUER (*), Julie Else WASSERMANN (*), Hermann WENDEL (**), Paul WESTHEIN (**), Alfred WOLFENSTEIN (**), Otto ZAREK (**), Stefan ZWEIG (**), Hermynia ZUR MÜHLEN[77]

Viele dieser Namen tauchen nur sehr episodisch auf. So veröffentlichten Walther Mehring, Ludwig Marcuse und Kurt Kersten nur je einen Beitrag,[78] Bertolt Brecht zwei Erzählungen[79] in der »National-Zeitung«. An die 40 Exilierte waren in den von uns ausgewerteten Zeitraum weniger als dreimal vertreten. Dies besagt jedoch für sich selbst noch sehr wenig, denn für den 1938 emigrierten und 1939 verstorbenen Arnold Höllriegel wird der eine Beitrag, den er unterbringen konnte, genauso viel bedeutet haben wie das zehn- oder zwanzigfache bei manchen seiner Kollegen. Wie wichtig das Honorar eines einzigen Beitrages für einen Emigranten sein konnte, veranschaulicht das Beispiel des 1933 nach Ungarn emigrierten Otto Zarek, dem die »National-Zeitung« 30 Schweizer Franken für eine Kritik schuldete. Aus Budapest schrieb er im Februar 1936, er habe mit dieser »erheblichen Einnahme« seit langem gerechnet und wisse nicht, wie er darauf verzichten solle. Er verstehe, daß es für einen Schweizer schwer sei, »einzusehen, daß ein solcher Beitrag für unsereins so bedeutend« sei, doch bitte er nun, ihn »nicht länger und öfter mit teurem Porto«, um das Honorar »betteln« zu lassen.[80]

Zwischen 5 und 10 Beiträge lassen sich von Alice Berend, Elisabeth Castonier, Franz Theodor Csokor, Annette Kolb, Joseph Roth, René Schickele, Werner Richter, Walther Victor und Hermann Wendel nachweisen. Auch hier besitzen die Beiträge der früh verstorbenen Autoren (Berend: 1938, Roth: 1939 und Hermann Wendel: 1936) einen höheren Stellenwert als die der restlichen Schriftsteller. Bei Walther Victor ist nicht auszuschließen, daß er ebenfalls unter den Initialen »V. W.« publizierte und somit in die nächsthöhere Kategorie einzuordnen ist. In ihr (10 bis 20 Beiträge) sind Ernst Feder, Alexander Moritz Frey, Ernst Glaeser, Klaus Mann und Alexander Roda-Roda vertreten. Mit 30 Beiträgen und mehr waren Alfred Polgar, Hermynia Zur Mühlen und der bis 1939 unter dem Pseudonym Herrmann Steinhausen schreibende Eugen Gürster absolute Spitzenreiter.

Max Barth als Feuilletonkorrespondent in Prag, Oslo, Stockholm und New York (1937–1942), Wolfgang Bretholz[81] in derselben Funktion ebenfalls in Prag und dann in Warschau, Bukarest und von 1940 bis 1948 in Ankara, Iwan Heibut als Pariser Kultur- und Theaterkorrespondent und Siegfried Kracauer als Pariser Filmkorrespondent gehörten zu jenen Mitarbeitern, die über Jahre hinaus und mit einer gewissen Regelmäßigkeit an der »National-Zeitung« tätig waren. Ihnen wird man wohl auch Dieter Cunz, den ehemaligen Inhaber der »Ku-Ka-Ko(rrespondenz)« Kunz von Kauffungen sowie Hans Natonek[82] und den in die Schweiz emigrierten und dort mit Arbeitsverbot belegten Journalisten und Bühnenautor Fritz Wahl zurechnen dürfen.[83] Manfred George schrieb von 1933 an – in vier bis sechswöchigen Abständen – Film- und Theaterkritiken sowie Berichte aus dem Kulturleben Prags und der Vereinigten Staaten für die »National-Zeitung«. Er tat dies auch noch, als er schon die Leitung des »Aufbaus« übernommen hatte und bis in die 50iger Jahre hinein. Nicht weniger als 8 Exilierte konnten Fortsetzungsromane bzw. längere Auszüge aus ihren Werken im Feuilleton der »National-Zeitung« placieren:

Hermynia Zur Mühlen:	*Eine Flasche Parfüm* (1934)
Alice Berend:	*Ein Spießbürger erobert die Welt* (1935)
Ernst Glaeser:	*Der letzte Zivilist* (1935)
Jan Petersen:	*Episoden aus dem unterirdischen Deutschland* (1936)[84]
Arthur Koestler:	*Ein spanisches Testament* (1938)
Oskar Maria Graf:	*Der widerspenstige Erbe* (1938)[85]
Max Krell:	*Die Reise nach Vancouver* (1940)[86]
Albert Friedländer:	*Anatole Meuniers erster Erfolg* (1943)[87]

Daß die Sache der deutschsprachigen Emigration bei Otto Kleiber in guten Händen lag, bezeugt auch der breite Raum, der ihren verschiedenartigsten Aktivitäten gewidmet war. Kaum eine Neuerscheinung der Exil-Literatur, die nicht besprochen wurde. Rezensenten waren sowohl exilierte wie auch schweizerische Kollegen. Unter den letzteren Rudolf Jakob Humm und Carl Seelig[88], der so unterschiedliche Schriftsteller wie Robert Musil, Alfred Döblin und Albert Hotopp besprach. Auffallend oft stößt man auf Besprechungen, die mit dem Kürzel »fra«[89] signiert waren und sich vorwiegend mit politisch linksstehenden Autoren beschäftigten (Kurt Hiller, Arnold Zweig, Jan Petersen, Lion Feuchtwanger). Die Vorstellung wichtiger Exilperiodika wie den »Neuen Deutschen Blättern« oder »Maß und Wert«[90], die Berichterstattung über Exilkongresse, Dichterlesungen oder Theateraufführungen exilierter Autoren gehörten genauso zum Inhalt der von Otto Kleiber redigierten Seiten wie etwa die Emigration betreffende Geburtstagsartikel oder Nachrufe.[91]

Zahlreiche an Otto Kleiber gerichtete Briefe belegen, daß sich sein Engagement in den Kreisen der Emigration rasch herumsprach. »Wenn Sie es nicht tun, lieber Herr Doktor, wer und welche Zeitung sollte es dann tun?« schrieb Otto Zarek im Februar 1936, als er um die Veröffentlichung einer Erzählung bat.[92] Im Juli 1938 erhoffte Ernst Lothar berücksichtigt zu werden, da Otto Kleiber »dem Schicksal der über Nacht heimatlos Gewordenen so menschlich Ausdruck verliehen« habe.[93] Es blieb denn auch nicht aus, daß der liebe Herr Doktor aus aller Herren Länder mit Angeboten geradezu überschüttet wurde. So erhielt er eine ganze Reihe von Exilromanen zum Vorabdruck angeboten. Bereits im März 1934 wies Georg Hermann auf seine Romane *Rosenemil* und *B. M. Der unbekannte Fußgänger* hin. Vier Jahre später kam er noch einmal auf seine »zum küssen schönen« Werke zurück.[94] Der in Nizza lebende René Schickele hätte es im Januar 1937 gerne gesehen, wenn Otto Kleiber seine *Flaschenpost* angenommen hätte. Auf Anraten Eugen Gürsters und Walter Landauers bot Ödön von Horváth im September des gleichen Jahres seine *Jugend ohne Gott* an.[95] Von Moskau aus erkundigte sich Theodor Plivier, ob bei der »National-Zeitung« Interesse für seinen soeben beendeten Roman »Hitlers Soldat« bestehe, ein Roman, der die Ereignisse vom »Anschluß Österreichs an das Reich, bis zum Einmarsch der deutschen Truppen in Prag« umfasse.[96] Um Mitarbeit bemühten sich ebenfalls Alfred Döblin und Franz Werfel aus Paris, Else Lasker-Schüler (»Ich bin die Else Lasker-Schüler. Ich gebe mir alle, alle, alle Mühe«) und Arnold Zweig aus Palästina, sowie Julius Meier-Graefe und der bereits erwähnte Alfred Kerr. Andere Exilierte wiederum setzten sich bei Otto Kleiber für Schicksalsgenossen ein, die weniger »prominent« als sie selber waren. Thomas Mann legte u. a. für Friedrich Burschell und Käte Hamburger Fürsprache ein. Wolfgang Langhoff, durch seine *Moorsoldaten* zu Ruhm gelangt, empfahl Otto Kleiber den Bericht eines namentlich nicht erwähnten »emigrierten Juden«, der 43 Monate in einem Konzentrationslager verbracht hatte und verbürgte sich für dessen Glaubwürdigkeit.[97] Anhand von Briefen läßt sich auch der Stellenwert, der von Otto Kleiber gewährten Hilfe ablesen. Für Hermynia Zur Mühlen war die Mitarbeit an der »National-Zeitung« im November 1934 gleichbedeutend mit »wirkliche(m) Essen« und Kohle zum Heizen.[98] Für Eugen Gürster die Existenzgrundlage schlechthin. Als er im November 1938 feststellte, daß er seit nunmehr fünf Jahren für die »National-Zeitung« schrieb, dankte er Otto Kleiber für die »so entscheidende Stützung (s)einer Existenz«.[99] Fast zwei Jahre später, als er schon nicht mehr zu dessen kulturpolitischen Mitarbeitern zählte, kam er noch einmal auf die regelmäßigen Einnahmen zu sprechen, ohne die er »manchmal ... bestimmt nicht durchgekommen« wäre.[100]

Andere Beispiele zeigen, daß sich Otto Kleibers Wirken keinesfalls nur in der mehr oder weniger regelmäßigen Annahme von Gedichten, Essays, Novellen oder Fortsetzungsromanen erschöpfte. Für noch zu schreibende Beiträge erhielt Alice Berend – wie schon Ernst Glaeser – Vorschüsse »in gewohnter Weise«[101]. Alexander Moritz Frey, der im September 1940 von »noch ausstehenden Kritiken« sprach, die er bald zusenden werde«[102] wird wohl auch zu dieser Kategorie der Begünstigten gehört haben. Großzügig scheint der literarische Redakteur der »National-Zeitung« auch dafür gesorgt zu haben, daß seinen Protégés Presseausweise ausgestellt wurden. Sowohl Annette Kolb wie auch Franz Theodor Csokor – die beide keineswegs zu den am regelmäßigsten beschäftigten Mitarbeitern gehörten – besaßen ein derartiges Dokument. Eine wichtige Rolle muß diese Legitimation bei der Flucht

Csokors nach Polen und Rumänien gespielt haben, denn er erwähnte sie und den »hilfreichen Doktor Kleiber«, der zu den »selten Guten (dieser) Welt« zähle, mehrmals in seinen 1964 veröffentlichten *Briefe(n) aus dem Exil.*[103] In mindestens drei Fällen, nämlich bei Ernst Glaeser, Wilhelm Kiefer[104] und Alexander Moritz Frey führten Otto Kleibers Bemühungen nachweislich zur Rücknahme von Ausweisungsbescheiden bzw. zur Gewährung von Aufenthaltsgenehmigungen durch die Schweizer Behörden. Indizien lassen es zumindest wahrscheinlich erscheinen, daß er sich ebenfalls hilfreich bei der Erlangung der Aufenthaltsgenehmigung für Alexander Roda-Roda, nach dessen Flucht von Wien nach Genf 1938, sowie bei der Vereitelung der zweiten Ausweisung Albert Ehrensteins im Mai 1938 eingesetzt hat. Den Weg den Otto Kleiber in diesen Fällen beschritt, scheint nicht der der direkten Intervention bei den Behörden gewesen zu sein, sondern jeweils die Einschaltung seines Duzfreundes aus der gemeinsamen Schul- und Studentenzeit: Felix Moeschlin, Präsident des Schweizerischen Schriftstellervereins.[105]

Ein direktes Eingreifen Otto Kleibers zugunsten eines Exilierten läßt sich erst spät, nämlich im Jahre 1954 nachweisen, als die Basler Behörden Alexander Moritz Frey nach 16 in der Schweiz verbrachten Jahren und knapp drei Jahre vor seinem Tod die Einbürgerung mit der Begründung versagten, daß es ihm an Beziehung zum Schweizer Schrifttum mangele ...

Als was könnte ein Mensch, der von 1933 bis 1954 der deutschsprachigen Emigration hilfreich verbunden war, in die Geschichte dieser Emigration eingehen? Vielleicht als »Schweizer Schutzengel«. So jedenfalls nannte ihn Franz Theodor Csokor, als er ihm 1964 seine *Briefe aus dem Exil* widmete.[106]

---

1 René Schickele, Brief an Annette Kolb vom 9. Februar 1935; in: »Akzente«, 20. Jg. 1973, S. 542–543. — **2** Ernst Glaeser, Brief an Otto Kleiber vom 25. April 1934, In: Nachlaß Otto-Kleiber Privatarchiv (künftig: Priv.) — **3** Ab 1935/36 verlagerte sich die Mitarbeit Ernst Glaesers von der »National-Zeitung« (künftig: NaZ) auf die »Neue Zürcher Zeitung« (künftig: NZZ). — **4** Der letzte Zivilist. Roman von Ernst Glaeser. NaZ Nr. 438 (Morgenausgabe) vom 23. September 1935 (1. Kapitel) – Nr. 548 (Morgenausgabe) vom 26. November 1935 (letztes Kapitel). — **5** Hans-Albert Walter berichtet in seinem Buch »Asylpraxis und Lebensbedingungen in Europa« (Deutsche Exilliteratur 1933–1950, Bd. 2. Darmstadt u. Neuwied 1972, S. 226), daß A. M. Frey in den späten dreißiger Jahren für seine Rezensionen in der NaZ zwischen 5 und 10 sfrs erhielt. Den Briefen an Otto Kleiber entnimmt man, daß Glaeser für eine Novelle oder eine Rezension in der Regel mindestens 15 sfrs bekam. — **6** An den in der Tschechoslowakei herausgegebenen Exilzeitschriften wirkte Ernst Glaeser nicht mit. Für den Zeitraum seines Aufenthaltes in der Tschechoslowakei ließ sich bisher lediglich der Abdruck einer seiner Novellen im »Prager Tagblatt« feststellen. — **7** Berlin–Hronov–Prag–Zürich–Locarno–Zürich. — **8** Ernst Glaeser, Brief an Otto Kleiber vom 5. Juli 1934, Priv. — **9** Ebd., Brief vom 12. August 1935. — **10** 9 Beiträge bis 1935 in der NZZ. Dagegen 10 Beiträge und Fortsetzungsroman in 62 Folgen in der NaZ. — **11** 2 Beiträge im Juli und September 1934. — **12** 2 Beiträge im Juni und September 1934. — **13** Ernst Glaeser, Brief an Otto Kleiber vom 13. Januar 1975, Priv. — **14** Ebd., Brief vom 12. Februar 1935. — **15** Ebd., Brief vom 31. März 1935. — **16** Mit 3% verzinstes Darlehen über 350 sfrs. Aufgenommen beim Schweizerischen Schriftstellerverein in Zürich. —

17 Ernst Glaeser, Brief an Otto Kleiber vom 18. Mai 1936, Priv. — 18 Ebd., Brief vom 12. Mai 1937. — 19 Sondern aus einem Bericht des Deutschen Generalkonsulats in Zürich an das Auswärtige Amt vom 17. Dezember 1938. In: Sonderheft Ausbürgerung Ernst Glaeser. Bestand Ausbürgerungsakten. Signatur Inland. II A/B 83–76. Politisches Archiv des Auswärtigen Amtes, Bonn (künftig: PA/Bonn). — 20 Ernst Glaeser, Brief an Otto Kleiber vom 6. Dezember 1934, Priv. — 21 In seinen Briefen an Otto Kleiber benutzt Ernst Glaeser die Termini »Barbar(en)«, »Barbarei« regelmäßig als Synonyme für »Nationalsozialist(en)«, bzw. »Nationalsozialismus«. — 22 – s – (d. i. Ernst Glaeser: Über den Zwiespalt der Deutschen. NaZ, Nr. 572 vom 10. Dezember 1934. — 23 – s –: Die Flucht zu den Fischern. Naz, Nr. 56 vom 3. Februar 1935. — 24 – s –: Soldaten. NaZ, Nr. 202 vom 5. Mai 1935. — 25 Eugen Diesel (1889–1970). Schon 1930 hatte Kurt Tucholsky die analytischen Fähigkeiten Eugen Diesels hervorgehoben. Siehe: Ignaz Wrobel. Ein Deutschland-Buch. Die Weltbühne. Nr. 39 vom 23. September 1930. — 26 Eugen Diesel. Vom Verhängnis der Völker. Das Gegenteil einer Utopie. J. G. Cotta'sche Buchhandlung. Stuttgart und Berlin 1934. — 27 Hervorhebung durch R. G. — 28 Zu einem Treffen zwischen Günther Weisenborn und Ernst Glaeser kam es im Mai 1936 in Zürich. — 29 Hans Georg Brenner (1903–1961). Bis 1933 Redakteur der KPD-nahen Tageszeitung »Berlin am Morgen«. War mit Ernst Glaeser befreundet. — 30 Hervorhebung durch R. G., da sehr frühe Verwendung des Begriffes in der Presse. — 31 Ernst Glaeser, Brief an F. C. Weiskopf. Zitiert in: F. C. Weiskopf. Der Fall Ernst Glaeser. Die Neue Weltbühne, Nr. 21/1938. — 32 Über diesen Aspekt wird unsere Ernst-Glaeser-Biographie Auskunft geben. — 33 Ernst Glaeser. Einer erzählt. Zu: Heinrich Regius (d. i. Max Horkheimer). Dämmerung. Notizen in Deutschland. Deutsche Freiheit Nr. 142 vom 23. Juni 1934. — 34 Ernst Glaeser. Der Übergang. NZZ Nr. 255 vom 14. Februar 1936. — 35 Ernst Glaeser, Brief an Otto Kleiber vom 12. September 1935, Priv. — 36 Balder Olden. Der letzte Zivilist. »Das Neue Tage-Buch« Heft 3 vom 18. Januar 1936. — 37 Werner Türk. Gläser und das neue Deutschland. »Die Neue Weltbühne« Nr. 3/Januar 1936. — 38 Hervorhebung durch R. G. Es sei in diesem Zusammenhang auf die Einschätzung des Romans durch die »Preußische Geheime Staatspolizei« in einem Brief an den »Herrn Reichs- und Preußischen Minister des Innern« vom 17. Januar 1936 hingewiesen: »Das fesselnd und im flüssigen Stil (!) geschriebene Buch ist [...] als gegen den nationalsozialistischen Staat gerichtete Kampfschrift gedacht und erscheint geeignet, das allmählich im Ausland entstehende Verständnis für Deutschland zu zerstören [...] Am Schluß muß jeder über den Nationalsozialismus sonst wenig unterrichtete ausländische Leser den Eindruck gewinnen, daß die Barbarei des Hitlerregimes unerträglich und für einen kultivierten Menschen das Verlassen Deutschlands der einzig mögliche Ausweg ist [...] Der Verfasser Ernst Glaeser hat hiernach seinen Beruf und seinen weitgehenden Einfluß im Ausland dazu mißbraucht, um durch Veröffentlichungen des Buches gegen das nationalsozialistische Deutschland zu hetzen. Er hat damit seine Treuepflicht gegenüber Staat und Volk aufs schwerste verletzt und ist nicht würdig, weiterhin deutscher Reichsangehöriger zu bleiben.« PA/Bonn. — 39 Ernst Glaeser, Brief an Otto Kleiber vom 7. Oktober 1935. Namentlich werden hier Hermann Kesser, Gustav Hartung, Bernard von Brentano, Ignazio Silone, Emil Oprecht und Adolf Guggenbühl (Leiter des Schweizer Spiegel Verlags) erwähnt. — 40 Hervorhebung durch R. G. Brief als Dokument 1 im Anhang. — 41 Brief als Dokument 2 im Anhang. — 42 Karl Barth (1886–1968). Schweizer Theologe. Von 1921 bis 1935 Professor in Göttingen, Münster und Bonn. 1935 aus Deutschland ausgewiesen. — 43 Inhaber des Humanitas-Verlages. — 44 Ein Brief Emil Oprechts wurde weder im »Neuen Tage-Buch« noch in der »Neuen Weltbühne« abgedruckt. Da ein Großteil der Korrespondenzen des Oprecht-Archivs aus den Vorkriegsjahren während des Krieges ausgelagert wurde und verlorenging, hat sich auch keine Durchschrift dieses Briefes mit erhalten. Brief des Europa Verlag/Verlag Oprecht vom 14. März 1984 an R. G. — 45 Ernst Glaeser, Brief an Felix Moeschlin (Präsident des Schweizerischen Schriftstellervereins) vom 21. Juli 1935. — 45a Siehe Anm. 34. — 46 Ein Ansinnen, auf das Otto Kleiber verständlicherweise nicht einging, konnte er doch kein Interesse daran haben, die Selbstzerfleischung innerhalb der Emigration in der NaZ zu dokumentieren. — 47 Ernst Glaeser. Preußische Novelle. NaZ Nr. 78 vom 16. Februar 1936. — 48 Vorerst nur um zu sondieren, ob seine Gattin ihren schwer erkrankten Vater in Deutschland besuchen könne. — 49 Deutsches Generalkonsulat, Zürich, Brief an die Deutsche Gesandtschaft in Bern vom 11. Juni 1936. PA/Bonn. — 50 Kl. (d. i. Otto Kleiber). »Das Unvergängliche«. NaZ Nr. 326 vom 17. Juli 1936. — 50a Der letzte Beitrag Ernst Glaesers in der NaZ wurde am 20. Juni 1937 veröffentlicht. — 51 Die Ergebnisse der Auszählung in Waldshut sind uns nicht bekannt, dagegen diejenigen aus Lörrach, einem weiteren Wahllokal für »Auslandsdeutsche aus der Schweiz«: abgegebene Stimmen: 3279, mit »Ja« stimmten: 3193, mit »Nein« 60. Ungültige Stimmen: 26. — 52 Auf ein Jahr befristete Heimatscheine, sowie Reisepässe für sich und seine Familie hatte Glaeser zum erstenmal im Juni 1937 vom Deutschen Generalkonsulat in Zürich ausgehändigt bekommen. Sie liefen *im Mai 1938* ab. — 53 Otto Kleiber, Brief an Ernst Glaeser vom 21. August 1938. Nachlaß Ernst Glaeser, Wiesbaden.

Als Dokument 3 im Anhang. — **54** Ernst Glaeser, Brief an Otto Kleiber vom 4. Dezember 1938. Priv. — **55** Organ für Handel und Industrie. Anzeigeblatt der Stadt Basel. Mit Sonntagsbeilage und wöchentlicher Kinderzeitung im Mittwoch Abendblatt. 1842 als »Schweizerische National-Zeitung« gegründet. — **56** Die »National-Zeitung« - oftmals fälschlicherweise als »Basler National-Zeitung« oder »Nationalzeitung« zitiert, kannte keinen Chefredakteur. — **57** Über die Hintergründe der Fusion siehe u. a.: Michael Haller, Max Jäggi, Roger Müller (Hg.): Eine deformierte Gesellschaft. Die Schweizer und ihre Massenmedien. Basel 1981. S. 79–101, 299–337. — **58** Die Auflage der »National-Zeitung« lag zwischen 1933 und 1945 bei 39 000 Exemplaren (Montagsmorgenblatt: 47 000). Mitteilung des Archivs der »Basler Zeitung«. — **59** Alfred Kerr, Brief an Otto Kleiber vom 20. April 1933, Priv. — **60** Herbert Lüthy: Die Disteln von 1940. Nachwort zu: Georg Kreis, Juli 1940. Die Aktion Trump. Basel u. Stuttgart 1973, S. 108. — **61** Hermann Hesse: An die »National-Zeitung« zu ihrem hundertjährigen Bestehen. In: Hermann Hesse. Gesammelte Briefe. Dritter Band 1936–1948. Frankfurt/M. 1982, S. 224. — **61a** Erika Mann, Brief an Otto Kleiber vom 6. Juli 1937, Priv. — **62** Siehe: Thomas Mann. Tagebücher. Frankfurt/M. 1978. — **63** Annette Kolb, Brief an Otto Kleiber vom 18. November 1937, Priv. — **64** Siehe: Kurt Tucholsky. Die Q-Tagebücher 1934–1935. Hg. von Hary Gerold-Tucholsky und Gustav Huonker. Reinbek bei Hamburg 1978. Ebenfalls Briefe aus dem Schweigen 1932–1935. Briefe an Nuuna. Hg. von Ebd. Reinbek bei Hamburg 1977. — **65** Herbert Lüthy. Disteln... a.a.O., S. 108. — **66** Eduard Graeter, Brief an Manfred George vom 29. Mai 1940. In: Nachlaß Manfred George. Schiller National-Museum/Deutsches Literaturarchiv, Marbach am Neckar. — **67** Otto Kleiber, Brief an Manfred George vom 10. Januar 1954. In: ebd. — **68** Siehe: Georg Kreis. Juli 1940, a.a.O., S. 68 f. — **69** Jy. (d. i. Heinrich Jenny). Die eigene Meinung. NaZ Sondernummer vom 18. März 1943. — **70** Otto Kleiber wurde am 19. November 1883 in Basel geboren. Als Hauslehrer finanzierte er sich ein Studium von 17 Semestern an 4 Universitäten und sämtlichen Fakultäten außer der theologischen. An der Universität Basel promovierte er 1911 zum Dr. phil. mit einer Dissertation über »Die Tierwelt des Moorgebietes von Jungholz im südlichen Schwarzwald«. Im Herbst 1919 übernahm er die Stelle des Feuilletonredakteurs der »National-Zeitung«, deren literarisches und kulturpolitisches Gesicht er 34 Jahre lang prägte. Unter der Chiffre »kl.« und unter dem Pseudonym »Dreesi« verfaßte er Rezensionen, Theaterkritiken, Essays sowie Lyrik. Als Herausgeber trat er mit zwei Anthologien Basler Dichter (Basler Dichterbuch, 1921; Basilea poetica, 1955) sowie mit einer dreibändigen J. P. Hebel-Ausgabe (1958) hervor. Otto Kleiber war Mitglied des PEN-Clubs, des Schweizerischen Schriftstellervereins und der Basler Hebel-Stiftung, die ihn 1960 mit der Abfassung einer Jubiläumsschrift beauftragte. Eine immense Belesenheit und ein phänomenales Gedächtnis wird ihm nachgesagt. Fast erblindet starb er 1969. — **71** Kl. (d. i. Otto Kleiber): Leser, wie gefall ich dir? Leser, wie gefällst du mir? Plaudereien am Feuilleton-Kaminfeuer. NaZ Sondernummer vom 18. März 1943. — **72** Theodor Pliviers Roman »Des Kaisers Kulis« war 1930 in der NaZ veröffentlicht worden. — **73** Noch 1952 regte sich Otto Kleiber über eine von der »New York Times« getroffene »Auswahl aus dem Jahrhundert von Büchern« auf: » ... die Schweiz hat überhaupt keine Literatur, Gottfried Keller und (Carl) Spitteler haben nicht gelebt. Ich werde ein paar Zeilen darüber schreiben.« Otto Kleiber, Brief an Manfred George vom 21. Februar 1952. In: Schiller Nationalmuseum/Deutsches Literaturarchiv, Marbach am Neckar. — **74** Hans-Albert Walter. Asylpraxis... a.a.O., S. 222 f. — **75** Wilhelm Sternfeld/Eva Tiedemann. Deutsche Exil-Literatur 1933–1945. Eine Bio-Bibliographie. Heidelberg u. Darmstadt 1962. — **76** Diese Erhebung entstand unter Zeitdruck und erhebt deshalb nicht den Anspruch auf Vollständigkeit. — **77** Die mit einem Sternchen versehenen Namen tauchen nur bei Sternfeld/Tiedemann auf, die mit zwei Sternchen versehenrn Namen nur in unserer Erhebung. Namen ohne Sternchen sind sowohl bei Sternfeld/Tiedemann wie auch bei uns aufgeführt. — **78** Walther Mehring: Erinnerung an Theodor Däubler. NaZ Nr. 275 vom 19. Juni 1934. Ludwig Marcuse: Ein philosophisch-politischer Roman. NaZ Nr. 521 vom 10. November 1935. Kurt Kersten: Hier sind Europäer zu sehen. NaZ Nr. 4 vom 4. Januar 1931 — **79** Bertolt Brecht: Eine Befürchtung. NaZ Nr. 122 vom 14. März 1935. Ebd.: Der Poilu von Ciotat NaZ Nr. 602 vom 30. Dezember 1935. — **80** Otto Zarek, Brief an Otto Kleiber vom 5. Februar 1936, Priv. — **81** Chefredakteur des »Prager Mittag« von 1933 bis 1935. — **82** Feuilletonredakteur des »Leipziger Tageblatts« und der »Neuen Leipziger Zeitung« bis 1933. — **83** Siehe Sternfeld/Tiedemann a.a.O. — **84** 9 Auszüge aus der Chronik »Unsere Straße«. — **85** Erzählung in 9 Fortsetzungen. — **86** Zitiert nach Sternfeld/Tiedemann a.a.O. — **87** Unter dem Pseudonym Ali Grit veröffentlicht. — **88** Zur Persönlichkeit Carl Seeligs siehe: Werner Mittenzwei. Exil in der Schweiz. Leipzig 1978, S. 115 f. — **89** fra. (= Bruno Frank?). — **90** kl. (d. i. Otto Kleiber): Maß und Wert (Besprechung des 1. Heftes). NaZ Nr. 395 vom 27. August 1937. — **91** Siehe z. B.: V. W. (= Victor, Walther?): Literarische Notizen (zum Selbstmord Walter Hasenclevers). NaZ Nr. 362 vom 7. August 1940. — **92** Siehe Anm. 80. — **93** Ernst Lothar, Brief an Otto Kleiber vom 6. Juli 1938, Priv. — **94** Georg Hermann, Brief an Otto Kleiber vom

2. September 1938. Ebd. — **95** Ödön von Horváth, Brief an Otto Kleiber vom 1. September 1937. Ebd. — **96** Theodor Plivier, Brief an Otto Kleiber vom 1. August 1939. Ebd. Die Existenz dieses Manuskripts widerlegt die These von dem in der UdSSR »gebliebenen« Schriftsteller, der dort »in einer Art innerer Emigration unpolitische Romane über seine Vorkriegsabenteuer veröffentlichte, bis er 1943 . . . Stalingrad schrieb«. Siehe: Hans-Harald Müller, Vorwort zu: Theodor Plivier. Der Kaiser ging, die Generäle blieben. Bibliothek der verbrannten Bücher. Fischer TB 1280. Frankfurt/M. 1981, S. 17. — **97** Wolfgang Langhoff, Brief an Otto Kleiber vom 17. April 1937, Priv. — **98** Hermynia Zur Mühlen, Briefkarte an Otto Kleiber vom 5. November 1934, Priv. Als Dokument 4 im Anhang. — **99** Eugen Gürster, Brief an Otto Kleiber vom 14. September 1958, Priv. — **100** Ebd. vom 11. Juni 1940.— **101** Alice Berend, Brief an Otto Kleiber vom 31. März 1937, Priv. — **102** Alexander Moritz Frey, Brief an Otto Kleiber vom 9. September 1940, Priv. — **103** Franz Theodor Csokor. Zeuge einer Zeit. Briefe aus dem Exil. München, Wien 1964. — **104** Zu Wilhelm Kiefer siehe editorische Notiz in: Thomas Mann. Tagebücher 1935–1936. Frankfurt/M. 1978. S. 448–449 (Anm. 1 zum Brief vom 6. 2. 1935). — **105** Zur Rolle des Schweizerischen Schriftstellervereins bei der Erstellung von Gutachten über emigrierte Schriftsteller für die Fremdenpolizei siehe: Werner Mittenzwei. Exil in der Schweiz. A.a.O., S. 113 f. — **106** Das Buch trägt die Widmung: »Meinem hochverehrten schweizer Schutzengel Dr. Otto Kleiber, dessen in diesem Buch dankbar gedacht wurde«, Priv.

Anhang

Dokument 1

Zürich, Treichlerstraße 5
23. 12. 35

Lieber Herr Dr. Kleiber,

ich will Ihnen in diesen festlichen Tagen nur nochmals sagen, wie ich mich Ihnen dankbar verbunden fühle. Ihre Bereitschaft und Ihre unbeirrbare Überzeugung von der Bedeutung meiner Arbeit sind mit in erster Linie daran »schuld«, daß heute der Letzte Zivilist jede Woche mehr Menschen erfasst, ja daß er selbst jene Geister erregt, die bisher an der Barbarei einen gewissen ästhetischen Gefallen fanden – aus der Distanz versteht sich! Ich will nicht viel Worte machen, ich will Ihnen nur die Hand geben und Ihnen versprechen, ernst und würdig weiterzuarbeiten.
Eine gute Weihnacht für Sie und Ihre Familie!

Ihr
Ernst Glaeser

Dokument 2

Zürich, Treichlerstr. 5
17. 1. 36

Lieber Herr Dr. Kleiber,

bitte lesen Sie die letzte Nummer der »Weltbühne« und die letzte Nummer des »Tagebuch«. In beiden Zeitschriften wird mein Roman, den Sie zum Abdruck brachten und für den Sie sich so positiv einsetzten, derart heruntergerissen, daß es wohl zu überlegen wäre, ob dieser Angriff auch nicht Ihnen gilt. Ich bin aus meiner Kenntnis der Autoren Balder Olden und Werner Türk über den Vorfall nicht sonderlich erstaunt – gehören sie doch zu jener Menschenklasse von windigen, unproduktiven Literaten, die Hitler den Vorwand für seine Kulturpolitik lieferte – aber ich bitte Sie doch zu bedenken, ob gegen diese Sorte von »Emigration« nicht endlich der notwendige Trennungsstrich zu ziehen wäre. Wenn z. B. Balder Olden am Schluß seiner Kritik Worte von Ihnen über mein Buch angreift, indem er sie allerdings als Verlagsverlautbarung kaschiert, wenn Herr Türk glatt behauptet, mein Buch sei eine Verherrlichung der Nazis, so sollte darauf, so scheint es mir, ihm die gebührende Antwort gerade von Ihnen zu teil werden. Denn mit dieser Behauptung sagt er doch auch, daß Sie – durch den Abdruck und Ihr Einstehen für mich – ein »Nazibuch« gefördert haben.

Ich möchte alles Persönliche zurückstellen. Hier in Zürich haben sich mir heute spontan folgende Männer in ihrer Empörung über die absichtlich falsche Auslegung meines Buches zur Verfügung gestellt: Hermann Kesser, Bernard Brentano, Dr. Oprecht, Dr. Korrodi, Dr. Barth und Dr. Menzel (vom Humanitas Verlag). Besonders Dr. Oprecht scheint die Consequenzen aus diesem Fall ziehen zu wollen. Er und alle sagen, diesen Angriff könnten Sie und die National-Zeitung nicht auf sich sitzen lassen. Die Folge wird sein, daß hier ein

(Seite 2:)

massiver Angriff gegen die deutsche Emigration im Entstehen ist. Ich fördere ihn nicht, aber ich habe nach allem auch keine Veranlassung, ihn zu stoppen. Ich bemühe mich nur, daß er nicht Unschuldige trifft. Das Beste wäre, Sie kämen der Sache zuvor, indem Sie sich in der National-Zeitung an sichtbarer Stelle mit den Angriffen der Herren Türk und Balder Olden beschäftigen. Denn der Vorwurf, den man gegen mich erhebt, trifft auch Ihr Blatt. Schweigen wäre da Desavouierung.

Dr. Oprecht meint, es wäre am Besten, Sie würden von sich aus sofort eingreifen. Er selbst hat an den Verlag der Weltbühne und an das Tagebuch einen Brief geschrieben, den er Ihnen gern zur Verfügung stellt. Geschehen muß auf jeden Fall etwas. Die Form überlasse ich Ihnen. Die Verderbnis der literarischen Sitten ist so groß, daß endlich klar und deutlich gesagt werden muß, um was es geht.

Ich weiß nicht, ob Sie zu meinem Buch noch so stehen wie früher. Wenn auch Sie mich verlassen sollten, bliebe mir nichts anderes übrig, als eine Flucht in die Öffentlichkeit, in der ich allerdings mit Material über die Weltbühnen und Tagebuchleute aufzuwarten hätte, daß kein Auge mehr trocken bliebe. Ich möchte das vermeiden, weil der Gewinner schließlich nur der Barbar in Deutschland wäre. Deshalb wäre es gut, wenn Sie in ernster und alarmierender Sprache die Leute zur Raison brächten. Wenn ich z. B. den Vorwurf bei Balder Olden lese, die Figur meines Buchs, der Hanns, sei ein Feigling, sie begehe nur Selbstmord, anstatt gegen die Nazis zu kämpfen: dann muß ich immer an jene Februartage 1933 denken, da die großen Maulrevolutionäre Deutschlands mit dem nächsten Schnellzug das Land verließen, um den Mut, den sie von andern fordern, erst jenseits der Grenzen wiederzufinden. Und was Herr Türk schreibt, ist derart verlogen und unaufrichtig, daß ich wirklich an mich halten muß, um nicht das geistige Elend dieser Sorte von Emigranten öffentlich aufzurollen. Ich tue es vorläufig nicht, weil ich das Grinsen des Dr. Goebbels vermeiden will.

Aber wenn Sie von sich aus nicht den Leuten ein Paroli bieten, bleibt mir nichts anderes übrig als eine Alarmierung der Öffentlichkeit.

(Seite 3:)

Der Krach, der dann entsteht, würde auch Unschuldige mithineinreißen. Ein Schweigen der Nationalzeitung würde mich tief enttäuschen und es würde ja auch einer Desavouierung meiner Arbeit durch Sie gleichkommen. Darum geht die ganze Frage dieses Briefs: sie lautet deutlich:

> Schützen Sie mich auch vor der windigen Sorte von Emigranten oder werden Sie eine Stellungnahme gegen jene Kräfte vermeiden, die den Jargon von vorgestern weiterpflegen, ohne jede Liebe, ohne Trauer, ohne innere Erschütterung vor dem deutschen Schicksal?

Ich frage Sie offen an. Mit dem Abdruck meines Romans haben Sie sich für mich erklärt. Die National-Zeitung ist das einzige Schweizer Blatt, das diese Leute bisher schützte. Jetzt haben Sie die Quittung, jetzt sehen Sie, wie das alte Lied immer weiter läuft. Nichts haben diese Burschen gelernt. Und wenn morgen Deutschland sich ändert, dann sitzen sie immer noch auf ihrem Prager Kaffeehausstühlchen und stänkern. Ich bitte Sie herzlich um Hilfe. Rollen Sie das Problem d i e s e r Emigration auf. Ich habe mit ihr nichts zu tun. Sie kennen mich und Sie wissen, wie tief ich an der Hitlerbarbarei leide. Aber was Herr Türk und Herr Olden machen, ist Hitlerei mit umgekehrten Vorzeichen. Dagegen gilt es sich zu wehren und ich glaube, das wäre eine Aufgabe, die weit über meinen Fall hinausreicht.

Mit besten Grüßen
Ihr
Ernst Glaeser

Vielleicht rufen Sie mich an: Zürich 24.811

Dokument 3

Basel 21. Aug. 38

Lieber Herr Glaeser!

Ihr Brief kam ein Tag nach meiner Abreise in die Sommerferien u. mein Vertreter sandte mir ihn nicht nach, sondern ließ ihn bis zu meiner Rückkehr liegen. Entschuldigen Sie also das lange Stillschweigen. Ich danke Ihnen, daß Sie sich die Mühe nahmen, mir persönlich Ihre Stellungnahme auseinanderzusetzen. Man hat auch in Basel von Ihrer Reise geredet. Es steht uns Schweizern natürlich nicht zu, die Gründe eines solchen Entschlusses zu kritisieren. Allerdings: einig gehen können wir ja nicht mit Ihrem Argument, daß es ganz gleich sei, wer den Anschluß vollziehe. Denn von einem Anschluß im wirklichem, nämlich im demokratischem, Sinne, kann in diesem Falle doch nicht die Rede sein. Und in unseren Augen wird man das Eintreten für diesen Gewaltanschluß kaum von der Anerkennung der Methode, also des Regimes, trennen können. Und für dieses ist natürlich kein Schweizer zu haben. Und

(Seite 2:)

Sie müssen es verstehen, daß man sich wunderte, daß der Verfasser des Letzten Zivilisten mit diesem Regime stimmt. Ich persönlich kann es, als Vater, gut verstehen, daß Sie sich im Interesse Ihres Kindes zu dem Schritt entschlossen. Denn was Schriftenlosigkeit in diesen Tagen bedeutet, das wird uns ja eindrücklich genug gemacht.

Freilich halte ich es andererseits, da Sie ja nicht jedem Ihre Gründe persönlich auseinandersetzen können, auch für besser, die öffentliche Diskussion, wie Sie ja selbst betonen, nach Möglichkeit zu meiden. Und darum ist es wohl auch opportun, wenn Sie von der Mitarbeit an der N[ational]-Z[eitung] absehen. Denn unsere Stellung ist ja wohl die ausgeprägteste von allen (bürgerlichen) Schweizer Zeitungen, und wir haben den Letzten Zivilisten gebracht. Ich möchte Ihnen also die gesandten M[anu]ss[kripte] dankend zurückgeben*. Die Erinnerung an unsere persönlichen Zusammentreffen soll dadurch nicht tangiert werden, und ich möchte Ihnen für Ihre offene Darlegung nochmals herzlich danken.

Ich höre mit Bedauern, daß es Ihnen ge-

*Das mit einem handschriftlichen Gruß versehene Gedicht »September« behalte ich gerne für mich persönlich.

(Seite 3:)

sundheitlich übel ging; hoffentlich hat es sich nun doch dauernd zum Bessern gewendet. Ich selbst habe gottlob gesundheitlich einen ordentlichen Sommer gehabt u. mich in den Ferien sehr gut erholt.

Mit herzlichen Grüßen
verbleibe ich Ihr
O. Kleiber

Besten Dank für die Zusendung Ihres neuen Buches. Ich werde es gerne besprechen.

Dokument 4:

Wien, IX/2 Alseestraße 26
Pension Internationale,
den 5. November 1934

Sehr geehrter Herr Doktor,

vielen herzlichen Dank für Ihre Bemühungen, deren schönes Ergebnis heute ankam. Sie dürfen mir nicht böse sein, daß ich Sie so viel sekkiert habe, aber das Leben in der Emigration ist, auch wenn es sich um eine Reemigration – nach 26 Jahren – handelt, ein wenig sehr mühsam; wäre zum Beispiel das gelbe Kuvert heute nicht gekommen, so hätte es für mich nicht nur wie seit Tagen kein wirkliches Essen, sondern auch keine Kohle gegeben und so wenig mir an ersteren liegt, so sehr fürchte ich die Kälte. Das

(Seite 2:)

schreibe ich nicht, um mich zu beklagen, sondern nur, damit Sie, mein gewiß unausstehliches Drängen verstehen. Sehr freut mich, daß der kleine Roman bald erscheint; natürlich schicke ich Ihnen jetzt keine Kurzgeschichten, nur, wenn mir etwas wirklich gut gelingt, werde ich es aufheben. Es ist ja immer – ganz abgesehen vom Geld – für mich eine Freude in der N[ational]-Z[eitung] zu erscheinen, die mir beim Lesen, ganz besonders mit ihrem »Kulturspiegel« stets so wohl tut. Es ist so schön, sich von dem gräßlich niedrigen Niveau, das man ringsum findet, auf ein hohes zu begeben. Verzeihen Sie diese etwas persönlichen Zeilen, aber ich hatte Ihnen gegenüber ein schlechtes Gewissen. Nochmals vielen Dank.

Hermynia Zur Mühlen

Albrecht Betz

»Gegen die vordringende Barbarei«
Zu einigen unveröffentlichten Briefen von Heinrich Mann und Franz Werfel an Louis Gillet

I

Als Ernst Erich Noth[1] 1938 von der in Colmar erscheinenden Revue ›Le Point‹ beauftragt wird, ein Heft mit dem Schwerpunkt »Der deutsche Roman« zu betreuen, hat sich der als junger Journalist 1933 emigrierte in Frankreich bereits einen Namen machen können als Romancier und Essayist, gehört er zur Redaktion der ›Cahiers du Sud‹ und ist Mitarbeiter der ›Nouvelles Littéraires‹. Für das Vorwort des ihm anvertrauten Heftes sucht er nach einem französischen Autor. Der soll Prestige besitzen, Deutschland und seine Literatur kennen und rasch schreiben können. Noths Wahl fällt auf den Kunsthistoriker und Kritiker Louis Gillet, seit drei Jahren Mitglied der Académie Française. Gillet antwortet auf Noths Brief,[2] in dem jener ihn um das Vorwort bittet, mit einer prompten Zusage.

Knapp ein Jahr zuvor war in Paris Gillets Buch über eine Reise in das Deutschland des Dritten Reichs erschienen, »Rayons et ombres d'Allemagne«. Sein Urteil – das eines konservativen Humanisten – kam weitgehend einer Verurteilung des Nazistaates gleich. Gillet (1876–1943), ein Generationsgenosse von Charles Péguy, hatte sich als langjähriger Mitarbeiter der ›Revue des deux Mondes‹, in der er die fremdsprachige Literatur rezensierte, eine gute Übersicht über die deutschen Literaturverhältnisse verschaffen können. Die jüngste Entwicklung jenseits des Rheins mußte ihm aus der Perspektive traditionsbewußter bürgerlicher Kultur als Ausverkauf eben dieser Kultur erscheinen, unter der Regie des Banausentums. Kurz nach der Rückkehr von seiner Reise im Spätsommer 1936 hatte er seine Eindrücke in einem Brief an André Gide sehr pointiert formuliert:

»Man kann sich nichts trüberes, langweiligeres vorstellen als Deutschland unter den Nazis. Es ist der Triumph der Dummheit, die Apotheose des Philisters. Man kann wahrhaftig in Wut geraten, wenn man sieht, wie viele von unseren ›Wohlgesonnenen‹ in Frankreich vor einem solchen Spektakel in Bewunderung versinken.«[3]

Aus dieser Haltung heraus schrieb Gillet sein Vorwort für ›Le Point‹ und es fiel gewiß eindeutiger aus, als Noth erwartet hatte. Denn das Kernstück des Heftes, Noths panoramatischer Überblick »Le Roman allemand«, versuchte durchaus, auch die Literatur innerhalb des III. Reichs mit einem Ausmaß an »Ausgewogenheit« darzustellen, das passagenweise an Selbstverleugnung grenzte. Gillet dagegen nahm kein Blatt vor den Mund:

»Wo hat man derlei seit Menschengedenken gesehen? Die gesamte moralische Elite eines Volkes, seine großen Gestalten und Künstler aus dem Land vertrieben, verjagt, im Exil oder auf der Flucht: die Ehre der deutschen Literatur, ein Thomas und ein Heinrich Mann, ein Stefan Zweig, ein Franz Werfel, ein Döblin, hier und dort zerstreut, in Zufallsunterkünften hausend, in der Schweiz, in England, in Frankreich, in den Vereinigten Staaten, in den letzten gastfreundlichen und liberalen Ländern.

Kurz, seit der großen Bücherverbrennung von 1933, wo in den Flammen der Freudenfeuer alles aufging, was nicht wie Herr Hitler denkt, seit dem *Kulturkampf*, den das III. Reich jedem erklärt hat, der wagt von Allah und seinem Propheten abzuweichen, kann man sagen, daß es deutsche Intelligenz nur mehr außerhalb Deutschlands gibt.«[4]

Dagegen hatte Noth, der bereits im existentialistischen Fahrwasser Gabriel Marcels segelte und soeben die eigene »Weder-links-noch-rechts«-Position zu der des allein dem »Geist« verpflichteten Einzelgängers stilisiert hatte,[5] zwei Übel ausgemacht, die derzeit die deutsche Literatur bedrohten »und ihre Ausstrahlung in der Welt kompromittierten; im Innern des Reichs die Zensur und der Konformismus, außerhalb seiner Grenzen das Ressentiment ... alles verschwört sich, um den deutschen Schriftsteller von seiner eigentlichen, geistigen Mission abzulenken.«[6] Der Künstler vergesse seine Hauptaufgabe, die schöpferische, falls er sich dazu verdammen lasse, nur Propagandist – oder aber Gegenspieler – eines Systems zu sein.

Diesen Feststellungen läßt er seinen historischen Abriß des deutschen Romans seit dem Naturalismus folgen. Die Strömungen, die er hervorhebt: Neuromantik, Expressionismus etc. münden in die Neue Sachlichkeit, der sich Noth, ohne es zu betonen, selbst zurechnet. Größter lebender Romancier ist für ihn Thomas Mann, zu den Neusachlichen zählt er Joseph Roth, Erich Kästner, Hans Fallada und Ernst Glaeser, bei der Darstellung der Weltkriegsliteratur konfrontiert er, ganz offenbar um »Objektivität« bemüht, Arnold Zweig, Ludwig Renn und Remarque auf der pazifistischen mit Werner Beumelburg, Ernst Jünger und Ernst von Salomon auf der kriegerischen Seite. Den großen Namen des Expressionismus – Schickele, Döblin, Werfel – entspreche eine Reihe von keiner Richtung eindeutig zuzuordnenden singulären Romanautoren wie Kafka, Musil und Heinrich Mann. Von der im Reich postulierten »Blut- und Boden«-Literatur sei zwar noch nichts Überwältigendes bekannt geworden, auch nicht von dem, was als »stählerne Romantik« gelten könne; gleichwohl, selbst wenn die Exil-Literatur gewichtiger sei: es müsse hinfort von *zwei* Literaturen gesprochen werden.[7]

II

Heinrich Mann, einer der wenigen deutschen Schriftsteller, die bereits vor 1933 sehr enge geistige und persönliche Beziehungen zu Frankreich und seiner Kultur unterhielten, hatte Louis Gillet kurz nach seiner Emigration kennengelernt.[8] Manns Name war in Pariser intellektuellen Kreisen durchaus bekannt: als erster deutscher Autor nach dem Krieg hatte er an einer der berühmten Dekaden in Pontigny teilgenommen (1923), die Verfilmung seines »Professor Unrat« war als »L'Ange bleu« auch in Paris ein Sensationserfolg geworden, und man wußte, daß er nicht erst als letzter Präsident der Sektion Dichtkunst der Preußischen Akademie vor der »Machtergreifung« intensiv für eine deutsch-französische Verständigung eingetreten war.[9] Als linksbürgerlicher Demokrat hatte er sich in den letzten Jahren der Weimarer Republik den besonderen Haß der Nationalsozialisten zugezogen. Am 19. Februar 1933 hatte ihn Frankreichs Botschafter in Berlin, André Francois-Poncet, gewarnt, daß seine Verhaftung bevorstünde, zwei Tage später – genau eine Woche vor dem Reichstagsbrand – flüchtete er als erster deutscher Autor ins Exil. Es fiel ihm leichter als anderen: Frankreich war für den Republikaner, der den »Ideen von 1789« verpflichtet blieb, ohnehin zweite Heimat und es gab einen weiteren Grund, warum er sich keineswegs ungern in Nizza niederließ. Er hatte den Anfang eines Manuskripts im Gepäck, das sich zu einem zweibändigen opus magnum auswachsen und zu *dem* historischen Roman der deutschen Exil-Literatur werden sollte – trotz seines französischen Sujets: »Die Jugend und die Vollendung des Königs Henri Quatre.«[10] Mit Recht sah Mann in diesem Roman, über die Macht, in dem er die »Volkstümlichkeit des Guten« und die Notwendigkeit eines durchaus kämpferischen Humanismus als *Beispiel* für die Gegenwart und Zukunft entwirft, die Summe seiner Erfahrung und seines Könnens als Schriftsteller. Die Verbindung von Kraft, Eleganz und satirischem Witz, die sinnliche Plastizität und frische Farbigkeit dieser Vergangenheitserzählung mit utopischem Gehalt, machen den »Henri Quatre« zum unerreichten Modell seiner Gattung. Die zeitgenössischen Anspielungen, vor allem in der Schilderung der demagogischen Gegenspieler Henri Quatres, in die Züge und Handlungsweisen der Führerfiguren des Dritten Reichs einflossen, sind übrigens, obwohl kunstvoll integriert, nicht zu übersehen.

Die Niederschrift dieser 1500 Seiten starken Epopöe, die sich bis 1938 hinzog und den Autor allein hätte auslasten können, wurde indes begleitet von einer außerordentlichen »Parallelaktion«, die für einen Schriftsteller seines Alters einmalig sein dürfte: in den Jahren nach 1933 publizierte Heinrich Mann knapp 400 essayistische und journalistische Beiträge, deren größter Teil dem Kampf gegen den Nationalsozialismus und der Bildung einer deutschen Exil-Volksfront galt. Sie erschienen nicht nur in fast allen wichtigen Exil-Zeitschriften (wie der »Neuen Weltbühne«, dem »Neuen Tage-Buch« und der »Sammlung«), sondern zum Teil auch in der französischen Presse, vorab in der »Dépêche du Midi« in Toulouse, in der er eine monatliche Kolumne schrieb und mit deren Herausgeber, Maurice Sarraut, er befreundet war. Daß Heinrich Mann wie kein anderer zur Integrationsfigur, zum veritablen *Doyen* der deutschen Emigration in Frankreich prädestiniert war,[11] liegt auf der Hand: als intellektueller Moralist eine der literarischen Leitfiguren der Weimarer Republik, genoß er seit langem hohes Ansehen, sein Kampf gegen das Dritte Reich und die Mentalität seiner Exponenten erschien als konsequente Fortsetzung seiner früheren Attacken gegen den nationalistischen, autoritären Wilhelminismus; sodann hob ihn – hinsichtlich der offenbar unvermeidlichen Fehden zwischen den Gruppen und Cliquen der verschiedenen Fraktionen des Exils – bereits sein Alter über die Schußlinie hinaus; als Sprecher gegenüber der französischen Öffentlichkeit bedeutete es einen günstigen Umstand, daß er – dessen kultureller Fundus ohnehin weitgehend französisch geprägt war – hier bereits vor 1933 als zur deutschen Prominenz gehörend galt; außerdem war er weder Jude noch Kommunist, und dies konnte sich, angesichts des erheblichen Vorurteilspotentials im Gastland, als günstig erweisen.

Die mutige, zu Gegenwehr und Angriff stimulierende Haltung seiner publizistischen Texte hatte geholfen, viele der in ihrem Selbstbewußtsein erheblich erschütterten Emigranten aufrecht zu halten. Das änderte sich spätestens zu Beginn des Jahres 1938, als Heinrich Mann selber in eine persönliche Krise geriet. Seine Volksfrontbemühungen, die sehr von der Entwicklung des Front populaire in Frankreich abhängig waren, mußte er nun als gescheitert ansehen – kein Zweckoptimismus konnte mehr darüber hinwegtäuschen. Hinzu trat der für die Republikaner katastrophale Verlauf des Spanischen Bürgerkriegs. In Frankreich wuchs die fremdenfeindliche Stimmung, die ohnehin restriktive Asylpolitik sollte sich im Laufe des Jahres rapide verschlimmern.[12] Die Appeasement-Politik näherte sich ihrem Höhepunkt, schier alles schien Hitler zu gelingen. Daß innerhalb des III. Reichs die Fritsch-Krise von Anfang Februar weder bei der Reichswehr noch andernorts konkrete Widerstandshandlungen ausgelöst hatte, mußte auf Heinrich Mann ebenso desillusionierend wirken wie die sich mehrenden Anzeichen der Demoralisierung innerhalb der französischen Linken. Der Rückzug auf mehr individuelle Positionen in seinen politischen Stellungnahmen, mit gelegentlich resignativen Akzenten, war die Folge.

In einem Appell an die Demokratien, von Louis Gillet ins Französische übersetzt, hatte er im Februar auf die bevorstehende Annexion Österreichs und die Kriegsabsichten der Naziführung aufmerksam zu machen versucht. Die große Presse, überwiegend rechtsorientiert, zeigte sich desinteressiert an diesem Kassandra-Ruf. Im ersten der vier Briefe Manns an Gillet, die erhalten blieben, nimmt er darauf Bezug, nicht ohne kritische Bemerkungen über die Manipulation der öffentlichen Meinung durch die auflagenstarken Blätter. Zu Beginn dankt er Gillet für dessen Deutschland-Buch.

(Die Briefe, im Original französisch, sind von mir (A. B.) ins Deutsche übersetzt worden.)

Heinrich Mann an Louis Gillet   27. Feb. 1938, Nizza

Lieber Maître,

Sie haben mir die Ehre erwiesen, mir Ihr Buch über Deutschland zu senden, und Sie haben es mit einer Widmung versehen, die mich tief berührt. Die Zuneigung ist ein wertvolles Geschenk, und eher selten in den Umständen, in denen ich mich befinde. Es war eine der angenehmsten Überraschungen, als ich Sie neulich erscheinen sah. Nun finde ich Sie in Ihrem Buch wieder, mit Ihrem Augenmaß, Ihrer abgewogenen Wertung, der Feinfühligkeit Ihrer Sprache. Unter vier Augen sagten Sie mir, daß Sie nicht an eine lange Dauer der Diktaturen glaubten. Ich sehe das Wohlfundierte Ihres Urteils in den Beobachtungen, die Sie am Ort machen konnten und die Sie ohne Bosheit formulieren, sogar, wo es irgend geht, entgegenkommend – und daher um so enttäuschter. Die neue »junge Generation«: wie viele nun schon der geopferten Generationen, die ohne Ziel arbeiten, sich für nichts hingeben und nichts zustande bringen, außer vielleicht die gewaltige Katastrophe, die auf uns lauert.
Es ist sehr gut, daß der Populaire meinen Appell gewollt hat. Ich habe übrigens einen Artikel darüber in der Dépêche gemacht.[13] Natürlich wäre es vorzuziehen, wenn eines der großen Informationsblätter, das alle lesen, ihn veröffentlichte und ihn nicht nur die schon Überzeugten lesen würden. Aber diese Zeitungen hüten sich, da sie mit den Pro-Hitler-Sympathien rechnen.
Sehr beunruhigend diese schlimme Anziehungskraft des Faschismus auf Leute, denen er all das zerstören würde, wofür sie leben. Und dabei geht es nur erst um den inneren Faschismus. Wenn sogar der Feind außerhalb gemocht wird unter dem Vorwand, daß er faschistisch ist, zeigt sich das fortgeschrittene Stadium dieser Krankheit des Jahrhunderts. Unter uns glaube ich, daß der hervorragende Mr. Chamberlain nichts entschieden hat. Aber warten wir ab, was folgt.
Auch ich bin ein Konservativer und vermute, daß wir es auf die gleiche Weise sind, indem wir das, was uns wert ist, verteidigen wollen gegen die vordringende Barbarei. Es kommt nur darauf an, die sozialen Kräfte, die Gutes wirken, zu unterscheiden von den anderen, die den Faschismus gerufen haben und das wieder tun würden.
Ich wollte Ihnen mit diesem langen Brief für Ihr mir bewiesenes Wohlwollen danken. Mögen Sie ihn nicht als unpassend empfinden.

Herzlich der Ihre
Heinrich Mann

Der folgende Brief, zehn Tage nach Ausbruch des II. Weltkriegs geschrieben, zeigt das Ausmaß der Bestürzung Heinrich Manns, als jene Ereignisse Wirklichkeit werden, deren Eintreten er – aber wie um sie durch Fixierung zu bannen – lange vorausgesagt hatte. Seit dem Vorjahr schienen die Annexion Österreichs, die Opferung der Tschechoslowakei durch die Westmächte, zuletzt der Hitler-Stalin-Pakt den Weg in die Katastrophe unaufhaltsam werden zu lassen. Nun, da das Unheil seinen Lauf zu nehmen begann, wollte Mann sein Talent und das Gewicht seines Namens wenigstens der französischen Gegenpropaganda zur Verfügung stellen. Der Ton, in dem er schreibt, läßt keinen Zweifel: die Stellung im Kampf »gegen die Barbarei« hat sich rapide verschlechtert, allenfalls ein Rückzugsgefecht ist noch denkbar.

Heinrich Mann an Louis Gillet   10. Sept. 1939, Nizza

Lieber Freund,

ich weiß nicht, wie ich Ihnen danken soll, daß Sie an mich gedacht haben. In Ihnen finde ich die Persönlichkeit Ihres Landes – ganz Vernunft und Schönheit – repräsentiert. Wenn meine geringe Bedeutung mir noch etwas Stolz erlaubt, dann bezieht er sich auf Frankreich. Neben all seinen moralischen Qualitäten hatte ich noch nicht jene tadellose Haltung kennengelernt, die es nun in den tragischen Stunden beweist, die es ohne eigenes Verschulden durchleben muß. Ich betrachte es als das einzige Land, von dem man derlei sagen kann.
Ich bin zutiefst beschämt darüber, mein Ziel und das der aktiven Opposition verfehlt zu haben – Hitler zu stürzen ehe er seinen Krieg vom Zaun brechen konnte. Es tröstet mich nicht, wenn ich eine mögliche Revolution dagegen aufrechne, die die Katastrophe verkürzen und sie rächen könnte. Die Ereignisse gehen über das, was ich vorhergesehen hatte, weit hinaus. Aber die Dinge sind nun einmal so und Ihre geliebten Söhne sind eingerückt oder im Begriff, einzurücken, um die Welt von einem widerwärtigen Tyrannen zu befreien. Es ist das Land meiner Herkunft, das es dahin kommen ließ, indem es dieser Pest erlaubte, sich auszubreiten. Und ich bin es, der Sie um Nachsicht bittet für dieses Volk, wartend, daß es wieder zu sich komme und sich aufrichte. Aber die Tage, die ihm bleiben, sind gezählt.
Seit langer Zeit richte ich an die Deutschen leidenschaftliche Ansprachen und Aufrufe, wie zum Widerstand zu ermutigen und sie auf den Aufstand vorzubereiten. Ich erkenne die ausgezeichnete Absicht der Engländer an, Millionen von Flugblättern abzuwerfen, um das Volk darüber aufzuklären, daß man es in den Untergang führt. Ein Schriftsteller, auf den man im Lande hört, hat aber ganz andere Möglichkeiten, an das schon beunruhigte Gewissen zu appellieren.
Darum habe ich mich bereit erklärt, meine Aktivität zu steigern, im Dienst der französischen Propaganda.
Nachdem ich mich an Herrn Maurice Sarraut gewandt habe, den Direktor der Dépêche, an der ich seit langem mitarbeite, und ebenso, über einen seiner Freunde, an Herrn Jean Giraudoux,[14] erneuere ich Ihnen gegenüber ausdrücklich mein Angebot in der Annahme, daß Sie es für angebracht halten, es den Zuständigen mitzuteilen.
Sie haben durchaus recht zu sagen, daß die Propaganda nicht alles ist und daß man durch Bearbeitung des Schädels allein noch keine guten Soldaten erzielt. Statt dessen ist es geboten, die schlechten Soldaten vom ganz und gar Hassenswerten einer vergeblichen Anstrengung zu überzeugen, die unter Mißachtung der moralischen Gesetze unternommen wird.
Darf ich Ihnen, lieber Freund, meine heftigen Wünsche ausdrücken, die der Humanität und ihren Verteidigern gelten.

Ich will zu ihnen gehören.

Um Ihnen Ihre Aufgabe zu erleichtern sage ich Ihnen, daß ich seit 1936 tschechoslowakischer Bürger bin.

Vierzehn Tage später bereits schreibt Heinrich Mann erneut, diesmal um Gillets Vermittlung für drei deutsche Autoren in Anspruch zu nehmen. Grund ist eine der finstersten und widersprüchlichsten Maßnahmen der französischen Regierung: in der Woche vom 1. bis 8. September hat sie die aus Deutschland stammenden Flüchtlinge (ca. 20 000) als »Indésirables« internieren lassen, darunter zahlreiche antifaschistische Autoren und Politiker. Da die Altersgrenze bei 50 Jahren liegt und Heinrich Mann die tschechoslowakische Staatsbürgerschaft besitzt, wird er nicht interniert.

Heinrich Mann an Louis Gillet   24. Sept. 1939 (Nizza)

Lieber Freund,

erlauben Sie mir, Ihre Intervention zugunsten mehrerer antihitlerischer Schriftsteller zu erbitten, die zur Zeit interniert sind.
Es handelt sich an erster Stelle um *Lion Feuchtwanger*, einen der bekanntesten Romanciers, Autor von »Jud Süß«, dessen Film um die Welt gegangen ist. In England und in Amerika genießt mein Freund Feuchtwanger außerordentliche Berühmtheit. Ich würde mich wundern, falls man sich in diesen beiden Ländern für sein Schicksal nicht interessieren würde. Sicher hätte es nur an ihm selbst gelegen, sich ein anderes auszusuchen. Leider hat er die sechs Jahre, während derer uns eine Frist vergönnt schien, ausschließlich mit seiner Arbeit in seiner Villa in Sanary (Var) verbracht. Doktor Feuchtwanger muß 57 Jahre alt sein und ist von empfindlicher Gesundheit. Er befindet sich in der *Fremdensammelstelle »La Rode« in Toulon*.
Am gleichen Ort ist *Wilhelm Herzog*[15] gestrandet, durch reinsten Zufall. Er war nie nach Frankreich geflüchtet. Der Autor von »Kampf einer Republik« (das ist die französische III. Republik) und der Biographie von Barthou, dessen Sympathie er während eines Aufenthalts des Ministers in der Schweiz gewonnen hatte, wohnt in der Tat in Basel. Der Krieg überraschte ihn in Sanary, wohin er als Tourist gekommen war. Er verlangt nicht mehr, als daß man ihn in die Schweiz zurückkehren lasse, wo er verheiratet ist. Da seine Schriften durchaus vom französischen Denken inspiriert sind, leidet er besonders darunter, mit seinen Feinden, den Hitleranhängern, verwechselt zu werden.
Ich verstehe gut, daß der Krieg in dem wir uns befinden, kaum zu unterscheiden erlaubt zwischen den Deutschen oder den alten Deutschen guten Willens,und den anderen.
Obwohl ich eingebürgerter Tschechoslowake bin, sehe ich den Augenblick kommen, wo auch ich unter die gleiche Verdammung falle, die dank der Verbrechen Hitlers alle Menschen auf sich ziehen, die seine Sprache sprechen – daß er selbst sie abscheulich spricht, ist nicht dazu angetan, mir Mut zu machen.
Da ich mich nun ohnehin zu weit vorgewagt habe mit der Bitte an Sie, sich für zwei meiner Kameraden zu verwenden, mögen Sie es erdulden, daß ich Ihrem Wohlwollen einen dritten empfehle, weniger namhaft als die beiden anderen, aber ebenso unglücklich. Es geht um einen ehemaligen Redakteur der satirischen Zeitschrift »Simplizissimus« in München. Nach der Gleichschaltung dieses Blattes hat es Herr *Schönberner*[16] vorgezogen, ins Exil zu gehen, obwohl er »Arier« ist und der neuen Lage durchaus hätte anpassen können. Wenn ich mich nicht täusche, hat hier der Gewissenskonflikt den Weggang gezeigt. Sechs Jahre lang hat Herr Schönberner in Roquebrune (Alpes Maritimes) am Hungertuch genagt. Im Camp von Antibes, in dem er sich befindet, sind zu seiner Misere nur noch einige weitere Entbehrungen hinzugekommen. Aber es scheint, daß man die Stimmung dort schwer erträgt und daß der als unverdient empfundene

Verlust der Freiheit tragisch wirkt. Lieber Freund, verzeihen Sie mir diesen zu langen und widerstrebend geschriebenen Brief, denn es scheint, als würde ich Ihre persönlichen Ängste vergessen. Dabei kann ich sie durchaus verstehen und teile sie. Meine einzige Tochter ist in Prag in den Händen des Feindes.[17] Man hatte sie gefangengenommen, dann wieder freigelassen, und seitdem weiß ich nicht, was aus ihr geworden ist. Glauben Sie mir, daß ich mit meinen Wünschen einen glücklichen Ausgang dieser umfassenden Prüfung ersehne und möge sie vor allem für Sie selber und die Ihren glücklich ausgehen.

                         Ihr Ihnen herzlich ergebener
                         Heinrich Mann

Dem Bittbrief folgt – die Aktion ist gelungen – der Brief des Dankes. Heinrich Mann kann, so wenig wie andere, voraussehen, daß bereits drei Monate später, Mitte Mai 1940, eine neue – und schlimmere – Internierungswelle einsetzen wird.

Heinrich Mann an Louis Gillet   17. Feb. 1940 (Nizza)

Lieber Freund,

ich danke Ihnen dafür, daß Sie bei M. de Monzie intervenierten.[18] Ich habe Anlaß zu glauben, daß Ihre Demarche eine unmittelbare Wirkung gezeitigt hat; L. Feuchtwanger wurde bereits Ende Oktober auf ausdrückliche Weisung des Innenministers befreit. Es scheint mir zweifelhaft, daß er einen anderen Vermittler von Ihrer Kompetenz hätte finden können. Er vermutet, daß er seine Befreiung Ihnen schuldet und bittet mich, Ihnen seinen Dank abzustatten, ebenso wie die beiden anderen von mir genannten Schriftsteller, die ebenfalls freigelassen wurden.
Wenn Sie doch bald nach Nizza kommen könnten. Madame Mann und ich würden Sie und Madame Gillet sehr gern an einem Tag, der Ihnen beliebt, zum Déjeuner bei uns sehen.

                         Ihr freundlich ergebener
                         Heinrich Mann

III

»Das Fremdsein ist mein Handwerk«, hatte Franz Werfel im Januar 1938 auf Capri notiert,[19] ohne zu ahnen, welche Konkretion sein Aphorismus nur zwei Monate später durch den »Anschluß« Österreichs erfahren würde. Über Zürich als Zwischenstation gelangte er nach Paris, mehrere Kurzreisen, die folgten, konnten ihn so wenig von seinen Depressionen heilen wie das Ehrenpräsidium des österreichi-

schen Exil-Pen-Clubs, das man ihm übertrug. Unter dem Datum des
1. Juli 1938 fügte er in sein Tagebuch einen Vierzeiler ein, der – als
Autograph reproduziert – sich in dem von Ernst Erich Noth redigierten Heft von ›Le Point‹ findet. »Denkimpotenz – Angst. Ohnmächtiges
Schwächegefühl den Assoziationen gegenüber und der Beherrschung
ihres Ablaufs. Mein Gott, was soll werden!! Unordnungskomplex. Das
Meer der Unordnung umspült mich. Am Nachmittag dieses entsetzlichen Tages:
Dem Blinden ist die Welt erblindet,/ Dem Tauben ist die Welt ertaubt./
So auch an keinen Glauben glaubt,/ Wer in sich selbst nicht Glauben
findet.«[20]
Kurz nach Kriegsausbruch, am 11. September 1939, heißt es im gleichen Tagebuch:
»So plötzlich alles geschah, man fühlt doch das allmähliche Ins-Gleiten-Kommen des Schrecklichen. La douce France wird mit einemmal
ein strenges Frankreich ... In den letzten Wochen haben wir so manche Angst und Schrecken ausgestanden, wir, die wir nicht mehr
gewöhnt sind, von der Behörde als Nummer und gar als unterwertige
oder gefährliche Nummer behandelt zu werden.«[21]
Auch Werfel war, als Tschechoslowake, von der Internierung nicht
betroffen. Mit der raschen Niederlage Frankreichs im Juni 1940 hatte
er freilich nicht rechnen können. Gleich vielen anderen Autoren hatte
er sich bis zum letzten Moment gegen den Gedanken gesträubt,
Europa zu verlassen. Als einzig denkbares angrenzendes Asylland war
im Sommer 1940 die Schweiz geblieben – doch die verhielt sich (»Das
Boot ist voll!«) besonders fremdenfeindlich, vor allem Juden gegenüber. Südfrankreich, zumal Marseille, wohin er mit Alma Mahler-Werfel geflüchtet war, schien zur »Mausefalle« geworden: die französische
Polizei ging auch im unbesetzten Teil des Landes dazu über, die Emigranten als Kriminellen gleich zu behandeln. Die verzweifelte Lage ist
eingegangen in die wenigen Zeilen des einzigen Briefes von Werfel an
Gillet, der erhalten blieb. Es ist ein Brief der Panik.

Franz Werfel an Louis Gillet   Marseille, 9. 8. 1940

Mein lieber Freund,

unglücklicherweise habe ich Ihren Brief sehr früh bekommen, ich
hoffe, daß diese Antwort Sie erreichen wird. Wir sind in einer *furchtbaren Lage*. Nach 7 Wochen des Leidens, der Flucht ohne Ziel, sind
wir jetzt hier und versuchen, die nötigen Visen zu bekommen; aber
unser geliebtes Frankreich weigert sich, Tschechoslowaken Ausreisevisen zu geben. Wir sind praktisch Gefangene ...
Falls Sie eine Möglichkeit haben: Helfen Sie uns!!

                                            Ewige Dankbarkeit
                                            Ihr Jeremias ...

Als letzter Fluchtweg blieb der über Spanien nach Lissabon, um dort einen Dampfer nach Amerika zu erreichen. Das setzte indessen voraus, in den Besitz des notwendigen Ensembles gültiger Ausreisepapiere und Billetts zu gelangen – bei unüberwindlich scheinenden administrativen Hürden. Beziehungen, Geld und Glück mußten zusammentreten, damit einige der wenigen sich bietenden Chancen realisierbar wurden. Wirksame Hilfe leisteten das amerikanische ERC (Emergency Rescue Committee), der tschechische Konsul Vochoc[22] und, neben anderen, Autoren mit wichtigen Beziehungen wie Gillet und Gide.

Mit »arrangierten« Papieren ausgerüstet verließen am 12. September Heinrich Mann, Franz Werfel und Lion Feuchtwanger mit ihren Frauen Marseille und flüchteten zu Fuß über die Pyrenäen nach Spanien; von Barcelona flogen sie – ironischerweise mit einer Maschine der deutschen Lufthansa – via Madrid nach Portugal. In Lissabon ging es dann darum, Schiffsplätze zu ergattern – mit ambivalenten Gefühlen: dem der Erleichterung, nach der Niederlage der Verfolgung entrinnen zu können, und der traurigen Vorahnung, Europa nicht mehr wiederzusehen. Heinrich Mann hat diese Atmosphäre in seinen Erinnerungen unvergleichlich beschrieben:

»Der kalte Hauch meines Aufbruchs von Marseille befremdete eigentümlich. Ohne weiter zu insistieren, brachte er Nachricht aus künftigen Tagen, die nichts mehr von Belang zu melden hatten ... Der Blick auf Lissabon zeigte mir den Hafen. Es wird der letzte gewesen sein, wenn Europa zurückbleibt. Er erschien mir unbegreiflich schön. Eine verlorene Geliebte ist nicht schöner. Alles, was mir gegeben war, hatte ich in Europa erlebt. Lust und Schmerz eines seiner Zeitalter, das meines war ...

Überaus leidvoll war dieser Abschied.«[23]

Klaus Mann notiert in seinem Lebensbericht »Der Wendepunkt« über die Ankunft seines Onkels in New York:

»13. Oktober 1940. Ankunft des griechischen Dampfers »Nea Hellas« mit einer Ladung emigrierter deutscher Dichter und Literaten, darunter Heinrich Mann mit seiner Frau ... Franz Werfel mit Alma Mahler-Werfel und viele andere bekannte Gesichter. Große Begrüßung am Hafen, zu der auch Zauberer und Mielein (Thomas und Katia Mann, A. B.) sich einfinden ... Heinrich berichtet beim Lunch im ›Bedford‹ von seiner nächtlichen Flucht über die französisch-spanische Grenze. Der steile Bergpfad, den es zu erklimmen galt, war, wie der Erzähler mit sanfter Mißbilligung konstatiert, ›eigentlich für Ziegen gedacht, nicht für einen Schriftsteller reiferen Alters. Und überhaupt, wie kommt man dazu? Man ist schließlich kein Verbrecher!‹

Aber nun sind sie ja hier – ›safe so far‹ ...«[24]

Der Abdruck der von Albrecht Betz übersetzten Briefe Heinrich Manns erfolgt mit freundlicher Genehmigung des Aufbau-Verlags, Berlin und Weimar.

1 E. E. Noth (1909–1983) war – vor 1933 – einer der jüngsten Mitarbeiter der *Frankfurter Zeitung*. Sein Roman *Die Mietskaserne* erschien 1931. Sein Essay *La Tragédie de la Jeu-*

nesse allemande, im Mai 1934 in Paris publiziert, machte ihn dort rasch bekannt: Noth hatte den Konflikt zwischen dem nationalen und dem sozialistischen Flügel der NSdAP vorausgesagt – der von Berlin aus inszenierte »Röhm-Putsch« im Juni wurde als Bestätigung gewertet. – Das deutschgeschriebene Originalmanuskript der *Tragödie der deutschen Jugend* wurde erst vor kurzem in Südfrankreich aufgefunden. — **2** Brief an Gillet vom 26. 7. 1938 aus Aix-en-Provence, wo Noth sich niedergelassen hatte. Alle weiteren nachstehend zitierten oder abgedruckten Briefe befinden sich, falls nicht anders erwähnt, im ›Fonds Louis Gillet‹ der Bibliothèque Nationale, Paris. Für die Autorisation des Abdrucks möchte ich an dieser Stelle seiner Tochter, Mme Dominique Maroger, nachdrücklich danken. – Gillet war durch seine Arbeiten über die klassische französische Malerei bekannt geworden, hatte außerdem mehrere Reiseberichte veröffentlicht sowie zahlreiche »papiers« in der Pariser Presse. — **3** Brief an A. Gide, datiert Chaalis, Ermenonville, 27. 9. 1936. — **4** *Le Point.* Colmar, Sépt. 1938, XVI, p. 156. — **5** Vgl. *L'Homme contre le Partisan.* Paris 1938 (Grasset). — **6** *Le Point.* A.a.O., p. 160. — **7** *Le Point.* A.a.O., p. 183. — **8** In seinen Erinnerungen *Ein Zeitalter wird besichtigt* entwirft er ein von tiefer Sympathie geprägtes Bild Gillets, der ihm politisch keineswegs nahestand – außer in der gemeinsamen Haltung gegen den Faschismus. Reinbek 1976, p. 288 f. — **9** Vgl. u. a.: »Das Bekenntnis zum Übernationalen«. In: *Neue Rundschau,* Berlin, Dezember 1932. — **10** Die beiden Bände erschienen deutsch 1935 und 1938 in Amsterdam. Der erste kam noch vor dem Krieg, 1938, auch auf französisch heraus, leider in einer Übersetzung, die dem funkelnden Glanz der Sprache des Originals in keiner Weise gerecht wird. (H. Mann, *La jeunesse d'Henri IV.* Paris.) — **11** Er fand trotz seiner enormen Produktion die Zeit und Energie, einer Reihe von Exil-Vereinigungen zu präsidieren (wie dem SDS und dem Pariser Lutetia-Kreis), Ansprachen und Reden zu halten. etc. — **12** Vgl.: H. A. Walter, *Deutsche Exilliteratur 1933–1950.* Bd. 2, Stuttgart 1984, S. 87 ff. Außerdem ders.: »Heinrich Mann im französischen Exil«. In: H. L. Arnold (Hg.): *Heinrich Mann, Sonderband TEXT + KRITIK,* 3. Aufl. München 1979, S. 132 ff. — **13** *Le Populaire* war die Tageszeitung der Sozialisten. Dazu Heinrich Mann in einem Brief vom 1. 3. 1938 an Félix Bertaux: »Ich schrieb gerade einen Appell an die Demokratien, die Österreichfrage betreffend. Er hat ihn sogleich übersetzt mit der Absicht, ihn bei *Paris-Soir* unterzubringen. Aber dort war nichts zu machen, wir mußten uns mit dem *Populaire* begnügen, wo ich ohne Zweifel zu den Bekehrten predigte. Es wird immer schwieriger, gegen den Faschismus zu schreiben, was es auch sei. Die zahlreichen Demarchen, um die Weltpresse zum Schweigen zu bringen, sind keineswegs vergeblich geblieben.« In: Richard Ziegler, *Monotypien und Skizzen zu Heinrich Manns »Henri Quatre«. Mit Briefen Heinrich Manns an Félix Bertaux.* Berlin, Weimar 1970, p. 52. Der Artikel in der *Dépêche:* »Prévenir la Guerre«. 28. 2. 1938. — **14** Bei Kriegsausbruch war Jean Giraudoux an die Spitze des Informationsministeriums beordert worden – er war vom Dichter und Personalchef im Auswärtigen Amt zum Staatssekretär avanciert. Robert Minder schreibt darüber in seinen »Begegnungen mit Alfred Döblin in Frankreich«: »Jean Giraudoux (hatte) uns in sein neugegründetes Ministerium berufen, das im Hôtel Continental gegenüber den Tuilerien untergebracht war. Die Gegenpropaganda wurde uns fünf oder sechs Mann anvertraut – ein richtiges Professorenkollegium: Vermeil und Tonnelat aus Paris, Albert Fuchs aus Straßburg, später stießen ein paar andere dazu wie Pierre Bertaux. Die gelegentlichen äußeren Mitarbeiter waren zahlreicher, von Kurt Wolff (dem Verleger) und Paul A. Landsberg (dem Philosophen) bis zu emigrierten Politikern und Publizisten. Flugzeuge sollten unsere Produkte abwerfen und die Deutschen aufklären, vielleicht gar zur Revolte treiben – eine absurde Idee. Giraudoux selber glaubte wohl kaum daran.« – In: H. L. Arnold (Hg.): *Deutsche Literatur im Exil.* Bd. II, Frankfurt/M. 1974, S. 278. Zu den »Außenmitarbeitern« gehörten auch Ernst Erich Noth, H. Jacob u. a. Dagegen wurde Heinrich Mann, entgegen seinem Wunsch, nicht miteinbezogen. — **15** Wilhelm Herzog (1884, Berlin – 1960, München) hatte vor dem I. Weltkrieg gemeinsam mit Paul Cassirer die Zeitschrift *Pan* herausgegeben, an der auch Heinrich Mann mitarbeitete. Nach dem Krieg trat er als pazifistischer Publizist hervor. Nach seiner Internierung in Les Milles wurde er 1941 auf Trinidad erneut interniert und konnte erst 1945 in die USA emigrieren. – *Der Kampf einer Republik. Die Affaire Dreyfus* war bereits in der Schweiz erschienen: Zürich 1933. Seinen *Barthou* veröffentlichte Herzog ebenfalls in Zürich, 1938 (»Die Liga«). Louis Barthou (1862–1934), französischer Außenminister, wurde am 9. Okt. 1934 in Marseille Opfer eines politischen Attentats auf König Alexander von Jugoslawien, den er auf einer Fahrt im Wagen begleitete. — **16** Franz Schönberner (1892, Berlin – 1970, Teaneck, N. Y.) war von 1929–1933 Chefredakteur des *Simplizissimus.* Nach seiner Internierung in Frankreich gelangte er 1941 in die USA. Seit Kriegsende arbeitete er dort als freier Journalist. — **17** Heinrich Mann war in erster Ehe (1914–1930) mit der Prager Schauspielerin Maria Kanova verheiratet; mit ihrer Tochter war sie nach der Trennung in die Tschechoslowakei zurückgekehrt. — **18** Anatole de Monzie (1876–1947) war Minister im letzten Kabinett Daladiers, das bereits einen Monat später, im März 1940, von der Regierung Paul Reynauds abgelöst wurde. — **19** Franz Werfel, *Zwischen Oben und Unten. Auf-*

sätze, Aphorismen... München 1975, S. 809. — **20** A.a.O., S. 743. – Reproduktion in *Le Point:* a.a.O., S. 173. — **21** A.a.O., S. 744. Wenige Tage später (am 16. 9. 1939) erscheint in Leopold Schwarzschilds Pariser Exil-Zeitschrift *Das Neue Tage-Buch* aus der Feder Werfels »Les deux Allemagnes. Ein Beitrag zu einer tragischen Diskussion.« Darin spielt er den österreichischen Universalismus gegen das nationalistische Preußentum aus und sieht als künftige Lösung der Probleme Mitteleuropas eine »neue große Ost-Union«, gedacht als »Erbin der viel hundertjährigen alten Monarchie«, deren Mitglieder sich in einer Art freiwilliger Föderation zusammenschließen sollten. »Was aber außer Österreich von deutschen Stämmen zu diesem Bunde tritt, wird sich schon aus Ekel über die schmachvolle Vergangenheit leidenschaftlich selbst entpreußen und austrisieren.« S. 882–885. — **22** Vgl. das Kapitel »Der tschechoslowakische Konsul«. In: Heinrich Mann, *Ein Zeitalter wird besichtigt*. A.a.O., S. 302 ff. — **23** A.a.O., p. 307 und p. 312. — **24** Klaus Mann. *Der Wendepunkt*. Berlin 1974, S. 538 f.

Marc A. Weiner

Der Briefwechsel zwischen Hans Pfitzner und Felix Wolfes 1933–1948

Für Katharina und Momme Mommsen

Während die Musik von Richard Strauss internationales Ansehen und weite Verbreitung gefunden hat, hat es das Werk Hans Pfitzners schwer, sich durchzusetzen. Im Ausland ist es weitgehend unbekannt geblieben, man kennt kaum den Namen des Komponisten. Aber durch die Aufführungen der Musikdramen Richard Wagners in Amerika wird der Blick nun auch auf die Erben Wagners gelenkt, neben Strauss vor allem auf Pfitzner. Ein intensiveres Musikleben bietet allmählich die Voraussetzung, Werke bisher kaum gespielter deutscher Komponisten zu hören. So gibt es vereinzelt Aufführungen von Pfitzners Opern, seiner Instrumental- und Vokalmusik im Konzertsaal und im Radio, und man darf vermuten, daß Pfitzners Werk auch in den Vereinigten Staaten bekannt werden wird.

Durch seine neo-konservative Haltung ist Pfitzner nicht nur für den Musikwissenschaftler, sondern auch für Germanisten und Historiker von Bedeutung. Stand er doch mit Thomas Mann in Verbindung, der mehrfach über Pfitzner schrieb, und er war deutschen Juden wie Bruno Walter, Paul Nicolaus Cossmann (dem Herausgeber der *Süddeutschen Monatshefte*) und vor allem Felix Wolfes freundschaftlich verbunden. Pfitzners zwiespältige Position im nationalsozialistischen Deutschland ist exemplarisch für einen im Grunde apolitischen Künstler, dessen idealistische Ansichten schnell von der Realität widerlegt wurden.

Die Felix-Wolfes-Sammlung der Houghton Library an der Harvard Universität ist im Besitz des Briefwechsels zwischen Hans Pfitzner und Felix Wolfes aus den Jahren 1937–1949. Neben den Originalbriefen Pfitzners an Wolfes liegen hand- und maschinenschriftliche Durchschläge der Briefe von Wolfes an Pfitzner vor.[1] Dieser Briefwechsel, zusammen mit den Wolfes-Pfitzner-Briefen von 1917–1949 aus dem Hans-Pfitzner-Nachlaß in der Musiksammlung der Österreichischen Nationalbibliothek, Wien (die sich zum Teil mit denen im Wolfes-Nachlaß decken), ergibt ein aufschlußreiches Bild von dem Verhältnis der beiden zueinander und der Zeit, in der sie lebten, vor allem die Zeit der Weimarer Republik, der nationalsozialistischen Diktatur und dann der Nachkriegsjahre nach 1945.

Hans Pfitzner wurde am 5. Mai 1869 in Moskau als Sohn eines deutschen Orchestermusikers geboren. Früh kam er zurück nach Deutschland, wo er am Hochschen Konservatorium in Frankfurt am Main studierte. Dort lernte er auch Mimi Kwast, die Tochter seines jüdischen

Lehrers, kennen, die seine erste Frau wurde. Nach Jahren als Kapellmeister in Koblenz, Mainz, Berlin und München wurde Pfitzner 1908 Direktor der Oper und des Konservatoriums in Straßburg im Elsaß. Seit 1920 an der Berliner Hochschule, lebte er später in München, bis im 2. Weltkrieg sein Haus von Bomben zerstört wurde. Nach Rodaun bei Wien übersiedelt, nahe dem Haus Hugo von Hofmannsthals, mußte er, bereits halb erblindet, seine Habe zurücklassend, nach München in ein Altersheim flüchten. Die letzten Lebensjahre verbrachte er in Salzburg, wo er am 22. Mai 1949 starb. Sein Werk umfaßt fünf Opern, darunter sein opus magnum, die musikalische Legende *Palestrina*, Kantaten, Symphonien, Instrumentalkonzerte und Kammermusik, darunter eine Reihe bedeutender Lieder. Auch als Schriftsteller und scharfzüngiger Polemiker ist Pfitzner hervorgetreten.

Felix Wolfes wurde am 2. September 1892 in Hannover als Sohn wohlhabender jüdischer Eltern geboren.[2] Er hatte zwei jüngere Brüder, Arthur und Helmuth. Nach Abschluß seiner Ausbildung am Gymnasium in Breslau und an der Universität in Leipzig führte er sein Musikstudium am Leipziger Konservatorium weiter, wo er Unterricht in Klavier bei Robert Teichmüller und in Musiktheorie und Komposition bei Max Reger nahm.

In einem Interview mit Leni Fromm fürs WGBH-Radio am 10. Mai 1969 erzählte Wolfes von seinem schon in seiner Jugend gefaßten Wunsch, später einmal unter Pfitzner zu studieren, als er zufällig in Kunstzeitschriften zwei Pfitzner-Lieder entdeckte. In Leipzig entschloß sich Wolfes, Pfitzner 1911 am Städtischen Konservatorium in Straßburg aufzusuchen. Dort studierte er mehrere Jahre Dirigieren und Komposition bei Pfitzner, bevor er von ihm ans Straßburger Stadttheater als Korrepetitor engagiert wurde (1913–1915).

Nach dem Studium bei Pfitzner blieb Wolfes zunächst unter Otto Klemperer, Pfitzners Nachfolger, am Straßburger Stadttheater (1915–1916), bevor er die eigentliche Berufslaufbahn antrat. Nach verschiedenen Positionen als Erster Kapellmeister in Elberfeld (1918), Halle (1919–1922) und Breslau (1923), erreichte er den Höhepunkt seiner Karriere von 1924 bis 1930 in Essen und von 1931 bis 1933 in Dortmund.

Wegen seiner jüdischen Herkunft wurde sein Auftreten von den Nationalsozialisten verboten. Im Februar 1933 wurde Wolfes kurz vor einer *Meistersinger*-Aufführung vom Dortmunder Stadttheater entlassen. Die nächsten zwei Monate verbrachte er versteckt im Haus seines Freundes Fritz Volkmann (eines Dortmunder Schauspielers und Schriftstellers für das Feuilleton der »Dortmunder Zeitung«, der mit der Familie Wolfes eng befreundet war),[3] während er an dem Klavierauszug zu Richard Strauss' Oper *Arabella* arbeitete.[4]

Schließlich entschloß er sich im Juni 1933, Deutschland zu verlassen. Nach einem Aufenthalt in Berlin erreichte Wolfes mit der Hilfe Volkmanns Paris, wo er die nächsten Jahre in größter Armut verbrachte. Hier spielte er Klavier in Cabarets und gab Privat-Unterricht. Im November 1937 reiste er nach New York und fand wieder Arbeit als Korrepetitor an der Metropolitan Oper, eine Stelle, die er auch von

1941 bis 1948 bei dem Berkshire Music Festival in Tanglewood unter Boris Goldovsky innehatte. 1945 wurde er Assistent an der Chicagoer Oper und nahm an Tourneen durch die Vereinigten Staaten, Kanada, Hawaii und Australien teil. Im Jahre 1947 ließ er sich endgültig in Boston nieder, wo er Assistent der New England Opera wurde und an dem New England Conservatory of Music lehrte. Nachdem er sich in den Ruhestand hatte versetzen lassen, gab er Privatunterricht und widmete sich in zunehmendem Maße dem Vertonen von deutschsprachigen Gedichten – einer seiner Lieblingsbeschäftigungen, die er in diesen ganzen Jahren nie vernachlässigt hatte, ja der er sich nach der Flucht aus Deutschland um so leidenschaftlicher zuwandte. Erst am Ende seines Lebens gewann er einen gewissen Ruf in New York und New England als Liederkomponist. Felix Wolfes starb am 28. März 1971.[5]

Nach seiner Flucht setzte sich Wolfes in Amerika immer wieder durch Aufsätze und Konzertaufführungen für Pfitzners Musik ein.[6] Es gab wenige Musiker, denen Pfitzners Musik zu Lebzeiten des Komponisten so vertraut war wie ihm. Pfitzner hatte Wolfes gebeten, Klavierauszüge von *Palestrina,* der Kantate *Das dunkle Reich* und der Oper *Das Herz* anzufertigen, die den orchestralen Charakter der ursprünglichen Partituren evozieren sollten und dennoch spielbar wären. In den 208 Liedern von Wolfes lassen sich auch mehrere Zitate von Pfitzners Musik nachweisen.

Was für ein merkwürdiger Fall: der ehemalige jüdische Student und spätere Kollege eines der bedeutendsten Komponisten seiner Zeit muß als Flüchtling seine Heimat verlassen und bemüht sich während der finsteren Jahre des Exils und des Krieges, die Kunst seines Freundes in dem Land bekannt zu machen, das schließlich gegen ihrer beider Heimatland kämpft. Zur gleichen Zeit führt der Komponist, in Amerika als Nationalsozialist verrufen, den Briefwechsel mit seinem jüdischen Freund weiter. Im Ausland wird auch heute noch Pfitzners Œuvre mit den politischen Verhältnissen seiner Zeit assoziiert und, sofern man es überhaupt zur Kenntnis nimmt, abgelehnt und abgewertet.[7] Dabei ist es evident, daß Pfitzner sich während des Nazi-Regimes unerschrocken für seine jüdischen Freunde eingesetzt hat – zu seinem eigenen Schaden. Wie sehr Wolfes und Bruno Walter sich dann ihrerseits bemüht haben, Pfitzners Lage im Nachkriegsdeutschland zu verbessern, bezeugen Briefe aus den Jahren nach 1945.[8]

Trotz des größeren zeitlichen Abstands und der dadurch möglichen Objektivität ist es schwer, ein Urteil über das Verhältnis zwischen Pfitzner und Wolfes zu fällen. Das Pfitzner-Bild, das von den Biographen der Nachkriegszeit, wie z. B. Ludwig Schrott,[9] vermittelt wird und die heutige Auffassung bestimmt,[10] deutet auf einen Menschen, der außergewöhnlich egozentrisch und oft gefühllos war und seinen Mitmenschen mit fast paranoidem Mißtrauen begegnete. Seine Ängstlichkeit und Bereitschaft, »gegen jeden Angriff sofort zurückzuschlagen« (Pfitzner zitierte in einem Schreiben über Wilhelm Rode, den Intendanten des Deutschen Opernhauses in Berlin, diese Zeile Hitlers aus dessen Parteitagsrede vom 12. September 1938),[11] werden hervorgehoben. Dadurch entsteht die Charakteristik eines häufig frustrierten, unglücklichen Mannes, der sich von aller Welt mißverstanden fühlt. Seine körperliche Konstitution mag diese psychische Verformung mitbedingt haben.[12]

Felix Wolfes hingegen erscheint, wie aus Gesprächen hervorgeht, die in Deutschland und Amerika mit seinen Freunden und Studenten geführt worden sind[13] (obwohl sich diese Gespräche auf Geschehnisse beziehen, die zum Teil 50 Jahre zurückliegen), zurückhaltend, sensibel, taktvoll und dabei warmherzig und humorvoll.

Es ist allzu leicht, Pfitzner als Egoisten ohne Einfühlungsvermögen zu verdammen und Wolfes als sich aufopfernden, hingegebenen Anhänger zu bezeichnen. Daran ist gewiß einiges richtig. Über die wenig schönen Züge von Pfitzners Charakter hat sich Wolfes keine Illusionen gemacht. In seinem kleinen, mit handgeschriebenen Eintragungen und Kommentaren versehenen Heft »Über Pfitzner«, das im Wolfes-Nachlaß aufbewahrt ist und auch Zeitungsausschnitte und Notizen aus mehreren Jahren enthält, finden sich nicht weniger als vier Kopien eines »Graphologischen Gutachtens über Hans Pfitzner«, das hier auszugsweise zitiert werden soll:

> Der Schreiber (...) leistet sich tolle Auswüchse vom Bizarr-Lustig-Grotesk-Humorvollen bis zur schroffsten, kalten Ablehnung und Grausamkeit. Kann Menschen kolossal verletzen, tyrannisieren, abstoßen, ja verachten. Der andere kann das Gefühl bekommen, er würde überhaupt nicht als Mensch betrachtet, sondern feindlich angesehen und mit *einer* Geste abgetan. Dabei hat der Schreiber ein leidenschaftliches Herz, hat auch Güte und Wohlwollen für einzelne, kann entzückend freundlich, gebend, liebenswert und liebenswürdig sein; er kann *alles* sein – aber die Eigenart seines Charakters ist die Unberechenbarkeit. (...) Hält man sich an seine Gestaltungskräfte und die echten Quellen, aus denen sie schöpfen, so wird man nie enttäuscht – erwartet man von ihm aber als Freund, als Mann, als Kollege eine *bestimmte* Haltung, so gibt es Katastrophen.

Das Gutachten des unbekannten Graphologen hebt wesentliche Eigenarten Pfitzners hervor, die der Leser unschwer in Pfitzners Briefen wiederfindet. Gewiß ist es kein Zufall, daß Wolfes mehrere Kopien des Gutachtens aufbewahrt hat. Einige für das Leben und Werk Pfitzners entscheidende Züge hat das Gutachten allerdings nicht eingefangen: seine Ehrlichkeit, der er bedenkenlos jede menschliche Schonung aufzuopfern bereit war, und seine unbeirrbare Sachtreue zu großen Werken der Musik und Kunst. Der im täglichen Leben so Sprunghafte konnte aber auch an einer ihm wertvollen Beziehung festhalten, über alle Ungunst der Zeit hinweg und gegen jeden Widerstand – wofür gerade das Verhältnis zu Wolfes ein schönes Zeugnis ablegt.

Wolfes war seinerseits von Anfang an bereit, zwischen dem musikalischen Genie Pfitzner und dem Menschen Pfitzner zu unterscheiden. Zahllose Kränkungen und Beschwichtigungen kommen in den Briefen zum Ausdruck. Die Anlässe, vermutlich von nebensächlicher Bedeutung, werden nicht erwähnt, während oft ein Drittel eines Briefes den Versuch von Wolfes darstellt, Pfitzner zu beschwichtigen und ihm zu huldigen, wenn nicht sogar ihm zu schmeicheln. Das nimmt Pfitzner geradezu als selbstverständlich hin. Man darf aber Wolfes' Verhalten nicht nur als das eines Abhängigen oder eines Schmeichlers auffassen, sondern als das eines Mannes, der zu echter Hingabe fähig war, zumal sie dem Vertreter einer ihm überaus wichtigen, geistigen und musikalischen Tradition galt, einer Tradition, in die Wolfes seine Arbeit einordnen und der er sich widmen wollte. Er zeigte sich Pfitzner gegenüber auch nach seiner Flucht ins Exil als genauso treu und ergeben wie vor 1933. Seine Dankbarkeit für Pfitzners Hilfe zu Beginn der eigenen Karriere mag hier eine Rolle gespielt haben, aber dies kann sein stets unverändertes Eintreten für Pfitzner und vor allem für die Kunst Pfitzners kaum erschöpfend erklären. Auch Pfitzner fühlte sich als Vertreter einer großen Musiktradition. Das hatte er der Welt schon 1917 in seiner »musikalischen Legende« *Palestrina* auf der Bühne verkündet (der Vergleich Pfitzners mit seiner Bühnenfigur Palestrina ist in der Sekundärliteratur gang und gäbe).[14] Vielleicht fühlte er sich deswegen im Recht, Wolfes' Aufopferung als angebracht zu akzeptieren. Pfitzners Verständnis von deutscher Musik beeinflußte entscheidend sein Mißverständnis der deutschen Politik. Pfitzners *Palestrina* (entstanden 1912–1915, uraufgeführt unter Bruno Walter 1917 in München), zu dem Pfitzner selbst den Text schrieb, trägt ein Schopenhauer-Motto: ». . . neben der Weltgeschichte geht schuldlos und nicht blutbefleckt die Geschichte der Philosophie, der Wissenschaften und der Künste.« Zwischen der realen Welt und der Kunst besteht ein scheinbar nicht aufzuhebender Gegensatz, bis am Ende der Papst der Größe von Palestrinas Kunst huldigt. Die »musikalische Legende« ist zugleich eine Apotheose auf die große Musiktradition und die Kraft der Inspiration. Die »verstorbenen Meister der Tonkunst«, die Palestrina erscheinen und ihn auffordern, die Messe zu schreiben, vertiefen die musikalische Tradition. Sie gewinnt ihre Geltung durch die Anknüpfung an ein quasi-transzendentales Reich, aus dem die Inspiration kommt. Was Heinrich Isaac und Josquin de Prey für Palestrina gewesen sein sollen, waren für Pfitzner Robert Schumann und Richard Wagner[15], Stellvertreter einer spezifisch deutschen[16] Musiktradition, als deren letzter Erbe er sich sah, wobei er Richard Strauss, Schönberg, Berg, Webern, Busoni, Egk oder Orff ausschloß. Aus solcher Weltsicht komponieren, heißt folgerichtig »konservativ« schaffen.

Als Gegner erscheinen nun jene Schulen der Komposition, die sich eher als intellektuell verstehen. Pfitzner verachtet etwa die Programmatik und Kunst Busonis oder der zweiten Wiener Schule um Arnold Schönberg. Seine polemischen Schriften »Futuristengefahr« und »Die neue Ästhetik der musikalischen Impotenz« bezeugen dies.[17] Wichtig ist für Pfitzner die angebliche Irrationalität der deutschen Musik. Die von ihm selbst angenommene Rolle als Verteidiger dieser nationalen Kontinuität in der Kunst verleitet ihn (abgesehen von anderen Ursachen) zu außerordentlicher Aggressivität. Auch Wolfes scheint, wenigstens in den ersten Jahren ihrer Bekanntschaft, Pfitzners Auffassungen geteilt zu haben. Am 12. 10. 1917 – um ein einziges Mal aus dem langen Briefwechsel vor 1933 zu zitieren – schreibt Wolfes an Pfitzner:

> Besonders einverstanden habe ich mich in letzter Zeit mit der »Futuristengefahr« gefühlt. Es ist so wichtig, daß alles das einmal gesagt wurde. Und ich möchte nur, es folgen noch manche andere, ebenso dringend nötige Aufsätze, vor allem einer über Schumann.[18]

Pfitzners Auffassung von der Rolle der deutschen Musik ist eng verbunden mit seiner Ansicht von der Rolle Deutschlands in der Welt. In seinen Schriften und Briefen gebraucht er für deutsche Kunst und Nation dieselben Metaphern. In seinem Aufsatz »Robert Schumann – Richard Wagner – eine Sternenfreundschaft« schreibt er:

> Stellen wir uns die deutsche Musik als eine platonische Idee vor, als ein ruhendes Urbild, das irgendwo im Weltall ist, von je da war, in Ruhe thronend, und das nun von der Ewigkeit her in die Zeiten hineinfließt, sich in die Welt ergießend und sich in verschiedenen Bestandteilen auf der Erde inkarnierend.[19]

Dieselbe Idee taucht in seinem Brief vom 5. Oktober 1946 an Bruno Walter auf:

> Wenn ich frage, was ist Deutschland? so ist es im Sinne von: »was ist Deutschlands platonische Idee?« Ist es das »heilig Herz der Völker« oder ist es eine nach Millionen zählende Bande von grausamen Verbrechern« Die platonische Idee, das ewige Urbild eines Dinges, kann nichts Gegensätzliches, sich selbst widersprechendes in sich umfassen, nichts Werdendes, Schwankendes, Veränderliches sein, nichts Einstweiliges, was wieder abfallen kann.[20]

Der Vergleich dieser zwei Stellen zeigt, daß Pfitzner Deutschland, das Land, in dem er lebte und dem er sich zugehörig fühlte, idealisierte als das Land Goethes und Hölderlins, Beethovens und Wagners. Diese Ansicht verband ihn auch mit Wolfes und der überwiegenden Mehrheit des deutschen Bildungsbürgertums, Nichtjuden und Juden. Für sie spielte die Kunst, vor allem Musik und Dichtung, eine bestimmende Rolle. Ohne jedes wirkliche Verständnis und Interesse für politische Vorgänge, huldigten sie einem naiven, gefühlvollen, unkritischen Patriotismus. Vor allem für die Generation eines Pfitzner war diese politische Blindheit verheerend, denn sie machte sie oft genug zu Parteigängern und zu Opfern der Nationalsozialisten. Der nationalsozialistische Aufbruch, mit seiner wagnerischen Färbung, wirkte glaubwürdig auf Pfitzner, so wie die Ziele Hitlers anfänglich mit den seinen übereinzustimmen schienen.[21] Pfitzners politischer »Standpunkt« ist auf seinen ästhetischen zurückzuführen. Sein Nationalismus lehnte sich gegen die Macht und den Einfluß anderer Länder auf.

Man denke z. B. an Pfitzners Sonett »Richard Wagner«, in dem eine Künstlerfigur das nationale Empfinden sowohl verkörpert als auch entfacht.[22] Einer Nation, die durch Krieg, Niederlage und wirtschaftliches Elend gegangen war, versprachen die Nationalsozialisten neue Größe. Deutsche Kultur und die ›große‹ deutsche Vergangenheit zu erneuern war das vorgegebene Ziel des Dritten Reichs, und dies lag Pfitzner am Herzen. Auf einer Nazi-Tagung im Dezember 1934 wurden Teile seiner Kantate *Von deutscher Seele*, nach Gedichten von Eichendorff, aufgeführt.[23] Er hoffte, ihm würde eine angemessene Stellung im neuen Reich zukommen. Darin täuschte sich Pfitzner. Unbequem wie er war, und nicht bereit, um eines augenblicklichen Vorteils willen seine Vorstellungen preiszugeben, ließ man ihn zwar ungestört arbeiten, vermied aber, ihn besonders zu fördern oder zu ehren. Um weiterhin als führender Komponist seiner Zeit zu gelten, wollte Pfitzner aufgeführt werden. Sein Werk hatte im Schatten des Erfolges von Richard Strauss gestanden. Nun mußte er sehen, wie sich Strauss arrangiert hatte, von den Nazis zugleich hofiert und als Aushängeschild verwendet wurde. Verbittert macht Pfitzner in seinem Brief vom 5. Dezember 1933 an den ausgewanderten Wolfes seinem Unmut über die Situation Luft. Seine takt- und gefühllose Egozentrik, die die weit schwierigere Lage des exilierten Wolfes nur am Rande behandelt, erklärt auch seine wachsende Frustriertheit unter dem Nazi-Regime und sein Unvermögen, die politische Entwicklung einzuschätzen. Er beurteilte eben die politischen Mächte ausschließlich im Hinblick auf seine eigene Position als deutscher Künstler. Man kann nicht endgültig klären, ob Pfitzner sich des puren Opportunismus schuldig gemacht hat. Ein Wunsch und Drang nach Ruhm und Anerkennung ist überall in Pfitzners Briefen zu spüren, und als die Nationalsozialisten an die Macht kamen, brauchte er vielleicht nur ein Auge zuzudrücken, um durch eine Assoziation mit ihnen seine als patriotisch geltende Kunst weiter zu verbreiten.

Solcher Opportunismus fehlte Wolfes gänzlich. Er versuchte nie, viel aus seiner eigenen Kunst zu machen, er war weit mehr durch die Verbreitung von Pfitzners Werken in Anspruch genommen. Erst viele Jahre nach Pfitzners Tod gestaltete er auf unauffällige Weise ein paar Liederabende mit seinen eigenen Kompositionen. Pfitzners Kunst war ihm sein Leben lang wichtiger als seine eigene. Wolfes ist beispielhaft für die große Zahl deutscher Juden seiner Bildungsschicht, die wie er auswandern mußten, ohne die Liebe zu ihrer kulturellen Vergangenheit aufzugeben. Nach ihrer Flucht konnten sie sich freilich nicht mehr über die Nationalsozialisten täuschen, wie sie es zunächst getan hatten. Als Wolfes 1933 gewarnt wurde, man würde ihn demnächst verhaften, antwortete er: »Wieso? Ich habe doch nichts verbrochen.« Auch Wolfes versuchte, wie Pfitzner, zwischen der Realität Deutschlands und seiner Vorstellung von dem Land als Träger einer fortschreitenden Kunsttradition zu unterscheiden; dies drückt er sehr deutlich in einem Schreiben vom 27. Juni 1947 aus. Auch nach seiner Flucht aus Deutschland blieb Wolfes so apolitisch, wie er es sich leisten konnte. Er hatte nie einer politischen Partei angehört. Volkmann berichtet davon, daß sie sich weder in Dortmund noch in Paris, also in den »politischsten« Jahren von 1933 bis 1937, über die Judenfrage oder die Politik überhaupt unterhalten hätten! Nur ein einziges Mal, in dem Schreiben vom 27. Juni 1947, nimmt Wolfes Stellung zur Nazi-Vergangenheit Deutschlands, und das nur, weil Pfitzner ihn ausdrücklich darum gebeten hat. Bis zu seinem Tode 1971 hat er es nie über sich gebracht, Deutschland wiederzusehen. Die Verknüpfung mit dem Land blieb für ihn die mit einer kulturellen und persönlichen Vergangenheit.

Pfitzners zunehmende ästhetische und existenzielle Enttäuschung und ein Gefühl von Vernachlässigung in diesen Jahren durchziehen den ganzen Briefwechsel wie ein roter Faden, wie auch seine Angst davor, der Freund könnte sich von ihm distanzieren. In allen Briefen erweist sich die Liebe zur Musik als ein alle politischen Grenzen transzendierender, Brücken schlagender Faktor.

Zwei Briefe Pfitzners, von ihm selbst kopiert und Wolfes zugeschickt, dokumentieren die abrupte Kündigung Wolfes kurz vor einer *Meistersinger*-Aufführung in Dortmund während der Nazi-Herrschaft 1933. Sie belegen, daß Pfitzner nicht zögerte, trotz der Gefährdung seiner Position, sich für seine jüdischen Freunde einzusetzen, die seiner Auffassung nach, die Tradition der deutschen Musik zu bewahren wußten:[24]

Dr. Hans Pfitzner   z. Zt. Köln, den 15. März 1933
München 27

Herrn Reichskanzler
    Adolf Hitler
    Berlin

Hochverehrter Herr Reichskanzler!

Beiliegend gestatte ich mir, Ihnen einen Durchschlag meines Schreibens an den nationalsozialistischen Stadtverordneten, Herrn König in Dortmund zu übersenden. Bei Ihnen brauche ich wohl nicht erst zu fragen, ob Sie wissen, wer ich bin, vielmehr nehme ich an, daß Sie sich der – mir unvergeßlichen – Stunde erinnern, wo Sie mich im Schwabinger Krankenhaus besuchten. Wer wie Sie ein »Kunstgewogener« ist, wird mich verstehen und gleich mit mir gegen Ungerechtigkeit kämpfen, meine Handlungsweise billigen und mich mit der Macht, die in Ihren Händen liegt, in meinen Bestrebungen unterstützen.

                                    In großer Verehrung
                                    Ihr ergebener

                                    gez. H. Pfitzner

1 Anlage

Dr. Hans Pfitzner z. Zt. Köln, den 15. März 1933
München 27

Herrn Stadtverordneten Heinrich König
Parteisekretariat der NSDAP
Dortmund
Schwanenwall

Sehr verehrter Herr Stadtverordneter,

ich darf wohl annehmen, daß Ihnen mein Name ein Begriff ist. Da ich sowohl als Komponist als auch als Dirigent und Schriftsteller von jeher so für die deutsche Kunst gewirkt und geschaffen habe, wie dies im Sinne der nationalen und nationalsozialistischen Bewegung ist, und da ich die Ehre habe, den Führer Ihrer Bewegung, Herrn Reichskanzler Adolf Hitler, persönlich zu kennen, kann ich an der Tatsache nicht vorbeigehen, daß die Eingriffe, die seitens Ihrer Partei zur Zeit im deutschen Kunst- und Theaterleben vorgenommen werden, teilweise von Persönlichkeiten beeinflußt werden, deren Urteilsvermögen in künstlerischen Fragen nicht so fundiert ist, wie dies für die deutsche Sache, der man dienen will, am Platze wäre. Da ich bestimmt voraussetze, daß Sie, sehr geehrter König, das notwendige Verständnis für Kunst und Theater besitzen, kann ich es mir nicht vorstellen, daß Sie das Vorgehen gegen den Kapellmeister Felix Wolfes in Dortmund billigen, wie es in den beiden Artikeln der »Roten Erde« vom 13. 3. 33 vorliegt. Wenn ich als Dichter-Komponist des »Palästrina« und des Werkes »Von deutscher Seele« auch das tiefste Verständnis dafür habe, daß es das Bestreben Ihrer Bewegung ist, das musikalische und Theaterleben Deutschlands von undeutschen Musikern und Theaterleitern zu befreien, um zu verhindern, daß deutsche Meisterwerke entstellt und verfälscht zu Gehör gebracht werden, wie dies von Leuten wie XXXXX etc. etc. zur Empörung aller Kunstfreunde allzu häufig geschehen ist, so ist jedoch weder im Sinne Ihres Führers, noch nach meiner Überzeugung der deutschen Kunst damit gedient, daß nun alle ausübenden Künstler, nur weil sie etwa Juden sind, mit solchen Elementen in einen Topf geworfen werden. Ein typisches Beispiel, das ich deshalb besonders gut beurteilen kann, weil es sich um meinen Schüler Felix Wolfes handelt, ist in den letzten Tagen in Ihrer Stadt vorgekommen. Obgleich er Jude ist, dürfte es, um die werkgetreue Wiedergabe etwa der »Meistersinger« zu gewährleisten, keinen befähigteren und mehr von hohem künstlerischen Gewissen geleiteten Dirigenten geben als ihn. Gerade er hat sich stets gegen Juden und Nichtjuden aufgelehnt, die von den Vorschriften des Meisters willkürlich abgehen zum Schaden des Werkes, um ihre eigene Persönlichkeit in den Vordergrund zu stellen, und ich darf von diesem Jünger behaupten, daß er sein Leben lang ehrlich der deutschen Kunst gedient hat.

Aus meiner langjährigen Erfahrung weiß ich genau, daß diejenigen Interpreten dünn gesät sind, denen man wie Felix Wolfes ein Werk ruhig zur Wiedergabe anvertrauen kann, ohne befürchten zu müssen, daß die Vorschriften des Schöpfers unbeachtet bleiben. Deshalb glaube ich, der Stadt Dortmund, der nationalsozialistischen Bewegung und dem deutschen Theater einen Dienst zu erweisen, wenn ich mit der ganzen Kraft meiner Persönlichkeit für diesen Mann eintrete und Sie bitte zu verhindern, daß weiter gegen Felix Wolfes vorgegangen wird, wie dies im Falle der »Meistersinger« leider geschehen ist.

Ich wünschte sehr und hoffe bestimmt, daß meine Worte, die von reiner Liebe zur Gerechtigkeit diktiert sind, nicht vergebens an Sie, verehrter Herr König, gerichtet sind.

   Mit dem Ausdruck der vorzüglichsten Hochachtung

    gez. H. Pfitzner

Durchschrift dieses
Schreibens geht an den
Führer, Herrn Adolf Hitler.

Wolfes Gefühle als Deutscher sind im folgenden Schreiben zu erkennen, dem ersten, in dem er Pfitzner von seiner Entscheidung mitteilt, sein Heimatland zu verlassen:[25]

     Meine neue Adresse: Berlin-Grünewald
             Hubertus-Allee 36
             d. 17. VII. 33

Lieber Hans,

ich habe lange nichts von mir hören lassen, ich habe eine recht unruhige Zeit hinter mir und mußte u. a. meine ganzen Dortmunder Sachen verpacken und registrieren (jedes Buch einzeln): jetzt stehen alle meine Bücher u. Noten in Kisten verpackt in Dortmund, und wer weiß, ob und wann ich je wieder daran kann. Augenblicklich bin ich bei meinen Eltern in Berlin, plane aber, in etwa einer Woche nach Paris zu fahren, um dort und von dort aus eine neue Existenzmöglichkeit ausfindig zu machen. Es wird mir bestimmt schwerer als den meisten anderen, aus Deutschland herauszugehen, der ich mich ganz und ausschließlich als Deutscher fühle und meiner ganzen Art nach einzig hierher passe, aber weißt Du auch nur die geringste Möglichkeit für mich, jetzt hier zu leben und zu arbeiten? Meines Wissens darf ich als Jude heute noch nicht einmal Stunden geben, ohne dem Reichskartell deutscher Musiker anzugehören, in den [das] ich natürlich nicht aufgenommen werde – und selbst wenn ich es dürfte: in Berlin bin ich nicht bekannt, und kein »Arier« würde es wagen, sich von einem Juden unterrichten zu lassen, und die Juden haben dafür kein Geld mehr. Ein lieblicher Zustand! –
Strauss, der mit meinem Klavierauszug höchst zufrieden war und mir sogar erklärte, ihn viel besser zu finden als alle seine Singerschen Auszüge (was doch allerhand heißen will!), sagte mir zu, daß ich auch den Auszug seiner schon stark in Arbeit befindlichen nächsten Oper machen sollte, aber darüber kann noch ein Jahr vergehen. Und das wäre ja dann auch nur eine einmalige Sache! Aber was bis dahin!?!
Nun sollte ich bei Dir anfragen: hast Du irgendwelche guten Auslandsbeziehungen, Leute, an die ich mich schriftlich oder persönlich in Deinem Namen wenden könnte, oder denen Du – wenn ich Dich »zur Abwechslung« wieder einmal mit sowas belästigen darf! – vielleicht über mich schreiben würdest? Wenn möglich, schreibe mir noch in dieser Woche hierher (Adresse oben), weil ich ja sozusagen auf dem Sprungbrett sitze. Wie glücklich wäre ich, wenn Du einen Weg wüßtest, daß ich in Deutschland bleiben könnte! Aber ich wage kaum mehr zu hoffen.

Zum Abschluß dieses elenden Jammerbriefes möchte ich mich noch erkundigen, wie es Dir selbst in letzter Zeit ergangen ist, ob Du irgend etwas schreibst (Musik oder Buch). Hoffentlich ist Frl. Ernst wieder zurück, daß Dein Haus und alle Korrespondenz etc. nicht in Unordnung gerät! Wichtige Adressenänderung teile ich Dir natürlich jederzeit mit.

Herzliche Grüße für heute von Deinem

Felix

Pfitzners Antwort auf diesen Brief läßt erkennen, daß Wolfes kein vereinzeltes Schicksal zu tragen hat. Pfitzner scheut sich überdies nicht – zu dieser Zeit und in diesem Schreiben – Wolfes mitzuteilen, daß er auf die Mitwirkung bei den Salzburger Festspielen verzichtet habe, um gegen die Verfolgung der Nationalsozialisten in Österreich im Sommer 1933 zu protestieren.[26, 27]

20. Juli 1933

Lieber Felix!

Endlich ein Lebenszeichen von Dir. Ich hatte längst darauf gewartet, zumal ich selber an Dich nicht schreiben konnte, da ich nicht wußte, wo Du warst, und nur, daß Du nicht in Dortmund bist.
Briefe wie Deinen letzten erhalte ich viele und tue beinahe nichts, als für andere Versuche zu machen, ihnen zu helfen. Meist ganz erfolglos, wie Du Dir denken kannst. Ja, ich wollte, ich könnte mir selber helfen. Dann hätte ich mir längst eine andere Stellung verschafft, als die zusammengeflickte, die ich in München habe. Was nun die Fragen Deines Briefes anbetrifft, so rate ich Dir entschieden ab, nach Paris zu fahren. Ich glaube, daß trotz allem in Deutschland doch noch eher Existenzmöglichkeiten sind, als im Ausland. Ich selbst habe nicht eine einzige Beziehung ins Ausland. Ich bin also völlig ratlos und machtlos. Ende August komme ich nach Berlin wegen des »Palestrina«. Hoffentlich sehe ich Dich dann noch. Jedenfalls gebe mir bitte immer Deine Adresse, so daß ich die Möglichkeit habe, Dir zu schreiben. Ich selbst mußte wegen des deutschen Konfliktes mit Österreich meine Mitwirkung an den Festspielen absagen, auf die ich mich so gefreut hatte. Könntest Du Dich nicht an Strauss wenden? Der hat doch ganz andere internationale Beziehungen als ich. Gerade jetzt, wo Du mit ihm durch die »Arabella« in Fühlung bist, könntest Du doch ganz ungezwungen an ihn herantreten und ich glaube auch, daß er hilfsbereit sein wird.
Für heute soviel. Gebe die Hoffnung nicht auf und nimm die

herzlichsten Grüße

Deines

Daß Pfitzner angenommen hatte, sein Patriotismus und die Betonung seiner Rolle als spezifisch deutscher Komponist würde ihm bei den Nationalsozialisten helfen, wird im nächsten Brief erkennbar, ebenso wie seine Enttäuschung über seine Behandlung im Kunstleben des neuen Deutschlands. Schon hier wird auch seine Sorge um den Eindruck, den Wolfes und andere von ihm vielleicht gehabt hätten, deutlich spürbar, wie auch seine durchaus echt wirkende Sorge um Wolfes' Lage:[28]

Mannheim, den 5. Dezember 1933

Lieber Felix!

Ich bin seit fast 4 Wochen unterwegs und daher nicht in der Lage, Dir so pünktlich zu antworten, wie Du es von mir sonst gewohnt bist. Jedoch halte ich Dich fortwährend in Gedanken und bin für Dich bemüht. Leider jedoch ohne Erfolg. Die Tochter einer früheren Schülerin von mir ist in Paris an einen jüdischen Filmregisseur namens Heyman verheiratet. Sie selbst heißt mit Mädchennamen Marx, und ich wollte an sie schreiben, bekomme aber ihre Adresse nicht, weil ihre Eltern von Berlin verzogen sind. Außerdem höre ich von einem gemeinsamen Freund, daß sie selbst als Jüdin in Paris schwer zu kämpfen hat. Immerhin könntest Du versuchen, Ihre Bekanntschaft zu machen und Dich dabei auf mich zu berufen. Sie ist ein sehr lieber und netter Mensch und spielt ganz gut Klavier. Mit Vornamen heißt sie Evi.
Über meine Stellung im 3. Reich machst Du Dir, wie viele andere Leute, wahrscheinlich falsche Vorstellungen. Man macht von mir nicht den geringsten Gebrauch, im Gegenteil passieren mir Dinge, die mir in den vorhergehenden Deutschlands nicht vorgekommen sind, wie Absetzungen und Verbote meiner Werke, u. a. Kantate, Palestrina und das Lied Klage, während die Internationalen Richard Strauss und Furtwängler, denen Deutschland von jeher Wurst war, zu den höchsten Ehren und Bevorzugungen emporsteigen. Ja sogar der pazifistische und sozial-demokratische Herr Gerhard Hauptmann ist jetzt der große deutsche Dichter. Zu verstehen ist so etwas aus der Logik nicht, um so mehr aus der Menschenkenntnis. Ich war jetzt viele Wochen in Berlin mit Palestrina, Kantate und Orchester-Konzert (Pastoral-Sinfonie, Tannhäuser-Ouvertüre und mein Klavier-Konzert), und Hitler hat trotz mehrmaliger Einladung nicht eine einzige meiner Veranstaltungen besucht, sitzt aber jeden Abend in einem anderen Konzert oder Oper, so während eben dieser Zeit in Rheingold, Walküre, Arabella, Butterfly, Backhaus-Klavierabend, Liederabend Maria Müller, Arienabend des Welttenors Gigli usw. Dabei habe ich ein großes Orchester-Konzert in Salzburg abgesagt wegen des Konfliktes mit Österreich, wogegen Richard Strauss in derselben Woche in Salzburg und Bayreuth dirigiert hat. Das macht alles nichts. Die Abendrot-Biographie wird noch dieses Jahr fertig und im Frühjahr nächsten Jahres erscheinen.
Für Dein Gedenken des 1. Dezember vielen Dank. Ich bin erst ab 10. Januar wieder in München. Vom 6. bis 25. Dezember in Stuttgart, wo ich Christelflein und Lohengrin mache. Die anderen Adressen, wie Weimar, Berlin, Danzig, sind zu unsicher, als daß ich da Briefe erwarte. Schreibe Du also entweder nach Stuttgart oder nach München zu den angegebenen Zeiten.

Ich grüße Dich herzlich und nehme, wie stets, an Deinem Leben Anteil.

Dein

PS. Bitte antworte gleich nach Stuttgart, ob Du diesen Brief erhalten hast.

Pfitzners prekäre Situation hat sich in der darauf folgenden Zeit nicht verbessert. Die Parallelen, die in der Einleitung zu dieser Brief-Dokumentation zwischen der Denkweise und Lage Palestrinas und der von Pfitzner und Wolfes gezogen wurden, drängen sich Pfitzner selbst auf, wenn er im nächsten Schreiben aus seinem bekanntesten Bühnenwerk zitiert.[29] Er demonstriert Anteilnahme für Wolfes' Situation, beklagt sich aber ohne viel Einfühlungsvermögen, obwohl er ausgerechnet dies durch ein Zitat betonen möchte, dem ausgewanderten Juden gegenüber über die Mißachtung seiner eigenen Kunst in Nazi-Deutschland.[30]

Prof. Dr. Hans Pfitzner   München 27
                                           Wasserburgstrasse 21

                                           30. März 1934

Mein lieber Felix,

vielen Dank für Deinen Brief vom 25., den ich, wie Du siehst, ziemlich umgehend beantworte.
»Und mehr hab' innigem Versenken ich verdankt.
In gleicher Seelen ähnliches Erleiden, als ...«
Dieses muß ich mir vorhalten, wenn ich selber aushalten soll. Wenn ich Deine Not und Entwurzelung mir vorstelle und zugleich Deinen Willen, sie zu tragen, so stärkt mich das in meiner eigenen Lage. Denn diese ist im höheren Sinn weiß Gott nicht befriedigend. Wenn es mit rechten Dingen zuginge, müßte ich heute der erste Mann sein in künstlerischen Dingen. Dem ist keineswegs so. Nicht nur, daß das neue Deutschland keine würdige, führende Stellung für mich hat (der Intendant der Charlottenburger Städtischen Oper ist der Baritonist Rode geworden), meine Opern werden wie immer entweder schlecht oder gar nicht gespielt, in Leipzig und Berlin sind mein Lied »Klage« und der Schlußgesang der Kantate verboten und abgesetzt worden (also die nationalsten und zugleich künstlerischsten Erzeugnisse der jüngsten Zeit überhaupt), und was in dieser Richtung noch mehr zu erzählen ist. Man würde kein Ende finden. Was könnte ich Gutes wirken, wenn mir die Stelle im neuen Deutschland zuerkannt würde, die mir gebührt nach meinem bisherigen Leben und Wirken für die deutsche Idee.
Laß bitte immer von Dir hören, lieber Felix, und sei herzlichst gegrüßt

von Deinem
Hans

Ein Brief Pfitzners vom 26. Juni bezeugt auf eindrucksvolle Weise die Dankbarkeit, die er für Wolfes' Bemühungen empfindet.[31]

Mein lieber Felix,
[...]

Ich möchte nicht, daß Du Dir große Mühen auferlegst, aber natürlich wird es mich sehr freuen, wenn Du mir das Ei, wenn es gelegt ist, zuschicken würdest, schon weil ich gern einmal die Stimme der Miss Lawrence kennenlernen möchte. Deine Klavierbegleitung aus so weiter Ferne endlich wieder einmal zu hören, wird mich noch mehr freuen. Ich danke Dir von ganzem Herzen und finde es rührend, daß Du für mich so tätig bist, obwohl Meere uns trennen. Leider kann ich gar nichts für Dich tun.
Zu meinem Geburtstage sollte in München eine große Feier von Staats wegen stattfinden. Diese hat der Führer direkt verboten, also muß ich wohl ein sehr schlechter Komponist oder ein sehr schlechter Deutscher sein, welches beides mir nicht bewußt ist. Aber sonst kann ich mich nicht beklagen. Die musikalische Jugend Deutschlands gehört mir. Und das gesamte geistige Deutschland, auch vielfach das Ausland hat mich beglückwünscht, auch fast alle hohen Staatsmänner Deutschlands, nur eben nicht der Führer.
Ein Geburtstagsgeschenk ganz eigener Art hat mir meine Tochter Agi gemacht: sie hat sich mit Zyankali getötet. Sie stand in der letzten Zeit nicht gut mit mir, aber wenn Du hier wärest und die näheren Umstände kenntest, so würdest Du gewiß nicht auf der Seite derer stehen, welche behaupten, dieses sei eigentlich der Grund zu diesem Schritt oder gar die Schuld daran wäre mir zuzuschreiben. Leider kann ich Dir nichts Näheres schreiben; vielleicht führt uns das Leben noch einmal zusammen und ich könnte Dir davon erzählen, denn ich weiß es interessiert Dich.
Mit meinen Augen geht es nicht gut. Der Arzt (der berühmte Prof. Stock in Tübingen) gibt mir zwar die Versicherung, blind würde ich nicht werden, aber ganz gut wird es auch nicht. Ich kann nur mit ganz scharfer Brille lesen, normal große Noten kann ich nicht unterscheiden, also hat alles Klavierspielen, d. h. von Noten spielen, ein Ende. Dirigieren kann ich Sachen, die ich ganz auswendig kenne, anderes nur sitzend und mit Hilfe einer starken Brille, so daß ich manchmal die Nase in die Partitur stecken kann. Dabei bin ich nun schon an beiden Augen Star-operiert.
Du siehst also, auch ich habe mein Kreuz zu tragen und das Schicksal meint es nicht gut mit mir. Jedenfalls hätte ich gern einmal einen Lichtblick im Leben. Lieber Felix: gerade diesen Brief hätte ich gern rasch beantwortet, wenn auch nur ganz kurz, damit ich weiß, daß Du ihn erhalten hast. Ich weiß, daß ich sowieso lange warten muß. Wenn ich den meinen morgen, den 27. Juni in Köln in den Kasten stecke, wird er wohl Mitte August in Deinen Händen sein und wenn Du gleich antwortest, habe ich die Beantwortung vielleicht in der ersten Oktober-Woche.
Sei vielmals herzlich gegrüßt und grüße auch Miss Lawrence unbekannterweise von

Deinem
Hans

Vom Ausland aus mußte Wolfes miterleben, wie Pfitzners Karriere und Ansehen in Deutschland unter den Nationalsozialisten ständig Einbuße erlitten. Daß Hitler Pfitzner-Ehrungen für unerwünscht hielt, stand im schroffen Gegensatz zu den Ehrungen durch Pfitzner-Tage und -Wochen während der Weimarer Republik anläßlich seines sechzigsten Geburtstages (1929) und zu seiner früher erfolgten Berufung an die Münchner Akademie der Tonkunst.[32] Bekannt ist, daß Hitler Pfitzners Eintreten für seine jüdischen Freunde übelnahm, obwohl dies nur einen Teil des schwierigen Verhältnisses zwischen Pfitzner und Hitler ausmachte.[33]

Pfitzners Verzweiflung nach dem Kriegsende zeigt, daß er nie imstande war, sein ästhetisch-patriotisches Selbstverständnis als deutscher Komponist mit dem Eindruck in Einklang zu bringen, den andere von ihm als »Nazi-Komponist« haben konnten. Seine Verständnislosigkeit den Argumenten von Bruno Walter gegenüber unterstreicht einmal mehr seine freilich durch die zunehmende Blindheit verstärkte Realitätsferne. Dies sowie Pfitzners Furcht, Wolfes könne sich ihm wegen seiner politischen Vergangenheit entfremdet haben, kommt in einem Brief Pfitzners (undatiert, vermutlich nach dem 4. November 1946) aus dem Altersheim Ramersdorf zum Ausdruck:[34]

Mein lieber Felix,

ich finde es rührend von Dir, daß Du, in Form eines Liebespakets, an mich denkst, und ich danke Dir vielmals dafür.
Aber ich vermisse *einen Brief,* denn ich möchte gerne wissen, wie Du gesinnt und gestimmt bist gegen Deutschland, zu dem ich auch gehöre, immer noch, trotz allem. Zwar, unsere persönliche Beziehung dürfte ja alle Proben bestanden haben und außer Zweifel stehen – aber die Atmosphäre der ganzen Welt ist jetzt dermaßen vergiftet, daß einem, der gern ganz klar sieht, eine solche Frage wohl erlaubt sein muß. Bei mir kommt noch hinzu, daß ich mit Bruno Walter ein schwer enttäuschendes Erlebnis gehabt habe. Er hat mich in New York aufgeführt und mir auch »Futterpakete« geschickt, aber, als wir auf die apokalyptischen Welt-Ereignisse unserer Zeit zu sprechen kamen, und ich ihm ausführlich, sachlich und eingehend, deren Zusammenhänge, wie ich sie sehe, zu deuten suchte – da erklärte er mir, *nicht darauf eingehen* zu können, weil er fürchte, den *Abgrund,* der zwischen unseren Denkweisen bestünde, zu vergrößern.
Ich hätte Dir am liebsten meinen Brief, in dem das alles steht, der die Antwort auf seinen vorletzten bildet, und der wie eine Denkschrift zu bewerten ist, gleich mitgeschickt, aber ich fürchte, er kommt nicht an; aber wenn Du ihn gerne lesen würdest *(denn das muß ich wissen),* so schreibe mir bitte, daß ich ihn schicken soll, dann riskiere ich es und schicke Dir eine Abschrift.
Laß mich doch einiges Nähere von Dir wissen, ich weiß und erfahre ja gar nichts, hier, in dieser mehr als traurigen, in dieser schrecklichen, schmachvollen Welt, deren ich überdrüssig bin.
Mit herzlichen Grüßen und nochmaligem Dank

Dein
Hans

Die einzige Stellungnahme von Wolfes im Briefwechsel mit Pfitzner zu seinem Heimatland und dessen Politik ist in seiner Antwort auf das eben zitierte Schreiben enthalten. Aber sogar hier gibt sich Wolfes Mühe, diese Überlegungen, dies ›Geständnis‹ durch die Betonung seiner Liebe zur Kunst Pfitzners und seiner Anteilnahme für ihn etwas auszugleichen, vielleicht teils aus Taktgefühl, teils in der Annahme, Pfitzner sei nicht imstande, sich in Wolfes' Denkweise hineinzuversetzen. Wolfes' Brief datiert vom 27. Juni 1947:[35]

[...] Natürlich weiß ich, wie trostlos es – wohl immer noch – bei euch aussieht, doch kann ich nur hoffen, daß sich allmählich alles wieder etwas mehr ausgleicht, mit der Zeit. Hat Dir die damalige Aktion durch Bruno Walter etwas genützt, respektiert man Dich wieder etwas mehr in ökonomischer und künstlerischer Hinsicht? Und wie steht es um Deine Gesundheit, um Deine Augen, um Dein Schaffen? Ich danke Dir sehr für das Verzeichnis Deiner Werke seit dem »Herz«. [...]
Zu meiner Freude reagieren viele junge Sänger auf Deine Lieder, was sich ja eines Tages einmal auswirken wird. So hat sich kürzlich einer meiner nettesten Schüler, ein hoher Bariton, Deine *sämtlichen Lieder* von mir vorspielen lassen, von denen ihm 21 *besonders* gut gefielen. (Übrigens fand ich vor ca. einem Jahr irgendwo den Facsimiledruck Deiner kleinen, sehr interessanten Schrift »Dichtung und Philosophie in meinem Leben«.)
Du erwähntest in Deinem letzten Brief einen Briefwechsel mit Bruno Walter, der von einem »Abgrund«, der zwischen Euren Denkweisen bestünde, spricht, und fragst mich, ob mich eine Kopie Deiner Antwort an ihn interessierte. Natürlich interessiert sie mich brennend, und ich werde sie, falls Du sie mir schicken magst, entweder hier gut verwahren oder sie wieder zurückschicken, je nachdem was Du lieber willst. Du fragst mich, wie ich »gegen Deutschland gesinnt und gestimmt« bin – nun, gegen das eigentliche deutsche Wesen, die deutsche Kunst, die »deutsche Seele« (Du weißt, was ich meine!) unverändert, wenn sich auch mein Denkkreis durch die Beschäftigung mit anderen Kulturkreisen und das Kennenlernen vieler anderer Länder und Völker ausgeweitet und bereichert hat. Alles Plebejische und Politisch-Propagandistische war mir schon immer zuwider, aber der ungehemmte Ausbruch nackter Gemeinheit und geistiger (leider nicht nur geistiger!) Freiheitsberaubung, den alles Nazitum für mich und wohl für die ganze Welt bedeutet, ist nicht so leicht zu vergessen und wird wohl leider noch für lange einen schwer abwaschbaren Schandfleck für Deutschland bedeuten. Dabei werde ich nicht so borniert sein, jeden einzelnen Deutschen für das ja endlich zur Strecke gebrachte Regime verantwortlich zu machen, wie ich andererseits nicht etwa von einem einseitig jüdischen Standpunkt aus urteile – obwohl ein solcher heutzutage absolut zu verteidigen und zu verstehen wäre –, sondern von einem allgemein menschlichen, übernationalen, einfach anständigen. Mein Verhältnis zu aller großen deutschen Kunst, soweit sie sich nicht politisiert resp. nazifiziert hatte, ist also das gleiche wie immer. Ein Bedürfnis wieder zurückzukommen habe ich, nach allem was geschehen ist, nicht oder noch nicht. Aber mit meinen alten Freunden möchte ich alle Fäden wieder anknüpfen, wenn mir nur mehr Zeit und mehr Kraft dafür übrigbliebe!

Meine arme Mutter liegt immer noch – nach fast 3 Jahren Theresienstadt – in einem Hospital mit einem Dutzend alter Frauen zusammen im Russischen Teil von Berlin; trotz größter Bemühungen [...] ist es uns wohl noch nicht gelungen, sie herüberzubekommen.

Nun leb wohl, grüße Deine liebe Frau von mir, und bitte schreibe bald wieder Deinem

Felix

Diese eindeutige Erklärung von Wolfes, in der er sein Verständnis für Pfitzner ausdrückt und seine unveränderte Wertschätzung beteuert, hat den älteren Musiker aber anscheinend wenig beruhigt. In seinen letzten Jahren fühlt sich Pfitzner immer mehr von einer ihm feindlichen Welt bedroht. Die Sorge des alten Mannes darum, daß Wolfes ihm treu bleibe, zeigt sich in einem Brief, in dem er sich für ein Lied bedankt, das Wolfes ihm gewidmet hat. Der Brief ist am 25./26. Juli 1948 geschrieben, also zehn Monate vor seinem Tod:[36]

Lieber Felix,

Dein letzter Brief ist vom 12. Juli datiert, und vor einigen Tagen bereits eingetroffen, war also gar nicht so lange unterwegs. Dennoch ist diese ganze Korrespondenz gehalten an dem Briefwechsel, wie wir ihn in seiner ruhigen Abwicklung gewöhnt sind, eine so aufregende Sache, durch die riesig große Entfernung, die beständig drohende Zensurschikane und sonstige Erschwerungen, daß man alle Beurteilung verliert über das, was sonst leicht und natürlich zu kontrollieren war. So komme ich auch dazu, bei »längerem« Ausbleiben einer Antwort den Grund in einer möglichen Beeinflussung zu suchen. Und da mußt Du nun wissen: dies ist an sich sehr wohl möglich, ich meine: den Versuch dazu, denn *was* und wie viel über mich in häßlicher Absicht geredet wird, allein auf das Konto meines Deutschtums, – das hätte ich nie für Menschen möglich gehalten. Ich nehme also zur Kenntnis, daß Du für Klatsch unempfänglich bist, und möchte daher vorschlagen, dies Thema ganz zu verlassen und zu einem anderen minderen, erfreulicheren überzugehen. Zu dem »Vorfrühlingswind«, den ich schon lange sehr liebe. Die Widmung nehme ich natürlich mit herzlichem Dank an, allerdings konnte ich das Lied noch nicht kennen lernen, es ist gestern d. 25. Juli angekommen, und ich kann es nicht *lesen* – ich sehe zu schlecht, muß es mir vorspielen lassen. Wenn es gedruckt ist, bitte ich um einige Exemplare. [...] Das Schreiben fällt mir riesig schwer, die Augen tun es nicht mehr, und Papier, Tinte, Feder ist alles gegen mich. In der Tat, das hängt alles zusammen, wenn ich dran denke, was ich nach meiner inneren Stellung um Deutschland und nach meinen Leistungen für D – für einen Lebensabend haben müßte – ich habe genug davon.

Leb' wohl und sei herzlich gegrüßt von Deinem

Hans

Wolfes' langjähriges Bemühen, seinem Freund in Deutschland zu helfen und Pfitzners Musik im Ausland zu verbreiten, war auch Anlaß zu seiner am 12. Oktober 1965 erfolgten Ernennung zum Ehrenmitglied der Hans-Pfitzner-Gesellschaft in München. Eine Musikerfreundschaft hatte die Wirrnisse jener Zeit überstanden. Der Briefwechsel erhellt, ohne je sentimental zu wirken, die Schicksale beider Männer. Er verdeutlicht aber auch in erschreckender Weise, daß ein ausschließlich der Kunst gewidmetes Leben, das blind für die Umwelt und die politische Entwicklung bleibt, eben dieses Leben und die Anerkennung dieser Kunst gefährdet.

---

1 Mein Verzeichnis dieser Sammlung soll in John M. Spalek (Hg.): *Verzeichnis der Quellen und Materialien der deutschsprachigen Emigration in den USA 1933* erscheinen. — 2 Siehe auch die biographische Einführung in Hans Rectanus, »Unsterbliche Melodie – Die Lieder von Felix Wolfes«. In: *Mitteilungen der Hans-Pfitzner-Gesellschaft*. Februar 1972, Neue Folge Heft 28, S. 18–19. Für Informationen über Felix Wolfes' Leben möchte ich Frau Angelika Forsberg, Wolfes' Erbin, herzlich danken. — 3 Auskunft über Felix Wolfes' Leben vor 1937 verdanke ich Herrn Volkmann. — 4 Da Wolfes' Klavierauszüge einen hervorragenden Ruf genossen, bat ihn Richard Strauss, Auszüge zu »Arabella« und »Die schweigsame Frau« anzufertigen. Strauss insistierte auf Wolfes' Anwesenheit bei der Uraufführung von »Arabella«, und aus diesem Grunde durfte Wolfes trotz seiner jüdischen Herkunft am 1. Juli 1933 in Dresden an diesem Theaterereignis teilnehmen. — 5 Michael Steinberg, *Love of Music sustained Wolfes in Old Age*. Boston Sunday Globe, 4. April 1971. — 6 Siehe unter anderem die Hefte zu Wolfes' Konzertreihe *Unusual Vocal Music*, Boston, New England Conservatory of Music: 20. Mai 1956, 23. Mai 1956, 20. Mai 1959, 20. Mai 1964, 6. April 1967, 9. Mai 1967, 19. April 1968, 14. Mai 1968, 16. April 1969, 5. Mai 1969. Siehe auch Felix Wolfes »Songs of Hans Pfitzner«. In: *Repertoire I/3*. Lansing, Michigan 1952, S. 144–149. — 7 Peter Stadler, »Pfitzner and the Conspiracy«. In: *The Daily Telegraph*. 3. Mai 1969, S. 15. Michael Steinberg, »Cantata Worth Hearing«. In: Boston Globe, 16. Februar 1969. »Palestrina Recorded at Last«. In: *Boston Globe*. 6. Januar 1974, S. A-42, A-44. »Pfitzner's Best Music«. In: *Boston Sunday Globe*. 11. Mai 1969, S. A-20. — 8 Auch Arnold Schönberg hat sich nach 1945 mit einem Gutachten für Pfitzner eingesetzt. Siehe Eberhard Freitag, *Schönberg*. 1973, S. 155. — 9 Ludwig Schrott, *Die Persönlichkeit Hans Pfitzners*. Freiburg i. Br. 1959. Siehe auch Julius Bahle, *Hans Pfitzner und der geniale Mensch; eine psychologische Kulturkritik*. Konstanz 1949. — 10 K. K. Hubler, »Zum Verhältnis von Ästhetik und Ideologie bei Hans Pfitzner«. In: *Zeitschrift für Musikpädagogik*. (1978) Nr. 5. — 11 Hans Pfitzner, *Deutsche Opernkunst in Berlin ausge-Rode-t* (1939).

Maschinenschriftlich vervielfältigt. — **12** Alma Mahler-Werfel, *Mein Leben*. Frankfurt/M. 1960, S. 194: »Pfitzner sagte einmal in Gegenwart anderer: ›Vielleicht wäre etwas ganz anderes aus mir geworden, wenn ich nicht so körperlich dürftig wäre.‹« — **13** An dieser Stelle möchte ich Momme Mommsen, einem Jugendfreund von Wolfes, und Wolfes' Studenten John d'Armand und Rod Gisick für ihre Auskünfte über Wolfes danken. — **14** Z. B. Bernhard Adamy, *Hans Pfitzner*. Tutzing 1980, S. 158. — **15** Hans Pfitzner: *Reden, Schriften, Briefe von Hans Pfitzner*. Hg. v. Walter Abendroth. Berlin 1955, S. 101. — **16** Adamy, S. 279–280. — **17** Hans Pfitzner, »Futuristengefahr«. In: *Hans Pfitzner Gesammelte Schriften*. Augsburg 1926 (= Schriften), Bd. I, S. 185–223. »Die neue Ästhetik der musikalischen Impotenz«. In: *Schriften*. Bd. II, S. 99–283. — **18** Briefblatt, 4 Seiten, beschrieben. — **19** Hans Pfitzner, *Reden, Schriften, Briefe von Hans Pfitzner*. S. 101. — **20** Ebd., S. 324. — **21** Siehe Walter Abendroth, *Hans Pfitzner*. München 1935, S. 252. — **22** Hans Pfitzner, »Richard Wagner« (Sonett Nr. VI). In: *Schriften*. Bd. II, S. 306. — **23** Siehe Gordon A. Craig, *Germany 1866–1945*. New York 1978, S. 638. — **24** (An Hitler) Briefblatt, 1 Seite, maschinenschriftlich (Kopie), vom 15. März 1933. (an König) Briefblatt, 2 Seiten, maschinenschriftlich (Kopie), vom 15. März 1933. An der Stelle »[...] wie dies von Leuten wie XXXXX« ist ein Name mit Tinte durchgestrichen worden. Ich habe in keinem der Briefe sprachliche Fehler verbessert. Pfitzners und Wolfes' Rechtschreibung wurde in allen Fällen beibehalten. — **25** Briefblatt, 2 Seiten, handgeschrieben. »[...] der mit meinem Klavierauszug« – zu Strauss' »Arabella«. »[...] daß ich auch den Auszug seiner schon stark in Arbeit befindlichen nächsten Oper« – zu »Die schweigsame Frau«. — **26** Bahle, S. 91 u. 137. — **27** Briefblatt, 1 Seite, maschinenschriftlich. — **28** Briefblatt, 2 Seiten, maschinenschriftlich. »Die Abendroth-Biographie« – siehe Anm. 21. — **29** *Palestrina* I. Aufzug. — **30** Briefblatt, 1 Seite, maschinenschriftlich. — **31** Briefblatt, 2 Seiten, maschinenschriftlich. Man muß bedenken, daß diese Briefe während des Krieges von der Zensur kontrolliert wurden. Deswegen ist es oft nötig, zwischen den Zeilen zu lesen und etwas Angedeutetes zu enträtseln. Das sagt Pfitzner selbst im dritten Absatz dieses Briefes, der vom Selbstmord seiner Tochter handelt. Agnes Pfitzner, die sich in einen SS-Mann verliebt hatte, nahm sich das Leben, nachdem sie einsehen mußte, daß sie ihn nicht wieder heiraten können. Berufliche und familiäre Umstände trugen ihren Teil zu diesem Schritt bei. Pfitzner konnte natürlich die Gründe nicht angeben, weshalb Agi sich als Tochter einer nicht vollarischen Mutter umbrachte. Daß er ein so schwerwiegendes Ereignis nicht mitteilen konnte, ist ein Zeichen für die prekäre Lage, in der er sich während des Krieges befand. Die Kenntnis dieser Zusammenhänge verdanke ich Pfitzners Stieftochter, Frau Annelore Habs. Zu Pfitzners Verhältnis zu seinen Kindern siehe Schrott, S. 19–21. Während der ersten Jahre seines Exils in Paris lernte Wolfes die australische Sängerin Marjorie Lawrence kennen. Als er dann 1938 an der Metropolitan Oper in New York eine Stelle fand, nahm er den Kontakt mit der Sängerin wieder auf und begleitete sie 1939 am Klavier während ihrer neun Monate langen Konzert-Tournee durch Australien. Die Tonband-Aufnahme, auf die Pfitzner anspielt, enthielt Pfitzner-Lieder. — **32** Siehe Schrott, S. 61–62. — **33** Ebd. — **34** Briefblatt, 2 Seiten, beschrieben. Zu diesem Brief siehe Bruno Walters Brief vom 6. September 1946 und seinen Brief vom 4. November 1946 in: Bruno Walter, *Briefe 1894–1962*. Hg. v. Lotte Walter Lindt. Frankfurt/M. 1969, S. 289–291. — **35** Briefblatt, 4 Seiten, beschrieben. »[...] die damalige Aktion durch Bruno Walter« – In der ersten Aprilwoche 1946 erhielt Wolfes einen Brief Pfitzners vom 24. Januar, der hier auszugsweise zitiert wird: »[...] So ziemlich jeder Deutsche ist jetzt verdächtigt als ›Nazi‹, d. h. als Unmensch, Judenverfolger, Verbrecher. / Nun bitte ich Dich, vielleicht zusammen mit Bruno Walter, die Amerikaner hier wissen zu lassen, *wer ich bin*. / [...] Welcher *Musiker* ich bin, davon haben unsere erlauchten Sieger natürlich keine Ahnung. Von Amerika her müssen sie hören, *welchen Rang als Komponist in der Welt ich einnehme*. / Ich fürchte, daß ich mein ganzes Vermögen, welches in Wien liegt, verliere. / Als Künstler bin ich eben so ›unerwünscht‹, wie Du es einst im Nazi Deutschland warst.« Wolfes setzte sich sofort mit Bruno Walter in Verbindung. Dieser wandte sich dann am 5. April an einen Offizier in New York, Captain W. van Loon und an die Besatzungsbehörden in München. Gleichzeitig sandte er Kopien dieser Briefe an Wolfes und teilte Pfitzner von seinen Bemühungen mit. Wegen der damals langen Beförderungsdauer der Post haben Walters Briefe Pfitzners Lage wenig verbessert. Inzwischen hatte der Offizier, auf den Pfitzner Hoffnungen gesetzt hatte, Deutschland verlassen, und Walters Bekannter Captain van Loon hat entweder Pfitzner nicht hören können oder sich mit den Behörden in München nicht in Verbindung gesetzt. — **36** Briefblatt, gefaltet, 3 Seiten, beschrieben. Es handelt sich hier offenbar um einen Doppelbrief, dessen zweiter Teil das Datum vom 26. Juli trägt. Die erste Seite trägt das Datum 25. Juli. Pfitzner schrieb aber auf Seite 2 »das Lied [...] ist gestern d. 25. Juli angekommen«. Eines dieser Daten muß falsch sein; entweder Pfitzner schrieb den Brief am 25. *und* am 26. Juli und hätte »gestern d. 24. Juli« schreiben sollen, oder der ganze Brief ist vom 26. Juli und wurde auf der ersten Seite falsch datiert. Pfitzner meint natürlich, daß er den *Text* von Hugo von Hofmannsthals *Vorfrühling* schon lange liebe.

Kurzbiographien der Autoren

Albrecht Betz, 1943 geboren, studierte nach zweijährigem Redaktionsvolontariat Literaturwissenschaft, Philosophie und Soziologie in Frankfurt/M., Berlin und Paris und promovierte 1970 mit einer Arbeit über Heinrich Heine: »Ästhetik und Politik – Heinrich Heines Prosa«, München, 1971; veröffentlichte 1976 in der edition text+kritik: »Hanns Eisler – Musik einer Zeit, die sich eben bildet« (seitdem übersetzt ins Englische, Französische, Japanische und Ungarische); seit 1970 Lektor für deutsche Literatur an der Universität Paris III-Nouvelle Sorbonne; seit 1979 Dozent für Neuere deutsche Literatur an der RWTH Aachen.

Richard Critchfield, promovierte mit einer Arbeit über Lessing und Brecht in Berkeley 1975. Associate Professor an der Texas A. a. M. University. Weitere Publikationen über Handke, Herder und die Französische Revolution, die Frau im Pietismus, Exilautobiographie. Arbeitet gegenwärtig an einer umfänglicheren Studie über die Formen der Exilautobiographie.

Cordula Frowein, geboren 1947, studierte Kunst und Kunstgeschichte. Lehramt für Kunsterziehung an höheren Schulen. Ko-Organisator des »1. Internationalen Symposiums: Kunst im Dritten Reich« in London 1976. Z. Z. Dissertation über »Kunst im Exil in England 1938–1945« und Vorbereitung einer Ausstellung: »Kunst im Exil in England 1933–1945« mit der Neuen Gesellschaft für Bildende Kunst e. V. in Berlin. Publ.: »Schicksale emigrierter Künstler 1933–1945« in Tribüne 1984, H. 91.

René Geoffroy, 1951 in Metz geboren. Studierte Germanistik und Geschichte an der »Université Paris VIII«. Doktorand. Arbeitet zur Zeit an der Biographie des Schriftstellers Ernst Glaeser.

Anthony Glees, M. Phil and D. Phil in Modern European History. 1973 to 1975 lecturer at Warwick University. In 1975 he was appointed to his present post: Lecturer in Contemporary History in the Department of Government at Brunel (Dozentenstelle). His major work to date is »Exile Politics in the Second World War«, Oxford University Press 1982. Currently writing a history of Communist subversion and British counter-Intelligence. He has published a number of articles on German political history and Anglo-German relations.

Jan-Christopher Horak, geboren 1951 in Bad Münstereifel, Emigration mit den Eltern (DP's) im selben Jahr nach den USA. B. A. University of Delaware. M. Sc. Boston University. Promotion Münster, Inst. f. Publizistik. Associate Curator of Films, International Museum of Photography at George Eastman House. Veröffentlichungen u. a. in JUMP CUT, IMAGE, LITERATURE/FILM QUARTERLY, AFTERIMAGE, Preussen im Film, Fluchtpunkt Hollywood, Film und Foto der 20er Jahre, Helmar Lerski Lichtbildner.

Willi Jasper, geboren 1945. 1966–1970 Studium der Germanistik und Politologie in Berlin. Tätigkeit als Journalist und Autor. 1982 Dissertation und Publikation zum Thema: »Heinrich Mann und die Volksfrontdiskussion.« Der Autor lebt in Köln.

Erich Kleinschmidt, geboren 1946, Studium der Geschichte und Germanistik, Promotion 1973, Assistent an der Universität Freiburg i. Br. 1974–1982, Habilitation 1980, seit 1983 Prof. f. Neuere Dt. Lit. an der Universität Freiburg. Forschungsgebiete: Frühe Neuzeit, Literaturtheorie und -soziologie, Edition, A. Döblin, Exillit. Publikationen: Herrscherdarstellung (1974); Stadt und Literatur in der Frühen Neuzeit (1982); A. Döblin: Drama – Hörspiel – Film (1983); C. Einstein: Bebuquin (1985) Zahlreiche Aufsätze in Zss.

Helmut Koopmann, o. Prof. für Neuere deutsche Literatur an der Universität Augsburg. Zahlreiche Publikationen, u. a. über Friedrich Schiller, Heinrich Heine, Thomas Mann, die Theorie der Künste im 19. Jahrhundert oder den modernen Roman.

Lämmert, Eberhard, geboren 1924. Studium der Geologie und Mineralogie in Bonn, der Germanistik, Geschichte und Geographie in Bonn, München. Promotion Bonn 1952, Habilitation für mittelalterliche und neuere Deutsche Philologie Bonn 1960. Rektoratsassistent (Bonn 1953 bis 1954), Wissenschaftlicher Assistent (Bonn 1955–1961), ao. Professor für Deutsche Philologie (Berlin 1961–1962), o. Professor (Berlin 1962–1970), Heidelberg (1970–1976). Präsident der Freien Universität Berlin (1976–1983), Professor für Allgemeine Literaturwissenschaft (Berlin seit 1976). Zahlreiche Publikationen, u. a. Bauformen des Erzählens, 7. A. 1980; Reimsprecherkunst im Spätmittelalter, 1970.

Thomas Lange, geboren 1943, Studium der Germanistik, Geschichte und Völkerkunde. Seit 1974 im hessischen Schuldienst. 1982–1984 Lektor des DAAD in der VR China. Promotion 1975; Publikationen zur deutschen Literatur des 18. und 20. Jahrhunderts, zur Literaturdidaktik. Vorbereitung einer größeren Arbeit über Ernst Erich Noth.

Ernst Loewy, geboren 1920 in Krefeld, 1936 nach Palästina emigriert, 1957 nach Frankfurt zurückgekommen, als Diplom-Bibliothekar Leiter der Judaica-Abteilung der Frankfurter Stadt- und Universitätsbibliothek bis 1964, anschließend bis 1983 Referent am Deutschen Rundfunkarchiv, dort Initiator und Mitarbeiter (ab 1977) von DFG-gefördertem Projekt »Exil und Rundfunk«. Veröffentlichte u. a. »Literatur unterm Hakenkreuz – Das Dritte Reich und seine Dichtung« 1968 (Neuaufl. 1983); »Thomas Mann – Ton- und Filmaufnahmen – Ein Verzeichnis« (= »Thomas Mann: Gesammelte Werke in dreizehn Bänden – Supplementband«) 1974; »Exil – Literarische und politische Texte aus dem deutschen Exil 1933–1945« 1978 (Taschenbuchausgabe 1981–82). Hg. des »Nachrichtenbriefs« der Society for Exile Studies/Gesellschaft für Exilforschung.

Paul Michael Lützeler, geboren 1943. Studium der Literaturwissenschaft und Geschichte in Berlin, Bloomington, Edinburgh, Wien und München. Promotion 1972 über Hermann Broch. Herausgeber der Kommentierten Werkausgabe Hermann Broch. Studien und Editionen zur deutschen und europäischen Literatur des 18., 19. und 20. Jahrhunderts. Chairman der Deutschen Abteilung und Direktor des Western European Studies Programs an der Washington University in St. Louis/USA.

Lieselotte Maas, Jahrgang 1937, studierte in Berlin und München Theaterwissenschaft, Germanistik und Publizistik. Nach der Promotion 1964, zunächst beim Sender Freies Berlin, dann im Auftrag der Deutschen Forschungsgemeinschaft, Arbeiten zur Dokumentation und Erforschung des Exils.

Michael Neumann, Dipl.-Soz., Dr., Akad. Rat am Soziologischen Seminar der Universität Göttingen; Veröffentlichungen u. a.: Methoden der Klassenanalyse, Ffm. 1976; Mitverf. und -hrg.: Soziologie im Faschismus, Köln 1981; Arbeitsschwerpunkte: Marxistische Soziologie, Soziologiegeschichte, BRD-Gesellschaft.

Reinhard M. G. Nickisch, geboren 1933 in Niederschlesien, studierte von 1955 bis 1960 Germanistik, Geschichte und Philosophie in Münster und München. Von 1960 bis 1968 Gymnasiallehrer in Nordrhein-Westfalen. 1969 Promotion zum Dr. phil. Seit 1968 als Dozent für Neuere deutsche Literatur am Seminar für deutsche Philologie der Universität Göttingen. Bisherige Veröffentlichungen u. a.: Die Stilprinzipien in den dt. Briefstellern des 17. u. 18. Jhs. (1969); Ch. F. Gellert: Die epistolographischen Schriften (hg. 1971); Armin T. Wegner: Fünf Finger über Dir (hg. 1979); Armin T. Wegner – ein Dichter gegen die Macht. Grundlinien einer Biographie... (1982); Studien über K. Ph. Moritz, K. Gutzkow, J. Ch. Gottsched, L. Reiners, A. T. Wegner sowie zur dt. Briefliteratur und Fabeltheorie.

Joachim Radkau, geboren 1943, in einem ev. Landpfarrhaus aufgewachsen; Studium in Münster, Berlin und Hamburg; Promotion 1970 bei dem Hamburger Historiker Fritz Fischer über politische Gruppierungen und Tendenzen unter den deutschen USA-Emigranten 1933 bis 1945; veröffentlichte 1974 zusammen mit dem 1933 emigrierten Historiker George W. F. Hallgarten ein Buch »Deutsche Industrie und Politik von Bismarck bis zur Gegenwart«. Im übrigen Arbeiten zur Theorie und Didaktik der Geschichte; Habil.-Schrift zur Geschichte der bundesdeutschen Atomwirtschaft (1980). Professor für Neuere

Geschichte mit besonderer Berücksichtigung der Technikgeschichte an der Universität Bielefeld.

Hélène Roussel, geboren 1945. Maître-assistante an der germanistischen Abteilung der Universität Paris VIII. Mitglied der dortigen Forschungsgruppe über das deutsche Exil in Frankreich (1933–45). Mitautorin der Bände: »Les Barbelés de l'exil«, PUG, Grenoble 1979; »Exilés en France«, Maspero, Paris 1982; »Emigrés allemands contre Hitler« (erscheint im Herbst 1984 bei EDI, Paris); und des Videofilms »Exil 33 – Paris 82. Des émigrés allemands en France racontent«, cop. 1982 PUV, Université de Paris VIII.

Guntram Vogt, geboren 1937 in München, Studium der Germanistik, Philosophie und Geschichte. Seit 1975 Prof. für Neuere deutsche Literatur (Didaktik des Deutschunterrichts) an der Universität Marburg. Arbeitsschwerpunkte: Literatur im 20. Jahrh., Literaturdidaktik, Medientheorie.

Marc A. Weiner, geboren 1955 in Seattle, Washington; Germanistik- und Musikstudium an der Universität von Massachusetts in Amherst; B. A. 1978. Weiteres Studium der Germanistik an der Stanford University, in Freiburg i. Br. und in Bonn; M. A. (1979) und Ph. D. (1984) in Stanford; Dissertation über »Arthur Schnitzler and the Crisis of Musical Culture«. Hospitanz in der Dramaturgie der Bayerischen Staatsoper bei Klaus Schultz. Aufsätze über Proust, E. T. A. Hoffmann und Richard Wagner in »Modern Language Notes« und »19th-Century Music«; Rezensionen von Studien über Richard Strauss, Hofmannsthal, Wagner und Trakl in »Monatshefte«. Arbeitsfelder: Fin-de-Siècle in Österreich, Oper und Literatur, Kritische Theorie, Exilforschung.

Ralph Schock (Hrsg.)

HALTET DIE SAAR, GENOSSEN!

Antifaschistische Schriftsteller im Abstimmungskampf 1935

360 Seiten mit 8 Fotomontagen von John Heartfield · 29,80 DM

Mit Texten von Martin Andersen-Nexö · Theodor Balk · Henri Barbusse · Max Braun · Bertolt Brecht · Margarete Buber-Neumann · Hermann Budzislawski · Joseph Dunner · Ilya Ehrenburg · Hellmut v. Gerlach · Georg K. Glaser · Emil Julius Gumbel · Hans Habe · Prinz Max Karl zu Hohenlohe-Langenburg · Robert Jung · Alfred Kantorowicz · Alfred Kerr · Arthur Koestler · Hubertus Prinz zu Löwenstein · Golo Mann · Heinrich Mann · Klaus Mann · Thomas Mann · Ludwig Marcuse · Walter Mehring · Peter de Mendelssohn · Norbert Mühlen · Balder Olden · Rudolf Olden · Max Ophüls · Ernst Ottwalt · Erwin Piscator · Theodor Plivier · Gustav Regler · Karl Retzlaw · Friedrich Ruelf · William Schlamm · Leopold Schwarzschild · Manès Sperber · Kurt Tucholsky · Bruno Weil · Erich Weinert · Franz Carl Weiskopf · Friedrich Wolf · Hedda Zinner

 Verlag J.H.W. Dietz Nachf.

JAHRBUCH DES INSTITUTS FÜR DEUTSCHE GESCHICHTE
Band XIII, 1984

INHALT

Walter Grab
Redaktionelles Vorwort

Winfried Frey, Frankfurt
Passionsspiel und geistliche Malerei als Instrumente der Judenhetze in Frankfurt am Mai um 1500.

Wilhelm Kreutz, Mannheim
Die Mannheimer »Gesellschaft von Freuden der Menschenrechte«, 1972.

Harro Zimmermann, Bremen
»Sultan Peter der Unaussprechliche und seine Veziere«.
Göchhausens Satire gegen den Jakobinismus des Freiherrn Knigge.

Holger Böning, Bremen
Heinrich Zschokke und die Helvetische Revolution.

Erwin Dittler, Kehl
Bäuerliche Unruhen in Süddeutschland im Zeitalter der Französischen Revolution.

Mark A. Gelber, Beer Schewa
Wandlungen im Bild des »Gebildeten Juden« in der deutschen Literatur.

Mosche Zuckermann, Tel-Aviv
Die Ideologie Richard Wagners als politisches Paradigma Deutschlands.

Shlomo Na'aman, Tel-Aviv
Die Demokratie in den Krisenjahren der deutschen Einigung.
Wilhelm Liebknechts Beiträge für die Osnabrücker Zeitung, 1864–1866.

Robert Jütte, Tel-Aviv
Zwischen Ständestaat und Austrofaschismus.
Der Beitrag Otto Brunners zur Geschichtsschreibung.

Clemens Vollnhals, München
Oswald Spengler und der Nationalsozialismus.
Das Dilemma eines konservativen Revolutionärs.

Omer Bartov, Tel-Aviv
The Barbarisation of Warfare.
German Officers and Men on the Eastern Front 1941–1945.

Miszellen.

Tagungsbericht.

Rezensionen.

Resümees in hebräisch.

486 Seiten, Leinen DM 65,–, kartoniert DM 50,–

Bestellungen nimmt entgegen:
Institut für Deutsche Geschichte, Universität Tel-Aviv, Israel

TRIBÜNE

Zeitschrift zum Verständnis des Judentums

Unabhängig
Objektiv
Kritisch

Beziehbar beim Tribüne-Verlag
D-6000 Frankfurt/M., Habsburgerallee 72

Hans-Albert Walter *Deutsche Exilliteratur 1933-1950*

Band 2
Europäisches Appeasement und überseeische Asylpraxis (1938—1941)
1984. X, 589 Seiten. Geb.
Einzelbezug DM 98,—
ISBN 3-476-00539-9
Subskriptionspreis DM 78,—
ISBN 3-476-00403-1

NEU

Der vorliegende Band behandelt die politischen und sozialen Lebensbedingungen der Exilierten von der Annexion Österreichs bis zum Eintritt der USA in den Zweiten Weltkrieg. Hans-Albert Walter zeichnet auf der Grundlage eines reichhaltigen, oft erstmals ausgewerteten Quellen- und Archivmaterials detailliert nach, welchen Mechanismen, Schikanen, politischen und finanziellen Repressalien die Exilierten ausgesetzt waren.

Band 4
Exilpresse
1978. XIV, 842 Seiten. Geb.
Einzelbezug DM 80,—
ISBN 3-476-00385-X
Subskriptionspreis DM 62,—
ISBN 3-476-00403-1

»Das umfangreiche Opus umfaßt einen wichtigen Teil seiner breit angelegten Gesamtdarstellung der deutschen Exilliteratur von 1933 bis 1950 und legt von seiner phänomenalen Sachkenntnis Zeugnis ab. Walter vermag das keineswegs unkomplizierte Thema mit weitgehender wissenschaftlicher Objektivität zu analysieren... Die Arbeit bringt... nur einen Ausschnitt der überaus reichen Exilpresse, der Leser gewinnt aber tiefen Einblick in das breite Spektrum der in der Emigration herrschenden Ideenrichtungen.«
Frankfurter Rundschau

J.B. Metzler Verlag Stuttgart

 Forschung Erkenntnisse Ergebnisse

Edita Koch
Goethestraße 122
6457 Maintal 2
Telefon: 06194/65786

Nr. 1 / Jahrgang 1984   Exil 1933 – 1945

Inhalt

Dietger Pforte
Im Vorraum des Exils: Der Briefwechsel zwischen Ossietzky und Tucholsky im Jahr 1932

Frithjof Trapp
Schriftsteller als Politiker: Leistung und Schwäche der Linksintelligenz während der ersten Phase des Exils (1933 bis 1940)

Ursula Büttner
Alfred Kantorowicz und der „Tag des Freien Buches"

Margarita Pazi
Talmudverbrennungen

Harro Kieser
Dokumentation Friedrich Hagen

Friedrich Hagen
Briefe an die Deutschen

Arnold Busch
Faust und Faschismus bei Else Lasker-Schüler

Sven Spieker
Ernst Weiß und Thomas Mann

Hans-Martin Lohmann
Stalinismus und Linksintelligenz. Anmerkungen zur politischen Biographie Ernst Blochs während der Emigration

Willi Jasper
Ein wenig bekanntes Kapitel intellektueller „Ideenpolitik" deutscher Emigranten im amerikanischen Exil

Mitteilungen des International P.E.N.

Chronik

Hinweise

Nachrichten

Die Autoren

DM 18,50 incl. MwSt. und Porto.

www.ingramcontent.com/pod-product-compliance
Lightning Source LLC
Chambersburg PA
CBHW051203300426
44116CB00006B/425